Siedler
Deutsche Geschichte

Buch

Die Jahrzehnte zwischen dem Wiener Kongreß und der Schlacht von Königgrätz sind geprägt vom Ringen zwischen dem Habsburgischen Kaiserstaat im Südosten und dem preußischen Modernisierungsstaat im Norden um die Vormacht in Deutschland. Im Innern ist es aber auch die Zeit des Konflikts zwischen den freiheitlichen Ideen und Bewegungen des Reformzeitalters und dem Beharrungsdruck der Restaurationsepoche. Noch war offen, ob die sich abzeichnende Reichseinigung auf demokratischem Wege geschehen würde und ob sie von Wien oder von Berlin aus bewerkstelligt werden würde.

Im Mittelpunkt dieser Epoche steht die bürgerliche Revolution von 1848 und ihr folgenreiches Scheitern. Von Frankreich ausgehend, breitete sie sich auf die deutschen Territorialstaaten und auf die Völker des Habsburgerreiches aus. Die alten Mächte erholten sich jedoch rasch, und so gründeten die Deutschen ihr Reich nicht in der Paulskirche, sondern erhielten es aus den Händen Bismarcks, nachdem er die großdeutsche Alternative auf dem Schlachtfeld von Königgrätz begraben hatte.

Autor

Heinrich Lutz (1922 – 1986) war Professor für Geschichte der Neuzeit und Vorsitzender des Instituts für Geschichte der Universität Wien. Veröffentlichungen unter anderem: »Österreich-Ungarn und die Gründung des Deutschen Reiches« (1979), »Reformation und Gegenreformation« (1979), »Das Ringen um deutsche Einheit und kirchliche Erneuerung 1490 – 1648« (1983).

Heinrich Lutz

Zwischen Habsburg und Preußen

Deutschland 1815 – 1866

Siedler

Inhaltsverzeichnis

III. Der Vormärz: politische und soziale Bewegungen von 1830 bis 1847

IV. Die Revolution 1848/49: Bedingungen und Impulse, Verlauf und Scheitern

Vorwort

Die Sicht auf die deutsche Geschichte seit der Restauration bis zum Ende des Deutschen Bundes aus der Perspektive des Ringens zwischen Preußen und Österreich schien nach 1945 nicht mehr aktuell. Die innere Zerstörung der großdeutschen Idee durch die Barbarei des Dritten Reiches war und blieb so evident, daß es eine Zeitlang als überflüssig wenn nicht schädlich erschien, die deutsche Nationalbewegung des 19. und 20. Jahrhunderts in ihrer vollen Dimension, die selbstverständlich auch die Deutschen Österreichs umfaßte, zu verfolgen. Die voll europäischer Hoffnungen begonnene großdeutsche Idee, die von den Demokraten des Jahres 1848 als Baustein einer neuen *fratellanza dei popoli* verkündet wurde, hat sich durch ihren Mißbrauch selbst zerstört; das ist nicht mehr rückgängig zu machen.

Dieses Faktum ist der politische Ausgangspunkt der vorliegenden Darstellung. Heute ist es geradezu eine Bedingung historischen Selbstverständnisses geworden, jenseits der einstigen kleindeutsch-preußischen und großdeutsch-österreichischen Gesichtspunkte die Geschichte der deutschsprachigen Mitte Europas zu beschreiben und zur gleichen Zeit die Fragen des Zusammenlebens mit den Nachbarnationen und der »Verträglichkeit« der jeweiligen Lösungen mit der europäischen Gesamtsituation zu überprüfen.

Mein persönlicher Weg zum Thema dieses Buches begann 1966, als ich einem Ruf aus der Bundesrepublik an die Universität Wien folgte. In Wien führte mich die Begegnung mit Friedrich Engel-Janosi und anderen Kollegen, die das alte Kaiserreich noch gekannt hatten, in die versunkene Welt der Habsburgermonarchie. Nicht weniger verdanke ich den jüngeren Kollegen in Österreich und denen aus Ungarn, Jugoslawien, Polen und der Tschechoslowakei, die mich vieles sehen lehrten. Die Anregungen, die ich von meinem Münchner Lehrer Franz Schnabel erhielt, als er nach 1945 die Entstehung des Bismarckreiches kritisch erörterte, verbanden sich auf diese Weise mit den weiteren Fragen nach dem Zusammenleben der Deutschen mit den nichtdeutschen Nationen.

Als ein erstes Resultat dieser Interessen und Forschungen erschien 1979 das Buch »Österreich-Ungarn und die Gründung des Deutschen Reiches (1867–1871)«; drei Jahre später publizierte ich zusammen mit Helmut Rumpler den Sammelband »Österreich und die deutsche Frage im 19. und 20. Jahrhundert«. Dann war es die Initiative Wolf Jobst Siedlers, die meiner Absicht, die deutsch-österreichischen Probleme weiter zurück ins 19. Jahrhundert zu verfolgen, entgegenkam. Ohne sein gewinnendes und energisches Vorgehen, für das ich herzlich zu danken habe, wäre dieses Buch wohl noch lange nicht und gewiß nicht in dieser zusammenfassenden und um Lesbarkeit für eine große Öffentlichkeit bemühten Form geschrieben worden.

Die chronologische Abgrenzung und die sachliche Gliederung dieses Bandes sind einfach zu erklären. Meine Darstellung beginnt nach dem Wiener Kongreß 1815; einen ersten Schwerpunkt bilden die Jahre 1819/20. Erst danach setzte sich von Wien und Berlin her jenes reaktionäre Unterdrückungssystem durch, das den Deutschen

Bund und die Gesamtheit dieser föderativen Ordnung so nachhaltig in einen Gegensatz zu den liberalen und nationalen Bestrebungen der Zeit brachte. Schon das erste Kapitel des vorliegendes Bandes gilt also der reaktionären Wende von 1819/20, die auch für das weitere Spannungsverhältnis zwischen Österreich, Preußen und dem dritten Deutschland der Mittel- und Kleinstaaten folgenreich wurde. (Demgemäß wird der vorausgehende Band – Horst Möllers Darstellung »Fürstenstaat oder Bürgernation« – der Reihe »Die Deutschen und ihre Nation« mit dem Wiener Kongreß und der Neugestaltung der deutschen Staatenwelt schließen.)

Das vorliegende Buch reicht bis zum deutsch-deutschen Krieg von 1866, zu der Auflösung des Deutschen Bundes und der Errichtung der preußischen Vorherrschaft in Norddeutschland. Dies entspricht dem Beginn des folgenden Bandes der Reihe, den Michael Stürmer über das »Ruhelose Reich« (1866–1918) geschrieben hat. Wichtig wurde es, über die zeitliche Abgrenzung hinaus das weitere Verhältnis der Habsburgermonarchie und ihrer deutschen Bevölkerung zum neugegründeten Deutschen Reich zu verfolgen. Deutlicher als früher sehen wir heute, wie eng auch nach 1866/1870 die Geschicke Österreich-Ungarns und der Deutsch-Österreicher mit den Wegen und Irrwegen der deutschen Nationalidee verbunden waren. Diesen Perspektiven gilt der Epilog, der in geraffter Form bis 1918 führt. Er will deutlich machen, daß es sich hierbei nicht um Randprobleme, sondern um zentrale Fragen der politischen Existenz der Deutschen in Europa handelt – bis zu Adolf Hitler und dem furchtbaren Ende der großdeutschen Idee.

Die gründliche Einbeziehung der wirtschaftlichen, sozialen und kulturellen Entwicklungen ist eine Selbstverständlichkeit moderner Geschichtsschreibung. Deren detaillierte Schilderung auf der Grundlage ihrer Zusammenhänge mit den politischen Entscheidungsprozessen orientiert sich an den Schwerpunkten und Einschnitten der Epoche. Da im Mittelpunkt des Geschehens die Revolution von 1848/49 steht, die in alle Lebensverhältnisse tief verändernd eingriff, erschien eine Zweiteilung sinnvoll: ein eigenes Kapitel behandelt Wirtschaft und Gesellschaft, Kirchen und Kultur vor der Revolution; ein anderes, das vorletzte, gilt den veränderten Zuständen und Problemen in den gleichen Lebensbereichen nach der Revolution. Zur Illustration dieser überaus wichtigen und oft in ihrer Eigenbedeutung unterschätzten Züge der deutschen Gesellschaft und Kultur nach dem Scheitern der Revolution und vor der Reichsgründung dienen auch Vergleichsbilder der drei Hauptstädte Berlin, Wien und München (stellvertretend für das dritte Deutschland). Ein solcher Städtevergleich, hier erstmals skizziert, würde freilich bei näherer Ausführung gut drei reizvolle Bände füllen.

Beim Erscheinen dieses Buches gilt mein besonderer Dank den Kollegen Horst Möller (Erlangen) und Helmut Rumpler (Klagenfurt), die die Erstfassung des Manuskriptes lasen und mit vielen wertvollen Vorschlägen zur Verbesserung beitrugen. Beim Lesen der Korrekturen half tatkräftig meine Schwester Dorothea. Die Erstellung des Manuskriptes besorgte Herr Friedrich Skol. Herr Dr. Lothar Höbelt und Herr Dr. Thomas Kletečka haben als Mitarbeiter des Instituts für Geschichte an der Universität Wien tatkräftig bei der Entstehung des Werkes mitgewirkt, ebenso der

Bibliothekar des Instituts, Herr Ferdinand Schmied. Zahlreichen Kollegen und Freunden habe ich für anregende und klärende Gespräche zu danken; stellvertretend für viele seien hier genannt: Wilhelm Messerer (Salzburg), Otto Büsch (Berlin), Jiři Kořalka (Prag/Tabor), Alberto Martino (Wien), Peter Haiko (Wien) und mein Bruder Ludwig, dessen musikwissenschaftlichen Orientierungshilfen ich viel verdanke.

Das Hauptverdienst am Zustandekommen des Buches in dieser Form liegt beim Verlag. Die Zusammenarbeit mit Herrn Wolf Jobst Siedler und mit Frau Ditta Ahmadi erreichte eine Intensität, wie ich sie noch bei keiner Buchentstehung erlebte; mein Dank geht in diesem Fall weit über die konventionellen Autoren-Verlags-Floskeln hinaus.

Heinrich Lutz

I.
Der Deutsche Bund: Ordnung im Schatten der Reaktion (1815–1830)

1. Die europäische Konstellation

Der Deutsche Bund, 1815 im Einverständnis der europäischen Mächte gegründet und 1820 durch die Wiener Schlußakte in eine definitive Form gebracht, unterlag aufgrund eben dieser Entstehungsgeschichte während der ganzen Zeit seines Bestehens den Einwirkungen der europäischen Politik und ihren Wandlungen. Diese Situation einer sozusagen exponierten Mitte leitete sich auch aus der vielhundertjährigen Geschichte der deutschsprachigen Gebiete Europas und des europäischen Staatensystems her. Seit dem Ende der Hohenstaufen hatte das politische Leben der Nation, im Unterschied zu der Entwicklung in Westeuropa, sich in wechselnden Formen eines föderativen Zusammenschlusses weitgehend autonomer staatlicher Gebilde unterschiedlicher Größenordnung vollzogen. Das Ende des Heiligen Römischen Reiches (1806), das Intermezzo des Rheinbundes von Napoleons Gnaden und das Nichtzustandekommen einer bundesstaatlichen, also gestraffteren Form des deutschen Zusammenlebens auf dem Wiener Kongreß hatten nacheinander in die gleiche Richtung gewirkt: je lockerer der staatliche Zusammenhang des neuen Bundes in der Mitte Europas, desto stärker die Einwirkung – unbeabsichtigt und gezielt – der europäischen Mächte auf diese Mitte.

Das wurde auch schon damals gesehen und war Anlaß zu unterschiedlichen Überlegungen und Zukunftsentwürfen. Für die »Patrioten«, die ein stärkeres Maß nationaler Einheit als Frucht der Befreiung von der Napoleonischen Fremdherrschaft wünschten, stand das Motiv der Selbstbestimmung Deutschlands über Deutschland (neben der Forderung nach Freiheit) im Vordergrund. Preußen und Österreich dagegen waren zugleich deutsche und europäische Mächte und für ihre Regierungen sahen die Dinge anders aus. Aus unterschiedlichen Interessenlagen und mit verschiedenen Zielen stimmten Berlin und Wien doch darin überein, daß den außerdeutschen Einflüssen auf den gemeinsam dominierten neuen Bund ein kräftiger Riegel vorgeschoben werden müsse. In den Jahren um 1820 ging es in dieser Hinsicht vor allem um Rußland, dessen Schatten breit über Mitteleuropa lag; Petersburgs Politik war von größter Bedeutung für das weitere Schicksal der deutschen Dinge.

Die Siegermächte von 1815 – Rußland, England, Österreich und Preußen – hatten auf dem Wiener Kongreß in mühsamen Kompromissen die Neuordnung des europäischen Staatensystems vorgenommen.[1] Man hatte schließlich zu einer »Quadruple-Allianz« gefunden, einem Bündnissystem, das bis in die zwanziger Jahre hinein wirksam funktionierte. Frankreich, der besiegte Gegner, dessen Wiederaufstieg zur beherrschenden Macht in Europa die vier Siegermächte verhindern wollten, wurde erst 1818 auf dem Aachener Kongreß als fünfte europäische Großmacht in das »Konzert der Mächte« aufgenommen. Für den Weg der deutschen Geschichte im 19. Jahrhundert blieb ausschlaggebend, daß die beiden »deutschen Mächte«, Österreich und Preußen, in der Stufenleiter der realen Machtverhältnise erst hinter England, Frankreich und Rußland rangierten; dies galt auch, wenn man ihren Rückhalt am Deutschen Bund in Rechnung setzte.

Englands Macht lag in seiner merkantilen Wirtschaftsstruktur, seiner Flotte, seiner nach 1815 unbestrittenen Herrschaft über die Weltmeere. Im Inneren des Inselreiches bereiteten sich indessen politische und soziale Wendungen vor, die in den zwanziger Jahren das alte, aristokratisch-parlamentarische System in Frage zu stellen begannen; das Auftreten der *Radicals* begann sogar schon vor 1819/20 die innenpolitische Situation zu verändern. Aber die englische Europapolitik in den Jahren nach 1815 war eindeutig konservativ. Für Lord Castlereagh, den britischen Außenminister, war die dauernde Sicherung des Sieges über die revolutionäre Herrschaft Napoleons nicht weniger wichtig als für Kaiser Franz I. von Österreich und seinen Minister Metternich. Doch sahen die Prioritäten und die Mittel britischer Herrschaftssicherung anders aus als die der Kontinentalmächte.[2] Obwohl die Friedensregelungen von 1815 und die europäische Politik der Folgezeit erkennbar das Gepräge der Zusammenarbeit von Castlereagh und Metternich trugen, gelang es Österreich nicht, England in einer den Bedürfnissen seiner Politik entsprechenden Weise auf eine aktive Teilnahme an den kontinentalen Dingen festzulegen. Was den Deutschen Bund anging, so war durch die Personalunion des Königreichs Hannover mit Großbritannien eine unmittelbare Verbindung gegeben, die denn auch im Sinne des konservativen Konsenses wirkte: für den englischen Prinzregenten Georg stand die Wahrung des äußeren und innenpolitischen Status quo im Mittelpunkt seiner hannoverschen Interessen.

Stärker und unmittelbarer war die Präsenz Rußlands. Das Zarenreich war zwar wirtschaftlich und kulturell unterentwickelt; aber es verfügte über immense Hilfsquellen und eine schier unerschöpfliche Bevölkerungsmasse zur Aufstellung gewaltiger Armeen. Das Bild dieser russischen Armeen, die siegreich Europa von Ost nach West durchzogen, hatte sich den Zeitgenossen tief eingeprägt. Von nun an war es eine Maxime russischer Militärpolitik, stets eine Heeresstärke zu sichern, die »zur Aufrechterhaltung unseres politischen Übergewichtes« (wie Zar Alexander I. sagte) der gemeinsamen Stärke der preußischen und österreichischen Armeen entsprach.[3] Was die humanitären Reformvorstellungen und die universalistischen Ideen Alexanders I. angeht, so ist es noch heute nicht viel leichter als für die Zeitgenossen, die offenkundigen Widersprüche und Sprünge in der Politik des Autokraten zu begreifen. Die Einschätzung der russischen Macht und ihrer Interessen ist von nicht zu übersehender Bedeutung nicht nur für den Fortgang der Dinge im östlichen Riesenreich, wo durch die Napoleonischen Kriege und die damit erzwungene Begegnung mit dem Westen so unendlich viel in Bewegung gekommen war. Auch für die deutsche Entwicklung haben die aus Rußland kommenden Einflüsse ein großes Gewicht. Das simple Abwägen reaktionärer oder progressiver Faktoren hilft zum Verständnis nicht viel; man hat vielmehr von dem widersprüchlichen Entwicklungsstand der russischen Gesellschaft, von der konkreten Interessenlage der zaristischen Regierung und von der facettenreichen Persönlichkeit Alexanders I. auszugehen.

Als Lohn des Sieges über die Tyrannei Napoleons sollte – das war der Traum des Zaren, der sich da ganz in Übereinstimmung mit einer starken Zeitströmung befand – eine neue, bessere Ordnung der politischen Welt geschaffen werden; das war die Ausgangslage der »Heiligen Allianz«. Die Ideen eines wahren Christentums sollten zur Grundlage aller Politik in den Außen- und Innenbezügen der Staaten werden. Die brüderliche Solidarität der Völker und Heere, die Europa von der Unterdrückung Napoleons befreit hatten, sollte ihren Niederschlag in einer solidarischen Friedensordnung zwischen den Nationen der Christenheit finden. Bezeichnenderweise war es Metternich in den Vorverhandlungen zum Abschluß der Heiligen Allianz gelungen, die Erwähnung der Solidarität *der Völker* aus dem Text zu streichen. Das Programm einer freiheitlich-konstitutionellen Neuordnung der innerstaatlichen Verhältnisse, das der Zar vielfach verkündet und auch vertreten hatte, fand in der ganz von religiös-ethischen Prinzipien beherrschten Gründungserklärung der Heiligen Allianz keinen Platz. Die Vielgesichtigkeit der Reform- und Freiheitsideen des Zaren machte es offenbar möglich, die hohen und neuartigen Ziele Alexanders I. mit einigen Federstrichen im Sinne herkömmlicher Herrschaftssicherung zu applanieren. So war der Weg beschritten, der den ursprünglich humanitär-universalistischen Solidaritätsgedanken in ein Instrument europäischer Unterdrückungspolitik verwandelte. In dem von Metternich umgearbeiteten Text der Heiligen Allianz trat an die Stelle der Solidarität der Bürger Rußlands, Österreichs und Preußens die Solidarität der Monarchen, die sich zur Wahrung der monarchischen Prinzipien und der Legitimität auf der Basis des Christentums verpflichteten. »Alexanders I. zwiespältiges Bekenntnis zur Beteiligung der Völker einerseits und zur Autorität der Fürsten als Repräsentanten des Volkswillens andererseits hatte es Metternich erleichtert, die im aufklärerischen und liberalen Denken wurzelnde Idee der ›Heiligen Allianz‹ in eine Bekräftigung der bisherigen, absolutistischen Regierungsweise zu verwandeln« (Oberländer).[4]

Die religiös-mystische Gedankenwelt Alexanders I. traf mit humanitär-emanzipatorischen Ideen in eigenartiger Weise zusammen. Verwirrend war auch, wie sich einerseits die massiven Machtinteressen Rußlands mit den durchaus ernsthaften Freiheits- und Friedensideen des Zaren verbanden und überschnitten und wie es andererseits seinen Partnern – insbesondere Metternich – fortgesetzt gelang, diese Ideen umzuformen und anderen Zwecken nutzbar zu machen. Das Zarenreich hatte viele Interessengegensätze zu England, die meist außerhalb Europas lagen. Die russische Kontinentalpolitik hielt also von Anfang an eine gewisse Distanz zu London. Für die Aufrechterhaltung seines Einflusses in Mitteleuropa gab es aber Varianten: nähere Zusammenarbeit mit Frankreich oder aber mit Preußen und Österreich oder auch mit den deutschen Mittelstaaten. Bei jeder dieser denkbaren Orientierungen ergaben sich angesichts der überall ins Spiel kommenden Gegensätze von Restauration und liberaler Bewegung verfassungs- und gesellschaftspolitische Konsequenzen. In welche Waagschale sollte das Gewicht Rußlands gelegt werden? Was förderte seine Macht, was entsprach den Fortschrittsideen des Zaren? Wo trafen, wo widersprachen sich beide? Dazu kam die verschiedenartige

Artikulation russischer Interessen unter den Beratern des Zaren. Der aus Korfu stammende Grieche Capodistrias und der Korse Pozzo di Borgo galten als »liberal«, der deutschstämmige Graf Nesselrode als konservativ. So bilden die Stärke, die Widersprüchlichkeit und auch die weitgehende Manipulierbarkeit des russischen Einflusses auf den Gang der deutschen Dinge gewichtige Momente des entscheidungsreichen Jahrzehnts nach 1815.

Frankreich konnte nach 1815 sowohl auf eine lange Tradition vorrevolutionärer Deutschlandpolitik zurückgreifen als auch auf die von Napoleon verwirklichten Ziele einer teils direkten, teils indirekten Herrschaft über die deutsche Mitte. Die napoleonische Deutschlandpolitik hatte ja, was den Herrschafts- und Sicherheitsanspruch betraf, nur erfolgreich fortgesetzt, was die französische Monarchie seit dem 16. und 17. Jahrhundert verfolgt hatte: eine möglichst lockere politische Organisation in der Mitte Europas, die - ohne eigene Macht und Dynamik - den Einflüssen von jenseits des Rheins offen stand. Eine Wiederaufnahme dieser traditionellen Politik, allerdings auf einer im Vergleich zu Napoleon niedriger und vorsichtiger angesetzten Stufe, lag nach 1815 nahe. Doch blieben der Spielraum und die tatsächlichen Erfolge Frankreichs gegenüber dem Deutschen Bund lange Zeit beschränkt.

Dies lag nicht nur an den vom Wiener Kongreß festgeschriebenen Rechts- und Machtverhältnissen, sondern auch an den schwierigen inneren Konsolidierungsprozessen der restaurierten Monarchie. Erst nach den Revolutionen von 1830 und 1848 brachte die plebiszitäre Diktatur Napoleons III. eine neue Befestigung des französischen Einflusses in Europa; nach dem Sieg im Krimkrieg konnte Napoleon dann wirkungsvoll in den Fortgang der deutschen Frage eingreifen.

Jetzt, nach 1815, waren die Möglichkeiten der französischen Deutschlandpolitik nicht groß, wenn auch die Ziele klar waren. Dabei spielte die wechselnde Stärke und Artikulation der konservativen und liberalen Kräfte innerhalb Frankreichs für die Politik gegenüber dem Deutschen Bund - im Unterschied zu Rußland - keine erhebliche Rolle. Man war sich einig in der Anknüpfung an die Rheinbundpolitik Napoleons und in der Abwehr jeder einheitlichen Machtkonzentration in Deutschland, sei es von Preußen oder von Österreich aus. In der Instruktion für den französischen Gesandten am Bundestag in Frankfurt, Graf Reinhard, wurde die Übereinstimmung der Interessen mit den deutschen Mittelstaaten stark betont: »Eine politische Einheit in Deutschland würde die relative Stärke Frankreichs ganz und gar verändern und schwächen.« Auch ein Kondominat der beiden deutschen Mächte über den Bund widerspreche den Interessen Frankreichs. Nur durch die Bewahrung des Gleichgewichts der Kräfte und den Einfluß Frankreichs und Rußlands könnten solche Entwicklungen hintangehalten werden.[5] Wie ernst es den Pariser Politikern mit dieser Interventionstheorie zugunsten eines extrem staatenbündischen Charakters des Deutschen Bundes war, zeigte sich spätestens 1819: gegen die Karlsbader Beschlüsse, die als ein Bruch der Wiener Verträge betrachtet wurden, suchte Frankreich ein gemeinsames Vorgehen mit Rußland, wo keineswegs die Verteidigung des Liberalismus, sondern die Verhinderung einer österreichischen »Diktatur« über den Bund im

Vordergrund stand. Daß derartige Interventionen nicht nur im Interesse der außerdeutschen Großmächte lagen, sondern durch die Verankerung der Bundesverfassung im europäischen Vertragswerk von 1815 auch völkerrechtlich legitimiert waren, wurde in Paris wie in London und St. Petersburg selbstverständlich vorausgesetzt.[6]

In gänzlich anderer Weise war der Deutsche Bund mit dem neugeschaffenen Königreich der Niederlande und mit der skandinavischen Welt verbunden. Der König der Niederlande war für die Landesteile Luxemburg und später auch Limburg Mitglied des Bundes, der König von Dänemark gehörte ihm für die Herzogtümer Holstein und Lauenburg an (während das überwiegend deutschsprachige Herzogtum Schleswig außerhalb des Bundes blieb). Von der späteren Entwicklung aus gesehen, als Luxemburg und Limburg aus dem deutschen Staatenverband ausschieden und Schleswig durch den Krieg von 1864 dazugewonnen wurde, machen diese staatsrechtlichen »Überlappungen« den Eindruck altertümlicher, nicht entwicklungsfähiger Sonderbarkeiten; die Zeitgenossen und auch die politisch Verantwortlichen sahen es anders. Sowohl die Niederlande wie Dänemark galten, in einer wenig präzisen, aber weit verbreiteten Anschauungsweise, irgendwie als Teile der deutschen Welt. Im Falle der Niederlande wurde sogar zeitweilig (ebenso wie für Preußen und Österreich) eine Defensivgarantie des Bundes für ihre »außerdeutschen« Besitzungen diskutiert. Es ging also bei den »Überlappungen« im Westen und im Norden seit 1815 nicht nur um die Einzelgebiete von Luxemburg, Limburg und Holstein, vielmehr auch um den größeren politischen und »nationalen« Zusammenhang des Bundes mit ganz oder überwiegend sprachverwandten Nachbarstaaten. Diese älteren, germanisch-deutschen Formen des Nationalbewußtseins, die zwar vage, aber nicht wirkungslos waren, charakterisieren die europäische Konstellation der deutschen Frage.

Was Italien betraf, so schienen die deutschen und die italienischen Nationalbewegungen vergleichbar zu sein; und doch verliefen die Entwicklungen durchaus andersartig. Nach 1815 waren die Klein- und Mittelstaaten der Apenninenhalbinsel für den Beobachter nördlich der Alpen noch Objekt und nicht Partner der europäischen und der deutschen Politik. Nichtsdestoweniger hatte die italienische Frage von Anfang an eine nicht zu unterschätzende Bedeutung für den Deutschen Bund. Zunächst war Österreich am Zuge; Wien hatte zu entscheiden, welche italienischsprechenden Teile der Monarchie in den Bund einbezogen werden sollten. Der einschlägige Artikel I der Bundesakte schien eindeutig, wenn er besagte, daß Österreich wie Preußen »für ihre gesamten vormals zum deutschen Reich gehörigen Besitzungen« dem Bund beitreten. Dies war aber nicht eindeutig, da ja kein Zweifel daran bestand, daß die Lombardei bis 1806 zum Heiligen Römischen Reich Deutscher Nation gehört hatte. Der österreichische Kaiser hatte es also in der Hand, über den Ein- oder Ausschluß der Lombardei zu befinden. Wie zu erwarten, fiel die Entscheidung, die der österreichische Gesandte am 6. April 1818 dem Frankfurter Bundestag mitteilte, für den Ausschluß. Dabei kam bezeichnenderweise nicht der nationale Gesichtspunkt, wohl aber die strategische Perspektive zur Sprache: »Obgleich seine Majestät in Berücksichtigung des bekannten staatsrechtlichen Verhältnisses der ehemaligen Lombardie zum damaligen Reiche, auch diese in strenger Folge des Artikels I. der Bundesakte, in die Reihe der jetzt zum deutschen Bunde gehörenden Theile der Oesterreichischen Monarchie aufnehmen könnten, so ziehen jedoch Seine Majestät vor, den erwähnten Artikel I. nicht in dieser streng begründeten Ausdehnung aufzufassen. Seine Majestät wünschen andurch dem deutschen Bunde zu bewähren, wie wenig es in Ihrer Absicht liege, dessen Verteidigungslinie über die Alpen auszudehnen.«[7]

Aber auch bei der engeren südlichen Grenzziehung (gemäß den Grenzen der »deutschen Erbländer«) im Trentino, in Görz, Triest und Istrien kamen größere italienischsprechende Gebiete in den Deutschen Bund, ganz abgesehen von der österreichischen Herrschaft über Dalmatien und das lombardo-venetische Königreich und von den habsburgischen Sekundogenituren in Parma und der Toskana. Zwar trat Metternich für eine schonende Behandlung der italienischen Bevölkerung ein und betonte mitunter die Aufgabe Österreichs, in der Lombardei und Venetien »dem Nationalgeiste entgegenzukommen«[8]. Doch seine Absicht, die italienischen Staaten - selbstverständlich auch zur Stabilisierung der österreichischen Herrschaft über die ganze Halbinsel - in einer *Lega Italica* zusammenzufassen, kam nicht zum Ziele, und ähnlich ging es in den meisten Einzelbereichen österreichisch-italienischen Zusammenlebens. Die direkte und die indirekte Beherrschung Italiens durch die Habsburgermonarchie führte nach 1815 schrittweise, aber unaufhaltsam zu einer Eskalation der Gegensätze. Nicht eine ideale »Brüderlichkeit der Völker« (Mazzini), sondern die als deutsche Fremdherrschaft erlebte Präsenz der österreichischen Macht - und bald auch der Kampf gegen sie - bestimmten das Verhältnis zwischen den beiden Nationalbewegungen südlich und nördlich der Alpen.

Die politischen Entwicklungen in Ungarn, Böhmen und Polen, wo sich die nationale Frage bald zuspitzen sollte, wirkten sich vorerst meist im innerstaatlichen Rahmen Österreichs, Rußlands und Preußens aus. Sehr bald dagegen sollten die Dinge im Osmanischen Reich Mitteleuropa in Mitleidenschaft ziehen. Es hatte im 18. Jahrhundert nicht an kühnen Eroberungs- und Aufteilungsplänen gefehlt; Österreich und Rußland hatten gegen- und miteinander Interesse gezeigt, die Herrschaft des Sultans in Europa zu stürzen und die christlichen Balkanvölker zu befreien. Nach dem Ende Napoleons hatte Österreich diese Tendenz nicht weitergeführt, da es zu den politischen Maximen Metternichs gehörte, den Bestand des Osmanischen Reiches nicht anzutasten, vielmehr für seine Erhaltung einzutreten. Im Sinne der puren Status-quo-Politik Wiens hinsichtlich Deutschlands und Italiens seit 1819/20 wurde jede Wendung gegen die Herrschaft des Sultans als Teil einer gesamteuropäischen revolutionären Verschwörung denunziert und bekämpft.

Dies war der Punkt, wo sich der Weg der Wiener Politik über kurz oder lang von dem Rußlands trennen mußte. Rußland war durch soviel Bande der Religion, Kultur und Sprache, durch so starke politische und strategische Interessen in der »orientalischen Frage« engagiert, daß es dem 1821 beginnenden Freiheitskampf des griechischen Volkes seine Unterstützung schlecht verweigern konnte. Metternich warnte aufs nachdrücklichste: Ein Krieg Rußlands gegen die Türkei würde auch den Sieg der revolutionären Partei in Europa zur Folge haben.[9] Aber Österreich stieß hier an die Grenze der Solidarität der konservativen Ostmächte. Der Zusammenhang zwischen der orientalischen Frage und der deutschen Frage in diesen Jahren um 1820 scheint verblüffend. Aber gerade von Griechenland her kam jener Riß in die konservative Allianz zwischen Österreich, England und Rußland, der die Fundamente des Metternichschen Systems in Europa und schließlich auch in Deutschland zu erschüttern begann.

2. Die Voraussetzungen der reaktionären Wende in Österreich, Preußen und im dritten Deutschland

35 Fürstenstaaten und vier freie Städte bildeten seit 1815 den Deutschen Bund. Die offizielle »Bundes-Matrikel«, die 1818 aufgestellt wurde (um die proportionale Aufteilung der Kontingente des Bundesheeres durchzuführen), zeigt die enormen Größenunterschiede.[10] Bei Preußen und Österreich sind die Gebiete außerhalb des Bundes nicht mitgezählt; für das Kräfteverhältnis sind sie aber nicht ohne Interesse, auch was die nationale Zusammensetzung dieser

Matrikel des Deutschen Bundes

Das Hauptgewicht bilden Österreich und Preußen, dann folgt eine Mittelgruppe und schließlich eine Anzahl kleiner und sehr kleiner Territorien, die aber rechtlich als Bundesglieder alle gleichgestellt waren.

Bundesstaaten	Einwohner
Österreich	9 482 227
Preußen	7 923 439
Königreich Sachsen	1 200 000
Bayern	3 560 000
Hannover	1 305 351
Württemberg	1 395 462
Baden	1 000 000
Kurhessen	540 000
Großherzogtum Hessen	619 500
Holstein und Lauenburg	360 000
Luxemburg	214 058
Braunschweig	209 600
Mecklenburg-Schwerin	358 000
Nassau	302 769
Sachsen-Weimar	201 000
Sachsen-Gotha	185 682
Sachsen-Koburg	80 012
Sachsen-Meiningen	54 400
Sachsen-Hildburghausen	29 706
Mecklenburg-Strelitz	71 769
Holstein-Oldenburg	217 769

Bundesstaaten	Einwohner
Anhalt-Dessau	52 947
Anhalt-Bernburg	37 046
Anhalt-Köthen	32 454
Schwarzburg-Sondershausen	45 117
Schwarzburg-Rudolstadt	53 937
Hohenzollern-Hechingen	14 500
Liechtenstein	5 546
Hohenzollern-Sigmaringen	35 560
Waldeck	51 877
Reuß, ältere Linie	22 255
Reuß, jüngere Linie	52 205
Schaumburg-Lippe	24 000
Lippe	69 062
Hessen-Homburg	20 000
Lübeck	40 650
Frankfurt	47 850
Bremen	48 500
Hamburg	129 800
gesamt	30 094 050

Bevölkerungen angeht. Für Posen, Westpreußen und Ostpreußen, die nicht zum Bunde gehörten, werden folgende Einwohnerzahlen angegeben (1816):

Westpreußen:	571 000
Ostpreußen:	886 000
Posen:	820 000
gesamt:	2 277 000

Da die preußische Statistik keine Unterscheidung nach Nationalitäten kannte und die ersten offiziellen Sprachangaben 1861 zusammengestellt wurden, ist man für die frühere Zeit auf Teilziffern beziehungsweise ihre Ergänzung durch Schätzungen angewiesen. Für Westpreußen im Jahre 1837 hat Peter Böhning folgende Zahlen erarbeitet:

Bevölkerung insgesamt:	833 601	Einwohner
Deutsch:	552 370	Einwohner (66,3 %)
Polnisch:	281 231	Einwohner (33,7 %)

Diese Angaben sind auch insofern wichtig, als bei der Auseinandersetzung der deutschen Nationalversammlung mit der Polenfrage 1848 Westpreußen bald überhaupt beiseitegelassen und die Frage auf Posen eingeschränkt wurde (wo ein wesentlich höherer Prozentsatz polnischer Bevölkerung vorhanden war). Für Posen kann von den Konfessionsangaben der Volkszählung 1815/16 ausgegangen werden: 521 000 katholische (= polnische), 218 000 protestantische (= deutsche) Einwohner. Die Gesamtzahl der polnischen Bevölkerung Preußens wird für damals auf etwa 1,5 Millionen geschätzt, wobei allerdings außer Ostpreußen auch das dem Deutschen Bund angehörende Schlesien eingerechnet ist.

Für Österreich liegen einigermaßen zuverlässige Einwohnerzahlen nach dem Stand von 1837 vor:

Gebiete im Deutschen Bund	11 191 208
Galizien	4 518 360
Lombardei	2 460 079
Venetien	2 074 118
Dalmatien	373 479
Ungarn (mit Kroatien)	11 138 942
Siebenbürgen	2 710 392
Militärgrenze	995 861
gesamt	35 462 439

Hinsichtlich der Nationalitätenzugehörigkeit gibt es auch in Österreich für diese Zeit nur Schätzungen. Folgt man den Zahlen, die Johann Springer 1840 nennt, so ergibt sich folgendes Bild (wobei der Sammelbegriff »Slawen« von Springer nicht durchgehend differenziert wurde):

Österreichische Gebiete im Deutschen Bund		*Gesamtmonarchie*	
Deutsche:	5 340 000	Deutsche	6 400 000
Slawen:		Slawen	14 820 000
in Böhmen	2 500 000	Italiener	4 584 000
in Mähren	1 500 000	Magyaren	5 305 000
in Kärnten und Krain	480 000	Rumänen	1 567 000
in Steiermark	355 000	Juden	623 000
im Küstenland	400 000	Zigeuner	120 000
Italiener (Tirol):	200 000	außerdem Griechen, Albaner, Armenier und andere	

Im Rahmen dieser demographischen Eckdaten vollzogen sich die wirtschaftlichen und sozialen Entwicklungsschübe in den Jahrzehnten nach 1820, und dieser Wandel wiederum wirkte auf die unterschiedlichen staatlichen Strukturen und Machtverhältnisse im Bund ein. Für die inneren Wandlungsprozesse deutscher Staatlichkeit nach dem Wiener Kongreß wird häufig die Wendung von den »großen Reformen« gebraucht: ihr Gelingen oder Steckenbleiben, ihr liberaler oder bürokratischer Zuschnitt, ihre Orientierung an dem englischen oder an dem französischen Modell der Modernisierung von Staat und Gesellschaft. Gewiß hat das seinen guten Sinn und führt tief in die Probleme der Zeit. Die preußischen Reformen unter Stein und Hardenberg seit 1806 sind stets hoch bewertet worden; in jüngster Zeit sind aber auch die lange unterschätzten Reformbewegungen und -ergebnisse im rheinbündischen Umkreis und auch die im gesamtdeutschen Bereich weiterwirkenden Reformen des Josephinismus hervorgehoben worden; gerade im Rheinbund machten sich ja die napoleonischen Elemente einer rationalen, konzentrierten Staatlichkeit geltend, die nach 1815 vor allem für Bayern und Württemberg, aber auch für Baden und Hessen in der Auseinandersetzung mit altständischen Kräften und Ideen so wichtig wurden.

Aber schon der flüchtige Blick auf Österreich zeigt, daß an der Donau die Analyse der innerstaatlichen Verhältnisse (und ihres Gewichts für die deutsche wie europäische Politik des Kaiserstaates) keineswegs von »Reformen« ausgehen kann, soweit man den Begriff auch fassen mag. Natürlich gab es auch hier einzelne Reformmaßnahmen; aber das eigentliche Problem war die unreformierte – und angesichts der damaligen gesellschaftlichen Kräfteverhältnisse und Zielvorstellungen wohl auch unreformierbare – Altertümlichkeit dieses ebenso ehrwürdigen wie einmaligen Konglomerats von Ländern mit den unterschiedlichsten nationalen und sozialen Gegebenheiten. Mit einer gewissen Überspitzung könnte man sagen, daß damals die Trennlinie zwischen jenen Gebieten des Bundes, die im Prozeß modernisierender Reformen standen, und jenen, die auf der politisch-sozialen Stufe des 18. Jahrhunderts verharrten, sich weithin mit der Grenze Österreichs gegen das außerösterreichische Deutschland deckte. Natürlich ist mit dieser Reformgrenze die spätere Absonderung Kleindeutschlands nicht vorweggenommen, aber beim Blick auf Österreich während der Entscheidungsprozesse der kommenden Jahrzehnte tritt diese in Jahrhunderten entstandene Andersartigkeit immer wieder hervor. Hinter der scheinbaren Ähnlichkeit der politischen Sprache und Organisationsform Österreichs, Preußens und der anderen Bundesglieder ist stets nicht nur die Differenz der Macht, sondern auch die Unterschiedlichkeit der politisch-sozialen Entwicklungsstufe und der entsprechenden Steuerungsmechanismen zu beachten. Das Gefälle an Reform und Modernität zwischen Österreich und dem außerösterreichischen Deutschland zu überspielen und aus einem Minus in ein Plus für die Macht Wiens zu verwandeln – das war nicht das geringste unter den Motiven Metternichs, als er 1819/20 staatsstreichartig daranging, das Ruder im Deutschen Bund auf den Kurs reiner Reaktion herumzuwerfen.

Erst in jüngster Zeit ist die Bedeutung der Steuerfragen und der

Staatsfinanzen für die Veränderungsprozesse in Staat und Gesellschaft wie für die Geschichte des Deutschen Bundes deutlich geworden. Es gibt zwar noch keine zusammenfassende Vergleichsanalyse der Finanzkrise, mit der alle deutschen Staaten nach den Napoleonischen Kriegen zu kämpfen hatten, und ihrer Verflochtenheit mit den jeweiligen Problemen von Verfassung, Verwaltung, Wirtschaftspolitik und Heerwesen.[11] Aber auch wenn ein vollständiges Tableau vergleichender Steuer- und Budgetgeschichte noch fehlt, soll der Zusammenhang wenigstens angedeutet werden.

Österreich

Auch nach dem Verzicht auf eine Erneuerung der 1806 niedergelegten Kaiserwürde des deutschen Reiches stand der altertümliche Kaiserstaat als eine dynastische Union deutscher und außerdeutscher Länder noch einige Zeit beherrschend inmitten der Entscheidungsprozesse, die zur Neugestaltung Deutschlands führten. Österreich dominierte seit 1815 nicht nur im Deutschen Bund, sondern auch in Italien und hatte zunächst keinen anderen gleichgewichtigen Festlandspartner außer Rußland. Daß seine tatsächlichen Kräfte der neuen Aufgabe einer Beherrschung Deutschlands und Italiens und der Fernhaltung Rußlands wie Frankreichs wohl von Anfang an nicht gewachsen sein konnten, war das eine. Das andere war das innerstaatliche Fazit der Jahre seit 1809, also des ersten Jahrzehnts österreichischer Politik unter Metternich.[12]

Nach manchen Anläufen hatte sich herausgestellt, daß eine durchgreifende Staatsreform nicht zustande kommen und daß auf dem Stand des von Maria Theresia und Kaunitz erreichten und also keineswegs voll durchgeführten Absolutismus weiter regiert werden würde. Metternich stammte aus einer reichsgräflichen Familie des Rheinlandes. Er hatte in Wien eine neue Heimat gefunden und dort in das Haus Kaunitz eingeheiratet. Als österreichischer Diplomat in Dresden und Berlin und dann als kaiserlicher Botschafter in Paris erlebte er den Umsturz der alten Ordnung und die Faszination durch das moderne, rationale Herrschaftssystem Napoleons. Seine Intelligenz war rasch und biegsam; als ein Meister des diplomatischen Spiels nutzte er stets jeden Vorteil, zunächst auch manche neuen Ideen für Österreich und seine eigene Machtstellung. Er ließ es an Versuchen nicht fehlen, sowohl die Zentralregierung in Wien zu modernisieren wie auch die Vielfalt der historischen Ländergruppen in einer halb ständischen, halb bürokratischen Art von Föderalismus zu organisieren. Es gelang die Errichtung eines Finanzministeriums (unter Graf Philipp Stadion) und die Schaffung der Vereinigten Hofkanzlei als eines neuen Zentralorgans; in Galizien, Krain und Salzburg wurden Landtage neu errichtet, die bestehenden Ständeversammlungen in ihrer Funktion bestärkt. Die neuen italienischen Landesteile wollte Metternich in ihrer Eigenart geschont und gegen die Wiener Uniformierungs- und Germanisierungstendenzen geschützt wissen. Für die südslawischen Gebiete schlug er dem Kaiser die dauerhafte Errichtung eines »illyrischen Königreichs« vor: »Ein Mittägliches Slawisches Reich kann nur Vortheil bringen und dieses besonders auf einem Punkte, wo diese Nationalität sich mit der römisch-katholischen Religion vereint.«[13]

So wollte Metternich den Kaiserstaat noch 1817 als »einen Föderativstaat in politisch-administrativer Hinsicht« sehen. Als zusammenfassendes Organ plante er einen Reichsrat zur Prüfung des Budgets und der Gesetzgebung (also nach dem Vorbild des Napoleonischen »Conseil législatif«), der aus Abgeordneten der einzelnen Landtage und aus vom Kaiser ernannten »Beisitzern« bestehen sollte.

Doch Franz I. war kein Napoleon und Österreich hatte keine Revolution hinter sich. Die meisten der Reforminitiativen blieben stecken. Mißtrauen und Schwerfälligkeit kennzeichneten den Kaiser, der im Grunde »im österreichischen Kaisertum ein Familienfideikommiß« erblickte, »über das er als Majoratsherr unbeschränkt zu walten habe« (Srbik). Um Metternich bestand und entstand keine autochthone, in die beherrschenden Adelsgruppen eingreifende »Reformpartei«. Liberale Strömungen im Kaiserhaus selbst, wie sie Erzherzog Johann verkörperte, kamen je länger, desto weniger zum Zuge. Das innenpolitische Durchsetzungsvermögen Metternichs war von Anfang an nicht stark und ließ nach dem Ausbleiben rascher Erfolge weiter nach. In sein eigenes Ressort, in die Haus-, Hof- und Staatskanzlei, holte er sich Mitarbeiter aus Deutschland, darunter so bedeutende Köpfe wie Friedrich von Gentz, den schärfsten Denker der restaurativen Ideologie, von der Metternich zunehmend Gebrauch machte. Aber selbst in der Staatskanzlei, wo das Zusammenwirken der inländischen mit der ausländischen Abteilung die Integration der Gesichtspunkte sichern sollte, funktionierte das Zusammenspiel der Kräfte nicht. Mit beißendem Spott hat diesen Zustand ein Eingeweihter geschildert:[14] »Systemlos und ohne alle Rücksicht auf die ihr unbekannten materiellen Interessen des Staates ging die auswärtige Abteilung ihren Gang, und blind und furchtsam tappte die inländische Abteilung in voller Unkenntnis der politischen Richtung voran.«

Nach dem Tode des Grafen Stadion wurde der aus dem Prager Oberstburggrafenamt nach Wien berufene Graf Kolowrat-Liebsteinsky zum mächtigsten Gegenspieler Metternichs. Einerseits hatte er jenen Rückhalt in den einheimischen Adelsgruppen, der Metternich fehlte, und andererseits beherrschte er als »Staats- und Konferenzminister« und bald auch als Präsident der Budgetkommission in einer ebenso unerschütterlichen wie unsystematischen Weise die zentralen Behörden. So wurde Kolowrat geradezu zur Symbolfigur der für Österreichs »unvollendeten Absolutismus« kennzeichnenden Verschränkung von fortbestehender Adelsherrschaft und bürokratischer Überzentralisierung. Im Rahmen der alten Privilegienordnung konnte der grundbesitzende Adel weiterhin - bis 1848 - seine patrimonialen Rechte über die abhängigen Bauern ausüben. Selbst die Erhebung der direkten Steuern war bis zur Revolution an die formale Zustimmung der altständischen Landtage gebunden.

Wie gering innerhalb eines solchen Systems ohne Grundentlastung und ohne Gewerbefreiheit der Spielraum war, in dem der beginnenden kapitalistischen Umgestaltung der Gesellschaft Rechnung getragen und die Staatsfinanzen gestärkt werden konnten, zeigen die Steuer- und Budgetprobleme. Hier steckte man noch tief im 18. Jahrhundert.[15] Eine Modernisierung der direkten Steuern in

Richtung einer Einkommenssteuer gelang nicht. Das Schwergewicht der Staatseinnahmen verlagerte sich zunehmend auf die indirekten Abgaben; bezeichnenderweise wurde die einzige größere Steuerreform in diesem Bereich durchgesetzt. Das »Verzehrsteuerpatent« von 1829 orientierte sich an dem älteren lombardischen System des *dazio consumo*. Das bedeutete den Übergang von den sehr zersplitterten älteren Konsumabgaben zu einer zwar einfacheren, aber keineswegs fortschrittlichen Verbrauchssteuer. Wien und die Landeshauptstädte wurden mit einer Steuerlinie umgeben; beim Übertritt wurde auf Spirituosen und Öle, Getreide, Obst und Gemüse, Fleisch und Schlachtvieh, Milch, Fett und Eier, Mehl und Brot, dann auch auf Seifen und Kerzen, Bau- und Brennmaterial die Verzehrsteuer erhoben. Für Wien galten besonders hohe Sätze; die Vorgeschichte von 1848 zeigt, welche Bedeutung dieser Belastung der breiten Masse für das Entstehen revolutionärer Stimmungen zukam.

Aufgrund dieser Reform stiegen die Einnahmen aus den indirekten Steuern.[16]

Jahr	direkte Steuern	indirekte Abgaben
1819	2,53	3,11
1830	2,09	3,81
1841	1,94	4,85
1846	1,84	5,14

Pro-Kopf-Quote der Bruttosteuererträge in den nichtungarischen Kronländern 1819 bis 1846 (in Gulden)

Die Statistik zeigt die Steigerung und die Verschiebung nach der Seite der indirekten Abgaben.

Der unterentwickelten Steuerverfassung entsprach ein bescheidener Verwaltungs- und Militärhaushalt. Berechnungen der Militärlasten ergeben (für das Jahr 1838) in Frankreich ein Heeresbudget von 92,88 Millionen Gulden mit einer Pro-Kopf-Belastung von 2,69 Gulden, in Preußen 33,48 Millionen mit einer Quote von 2,28 Gulden, in Österreich 52,09 Millionen mit der recht niedrigen Quote von 1,43 Gulden. Die Schwäche der österreichischen Staatsfinanzen, die jahrzehntelang nicht saniert werden konnten, stammte also keineswegs aus einem übertriebenen Rüstungsstandard. Ganz im Unterschied zu Preußen mit seiner viel höheren Militärbelastung war Österreich die langfristige Verschuldung aus der Zeit der Napoleonischen Kriege nicht losgeworden. Nach dem Staatsbankrott von 1811 traten zwar langfristige Tilgungspläne in Kraft, doch das relative Wachstum der staatlichen Einnahmen hielt mit der wachsenden Zinsenlast nicht Schritt, so daß eine ständige Neuverschuldung durch weitere Anleihen erfolgte. Da hierfür kein inländischer Kapitalmarkt vorhanden war, kam das Anleihegeschäft monopolartig in die Hände einer kleinen Finanzgruppe, vor allem des Hauses Rothschild.

Dieses prekäre Auseinanderklaffen von politischem Anspruch – als »Wächter Europas« – und tatsächlicher Leistungs- und Entwicklungsfähigkeit Österreichs war den eingeweihten Zeitgenossen durchaus präsent und wurde auch kritisch gegen Wien ausgespielt. Eine Denkschrift der russischen Botschaft in Wien aus dem Jahre 1820 legt den Finger auf die Wunde: »Österreichs finanzielle Situation befindet sich in einer solchen Klemme (pénurie), daß jeder Krieg für es eine wahrhafte Katastrophe bedeuten muß... Mitten im

Frieden in die Notwendigkeit versetzt, zu belastenden Anleihen seine Zuflucht zu nehmen, nur damit die Verwaltung weitergeht, wie sollte Österreich in der Lage sein, die hohen Kosten eines offensiven Krieges zu ertragen?«[17]

Im Panorama der österreichischen Zustände, die nach innen und außen besonders ins Gewicht fielen, spielte das Zensur-, Polizei- und Spitzelwesen eine bemerkenswerte Rolle. Hier gab es sowohl hinsichtlich der Mentalität des Kaisers als auch in der Praxis der Bürokratie eine feste Tradition, die sich – über die kurze Tauwetterperiode unter Joseph II. hinweg – an die gegenreformatorische Unterdrückung aller heterodoxen Meinungen und Schriften anschloß. Metternich und seine Mitarbeiter waren keine Obskuranten;[18] der Staatskanzler hatte die Lektionen Napoleons gelernt und schätzte die Bedeutung der Presse, der Literatur und der öffentlichen Meinung hoch ein. Seine systematische Pressepolitik, seine Initiative bei der Gründung der »Jahrbücher für Literatur« in Wien 1818, seine Versuche, unter anderen Ludwig Börne für eine publizistische Tätigkeit in Österreich zu gewinnen, sein Interesse an den schriftstellerisch-journalistischen Kampagnen von Gentz und Adam Müller zeigen, wie sehr es ihm um Meinungsbildung in einem modernen Sinne ging. Doch eigentliche Pressefreiheit blieb für ihn, selbst in seiner »liberalen« Phase vor 1819, undenkbar. Und mit der reaktionären Wende von 1819/20 traten die altgewohnten und die neuperfektionierten Praktiken von Zensur und Überwachung deutlicher als je nach vorn.[19]

Die Briefüberwachung, die unter Metternich zu einer virtuosen Höhe entwickelt wurde, hatte auch als Mittel der Politik und Diplomatie große Bedeutung. Keine Persönlichkeit der Monarchie, kein ausländischer Diplomat oder Besucher entging der Postkontrolle. Hier kam es zu einer Perfektion, die in Berlin und in St. Petersburg nicht erreicht wurde. Das Chiffrierbuch der preußischen Gesandtschaft wurde zum Beispiel aus der Villa eines Legationsrates in Hietzing während einer Einladung entwendet und noch am gleichen Abend lag das geheime Dokument, nachdem die »Ziffernkanzlei« es ausgewertet hatte, wieder auf dem Schreibtisch des Diplomaten. Besonders kultiviert wurde die Überwachung in den Badeorten. Das internationale Publikum, darunter regelmäßig sogar Goethe während seiner Kuraufenthalte in Marienbad, wurde systematisch kontrolliert. Daß Metternich 1819 Karlsbad als Konferenzort der Minister vorschlug, hatte auch damit zu tun, daß dort eine besonders leistungsfähige geheime »Postloge« bestand, die die lückenlose Kenntnis der Korrespondenz sicherte.

Es ist schwer zu sagen, in welchem Maß das österreichische Publikum durch die bis 1848 oft sehr schikanöse Zensur vom literarischen Leben und der sich ausweitenden Publizistik im übrigen Deutschland abgeschnitten wurde. Grillparzer berichtet in seiner Autobiographie, er habe die gesammelten Werke Goethes nur während der französischen Besetzung Wiens (1809) beim Buchhändler kaufen können und selbst Beethovens Liedvertonungen fielen unter die Zensur, wenn die Texte Anstoß erregten. Auf jeden Fall waren die Grundsätze und die Praxis der Zensurbehörden sozial »gestaffelt«: Oft waren vom selben Autor die billigen Einzelschriften verboten, dagegen die mehrbändigen und teueren Ge-

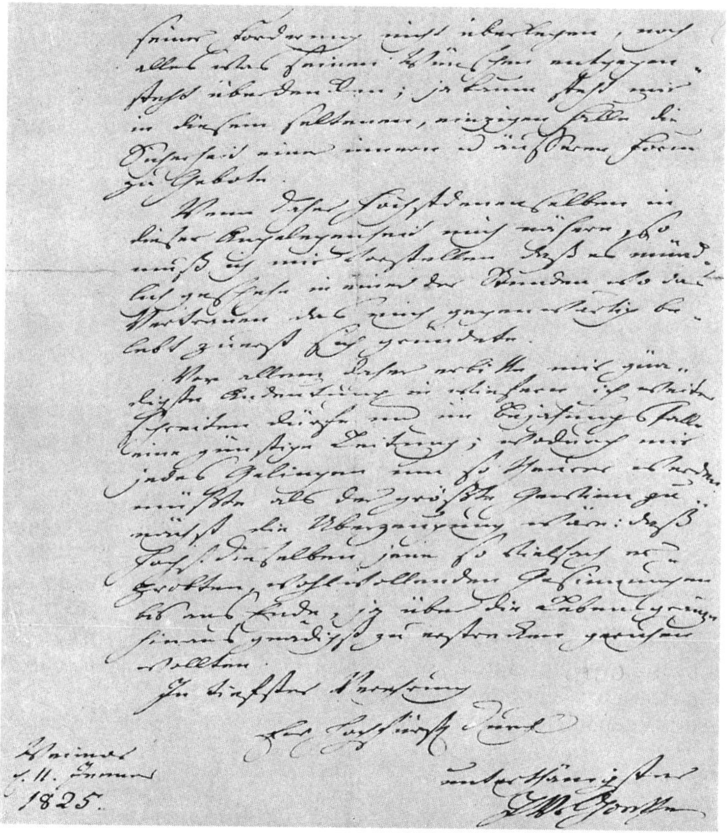

Die Zensur in Österreich verschonte auch Goethes Werke nicht. Im Januar 1825 bittet dieser den Fürsten Metternich um die Erwirkung eines Privilegiums für die Neuausgabe seiner sämtlichen Werke.

seiner Forderung nicht überlegen, noch / alles was seinen Wünschen entgegen/steht überdenken; ja kaum steht mir / in diesem seltenen, einzigen Falle die / Sicherheit einer innern und äußeren Form / zu Gebote. /
Wenn daher Höchstdenenselben in / dieser Angelegenheit mich nähere, so / muß ich mir vorstellen daß es münd/lich geschehe in einer der Stunden wo das / Vertrauen das mich gegenwärtig be/lebt zuerst sich gründete. /
Vor allem daher erbitte mir gnäl/digste Andeutung in wiefern ich weiter / schreiten dürfe und im Bejahungsfalle / eine günstige Zeitung; wodurch mir / jedes Gelingen um so theurer werden / müßte als der größte Gewinn zu/nächst die Überzeugung wäre: daß / Hochdieselben jene so vielfach er/probten, wohlwollenden Gesinnungen / bis ans Ende, ja über die Lebensgränze / hinaus gnädigst zu erstrekken geruhen / wollten. /
In tiefster Verehrung / Euer Hochfürstlichen Durchlaucht / unterthänigster /
J. W. Goethe
Weimar /
den 11. Jenner 1825.

samtausgaben frei verkäuflich. Ein ausgebautes Privilegiensystem erlaubte es einem ausgewählten Personenkreis, *erga schedam,* also mit einem polizeilichen Erlaubnisschein, bestimmte Bücher zu beziehen, die sonst verboten waren. Andererseits wurden von den Zensurbehörden mit ausländischen Verlegern und Redaktionen ganz offizielle Verhandlungen geführt, in die sich auch der Staatskanzler einschaltete, um in Do-ut-des-Geschäften zwischen Zensur und Verkaufsinteresse das zu erreichen, was Metternich die »Zügelung des deutschen Buchhandels« nannte.

Sieht man aufs Ganze, auf die Ähnlichkeiten und Unterschiede der Entwicklungen in Österreich, Preußen und im sogenannten dritten Deutschland, so können die lähmenden Wirkungen des Wiener Systems wohl kaum überschätzt werden. Angesichts des sehr heterogenen Bildungsstands und der schwach entwickelten bürgerlichen Kultur in der Habsburgermonarchie schien dieses System der Bevormundung in gewissem Sinne wirkungsvoll und nützlich zu sein; deshalb förderte es Nachahmungstendenzen bei anderen Regierungen des Deutschen Bundes; und schließlich führten die österreichischen Maßnahmen zu einer weiteren Vertiefung des kulturellen Grabens, der schon früher die katholische Bevölkerung der Monarchie von den protestantischen Teilen des deutschen Sprachgebietes getrennt hatte.

In einer großen Übersicht über den Wandel von Staat und Gesellschaft in Deutschland zu Beginn des 19. Jahrhunderts hat Eberhard Weis zu Recht betont: »Der Zwang zu Reformen verstärkte sich, als die Kriege gegen die Französische Revolution und Napoleon zeigten, daß die europäischen Staaten mit ihren veralteten Staats-, Heeres- und Sozialverfassungen dem aus der Revolution entstandenen französischen Volksheer nicht mehr standhalten konnten, daß man ohne die aktive Mitwirkung der eigenen Völker nicht auskommen konnte.«[20] Das galt gewiß für Preußen und wohl auch für die Staaten des dritten Deutschland. Aber Österreich? Es gab hier ein Weiterwirken der älteren Reformwelle aus der Zeit Josephs II. Doch alles in allem war der Kaiserstaat als Sieger ohne neue Reformen aus der Napoleonischen Epoche hervorgegangen, und das sollte für die weitere deutsche Geschichte eine gravierende Rolle spielen.

Die Verteidiger Metternichs haben seit jeher die Weisheit des Staatskanzlers hervorgehoben, der schärfer als andere die negativen Folgen des Nationalismus für Österreich und Europa vorausgesehen habe; durch eine konservative Sozial- und Staatsordnung habe er einen Damm gegen den Ausbruch der nationalen Dynamik, gegen den nationalistischen Hader zu errichten gesucht. Aber diese Rechtfertigung läßt sich, jedenfalls in solcher Eindeutigkeit, angesichts der heutigen Forschungslage nicht mehr aufrechterhalten. In den ersten Jahren nach dem Sieg über Napoleon hielt Metternich Rücksichtnahme auf den »Nationalgeist« für zweckmäßig: in Italien, im südslawischen Bereich und natürlich auch in Deutschland. Was ihn dann zu einer Schwenkung bewegte, scheint weniger eine grundlegende Änderung der Prinzipien gewesen zu sein (mit einer prophetischen Voraussicht der destruktiven Folgen der nationalen Idee) als vielmehr die Summe praktischer Erfahrungen auf der Ebene von Machtsicherung und -bedrohung.

Es hatte sich für ihn gezeigt, daß eine Berücksichtigung des nationalen Prinzips bei einem föderativen Staatsumbau Österreichs auf sehr große Schwierigkeiten stieß. Er sah auch, daß bei einer solchen Wendung Österreich in die Gefahr kommen mußte, von einem Rußland, das ja die nationalen und konstitutionellen Bewegungen förderte, in beiden Hinsichten überspielt zu werden, und daß schließlich der Deutsche Bund, wenn ein Österreich ohne Reformen seine Stellung in Deutschland behaupten wollte, dem gleichen Beharrungssystem unterworfen werden mußte, das in Österreich – *faute de mieux* – fortbestand und sogar verschärft wurde. So gesehen liegt denn die Genialität Metternichs vor allem in einem diplomatischen Verschiebe- und Fangspiel großartigen Zuschnitts: die restaurative Antirevolutionsideologie mit ihrem Alles-oder-nichts wird zum Mittel des relativ schwachen Kaiserstaates, das starke Rußland und das gefährliche Preußen zu binden und – in der Sprache der damaligen Quellen – eine Diktatur über den Deutschen Bund zu errichten. Daß ein solches sozial- und staatskonservatives System nicht auf Dauer gegründet sein konnte und schließlich auch Österreichs Staatsräson schwächen mußte, sahen die wenigsten. Auch weitblickenden Zeitgenossen, die Metternichs Werk kritisierten, fehlten die Erfahrungen des unaufhaltsamen Ineinandergreifens von technischer Modernisierung, gesellschaftlichem Wandel sowie der nationalen und liberalen Bewegungen, die in den folgenden Jahrzehnten hervortraten.

Preußen

Am 22. Oktober 1818 hielt der neuberufene Philosophieprofessor Georg Wilhelm Friedrich Hegel in der Berliner Universität seine Antrittsvorlesung. Er ging ganz von dem Erlebnis der Befreiungskriege aus und zeichnete das grandiose Bild einer vertieften Menschlichkeit und Geistigkeit, die seither das Leben und das Wirken des preußischen Staates bestimmt habe:

»... hat jener große Kampf des Volkes in Verein mit seinem Fürsten um Selbständigkeit, um Vernichtung fremder gemütloser Tyrannei und um Freiheit im Gemüte seinen höheren Anfang genommen: es ist die sittliche Macht des Geistes, welche sich in ihrer Energie gefühlt, ihr Panier aufgesteckt und dies ihr Gefühl als Gewalt und Macht der Wirklichkeit geltend macht ... In solchem tiefen und allumfassenden Wirken erhebt sich der Geist zu seiner Würde, und die Flachheit des Lebens und die Schalheit der Interessen geht zugrunde ...«[21]

Preußen, die neue Heimat des schwäbischen Philosophen, erscheint als Symbol einer neuen Einheit von Macht und Geist: »Und es ist insbesondere dieser Staat, der mich nun in sich aufgenommen hat, welcher durch das geistige Übergewicht sich zu seinem Gewicht in der Wirklichkeit und im Politischen emporgehoben, sich an Macht und Selbständigkeit solchen Staaten gleichgestellt hat, welche ihm an äußeren Mitteln überlegen gewesen wären. Hier ist die Bildung und die Blüte der Wissenschaften eines der wesentlichsten Momente selbst im Staatsleben ...«

Der Vergleich mit Österreich, dem Staat der Überlegenheit an äußeren Mitteln und der Unterlegenheit an Bildung und Wissenschaft, lag für Hegel und seine Hörer nahe. Und tatsächlich war das preußische Leben um 1818 ja nicht von jener »Schalheit der Interessen« charakterisiert, die man später zu bemerken glaubte.

Friedrich Wilhelm III. war ein schwacher und wenig konsequenter Herrscher. Seine Abhängigkeit von einer reaktionären Hofclique und von starken Kräften eines altständisch orientierten Adels hielt ihn davon ab, das wiederholt feierlich und öffentlich gegebene Verfassungsversprechen einzulösen. Schwach war auch Kaiser Franz I., doch nicht inkonsequent; zu dem Versprechen einer »Nationalrepräsentation« hat sich der »lederne Kaiser« (Grillparzer) nie hinreißen lassen. Das Schwanken des Hohenzollern war aber nicht nur Schwäche, sondern auch Ausdruck einer überaus dynamischen und angespannten Situation im preußischen Staat, wo starke und unterschiedliche Reformgruppen über Jahrzehnte hinweg und mit erheblichen Erfolgen gegen die Kräfte der Beharrung rangen. Es war viel in Bewegung gekommen, ein Bewußtsein von der Notwendigkeit umfassender Veränderungen hatte sich gebildet, gegensätzliche Konzeptionen hinsichtlich des Neubaus von Staat und Gesellschaft lagen im Widerstreit – das war die von Österreich so radikal verschiedene Situation Preußens seit 1806, was erst recht für die Spätphase der sogenannten Reformzeit, also für die Jahre zwischen dem Wiener Kongreß und dem Tod des Staatskanzlers Hardenberg 1822 galt. Undenkbar wäre für eine Habsburgerin gewesen, was Königin Luise an politischem Bewußtsein aufnahm und für den Weg Preußens selbstkritisch erwog: »Die göttliche Vorsehung leitet unverkennbar neue Weltzustände ein, und es soll eine andere Ordnung der Dinge werden, da die alte sich überlebt hat und in sich selbst als abgestorben zusammenstürzt. Wir sind eingeschlafen auf den Lorbeeren Friedrichs des Großen ...«[22]

Sieht man von der Höhe philosophischer und königlicher Reflexionen auf die Realitäten preußischer Politik und Gesellschaft, so fällt ins Auge, daß zentrale Voraussetzungen moderner Staatlichkeit, die Österreich fehlten, in Preußen vorhanden waren. Preußen war unbelastet von einer Nationalitätenproblematik größeren Stils, was um so auffälliger war, als Preußen einen erheblichen Anteil polnisch- und auch litauischsprechender Bevölkerung im Osten hatte. Was in Österreich niemals erreichbar war, galt für Preußen schon als selbstverständlich - das Funktionieren eines umfassenden, sprachlich einheitlichen Kommunikationssystems, das die alten und die neuen Teile der Monarchie zusammenhielt und stark nach Süddeutschland ausstrahlte. Gegenüber den regionalen Verschiedenheiten in einem Staatswesen, dessen Einwohnerzahl sich durch den Friedensschluß von 1815 verdoppelt hatte, zeigte sich sehr rasch die integrierende Kraft der im 18. Jahrhundert im norddeutsch-protestantischen Bereich entwickelten deutschen Bildungssprache. Das alte Preußen hatte, im Unterschied etwa zur französischen Monarchie, sich nicht um sprachpolitische Lorbeeren bemüht. Das wurde anders, seit Berlin, in der Mitte des klassischen »Sprachdreiecks« Weimar-Königsberg-Göttingen gelegen, mit der Gründung der Universität und dem politischen und literarischen Wirken der Reformer in mancher Hinsicht zum Erben der großen deutschen Sprachkultur wurde, die von Aufklärung und Klassik erarbeitet worden war. Die neue Kraft der deutschen Bildungssprache erfüllte und vereinigte Preußen und wirkte in die Zukunft, unabhängig von dem Scheitern dieser oder jener Reformen.

Die zentralen Regierungsbehörden waren in Berlin in der Epoche des Staatskanzlers Karl August Fürst von Hardenberg dauerhaft modernisiert worden. Die Einführung eines Ministerialsystems bedeutete mehr als eine Rationalisierung der Spitzen der Bürokratie; die Minister waren von nun an mehr als nur Befehlsempfänger; der Monarch konnte, ob er wollte oder nicht, nicht mehr auf die politische Verantwortlichkeit seiner Minister verzichten. »Nicht staatsrechtlich, aber durch die legalisierende Kraft der Institution war seit der Einführung des Ministerialsystems der monarchische Absolutismus gebrochen.«[23] Das blieb so, auch als nach Hardenbergs Tod das Kanzleramt mit seiner Leitungsfunktion innerhalb der Minister nicht weitergeführt wurde. Spitze und Abschluß der Behördenreform nach oben war der Staatsrat, den Hardenberg 1817 als eine Beratungskörperschaft des Königs und der Regierung einrichtete. Ihm sollten neben den Prinzen des königlichen Hauses die höchsten Beamten, die kommandierenden Generäle und 34 weitere, vom König berufene Mitglieder angehören. Auch hier, wie in Österreich, war das napoleonische Modell wirksam. Doch anders als in Wien entfaltete der preußische Staatsrat als eine Art von »Beamtenparlament« eine erhebliche Tätigkeit. Zudem besteht kein Zweifel, daß der Staatsrat von Hardenberg und seinen Gesinnungsgenossen ursprünglich nicht als ein Ersatz für die vom König versprochene »Nationalrepräsentanz« gedacht war, sondern als eine komplementäre Einrichtung im Sinne der liberalen Bürokratie.

Nach unten war die Verwaltungsreform bereits abgeschlossen. Neben der Erneuerung der städtischen Selbstverwaltung bildete die Landratsverfassung der ländlichen Bezirke nach wie vor eine starke Bastion der Rechte und Interessen des Adels. Diese Doppelgesichtigkeit der unteren Verwaltung – zwischen neuem bürgerlichen *self-government,* bürokratischem Zentralismus und alter Adelsherrschaft – entsprach dem Kompromißcharakter der Reform und dem gesellschaftlichen Kräfteverhältnis. Selbst im Westen Preußens konnte von einer bestimmenden Rolle des aufsteigenden Bürgertums nicht die Rede sein, geschweige denn in den Ostprovinzen. Die Neueinteilung der Provinzen und die selbständige Stellung der Oberpräsidenten an der Spitze der Provinzialregierungen ermöglichte von nun an, und seit 1826 in stärkerem Maße, das Entstehen neuer regionaler Traditionen.

All das bedeutete keinen Schritt zu einer »Verbürgerlichung« des preußischen Staates. Insgesamt stieg nach 1820 sogar der Anteil des Adels auf der mittleren und unteren Verwaltungsebene; insbesondere die Stellenreduktion im Zuge der Sparmaßnahmen seit 1825 ging fast nur auf Kosten bürgerlicher Beamter.[24]

Für die weitere Entwicklung kam nun viel auf den Ausgang der umstrittenen Verfassungsfrage an. Gegen das Verfassungsversprechen des Königs und die Hoffnungen der Patrioten und der liberalen Öffentlichkeit stand die starke und immer stärker werdende Opposition der altständischen Kräfte. Deren Verteidigung der Privilegien des Adels richtete sich natürlich nicht nur gegen ein modernes Verfassungswerk, das die Tendenzen zur Rechtsgleichheit und zur politischen Aufwertung des Bürgertums verstärkt hätte. Die Fronten von liberalem Reformwollen, ständischer Interessenpolitik, bürgerlicher Emanzipation und »bürokratischer Revolution« überschnitten sich gerade in dieser Spätphase der Reform auf schwer durchschaubare Weise. Hardenberg hatte schließlich nicht nur den altständischen Widerstand und die reaktionäre Hofclique gegen sich, sondern auch eine Gruppe entschiedener Reformer um Humboldt, Beyme und Boyen.

Die Bewertung der Politik Hardenbergs in diesen Jahren nach 1817, als die Verfassungsberatung ins Stocken kam, ist bis heute umstritten. Hat er weiterhin für seine Konzeption einer liberalen Verfassung gekämpft oder nur um seine politische Macht? Ist auch er schon seit dem Wartburgfest 1817 auf eine antiliberale Pressepolitik und eine Verfolgung der »Demagogen«, die eben noch seine Bundesgenossen waren, eingeschwenkt?[25] Warum hat Preußen unter Hardenbergs Führung 1819 so rasch und anscheinend widerstandslos die von Metternich forcierte reaktionäre Wendung akzeptiert und mitvollzogen?

Was im Bereich von Agrarverfassung, Handel, Gewerbe, Steuer und Staatsfinanzen durch die preußische Reformbürokratie erarbeitet worden war, blieb erhalten, auch als das Verfassungswerk gescheitert war und das Pendel noch stärker zur antiliberalen Seite ausschlug. Die Bauernbefreiung wirkte weiter in Richtung zunehmender Mobilität und einer kapitalistischen Umformung der Agrarverhältnisse. Die Gewerbefreiheit war zwar nur in abgestufter Form verwirklicht worden, aber mit der neuen Zollgesetzgebung von 1818, die erstmals ein einheitliches Wirtschaftsgebiet für Preußen schuf, und mit einer fortschrittlichen Gewerbepolitik waren schon die Weichen für das Entstehen eines wirtschaftlich unerhört starken Staates gestellt. Dem entsprach die vorzügliche Entwicklung der Staatsfinanzen. Zwar stieß die preußische Steuergesetzgebung ebenso wie die österreichische auf den harten Widerstand der ständisch verfaßten Privilegien, aber die Reformbürokratie war 1818/20 mit der neuen »Klassensteuer« einen Schritt zu einer modernen Einkommenssteuer gegangen und hatte den Anteil der direkten Steuereinnahmen gegenüber den indirekten erheblich gesteigert.[26] Auch in Berlin waren die Folgen der Napoleonischen Zeit zu spüren; die preußische Staatsschuld betrug 1823 nahezu 217,25 Millionen Taler. Doch anders als in Österreich konnte trotz ständig hoher Militärausgaben (zeitweilig 45 Prozent des Gesamtbudgets) im Laufe der folgenden Jahre der Haushalt durch steigende Einnahmen, eine günstige Anleihepolitik und rigorose Sparmaßnahmen saniert werden.

Die politisch-soziale Wirklichkeit, die aus der preußischen Reformzeit hervorging, ist bis heute umstritten. Von westeuropäischen Modellen der Modernisierung und des »bürgerlichen Zeitalters« aus gesehen, mußte man das Resultat skeptisch beurteilen: »Das preußische System war reorganisationsfähig, aber nicht in dem Maße reform- und erneuerungsfähig, daß es später mit langem Atem und erfolgreich den Weg in den Industriekapitalismus und ins bürgerliche Zeitalter hätte weisen können« (Puhle).[27] Betrachtet man die Entwicklung im gesamteuropäischen Vergleich oder gar von Österreich her, so sieht das anders aus. Führte denn überhaupt irgendwo ein erfolgreicherer Weg in den Industriekapitalismus als gerade in Preußen-Deutschland? Allerdings, ein bürgerliches Zeitalter, im Sinne einer von den bürgerlichen Idealen geprägten politischen Kultur, ist auf dem preußischen Wege nach 1820 weder gewollt noch erreicht worden. Das aber bestimmt nun die unverkennbaren Grenzen und Chancen des neuen Preußen.

Das alte Preußen hatte Macht und Aufstieg vor allem seiner Armee verdankt. Demgemäß war die Heeresreform ein zentrales Ziel gerade der radikalen Gruppe um Scharnhorst und Boyen. Hier ging es nicht nur um die technische, organisatorische und strategische Modernisierung; die Frage war, ob und wie ein solch hochentwickeltes Machtinstrument in ein freiheitliches System politischer Selbstbestimmung eingeordnet werden konnte. Dies Problem kam in Hegels Philosophie nicht vor. Doch es erwies sich als ein Angelpunkt für das Gelingen oder Nichtgelingen einer neuen politischen Kultur in Deutschland.

Wie nachhaltig die reaktionäre Wende von 1819/20 auch im militärischen Bereich wirkte, zeigt gerade der Blick auf das Schicksal des schärfsten Kopfes unter den Heeresreformern, auf Carl von Clausewitz (1780–1831). Er stammte nicht aus der alten preußischen Aristokratie, sondern aus einer »obskuren« Familie des magdeburgischen Kleinadels. Zwölfjährig in die Armee eingetreten, wurde er später zum engsten Mitarbeiter von Scharnhorst und Gneisenau und zum großen Systematiker der neuen Strategie des Volkskrieges und der Massenheere. Die idealistische Kultur der Zeit erfaßte ihn ganz; eine hingebungsvolle Tätigkeit mit »der verzehrenden Glut« als »Werkzeug der Vorsehung« widmete er dem Aufbau eines Volksheeres. Die Überzeugung, daß der Krieg »Sache des Volkes« und nicht »Geschäft der Regierung« sei, machte Clausewitz nach 1815 als Jakobiner verdächtig. Er verlor allen Einfluß. Als ausrangierter General schrieb er 1816 bis 1830 das epochemachende Werk »Vom Kriege«, das die gesamte moderne Kriegstheorie bis Lenin und Mao tief beeinflußt hat: Der Krieg ist ein Akt der Gewalt, um den Gegner zur Erfüllung unseres Willens zu zwingen; doch »die politische Absicht ist der Zweck, der Krieg nur das Mittel, und niemals kann das Mittel ohne Zweck gedacht werden.« Wer aber – so muß man fragen – bestimmt denn die politische Absicht, wer bestimmt, was »unser Wille« will? Gewiß ist Clausewitz auch in der bitteren Resignation nach 1819/20 seinen ursprünglichen, freiheitlichen Ideen nicht untreu geworden: die Politik ist »nichts an sich; ... wir können hier die Politik nur als Repräsentantin der ganzen Gesellschaft betrachten«. Aber gerade da fällt auf, wie sehr das Scheitern der politischen Freiheitsbewegung in Preußen auch die Gewichte in der Kriegsphilosophie verschoben hat: alles, was den Krieg als Mittel angeht, ist von Clausewitz mit äußerster Schärfe ausgearbeitet; was jedoch den Zweck und die politische Willensbildung betrifft, ist unscharf, blaß und sogar ausweichend gehalten. So war es kein Zufall, daß der von Clausewitz geforderte »absolute Krieg« über Generationen hinweg in Perversion und Wahnsinns-Diktatur mündete.

Die Entscheidung zwischen »Volksheer« und »Königsarmee« – um es vereinfacht auszudrücken – fiel endgültig erst unter Bismarck. Aber sie war langfristig vorbereitet durch das Scheitern wesentlicher Teile des militärpolitischen Reformkonzeptes; es blieben nur jene Teile, die der Steigerung der technischen und disziplinären Leistung dienten. Als besonders wichtig erwies sich dabei die gesellschaftspolitische und militärische Disponibilität des Adels.

Der vergleichende Blick auf die Sozialgeschichte des europäischen Adels im 19. Jahrhundert und auf die unterschiedlichen Formen seiner Integration in die jeweilige »Nationalgesellschaft« zeigt in aller Deutlichkeit das Problem der Verflochtenheit von Adel, Heer und Staat in Preußen. Nicht so sehr das Fortbestehen und die Verstärkung adeliger Standespolitik und Agrarinteressen machten das Besondere des preußischen Modells aus; das gab es damals in ähnlicher Weise auch anderswo in Europa. Aber entgegen den Zielen der Reformer wurde die herkömmliche Stellung und Funktion des Adels in der Armee (natürlich verflochten mit seinen Interessen in Wirtschaft und Bürokratie) nun zum Ansatzpunkt einer monarchischen Disziplinierung nach innen (im Stil des *Ancien Régime*) und einer absolutistisch gesteuerten Machtmobilisierung nach außen (mit den Mitteln der modernsten Industrie). So treten die unterschiedlichen Chancen, die aus dem unvollständigen Reformwerk folgten, in großer Schärfe hervor: der eingeschlagene Weg führte zwar zu der kapitalistisch-technischen Mobilisierung höchster Kräfte, nicht jedoch zu jener Entfaltung politischer Kultur in Deutschland, die den Hoffnungen der Reformepoche entsprochen hätte.

Das dritte Deutschland

Die mittleren und kleineren Staaten des Bundes präsentierten eine außerordentliche Vielfalt altfundierter und erst durch Napoleon und dann durch den Wiener Kongreß geformter politischer Zustände. Die Souveränitätsrechte, die durch die Bundesverfassung jedem einzelnen der Fürsten und freien Städte zugesichert waren, schrieben höchst unterschiedliche Größen-, Herrschafts- und Verfassungsverhältnisse fest. Der folgende Überblick schildert die Zustände im Jahr der Karlsbader Beschlüsse (1819). Dies macht insofern einen Unterschied aus, als im Laufe der vier Jahre seit der Bundesgründung sich die Differenzierung zwischen den norddeutschen Gebieten mit einer noch ganz überwiegend agrarisch-konservativen Struktur und mit einer altständischen Orientierung und den süddeutschen Staaten, die sich moderne Verfassungen gaben, immer weiter ausprägte.

Die drei Hansestädte Bremen, Hamburg und Lübeck sowie Frankfurt, das gleichfalls als »freie Stadt« ein selbständiges Bundesmitglied war, hatten ihre alten Verfassungen mit einigen liberalen Zugeständnissen modernisiert. In Mecklenburg, Hannover und Sachsen blieb die altständische Adelsmacht einstweilen noch erhalten. Während in Kurhessen die Verfassungsbewegung keine dauerhaften Erfolge erzielte, wurde in Sachsen-Weimar von Goethes Freund, dem Großherzog Karl-August, schon 1816 eine liberale Verfassung eingerichtet;[28] es folgten Baden (1818), Bayern (1818), Württemberg (1819) und Hessen-Darmstadt (1820). Gerade in den süddeutschen Staaten waren diese vergleichsweise modernen, dem westeuropäischen Repräsentativsystem angenäherten Verfassungen nicht nur Zugeständnisse an den liberalen Zeitgeist, sondern sie entsprachen auch dem staatlichen Interesse an einer Integration der neuen, erst 1815 endgültig gesicherten Territorialverbände.

Die politisch-konstitutionelle Realität, die bis 1819/20 als Ergebnis eines wechselvollen Ringens liberaler, bürokratischer und altständisch-konservativer Kräfte in einer Reihe deutscher Staaten entstand, war weit von einem parlamentarisch-demokratischen System entfernt. Um die damaligen Zustände in ihrer eigenartigen Mischung von altertümlichen und modernen Zügen zu verstehen, muß man auf Wahlsystem und Wahlrecht blicken, auf die Fragen der Selbstverwaltung und auf die Stellung der Standesherren, der früher reichsunmittelbaren, jetzt mediatisierten Fürsten- und Grafenhäuser. Die neuen Verfassungen schufen überall ein Zweikammersystem.[29] Für die erste Kammer gab es im allgemeinen kein Wahlrecht, ihre Mitglieder wurden durch das Erbrecht (Adel), durch die Amtsstellung oder durch landesherrliche Ernennung bestimmt. Für die zweite Kammer galt im allgemeinen die Wahl der Abgeordneten. Doch auch hier herrschten mannigfache Formen der Einschränkung und viele spezielle Regelungen. Überall war das passive wie auch das aktive Wahlrecht an Besitz gebunden; Frauen waren ganz ausgeschlossen. Das Wahlalter war hoch, und in den vier süddeutschen Staaten war die Wahl überdies indirekt. Zwischen die Urwähler und den Landtag schob sich eine Schicht von Wahlmännern. Ein Beispiel für die Zusammensetzung einer solchen Abgeordnetenkammer sind die Angaben über die ersten Wahlen zur zweiten Kammer in Bayern (1818/19):[30]

a) Klasse der Gutsbesitzer mit Gerichtsbarkeit: 14 Adelige
b) Klasse der Universitäten: 3 Professoren
c) Klasse der Geistlichen: 9 katholische, 5 protestantische Geistliche
d) Klasse der Städte: 25 Abgeordnete, darunter 4 Adelige, 1 Bankier, 17 Bürgermeister, Rats- und andere Beamte, 3 Kaufleute, 1 Apotheker, 1 Holzhändler
[Unstimmigkeit in den Zahlen!]
e) Klasse der Landeigentümer ohne Gerichtsbarkeit: 25 Gutsbesitzer (darunter 3 Adelige), 2 Bauern, 14 Brauer, 6 Gastwirte, 2 Glasfabrikanten (darunter 1 Adeliger), 1 Papierfabrikant, 1 Müller, 1 Weinhändler, 4 Beamte

Durchweg galt das Prinzip des »freien Mandats«: die Abgeordneten sollten als Vertreter des ganzen Landes, nicht des jeweiligen Wahlbezirks gelten; sie waren gehalten, nach eigener Überzeugung, nicht nach Auftrag oder Instruktion zu handeln. Die Immunität der Abgeordneten war prinzipiell gesichert. Wie wenig das aber in der Praxis besagte, wurde bald im Fall des Vorgehens der württembergischen Behörden gegen Friedrich List deutlich.[31]

Die Praxis der Wahlen und der Abgeordnetentätigkeit im süddeutschen Frühkonstitutionalismus wirkte angesichts der hochgespannten Verfassungsformulierungen ernüchternd. Das betrifft schon die Prozentziffern der wahlberechtigten Bevölkerung. Eine Schätzung für Bayern, die sechs Prozent nennt, dürfte eher zu hoch als zu niedrig liegen. Ganz eindeutig fällt der Befund hinsichtlich der vielfachen Eingriffsmöglichkeiten der staatlichen Bürokratie aus. Und dort, wo es noch Unabhängigkeit von der Bürokratie gab, etwa im Bereich des Adels, ließen andere Momente eine antigouvernementale Politik mit längerem Atem erst gar nicht aufkommen.

Unentschieden und widersprüchlich blieb auch die Modernisierung der gemeindlichen und regionalen Selbstverwaltung. Karl-Georg Faber hat das zutreffend formuliert: »Die Schwierigkeiten der konstitutionellen Praxis beruhten nicht nur darauf, daß repräsentative Verfassungselemente, die der nachrevolutionären Ordnung Frankreichs und Englands entlehnt waren, dem ungebrochenen System der absolutistischen Verwaltung und einer halbfeudalen Sozialstruktur aufgepfropft worden waren. Ebenso schwerwiegend war das Fehlen eines institutionellen Unterbaus in der Form moderner Einrichtungen der regionalen und kommunalen Selbstverwaltung. Dieser Mangel, der das Ergebnis des Abbaus älterer, zum Teil korrupter städtischer und ländlicher ›Freiheiten‹ durch die Bürokratie des späten Absolutismus in den Rheinbundstaaten war, wurde von verfassungsfreundlichen Reformbeamten durchaus anerkannt.«[32] Die bayerische Verfassung enthielt die Grundsatzerklärung: »Wiederbelebung der Gemeindekörper durch die Wiedergabe der Verwaltung der ihr Wohl zunächst berührenden Angelegenheiten.«[33] In der württembergischen Verfassung handelte ein ganzer Abschnitt »Von den Gemeinden und Amtskörperschaften«.[34]

Im Kräftespiel von spätabsolutistischer und französisch-rheinbündischer Zentralisierungspolitik und den mitunter vom englischen *self-government* angeregten Ideen einer »Freiheit von unten«, wie sie insbesondere in den preußischen Reformen des Freiherrn vom Stein wirksam waren, kam es nach 1815 zu unterschiedlichen Entwicklungen. In Bayern gab das Edikt vom 17. Mai 1818, das zum Teil der Steinschen Städteordnung nachgebildet war, den Gemeinden einen etwas weiteren Wirkungskreis, unterstellte sie aber einer strengen Aufsicht durch die staatlichen Instanzen. Ähnlich ambivalent wirkten die württembergische und die hessische Gemeindeordnung (1818/22 und 1829), die zwar das kommunale Wahlrecht demokratisierten, aber zugleich die Staatsaufsicht erweiterten. Noch bruchstückhafter waren die Ergebnisse im Bereich dessen, was heute regionale oder landschaftliche Autonomie heißt. Daß es nach 1815 selbst in den süddeutschen Verfassungsstaaten nicht zur Schaffung des fehlenden »institutionellen Unterbaus« in einer freiheitlichen Weise kam, hatte gewiß mehrere Gründe. Deutlich ist jedenfalls, daß gerade in diesen Bereichen, die durch das bestehende Verfassungsrecht noch viel weniger ausgestaltet waren als der parlamentarische Rahmen der Landtage, die restaurative Wende vom Bund her lähmend und in antiautonomistischer Richtung auf die einzelnen Staaten einwirkte. Zudem lag von Anfang an die Schwierigkeit darin, daß es fast überall der Staat war, also eine Initiative von oben, die nach dem Ende der alten, vielfach verknöcherten Formen kommunaler und regionaler Autonomie tätig wurde, noch dazu in einem sozusagen regelwidrigen, da auf Selbstbeschränkung der bürokratischen Allmacht gerichteten Ansatz. Besonders folgenreich wurden die Gegensätze zwischen einer an lokalen und sozialen Sonderinteressen orientierten Gemeindepolitik und der »modernen« staatlichen Verwaltung.

»In dem Maße, in welchem unter dem Einfluß des demographischen Druckes und des Pauperismus das Interesse der lokalen Oberschicht wuchs, ihre Gemeinden durch die Beschränkung der Bürgeraufnahme und durch die Rückkehr zu oder, wo sie noch bestanden, durch die verschärfte Handhabung der Zunftordnungen nach außen abzuschirmen, bediente sich die Bürokratie wieder unter Berufung auf das Staatswohl des Mittels der Reglementierung oder der Durchlöcherung örtlicher Statuten auf dem Verordnungswege. Dies führte seit der Mitte der zwanziger Jahre in Hessen-Darmstadt, Württemberg und Bayern zu einem regelrechten Kleinkrieg zwischen Zünften, Gemeinderäten und der staatlichen Verwaltung, der vor allem auf dem Felde des gewerblichen Konzessionswesens und des Heimatrechtes ausgefochten wurde und in der Regel mit einem Sieg der Administration, das heißt mit einer erneuten Einengung des politischen Spielraums der Selbstverwaltungsorgane endete« (Faber).

Ein Sonderproblem der deutschen Sozial- und Rechtsgeschichte nach 1815 war die privilegierte Stellung der ehemals reichsunmittelbaren Fürsten- und Grafenhäuser.[35] Das betraf in erster Linie die mittleren und kleineren Staaten des dritten Deutschland; für Österreich, das kaum weltliche Herrschaften mediatisiert hatte, existierte diese Frage nur am Rande, Preußen hatte damit nur in seinen neuen, westlichen Landesteilen zu tun. Da es sich hier um starke Einschränkungen des modernen Staatsprinzips der Rechtsgleichheit aller Bürger handelte, schlugen diese Probleme des Fortbestandes ausgedehnter feudaler »Unterlandesherrschaften« unmittelbar auch in der Frage des fehlenden institutionellen Unterbaus der liberalen Verfassungsentwicklung zu Buche.

Der Artikel 14 der deutschen Bundesakte sicherte den etwa achtzig Familien des Hochadels, die mit dem Ende des alten Reiches ihre Stellung als selbständige Landesherren verloren hatten, eine Reihe von Sonderrechten. Diese Bestimmungen zeichneten sich nicht durch besondere Klarheit aus. Die energische Interessenvertretung der »Standesherren«, wie man diese Gruppe nun zu nennen pflegte, führte bald zu langwierigen Auseinandersetzungen mit der jeweiligen staatlichen Bürokratie und dem Bund. Dabei lag der Konfliktstoff weniger in den persönlichen Rechtsverhältnissen dieser Familien (Titel, privilegierter Gerichtsstand, Ebenbürtigkeit mit den regierenden Häusern und dergleichen), als vielmehr in dem zugesicherten Fortbestand weitgehender richterlicher und exekutiver Kompetenzen im Bereich ihrer Besitzungen. Das ging weit über die ja auch sonst fortbestehende Grund- oder Gutsherrschaft hinaus. Größere Standesherrschaften, die etwa in Baden, Hessen oder Württemberg erhebliche Teile des Staatsgebietes umfaßten, verfügten über einen eigenen Beamtenstab; de facto wurden sie der allgemeinen Staatsverwaltung mehr oder weniger unzugänglich.

Das Bestehen solcher sozialer und politischer Ungleichgewichte bedeutete eine Hypothek aus der feudalen Vergangenheit Deutschlands. Aber manche Standesherrschaften waren Zentren der wirtschaftlichen Modernisierung und auch Stätten bedeutender regionaler Kulturpflege, zum Beispiel Fürstenberg in Donaueschingen. Auch übernahmen manche Angehörige dieser Familien hohe Staatsämter, wobei die politische Orientierung rechts wie links liegen konnte. Fürst Wilhelm Ludwig von Sayn-Wittgenstein war als preußischer Minister Metternichs reaktionärer Partner, Fürst Karl von Leiningen trat 1848 als erster Ministerpräsident an die Spitze der Paulskirchenregierung. In mancher Hinsicht hat das Fortbestehen feudaler Vorrechte allerdings die personelle und kulturelle Integration des deutschen Adels in die sich formierende Nationalgesellschaft mehr gehindert als gefördert. Vergleiche mit der nationalen Integration des Adels in Frankreich und England, aber auch in Italien machen das wahrscheinlich. Auch in diesem Bereich deutschen Lebens hatte der Rückschlag von 1819/20 und die folgende Blockierung der nationalen Integration eine retardierende Wirkung.

Die Anfänge des Bundes und die deutsche Frage

Österreich, Preußen und die Vielzahl der mittleren und kleineren Bundesstaaten begegneten einander in den Verhandlungen der Bundesversammlung zu Frankfurt, die am 5. November 1816 mit einer feierlichen ersten Sitzung eröffnet wurde.[36] Als zentrales Organ eines Staatenbundes war der Bundestag ein Gesandtenkongreß; seine Mitglieder vertraten die einzelnen Regierungen und hielten sich an die von ihnen jeweils einzuholenden Instruktionen. Diese Weisungsgebundenheit brachte eine erhebliche Schwerfälligkeit in die Beratungen, schloß allerdings einen gewissen Spielraum autonomer Willensbildung nicht aus. In Metternichs Instruktion für den österreichischen Präsidialgesandten, Graf Buol-Schauenstein, vom Jahre 1816 wurde sogar ausdrücklich darauf hingewiesen: es gehe der Regierung darum, dem Gesandten »möglichst freien Spielraum der eignen individuellen Würdigung zu überlassen«. Ab 1818 verstärkte sich aber Metternichs Mißtrauen gegen »les Messieurs de Francfort«; im Zuge der reaktionären Wende, die seit den Karlsbader Beschlüssen die Bundespolitik prägte, wurde der Spielraum der Bundestagsgesandten immer weiter eingeengt.

Unter dem Vorsitz der Präsidialmacht Österreich tagte die Bundesversammlung entweder in Form der »Engeren Versammlung« (des »Engeren Rates«) oder als Plenum. Der Unterschied lag in der Zahl und der Stimmverteilung. Der Engere Rat, der in den meisten Fällen zuständig war, zählte 17 Stimmen. Elf Staaten führten je eine selbständige Stimme (»Virilstimme«): außer Österreich und Preußen die vier Königreiche Bayern, Sachsen, Hannover und Württemberg, ferner Baden, Kurhessen, Hessen-Darmstadt, Holstein und Luxemburg. Die restlichen sechs Stimmen standen als sogenannte »Kuriatsstimmen« jeweils mehreren Bundesstaaten gemeinsam zu:

12. Stimme: sächsische Fürstentümer
13. Stimme: Braunschweig, Nassau
14. Stimme: Mecklenburg-Schwerin, Mecklenburg-Strelitz
15. Stimme: Oldenburg, Anhalt-Dessau, Anhalt-Bernburg, Anhalt-Cöthen, Schwarzburg-Sondershausen, Schwarzburg-Rudolstadt
16. Stimme: Hohenzollern-Sigmaringen, Hohenzollern-Hechingen, Liechtenstein, beide Linien Reuß, Schaumburg-Lippe, Lippe, Waldeck, Hessen-Homburg
17. Stimme: Bremen, Frankfurt, Hamburg, Lübeck

Bei den gemeinsamen Stimmen wechselten die stimmführenden Bundestagsbevollmächtigten turnusmäßig ab; die Mehrheit der beteiligten Regierungen entschied (bei Stimmengleichheit der stimmführende Staat). Im Engeren Rat galt die einfache Mehrheit, bei Stimmengleichheit entschied der Vorsitzende, also Österreich. In der Vollversammlung war jedes Bundesmitglied stimmberechtigt vertreten; die größeren Staaten hatten je vier Stimmen, die mittleren drei beziehungsweise zwei Stimmen. Das ergab 69 Stimmen. Die Stimmverteilung war in beiden Fällen – Engerer Rat und Plenum – entgegen den ursprünglichen Vorschlägen Österreichs und Preußens so, daß die beiden Großstaaten auch zusammen mit den vier Königreichen den Rest nicht majorisieren konnten. So war also ein Hegemonialsystem ebenso ausgeschlossen wie ein Kondominat der beiden Großmächte.

Die äußeren Verhältnisse des Bundestags waren und blieben denkbar einfach. Man saß im Taxisschen Palais in der Eschenheimer Gasse zur Miete; bis 1866 hat es der Bund – ganz im Unterschied zu den zum Teil aufwendigen Landtagsgebäuden in den Einzelstaaten – nicht zu einem eigenen Haus gebracht. Auch der bürokratische Aufwand war bescheiden und wurde nur zögernd erweitert. Es gab einen Direktor der Präsidialkanzlei, als Protokollführer zunächst einen Registrator und Protokollisten, dann noch zwei Kanzlisten und zwei Pedelle; später kamen noch ein Inspektor, ein Sekretär, ein Kanzlist und fünf Diener dazu. Rechnet man das Büropersonal der 1819 eingerichteten Militärkommission dazu, so kommt man für die Zentrale des Deutschen Bundes auf einen Bestand von 27 Kanzleibeamten.

Die Räumlichkeiten waren eng und bescheiden ausgestattet. Als

Nicht den überschwenglichen Hoffnungen der »Patrioten«, sondern den Weisungen ihrer jeweiligen Landesherren waren die Gesandten des Deutschen Bundestages verpflichtet, die sich um den »unermeßlichen runden Tisch« in Frankfurt versammelten.

Sitzung des Deutschen Bundestages in Frankfurt am Main, 1817

auffallend wird in den zeitgenössischen Schilderungen nur der »unermeßliche runde Tisch« im Sitzungssaal beschrieben, um den die Gesandten in einer festgelegten Rangfolge Platz nahmen. Auch hinsichtlich des damals so wichtigen Wappen- und Siegelwesens galt äußerste Zurückhaltung. Bei Ausfertigungen bediente sich der Bund bis 1848 des Wappens und Siegels der Präsidialmacht mit der Umschrift: »Kaiserlich Österreichische Bundespräsidialkanzlei«. Bezeichnenderweise wurde erst im März 1848 ein eigenes Bundeswappen geschaffen: der alte Reichsadler mit der Umschrift »Der Deutsche Bund«.[37]

Diese Zurückhaltung der Zentrale bedeutete jedoch nicht, daß die einzelnen Bevollmächtigten - mit dem diplomatischen Status von Gesandten - nicht mitunter einen erheblichen gesellschaftlichen und geschäftlichen Aufwand trieben. Im ersten Stockwerk des Taxisschen Palais lag die prächtig ausgestattete Dienstwohnung des österreichischen Präsidialgesandten. Es kam aber nicht nur auf das jeweilige staatliche Repräsentationsbedürfnis, sondern auch auf die Person des Gesandten an. Am Anfang legten die Regierungen Wert darauf, bedeutende Persönlichkeiten an den Bundestag zu entsenden; dem Freiherrn vom Stein wurde sowohl von Preußen wie von Österreich die Stelle eines Bundestagsgesandten angeboten[38] (er lehnte beide Male ab). Nach 1820 wandelte sich das Bild; die Einzelstaaten wollten jetzt vor allem genaue Ausführung ihrer Weisungen am Bundestag. Dem entsprach die Entsendung zuverlässiger, diplomatischer Erfüllungsgehilfen mit konservativer Gesinnung, was ein erhebliches gesellschaftliches Gepränge nicht auszuschließen brauchte. Erst die politischen Konfrontationen nach 1850 schufen auch in Frankfurt eine neue Atmosphäre. Viel ging dabei von Bismarck aus, der den gravitätischen, von Österreich umständlich, aber zielbewußt gesteuerten Mechanismus wie ein Hecht im Karpfenteich durcheinanderbringen sollte.

Als in Wien 1815 die Bundesverfassung endlich unter Dach und Fach gekommen war, schrieb Johann Smidt, der Gesandte Bremens, aufatmend nach Hause: »Der gemeinschaftliche Bund ist nun doch einmal geschlossen, es ist doch jetzt ein Centralpunct der deutschen Nationalbestrebungen vorhanden.«[39] Blickt man auf die

Das Thurn und Taxissche Palais blieb das bescheidene Domizil der deutschen Bundesversammlung Zeit ihres Bestehens; im Erdgeschoß fanden die Sitzungen statt, im Obergeschoß residierte der den Vorsitz führende österreichische Gesandte.

ersten Jahre des Bundes, so fragt sich jedoch, ob die Frankfurter Bundesversammlung von 1816 bis 1819 tatsächlich auf dem Wege war, als ein »Zentralpunkt der deutschen Nationalbestrebungen« zu wirken und die Hoffnungen in dieser Richtung wenigstens halbwegs zu erfüllen. Auf jeden Fall machte sich in den Jahren vor Karlsbad in Deutschland eine erstaunlich breite Palette von Meinungsgruppierungen und -tendenzen geltend, von ganz links bis ganz rechts, wobei hier Ausstrahlungen der idealistischen Philosophien Kants, Fichtes und Hegels deutlich wurden, dort die unterschiedlichsten Einflüsse der englischen und französischen Staatsphilosophie. Eine wichtige deutsche Sonderform stellte der bürokratische Liberalismus dar, der - nicht nur in Süddeutschland - Übergänge zwischen dem aufgeklärten Absolutismus und den neuen Impulsen eines konstitutionellen Frühliberalismus vermittelte und der nicht nur vom Bürgertum, das ja regional sehr unterschiedlich entwickelt war, sondern auch von Teilen des Adels und vor allem der hohen Bürokratie getragen wurde. Fast überall waren Einflüsse aus der Bildungswelt der Klassik und des Neuhumanismus greifbar, deren entschiedenere politisch-libertäre Wirkung möglicherweise ebenfalls durch die Ereignisse von 1819/20 abgeschnitten wurde.

Unter solchen Umständen trat der deutsche Nationalgedanke in unterschiedlichsten Formen und Amalgamierungen auf. Im konservativen Österreich verband er sich mit romantischen Erinnerungen an die mittelalterliche Kaiseridee und an die Impulse von 1809 und 1813/14; dort konnte er an den gemeinsamen Kampf gegen Napoleon und die französische Fremdherrschaft anknüpfen. Damals - 1809 - hatte sich das Manifest Erzherzog Karls an die deutsche Nation gewandt: »Unsere Sache ist die Sache Deutschlands. Mit Österreich war Deutschland selbständig und glücklich; nur durch Österreichs Beistand kann Deutschland wieder beides werden.«[40]

Neben den verschiedensten Ausprägungen föderativer und gemäßigt-liberaler Nationalgesinnung gab es in Ansätzen auch schon eine entschiedene Linke, die aber keineswegs homogen war. Zu ihr zählen manche Gruppen und Gestalten des südwestdeutschen Liberalismus, daneben die Turnbewegung um Jahn, vor allem aber jene studentischen Kreise, die unter dem Einfluß von Volkstumslehre, christlicher Erweckung und patriotischer Freiheitsliebe sich nach 1815 in neuen Gruppierungen zusammengeschlossen hatten. Die deutsche Burschenschaft wollte die Gesamtheit der deutschen Studenten im Sinne der Ideen von 1813 erfassen; sie hatte von Anfang an ihre Schwerpunkte in Mitteldeutschland und an den protestantischen Universitäten des Südens. Überhaupt fällt der protestantische Grundzug dieser neuen, zur nationalen Militanz neigenden Jugendbewegung auf. So wurden beim Wartburgfest am 18. Oktober 1817 sowohl die Reformation Luthers als auch der Jahrestag der Völkerschlacht von Leipzig gefeiert: die religiöse und die militärisch-politische Befreiung des deutschen Volkes traten sozusagen nebeneinander.

Der Druck der Regierungen führte dann sehr bald zur Radikalisierung von Minderheiten in der Burschenschaft und anderen Gruppierungen. Hinzu kam, daß angesichts der für viele »Patrioten« unbefriedigenden Entwicklung der deutschen Staatlichkeit Enttäuschung und Widerstandsgeist um sich griffen. Die Universitäten

Jena und Gießen wurden jetzt Zentren radikaler, sektiererischer Gruppen, die die Lehre vom Tyrannenmord diskutierten. In Gießen vertrat Karl Follen, Dozent der Rechtswissenschaft, einen aus den Ideen von 1789 entwickelten radikalen Nationalismus mit unitarischen und republikanischen Zügen.

Solche Programme eines gewaltsamen Umsturzes und des individuellen Terrors waren zwar auf kleine Gruppen beschränkt, die intellektuelle Ausstrahlung aber reichte weiter; der Gedanke des politischen Mordes aus religiös-ethischer Überzeugung, dessen Opfer 1819 der russische Staatsrat Kotzebue wurde, kam aus diesem Umfeld, wenn auch die überwiegende Mehrheit der burschenschaftlich organisierten Studenten allen Extremismen fernstand. Das neue ethisch-politische Bewußtsein einer heranwachsenden Generation stellte ein beachtliches Potential künftiger liberaler und

Seit dem Wartburgfest 1817 galt die Burg den Deutschen als Symbol der Befreiung, und so veranstalteten die deutschen Studenten im Juni 1848, als die revolutionäre Bewegung sich noch im Aufwind wähnte, hier ein Freiheitsfest.

nationaler Entwicklungen dar. Die burschenschaftliche Bewegung stand aber für mehr als für die akademische Jugend, sie gehörte zu der liberalen Offensive, die weit über die Universitäten hinausreichte: Neugründungen liberaler Zeitungen und Zeitschriften, breite Petitionsbewegungen, die Mobilisierung immer größerer Teile der Öffentlichkeit durch die einsetzenden parlamentarischen Arbeiten der süddeutschen Landtage – das alles verstärkte sich wechselseitig. Dagegen begann das restaurative Lager sich jetzt zu rüsten. Schon auf dem Aachener Kongreß der europäischen Großmächte 1818 legte der russische Staatsrat Graf Stourdza eine Denkschrift vor, die Preußen und andere Regierungen zum Vorgehen gegen die alarmierenden Zustände an den deutschen Universitäten aufrief.

Es scheint, daß Metternich selber durchaus zu unterscheiden wußte zwischen dem, was an den Universitäten und sonstwo brodelte, und den entschieden darüber hinausgehenden Strömungen. Für Österreich warf ja die Entwicklung der liberalen Kräfte im dritten Deutschland und auch in Preußen seit 1815 sehr prinzipielle Fragen auf. Sollte man, konnte man sich gegebenenfalls vom Bund trennen? Metternich selbst stand solchen isolationistischen Überlegungen fern, zu sehr betrachtete er den Bund als seine eigene Schöpfung und als Garanten der deutschen und europäischen Machtstellung Österreichs, allerdings den Bund, wie er seiner Meinung nach sein sollte, nicht so, wie er sich bis 1819/20 zu entwickeln schien. Kritik an den deutschen Regierungen und Ärger über die »Narren oder Verbrecher Deutschlands« wie Jahn, Arndt, Oken, Fries verband er mit einem geradezu emotionalen Bekenntnis zum Deutschen Bund: »Niemand hält mehr auf den Bund und respektiert ihn mehr als ich; ihn anzugreifen hieße mein eigenes Kind töten; denn so, wie er ist, und vor allem so, wie er sein sollte, gehört er mir.«[41]

Angesichts der liberalen Bewegungen in Deutschland betonten andere Politiker in Wien schon bald die Alternative einer Trennung vom Bund oder einer entschiedenen Herrschaft über Deutschland. Bereits im Februar 1817 hatte Fürst Schwarzenberg in einer Denkschrift gewarnt: »Die Kräfte, welche in den Nationen seit Jahrhunderten geschlummert haben, sind furchtbar aufgewacht; – sie haben das alte deutsche Reich mit seinen morschen Institutionen zertrümmert – sie werden den neuen Bund, wenn man ihn auf demselben lockeren Grund bauen wollte, im Keim ersticken. – Wir müssen uns entweder von Deutschland lossagen oder kräftig an seine Spitze treten wollen.« Es ist kaum möglich, die Stärke der innerösterreichischen Gruppierungen abzuschätzen, die damals ernsthaft eine Trennung von Deutschland erwogen. Manches deutet darauf hin, daß Metternich im Sinne dieser Alternative beträchtlichemDruck ausgesetzt war. Im Jahre 1819 hat sich Österreich aber dann doch dafür entschieden, dem Bund ein festeres Fundament zu geben. Es sollte für Deutschland wichtig werden, daß Österreich mit diesem festeren Bau sehr einseitige Vorstellungen verband.

3. Die Durchsetzungskraft der Reaktion 1819/20

August von Kotzebue, der Verfasser zahlreicher und viel gespielter Theaterstücke, zugleich russischer Staatsrat und in den Augen der radikalen Gruppen ein deutschfeindlicher »Spion«, empfing am 23. März 1819 in seinem Hause zu Mannheim den Besuch des Theologiestudenten Karl Ludwig Sand. Kaum entwickelte sich im Empfangszimmer ein Gespräch, zog Sand das Messer. Er hatte sich durch Anatomiestudien auf den Mord vorbereitet und traf Kotzebue ins Herz, dabei rief er aus: »Hier, du Verräter des Vaterlandes«. Ein anschließender Selbstmordversuch scheiterte, die Polizei verhaftete den Schwerverletzten, es folgten Untersuchungen. Dieser spektakuläre Akt eines politischen Mordes mit Märtyrergesinnung wurde der Anlaß weitreichender politischer Maßnahmen, mit denen die reaktionäre Wendung der deutschen Dinge begann.

Metternich und Kaiser Franz I. erreichte die Nachricht von dem Mannheimer Mord in Rom, so waren es zunächst die Regierungen der deutschen Mittelstaaten und Preußen, die auf den Vorfall reagierten. Vor allem Berlin, wo die Revolutionsfurcht des Königs schon seit langem von den reaktionären Gruppen am Hofe geschürt worden war, ergriff schärfste Maßnahmen gegen die angeblich umfassende Verschwörung. Das war der Auftakt zur endgültigen Absage an alle liberalen Kräfte in Preußen. Die öffentliche Meinung Deutschlands nahm Berlins Behauptung vom Bestehen einer großen Verschwörung überwiegend skeptisch auf; man sah, daß Sand ein Einzelgänger gewesen war, und auch ein Anschlag auf den nassauischen Präsidenten Ibell kurze Zeit darauf konnte bei ruhiger Bewertung nicht als Symptom einer großen terroristischen Bewegung gedeutet werden. Mit Recht hat die Forschung in Kotzebues Ermordung daher ein isoliertes Phänomen gesehen: »Anders als die italienische Einheitsbewegung ist die deutsche ohne Putsche und Attentate, ohne Gift und Dolch ihren Weg gegangen. Der politische Mord war dem Deutschen fremd; Sand blieb eine Ausnahme, er war ein kranker und belasteter Geist.«[42] Doch Berlin und Wien sahen es anders; auch wenn der Prozeß gegen den Mörder keinen Nachweis für kriminelle Auftraggeber ergab, wurde ein Klima der Revolutions- und Mordangst erzeugt. Die öffentliche Hinrichtung Sands am 20. Mai 1820 sollte ein Zeichen der Abschreckung sein; das Gegenteil trat ein. Nachdem die erwartete Begnadigung ausgeblieben war, hatte der behandelnde Arzt bescheinigt, daß der Delinquent von seinem Selbstmordversuch so weit hergestellt sei, daß die Hinrichtung vorgenommen werden könne. Sand trat ruhig unters Schafott und sprach als Abschiedsgebet die Worte Theodor Körners: »Alles Ird'sche ist vollendet und das Himmlische geht auf.« 1869 wurde an der Stelle der Hinrichtung ein Denkmal für Sand errichtet, in dem man einen Blutzeugen der nationalen Bewegung sehen wollte.

Währenddessen veränderte sich die politische Szene schnell und nachhaltig. Über Preußen rollte eine Welle der Verhaftungen und Hausdurchsuchungen bei Professoren, Studenten und allen Intellektuellen, die einer Tätigkeit für die »Umsturzpartei« verdächtigt wurden. In Berlin wurde im Juli 1819 unter anderen Friedrich Ludwig Jahn verhaftet, dessen Turnbewegung den Behörden schon längst verdächtig war. Die offizielle Erklärung lautete: »Jahn hat ... nicht allein dem gemessensten Verbot und seinen heiligsten Versicherungen entgegen, auf den Turnplätzen demagogische Politik getrieben, sondern auch fortgesetzt versucht, die Jugend gegen die bestehende Regierung einzunehmen und zu revolutionären und andern gefährlichen Grundsätzen, z. B. der bedingten Rechtmäßigkeit des Meuchelmordes der Staatsdiener, ... zu verführen.«[43] An der Berliner Universität wurden auch die Theologen Schleiermacher und de Wette überwacht, an der Universität Jena wurde Professor Oken, ein führender Kopf der burschenschaftlichen Bewegung, seines Amtes entsetzt. An der neugegründeten Bonner Universität erstreckten sich die polizeilichen Ermittlungen unter den

Professoren auch auf die Brüder Welcker und auf Ernst Moritz Arndt. Joseph Görres, der das Vorgehen der preußischen Behörden 1819 in seiner Schrift »Teutschland und die Revolution« scharf angriff, entzog sich der Verhaftung durch die Flucht nach Frankreich. Zug um Zug erfolgten Verbote von Zeitungen, Zeitschriften und Büchern und Maßnahmen gegen Universitäten und Studenten.

Das offizielle Signal zu diesen »Demagogenverfolgungen« gab am 13. Juli 1819 die preußische Staatszeitung: »Die an mehreren Orten, sowohl im Preußischen als in anderen Ländern, während der letzten Tage genommenen Maßregeln zur weiteren Ausmittelung entdeckter geheimer demagogischer Verbindungen und Umtriebe sind durch erhaltene höchst wichtige Beweise über das Dasein und die revolutionäre hochverräterische Tendenz derselben veranlaßt, und man hat selbst den vollständigen, mehrmals beratenen Entwurf einer dem deutschen Vaterlande zugedachten republikanischen Verfassung in Beschlag genommen ...«[44] Liberale Blätter formulierten sogleich Skepsis und Widerspruch; soweit reichte die Pressefreiheit immerhin noch, daß öffentlich vor der antirevolutionären Stimmungsmache gewarnt werden konnte. Das Oppositionsblatt »Nationalzeitung der Deutschen« kritisierte die Berliner regierungsamtliche Verschwörungsthese, und die liberalkonservative »Allgemeine Zeitung« übernahm diese Kritik:[45]

»Trotz der bedeutenden Äußerungen der preußischen Staatszeitung können wir uns doch noch nicht überzeugen, daß wirklich eine ›ausgebreitete und tief eingreifende‹ Verzweigung demagogischer Umtriebe statthaben sollte. Eine Republikanisierung Deutschlands! Wenn es auch Menschen gäbe, die sie wünschen möchten, so springt doch die Unausführbarkeit, unter den gegenwärtigen Verhältnissen Europas, zu sehr in die Augen, als daß wir nicht, zur Ehre des gesunden Verstandes in Deutschland, bei dem Glauben beharren möchten, daß nur wenige verrückt genug sein können, auf dergleichen einzugehen ... Gott gebe nur, daß die wirkliche oder eingebildete oder vorgespiegelte Furcht vor Revolution und Republikanisierung uns nicht um das bringe, was uns gewiß sicher stellt – um politische Reformen.«

Darum ging es jetzt in der Tat – um politische Reformen oder um ihre Verhinderung mittels nun künstlich geschürter Revolutionsfurcht. Daß jetzt der Verfassungsbewegung – in Preußen wie in anderen Bundesstaaten – zentrale Bedeutung zukam, war vielen bewußt. Die Zeitschrift »Zeitschwingen«, an der Ludwig Börne maßgebend beteiligt war, schrieb Ende Juli 1819: »Niemand glaubt an Verschwörungen, weil ihr Unternehmen offenbarer Unsinn wäre, aber Jedermann kennt den Abscheu gewisser Menschen vor einer konstitutionellen Ordnung der Dinge.«[46] Die Sorge vor einer Instrumentalisierung der Verschwörungsfurcht zum Schaden des eben erst begonnenen konstitutionellen Lebens reichte in Süddeutschland bis tief in das staatliche Establishment. Der bayerische Finanzminister Lerchenfeld, ein Exponent des liberalen Flügels der Bürokratie, betonte gegenüber dem Kronprinzen Ludwig den Zusammenhang zwischen Demagogenverfolgung und antikonstitutionellen Tendenzen. Die Verhaftungen seien Wasser auf der Mühle derer, »die schwarz sehend in den repräsentativen Verfassungen die größte Gefahr für alle Dynastien ... erblicken«.[47]

Bis Anfang August war Preußen auf dem Wege der Repression vorangegangen. Die reaktionäre Wendung seit der Ermordung Kotzebues schien auch eingeweihten Beobachtern durchaus von Berlin auszugehen. Fürst Hatzfeld, der preußische Gesandte in Brüssel, antwortete auf ein Rundschreiben des Außenministers Bernstorff, das die Missionen im Ausland im Sinne der Verschwörungsthese über die Verfolgungswelle informierte, mit freudiger Zustimmung: »Preußen ergreift eine schöne Initiative und giebt ein Beispiel, das bald befolgt werden wird.«[48] Dieser Eindruck war in der Öffentlichkeit vorherrschend: Selbst ein so kritischer Beobachter der österreichischen Szene wie Franz Grillparzer war noch zwanzig Jahre später der Meinung, Österreich habe sich in den Entscheidungssituationen von 1819/20 von Preußen »verlocken« lassen, »an die Spitze der antiliberalen Reaktion« zu treten. Damit aber habe - so Grillparzer - Metternich ohne innere Nötigung einen falschen Weg eingeschlagen, verhängnisvoll für das künftige Verhältnis Österreichs zu Deutschland, erklärbar vor allem aus der eigenen Beschränktheit des Staatskanzlers und aus dem verhängnisvollen Einfluß der reaktionären Ideologie des Friedrich von Gentz. In dem scharfsinnigen Rückblick, den Grillparzer zwanzig Jahre danach niederschrieb, mischt sich Richtiges und Falsches:[49] »Daß dieser Staatsmann [Metternich] unterließ, die gute Stimmung Deutschlands zu benützen, um die Reichskrone auf Östreich zurückzubringen, daran tat er recht. Denn dieses Haus ist unfähig der Träger einer großen Idee zu sein und wer nicht zu antworten weiß, handelt klug, der Frage aus dem Wege zu gehen. Daß er sich aber von Preußen verlocken ließ, Östreich an die Spitze der antiliberalen Reaktion zu stellen, Östreich, das bei der Gesinnung seiner Völker, der Streit gar nichts anging und er dadurch die Neigung Deutschlands in Haß und Abscheu verkehrte, das zeigt wie wenig großartig sein Blick von jeher war, eng auf die Kabinette beschränkt, und ohne Ahnung, daß die Zeit der Völker-Politik gekommen war. Hier fing auch offenbar der nachteilige Einfluß Gentzens auf ihn an. Dieser Mann von hellem Verstand, aber eine sybaritische, feige Natur, als Deutscher Pedant, trotz früherer Beweglichkeit, brachte durch den Einfluß seiner Unterhaltung die Idee von *System* in das mousseux der geistreichen Natur des Fürsten ... Von einem mehr weiblichen, als männlichen, denkenden Verstande (wie er in den diplomatischen Gesellschaften und Antichambern ausgebildet wird) hatte der Fürst seine bisherigen Sukzesse der augenblicklichen geschickten Benützung der Umstände zu verdanken. Nun kam ein neues Agens hinzu: *Prinzipien,* von denen er bisher nichts geträumt hatte. Dieses neue Element schmeichelte seiner Eitelkeit, weil es Würde und scheinbare Konsequenz in seine Handlungen brachte; seinen aristokratischen Neigungen, denn der Aushängschild hieß: Bestehen, Legitimität ...

Dieses Sich-Andichten und Vorlügen von Gesinnungen und Prinzipien hatte nur die üble Folge, daß à force de répétition der Fürst endlich anfing, seine eigenen Lügen zu glauben, was immer der Zeitpunkt ist wo der Betrüger in den Betrogenen übergeht ...

Die erste üble Wirkung dieses Hervorstellens legitimistischer Gesinnungen war, wie gesagt, daß es Preußen möglich wurde, den Haß des konstitutionellen Deutschlands von sich auf Österreich zu wälzen. Geschah dies nicht, so konnte die erstere Macht nie daran denken, unter dem Aushängschild eines Zollvereines die politische Suprematie über Deutschland vorzubereiten ...«

In diesem Rückblick Grillparzers von 1839, der aus tiefem, ohnmächtigem Widerspruch gegen das System Metternichs und seine Folgen für Österreich und Deutschland stammt, gehen tiefe Einsichten und ein schiefes Gesamturteil Hand in Hand. Metternichs außerordentliche diplomatische Leistungen im Dienste Österreichs sieht Grillparzer kaum, noch weniger die innere Situation Österreichs, die strukturellen Schwächen des Kaiserstaates, die einen »reformistischen« Wettbewerb mit dem übrigen Deutschland hinderten und Österreich auf den Weg der reaktionären Machtsicherung verwiesen, auch um Rußlands Einfluß auf Mitteleuropa abzublocken. Zwar analysiert Grillparzer das gewandelte Verhältnis von Praxis und Ideologie bei Metternich und damit den seit 1819/20 verstärkten Einfluß von Gentz bemerkenswert scharfsinnig, aber er verkennt die Lage, ein verführtes Österreich zu sehen, das sich von Preußen habe verlocken lassen, an die Spitze der antiliberalen Reaktion zu treten. Das Gegenteil war der Fall.

Nicht nur die vereinzelten radikalen Gruppierungen an den nord- und mitteldeutschen Universitäten, sondern auch die breiteren, keineswegs radikalen und deshalb ernster zu nehmenden liberalen Strömungen im eben erst begonnenen Verfassungsleben Süddeutschlands beunruhigten die Regierung Österreichs. Metternich hatte schon 1818 zu einem Vorgehen gegen den »verderblichen Geist« an den Universitäten angeregt; die Landtagsverhandlungen, die 1818/19 in Baden, Württemberg und Bayern in Gang kamen, wurden in Wien von vornherein mit dem größten Mißtrauen verfolgt.[50] Auch war sich Metternich schon vor Kotzebues Ermordung darüber im klaren gewesen, daß der Angelpunkt für jedes erfolgversprechende Vorgehen in Berlin lag, und angesichts der dortigen Kämpfe zwischen Reaktion und Reform hatte er sich schon im Herbst 1818 die antirevolutionäre Alles-oder-nichts-Ideologie zu eigen gemacht, die Gentz so nachdrücklich vertrat. Preußen – so schrieb der Staatskanzler am 14. November 1818 an den Minister Wittgenstein, das Haupt der Berliner Reaktionspartei –, Preußen müsse nun wissen, was es wolle: »Der König steht am Tage der Entscheidung. Sein Ausspruch kann ebenso den Triumph der Revolution über ganz Europa sichern, als er die Ruhe Preußens und die allgemeine zu retten und zu erhalten vermag.«[51] Ähnlich konnte man hinsichtlich der mittleren und kleineren Staaten des Bundes kalkulieren. Überall rangen bei unterschiedlichen Machtverhältnissen Kräfte des Beharrens und der Bewegung. Vom mächtigsten Bundesstaat, von Österreich, kam nun die Initiative, die den Ausschlag gab.

Als Metternich in Rom im April 1819 die Nachricht von der Ermordung Kotzebues erhielt, äußerte er sich Gentz gegenüber in schöner Unbefangenheit: »Meine Sorge geht dahin, der Sache die beste Folge zu geben, die möglichste Partie aus ihr zu ziehen, und in dieser Sorge werde ich nicht lau vorgehen.«[52] Während Gentz weit über Polizeimaßregeln hinaus das »Übel in seinen tiefsten Wurzeln« fassen wollte[53] und von einem Bund der weisesten Männer Deutschlands und ihrer ethisch-pädagogischen Wirkung auf die

Nation träumte, ging Metternich den Weg wirkungsvoller Politik. Aus Italien zurückgekehrt, traf er sich zunächst in dem böhmischen Heilbad Teplitz mit König Friedrich Wilhelm III. von Preußen. In der geheimen »Teplitzer Punktation« vom 1. August 1819 gelang es der österreichischen Seite, Preußen in allen anstehenden Fragen - der Universitätspolitik, der Pressezensur, der Verfassungsfrage - für eine scharfe Wendung gegen die liberale Bewegung zu gewinnen. Damit war die Grundlage für die kurz darauf in Karlsbad eröffneten Ministerkonferenzen geschaffen, deren Ergebnisse in staatsstreichartiger Weise durch den Beschluß des Frankfurter Bundestages zu Bundesgesetzen erhoben wurden. Es folgten die Wiener Ministerialkonferenzen, die mit der »Wiener Schlußakte« vom 15. Mai 1820 beendet wurden. Am 8. Juli wurde dieses erweiterte Grundgesetz des Bundes vom Plenum in Frankfurt - wieder ohne jede Gegenstimme - angenommen. So erhielt die Verfassung des Deutschen Bundes erst jetzt ihre definitive Form - und zwar eine Form, welche die früher als nationaler Wunsch vorgestellte Erweiterung der Zentralkompetenzen ganz in den Dienst der politischen Reaktion stellte.

Es ist diese reaktionäre Wende, von der die wichtigsten gesetzlichen und politischen Geschehnisse der nächsten Jahrzehnte ausgehen; nach dem offenkundigen Fehlschlag dieses Weges hat man immer wieder die Frage nach möglichen Alternativen des geschichtlichen Ganges aufgeworfen. Gab es für Wien zur Zeit der Teplitzer Begegnung andere Möglichkeiten? In der Tat fand zwischen Teplitz und Karlsbad eine Auseinandersetzung Metternichs mit Kaiser Franz I. statt, die einen tiefen Einblick in die strukturellen Voraussetzungen der österreichischen Deutschlandpolitik gibt. Den Bericht an den Kaiser über die gelungene Koordinierung beziehungsweise Unterordnung der preußischen Politik in Teplitz schloß Metternich mit der zugespitzten Formulierung eines Entweder-oder: »Den deutschen Bund, wo möglich, durch die Mitwirkung Oesterreichs zu retten, oder Oesterreich die Möglichkeit - so schwer sie auch ist - zu lassen, sich im ärgsten Falle allein zu retten.«[54]

Die Antwort des Kaisers wirkt auf den heutigen Leser um so erstaunlicher, als ja in Teplitz die österreichische Seite vollen Erfolg gehabt hatte. Die von Metternich Franz I. gegenüber formulierte Alternative hatte nach dem Teplitzer Ergebnis offenbar vor allem eine psychologische Funktion: dem zögernden Kaiser die Zustimmung zu den Karlsbader Konferenzen insofern schmackhaft zu machen, als auch jetzt noch der Ausweg einer Trennung Österreichs vom Bund, wenn dessen »Rettung« nicht gelänge, offengelassen wurde. Aber diese zweite Möglichkeit lag ja durchaus nicht in der Absicht Metternichs; das zeigen nicht nur Formulierungen seiner Denkschrift, sondern die Gesamtheit seiner Bundespolitik vor und nach 1819. Daß Metternich auch in dieser Frage keine starke Partei auf seiner Seite hatte, ist schon damals deutlich gesehen worden. Er ist es ja, der die Dinge vorantreibt, »beflissen, den Deutschen Bund zu konsolidieren, während Stadion, Schwarzenberg, Saurau und der Kaiser selbst im Bund nur eine Versammlung sehen, die Österreich durch ihre Entschließungen hemmt und von Österreich nicht geleitet werden kann«. Dem Kaiser bedeutete die »Rettung« des Bundes, also die weitere enge Verflochtenheit Österreichs mit Deutschland, weitaus weniger als Metternich; Franz I. sah der Möglichkeit einer Trennung vom Bund offensichtlich weit unbesorgter als sein leitender Minister entgegen. Der Kaiser schloß seine Stellungnahme zu Metternichs Teplitzer Bericht wie folgt:

»Was wir selbst thun können, hängt von Uns ab, Wir haben aber mit schwachen Souverains und Regierungen zu thun, deren Furcht müssen wir benützen, um sie zu ernsten aber gerechten Maßnahmen zu bringen, und wenn es nicht so geht oder mittelst der auf dem Bundestag zu bestimmenden Zwangsmittel gegen die Nichthandelnwollenden oder die Verräther der Andern, so müssen wir uns isoliren und dann, wie Ich es Ihnen erklärt habe, als österreichischer Staat, wie es das Wohl Meiner Unterthanen fordert, handeln.«[55]

In der Folgezeit gestaltete sich der österreichische Erfolg in Karlsbad so offenkundig, und die Widerstände in den einzelnen Bundesstaaten waren so schwach, daß die zwischen Metternich und dem Kaiser erörterte Möglichkeit eines Rückzugs aus dem Bund nicht mehr ernsthaft erwogen wurde. Immerhin war kennzeichnend, daß man in Wien damals die Alternative nicht in der Entscheidung zwischen liberalen Zugeständnissen und hartem Eingreifen sah, sondern zwischen diesem und einer Lösung vom Bund. Die Entscheidung für Karlsbad und damit für das dominierende Ausharren im Bund kam von Metternich. Aber die Summe der österreichischen Staatsräson, wie sie der Kaiser vor Karlsbad formulierte, deckte sich nicht mit Metternichs Kurs. Auch wenn die Metternichsche Konzeption eines entschiedenen Engagements im Bund sich 1819/20 durchsetzte, bedeutete das kein Ende der in Wien wirkenden Tendenz, sich zu »isolieren«, sobald die Dinge im Bund nicht nach Wunsch liefen. Nicht nur Metternichs reaktionäre Bundespolitik, auch hintergründige isolationistische Strömungen bestimmten Österreichs Deutschlandpolitik bis 1848 und über 1848 hinaus.

In Karlsbad stieg Metternich im Hotel »Weißer Hirsch« ab. Die Vertreter von acht deutschen Regierungen, die sich dort Abend für Abend bei ihm einfanden, betonten von Anfang an den privaten und eher zufälligen Charakter ihrer Besuche.[56] In Wirklichkeit handelte es sich bei diesen Ministerialkonferenzen vom 6. bis 31. August um eine sorgfältig vorbereitete diplomatische Aktion: Es waren neben den beiden deutschen Großmächten nur die als besonders zuverlässig geltenden Regierungen von Hannover, Sachsen, Mecklenburg, Hessen-Nassau (später auch Hessen-Kassel) und die drei süddeutschen Staaten vertreten. Diese neun, dann zehn Staaten sicherten den Karlsbader Beschlüssen von vornherein die Mehrheit im Engeren Rat des Frankfurter Bundestages. Metternich leitete die Sitzungen straff und erfolgreich. Er erreichte eine einstimmige Beschlußfassung über drei künftige Bundesgesetze und über die sogenannte Exekutionsordnung. War schon die Veranstaltung einer solchen Geheimkonferenz bundesrechtlich sehr problematisch, so erst recht das Verfahren, das dann am 20. September in Frankfurt der österreichische Präsidialgesandte anwandte. Graf Buol-Schauenstein verlangte vom Bundestag eine so rasche Abstimmung über diese Gesetze, daß die Frist zur Einholung von Instruktionen nicht ausreichte. Die Vorbehalte einiger Gesandter konnte er vor der Öffentlichkeit durch ein offizielles, einstimmiges Protokoll unterdrücken; nur in einem geheimen Protokoll wurde die Reserve verzeichnet.

Das *Universitätsgesetz*[57] galt der Überwachung und Disziplinierung aller deutschen Universitäten und Schulen; an jeder Universität war ein »landesherrlicher Bevollmächtigter« einzusetzen. Die Bundesstaaten wurden verpflichtet, jeden Lehrer aus dem Amt zu entfernen, der »verderbliche, der öffentlichen Ordnung und Ruhe feindselige oder die Grundlagen der bestehenden Staatseinrichtungen untergrabende Lehren« vertrat. Amtsentlassene akademische Lehrer durften in Zukunft in keinem anderen Bundesstaat wieder eingestellt werden. Geheime studentische Verbindungen waren überall zu verbieten und die Teilnahme an ihren Veranstaltungen unter Strafe zu stellen. Unter dies Verbot fiel sogar die Burschenschaft. Damit gerieten das akademische Leben und die wissenschaftliche Lehre völlig unter die zentrale Kontrolle des Bundes, auch wenn einzelne Staaten in der Praxis die Bestimmungen nicht in ihrer ganzen Schärfe anwandten. So wurde etwa der 1819 in Jena entlassene Naturwissenschaftler Lorenz Oken 1828 nach München berufen; der 1819 in Bonn entlassene Arndt erhielt seinen Lehrstuhl allerdings erst 1840 zurück. Die Wirkungen dieses Gesetzes sind aber nicht so sehr an solchen spektakulären Einzelfällen als an dem Wandel der allgemeinen Atmosphäre, an dem Entstehen eines polizeistaatlichen Systems abzulesen.

Die reaktionäre Wende von 1819/20 traf auch und vor allem die Universitäten. Ein neues Universitätsgesetz brachte all diejenigen zum Schweigen, die sich um die Früchte ihres Einsatzes während der Befreiungskriege betrogen sahen und dies zu äußern wagten.

Leipziger Studenten, um 1825

Das in Karlsbad ausgearbeitete *Pressegesetz* bedeutete einen nicht minder folgenreichen Eingriff in das politische und geistige Leben Deutschlands. Man ging auf einen Artikel (18) der Bundesakte von 1815 zurück, worin als künftige Aufgabe des Bundes »gleichmäßige Verfügungen über die Pressefreiheit« bezeichnet worden waren. Das wurde nun in eine strenge und noch dazu allgemein verbindliche Zensurordnung gewendet. Im Kampf gegen das »verderbliche Prinzip« der Pressefreiheit deckten sich die Interessen Österreichs und anderer deutscher Regierungen mit den restaurativen Ideen von Metternichs Mitarbeitern. Insbesondere für Friedrich von Gentz war die weitgehende Presse- und Zensurfreiheit, wie sie damals in England, Frankreich und sogar in einigen deutschen Staaten praktiziert wurde, eine Bedrohung durch »halsbrechende Theorien und ansteckenden Wahn«.[58]

Schließlich einigte man sich darauf, die alte Vorzensur, die im 18. Jahrhundert von den Aufklärern so heftig bekämpft worden war, wieder einzuführen. Sämtliche Druckwerke, Zeitungen und Zeitschriften mit einem Umfang bis zu 20 Bogen (320 Seiten) mußten vor der Veröffentlichung von den einzelnen Landeszensurbehörden genehmigt werden. Bücher mit größerem Umfang unterlagen der Nachzensur. Auch sie konnten nach dem Erscheinen verboten und eingezogen werden. Mit dieser Umfangsgrenze zielte die Vorzensur vor allem auf die politisch ins Gewicht fallenden kürzeren Schriften und Periodika. Inhaltliche Normen für die Handhabung der Zensur wurden nicht festgesetzt; dies erweiterte aber gerade die Kompetenz und die praktische Kontrollfähigkeit des Bundes gegenüber den Einzelstaaten. Der Bund konnte nicht nur in Beschwerdefällen, sondern auch direkt mit Verboten eingreifen. Verhielt sich ein Einzelstaat zögernd, oder unterließ er gar die Durchführung, drohte die Bundesexekution.

Ein drittes Bundesgesetz, das sogenannte *Untersuchungsgesetz* betraf die Einrichtung einer zentralen Behörde zur »Untersuchung der in mehreren Bundesstaaten entdeckten revolutionären Umtriebe«. Diese dann in Mainz errichtete Zentral-Untersuchungskommission war ein in Karlsbad ausgehandelter Kompromiß. Man war zwar aus verschiedenen Gründen davon abgekommen, ein oberstes Bundesgericht einzurichten; die neue Behörde wurde nun mit weitgehenden Befugnissen ausgestattet. Sie hatte nicht nur die revolutionären Vorgänge festzustellen, sie besaß auch Weisungsrecht gegenüber den einzelstaatlichen Untersuchungsbehörden und konnte selbst Haftbefehle aussprechen, die von den Bundesstaaten vollstreckt werden mußten.

Bedeutung und Verfahrensweise dieser Behörde sind häufig ironisiert, ja verspottet worden. Neuerdings schätzt man die Funktion, welche die Mainzer Behörde im Dienst des Systems der zwanziger Jahre erfüllte, höher ein. »Praktisch gelang es der Kommission, in Verbindung mit den ihr nachgeordneten Landespolizeiorganen, die im Entstehen begriffene Bewegung auf eine gewisse Zeit zu lähmen. Die radikalen Führer wurden in die Emigration getrieben; ihre Helfer wurden festgesetzt oder doch zur Zurückhaltung gezwungen; das geheime Verbindungsnetz wurde zerrissen; die Aktionskräfte der Bewegung wurden für ein volles Jahrzehnt geschwächt.«[59]

Diese Bewertung durch den Staatsrechtler Ernst Rudolf Huber ist in ihrer Gegenüberstellung von revolutionärer »Bewegung« und behördlicher »Abwehr« deutlich gouvernemental geprägt; die Ideen und Formen der von Mainz aus untersuchten und verfolgten Oppositionsgruppen waren ja sehr unterschiedlicher Natur, und es ließ sich ja keineswegs von einer einheitlichen Bewegung oder gar Verschwörung sprechen. Wie immer es sich mit den einzelnen Maßnahmen von Verfolgung und Unterdrückung verhalten haben mag, so betraf deren nachhaltige Wirkung über den individuellen Fall hinaus den Spielraum der Gesellschaft. Die Formen des Konflikts zwischen den Kräften des Alten und denen des Neuen wurden verschärft.

Und doch war mit der Durchsetzung der Karlsbader Beschlüsse keineswegs im Metternichschen Sinne über »Tod oder Leben der Gesellschaft« entschieden worden. Der Strom des Neuen ließ sich nicht eindämmen; zwar blieben die genannten Gesetze, ergänzt durch eine »Exekutionsordnung« (zur Durchsetzung der Bundesbeschlüsse gegenüber den Einzelstaaten) auf Dauer in Kraft, und das Universitätsgesetz und das Pressegesetz waren bis zur Revolution von 1848 gültig. Doch die geistigen und sozialen Veränderungsprozesse gingen unaufhaltsam weiter, wenn auch unter veränderten Bedingungen.

Der Annahme der Karlsbader Beschlüsse durch den Bundestag folgten im Winter 1819/20 die Wiener Ministerialkonferenzen. Nach der uneingeschränkten Zustimmung Preußens zu Österreichs Vorgehen traten die Vertreter der 17 stimmführenden Mächte aus dem Engeren Rat des Frankfurter Bundestages in Wien zu mehrmonatigen Beratungen zusammen. Auch hier wurde also die Bundesverfassung von Metternich verfahrensmäßig über- oder doch umgangen, wenn auch nicht in so brüskierender Form wie in Karlsbad. Immerhin gab es in Wien Gelegenheit zum Austrag kontroverser

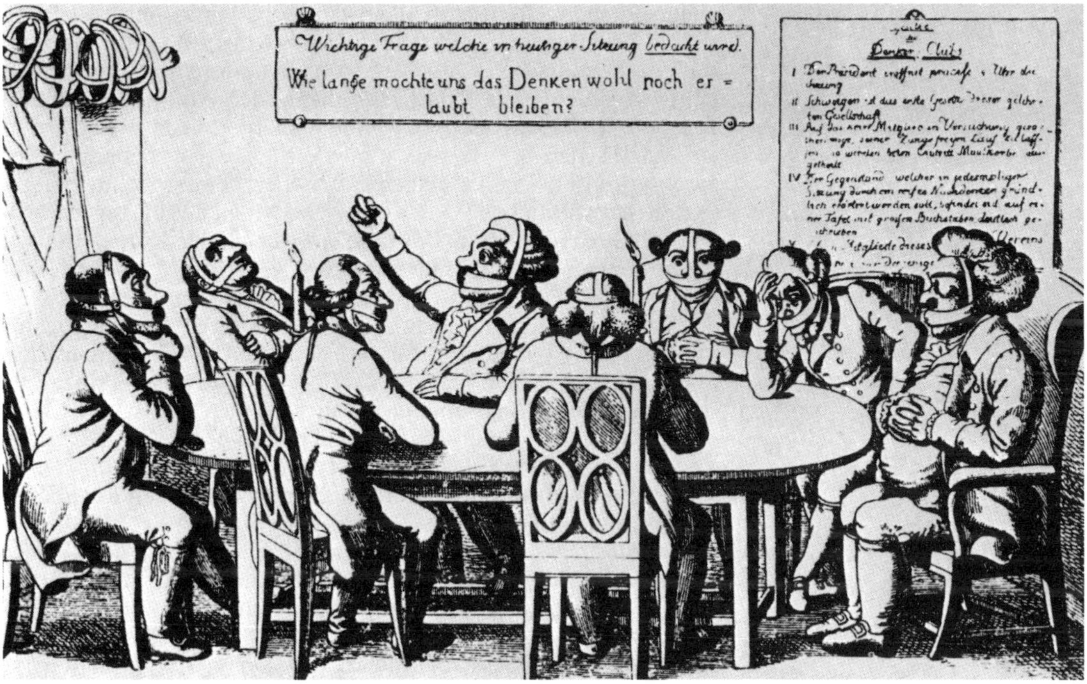

»Der Denkerclub«
Karikatur auf die Unterdrückung der Meinungsfreiheit

Gesichtspunkte. Das umfangreiche Verfassungsdokument, das schließlich im Mai 1820 als »Wiener Schlußakte« verabschiedet und in Frankfurt am 8. Juni vom Plenum des Bundestages akzeptiert wurde, schloß die kurze Entwicklung des Bundesstaatsrechtes ab.[60] Gerade in seiner vagen Weitschweifigkeit entsprach es den Absichten Metternichs: Die Diskussion war beendet; hatte in Karlsbad noch die Notwendigkeit bestanden, zwecks Durchsetzung der Repressionspolitik die zentralen Kompetenzen des Bundes zu stärken, also gewisse bundesstaatliche Elemente in den Staatenbund einzufügen, so konnte jetzt wieder das alte staatenbündische System hervortreten.

Vor allem ging es um die Auslegung jenes umstrittenen Artikels 13 der Bundesverfassung von 1815, wonach in allen Bundesstaaten eine landständische Verfassung etabliert werden sollte. Diese Verfassungsregel war seit 1815 sehr verschieden ausgelegt worden. Von der liberalen Öffentlichkeit wurde sie im Sinne eines repräsentativen Konstitutionalismus aufgefaßt und dem entsprachen die neuen Verfassungen in Bayern, Württemberg und Baden. Die antiliberalen Politiker und Theoretiker dagegen bestritten die Gleichsetzung der alten »Landstände« mit einer modernen Volksvertretung; im Sinne einer altständischen Gesellschaftsordnung und der monarchischen Autorität traten sie für eine Anknüpfung an die geburtsständischen Landtage des *Ancien Régime* und für eine sehr eingeschränkte, nur beratende Kompetenz solcher Körperschaften ein.

Schon in Karlsbad hatte es hierüber Auseinandersetzungen gegeben. Gentz war mit sehr entschiedenen Denkschriften hervorgetreten und hatte der liberalen Auffassung des Artikels 13 aufs schärfste widersprochen. Der Begriff »landständische Verfassungen« konnte ja 1815 noch recht allgemein und weitmaschig verstanden werden, traf gegebenenfalls also auf Verfassungen unterschiedlicher Art zu; demgegenüber setzte Gentz alles daran, den Auftrag radikal einzuengen. In der Abhandlung »Über den Unterschied zwischen den landständischen und Repräsentativ-Verfassungen« behauptete er einen grundsätzlichen Gegensatz zwischen dem »revolutionären« System konstitutioneller Verfassung und der allein zulässigen Form landständischer, also aus Vertretern bestehender Körperschaften zusammengesetzter Ständeversammlungen. Gentz kritisierte auf der einen Seite die Ideen von 1789: Volksvertretung, Öffentlichkeit der Verhandlungen, unbeschränktes Petitionsrecht (verbunden mit Pressefreiheit) bedeuteten für ihn den Ruin des monarchischen Prinzips. Andererseits galt ihm dieses monarchische Prinzip als Angelpunkt einer »gesunden« Form von Staat und Gesellschaft. Seine Kritik[61] richtete sich also nicht nur gegen ein störendes Nebeneinander von altständischen und liberal-konstitutionellen Verfassungen im Bund, sondern in aller Schärfe gegen das liberal-konstitutionelle Prinzip als solches.

Für Wien war die in Karlsbad begonnene und nun in den Wiener Konferenzen fortgesetzte Auseinandersetzung aus mehreren Gründen ebenso schwierig wie wichtig. Österreich wollte weder im eigenen Land noch in den anderen Bundesstaaten eine liberale Verfassungsbewegung zulassen. Eine so reaktionäre Interpretation im altständischen Sinne, wie sie Gentz und seine Gesinnungsgenossen vertraten, hätte, »wenn sie Bundesrecht geworden wäre, die legale Handhabung zur Beseitigung der meisten süddeutschen Verfassungen geliefert«.[62] Die Regierungen in München und Stuttgart wollten mit den bei ihnen eben erst in Kraft getretenen Verfassungen zugleich den inneren, rechtlichen Zusammenhang ihrer am Ende der Napoleonischen Kriege neugeschaffenen und noch durchaus integrationsbedürftigen Staatsgebiete verteidigen. Auf der Gegenseite drängten reaktionäre Politiker wie der nassauische Minister Marschall von Bieberstein und der badische Minister Wilhelm von Berstett den Bund zum Handeln, und sei es mittels einer staatsstreichartigen Beseitigung beziehungsweise der Revision der liberalen Verfassungen.

Während der Wiener Konferenzen gelang es Metternich, der in dieser Frage von Anfang an eine pragmatische Lösung gewünscht hatte, zu einem Kompromiß zu kommen. Die Wiener Schlußakte formulierte zwar ausdrücklich das »monarchische Prinzip« und legte fest, daß die »gesamte Staatsgewalt im Oberhaupt des Staates vereinigt« bleiben müsse. Doch die weitere Bestimmung, daß der Fürst in der Ausübung bestimmter Rechte an die Mitwirkung der Stände gebunden werden könne, ließ Raum für den unveränderten Fortbestand der liberalen Verfassungen in Süddeutschland.[63] Auf diese Weise wurde vermieden, das monarchische Prinzip mit altständischen Verfassungsformen gleichzusetzen, wie Gentz und andere Extreme sie wünschten. Im Sinne eines übergeordneten »Stabilitätsdenkens« lehnte Metternich Eingriffe in die bestehenden Verfassungen ausdrücklich ab.

Auf die Dauer allerdings trat dann doch im Klima der allgemeinen reaktionären Wende eine langfristige Verkümmerung des deutschen Verfassungslebens ein. Alle Hoffnungen auf eine evolutionäre Ausgestaltung der Bundesverfassung (und damit der Gesamtheit der politischen Institutionen Deutschlands) waren desavouiert. Wieweit solche Hoffnungen je realistisch gewesen waren, ist zweifelhaft; die schon 1819 erhobene Forderung nach einer »Vertretung des Volkes« beim Bundestag[64] wäre ohne weitgehende Veränderung der bestehenden Verhältnisse kaum durchzusetzen gewesen. Auch bleibt es eine unbeantwortete Frage, wie im Falle einer evolutionären Entwicklung das Mit- und Gegeneinander von Föderalismus und Liberalismus gewirkt hätte. Im Rückblick stellt sich die Blockierung des Verfassungsweges jedenfalls als eine entscheidende Weichenstellung dar. Im Unterschied zu den Anfängen des Bundes war nun der erhoffte Weg einer Ausgestaltung abgeschnitten; für die Zeit ab 1820 konnte nicht mehr gelten, was im Zusammenhang einer generellen Aufwertung jener Epoche für 1815 formuliert worden ist: »Die Bundesakte von 1815 bot die Chance für einen evolutionären Entwicklungsprozeß hin zum Bundesstaat des föderativen Typs und langfristig zum parlamentarischen System.«[65] Im Gegenteil. Weit über die Dauer des Metternichschen Systems und des Bundes hinaus wurden das monarchische Prinzip und die aus ihm entwickelten Folgerungen eines Semi-Konstitutionalismus zu einer schweren Hypothek für die Entwicklung der politischen Kultur in Deutschland.

Blickt man von der Wiener Schlußakte als einer Konsolidierung der politischen Wende nochmals aufs Ganze, so wird nicht nur die Verkehrung der Fronten deutlich, die 1819/20 im Ringen um deutsche Freiheit und Einheit eintrat. Die liberale und nationale Bewegung war ja nun gerade durch den Ausbau der zentralen Bundeskompetenzen und die Begrenzung der gliedstaatlichen Unabhängigkeit abgeblockt worden – »der Staatenbund verteidigte sich paradoxerweise gegenüber der nationalstaatlichen Bewegung mit unitarisierenden Mitteln«.[66] Diese paradoxe Umkehrung des Einheitsprinzips im Dienste der Unterdrückung sollte für die folgenden Jahrzehnte die stärksten Folgen haben; die einzige vorhandene politische Institution deutscher Einheit – der Deutsche Bund – war in eine chronische Lähmung und Unreformierbarkeit geraten.

Alle Beteiligten, auch Österreich, blieben bis in die vierziger Jahre Gefangene dieses Systems, und auch die Revolution von 1848 – und ihr Scheitern – zeigten noch die Folgen. Vor fünfzig Jahren (1933), an einem anderen Wendepunkt der deutschen Geschichte, hat Franz Schnabel das Fazit der Wende von 1819/20 gezogen und eine ebenso bittere wie grundsätzliche Kritik hinsichtlich der innerdeutschen Folgen formuliert: »Das Ergebnis war, daß das Alte sich die Mittel und Formen des Neuen dienstbar machte, daß es sich mit ihnen stärkte, aber ihren tieferen Sinn von sich stieß: alle Unvollkommenheiten unserer nationalen Einigung, alle schweren Belastungen des Neuen Reiches, seine Unfähigkeit, der wachsenden Schwierigkeiten des modernen Lebens Herr zu werden, haben hier ihren letzten Grund.«[67]

Anders nehmen sich die Dinge im Zusammenhang der internationalen Politik aus. In dieser Perspektive treten schon seit 1815 die konstruktiven und dauerhaften Konturen hervor: der Deutsche

Bund als Zentrum einer europäischen Friedensordnung und die gesicherte Einfügung der deutschen Mitte – bei Erhaltung der relativen Selbständigkeit des staatlichen Polyzentrismus – in das System der Großmächte. Was die Absicherung dieser staatenbündischen Mitte Europas gegen die Interessen und Eingriffe der drei Großmächte England, Rußland und Frankreich angeht, so war ja 1815 zunächst eine offene, noch unentschiedene Situation entstanden, aber die österreichische Durchsetzungspolitik 1819/20 bedeutete nun zugleich den Sieg einer erfolgreichen Immunisierungsstrategie gegen den Außendruck auf den Bund. Das hat Enno Kraehe, der beste Kenner der deutschen Politik Metternichs, einprägsam formuliert: »Indeed, even in Metternich's Bund another five years were to be required to eradicate external influence ... Only after 1820 did Metternich's Bund in fact provide that independent center of which he and Hardenberg had dreamed.«[68] In der Tat brachte die Unterordnung Preußens unter Metternichs Wien eine erhebliche Stärkung der außenpolitischen Autonomie des nun eindeutig von Österreich dominierten Bundes.

Am einfachsten lagen die Dinge auf der englischen Seite. Die Londoner Regierung, die in Deutschland vor allem an der festen Erhaltung des Status quo – für das eigene Hannover und für den gesamten Bund – interessiert war, legte Metternich keine Schwierigkeiten in den Weg. Daß Österreich die Mächte zwar informierte, aber von den Verhandlungen in Karlsbad und Wien ausschloß, stieß in England auf keinen ernst zu nehmenden Widerspruch; London war durch die kritische innenpolitische Entwicklung im eigenen Land wie in Preußen alarmiert, und außerdem stand man seit der Gründung des Bundes den russischen Interventionen in Deutschland mit wachsendem Mißtrauen gegenüber. Insofern konnte die Londoner Regierung mit beiden Aspekten der neuen Wendung – Unterdrückung der liberalen Kräfte, Dominanz Österreichs im Bund und Verselbständigung gegenüber Rußland – einverstanden sein. In einer Weisung an die Regierung von Hannover nach den Karlsbader Beschlüssen formulierte Prinzregent Georg den Wunsch, »daß die fernern anzustellenden Berathungen [in Wien] von dem glücklichsten Erfolg sein mögen um den beabsichtigten großen Zweck der Sicherheit und festen Dauer des Bundes zu bewirken«.[69]

Ganz anders beurteilte man die Vorgänge von Frankreich aus. Nicht die innenpolitische Wendung, sondern die Verschiebung des politischen Kräfteverhältnisses zugunsten Österreichs wurde in Paris als sehr besorgniserregend empfunden: Unter Ausnutzung der inneren Krise hat Metternich einen »Staatsstreich« in Deutschland vollzogen, der die kleinen Staaten und selbst Preußen zur wehrlosen österreichischen Klientel herabdrückte.[70] Im Oktober 1819 wurde der französische Botschafter in St. Petersburg instruiert, den Zaren wegen des österreichischen Vorgehens im Bund, in dem man einen Bruch der Wiener Verträge sah, zu alarmieren und auf eine gemeinsame russisch-französische Intervention zu drängen. Graf Reinhard, Frankreichs Vertreter am Bundestag in Frankfurt, äußerte dazu: eine revolutionäre Gefahr habe es zwar gegeben, doch Metternich sei es vor allem darum gegangen, ganz Deutschland unter seine Herrschaft zu bringen; Preußen sei in die bemitleidenswerte Rolle geraten, sich »unter die Fittiche Österreichs« zu flüchten. An die Bildung einer französischen Klientelpartei auf dem Wege über den Bund sei nun nicht mehr zu denken.[71]

Die französische Aufforderung zur Intervention gegen Österreichs Vorgehen stieß in Rußland auf eine widerspruchsvolle Situation. Einerseits kritisierte Alexander I. die Karlsbader Beschlüsse hinsichtlich ihrer Durchführbarkeit und ihrer mutmaßlich negativen Wirkungen auf die Einigkeit im Bund.[72] Alle Symptome des Widerstands gegen die reaktionäre Wende wurden von russischer Seite registriert. In der inhaltlichen Kritik an den neuen Gesetzen traten die humanitär-liberalen Tendenzen der zaristischen Regierung nochmals hervor: Das reale Wohlergehen der Völker könne nur aus der »force morale« der Regierungen erwachsen; die Nichteinladung Rußlands zu den Wiener Ministerialkonferenzen sei bedauerlich. Die neue Abhängigkeit Preußens von Österreich wird scharfsinnig analysiert und auch ironisiert (wobei das Bedauern über die damit gegebene Minderung des russischen Einflusses in Berlin und in Deutschland mitklingt): Österreich habe jetzt, trotz des katastrophalen Zustandes seiner Staatsfinanzen, den Höhepunkt seiner Macht erreicht; schon bisher beherrschte es unbestritten Italien, jetzt verfüge es auch in Deutschland über »une dictature véritable«. »Nur der Ruhm, Preußen zu unterwerfen, fehlte seinem Ehrgeiz noch. Österreich stellt ihm eine Falle durch den Vorwand, es zu retten, und sofort konspiriert Preußen, bisher der Rivale Österreichs, mit ihm gegen seine eigene Vorherrschaft und wird, wie verhext, ein fügsames und passives Instrument ...«[73]

Aber der Zar konnte gegen das Programm des monarchischen Prinzips keine grundsätzlichen Einwendungen haben, um so weniger, als gerade 1819/20 der Einfluß seiner liberalen Ratgeber sichtlich im Sinken begriffen war. Die repressive Innenpolitik des Ministers Golizyn gewann an Boden. Hinsichtlich der Verschärfung der Zensur bedeutete gerade das Jahr 1820 mit der Verbannung Puschkins aus St. Petersburg einen sichtbaren Wendepunkt. Insgesamt ergab sich aus dem Ineinanderwirken dieser unterschiedlichen Motive und Tendenzen der Verzicht auf eine Intervention in Deutschland, wie sie Frankreich vorgeschlagen hatte. St. Petersburg zog sich gegenüber Deutschland auf eine vorsichtig beobachtende Politik zurück; von einer solidarischen Aktion der Garantiemächte Rußland und Frankreich gegen Metternichs Bundespolitik konnte auch in Zukunft keine Rede mehr sein. Das bedeutete nun auf viele Jahre hinaus – noch verstärkt seit dem Tode Alexanders I. 1825 – eine enorme Entlastung und Verselbständigung des seit 1819/20 in Deutschland errichteten österreichischen »Diktatursystems«.

Wie war das alles möglich geworden? Wie kommt überhaupt eine solche Wende zustande: ein großes, kultiviertes Volk wird entgegen der freiheitlichen Begeisterung nach dem Volkskrieg der Napoleonischen Epoche auf den Weg der politischen Entmündigung gezwungen? Sicherlich ist der Fortgang des Ringens zwischen den dynamischen Kräften der Liberalisierung und Nationalisierung und den Mächten der Beharrung keineswegs abgestoppt worden, und die Blockierung der politischen Evolution bedeutete langfristig nicht das Abwürgen, sondern die Verschärfung der Gegensätze. Die Wege der Wandlungsprozesse führten nun noch weiter auseinander, als dies schon früher in Deutschland der Fall gewesen war. Das Tempo des technischen, wissenschaftlichen, industriellen und kommunikativen Wandels steht im Gegensatz zu der Blockade der politischen Reifungsprozesse im weitesten Sinne. Dazwischen verlaufen die sehr verzweigten Wege der kulturellen Leistungen und Wandlungen, getragen und geformt - wie Technik, Industrie und Wissenschaften - von einem aufsteigenden Bürgertum.

Dennoch bleibt die Frage: Wie war es möglich? Im Falle Österreichs sind die Bedingungen und Motive deutlich, die Metternichs Eingreifen zugrunde lagen. Er wollte die schwerfällige, veränderungsscheue Monarchie endgültig von dem gefährlichen politisch-sozialen Wettbewerb mit Preußen und dem dritten Deutschland befreien und die Prinzipien eines politisch-sozialen Immobilismus für die eigene Vorherrschaft in Deutschland und Europa nutzen. Aber weshalb gelang das - zumindest für eine gewisse Zeit - mit starken Folgen für die deutsche Geschichte - auch in Preußen und im dritten Deutschland? Warum kam es zu keiner Allianz der liberalen Kräfte von Berlin bis München?

Die Durchsetzungskraft der reaktionären Wende kann nicht allein, nicht einmal überwiegend von Österreich her erklärt werden; sie wird nur verständlich, wenn man die inneren Voraussetzungen des außerösterreichischen Deutschland in Rechnung setzt. Tatsächlich gab es ja überall starke Neigungen in dieser Richtung. Die entschieden reaktionären Tendenzen in den meisten deutschen Fürstenhäusern, in großen Teilen der Bürokratie und in den oberen Schichten der Gesellschaft waren durch die beginnenden intensiven Erfahrungen mit den Ständekammern, der liberalen Presse, dem Vereins- und Petitionswesen gesteigert worden. Der eben erst einsetzende, ganz neuartige Prozeß politischer Partizipation und Evolution mit seinen für Deutschland ungewohnten Spielregeln und den - von oben her gesehen - kaum kalkulierbaren Risiken weckte Ängste und Widerstände. So entsprach die künstlich geschürte Revolutionspanik tiefer sitzenden Neigungen, diesen unheimlichen Modernisierungs- und Liberalisierungsprozeß, wenn schon nicht abzubrechen, so doch zumindest stark einzuschränken.

So stellt sich zuletzt die Frage nach der Breite und Tiefe der freiheitlichen Kräfte und Bewegungen. Wieweit hatten die von außen kommenden Erschütterungen die Masse der oft noch in alten Abhängigkeitsverhältnissen lebenden Bevölkerung in Bewegung gebracht? In dieser Richtung äußerte Goethe gegenüber dem national begeisterten Historiker Heinrich Luden nach der Völkerschlacht 1813 starke Zweifel: »Sie sprechen von dem Erwachen, von der Erhebung des deutschen Volkes und meinen, dieses Volk werde sich nicht wieder entreißen lassen, was es mit Gut und Blut teuer erkauft hat, nämlich die Freiheit. Ist denn wirklich das Volk erwacht? Weiß es, was es will und was es vermag? ... Der Schlaf ist zu tief gewesen, als daß auch die stärkste Rüttlung so schnell zur Besinnung zurückzuführen vermöchte ... Erhebt sich, wer gewaltsam aufgestöbert wird? Wir sprechen nicht von den Tausenden gebildeter Jünglinge und Männer, wir sprechen von der Menge, den Millionen.«[74]

4. Bewegung in Europa – Ruhe im Bund?

Die reaktionäre Wende im Deutschen Bund 1819/20 hatte die Stellung Österreichs in Deutschland und in Europa noch weiter verstärkt. Die folgenden Jahre der Konferenzpolitik (Kongresse in Troppau, Laibach und Verona) von 1820 bis 1822 gelten als die »Glanzzeit« der staatsmännischen Laufbahn Metternichs.[75] Das eben noch reformfreudige Preußen folgte der reaktionären Politik Österreichs, Zar Alexander I. schloß sich – jedenfalls zeitweilig – den europäischen Direktiven Wiens an und verzichtete auf die bisherige selbständige Politik in Deutschland und Italien mit ihren streckenweise liberalen Akzenten. Die Solidarität der konservativen Mächte, von England her durch Castlereagh gestützt, von Rußland nicht gestört und von Frankreich nicht mehr bedroht, schien einen dauerhaften europäischen Rahmen für den in Deutschland errungenen Sieg über das Gespenst der Revolution zu gewährleisten.

Doch rasch zeigten sich tiefe Risse im konservativen Gebäude dieser Solidarität. Die Jahre bis zur Julirevolution 1830, mit der das restaurative Staatensystem Europas endgültig in die Brüche ging, sind im außerdeutschen Umkreis durch eine ununterbrochene Kette von nationalen Krisen und revolutionären Veränderungen gekennzeichnet. Sie stellten das Metternichsche System auf der europäischen Ebene in Frage und wirkten so oder so auf die deutschen Verhältnisse zurück. Die großen Kongresse, an denen nicht nur die Minister, sondern auch der Monarch persönlich teilnahmen, wurden von Metternich im Sinne eines institutionellen Forums der europäischen Zusammenarbeit geplant und gelenkt. Die revolutionären Bewegungen in Südeuropa, die seit 1820 Italien und Spanien erfaßten, dann mit dem griechischen Freiheitskampf nach dem Südosten übergriffen, führten zu einer immer einseitigeren Beschränkung der österreichischen Europa- und Kongreßpolitik auf die Revolutionseindämmung. Diese Unruhen an den Rändern Europas verschärften die natürlichen Interessengegensätze der Großmächte im Sinne einer ideologischen Blockbildung. Im Falle der Revolutionen in Neapel und in Piemont gelang es Metternich noch, die Idee einer solidarischen Intervention der europäischen Mächte durchzusetzen; das Eingreifen der österreichischen Armee in Italien 1821 geschah in diesem Zeichen der antirevolutionären Allianz. Nur England machte immer häufiger Schwierigkeiten; nicht erst der seit 1822 amtierende Außenminister Canning, sondern schon sein Vorgänger Castlereagh – beide waren Torys – standen den weitgespannten Interventions- und Schiedsrichterideen Metternichs mit zunehmender Skepsis gegenüber; im Falle der spanischen Revolution beteiligte sich England an der Intervention nicht. Noch tiefer gingen die Gegensätze angesichts der Unabhängigkeitserklärung der lateinamerikanischen Staaten, die England anerkannte, Österreich aber nicht.

Der Aufstand der Griechen gegen die osmanische Herrschaft belastete das System noch deutlicher. Die Erhebung begann 1821 und führte 1822 zur Proklamation der Unabhängigkeit durch einen griechischen Nationalkongreß. 1830 wurde das neue Königreich durch England, Frankreich und Rußland anerkannt. Der griechische Aufstand warf Prinzipien- und Machtfragen auf, die Metternichs Ordnung im Kern erschütterten. Vom Legitimitätsgedanken her trat der Staatskanzler für das Osmanische Reich und gegen eine Intervention Rußlands zugunsten der glaubensverwandten Griechen ein; zeitweilig gelang es ihm, das russische Eingreifen und den Ausbruch eines russisch-türkischen Krieges zu verhindern. Aber diese Politik komplizierte und störte das Verhältnis der beiden konservativen Kaisermächte[76] um so mehr, als es für Rußland im Falle Griechenlands auch um massive Macht- und Expansionsinteressen in Richtung des Mittelmeers und der Balkanhalbinsel ging. Andererseits stießen in Griechenland die englischen und die russischen Interessen aufeinander, denn London fürchtete für seine Mittelmeerpositionen und konnte nicht zulassen, daß das Erbe aus der eventuellen Auflösung des Osmanischen Reiches nur an Rußland fiel. Canning sah – im Gegensatz zu Metternich, der Folgen für das Nationalitätenproblem Österreichs fürchtete – den griechischen Freiheitskampf auch unter prinzipiellen Gesichtspunkten; er verkündete den Grundsatz, daß England der Protektor der kleinen Völker sei. Damit entfernte sich die englische Politik noch mehr von den faktischen und ideellen Grundlagen des konservativen Europablocks, um den es Metternich ging.

Gerade die griechische Frage hatte in Deutschland ein ungeheures Echo. Die spanischen Revolutionswirren lagen dem deutschen Publikum fern und die italienischen Bewegungen, die von der österreichischen Armee rasch niedergeworfen worden waren, hatten im Norden wenig Anteilnahme geweckt. Die Sympathien lagen überwiegend auf der Seite der »deutschen Waffen«. Zwar konnten die leichten Siege der österreichischen Truppen über die Revolutionsarmee in Neapel nicht über die Problematik dieser Intervention hinwegtäuschen. Gerade im Verlauf der mehrjährigen Stationierung österreichischer Garnisonen in Süditalien trat angesichts der offenkundigen Reformbedürftigkeit von Staat und Gesellschaft die Unzulänglichkeit militärisch-diplomatischer Zwangsmaßnahmen kraß zutage. Doch die italienische Nationalbewegung wurde in den zwanziger Jahren in der deutschen Öffentlichkeit noch kaum als eine zugleich nationale und liberale Kraft gesehen, mit der man sich solidarisieren konnte. Noch überwog die Sympathie für die direkte und indirekte Herrschaft Österreichs über Italien als eine Sicherung der deutschen Kultur- und Staatenwelt.

Dagegen kam es zu einer enthusiastischen Parteinahme für den Kampf der Griechen.[77] Die Bewegung der »Philhellenen« stand im Zeichen romantischer, ganz unrealistischer Vorstellungen von der Wiedererweckung altgriechischen Lebens; doch gerade in diesem bildungsbürgerlichen Zusammenklang antiker Kulturideen und aktueller politischer Balkankonflikte zeigte sich das Fortleben der idealistischen Freiheitsideen und deren Gegensatz zu der offiziellen Linie Metternichs. Die philhellenische Begeisterung, die in England den gefeierten Dichter der Epoche, Lord Byron, ergriff, reichte in Deutschland bis in die höchsten Schichten. Der bayerische König Ludwig I. war bereit, seinen Sohn auf den neuen griechischen Thron erheben zu lassen; im August 1832 wurde der Wittelsbacher tatsächlich als Otto I. von der griechischen Nationalversammlung zum König gewählt.

Verlauf und Ergebnis der griechischen Wirren zeigen sowohl in europäischer wie in deutscher Perspektive eine empfindliche Schwächung des Systems der Restauration. Im internationalen Bereich setzten sich angesichts des elementaren Befreiungskampfes in einer europäischen Randzone die Veränderungs- und Machtinteressen Rußlands und Englands über Metternichs proosmanische Defensivpolitik hinweg. Über den Kopf Metternichs hinweg einigten sich Rußland und England unter Teilnahme Frankreichs auf die Anerkennung eines neuen Staates aus revolutionärer Wurzel. In der deutschen Öffentlichkeit aber hatte sich die neuhumanistische Bildung von Königsberg bis München als ein Potential aktiven Eintretens für einen Freiheitskrieg erwiesen, der weder in seinem Ursprung noch in seinem Ergebnis mit den feierlichen Prinzipien von Metternichs Europa vereinbar war.

Die Risse im konservativen System Europas, die zwischen 1820 und 1830 immer unübersehbarer wurden, führten jedoch zu keiner Schwächung des innerdeutschen Repressivsystems; die Freiheitsbewegungen draußen belebten die Chancen von freiheitlichen Entwicklungen im Inneren nicht. Am Bundestag in Frankfurt gab es zunächst noch eine Gruppe von süddeutschen Politikern, die dem österreichisch-preußischen Beharrungsdruck das Konzept einer föderativen Triaspolitik mit liberalen Tönungen entgegensetzten. Neben dem bayerischen Bundestagsgesandten Johann Adam Freiherr von Aretin trat vor allem der württembergische Staatsmann Karl August von Wangenheim für eine Politik ein, die eine Zusammenfassung der »rein deutschen Staaten«, also der Mittel- und Kleinstaaten, gegen die Großmächte Preußen und Österreich im Auge hatte.[78] Wangenheims Versuch, den Föderalismus und Liberalismus vom dritten Deutschland her zu verbinden und auf der Bundesebene gemeinsam ins Spiel zu bringen, konnte sich zeitweise nicht nur auf die Bundesgenossenschaft von sächsischer und hessischer Seite, sondern auch auf einen starken Rückhalt bei König Wilhelm I. von Württemberg stützen.

Der Gedanke, gegen Wien und Berlin ein drittes Zentrum politischer Macht im Bund zu schaffen, hatte viel für sich. Eine gemeinsame Politik und Stimmabgabe des dritten Deutschland hätte tatsächlich neue Perspektiven eröffnen können; sie hätte möglicherweise eine zeitweilige Majorisierung einer der beiden Hauptmächte oder beider und sogar einen »Bund im Bunde« erreichen können. Doch die Triasidee, die bis zum Ende des Bundes in immer neuen Varianten eine Rolle spielen sollte, konnte sich unter den Bedingungen von 1822/23 nicht einmal ansatzweise entfalten. Preußen und Österreich gingen zur Gegenaktion über. Im Januar 1823 berief Metternich eine Konferenz aller konservativen Bundesregierungen nach Wien ein und dort wurden nach bewährtem Muster die Weichen für die nun folgende »Epuration« des Bundestages gestellt: Die Frankfurter Versammlung sollte entschieden von liberalen Elementen gereinigt werden. Der König von Württemberg wurde gezwungen, Wangenheim fallenzulassen; andere Bundestagsgesandte, die den trialistischen Reformkurs unterstützt hatten, wurden

Griechenlands Befreiung vom Türkenjoche

Jetzt oder nie! – Des Schicksals
Würfel liegen;
Jetzt gilt es sterben oder siegen;
Euch ruft das Vaterland.
Ergreift die Waffen, Söhne der
Hellenen!
Ein schöner Sieg wird eure Thaten
krönen,
Des Nachruhms Unterpfand.

Jetzt oder nie – zerbrecht die
Sclavenketten!
Setzt alles dran die Freiheit euch zu
retten,
Des Lebens höchstes Gut.
Hoch aufgelodert sind der Rache
Flammen,
Sie schlagen über Mah'meds Thron
zusammen,
Löscht sie mit Türkenblut.

Auf Stambuls Wälle pflanzt das
Glaubenszeichen!
Der Halbmond mußs dem Kreuze
weichen,
Dem Griechen der Barbar.
Und wären ihrer auch wie Sand am
Meere,
Euch bleibt der Sieg, Gott ist mit
eurem Heere,
Drum muthig, tapfre Schaar!

Flugblatt zum griechischen Freiheitskampf

abberufen. Wieder zeigte sich, wie die konservative Allianz Österreichs mit Preußen die Politik des Bundestages ohne große Kraftanstrengung beherrschte und jeden Versuch einer liberalen Opposition ersticken konnte.

Der Bundestag hatte von Anfang an ein gravitätisches Gremium dargestellt und die Verfahrensweisen waren aufgrund der Instruktionsgebundenheit jedes Gesandten umständlich und langsam. Nun aber trat der Charakter eines unselbständigen Vollstreckungsmechanismus beherrschend in den Vordergrund. Starke, selbständige Persönlichkeiten, wie sie in den Anfangsjahren mit Männern wie Humboldt auf der preußischen oder Friedrich von Schlegel auf der österreichischen Seite eine so markante Rolle gespielt hatten, waren nicht mehr gefragt. Als österreichischer Präsidialgesandter amtierte von 1823 bis 1848 Graf Joachim Eduard Münch-Bellinghausen. Im Unterschied zu Österreichs erstem Frankfurter Gesandten, Freiherrn von Buol-Schauenstein, war Münch ein ganz an Metternichs Person und Politik orientierter Diplomat. Seine Instruktion vom April 1823 band ihn aufs strengste an die Weisungen Wiens: »In den Sälen des Bundestages muß nach unserer Meinung jede persönliche Ansicht des Gesandten über die Gegenstände allgemeiner Beziehungen verstummen; er ist der Repräsentant seines Fürsten, und die Abstimmung seines Hofes wird von Ihm als Organ desselben zur Kenntnis der Bundesgenossen gebracht.«[79] Auch auf preußischer Seite kam es zu einem charakteristischen Wechsel. An die Stelle des Grafen von der Goltz, des früheren Außenministers, der bis 1824 Bundesgesandter war, trat Karl von Nagler, ein entschiedener Gegner der Reformpartei in Berlin. Hardenberg hatte ihn 1810 kaltgestellt; nach Hardenbergs Tod war er Generalpostmeister geworden und spielte schließlich im Informationsdienst der preußischen Reaktion eine gewisse Rolle.[80]

Protokolle

der

deutschen Bundes-Versammlung.

Erster Band.

Mit hoher Bewilligung.

Gedruckt in der Bundes-Präsidial-Buchdruckerey,
und im Verlag der Andreäischen Buchhandlung in Frankfurt am Mayn.
1817.

1824 wurden ohne erkennbaren Widerstand die Karlsbader Beschlüsse von 1819 verlängert. Gleichzeitig schränkte man die Veröffentlichung der Bundestagsprotokolle drastisch ein. 1828 wurde die bandweise Publikation der für die Öffentlichkeit bestimmten »Protokolle der deutschen Bundesversammlung«, die 1816/17 mit starkem Widerhall in der Öffentlichkeit und beträchtlichen Hoffnungen auf die Entwicklung des deutschen Verfassungslebens begonnen hatte, ganz eingestellt. Freilich konnte nicht verhindert werden, daß immer wieder vertrauliche Informationen durch Indiskretion oder auch durch bloße Geschwätzigkeit oder Leichtsinn nach außen drangen. Einmal verkaufte die Köchin des Stimmbevollmächtigten der thüringischen Staaten die in dessen Besitz befindlichen geheimen Bundestagsprotokolle als Einwickelpapier an einen Frankfurter Metzger.[81]

Von den noch unerledigten ursprünglichen Verfassungsaufträgen des Bundestages waren die Arbeiten an der sogenannten »Kriegsverfassung«, die 1817 aufgenommen wurden, von der Wende aller Dinge, die mit 1819/20 gekommen war, nur indirekt betroffen. Hier zeigte sich erst im Verlauf von Jahrzehnten, was die politische Erstarrung aller Bundesinstitutionen für das militärisch-völkerrechtliche Sicherheitssystem des Bundes bedeutete. Eine modernisierende Fortentwicklung des ja für Deutschland wie Europa gleichermaßen wichtigen Sicherheitssystems kam jetzt nicht mehr zustande. Es ist aufschlußreich, die militärische Organisation des Bundes unter den zwei weiterreichenden Gesichtspunkten zu sehen: dem engen Zusammenhang mit der völkerrechtlichen Friedensposition des Bundes und dieser unterbliebenen Fortentwicklung der Institutionen und Funktionen.

Unmittelbar nach der Unterzeichnung der Wiener Schlußakte wurden die langwierigen Verhandlungen über eine Kriegsverfassung des Deutschen Bundes abgeschlossen.[82] Die Einzelheiten des militärischen Organisationswerkes wurden durch ein Bundesgesetz vom 9. April 1821 und weitere Bestimmungen 1821/22 geregelt; aufschlußreicher als sie sind die Macht- und Prinzipienfragen, die sich hinter dem mühsam erreichten, bis 1866 gültigen Kompromiß dieser gesamtdeutschen Heeresorganisation verbargen. Von heute her gesehen interessiert am meisten die völkerrechtliche Frage nach Krieg und Frieden im Bundesrecht.[83]

Der Bundeskrieg, den die Verfassung vorsah, war, gemäß dem Zweck des Bundes, auf Fälle des Verteidigungskrieges beschränkt; das Bundesrecht verbot den Gliedstaaten jeden Separatkrieg, in dem ihnen »das Recht nicht zur Seite steht«. Bemerkenswert ist, daß es bei einem Bundeskrieg kein Neutralitätsrecht der einzelnen Bundesglieder gab. Die alteuropäische völkerrechtliche Maxime vom gerechten Krieg, der nur zur Selbstverteidigung oder zur Wahrung verletzter Rechte geführt wird, war hier nochmals bindendes Recht für die Einzelstaaten geworden.

Für die praktische Ausgestaltung der bündischen Militärorganisation waren die Erinnerung an die Unzulänglichkeiten des alten »Reichsheeres«, die massiven Erfahrungen der Napoleonischen Kriege und die unterschiedlichen militärisch-fiskalischen Interessen der Einzelstaaten maßgebend. Wie stark sollte das Bundesheer sein? Österreich und Preußen waren von Anfang an bereit, einen relativ hohen Normalstand anzusetzen. Man rechnete mit zwei Prozent der Bevölkerung des Bundes; das hätte als »gewöhnliches Kontigent« eine Armeestärke von über 600 000 Mann bedeutet. Für die beiden Großstaaten wäre das kaum eine zusätzliche Belastung gewesen, da sie ja ohnehin über zahlenmäßig starke Armeen verfügten, von denen dann nur ein entsprechend großes Kontingent für das Bundesheer abgezweigt werden mußte. Anders sah es bei den Klein- und Mittelstaaten aus, die heftigen Widerspruch gegen eine so hohe zusätzliche militärische und fiskalische Belastung erhoben. So ging man auf die Hälfte herunter, also auf eine Quote von einem Prozent. Das ergab nach der offiziellen Bevölkerungsstatistik des Bundes eine Heeresstärke von 301 637 Mann. Dieser Bestand war im Vergleich zu der damaligen Stärke des französischen Heeres – ganz zu schweigen von der russischen Armee – eindeutig unzureichend. Doch ließ man es dabei, anscheinend auch im Vertrauen auf die weit darüber hinausgehenden Heeresstärken Preußens und Österreichs.

Ein anderer aufschlußreicher Diskussionspunkt galt der Heeresgliederung. Preußen wünschte von Anfang an eine Zweiteilung, die natürlich über die Gliederungsfrage hinaus die Führungsfrage präjudiziert hätte: Preußen sollte die norddeutschen Kontingente organisieren, Österreich die süddeutschen.[84] Das lehnte Wien ab. Man

Übersicht über die Truppenstärken des Bundesheeres

Armeekorps	Bundesstaaten	Kontingent (jeweils 1% der Bevölkerung)	
1 2 3	Österreich	94 822	
4 5 6	Preußen	79 234	
7	Bayern	35 600	
	Württemberg	13 955	
	Baden	10 000	
	Großherzogtum Hessen	6 195	
8	Hohenzollern-Hechingen	145	
	Liechtenstein	55	
	Hohenzollern-Sigmaringen	356	
	Hessen-Homburg	200	
	Frankfurt	479	31 385
	Königreich Sachsen	12 000	
	Kurhessen	5 679	
	Luxemburg	2 556	
	Nassau	3 028	
	Sachsen-Weimar	2 010	
	Sachsen-Gotha	1 857	
	Sachsen-Koburg	800	
9	Sachsen-Meiningen	544	
	Sachsen-Hildburghausen	297	
	Anhalt-Dessau	529	
	Anhalt-Bernburg	370	
	Anhalt-Köthen	325	
	Schwarzburg-Sondershausen	451	
	Schwarzburg-Rudolstadt	539	
	Reuß, ältere Linie	223	
	Reuß, jüngere Linie	522	31 730
	Hannover	13 054	
	Holstein	3 600	
	Braunschweig	2 096	
	Mecklenburg-Schwerin	3 580	
	Mecklenburg-Strelitz	718	
10	Oldenburg	2 178	
	Waldeck	519	
	Lippe-Schaumburg	240	
	Lippe-Detmold	691	
	Lübeck	407	
	Bremen	485	
	Hamburg	1 298	28 866
		gesamt	301 637

beschloß schließlich eine Einteilung in zehn Armeekorps; dabei stellten Österreich, Preußen und Bayern je eigene Korps, die kleineren Staaten bildeten gemischte Korps. Auch in der Frage der Zusammensetzung dieser integrierten Verbände gab es politischen Verdruß. Sachsen opponierte erbittert gegen einen preußischen Vorschlag, seine Truppen mit Baden und Württemberg im 8. Korps zu vereinigen. Sachsen wollte ins 9., norddeutsche Korps, wo es die stärkste militärische Macht war und also ein unbequemer militärischer Nachbar Preußens sein konnte. Österreich entschied den Streit gegen Preußen, indem es sich auf die Seite Sachsens stellte, das auch von den Mittel- und Kleinstaaten unterstützt worden war.[85]

Grundlage der Heeresaufstellung war die Bestimmung, daß die Kontingente von allen Gliedstaaten *bereitzuhalten* waren. Es handelte sich also beim Bundesheer um ein stehendes Friedensheer. Wenn der Bundestag die Mobilmachung beschloß, wurden die Kontingente durch die Beurlaubten und Reservisten auf den Kriegsstand gebracht. Erst wenn diese »Aufstellung des Kriegsheeres« erfolgte, war auch die Bestellung des »Bundesoberfeldherrn« vorzunehmen. Er wurde durch den Engeren Rat des Bundestages mit Stimmenmehrheit gewählt; vom Bundestag hatte er Befehle entgegenzunehmen. Auch wurde ihm von jedem Armeekorps ein Offizier zugeordnet, der die Interessen seines Verbandes wahrzunehmen hatte (bei den gemischten Korps je ein Offizier von jeder Division).

Die Schwächen dieser Heeresorganisation liegen auf der Hand. Aber so unterschiedlich die einzelnen Kontingente in Uniform, Bewaffnung und Ausbildung waren, sowenig das Zusammenwirken der Verbände (insbesondere der gemischten Korps) einexerziert war, so mangelhaft die Konstruktion des Oberbefehls sein mochte – als friedenssicherndes Instrument föderativer Macht ist diese Militärorganisation gerade in ihrer politischen Bedeutung für die Geschichte Deutschlands und Europas bis 1866 kaum zu überschätzen. Auch bestimmte Bereiche bündischer Integration besaßen eine erhebliche objektive und subjektive Tragweite, etwa der Ausbau der Bundesfestungen (zunächst Luxemburg, Mainz, Landau-Germersheim, dann auch Rastatt und Ulm). Bei den Festungen, die Bundeseigentum waren, ging es nicht nur um eine militärische Zusammenarbeit der Gliedstaaten, sondern auch um bedeutende architektonische und technische Leistungen vor dem Hintergrund eines gegen Frankreich gerichteten nationalen Sicherheitsdenkens. Nicht zu unterschätzen ist die Tätigkeit der in Frankfurt vom Bundestag eingerichteten »Bundesmilitärkommission« als eines Fachgremiums hoher Militärexperten aus allen Gliedstaaten im Rahmen der allgemeinen Entwicklung des Kriegswesens und seiner politischen und technischen Faktoren bis hin zum strategischen Eisenbahnbau.

Eine Bewährungsprobe hat das Bundesheer eigentlich nie durchstehen müssen. Der Krieg mit Dänemark 1848/50 läßt sich vielleicht als ein »Bundeskrieg« bezeichnen, aber er stand unter ganz speziellen Voraussetzungen. Der Krieg von 1866 wurde offiziell als ein Bundeskrieg gegen Preußen und seine Verbündeten geführt, aber schon dieser innerdeutsche Charakter schließt diesen Feldzug als Testfall aus. Die Kriegsverfassung hatte natürlich auch eine innenpolitische, also antirevolutionäre Funktion; so wurden bei der Niederwerfung von revolutionären Aufständen 1848/49 mehrfach Truppen des Bundes eingesetzt, wobei es sich jedoch um einzelstaatliche Verbände handelte; das Bundesheer wurde in bürgerkriegsähnlichen Situationen nicht verwendet.

Hier stellt sich schließlich das Problem der Einordnung des deutschen Sicherheitsbedürfnisses in eine europäische Friedensordnung. Insofern, als föderative und integrative Züge die Struktur der Kriegsverfassung bestimmten, war sie ein Spiegelbild des staatenbündischen Systems mit Einschluß bundesstaatlicher Elemente. Das Bundesheer war ein stabiler, machtbalancierender Teilbereich des politischen Systems. Hier blieb die Machtverteilung von 1820/21 festgeschrieben: Österreich dominierte einerseits durch seine jeweilige Verständigung mit Preußen, andererseits aufgrund der Interessenlage der mittleren und kleineren Staaten. Insgesamt war die europäische Sicherungsfunktion der deutschen Kriegsverfassung bis 1866 ja durchaus wirksam. Das war nicht wenig; doch blieb die militärisch-völkerrechtliche Sicherung auf dem Stand von 1815/21 stehen und wurde nicht weiterentwickelt. Welche weiteren, evolutionären Chancen - in Richtung eines später nie mehr erreichten Ausgleichs von deutscher Rüstung und europäischer Friedensordnung - auch in diesem Bereich seit der politischen Blockierung des bündischen Verfassungslebens ab 1819/20 verschüttet wurden, bleibt eine offene Frage. Doch diese militärisch-völkerrechtliche Frage ist legitim; sie darf in dem Nachdenken über Deutschland und Europa im 19. und 20. Jahrhundert nicht fehlen.

In diesen Zusammenhang gehört zum Beispiel, daß die Drohung des Zweifrontenkriegs für Deutschland erst nach dem Ende des Bundes auftrat, dann aber sehr rasch und stark. Hatte Bismarck das nicht vorausgesehen? Der Blick von 1821 auf die totale Zerstörung des alten völkerrechtlich-militärischen Sicherheitssystems in der Mitte Europas 1866 legt eine weitere Überlegung nahe. Offenbar war es die zurückgebliebene, gegenüber den europäischen Wandlungen anachronistisch und wirkungslos scheinende Form der föderativen Friedens- und Defensivordnung, die es der Gruppe um Bismarck damals erleichtert hat, die Bedenken des preußischen Königs und der Konservativen gegen die Zerstörung dieses Sicherheitssystems zu überwinden.

5. Die deutsche Staatenwelt bis 1830

Angesichts der Stagnation des deutschen bündischen Verfassungslebens in den zwanziger Jahren verlagerten sich das Interesse und der Wirkungskreis freiheitlicher Bestrebungen in mancher Hinsicht in die deutschen Einzelstaaten. Persönlichkeiten und Ideen, die am Bundestag nicht - oder nicht mehr - zum Zuge kamen, suchten jenseits der Metropolen Wien und Berlin ein Feld der Betätigung oder wenigstens eine Möglichkeit zu überleben, bis andere Zeiten kamen. Diese Wendung hatte auch andere Konsequenzen. Die schon vorher bemerkenswerte Verschränkung der bürokratischen Machtpositionen in den Einzelstaaten mit liberalen Reformtendenzen gewann jetzt noch größere Bedeutung.

Unter diesen polyzentrischen Bedingungen entwickelte sich in den zwanziger Jahren noch keine eigentliche Parteiengruppierung mit eindeutigen politisch-ideologischen Programmen im späteren Sinne. Vielmehr ergab sich von Fall zu Fall ein unterschiedliches Miteinander- und Gegeneinanderspiel von gouvernementaler Reform- und Repressionspolitik, Landtagsopposition und auch fürstlichem Eingreifen in dieser oder jener Richtung. Dabei zeigte sich einerseits die enorme Macht der einzelstaatlichen Bürokratie und andererseits die Bedeutung einzelner Persönlichkeiten gerade in diesem Vor und Zurück und in der Ausbildung der Tendenz nach liberaler oder konservativer Verhältnisse in den Einzelstaaten. Es kam zu mannigfachen Formen von Ausgleich wie von Konfrontation. Manche Politiker waren gleichzeitig oder nacheinander Abgeordnete und Regierungsbeamte oder Minister. So verliefen auch die biographischen Linien noch nicht unter deutlichen »parteipolitischen« Vorzeichen.

Unter den Einzelstaaten des Bundes, die in diesem Sinne dem deutschen Frühliberalismus eine Zuflucht boten, nahm Preußen allerdings bald nur noch eine Randposition ein. Auf das Ausscheiden der Reformer Humboldt, Beyme und Boyen 1819/20 folgte 1822 der Tod Hardenbergs. Damit verschob sich in Berlin das Spektrum der Verfassungsdiskussion und der politischen Macht endgültig nach der konservativen Seite. Das königliche Versprechen einer gesamtstaatlichen Verfassung blieb uneingelöst; die altständischen Kräfte setzten sich im wesentlichen durch und im Juni 1823 wurde das »Gesetz wegen Anordnung der Provinzialstände« verkündet. Es entsprach dem Kompromißcharakter des Gesetzes, daß in die neuen Provinzialstände dort, wo das Bürgertum stark war (Rheinprovinz, Westfalen), auch zahlreiche bürgerliche Abgeordnete mit liberalen Tendenzen eintraten. Auch gab es weiterhin im Adel Gruppen, die sich dem altständischen Konservativismus nur zurückhaltend oder gar nicht anschlossen. Insofern blieb ein beschränkter Raum konstitutionellen Lebens gewahrt. Das war weit mehr, als man von den Landtagen in den österreichischen Kronländern sagen konnte. Alles in allem aber war man in Wien mit der Wendung der Dinge in Preußen recht zufrieden. Gentz rühmte 1822 die »ungeheuren Fortschritte zum Guten«, die Preußen seit drei oder vier Jahren gemacht habe. Und er fügte als höchstes Lob hinzu: »Es fehlte diesem Staate nichts als katholisch zu sein, und er ist neben uns die kräftigste Stütze der Welt.«

Die Zentren der konstitutionellen Bewegung lagen von nun an für längere Zeit in Süddeutschland. Denn auch dort, wo in Norddeutschland – etwa in Sachsen oder Hannover – die altständischen Verfassungsformen nicht ohne Bedeutung waren, blieben doch die Verfahrensweise und der politisch-soziale Handlungsspielraum ganz überwiegend konservativ.[86]

Anders entwickelten sich die politischen Verhältnisse in Bayern, Württemberg, Baden und Hessen-Darmstadt.[87] Dort gab es nun einmal konstitutionelle Verfassungen, auch wenn sie von den konservativen Verfechtern als »französische« Verfassungen denunziert und beschimpft wurden. Aber alle Pläne, das Verfassungsleben staatsstreichartig abzuschneiden (im Falle Badens, Hessens, auch Bayerns), fanden weder jetzt noch später die Zustimmung Metternichs; Österreich und Preußen waren zwar an einer restriktiven Praxis der Regierungen gegenüber den süddeutschen Landtagen interessiert, aber nicht an einem Staatsstreich. Die einzelstaatlichen Regierungen waren offenbar im allgemeinen nicht willens oder nicht fähig, von sich aus verfassungsändernd einzugreifen.

Nur in Baden kam es 1825 im Zuge der reaktionären Politik des Großherzogs Ludwig zu einer Verfassungsrevision. Mit Zustimmung der beiden Kammern wurde hinsichtlich des Budgetrechts und der Wahlperiodizität die Position der Regierung gegenüber dem Parlament verstärkt. Doch bezeichnenderweise konnten diese Einschränkungen nicht lange aufrechterhalten werden; schon 1831 wurde die Verfassung von 1818 im vollen Umfang wiederhergestellt. Insgesamt machte sich in Baden, stärker als in anderen Staaten des Bundes, die Nähe Frankreichs im Sinne eines an den Ideen von 1789 orientierten, stark doktrinären Liberalismus geltend. Männer wie der Rechtslehrer Karl von Rotteck, der 1819/20 und 1822/23 in der ersten Kammer des Landtags die Universität Freiburg vertrat, ließen sich durch die Wende in ihrem Eintreten für radikal liberale Ideen nicht beirren. Karl Theodor Welcker, der seit 1822 als Staatsrechtler gleichfalls in Freiburg lehrte, war seit 1819 als Professor in Bonn wegen des Verdachts der Teilnahme an »demagogischen Umtrieben« überwacht worden. In Baden wurde der entschiedene Liberale alsbald in neue Kämpfe verstrickt. Der Höhepunkt seiner politischen und publizistischen Wirksamkeit lag in den Jahren nach 1830 und dann in der Revolution von 1848/49. Johann Adam von Itzstein, als Jurist seit 1809 im badischen Staatsdienst, entfaltete seit seiner Wahl als Mannheimer Abgeordneter 1822 eine erfolgreiche Tätigkeit auf der oppositionellen Seite der Kammer. So brachte er die Militärvorlage der Regierung zu Fall und bis zur Revolution 1848/49 stand er in allen parlamentarischen Kämpfen an der Spitze der liberalen Opposition. Im Frankfurter Parlament gehörte er dann der gemäßigten Linken an, 1849 mußte er ins Ausland fliehen.

Die Regierung, zwischen einer gemäßigten und einer unverhohlen reaktionären Politik lavierend, verfügte über verschiedene und teils recht wirkungsvolle Instrumente gegenüber der drängenden Opposition. In dem Streit um die Rechtsstellung des mediatisierten Adels hatte die badische Regierung anfangs hinsichtlich der massiven Ansprüche der Standesherren vorsichtig taktiert. Als jedoch Österreich und Preußen eingriffen und auf die Bundesverfassung mit ihrer Rechtsgarantie für die Mediatisierten verwiesen, umging die Regierung den Landtag, indem sie sechs Tage vor dessen erstem Zusammentritt ein Adelsedikt erließ. Dies Gesetz sicherte unter anderem den großen standesherrlichen Besitzungen, wie etwa dem Fürsten von Fürstenberg in Donaueschingen[88], den Fortbestand ausgedehnter Hoheitsrechte, eine Form von Staat im Staate. Die zweite Kammer des Landtags hätte das Edikt mit Sicherheit abgelehnt.

Andere Fälle und Maßnahmen waren typischer für die vormärzliche bürokratische Einengung des Verfassungslebens: oppositionelle Beamte wurden schikaniert und strafversetzt; Wahlbeeinflussung in massivster Weise war gang und gäbe. So gelang es der Regierung, die Wahlen von 1825 durch Einwirkungen der örtlichen Behörden so zu manipulieren, daß fast keiner der oppositionellen Führer in den Landtag gewählt wurde. Dies wurde freilich nur durch ein neuartiges Zusammenspiel der antiliberalen Kräfte mit dem katholischen Klerus möglich. Damit zeichnet sich ein neues Modell politisch-ideologischer Polarisierung ab, dessen volle Tragweite erst in den dreißiger Jahren deutlich wurde.

Dieser Wahlsieg der regierungstreuen Gruppen, der die Revision der Verfassung ermöglichte, bedeutete auch einen - vorübergehenden - Sieg der Regierung in dem seit 1819 anstehenden Budgetkonflikt.[89] Der Landtag hatte die Steuern für die Militärausgaben nur zum Teil genehmigt. Daraufhin bezog sich der Großherzog auf die Wiener Schlußakte: Die Kammern seien nicht befugt, ihn an der Erfüllung seiner militärischen Pflichten gegenüber dem Bund zu hindern. Die Regierung wirtschaftete in den folgenden Jahren ohne parlamentarische Deckung für das Budget weiter; einen ähnlichen Konflikt um das Militärbudget gab es gleichzeitig in Bayern. Dreierlei ist daran bemerkenswert: daß es im deutschen Frühliberalismus schon so bald zu Budgetkonflikten gerade im Bereich der Militärausgaben kam und daß schon hier das Verfahren eines »budgetlosen Regiments« angewandt wurde (allerdings noch ohne Bismarcks famose Lückentheorie von 1862). Immer wieder muß das zentrale Bundesrecht zur Schwächung der einzelstaatlichen parlamentarischen Opposition herhalten. Wie widersprüchlich aber die Situation der liberalen Politiker bei der Verweigerung des Militärhaushalts werden konnte, zeigt das Beispiel des Abgeordneten Ludwig von Liebenstein, der nach der Landtagsabstimmung die Motive seiner Opposition in einer öffentlichen Erklärung darlegte: »Ein durch Eintracht starkes, zur siegreichen Abwehr jedes Angriffs gerüstetes, jeden Einfluß auswärtiger Politik im Gefühl seiner eigenen vereinigten Kraft stolz zurückweisendes Deutschland ist das Ideal meiner Jugend gewesen ... Ich habe in der Ständeversammlung Badens gegen einen allzu hohen Wehrstand im Frieden gesprochen, aber nicht, damit das Vaterland im Kriege dem fremden Eroberer wehrlos preisgegeben sei, sondern damit es zur Zeit der Ruhe seine besten Kräfte nicht nutzlos vergeude, damit es sie aufspare für die Tage des Kampfs und der Gefahr!«[90] Die innere Problematik aller Militärpolitik der Opposition, die hier bereits anklang, schwächte über 1848 hinaus bis 1914 die deutsche Linke.

Im Unterschied zur badischen Verfassung von 1818 handelte es sich bei der Verfassung, die Großherzog Ludwig I. von Hessen-Darmstadt 1820 veröffentlichte, nicht um ein von oben »oktroyiertes«, sondern um ein zwischen Krone und Volksvertretung »vereinbartes« Staatsgrundgesetz. Aber auch hier kam es schon nach der Berufung des dritten Landtags zu Konflikten. Der Regierung wurde die Verhinderung der Wahl freisinniger Abgeordneter vorgeworfen.[91] Die Eskalation ging nach 1827/28 weiter. Während die liberale Gruppierung in dem Abgeordneten Heinrich von Gagern (erstmals 1829 gewählt) einen selbstbewußten Sprecher fand, übertrug der Großherzog im selben Jahre dem dezidiert konservativen Außen- und Finanzminister du Thil die Leitung des Ministeriums. Das lief fast auf eine Kampfansage hinaus und bedeutete jedenfalls ein Programm möglichst weitgehender Einschränkung des Verfassungslebens. Im Königreich Württemberg war die Verfassung nach langen Kämpfen als erste zwischen Krone und Volksvertretung vereinbarte, den Grundsätzen des modernen Repräsentativsystems entsprechende Konstitution auf deutschem Boden zustande gekommen. Sie enthielt zwar noch Restbestände jenes altständischen Rechts, das in Württemberg so tiefe geschichtliche Wurzeln hatte,[92] doch war der Beginn von 1819 verheißungsvoll gewesen, um so mehr als auf der Seite der Regierung wie unter den Abgeordneten, die im Januar 1820 zum ersten Mal zusammentraten, »gemäßigte« Ideen - wie man damals sagte - herrschten. Doch schon im ersten Landtag ereignete sich ein spektakulärer Fall, der die gemütlichen, gouvernementalen Formen des konstitutionellen Lebens der folgenden Jahre überschattete und die Schwäche des Stuttgarter Landtags enthüllte.

Der Konflikt galt dem bedeutenden Wirtschaftstheoretiker und Politiker Friedrich List, der, 1789 in der Reichsstadt Reutlingen geboren, seit 1817 Professor der Staatswissenschaften in Tübingen war und 1819 als Abgeordneter seiner Heimatstadt in den Landtag gewählt worden war. Die Regierung annullierte die Wahl, da List zum vorgeschriebenen Alter von dreißig Jahren einige Tage fehlten. Bei der Nachwahl, zu der sich List stellte, griff die Behörde mit einer - offenbar fiktiven - Strafuntersuchung verhindernd ein; erst im dritten Anlauf konnte er seinen Abgeordnetensitz im Landtag einnehmen. Als List ein Jahr später die Wünsche seiner Reutlinger Wähler in einer großen Petition zusammenfaßte, der es nicht an liberaler Schärfe fehlte, forderte die Regierung vom Landtag, List bis zur Erledigung des gegen ihn eröffneten Strafverfahrens das Mandat und die Immunität zu entziehen. Vergebens warnte Ludwig Uhland, der als Abgeordneter dem zuständigen Landtagsausschuß angehörte, vor einem Nachgeben. Die Mehrheit der Abgeordneten ließ List dennoch fallen, und wenig später wurde er wegen Beamtenbeleidigung verurteilt, dann auf dem Hohen-Asperg inhaftiert; erst 1825 kam er frei, nachdem er sich bereit erklärt hatte, auf sein Bürgerrecht zu verzichten und zu emigrieren. Person und Wirken dieses »bedeutendsten Kopfes des süddeutschen Liberalismus« ist nicht ohne eine Beimischung persönlicher Tragik zu verstehen. Sein Scheitern als Parlamentarier zeigt aber gleichzeitig die Schwäche dieser Form des Frühliberalismus und die Stärke der Bürokratie in dem seit 1819/20 verhärteten deutschen System.

Auch die Stuttgarter Publizistik geriet zunehmend ins Schußfeld der Reaktion; so nannte Metternich die »Fruchtbarkeit der revolutionären Presse« in Württemberg »erschreckend«. Im Mai 1823 verfügte die Bundesversammlung das Verbot des in Stuttgart erscheinenden radikal-liberalen Blattes »Der Teutsche Beobachter«. Dieses Ereignis erschien Gentz damals wichtiger »als die Eroberung Spaniens«.[93] In einer solchen Atmosphäre verlor schließlich auch Ludwig Uhland den Mut und die Lust zur parlamentarischen Arbeit und schied 1826 als Abgeordneter aus. Sein Wiedereintritt 1833 erfolgte im Zeichen einer neu belebten politischen Bewegung, die Württemberg wie Deutschland und Europa erfaßt hatte.

Für das Königreich Bayern bedeutete der 1825 eintretende Wechsel auf dem Thron eine wichtige Etappe der politischen und konstitutionellen Entwicklung.[94] Die widersprüchliche Entwicklung des bayerischen Frühliberalismus[95] erhielt neue Impulse durch die Thronbesteigung König Ludwigs I. Seine nationalen und liberalen Ideen kamen zunächst der Aufrechterhaltung des konstitutionellen Lebens zugute, während ringsum die Reaktion voranschritt. Der neue leitende Minister, Josef Ludwig Graf Armansperg, kam aus der Schule von Montgelas, war gleich diesem antifeudal und antiklerikal eingestellt. Man kann ihn wohl nicht geradezu als liberalen Politiker bezeichnen; besser dürfte er als Vertreter des administrativen Liberalismus charakterisiert sein. Schon im alten Landtag von 1825 waren die Führer der entschiedenen Opposition aus der Zeit von 1819/22 nicht mehr vertreten gewesen; auch im neuen Landtag unter Ludwig I. (1827/28) dominierten die gemäßigten Liberalen.[96] Unter ihnen ragte der Jurist und Staatsbeamte Ignaz Rudhart hervor, aber auch unter den Standesherren in der ersten Kammer fehlte es nicht an Persönlichkeiten, die liberalen Ideen zuneigten: die Fürsten Öttingen und Leiningen, noch dezidierter die Grafen Erwin Schönborn und Bassenheim.

Der junge König hatte die ernsthafte Absicht, den Staat unter Einbeziehung der Ständeversammlung im liberalen Sinn zu reformieren. Die Session 1827 eröffnete er mit einer programmatischen Thronrede, die sogar Hoffnungen auf eine Fortbildung der Verfassung erweckte. Zeitweilig kam es sogar zu einer »großen Koalition« der mediatisierten Standesherren und der Liberalen, aber von allen Erwartungen erfüllte sich sehr wenig. Von dem weitgespannten Gesetzgebungsprogramm konnte nur ein wenig ins Gewicht fallender Bruchteil verwirklicht werden. Mangels eines Zusammenspiels der »Revolution von oben« (König und aufgeklärte Bürokratie) mit den liberalen, reformwilligen Kräften im Landtag breitete sich Mißtrauen und Enttäuschung aus. Dem Abschluß des Landtages 1828 blieb der König fern.

Noch im selben Jahr entließ er Armansperg, der dem Landtag gegenüber glücklos agiert hatte, als Innenminister. Zu seinem Nachfolger wurde der katholisch-konservativ orientierte Eduard Schenk berufen. Der König schrieb an Schenk: »Ein religiöser Geist, ein von Kunst und Wissenschaft durchdrungener lebe im Ministerium, im

Der Stuttgarter Landtag, eine der Hochburgen des Frühliberalismus, im Jahre 1833. An dieser Sitzung nahm auch der erst kurz zuvor mit neuen Hoffnungen in die Reihen der Parlamentarier zurückgekehrte Dichter Ludwig Uhland teil.

übrigen herrsche der bisherige fortwährend.«[97] Das bedeutete, daß mit der Ablösung Armanspergs die kurze Epoche liberaler Reformpolitik schon zu Ende ging. Schenk war der Mann, von dem Ludwig die Förderung eines christlich-konservativen Staatskonzepts erwartete. Nun kam es auf die weitere Konstellation der Kräfte in der bayerischen Öffentlichkeit und Politik an. Ähnlich wie schon zuvor in Baden begann auch in Bayern die Erstarkung des katholischen Selbstbewußtseins, die sich zunächst ganz allgemein gegen die Staatsomnipotenz gerichtet hatte, in eine neuartige politische Gruppierung zu münden. Doch anders als in Baden wirkten die neukonservativen Kräfte hier unmittelbar auf den Fürsten, der ja im außerösterreichischen Deutschland der einzige katholische Herrscher war (sieht man von den süddeutschen Hohenzollern ab). Aber Schenk war noch kein Ultramontaner und die entscheidende Wendung des Königs sollte erst nach der Julirevolution kommen. Bis dahin blieb die verfassungspolitische Lage Bayerns noch in der Balance. Die Liberalen waren alarmiert; der Abgeordnete Georg Freiherr von Aretin notierte im Rückblick auf den Landtag 1827/28 in sein Tagebuch: »Auf jeden Fall steht Bayern, wenn das jetzige antikonstitutionelle System bleibt, eine Catastrophe bevor. Es war höchst unvernünftig, eine so leidenschaftlich gehässige Opposition zu bilden, da der König zum Absolutismus geneigt scheint und hierin von Österreich und Preußen immerwährend aufgemuntert wird.«[98] Aber noch war der König schwer zu fassen; im August 1828 wohnte Ludwig I. der feierlichen Enthüllung der Konstitutionssäule bei, die der Reichsrat Graf Schönborn auf dem Sonnenberg oberhalb seines Besitztums Gaibach nach einem Entwurf Klenzes errichtet hatte.

Trotz der engen dynastischen Verbindungen zwischen Bayern und Österreich - Ludwigs Schwester Karoline hatte Kaiser Franz I. geheiratet - waren die Beziehungen zu Wien in den zwanziger Jahren alles andere als freundlich. Metternich kämpfte unentwegt gegen die konstitutionellen und liberalen Gesinnungen, die er in München am Werk sah. Schließlich zeigte sein ständiges Intervenieren gegen den »verwerflichen Gang der bayerischen Politik« Wirkung; die entschiedene Abkehr des Königs von seiner liberalen Verfassungspolitik war ein spätes Einlenken in den Metternichschen Kurs. So wurden schließlich auch in Bayern, wo von der Krone wie von der politischen Öffentlichkeit her zunächst günstige Voraussetzungen für eine positive verfassungspolitische Entwicklung gegeben zu sein schienen, im Zusammenwirken von inneren Kräften und Metternichschen Einflüssen die Weichen neu gestellt. Diese politische Wende in Bayern war eng mit einer folgenreichen kulturellen Entwicklung verbunden. Die Spätblüte romantischer Kultur in München entfaltete zunehmend auch politisch-konservative Züge. In Baden, Hessen und Württemberg wirkte dagegen das Erbe der frühliberalen Phase, die so entschieden auf eine neue Gestalt der deutschen Wirklichkeit gedrängt hatte, stark in die vierziger Jahre und die Ereignisse von 1848 hinein.

Während so das politische und konstitutionelle Leben der zwanziger Jahre immer deutlicher stagnierte, kam es im Bereich der wirtschaftspolitischen Entwicklungen zu neuen Bewegungen und Ergebnissen. Die Interessenlage des handel- und gewerbetreibenden Bürgertums und die fiskalischen und zollpolitischen Ziele der einzelnen Regierungen ergänzten sich in einer überaus fruchtbaren Weise. Über alle verfassungspolitische Blockierung hinweg beschleunigte sich die ökonomische Entwicklung.

Nach dem Ende der englischen Kontinentalsperre sah sich die mitteleuropäische Wirtschaft im Zeichen der beginnenden Industrialisierung vor die Frage gestellt, wie die Schaffung und Sicherung größerer Absatzmärkte im Hinblick auf die einzelstaatliche Bürokratie, auf die Institutionen des Deutschen Bundes und auf das neuformulierte »deutsche Nationalinteresse« zu bewerkstelligen sei. Es ist dieser Bereich des handels- und zollpolitischen Ringens und nicht eigentlich der der Verfassungskämpfe, in dem zum ersten Mal in Deutschland eine erkennbare Artikulation bürgerlicher Interessen erfolgte und zu positiven Ergebnissen führte.

Seit 1814/15 war es eine offene Frage geblieben, ob und wie der Bund in Handels- und Zollfragen wirkliche Zuständigkeiten erhalten und zentrale Regelungen schaffen sollte. Im Mai 1815 hatten sich Österreich und Preußen auf eine weitgehende Kompetenz des Bundes geeinigt, »für die Freiheit des Handels und Verkehrs zwischen den teutschen Staaten ... die zweckmäßigen Anordnungen zu treffen«.[99] Die Aufnahme einer entsprechenden Bestimmung in die Bundesakte war aber am entschiedenen Widerspruch Bayerns gescheitert, das sich auf das Prinzip der einzelstaatlichen Souveränität berufen hatte. So enthielt die Bundesverfassung lediglich eine vage Absichts- und Auftragserklärung: der Bundestag solle über die Fragen von Handel, Verkehr und Schiffahrt beraten. In den Frankfurter Verhandlungen hatten sich dann rasch die tiefen Gegensätze zwischen den Anhängern des Schutzzollsystems (mit hohen Einfuhrzöllen, auch Ein- und Ausfuhrverboten) und denen des Freihandelssystems gezeigt (mit grundsätzlich niedrigen Tarifen für Einfuhr und Ausfuhr, doch mit dem Schutzmittel heraufgesetzter »Retorsionszölle« gegen Schutzzolländer).

Die innerdeutschen Gegensätze auf zollpolitischem Gebiet waren in erster Linie bedingt durch den unterschiedlichen Stand der gewerblichen und agrarischen Leistungsfähigkeit, dann auch durch Verkehrslage, staatliche Interessen und wirtschaftstheoretische Konzepte in dieser und jener Richtung. Weniger entwickelte Länder, wie etwa Österreich und Bayern, orientierten sich am Schutzzoll; Baden und Preußen waren für das Freihandelssystem. Hier und da waren die Interessenlagen gemischt; dann kamen entsprechende Vorschläge zustande. So trat etwa Friedrich List für »Erziehungszölle« ein, die der deutschen Wirtschaft für eine begrenzte Zeit Schutz gegen die internationale Konkurrenz bieten sollten, damit der Vorsprung des Auslandes aufgeholt werden konnte; ähnlich war Lists Konzept von »Übergangszöllen«, das er 1820 in Wien vortrug. Damit wollte er die grundsätzliche Zustimmung Österreichs für eine allmähliche Integration des noch ganz auf Schutzzölle abgestellten riesigen Wirtschaftsgebietes in eine allgemeine deutsche Zolleinheit gewinnen.

Während am Bundestag zögernd verhandelt wurde, stellte Preußen die anderen Staaten mit dem Zollgesetz von 1818 vor ein *fait accompli:* Herstellung der innerstaatlichen Zoll- und Wirtschaftseinheit mit freihändlerischen Regelungen, doch mit hohen

Durchgangszöllen und – wie sich bald herausstellte – mit einer rigorosen Kontrollpraxis gegenüber den zahlreichen größeren und kleineren Enklaven im preußischen Staatsgebiet. Es war kein Zweifel, daß damit der territoriale »Fleckerlteppich« in Norddeutschland im Sinne einer Abrundung des geschlossenen, von Berlin kontrollierten Wirtschaftsraumes bereinigt werden sollte. Bei diesem Alleingang mußte es von Anfang an im preußischen Interesse liegen, eine zoll- und handelspolitische Brücke zu den territorial getrennten westlichen Landesteilen herzustellen.

In diese ökonomischen Erwägungen spielten frühe nationalpolitische Perspektiven hinein. Insbesondere Johann Albrecht Eichhorn, seit 1818 Leiter der deutschen Angelegenheiten im preußischen Außenministerium, kämpfte für eine expansive Zollunionspolitik. Zunächst bei Eichhorn, dann bei anderen führenden Männern der preußischen Handelspolitik, wie bei dem bedeutenden Finanzminister Friedrich Christian von Motz, setzte sich der Gedanke fest, auf der zollpolitischen Ebene »eine selbständige deutsche Einigungspolitik abseits vom Bund, notfalls auch gegen den Bund zu führen«.[100] Dieser Gedanke wurde sehr bald Grundlage einer wirkungsvollen preußischen Strategie. Ob eine solche Politik noch im Rahmen der Konzeptionen von Stein, Hardenberg und Humboldt lag, die zwar eine norddeutsche Vorherrschaft Preußens wollten, aber doch an der gesamtdeutschen Föderation festhielten, ist fraglich, doch auf jeden Fall bedeutete sie einen vollkommen neuen Faktor sowohl im innerdeutschen wie im innerpreußischen Wandlungsprozeß. Es war eine Konsequenz des Scheiterns der liberalen Reform in Preußen, daß sich nun die Energien einer modernitätsbereiten Bürokratie einem Gebiet zuwandten, wo das Handicap der geographischen Teilung Preußens wirtschaftspolitisch überwunden und aus dem frühindustriellen Wachstum ein Zugewinn an direkter und indirekter Staatsmacht erzielt werden konnte.

Die Erfolge dieser Strategie hingen freilich davon ab, wie sich die Dinge in Frankfurt und im übrigen Deutschland entwickelten. Zunächst stieß der preußische Alleingang fast allgemein auf Ablehnung. Sowohl in der wirtschaftlich interessierten deutschen Öffentlichkeit als auch bei den Regierungen wurde das preußische Zollgesetz als ein brutaler Akt von einzelstaatlichem Egoismus kritisiert. Da angesichts der Hungerkrisen in manchen Teilen Deutschlands eine Liberalisierung der Exporte und Importe von Lebensmitteln wünschenswert war, sah man in dem Vorgehen Berlins auch die Verweigerung von Hilfe in einer so brennenden Notlage.

Die nächste Etappe der Auseinandersetzungen verlief auf zwei unterschiedlichen Ebenen. Die Einzelregierungen und Metternich suchten die Zoll- und Handelsfragen vom Bundestag in die Karlsbader Verhandlungen und dann in die Wiener Ministerialkonferenzen zu verlagern. Dem sekundierte eine Publizistik und Vereinspolitik, die für eine zunächst ganz gegen Preußen gerichtete deutsche Zolleinheit stritt.

Am 1. Januar 1819 trat das preußische Zollgesetz in Kraft, zu einem Zeitpunkt also, da die wirtschaftliche Lage Deutschlands sehr angespannt war: Absatzschwierigkeiten und Hungersnöte, interner Kaufkraftschwund und Überfüllung der Märkte mit englischen Exportwaren charakterisierten die Situation. Unter solchen Vorzeichen wurde auf der Frankfurter Ostermesse 1819 der »Deutsche Handels- und Gewerbeverein« als ein Schutzverband mittel- und kleinstaatlicher Kaufleute und Fabrikanten gegründet. Zentraler Sitz wurde bezeichnenderweise die alte Handelsmetropole und Reichsstadt Nürnberg. Rasch bildeten sich zahlreiche Ortsverbände; schon im Juli soll der Verein 10 000 Mitglieder gezählt haben. Die Schwerpunkte des Mitgliederstandes lagen im Süden und Westen. Das Ziel war gesamtdeutsch formuliert, »im verfassungs- und gesetzmäßigen Weg zu streben, daß Handel und Gewerbe in Deutschland wieder gehoben werden«. Die politischen und publizistischen Initiativen des Vereins waren für die nächsten Jahre eng an Friedrich List gebunden, der ab Juli 1819 eine eigene Verbandszeitschrift mit dem Titel »Organ für den deutschen Handels- und Fabrikantenstand« herausgab. Schon im April 1819 richtete der Verein eine Eingabe unmittelbar an den Bundestag, anschließend wandte er sich mit einer Serie von Delegationen und Denkschriften auch an einzelne Regierungen, vor allem an Preußen und Österreich. Im Januar 1820 wurde zu den Wiener Ministerialkonferenzen eine vierköpfige Delegation entsandt, deren führender Kopf wieder List war, der mehrfach von Metternich empfangen wurde und sogar dem Kaiser selbst Wünsche und Projekte des Vereins unterbreiten konnte.

Das alles war neuartig und kühn, in der Verfahrensweise wie im Ziel: daß ein Verein von Privatleuten sich über die einzelstaatlichen Grenzen hinweg organisierte und mit einem eigenen Programm wirtschaftspolitischer Reformen bundesweit an die politischen Instanzen herantrat. Das zeitliche Zusammentreffen mit der Demagogenverfolgung und mit der reaktionären Wende 1819/20 bewirkte, daß diese Bestrebungen bald am Mißtrauen der reaktionären Kräfte scheiterten. Man kann das bedauern. Doch die liberalen wirtschaftspolitischen Vorstöße des Vereins fielen nicht zufällig in diese Zeit; die Bildung und das rasche Tätigwerden des Vereins waren ja durchaus ein Teil jener liberalen Offensive, auf welche die Gegenoffensive aus Berlin und Wien so kräftig antwortete.

Diese wirtschaftspolitischen Programme hatten zwei Gesichter. Was in der antiliberalen Grundstimmung seit 1819/20 schlechthin untragbar schien, war die Form der bürgerlichen Selbstorganisation wirtschaftlicher Interessen. Da half auch keine Vorsicht und Zurückhaltung des Vereins, so wenn etwa für die Redaktion des »Organs« ganz zeitgemäß unpolitische Richtlinien gegeben wurden: »Der reine Sinn und Zweck des Vereins dürfe durch keine, einer zweideutigen Auslegung fähigen, politische Absichten argwöhnen lassenden, die Ruhe Deutschlands gefährdenden Perioden des Organs verstellt oder vereitelt werden ...«[101]

Der württembergische Abgeordnete Friedrich List, der mit seinen Ideen und Vorstellungen dem Großteil seiner Zeitgenossen weit vorauseilte, ist eines der Opfer der Wende von 1819/20. Er entzieht sich der Festungshaft durch die Flucht nach Amerika, zehn Jahre später kehrt er als Konsul der Vereinigten Staaten zurück in seine Heimat, um mit aller Kraft für den Eisenbahnbau und den Deutschen Zollverein zu kämpfen.

Eigenhändige Zeichnung Lists aus seiner Broschüre »Ueber ein sächsisches Eisenbahn-System«, Leipzig 1833

Auf einem anderen Blatt steht die weitere Behandlung der sachlichen Vorschläge für die Hebung von Handel und Verkehr und für die Umwandlung des Bundesgebietes in ein einheitliches Zollgebiet. Von solchen Vorschlägen war zwar einiges der Zeit weit voraus; manches trug auch chimärenhafte Züge, so Lists Idee, die Kosten für die neue Zollgrenze rund um den Bund durch Verpachtung an eine Aktiengesellschaft hereinzubringen. Aber anderes traf sich mit Interessen der Bürokratie. Es kam nur darauf an, welche politischen Kräfte in den folgenden Jahren mit welchen Zielen und welchen Erfolgen das so in Bewegung geratene Feld deutscher Handels- und Zollpolitik zu beackern imstande waren.

Die Chronik des Scheiterns des Handelsvereins ist rasch erzählt; sie ist außerordentlich aufschlußreich, was die weiteren deutschen Entwicklungen in Politik und Wirtschaft anlangt. Der Bundestag weigerte sich, auch nur in Beratungen über die Vorschläge des Vereins einzutreten. Als im Dezember 1819 eine Vereinsdelegation mit der Berliner Regierung verhandelte, kam es zu einer sachlich unverfänglichen, aber publizistisch recht geschickten Erklärung des Ministeriums, »daß die preußische Regierung, weit entfernt, durch einseitige Maaßregeln den Wohlstand der teutschen Nachbarstaaten untergraben zu wollen, sich freuen würde, wenn alle Regierungen Teutschlands über die Grundsätze eines gemeinschaftlichen, die Wohlfahrt aller Theile fördernden Handels-Systems sich vereinigen könnten«. Doch sei man – so fährt der Text fort – noch nicht soweit; einstweilen werde man wohl nur auf dem Weg zweiseitiger Absprachen »von Grenze zu Grenze« weiterkommen.[102] Unter den mittleren und kleineren Staaten des dritten Deutschland gab es hier und da sogar Interesse und Unterstützung. Von Württemberg her suchte Wangenheim die Zollfrage in die Triaspolitik einzubringen, und der badische Geheimrat Nebenius forderte noch 1819 in einer Denkschrift Handelsfreiheit und -einheit für Deutschland und eine gesamtdeutsche Bundeszollverwaltung. So richteten sich in diesem Fragen viele Hoffnungen auf die Wiener Ministerialkonferenzen, die offiziell mit zoll- und handelspolitischen Ausarbeitungen gemäß der Bundesakte (Artikel 19) befaßt waren.

Als List im Winter 1820 mit seiner Delegation des Handelsvereins in Wien eintraf, erwartete er viel von Österreich: »Unsere Hoffnungen von diesem Staat sind groß.« Niemand habe ein größeres Interesse an Deutschlands Ruhe und Unabhängigkeit als Österreich. Er wußte nicht, wie sehr seit dem Sommer 1819 der Handelsverein und seine eigene Person in Wien politisch verdächtig waren. Gentz bezeichnete gegenüber Metternich den Verein als eine »neue höchst gefährliche Konföderation«; in seiner Antwort betonte der Staatskanzler die politischen Aspekte und kritisierte die falsche Einheitstendenz des Vereins. Er bringe Gefahr für den Bund, da »die Vereinigung Deutschlands in einen einzigen nicht in seinen inneren Bestandteilen getrennten Körper … bereits die Grundlage der Verbrüderung der praktischen Revolutionäre geworden ist«.[103]

Schließlich beendete die Wiener Ministerialkonferenz am 23. Mai die unermüdlichen Anstrengungen Lists und des Vereins, zumindest als Gesprächspartner zugelassen zu werden, mit der Erklärung, daß »der eigenmächtig konstituierte Handels- und Gewerbeverein als solcher nicht anzuerkennen ist«. List und der Verein arbeiteten zwar politisch und publizistisch weiter, wenn auch die Tätigkeit nunmehr vor allem auf die südwestdeutschen Staaten konzentriert wurde. In Darmstadt begann im Herbst 1820 eine Handelskonferenz dieser Staaten, doch auch sie brachte keine Ergebnisse. Bald kam es zu inneren Konflikten und schließlich zu Auflösungserscheinungen im Handelsverein. Als List 1821 in dem schon erwähnten Verfahren wegen Beamtenbeleidigung verurteilt wurde und ins Ausland floh, war die erste Etappe wirtschaftspolitischer Initiativen »von unten« zu Ende.

Nicht Unkenntnis, mangelndes Interesse und Unterschätzung handelspolitischer Fragen haben Metternich daran gehindert, Österreichs Macht auch in das zollpolitische Ringen mit Preußen einzubringen. Es waren die besonderen Bedingungen Österreichs, die dem Staatskanzler eine differenzierte Vorgehensweise nahelegten. Das Schutzzollsystem Österreichs war ein Erbe des 18. Jahrhunderts. Auch die langsam einsetzende Modernisierung des alten kameralistischen Zopfes konnte an der enormen Ungleichheit des österreichischen Wirtschaftsgebietes zwischen Rhein und Galizien und der daraus folgenden Schutzbedürftigkeit von Gewerbe und Agrarproduktion zunächst wenig ändern. Auch die 1816 als »Reformbehörde« neu gegründete Kommerz-Hofkommission war ja noch durchaus an den Bedürfnissen des in sich geschlossenen österreichischen Wirtschaftsraumes orientiert und keineswegs auf eine zollpolitische Öffnung nach der Seite des Bundes hin vorbereitet oder daran interessiert. Ganz abgesehen von dem Zollkordon zu Ungarn, der noch lange erhalten blieb, ging es jetzt erst einmal um die mühsame Aufhebung der noch bestehenden innerösterreichischen Zollschranken.

Wie sehr die österreichische Wirtschaft nicht nur zollpolitisch, sondern auch in Export und Import mit dem Rücken zum außerösterreichischen Deutschland stand, wird auf Schritt und Tritt greifbar. Einer der führenden Köpfe der frühindustriellen Entwicklung des Kaiserstaates, Johann Joseph Prechtl, Direktor des neugegründeten Polytechnischen Instituts in Wien, veröffentlichte 1819 eine Bestandsaufnahme des österreichischen Handels und Gewerbes,[104] in der auch die Exportverhältnisse gegenüber Rußland, dem Osten und dem Mittelmeer behandelt werden, mit keinem Wort dagegen die Handelsbeziehungen zu den dem Bund angehörenden Nachbarstaaten. In dem Katalog der von Prechtl erörterten Maßnahmen und Initiativen zur Hebung der österreichischen Wirtschaft kommt der Gedanke einer zollpolitischen Öffnung nach der deutschen Seite hin kennzeichnenderweise gar nicht vor.

Mit dieser Lage und nicht nur mit dem politischen Mißtrauen gegenüber dem Handelsverein im besonderen und einer Bundeszolleinigung im allgemeinen hatte Metternich zu tun, als die Wiener Ministerialkonferenzen das Thema anfaßten. Eine gravierende Rolle spielte auch eine grundsätzlich industriefeindliche Strömung, die im Zusammenhang der generellen restaurativen Ideologie für eine agrarisch-konservative Wirtschaftsordnung kämpfte. Ein wichtiger Repräsentant dieser Richtung war der Staatstheoretiker und österreichische Diplomat Adam Müller, der zu Metternichs engerem Beraterkreis gehörte und »die Industrieraserei unseres Jahrhunderts« kritisierte.

Adam Müller brachte 1820 eine umfangreiche Denkschrift zu Papier, die zu den Vorschlägen Lists und des Handelsvereins eingehend Stellung nahm. Die Tendenz Müllers war im allgemeinen skeptisch; seine Abneigung richtete sich nicht nur gegen die nationalpolitischen, sondern auch gegen die gesellschafts- und industriepolitischen Ziele des Handelsvereins. Das in Frankreich und England vorhandene »Unwesen der großen Fabriken« sei von Deutschland fernzuhalten; »Deutschland ist das Land der Kunst und der von den Banden der Familie unzertrennlichen Werkstätte.« Die »Uniformität von Fabrikserzeugnissen« entspreche dem Charakter der Deutschen nicht. Angesichts dieser Grundsätze ist es erstaunlich, daß Adam Müllers Gutachten in der konkreten Lage von 1820 dann doch nicht in eine eindeutige Ablehnung der Projekte Lists mündet. Er lobt sogar das preußische Zollgesetz und hält ein gewisses Eingehen auf die zollpolitischen Ideen und Interessen des außerösterreichischen Deutschland für sinnvoll.

Dieses spezifisch österreichische Ensemble von Voraussetzungen politischer, ökonomischer und gleichsam philosophischer Art bestimmte den Handlungsspielraum Metternichs. Auf der anderen Seite suchte der Staatskanzler 1820 und später immer wieder – wenn auch mit wenig Rückhalt in der Monarchie und ohne spürbare Erfolge in Deutschland – nach Wegen, den handelspolitischen Wünschen und Bedürfnissen gerade der mittleren und kleineren Bundesstaaten entgegenzukommen und das Feld nicht an Preußen zu verlieren. Seinen wiederholten Verhandlungen mit Friedrich List in Wien lag anscheinend das Bemühen zugrunde, trotz der politischen Denunzierung des Handelsvereins auf der Basis von Lists Vorschlägen mit Hilfe der antipreußischen Animositäten des dritten Deutschland zu zollpolitischen Kompromissen zwischen Österreich und den anderen Bundesstaaten zu kommen.

Diese Versuche scheiterten im Mai 1820 am Veto des Kaisers. Metternich hatte dem Kaiser Vorschläge vorgelegt, die den Wünschen der kleineren deutschen Regierungen entgegenkamen. Der Kaiser lehnte ab, weil sie – seiner Meinung nach – einen Anschluß der österreichischen Hälfte an das übrige Deutschland bedingten und »weil meine Monarchie ungeachtet des Beitritts zum Deutschen Bunde in sich selbst immer ein Körper zu verbleiben hat«.[105] Und auch Metternichs Absicht, wenigstens den freien Verkehr mit Lebensmitteln bundesrechtlich sicherzustellen, scheiterte an dem Einspruch des Kaisers. So blieb der Artikel 19 der Bundesverfassung unausgeführt; der Bund erhielt keinerlei Kompetenz in der Zoll- und Handelspolitik.

Metternich hatte es anders gewollt. Er hat nicht später als Preußen erkannt, daß die neuartigen Wirtschaftsfragen auch ein neues Terrain für politische Erfolge oder Mißerfolge im Deutschen Bund darstellten. Dies galt um so mehr in einer Situation, wo er die Gefahr eines verfassungspolitischen Wettbewerbs mit Preußen und dem dritten Deutschland, in dem Österreich nur verlieren konnte, endgültig beseitigt zu haben hoffte.

Der Unterschied lag vor allem in den jeweiligen Voraussetzungen für eine langfristig erfolgreiche Zoll- und Handelspolitik in Deutschland. Preußen war durch geographische Lage, wirtschaftliche Leistungsfähigkeit, gesunde Staatsfinanzen und durch die Tatkraft

Lange versuchte sich das Königreich Sachsen gegen das übermächtige Wirtschaftswachstum seines preußischen Nachbarn zu behaupten. Die Leipziger Messe und die Ostermesse, die Vorläuferin der Buchmesse, bewahrten bis in unser Jahrhundert hinein die zentrale Rolle Leipzigs als Wirtschafts- und Handelsplatz.

Leipziger Messe, 1830

einer innovationsbereiten Bürokratie auf den Weg einer zollpolitischen Offensive gewiesen. In Österreich lagen die Dinge umgekehrt. Geographie, wirtschaftlicher Rückstand und die innerstaatlichen Beharrungs- und Isolierungstendenzen, deren Repräsentant der Kaiser selbst war, standen einem erfolgreichen Operieren Österreichs in den deutschen Zoll- und Handelsfragen damals und noch auf längere Zeit im Wege. Vielleicht noch schwerer als die 1820 unterbliebene Fortbildung der Föderativverfassung in Fragen der ökonomischen Zusammenführung Deutschlands wog eine weitere Folge: Die anschließenden mehrjährigen Sonderverhandlungen der mittleren und kleineren Staaten, die ohne Preußen und Österreich zu zollpolitischen Lösungen kommen wollten, konnten von Wien her nicht wirkungsvoll gegen Preußen unterstützt werden. Gerade dies aber sollte bei den kommenden Entwicklungen eine Rolle spielen.

Preußen schloß im Februar 1828 einen sehr entgegenkommenden Zollvertrag mit Hessen-Darmstadt. Dieser »zollpolitische Sprung über den Main« gewann seine volle Bedeutung jedoch erst, als es Berlin gelang, auch mit Bayern und Württemberg zum Abschluß zu kommen. Der am 27. Mai 1829 abgeschlossene preußisch-süddeutsche Handelsvertrag gilt, wohl mit Recht, als entscheidende Etappe auf dem Wege zu einem wirtschaftlichen Zusammenschluß in Deutschland unter Ausschluß Österreichs. Die erfolgreiche Vermittlungstätigkeit des Verlegers Cotta zwischen München, Stuttgart und Berlin und das von Anfang an zustimmende Interesse Bayerns ist ohne das Ausbleiben einer Initiative Österreichs schwer denkbar. Denn gerade für die südlichen Teile Bayerns bedeutete ja die handelspolitische Neuorientierung nach dem Norden hin einen erheblichen Einschnitt gegenüber den traditionellen Verbindungen mit dem österreichischen Osten und Süden. Anders war von Anfang an die wirtschaftliche Interessenlage im nördlichen Bayern, in Franken und der Pfalz. Hier wirkte die Schaffung eines großen Handelssystems mit 20 Millionen Einwohnern von Anfang an attraktiv, um so mehr als neben der grundsätzlichen Zollfreiheit für Inlandsprodukte eine Anpassung der Außentarife an das preußische System erst schrittweise erfolgen sollte.

Noch ein erhebliches praktisches Problem war zu lösen. Zwischen Preußen und dem rechtsrheinischen Bayern gab es keine gemeinsame Grenze, also keinen direkten Warenverkehr. In dieser Lage zeigten die Berliner, wie rasch und erfolgreich sie vorzugehen wußten. In Geheimverhandlungen gelang es, die beiden thüringischen Kleinstaaten Sachsen-Meiningen und Sachsen-Koburg-Gotha im Juli 1829 zu Straßenverträgen zu veranlassen. Die beiden Regierungen stimmten dem Bau zweier neuer Straßen durch den Thüringer Wald (unter preußischer Kostenbeteiligung) und dem zollfreien Transit zwischen Preußen und Bayern zu. Allerdings verstärkte sich jetzt bei der Mehrheit der mittel- und norddeutschen Nachbarn Preußens der Widerstand gegen die Berliner Zolloffensive, die im einzelnen ebenso hart wie elastisch auftreten konnte; 1830 kam es sogar nochmals zu einer Neugründung mit ausdrücklich antipreußischer Tendenz: der Norddeutsche Zollverband zwischen Hannover, Kurhessen, Oldenburg und Braunschweig. Von einer vollen Zolleinigung des außerösterreichischen Deutschland war also 1830 noch keine Rede. Doch die Weichen waren gestellt.

Als der preußische Finanzminister Motz, der als der eigentliche Stratege und Baumeister dieses neuen Systems gilt, 1830 starb, befand sich der Staat der Hohenzollern auf einem Weg, der aus der 1820 langfristig fixiert scheinenden Abhängigkeit von Österreich herausführen sollte. Das nationale Ziel war von Motz in einer Denkschrift vom Juni 1829 in aller wünschenswerten Klarheit formuliert worden: »In dieser, auf gleichem Interesse und natürlicher Grundlage ruhenden und sich notwendig in der Mitte von Deutschland erweiternden Verbindung wird erst wieder ein in Wahrheit verbündetes, von innen und außen festes und freies Deutschland unter dem Schutz und Schirm von Preußen bestehen.«[106] Allerdings war die Entwicklung der wirtschaftlichen Interessen nun in wesentlich andere Bahnen gelenkt, als sie einst Friedrich List und seine Freunde bei der Selbstorganisation der neuen bürgerlichen Ökonomie 1819/20 gewollt und geplant hatten. Für den Bürokraten Motz kam »fest« vor »frei«. Und über allem stand der Schirm der Krone Preußens. Auch dies war ein Fazit der deutschen Geschichte zwischen Karlsbad und der Julirevolution.

II.
Wirtschaft und Gesellschaft, Kirchen und Kultur (1815–1848)

1. Die wachsende Bevölkerung und das »Ende des Mittelalters« in der Landwirtschaft

Die Bevölkerung der im Deutschen Bund zusammengefaßten Staaten betrug 1816 etwa 30 Millionen, sie stieg bis 1864 auf über 45 Millionen. Rechnet man die preußischen Nordostprovinzen dazu (Posen, Ost- und Westpreußen), die nicht zum Bund gehörten, so erhöhen sich diese Zahlen auf über 32 und dann auf fast 50 Millionen.[1]

Dieser unerhörte Anstieg entspricht dem gesamteuropäischen Vorgang, den man die »demographische Revolution« des 19. Jahrhunderts genannt hat. Vorausgegangen war eine Epoche nahezu stagnierender Bevölkerungszahlen. Die neue Entwicklung, die schon im 18. Jahrhundert eingesetzt hatte, war eingebettet in eine Vielzahl von ökonomischen, sozialen und kulturellen Veränderungen. Sie stellte die Träger der politischen Verantwortung vor vollkommen neuartige Aufgaben und Probleme.

Die Frage nach den Ursachen und Folgen dieser demographischen Dynamik und ihren regional und zeitlich verschiedenen Verlaufsmustern wurde schon von den Zeitgenossen gestellt und wird bis heute mit viel Scharfsinn untersucht. Als 1840 der Wiener Jurist Johann Springer in seinem epochemachenden Werk über die »Statistik des österreichischen Kaiserstaates« auf das Bevölkerungswachstum zu sprechen kam, sah er in Friede und Ordnung, die nach dem Ende der Napoleonischen Kriege einkehrten, einen Hauptgrund: »Umfassendere Betrachtungen über die Volkszunahme gestattet erst diejenige Zeit, welche dem Wiener Congresse folgte, der bekanntlich den gegenwärtigen Besitzstand geregelt und

Das 19. Jahrhundert hat, längst bevor es den Städten ein neues Gesicht gab, das Leben auf dem Lande grundlegend verändert. Den Stein-Hardenbergschen Reformen und der Bauernbefreiung folgte unvermittelt eine explosionsartige Zunahme der Bevölkerung, für deren Ernährung die Erträge der traditionellen Landwirtschaft bald nicht mehr ausreichten. Unvorstellbare Armut und Hunger trieben zur Suche nach neuen Anbau- und Zuchtmethoden.

Friedrich Meyer, Hanf- und Flachsbrecherinnen, 1819

viele Interessen Europas geordnet hatte. Mit dem damals gesicherten Weltfrieden trat auch für die Fortpflanzung des Menschengeschlechtes hier und anderswo eine neue günstige Aera ein.«[2]

Einwohnerzahl des Deutschen Bundes und Preußens 1816 und 1864

Region/Staat	1816 (in 1 000)	1864 (in 1 000)	jährl. Zuwachsrate (in ‰)
Österr. Alpenländer	3 838	4 439	3,0
Sudetenländer	4 853	7 586	9,3
Österreich, Bundesgebiet insgesamt	8 691	12 025	6,8
Bayern	3 607	4 815	6,0
Württemberg	1 411	1 748	4,5
Baden	1 006	1 432	7,4
Königreich Sachsen	1 194	2 337	14,1
Hannover	1 610	1 926	3,7
Größere Mittelstaaten insgesamt	8 828	12 258	6,9
Luxemburg-Limburg (bis 1866)	254	392	9,2
Kleinere Staaten insgesamt	4 198	6 294	8,5
Preußische Provinzen im Bund	8 138	14 715	12,4
Deutscher Bund insgesamt	29 855	45 292	8,8
Preußische Nordostprovinzen	2 277	4 538	13,5
Preußen insgesamt	10 415	19 253	12,8

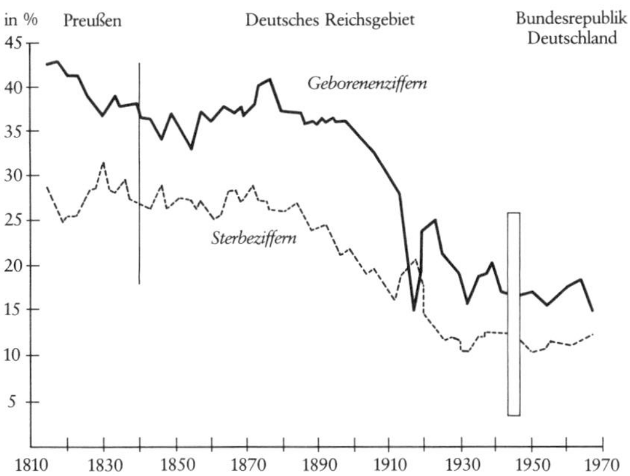

Die Geborenen- und Sterbeziffern in Preußen, im Deutschen Reich und in der Bundesrepublik Deutschland (1818–1969) in gleitenden Dreijahresdurchschnitten

Der Bevölkerungszuwachs und damit die Verschiebungen in der Bevölkerungsdichte waren, wie die Statistiken zeigen, ungleich verteilt.[3] Bei der Aufstellung über Geburts- und Sterbeziffern in Preußen[4] ist ein maßgebender Faktor, nämlich die Zu- und Abwanderung, nicht berücksichtigt; dafür gibt sie einen Einblick in relative Veränderungen des Bevölkerungswachstums. Die Jahre 1831/32 brachten mit erhöhter Seuchensterblichkeit einen Einbruch. Danach wurden die Geburtenüberschüsse der früheren Zeit nicht mehr erreicht. Der nächste Tiefstand folgte 1847/48; er hängt mit der Agrar- und Hungerkrise 1846/47 zusammen. Nach einem weiteren Abstieg Mitte der fünfziger Jahre erhöhen sich die Geburtenzahlen bis zur Mitte der siebziger Jahre. Daß die Sterbeziffern erst nach 1880 kontinuierlich sinken – also lange nach dem Einsetzen erheblicher medizinisch-hygienischer Verbesserungen –, ist wohl darauf zurückzuführen, daß die Generation, die in ihrer Jugend noch wenig hygienischen Bedingungen und häufigeren Infektionskrankheiten ausgesetzt war, für ihr ganzes Leben physisch geschwächt blieb (»Kohorteneffekt«); erst jene Jahrgänge, die schon unter den verbesserten Bedingungen aufwuchsen, tragen deutlich zum Ansteigen der allgemeinen Lebenserwartung bei.[5] Außerdem ist zu berücksichtigen, daß die hygienischen Neuerungen erst nach einiger Zeit zu den unteren Bevölkerungsschichten vordrangen. Für die Geburtenentwicklung ist die Zahl der Kinder pro Familie und der Prozentsatz der Frauen, die heiraten, bestimmend. Ein realer Geburtenrückgang setzte – sieht man von der früheren Begrenzung der Familiengröße bei Teilen des Adels und des gehobenen Bürgertums ab – erst am Ende des 19. Jahrhunderts ein. Dies führte dann zu dem *säkularen* Geburtenrückgang, der mit der gestiegenen Lebenserwartung die einschneidendste Entwicklung der deutschen Bevölkerungsgeschichte darstellt. In dem Zeitraum zwischen 1820 und 1866 sind kürzerfristige Fluktuationen aufgrund sich wandelnder Umweltbedingungen (z. B. Ernteausfall) und längerfristige Veränderungen durch Verschiebungen in der Heiratshäufigkeit festzustellen. Der Geburtenanstieg zwischen 1850 und 1875 dürfte auch auf den weiteren Abbau von Heiratsrestriktionen zurückzuführen sein.

Die höchsten Zuwachsraten hatten auf der einen Seite die agrarischen Gebiete Ostelbiens und auf der anderen Seite das gewerblich-industriell entwickelte Sachsen. Dagegen fällt das ganz überwiegend agrarische Österreich insgesamt gegenüber Preußen merklich zurück. Ein solches Wachstum der Bevölkerung hatte es in der Weltgeschichte noch nie gegeben. Seine Voraussetzungen wie seine Folgen führten zu den wirtschaftlichen und sozialen Wandlungsprozessen des 19. Jahrhunderts, die alle bisherigen Lebensformen sprengten und in das Neuland der industriellen Gesellschaft führten. Besonders fällt die Verbesserung der agrarischen Produktion auf, die diese Epoche für Mitteleuropa bringt; sie ist nicht denkbar ohne den tiefgreifenden gleichzeitigen Wandel der ländlichen Rechts- und Wirtschaftsformen. Die Gesamtheit jener Veränderungen, die mit dem Stichwort »Bauernbefreiung« bezeichnet werden, war für die erste Hälfte des 19. Jahrhunderts in besonderer Weise charakteristisch. Rechtlich kam sie in der Revolution von 1848, tatsächlich aber erst in dem folgenden Jahrzehnt zum Abschluß. Sie beseitigte die seit Jahrhunderten auf Person und Besitz des Bauern lastenden Abhängigkeiten und entließ die bäuerliche Bevölkerung zum Teil auch aus althergebrachten Schutzverhältnissen und setzte sie insgesamt – unter großenteils ungünstigen Umständen – der neuen, marktwirtschaftlichen Konkurrenzsituation aus.

Damit ging die überkommene agrarische Sozialstruktur, die in den meisten Teilen Deutschlands auf einer ständisch abgesicherten Grund- und Gutsherrschaft beruht hatte, zu Ende; an ihre Stelle trat eine zunehmend nur von ökonomischen Tatbeständen geregelte, an großräumigen Marktverhältnissen orientierte Ordnung. Die Auflösung der herrschaftlichen Bindungen auf dem Lande bedeutete auch eine gänzlich neue Integration der Bauern als Staatsbürger in den Verband des modernen Staates. Eine entsprechende Berücksichtigung bäuerlicher Interessen durch die staatliche Wirtschaftspolitik und eine wirtschaftliche und politische Selbstorganisation der Bauern kam aber nur zögernd in Gang.

Im linksrheinischen, ehemals französischen Gebiet war der Grundbesitz infolge der revolutionären Aufhebung der Feudallasten ohne Ausgleichsleistungen der Bauern frei geworden. In Preußen setzte die Agrarreform 1811/16 eine weitgehende Umstrukturierung in Gang, die vor allem die ostelbischen Gebiete betraf.[6] In den rechtsrheinischen Gebieten und in Westfalen führte Preußen die schon zuvor begonnene Ablösung weiter. Infolge politischer und konjunktureller Umstände (Reaktion des Adels, staatliche Finanznot und hohe Getreidepreise nach 1816) führten die preußischen Reformen in Ostelbien nur teilweise zu dem eigentlichen Ziel, der Schaffung einer breiten Schicht von gesichertem bäuerlichen Besitz. Es ging in komplizierten Verfahrensweisen um die Aufteilung der bisherigen »Gemeinheiten« (Wald und Weideland mit gemeinsamem Nutzungsrecht), um die Ablösung der herrschaftlichen Rechte durch Geldzahlungen oder – was besonders folgenreich war – durch Landabtretungen der bisher unfreien Bauern an ihre bisherigen Herren und Obrigkeiten.

Unbestreitbar waren die Gewinne der Gutsbesitzer, besonders auf Kosten der kleinen Bauernstellen. Schwer einzuschätzen war dagegen die Höhe des Verlustes an bäuerlichen Betriebsflächen; tatsächlich gab es eine Vermehrung von Kleinstellen. Langfristig geriet, entsprechend der neuen ökonomischen Mobilität, ein zunehmender Teil der »Rittergüter« – unter Beibehaltung der ständischen Restprivilegien – in die Hände bürgerlicher Besitzer (1856: 43 Prozent, 1880: 64 Prozent). Der Zuwachs durch ehemaliges Bauernland, der unverhältnismäßig hohe Anteil bei der Aufteilung der »Gemeinheiten« und die teilweise beträchtlichen Geldablösungen kamen der Produktions- und Modernisierungskraft des Großbesitzes zugute und ermöglichten ihm auch den arrondierenden Ankauf weiterer Ländereien. Er konnte sich weiterhin auf die Dienste der Kleinhäusler, der »Instleute« (mit Kleinwirtschaften auf Gutsland) und der Tagelöhner stützen.

Die Lage der unterbäuerlichen, abhängigen Landbevölkerung wurde durch die Reform erheblich verschlechtert; viele Kleinbauern sanken in die Unterschichten ab. Zahlenmäßig wuchsen diese Schichten sehr stark an. Es bestanden keine gesetzlichen Ehebeschränkungen mehr und der Arbeitsbedarf der großen Güter nahm zunächst noch stark zu. Dennoch konnte sich das mittlere Bauerntum auch in Ostdeutschland über diese Umstrukturierung hinaus erhalten. Die Zahl der Bauernstellen blieb trotz erheblicher Umschichtungen im ganzen ungefähr konstant. Diese Bauern wurden zwar nicht – wie die Reform wohl ursprünglich beabsichtigt hatte – ein starkes Element der neuen ostelbischen Agrarwirtschaft und -gesellschaft. Aber sie konnten unter günstigen Umständen an der Produktionssteigerung und der neuen Prosperität durchaus teilhaben.

Aber es kam zu einer unvorhergesehenen Spätentwicklung. Nachdem die Vermehrung der Anbaufläche und die Intensivierung des Ausbaus jahrzehntelang den agrarischen Unterschichten immerhin Lebensmöglichkeiten geboten hatten, änderte sich die Lage in den vierziger Jahren zum Schlechten. In Unterbeschäftigung und Überangebot an Arbeitskräften machte sich jetzt der Druck der stark gewachsenen Bevölkerung auch in Ostelbien geltend. Der Pauperismus der vierziger Jahre war für die Ostgebiete eine in diesem Ausmaß neue Erscheinung. In den südwest-, mittel- und westdeutschen Agrargebieten mit Realteilung und extremer Parzellierung war er schon länger zu Hause. Die zeitgenössischen Schilderungen des ländlichen Elends heben hervor, wie damals auch die Nebenverdienstmöglichkeiten durch die Krise des Handgewerbes (Weben, Holz- und Metallgeräte) schrumpften. Jetzt begann die Abwanderung in die Städte und die Auswanderung als Flucht vor dem Massenelend, doch erst die starke Industrialisierungswelle der fünfziger und sechziger Jahre bot den landlosen Massen neue Lebensmöglichkeiten oberhalb des Existenzminimums.

Im dritten Deutschland und in Österreich dauerte es länger, bis auf die ersten Ansätze der Agrarreform (vor 1815) die Bauernbefreiung folgte. Für die Bauern war diese Verspätung auch ein Vorteil. Jetzt waren die Regelungen überall bauernfreundlicher als früher; im allgemeinen wurden nur noch Geldablösungen, nicht mehr Landabtretungen vorgenommen. Teile der Ablösungskosten übernahm in Österreich, Bayern und Württemberg der Staat. In Österreich hat man die ermittelten Ablösesummen gedrittelt: ein Drittel ging zu Lasten des Grundherrn (Kirche, Adel, staatliche Fonds, Dynastie), ein Drittel entfiel auf den Bauern, ein Drittel übernahm der Staat. Die Ratenzahlungen der Bauern zogen sich oft über Jahrzehnte hin.[7]

Allgemein folgte auf diese Ablösungsvorgänge auch die Aufhebung der administrativ-polizeilichen Befugnisse des Adels. Vergleicht man unter diesem Gesichtspunkt Österreich (seine zum Deutschen Bund gehörigen Teile) mit Preußen, so fällt der institutionalisierte Sondercharakter der preußisch-ostelbischen Situation auf. Natürlich spielte der österreichische Adel, vor allem der reiche Adel in Böhmen und Mähren, weiterhin eine erhebliche Rolle; doch so weitgehende Ausnahmen von der bürgerlichen Rechtsgleichheit, wie sie der preußische Osten kannte, gab es dort nach 1848 nicht mehr.

Hand in Hand mit der Bauernbefreiung wandelte und entwickelte sich die agrarische Produktion. An die Stelle der alten Dreifelderwirtschaft trat die »verbesserte« Dreifelderwirtschaft, bei der das Brachjahr durch die Nutzung mit Blattfrüchten abgelöst wurde, schließlich die moderne Fruchtwechselwirtschaft, bei der im Jahresturnus Halm auf Blatt folgt. Das Ackerland vermehrte sich in Preußen von 7,3 Millionen Hektar (1815) bis 1864 auf 14 Millionen Hektar, gleichzeitig stieg der Hektarertrag bei allen Getreidesorten, am stärksten bei Gerste und Hafer (50-60 Prozent). Der feldmäßige, nicht mehr gartenmäßige Anbau der Kartoffel gewann nach der Mißernte von 1816 fundamentale Bedeutung für die Ernährung der wachsenden Bevölkerung. Neben der Kartoffel rückte die Zuckerrübe in den Vordergrund. Sie hatte während der Kontinentalsperre in der napoleonischen Zeit als Ersatz für das Zuckerrohr die erste Hochkonjunktur gehabt.

Die Rationalisierung der Forstwirtschaft stand zu einer Zeit, in der das Holz noch fast der einzige Brennstoff war und die Industrie schon erhöhten Holzbedarf hatte, im Mittelpunkt vielfältiger Bestrebungen. Die Säkularisationen erhöhten den staatlichen Anteil am Waldbesitz beträchtlich. Die Ablösung der dörflichen Nutzungsrechte am Wald machte den Weg frei für eine moderne Waldwirtschaft. Während um 1800 nur etwa 10 Prozent des Einschlags als Nutzholz verwendet wurden, stieg der Anteil 1845/49 in Preußen auf 36 Prozent, in Sachsen auf 39 Prozent. Diese Modernisierung war nur möglich durch die Begründung der Forstwissenschaft und die systematische Ausbildung des Forstpersonals an den neueröffneten forstlichen Lehranstalten (zuerst in Tharandt 1811).

Die Bedeutung der Viehzucht blieb weiterhin hinter dem Landbau zurück. Erst langsam stieg der enorm niedrige Fleischverbrauch. Er dürfte um 1800 pro Kopf jährlich bei 17 Kilogramm gelegen haben, um 1870 bei knapp 30 Kilogramm. Zahlen, die zu sprechen beginnen, wenn man sie gegen den heutigen Pro-Kopf-Verbrauch von über 90 Kilogramm hält (Bundesrepublik 1980). »Nirgends so wie in der Viehzucht wurde deutlich, daß in der ersten Hälfte des 19. Jahrhunderts das ›Mittelalter‹ in der Landwirtschaft

Individuelle Ansicht

»Sieh, lieber Eduard, welch gemeines Volk! den ganzen Tag nichts als arbeiten!«

»Fliegende Blätter«, 1856

endete. Aus der Armutsphase der Tierzucht, in der die Tierhaltung nur des Mistes wegen betrieben wurde, entwickelte sich bei allen Haustieren, lange vor der Kenntnis der Vererbungsgesetze, eine auf sorgsamer Züchtung und besserer Fütterung beruhende Viehhaltung, die zu einer wesentlichen Stütze des landwirtschaftlichen Betriebes wurde« (Franz).[8]

Es war die modernisierte Schweinezucht, die wesentlich zur Deckung des erhöhten Fleischbedarfs beitrug. Die archaische Weidehaltung auf den Brach- und Stoppelfeldern, vor allem aber die Eichel- und Bucheckernmast in den zur Allmende gehörenden Wäldern wurde seit Beginn des 19. Jahrhunderts unmöglich. Der Fortfall der Brache und der Allmende wurde ersetzt durch Kartoffelfutter, das jetzt eine Stallhaltung ermöglichte. Damit sich der Aufwand lohnte, mußten raschwüchsigere Tiere gezüchtet werden. Aus England, wo schon früher indisch-chinesische Rassen eingekreuzt worden waren, holte man das Zuchtmaterial, mittels dessen dann das bekannte »veredelte Landschwein« entstand.

Die Rinderzucht wurde im Norden durch die Einkreuzung holländisch-friesischer Rassen, im Süden durch das Vordringen des Berner Viehs gekennzeichnet. Die Milcherträge stiegen von 1816 bis

1864 um das Zweieinhalbfache; die gleichzeitige Einführung der Emmentaler und der Limburger Käserei folgte gewissermaßen den Spuren des Rindviehs. Voraussetzung für diese Ertragssteigerung und Produktverfeinerung war der Übergang zur Stallfütterung auch im Sommer mit den entsprechenden Folgen einer weitgehenden Grünland-Monokultur.

Der wissenschaftliche und technische Fortschritt schuf die direkten und indirekten Voraussetzungen für die rasante Umgestaltung des gesamten agrarischen Bereiches. Das epochemachende Werk von Justus von Liebig »Die organische Chemie in ihrer Anwendung auf Agrikulturchemie und Physiologie« erschien 1840; die praktischen Folgerungen und die Entwicklung der Düngemittelindustrie setzten mit der Jahrhundertmitte ein. Doch schon im Vormärz ist allgemein das neuartige Zusammenspiel von Agrarwissenschaft, Technik und Praxis zu beobachten, deren Träger vor allem ein breitgefächertes Spektrum landwirtschaftlicher Vereine und Ausbildungsstätten war. Regelmäßige Ausstellungen – das Münchner Oktoberfest seit 1811 – und der schrittweise Aufbau eines ländlichen Kredit-, Bank- und Genossenschaftswesens unterstützten die Fortschritte der Modernisierung. Friedrich Wilhelm Raiffeisen wurde

Die mechanische Mähmaschine – erster Schritt auf dem Weg zur Industrialisierung der Landwirtschaft.

durch das Erlebnis der Notjahre 1846/47 veranlaßt, dörfliche Hilfskassen nach dem Genossenschaftsprinzip zu errichten. Im Unterschied zum industriellen Ausbau, der im Vormärz oft auf prinzipielles Mißtrauen konservativer Behörden stieß, galt die Förderung der Landwirtschaft als unverdächtig. Metternich war ein eifriges Mitglied der »Landwirtschaftlichen Gesellschaft« in Wien. Der württembergische König betrieb persönlich Pferde- und Rindviehzucht. Er wurde zum Begründer der landwirtschaftlichen Hochschule in Hohenheim (1818), nachdem Bayern mit der Lehranstalt in Weihenstephan (1803) und private Schulinitiativen in Trnowa bei Prag (1791), Böhmisch-Krumau (1799) und Möglin (1806) vorangegangen waren. Eine ausgebreitete wissenschaftliche Literatur begleitete und vertiefte gleichzeitig die Verbindung von Theorie und Praxis.

Der »gebildete Landwirt« des Vormärz war noch keineswegs ein »Unternehmer« im Sinne der entwickelten kapitalistisch-technischen Produktionsweise. Er stand bei aller Modernisierung der Methoden noch in eigenartiger Weise zwischen zwei Epochen. Im ländlichen Gutsbetrieb lebte trotz der Marktorientierung noch etwas vom altständischen, patriarchalischen Ideal des »ganzen

Von der Jahrhundertmitte an hält auch die Dampfmaschine Einzug in die Landwirtschaft.

Mit Dampf betriebene Dreschmaschine, 1851

Hauses« weiter. Dies gilt mit Varianten für ganz Mitteleuropa; auch das Herauswachsen der sozioökonomischen Sonderform des ostelbischen Preußen ist vor diesem breiteren Hintergrund zu sehen. Daß die Masse der abhängigen Dienstleute in diesem Modell nur als Objekte vorkamen, bezeichnet die andere Seite der vormärzlichen Medaille.

2. Auf dem Wege ins Maschinenzeitalter

Die wirtschaftliche Lage Europas und Deutschlands hatte sich nach der Napoleonischen Kontinentalsperre durchaus widersprüchlich entwickelt. England als wichtigster Handelspartner und als führende Industrienation hatte seine Landwirtschaft in der Kriegszeit intensiviert und schützte sie ab 1815 durch hohe Kornzölle. Die landwirtschaftlichen Überschußgebiete Mitteleuropas, die nach den Notjahren 1815/17 den Getreideanbau ertragreich gestaltet hatten,

Mit dem Fortschritt schreitet die Egalisierung einher. Adel und Bürgertum nähern sich in ihrer Lebensweise und in ihrem kulturellen Ausdruck einander an, und auch der Bauer entwickelt ein neues Selbstbewußtsein. War bisher die Blume das traditionelle Dekor der Bauernmalerei, so tauchen jetzt auch figürliche Darstellungen auf, wie hier ein bäuerliches Paar in Festtagskleidung auf einem Hochzeitsschrank von 1820.

litten daher seitdem an einer Absatzkrise. Auf der anderen Seite gab es zwar einen aufgestauten Bedarf für die englischen Industrieexporte, doch die meisten Regierungen versuchten die eigene Produktion, die als Ersatz für die englische Einfuhr vor 1815 ausgebaut worden war, durch hohe Zölle vor der englischen Konkurrenz zu schützen.

Auf die lange Depression ab 1815, in der die Agrarkrise und der englische Konkurrenzdruck die gewerbliche Produktion beeinträchtigten, folgte in den dreißiger Jahren ein erheblicher und anhaltender Aufschwung, der unter anderem mit der Erweiterung der Märkte durch den Zollverein und der Einführung neuer, maschineller Verfahren zusammenhing.

Dieses vormärzliche Wirtschaftsleben Deutschlands gehört in den bis heute so fundamentalen Vorgang der »industriellen Revolution«. Der Vergleich des Wirtschaftswachstums im Bereich des Deutschen Bundes mit Frankreich oder England ist mangels sicherer Daten nur schätzungsweise möglich. Es scheint, daß bis zur Jahrhundertmitte das Wachstum auf der deutschen Seite langsamer war; in den fünfziger und sechziger Jahren überflügelte dann aber die deutsche Wirtschaftsentwicklung mit starken Zuwachsraten Frankreich. In dieser Perspektive läßt sich W. W. Rostows Stadienlehre der industriellen Revolution, die eine Übergangsphase von dem eigentlichen *take-off* unterscheidet, in folgender Weise auf Deutschland anwenden: Die Zeit eines mäßigen Wachstums bis 1850 bildete die Übergangsphase; aber das eigentliche »Abheben«, wo das Sozialprodukt pro Kopf – wie ein startendes Flugzeug – soviel Beschleunigung erhalten hat, daß von nun an ein anhaltendes Wachstum gesichert ist, fällt in die Zeit zwischen 1850 und 1873.[9]

Bei der notwendigen Vorsicht angesichts der unsicheren Quellen- und Methodenlage für die meisten quantitativen Berechnungen der ersten Jahrhunderthälfte läßt sich dieser Rahmen doch tabellarisch erläutern.[10]

Die Beschäftigten in den drei Hauptsektoren der Wirtschaft (für Deutschland in den Grenzen von 1871)

Jahr	absolut (in 1000)	Landwirtschaft (in %)	Industrie und Handwerk (in %)	Dienstleistungen (in %)
1800	10 535	61,8	21,3	16,9
1825	12 600	59,0	22,0	19,0
1852	15 028	55,2	25,0	19,8
1858	15 492	53,2	26,6	20,2
1861	15 967	51,7	27,3	21,0
1867	16 171	51,5	27,1	21,4
1871	17 337	49,3	28,9	21,8

Auffällig sind vor allem die anhaltend hohen Beschäftigten- und Wertschöpfungszahlen bei der Landwirtschaft, die erst langsam, dann steil ansteigenden Anteile des zweiten Sektors am Sozialprodukt (bei gleichzeitig nur mäßig steigenden Beschäftigtenzahlen) und die von Anfang an proportional sehr hohe Produktivität im tertiären Sektor. Den großen regionalen Unterschieden in den Ausgangspositionen und in den Verlaufskurven kommt in mehrfacher Hinsicht Bedeutung zu, vor allem im Hinblick auf die wirtschafts- und machtpolitischen Differenzierungsprozesse zwischen Preußen,

Jahr	absolut	pro Kopf absolut	Landwirtschaft	Industrie und Handwerk	Dienstleistungen
1800	5700	250			
1825	7300	261			
1850	9449	268	4397	1954	3098
1855	9657	267	4142	2135	3380
1861	11364	308 (1860)	4833	2754	3727
1867	13318	333 (1865)	5544	3613	4161
1871	14653	347 (1870)	5662	4384	4607

Nettosozialprodukt absolut und in den drei Hauptsektoren der Wirtschaft in Millionen Mark (für Deutschland in den Grenzen von 1871)

Österreich und dem dritten Deutschland. Das statistische Vergleichsmaterial ist reich, aber von der Forschung nur teilweise aufbereitet. Um an dieser Stelle die österreichische Situation wenigstens summarisch zu erläutern, sei zuerst auf eine globale Vergleichsstatistik verwiesen.[11]

Jahr	Großbritannien	Frankreich	Deutschland (in den Grenzen von 1871)	Österreich (-Ungarn)	Rußland	USA	Welt
1800	230	190	60	50	15	25	650
1820	290	220	85	80	20	55	865
1840	387	264	150	142	40	96	1314
1860	577	380	310	200	155	392	2404
1888	820	485	583	253	363	1443	4618

Die industrielle Produktion 1800 bis 1888 (in Mill. engl. Pfund)

Für die vierziger Jahre wurde ein Vergleich der Nettoproduktion nach Pro-Kopf-Raten zwischen dem Zollverein und Gesamtösterreich versucht.[12] Dabei sind also die nicht zum Deutschen Bund gehörenden Teile Österreichs einbezogen; es fehlen andererseits die damals noch nicht dem deutschen Zollverein beigetretenen norddeutschen Gebiete. Auch entspricht die sektoriale Aufgliederung, die zeitgenössischen Quellen folgt, nicht den heutigen Begriffen.

Wirtschaftszweig	Zollverein	Österreich		
		gesamt	Deutscher Bund u. ital. Länder	Ungarn und Galizien
Landwirtschaft	46,3	27,6	29,3	25,6
Kleingewerbe	15,2	3,6	5,6	1,7
Industrie	8,1	4,0	6,2	1,9
Gütererzeugung insgesamt	70,0	35,0	41,0	30,0

Nettowert der Produktion pro Kopf (in Gulden)

Der Pro-Kopf-Wert ist nach damaligen Gulden berechnet; der Wert der Aufstellung liegt vor allem im Vergleich, der den sehr niedrigen Stand im unterentwickelten Osten der Monarchie und seinen Stellenwert im Gesamtbild Österreichs zeigt. Die doppelte Höhe der Pro-Kopf-Produktion im Zollverein veranschaulicht das starke West-Ost-Gefälle.

Ein in quantitativer wie qualitativer Hinsicht aufschlußreicher Vergleich des Standes der Industrialisierung zwischen Preußen und Österreich für 1840/41 ist abzulesen am Einsatz von Dampfmaschinen in der gewerblichen Produktion.[13] (Lokomotiven und Schiffsmaschinen sind nicht aufgenommen.) Es waren aufgestellt

in Österreich 1841: 223 Maschinen mit 2 798 PS, davon (berechnet nach der PS-Zahl)

49 Prozent in der Textilindustrie

24,3 Prozent in Bergbau, Hüttenwesen und in der Eisenindustrie

in Preußen 1840: 608 Maschinen mit 11 641 PS, davon

21,3 Prozent in der Textilindustrie

64,1 Prozent in Bergbau, Hüttenwesen und in der Eisenindustrie.

Nur mit großer Vorsicht und in allgemeinen Zügen ist beim heutigen Forschungsstand ein Gesamtvergleich der vormärzlichen Wirtschaftsentwicklung in Österreich und im außerösterreichischen Deutschland möglich. Einerseits trat die Monarchie aufgrund der damals ungewohnt intensiven und großräumig wirksamen Gewerbeförderung unter Maria Theresia und Joseph II. mit einer vergleichsweise hochentwickelten gewerblichen Produktion ins 19. Jahrhundert. Die Krisen nach 1815 trafen Österreich trotz der Einbeziehung Oberitaliens in das prohibitive Zollsystem besonders schwer. Die Landwirtschaft machte im Vormärz einen nur mäßigen, aber stetigen Wachstumsprozeß durch. Die in den dreißiger Jahren einsetzenden Erfolge des ungarischen Agrarexports beruhten wesentlich auf der zunehmenden Verkehrserschließung (Donau-Dampfschiffahrt seit 1831). Der Aufschwung der dreißiger Jahre, der in den Tabellen zum Ausdruck kommt, erfaßt vor allem das Großgewerbe, dessen Schwerpunkt weiterhin im Textilbereich (Baumwolle und Wolle) lag.

Im Bergbau und Hüttenwesen, das in Preußen im Zuge der Industrialisierung schon vor der Jahrhundertmitte so wichtig wurde, zeichnete sich in Österreich eine zwiespältige Entwicklung ab. Die böhmische Eisenindustrie konnte sich aufgrund ihrer Standortvorteile (Kohle und Eisen, Verkehrslage) einigermaßen günstig entwickeln, auch wenn der Übergang von den traditionellen Manufakturerzeugnissen zur eigentlichen Schwerindustrie sehr spät erfolgte. Dagegen fiel das alpenländische Montangewerbe mit seinen alten Zentren in Kärnten und um den Erzberg in der Steiermark und mit den Verarbeitungsstätten in Ober- und Niederösterreich in diesen Jahrzehnten schrittweise und – trotz Modernisierungsversuchen – unaufhaltsam zurück. Die Bindung an Holzkohle, Wasserkraft und traditionelle Verfahren und Organisationsformen sowie die ungünstige Verkehrslage wirkten hier zusammen.

Nur in der Textilproduktion (Baumwolle) wurde in den vierziger Jahren in Böhmen und Niederösterreich die Schwelle zum eigentlichen industriellen Aufschwung überschritten. Insgesamt waren die vierziger Jahre eher ungünstig. Das relative Zurückfallen Österreichs im Wachstumsvergleich scheint sich zwischen 1840 und 1860 akzentuiert zu haben. Die enorme Diskrepanz zu den unterentwickelten Ostgebieten, das durchgehend niedrige Lohnniveau und die Abschirmung nach außen erschwerten die Bildung eines Kapi-

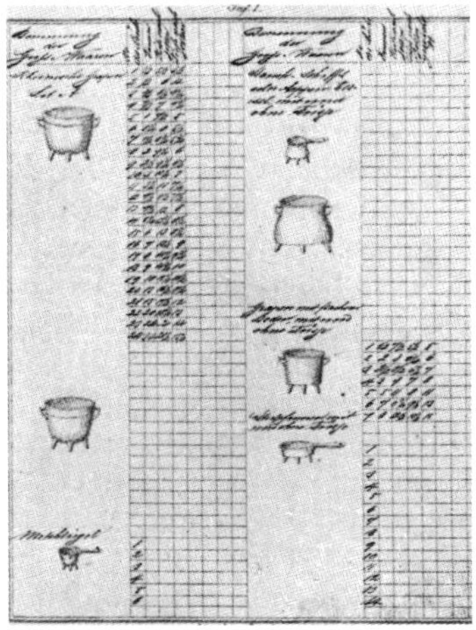

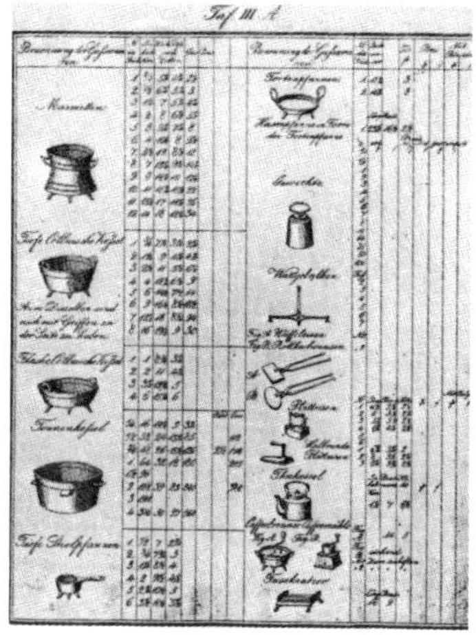

Was bisher die Ausnahme war, das Angebot von Produkten durch das Medium von Verkaufskatalogen, wird im beginnenden Industriezeitalter die Regel. Auch Eisenhütten bieten in Angebotslisten ihre Kessel, Tröge und Schalen an.

talmarktes für die Industriefinanzierung. Vor allem verminderte das zollpolitische Abschirmungssystem den Zwang zur Modernisierung und Konzentration der Produktion und verlängerte - zum Teil wohl ungewollt - das Leben handwerklicher und manufakturieller Betriebsformen.

Gleichzeitig scheiterten die wiederholten Bemühungen Metternichs und auch deutsche Initiativen - wie im Falle Friedrich Lists -, die Monarchie dem Zollverein anzuschließen. Das lag nicht nur an dem wirtschaftspolitischen Abschirmungssystem, gegen das Metternich nicht aufkam, sondern auch am Widerstand vieler österreichischer Industrieller, die die freie Konkurrenz fürchteten. Das Scheitern dieser Zollunionsprojekte verstärkte dann aber die Sonderentwicklung und das Zurückbleiben des österreichischen Wirtschaftswachstums gegenüber Westeuropa und dem Zollverein. Bei der entscheidenden Schlußrunde der Zollvereinsverhandlungen

Welcher Bedarf an dererlei Gerät in einem gepflegten Haushalt bestand, zeigt diese Frankfurter Küche aus der Mitte des Jahrhunderts.

1850/52[14] wurden von Berlin die politischen Widerstände mit einseitigen ökonomischen Argumenten verbunden: Die unterentwickelte Produktionslage und die geringe Konsumfähigkeit Österreichs würden im Falle einer Zollunion überwiegend Nachteile für die deutsche Wirtschaft bringen.[15]

Preußen schloß sich der weitverbreiteten Schutzzollpolitik, mit der man auf das Übergewicht der englischen Industrie antwortete, nicht an. Schon das preußische Zollgesetz von 1818[16] zeigte starke freihändlerische Züge. Indem man ausländische Manufakturwaren nur mehr mit 10 Prozent, Transitgüter und Kolonialwaren aber höher besteuerte, begünstigte man einerseits die heimische Industrie, entging aber der Gefahr, durch Absicherung konkurrenzschwacher Gewerbe immer neue Schutzmaßnahmen folgen lassen zu müssen. Die Vertreter des Freihandels in der hohen preußischen Bürokratie verfolgten die Linie erfolgreich über das Scheitern der liberalen Verfassungspläne hinweg.

So wurde Preußen zum Vorbild auch für die Vorkämpfer des Freihandels in England, die sich mit der Abschaffung der britischen Kornzölle erst 1846 durchsetzten. Diese fortschrittliche Zoll- und Handelspolitik führte zu den preußischen Erfolgen bei der Gründung und Erweiterung des Zollvereins. Sie wurde unterstützt durch die Sanierung der preußischen Staatsfinanzen, die schon Mitte der zwanziger Jahre gelang, und eine zweckmäßige Steuerpolitik, während Österreich aus den Schwierigkeiten, die an seiner wirtschaftlichen und politischen Kraft zehrten, nicht herauskam. In Preußen wie in Österreich blieb die vormärzliche Wirtschaftspolitik autoritär; doch die Balance, die sich zwischen der ökonomischen Eigenbewegung des aufsteigenden Erwerbsbürgertums und den Staatsinteressen einspielte, verlief in ganz unterschiedlichen Bahnen.

Die industrielle Revolution ist durch vier Merkmale gekennzeichnet, die im vormärzlichen Spannungsfeld von Handwerk und großgewerblicher Fabrik unterschiedlich auftraten: durch den Einsatz neuer Techniken in Produktion und Kommunikation, durch massenhafte Nutzung bisher nur in kleinen Mengen verwendeter Rohstoffe wie Kohle und Eisen, durch die Ausbreitung des Fabriksystems als Form arbeitsteiliger Produktion und durch freie Lohnarbeit von Massen, schließlich von der Mehrheit der Arbeitenden.

Für den Anfang des Jahrhunderts ist man auf Schätzungen angewiesen.[17] Man nimmt an, daß von etwa 10,8 Millionen Erwerbstätigen in Deutschland (außer Österreich) um 1800 etwa 21 Prozent, das sind 2 268 000, in Gewerbe und Bergbau tätig waren. Der größere Teil waren Handwerker, etwa 1 230 000. Im Zeichen der Aufhebung des Zunftzwanges und der Einführung der Gewerbefreiheit stieg diese Zahl auf 2 Millionen an. Wieviele Arbeitskräfte bei zunehmender Überfüllung des Handwerks in Fabriken abwanderten, ist schwer faßbar. Häufig kam es auch vor, daß schlecht verdienende Handwerker in ihrer Not Frauen und Kinder in die Fabriken schickten.

Wachstum, Mechanisierungsgrad und Übergang zum Großbetrieb variieren von einem Produktionszweig zum anderen. Nicht nur in Österreich stand zunächst das Textilgewerbe nach Bedeutung und Umfang an der Tabellenspitze. Doch auch hier gab es Unterschiede und Entwicklungen. Das um 1800 noch führende Garn- und Leinengewerbe ging bis zur Jahrhundertmitte radikal zurück. In der Baumwollspinnerei dagegen kam es schon früh zu großen Fabrikgründungen, wie der Augsburger »Mechanischen Baumwollspinnerei und -Weberei« von 1837. Die Produktion der Baumwollspinnerei stieg von 1963 Tonnen (1815) auf 15 218 Tonnen (1849) und auf 65 518 Tonnen (1870). Auffallend ist, wie trotz der Beibehaltung des Handwebens die Produktivität pro Webstuhl zwischen 1800 und 1846 von 46 auf 253 Kilogramm zunahm. Die Verbesserung lag also nicht nur in der Mechanisierung, sondern in der allgemeinen Steigerung der Produktivität.

Das deutsche Montangewerbe, im 16. Jahrhundert führend in der Welt, holte nach langer Stagnation im 19. Jahrhundert erst langsam, dann rascher den starken Vorsprung Englands auf. Anschaulich zeigt das die Produktionsentwicklung im Bergbau (Eisen, Kupfer) und in der Roheisenerzeugung.[18]

Im Bergbau wird ab etwa 1835, in der Eisenproduktion schon ab etwa 1830 eine Phase langsamen Wachstums durch eine rasche Aufwärtsentwicklung abgelöst.[19]

Die technologische Abhängigkeit vom englischen Bergwerks- und Hüttenwesen wird überwunden. Franz Dinnendahl hatte 1804 auf der Zeche Wohlgemut die erste Dampfpumpe gebaut. Der Einsatz von Dampfmaschinen ermöglichte den Übergang zum Abbau der tiefer liegenden Kohleflöze im Ruhrgebiet und in Oberschlesien, wo nun neue »Industrielandschaften« entstanden. Die einheimische Produktion von Dampfmaschinen wurde bald durch den Bedarf der Eisenbahnen stimuliert. Im Eisenhüttenbetrieb ging die Umstellung von der Holzkohle zu Hochöfen mit Koksfeuerung erst langsam, seit 1850 sehr rasch vor sich.[20] Die Anlage von Walzwerken, größeren Maschinen- und Lokomotivenfabriken kennzeichnet den Übergang zu großbetrieblichen Unternehmensformen. Die Biographien der Gründergeneration von Krupp und Stinnes, Borsig

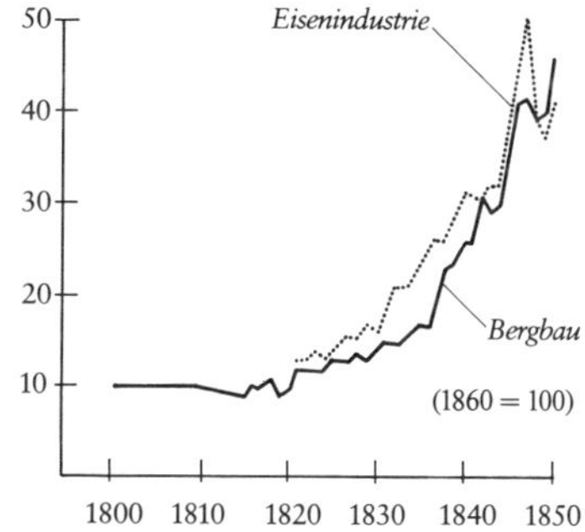

Produktionsentwicklung in Bergbau und Eisenindustrie in Deutschland 1800 bis 1850

Die Eisengießereien von Gleiwitz hatten schon Goethe, Friedrich Wilhelm III. und Königin Luise besucht. Mit der Erschließung durch die Eisenbahn wurde das oberschlesische Industriegebiet über Nacht das wichtigste Wirtschaftszentrum der preußischen Monarchie. Die Entwicklung ging so schnell, daß Hochöfen und Landwirtschaft unvermittelt nebeneinander standen.

Laurahütte in Schlesien, um 1840

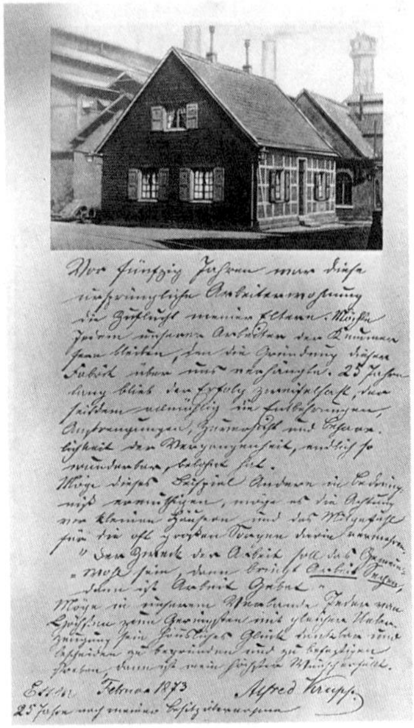

Der Unternehmer Alfred Krupp hält Rückschau:

Vor fünfzig Jahren war diese ursprüngliche Arbeiterwohnung die Zuflucht meiner Eltern. Möge jedem unserer Arbeiter der Kummer fern bleiben, den die Gründung dieser Fabrik über uns verhängte. 25 Jahre lang blieb der Erfolg zweifelhaft, der seitdem allmählich die Entbehrungen, Anstrengungen, Zuversicht und Beharrlichkeit der Vergangenheit endlich so wunderbar belohnt hat.
Möge dieses Beispiel andere in Bedrängnis ermutigen, möge es die Achtung vor kleinen Häusern und das Mitgefühl für die oft großen Sorgen darin vermehren.
»Der Zweck der Arbeit soll das Gemeinwohl sein, dann bringt Arbeit Segen, dann ist Arbeit Gebet.«
Möge in unserem Verbande Jeder vom Größten zum Geringsten mit gleicher Überzeugung sein häusliches Glück dankbar und bescheiden zu begründen und zu befestigen haben, dann ist mein größter Wunsch erfüllt.
Essen Februar 1873
Alfred Krupp

und Henschel, Haniel, Hoesch, Stumm und vielen anderen zeigen diese Konzentrationsvorgänge, wo Kohle und Erz, Metallverarbeitung und Maschinenbau zusammengefaßt werden. Das neue industrielle Unternehmertum war seiner sozialen Herkunft nach gemischt. Um 1840 stammten etwa 60 Prozent der »Unternehmer« von Arbeitern und Kleinbürgern ab. Daneben gab es – vor allem in Schlesien und in Böhmen – einen »feudalen« Industriekapitalismus, der sich unmittelbar aus adeligem Grundbesitz und Kapital entwickelte. Dabei blieb die Zahl der eigentlichen Fabrikarbeiter zunächst niedrig. Im deutschen Zollverein machten sie 1846/47 etwa drei Prozent der Erwerbstätigen aus, in Österreich weniger. Das besagt noch wenig für die Frage nach Aufstieg oder Verelendung der Unterschichten. Die Krise der vierziger Jahre wird vor allem die kleinen Handwerker, das Hausgewerbe und die agrarischen Randschichten treffen. Die entscheidende Phase der Umgestaltung der Arbeitswelt durch die Industrie folgt erst nach der Jahrhundertmitte.

Goethe hat in Wilhelm Meisters Wanderjahren die Unentrinnbarkeit der industriellen Entwicklung betont; er legte der Heldin eine angstvolle Prognose in den Mund: »Das überhandnehmende Maschinenwesen quält und ängstigt mich, es wälzt sich heran wie ein Gewitter, langsam, langsam; aber es hat seine Richtung genommen, es wird kommen und treffen.« Aber Goethe hat die technisierte und industrialisierte Zukunft auch weniger dunkel gesehen und ihr die Chance einer »mittleren Kultur« zugebilligt. 1825 schrieb er an seinen Freund Zelter: »Eigentlich ist es das Jahrhundert für die fähigen Köpfe, für leicht fassende praktische Menschen, die, mit einer gewissen Gewandtheit ausgestattet, ihre Superiorität über die Menge fühlen, wenn sie gleich selbst nicht zum Höchsten begabt sind.«[21]

Das industrielle Wachstum war auf weiträumige Märkte, auf den Ausbau leistungsfähiger und rascher Verkehrswege, auf ein verbessertes Nachrichtenwesen, auf einen mobilen Kapitalmarkt und auf eine moderne Zollpolitik angewiesen. Die Verkehrserschließung Mitteleuropas war bis ins 19. Jahrhundert weit hinter England und Frankreich zurückgeblieben. Die Anfänge des modernen Straßenbaus bedeuteten die von Napoleon im Westen aus strategischen Gründen angelegten Chausseen.[22] Preußen knüpfte – infolge seiner Ost-West-Ausdehnung im norddeutschen Tiefland – mit starker Energie an diese Leistungen an. Das neue Makadamverfahren, das tiefen Unterbau mit kiesgeschlämmtem Schotter bot, ergänzte die Pflasterung. Auf den neuen Straßen konnten fünf Pferde soviel Last transportieren wie 15 auf den älteren Chausseen oder 25 auf unbefestigten Straßen. Die Beschleunigung im Personenverkehr, wo die normale tägliche Wegstrecke von 50 Kilometer nur durch Pferdewechsel gesteigert werden konnte, überschritt in Mitteleuropa erst jetzt die Geschwindigkeiten, die schon in römischer Zeit erreicht worden waren.

Eine weitere Verbesserung brachten die Wasserstraßen.[23] Der Wiener Kongreß hatte die großen Schiffahrtswege für frei und international erklärt. Dies wurde aber erst in mühsamen diplomatischen Einzelverhandlungen (Rheinschiffahrtsakte 1831) abgesichert. Die

Furcht und Faszination hat die Technik gleichermaßen ausgelöst. Die Skepsis bei der Eröffnung der ersten Eisenbahnlinie wich im Laufe der Jahre der Fortschrittszuversicht. Alles schien möglich, bis in einer Sturmnacht des Jahres 1879 die Brücke über dem Tay einstürzte und diesen Glauben unter sich begrub.

Hinter der Zentralreparaturwerkstätte von Olten schimmert schon Fritz Langs »Metropolis«.

Fahrtrinnen wurden mit wachsendem technischen Aufwand ausgebaut; Sprengarbeiten erweiterten das Binger Loch (1832) und erleichterten die Durchfahrt durch das Eiserne Tor an der unteren Donau (ab 1834). Die Initiative des bayerischen Königs schuf mit dem Ludwigskanal 1836/45 die Verbindung zwischen Main und Donau. Stromaufwärts wurde getreidelt, das heißt auf den »Leinpfaden« wurden die Schiffe von Pferden oder Menschen gezogen.

Das Aufkommen der Dampfschiffahrt änderte und erweiterte nach 1815 erst schrittweise, dann einschneidend das Verkehrsaufkommen. Während das Dampfschiff auf dem Meer den technisch ausgereiften Segelschiffen noch lange unterlegen blieb, traten seine Vorteile im Binnenverkehr rasch hervor. 1816 befuhr der erste Dampfer den Niederrhein, 1827 eröffnete die Preußisch-Rheinische Dampfschiffahrtsgesellschaft den regelmäßigen Verkehr zwischen Köln und Mainz. Gleichzeitig begann der Dampferverkehr auf der Donau. 1830 wurde in Wien die berühmte, bis heute bestehende Donau-Dampfschiffahrtsgesellschaft gegründet, 1837 eine bayerisch-württembergische Gesellschaft in Regensburg.

Die großen Erfolge des Dampferverkehrs haben die Einführung der Eisenbahn in Deutschland etwas verzögert.[24] Unter »Eisenbahn« verstand man zunächst nur den Schienenverkehr mit Pferdewagen. In zahlreichen Schriften, so von dem bayerischen Bergrat Josef von Baader und dem Prager Professor Franz Josef Gerstner, wurde der Bau von »eisernen Kunststraßen« propagiert. Aus diesen Anregungen entstand 1827/32 die berühmte 128 Kilometer lange Pferdeeisenbahn, die Linz mit Budweis verband und viele Jahre funktionierte. Das war eine biedermeierliche Sackgasse; die Zukunft gehörte der Verbindung von Schienenweg und Dampfkraft, die Stephenson aus dem Bergwerksbetrieb heraus entwickelte und seit 1825 auf der Strecke Stockton-Darlington erfolgreich betrieb.

Der Gedanke eines großen, umspannenden und gegenüber den Wasserwegen selbständigen Eisenbahnnetzes setzte sich in

Als die Lokomotive in den vierziger Jahren ihren Siegeszug auf der Schiene antrat, hatte die Dampfmaschine bereits ein Jahrzehnt zuvor die Binnengewässer erobert.

Raddampfer, um 1845

Deutschland nicht auf einen Schlag durch. Er wurde vor allem durch Friedrich List propagiert. In Österreich setzte sich seit 1829 Franz Xaver Riepl, Professor der Mineralogie am Wiener Polytechnikum, für den Bau eines »weitverzweigten, wirtschaftlich schöpferischen gesamtösterreichischen Eisenbahnnetzes« ein. Der Gedanke wurde schließlich durch eine Kombination privatwirtschaftlicher und staatlicher Interessen, die über die anfänglichen Kleinstrecken hinauswiesen, in einen großartigen und alle Lebensbereiche verändernden Realisierungsprozeß überführt. Die erste Kurzstrecke verband 1835 Nürnberg mit Fürth.[25] Von dem ersten größeren Projekt (Leipzig-Dresden) konnte 1837 ein Stück eröffnet werden. Es folgten 1838 die Strecken von Berlin nach Potsdam, von Düsseldorf nach Erkrath, von Braunschweig nach Wolfenbüttel; 1840 wurden die Linien von München nach Augsburg und von Mannheim nach Heidelberg eröffnet.

In Österreich setzte der Bahnbau 1837/39 mit der Nordbahn von Wien nach Brünn ein. Ab 1841 konnte durch die Initiative des Ministers Baron Kübeck ein Staatsbahnsystem aufgebaut werden, das allerdings schon 1854 in einer finanziellen Zwangslage wieder privatisiert wurde. Das damals entstehende Streckennetz war einerseits ganz an den Gewichten der innerösterreichischen Situation orientiert: Es verband Wien nach Norden mit Prag und Krakau, nach Osten mit Ungarn, nach Süden über die Semmeringstrecke, die 1854 als erste Gebirgsbahn der Welt fertiggestellt wurde, mit Triest und der Adria. Die Anschlüsse zum außerösterreichischen Deutschland lagen bezeichnenderweise zunächst nicht auf der bayerischen Seite (wo außer auf der Donau wenig Verkehr war), sondern im Norden; über Prag nach Dresden und über Oderberg nach Breslau, wohin es einen intensiven Austausch im Personen- und Güterverkehr gab. Auch in Berlin und im dritten Deutschland stellte sich bei dem großräumigen Streckenbau bald die Frage nach der staatlichen Beteiligung oder Regie. In Preußen wuchs der staatliche Einfluß kontinuierlich; insbesondere der Bau der Ostbahn nach Königsberg, die politisch und militärisch wichtig war, konnte nur mit Staatshilfe finanziert werden.

Untersucht man die politische Geographie des frühen Bahnbaus von Frankfurt aus, dem Sitz der Nationalversammlung 1848/49, so stößt man auf interessante Beobachtungen. Unmittelbar erreichbar durch die Eisenbahn waren damals die Hauptstädte von Baden, Hessen-Darmstadt, Nassau, deren Abgeordnete von Anfang an eine überproportionale Rolle spielten. Die Bayern und Württemberger mußten noch mit der Post fahren. Berlin konnte, wenn auch umständlich, mit dem Dampfschiff nach Düsseldorf und von dort über Hannover mit der Bahn erreicht werden. Für die Wiener war die Reise am umständlichsten. Wollten sie mit der Bahn fahren - wie der Wiener Abgeordnete Alfred von Arneth, der im März 1849 mit Frau und Säugling Frankfurt verließ -, so mußten sie erst den Rheindampfer nehmen und dann einen Bogen von Düsseldorf über Berlin nach Wien machen.[26]

Der Bau der Eisenbahnen veränderte weit tiefer und nachhaltiger als die Dampfschiffahrt und alle anderen technischen Errungenschaften des Vormärz das öffentliche und private Leben.[27] Manche Zeitgenossen haben das rasch bemerkt, so Heinrich Heine, der 1843 schrieb: »Die Eisenbahnen sind wieder ein solches bestimmendes Ereignis, das der Menschheit einen neuen Schwung gibt, das die Farbe und Gestalt des Lebens verändert.«[28] Das Tempo und die Streckenleistungen des bisherigen Verkehrs, auch der Dampfschiffe, wurden für Mensch und Güter in unerhörter Weise gesteigert.

Die sächsische Regierung faßte schon frühzeitig Vertrauen zu dem neuen Verkehrsmittel Eisenbahn und war auch bald bereit, mit den Linien nach Thüringen und Bayern schwieriges Gelände, das die Konstruktion abenteuerlicher Brücken erforderte, zu bewältigen. Das erklärte Ziel war dabei die Schaffung eines gemeinsamen Wirtschaftsraumes mit den süddeutschen Ländern.

Thüringer Bahnhof in Leipzig

Die Transportkosten wurden bis zu 80 Prozent gesenkt, die soziale Mobilität stieg, für Bodenschätze, Ernteerträge und Massenware wurden erstmals größere Märkte erschlossen. Am stärksten fielen die direkten Impulse für die weitere Industrialisierung ins Gewicht. Schienen, Lokomotiven und sonstiges Material kamen anfangs meist noch aus England, dann aber wurde durch die steigende Nachfrage die inländische Produktion und die Modernisierung der Verfahren außerordentlich angeregt.

Das Nachrichtenwesen und das Kommunikationssystem wurden bis zur Jahrhundertwende womöglich noch gründlicher revolutioniert. Die Rationalisierung des Postwesens im Zuge des Chausseebaus, der Eisenbahn und des Dampfschiffes führte zur Schaffung der Briefmarke, zur schrittweisen Ablösung der altertümlichen Postprivilegien des Hauses Thurn und Taxis und zum Entstehen neuer Formen der internationalen Zusammenarbeit. Der mühsame Vorgang einer innerdeutschen Vereinheitlichung der Tarife und der

Ein dreispänniger bayerischer Eilwagen für sechs Personen um 1830. Die Konstruktion ist auf Leichtigkeit getrimmt, die Grenzen für Pferd und Wagen sind erreicht. Wenig später werden die Pferde durch Pferdestärken ersetzt.

Verkehrsregeln kam mit dem deutsch-österreichischen Postvertrag vom 6. April 1850 zum Abschluß. Die Briefbeförderung nahm mit der Alphabetisierung und der neuen Mobilität sprunghaft zu. Die Steigerungsrate erreichte allerdings erst nach der Jahrhundertmitte ihren Gipfel; von 1850 bis 1913 wuchsen die Dienstleistungen der deutschen Post- und Telegraphenanstalten auf das Fünfzigfache.

Der Telegraphendienst wurde zu Beginn des Jahrhunderts mit optischen Systemen und meist nur für Regierungszwecke ausgebaut. Wieder war es Preußen, das in Mitteleuropa diese Erfindung zuerst aufgriff; zwischen Berlin und Koblenz wurde 1832/33 eine Linie mit 61 Relaisstationen errichtet. Das wenig leistungsfähige optische Verfahren machte bald dem elektrischen Telegraphen Platz. In Berlin entwickelte Friedrich Siemens mit Johann Georg Halske im Rahmen seiner Schwachstromfertigung brauchbare Apparaturen. 1847 entstand die erste elektrische Telegraphenlinie, die der Öffentlichkeit zugänglich war, zwischen Bremen und Vegesack. Das Zusammentreten der Nationalversammlung in Frankfurt führte 1848 zum Bau einer Verbindung von dort nach Berlin. 1850 wurde der »Deutsch-österreichische Telegraphenverein« gegründet, der am Anfang der weltweiten fernmeldetechnischen Zusammenarbeit stand. 1851 wurde England durch das erste Seekabel angeschlossen; bis zum Ende der sechziger Jahre war die Welt rundum, von Amerika bis Ostasien, telegraphisch erschlossen.

Der Revolutionierung der Nachrichtenmittel entsprach die Modernisierung und Ausbreitung des Zeitungs- und Zeitschriftenwesens. Trotz aller Repression und Zensur entwickelte sich gerade im Vormärz die Presse in atemberaubender Weise. Zwischen der altväterlichen, langweiligen und dünngestreuten Publizistik um 1800 und der rasanten, alle politischen Meinungen spiegelnden und stündlich Neues bietenden Presse von 1848/49 liegen nicht nur technische, sondern auch organisatorische und literarisch-politische Wandlungen. Ein technischer Meilenstein war die Erfindung der Schnellpresse durch Friedrich Koenig.[29]

Mit der Erfindung des Telegraphen schrumpft die Welt. Für Nachrichten sind Entfernungen in Windeseile zu überbrücken.

Die Relaisstation Nr. 2 auf der 1833 eröffneten optischen Telegraphenlinie zwischen Berlin und Koblenz

Auch Koenig kam, wie so viele Männer dieser Gründergeneration, aus dem Handwerk. Der Leipziger Buchdruckergeselle, der in Deutschland für seine Erfindung kein Kapital fand, ging zunächst nach England. Dort übernahm die »Times« das neue Verfahren; am 29. November 1814 erschien die erste Nummer, die von der neuen Maschine (Zylinder- statt Druckplatte – mit Dampfantrieb) hergestellt wurde. 1817 eröffnete Koenig in Oberzell bei Würzburg, in den Räumen der säkularisierten Prämonstratenser-Abtei, die erste Schnellpressenfabrik. 1822 wurde von der »Spenerschen Zeitung« in Berlin die erste seiner Maschinen aufgestellt, dann folgte Cotta mit der »Augsburger Allgemeinen Zeitung«. 1826 kam die erste Bestellung auf die neue Maschine aus Leipzig von Brockhaus; dessen Konversationslexikon entsprach den Bedürfnissen der Massenbildung und stellte sich zugleich in den Dienst der Verbreitung liberaler Ideen. Gleichzeitig verdichtete sich auch das Netz der journalistischen Kommunikation; die Gründung von Nachrichtenbüros setzte ein (Agence Havas 1835, Wolffsches Telegraphenbüro 1849, Reuter 1851).

Nicht weniger rasch entwickelten sich neue Formen des Bankwesens und der Organisation des Handels in Deutschland und im

Deutsch-Oesterreichischer-Telegraphen-Verein.

Von der Königl. Preuss. Telegraphen-Station
in Berlin
Telegraphische Depesche
No. 1598. 17 Worte

Für Irrthümer u. Verzögerungen bei Beförderung oder Zustellung der Depeschen wird keine Gewähr geleistet.

Aufgegeben in Breslau den 9ten Novbr. 185 10 Uhr 55 Min.
Angekommen in Berlin den ten 185 11 Uhr 30 Min.

1837 stellt Samuel Morse der Öffentlichkeit seinen Schreibtelegraphen vor, 1839 beginnt die Verlegung von Seekabeln, 1857/58 werden die Vereinigten Staaten und Europa durch das Nordatlantik-Kabel verbunden.

Abwicklung des Telegraphentaus im Rumpf des Schiffes »Agamemnon«

internationalen Maßstab.[30] Der Aufschwung der Banken, Börsen und Versicherungsgesellschaften ging in mehreren Phasen vor sich und war regional differenziert. Die großen Aktienbanken, die der Finanzierung von Industrie und Handel dienten, wurden erst für die Zeit ab 1848 typisch. Zuvor teilten sich öffentliche Banken und private Bankiers in die Aufgaben, die nach der napoleonischen Kriegszeit zerrütteten Staatsfinanzen und Währungssysteme zu sanieren, die Agrarreformen zu stützen und die Anfänge der Industrialisierung, insbesondere den Eisenbahnbau, zu finanzieren. Österreichs Finanznot fand in den Rothschilds einen mächtigen internationalen Partner. Preußen hatte keine Rothschilds, dafür aber ein ausgebautes und elastisches staatliches Bankwesen, das den freihändlerischen Kurs der Regierung unterstützte. Die Organisation des Binnen- und Außenhandels zeigt aufs deutlichste die enge und verschiedenartige Verflechtung der bürgerlich-kapitalistischen und der staatlichen Interessen.

Dagegen gelang es nicht, den Deutschen Bund zum Träger einer gemeinsamen Zoll- und Handelspolitik Deutschlands zu machen. Die Wege führten auseinander. Während das schutzzöllnerische

Österreich nicht ohne Erfolge seinen Außenhandel nach Rußland, in die Türkei und den Orient und im Mittelmeer förderte, setzte das freihändlerische Preußen die kleindeutsche Zolleinigung durch, womit die Konkurrenzfähigkeit dieses wirtschaftlichen Großraumes gegenüber England und Frankreich wesentlich verstärkt wurde. Der Überseehandel, von Triest und von den Nord- und Ostseehäfen aus, nahm vor der Jahrhundertmitte nur langsam zu. Im europäischen West-Ost-Gefälle blieben die Anteile des gesamten deutschen Export- und Importvolumens von 1830 bis 1850 ungefähr gleich.[31] Mit fast 70 Prozent der Ausfuhr dominierten noch Nahrungsmittel und Rohstoffe (vor allem nach Westen) gegenüber 22 Prozent Fertigwaren (vorwiegend nach Übersee, Osten und Südosten). In der Einfuhr machten Kolonialwaren (mit Baumwolle) aus dem Westen etwa 32 Prozent aus; Nahrungsmittel und Rohstoffe, vor allem aus dem Osten und Südosten, betrugen gleichfalls 32 Prozent. Schon die Außenhandelsbilanz macht deutlich, daß die Entwicklung Deutschlands zum Industriestaat erst nach der Jahrhundertmitte zu Buche schlug. Was aber den Gesamtrahmen betrifft, so war das Ringen um die wirtschaftspolitische Gestaltung Mitteleuropas (zwischen Österreich und Preußen) und um die Interessenbalance zwischen Bürgertum und Staatsmacht noch ganz unentschieden, als die Revolution ausbrach.

Das gewerbetreibende Bürgertum, aber auch Teile des Adels, die sich kapitalistisch orientierten, hatten an der Industrialisierung ebenso Anteil wie die Regierungen; zugrunde lag in jedem Fall die naturwissenschaftliche und technische Forschung. Es entsprach der damals führenden Rolle staatlicher Autorität, daß von den Initiativen und Entscheidungen der Regierungen auch im Bereich von Wirtschaft und Technik sehr viel abhing. Nicht im freien Spiel einer abstrakten »bürgerlichen Gesellschaft«, sondern im Ineinandergreifen privater wie genossenschaftlicher Aktivitäten mit den kurz- und langfristigen Förderungen beziehungsweise Hemmnissen seitens der staatlichen Instanzen vollzog sich die Entwicklung. In Österreich knüpften die Bestrebungen der 1816 neugegründeten »Kommerz-Hofkommission« an das maria-theresianische Merkantilsystem an. In dem ersten Jahrgang der »Jahrbücher des k. k. polytechnischen Instituts in Wien« (1819) wurde das Programm der österreichischen Wirtschaftspolitik im Sinne einer ausgewogenen Entwicklung von Industrie (und Gewerbe) und Landwirtschaft interpretiert: »Es mußte ferner berücksichtigt werden, daß für den österreichischen Staat weder ein isolirtes Agrikultur-System noch auch ein isolirtes Merkantil-System passe. Der Glanz des Thrones, die verfeinerten Bedürfnisse der Nation, die Erhöhung der Produktionsfähigkeit des Landbaues selbst erheischen ein dauerhaftes Gedeihen der Nationalindustrie ... Allein auf der anderen Seite läßt es sich auch nicht verkennen, daß der Landbau die Grundlage des Nationalreichtums ist ...«[32]

Unter den vielfältigen Hemmungen, die in den folgenden Jahrzehnten das relative Zurückbleiben Österreichs bei der Realisierung dieses Programms bewirkten, spielt das Übergewicht der staatlichen Seite, also die Unterentwicklung des Bürgertums, eine entscheidende Rolle. In Preußen gestaltete sich das Zusammenspiel von

Staat und Erwerbsgesellschaft von Anfang an anders und dynamischer. Das wird bei einem Vergleich des jeweiligen Erfinderschutzes deutlich. Während Österreich noch lange an der altertümlichen Rechtsform der Privilegienerteilung festhielt, beschritt Preußen schon sehr bald den Weg, der zum modernen Patentrecht führte. Die Erteilung eines Privilegs an einen Erfinder oder Produzenten blieb ein Gnadenakt des Herrschers oder der Bürokratie; die preußische Patentgesetzgebung führte dagegen den in England und Frankreich ausgebildeten Patentschutz weiter, indem jedem Antragsteller eine richterliche Entscheidung über Neuheit und Schutzwürdigkeit der Erfindung gesichert wurde. Ähnlich liegt der Fall der Handelskammern, die im Schnittpunkt privater wie öffentlicher Interessen eine so bedeutende Rolle spielten. Philipp von Stahl, der Präsident der Wiener Kommerz-Hofkommission, hatte schon 1818 die in Oberitalien durch Napoleon eingeführten »Camere di Commercio« in der gesamten Monarchie errichten wollen, doch erst 1850/52 kam es dazu. In Preußen wurde das napoleonische System der Handelskammern im Rheinland von Anfang an weiter ausgebaut.

Die führenden Männer, die in der preußischen Bürokratie für Gewerbe, Industrie und Handel zuständig waren, gingen entschieden vor in ihrem Eintreten für den Industriestaat. Staatsrat Kunth kritisierte – was in Österreich kaum denkbar war – die Anhänglichkeit an den Boden als einen Charakterzug, »der zwar auch seine sehr schöne moralische und politische Seite hat, der aber, wenn er sich hauptsächlich auf Hang zur Bequemlichkeit gründet, einem Volke nicht angemessen ist, welches mit großen Massen seiner Natur- und Kunsterzeugnisse in den Welthandel einzugreifen berufen ist«[33]. Franz Schnabel hat für Preußen in einleuchtender Weise auf die Zusammenhänge von Fabrik und Kaserne, von Militarismus und Industrialismus hingewiesen: so »... ist die Kaserne in der Tat auch eine Vorschule für die Fabrik, eine Pflanzstätte des industriellen Geistes geworden und hat viel geleistet zur Heranziehung einer Arbeiterschaft. Es ist gewiß kein Zufall, daß die Erziehung zur Industrie gerade von preußischen Beamten am stärksten gefördert worden ist und gerade aus dem Geiste der preußischen Reformzeit die Antriebe erhielt.«[34]

Im Bereich der naturwissenschaftlichen Forschung waren die Anfänge und viele Einzelleistungen in Österreich vielversprechend. Dann aber kamen die Dinge auch auf diesem Felde im außerösterreichischen Deutschland und besonders in Preußen umfassender und wirkungsvoller voran. Die ersten Gründungen waren die Polytechnischen Institute in Prag (1806) und in Wien (1815) gewesen; in beiden Fällen ließ man sich von der Pariser »École polytechnique« anregen, doch man wollte über den militärischen Zuschnitt Napoleons hinaus. Johann Joseph Prechtl baute das Wiener Institut nicht nur zum großen Vorbild einer organisch gegliederten Hochschule für das Gesamtgebiet der gewerblichen Technik aus. Im Geist der Zeit sollte die neue Gründung auch eine praktische Modellfunktion für die technisch-industrielle Entwicklung haben und der Mittelpunkt eines Vereins von Fachleuten, Industriellen und Beamten zur Förderung dieser Zwecke sein. Prechtl erklärte: »Das p. Institut wird also das Wesentliche dreyer Anstalten in sich vereinigen, von denen

Archaisch anmutende Transportformen bestehen lange weiter. Durch die unwegsamen Gebirgstäler Österreichs ziehen 1885 noch etwa 230 Wanderhändler mit ihren Kraxen. Ihr Verdienst wird auf 70000 Gulden geschätzt.

Reifnitzer Kraxenträger

Lange bevor die Waffen sprachen, wurde in der Zeit zwischen Wiener Kongreß und Königgrätz deutlich, daß die industrielle Dynamik des preußisch geführten Nordens den Vielvölkerstaat im Süden überspielen würde. Als Erinnerung an die Berliner Gewerbeausstellung von 1844, auf der unter anderem die Borsigsche Lokomotive Furore machte, wurde diese Gedenkmünze geprägt, die die Germania mit der Inschrift »Seid einig« zeigt und auf der Rückseite das Symbol der Modernität – die Lokomotive.

jede für sich schon wesentlich zur Erhöhung der technischen Künste und des Nationalwohlstandes beytragen wird, nämlich einer technischen Lehranstalt, eines Konservatoriums für Künste und Gewerbe und eines Vereins zur Förderung der Nationalindustrie.«[35]

Bis 1836 folgten weitere Gründungen, charakteristischerweise überwiegend in Norddeutschland: Karlsruhe, Berlin, Münster, Dresden, Darmstadt, Kassel, Hannover und Braunschweig. Auf noch breiterer Ebene wurden in vielen Städten Gewerbeschulen eingerichtet. Dem raschen Aufschwung des technischen Hochschul- und Schulwesens entsprach das Einsetzen einer umfangreichen »technischen Journalistik«. Den von Prechtl seit 1819 herausgegebenen »Jahrbüchern des polytechnischen Instituts« in Wien trat schon 1820 Johann Gottfried Dinglers »Polytechnisches Journal« zur Seite. In Berlin erschienen seit 1822 die »Verhandlungen des Vereins zur Beförderung des Gewerbefleißes in Preußen«. In Karlsruhe wurden bei der Gründung (1825) und der Reorganisation (1832) die Erfahrungen der Bauschule des großen Architekten Weinbrenner und der Ingenieurschule Johann Georg Tullas (der den Oberrhein reguliert hatte) integriert. In Preußen fällt sogleich die Ähnlichkeit und die Verschiedenheit der Entwicklung gegenüber Wien auf. Zwar gelang es in Berlin nicht, den großen Plan einer technisch-naturwissenschaftlichen Hochschulgründung, auf gleichem Niveau wie die Universitätsgründung durch Wilhelm von Humboldt, auszuführen. Was herauskam, war zunächst ein »Gewerbeinstitut«, das zwar von Schadows Bauakademie getrennt wurde, aber ganz und gar praktisch funktionierte. Leiter der neuen Anstalt wurde kein Professor, sondern der Ministerialbeamte Peter Beuth, der seit 1818 Direktor der Abteilung für Handel und Gewerbe im preußischen Innenministerium war. Die neue Schule war aufs engste mit zwei anderen Einrichtungen verbunden, mit dem »Verein zur Beförderung des Gewerbefleißes in Preußen« und mit der »Technischen Deputation für Handel und Gewerbe«.

Die Deputationen, die in allen Ministerien die Verbindung von Beamtentum und mitwirkendem Bürgertum herstellen sollten, gehörten zum Programm der Verwaltungsreform des Freiherrn vom Stein. Die Technische Deputation wurde von Beuth zum zentralen Instrument der industriellen Förderung im ganzen Lande ausgebaut: Herausgabe von Büchern, Reisen junger Techniker und Beamten nach England und den USA, technische Gutachten, Ankauf von Mustermaschinen und dergleichen. Der Technischen Deputation oblag auch die Vorprüfung von Patentanfragen. Bei der Begründung des Berliner »Vereins«, der wie die etwas frühere Wiener Vereinsgründung von der in England seit 1754 bestehenden »Society of Arts« und der in Frankreich 1801 geschaffenen »Société d'encouragement pour l'Industrie nationale« angeregt war, befanden sich unter den 367 Mitgliedern 110 Beamte. Überall waren damals staatliche Impulse, wissenschaftlich-technischer Fortschritt und bürgerlich-gewerbliches Interesse aufeinander verwiesen. Aber in Preußen konnten diese verschiedenen Faktoren wirkungsvoller und nachhaltiger ineinandergreifen als in Österreich. Die preußische Reformbürokratie fand – auch und gerade nach dem Scheitern der liberalen Verfassungsbewegung – im wirtschafts- und gewerbepolitischen Fortschritt ein großes Betätigungsfeld und in der kapita-

Eintönige und schlecht bezahlte Kinder- und Frauenarbeit war in den verelenden Unterschichten des 19. Jahrhunderts durchaus keine Seltenheit.

Links: Arbeitssaal in einer Papierfabrik, 1858
Unten: Karden- und Baumwollspinnerei, um 1835

listisch-industriellen Richtung erheblicher gesellschaftlicher Gruppen eine kräftige Partnerschaft. Beides war in dieser Weise in Österreich nicht gegeben.

Daß die vieldiskutierten »Reizmittel zur Produktion und Konsumtion« und die gesamte Entwicklung der Zeit in den folgenden Jahrzehnten zu einer unerhörten »Erhöhung der technischen Künste« geführt haben, ist noch heute auf Schritt und Tritt sichtbar. Aber die erhoffte gleichzeitige und gleichmäßige Erhöhung des »Nationalwohlstandes« kam nur zögernd voran; deutlicher wurde zunächst die frühindustrielle Verelendung. Das war die Kehrseite jener Medaille, auf deren Vorderseite das Motto von der Beförderung und Belohnung des Gewerbefleißes stand: Massenverelendung in den ländlichen und städtischen Unterschichten, zwölf- bis vierzehnstündige Arbeit in den Manufakturen und Fabriken, Kinderarbeit, unzulänglicher Schutz oder völlige Schutzlosigkeit der Arbeiter und ihrer Familien gegenüber Krankheit und Alter, Leben an der Grenze oder schon unter der Grenze des Existenzminimums infolge niedriger Nominallöhne, weitestgehende Abhängigkeit von dem Schwanken der Lebensmittelpreise und ausgedehnte, oft versteckte Arbeitslosigkeit.

Auch hier gab es große regionale und auch ökonomische Unterschiede. Eine Lohnstatistik der Regierung in Oberbaden vom Frühjahr 1848 zeigt, daß der bestbezahlte Fabrikmeister mit 200 Kreuzern am Tage das Fünfzigfache der Schwarzwälder Strohflechterinnen verdiente. Für den vorliegenden Zusammenhang ist fast noch wichtiger als die konkrete Analyse der Lebensbedingungen von Unterschichten innerhalb der vormärzlichen Gesellschaft die Frage nach der richtigen historischen Einordnung der frühindustriellen Verelendung. War es ein neues Phänomen, das weiter wachsend die proletarische Existenzform im bürgerlichen Zeitalter charakterisiert? Das war die »klassische« Auffassung mancher konservativer Kritiker, vor allem aber von Marx und Engels. Friedrich Engels hat 1844 in seiner berühmt gewordenen Schrift über die Lage der arbeitenden Klassen in England die vorindustrielle Heimarbeiterfamilie, die mit ihrem Lohn ganz gut auskam, und insgesamt die frühen Hausarbeiter, die »in Gottseligkeit und Ehrbarkeit« ein ganz behagliches Leben führten, mit der namenlosen Not seiner Zeit konfrontiert. Dieser im Osten kanonisierten Auffassung ist inzwischen widersprochen worden, vor allem mit dem Hinweis auf das chronische Armutsproblem der vorindustriellen Epoche und auf die sichtbare Besserung in weiten Bereichen der Industriearbeiterschaft seit der Mitte des 19. Jahrhunderts. Natürlich läßt sich der Pauperismus der ersten Jahrhunderthälfte von der Frühindustrialisierung nicht trennen. Aber die Kausalkette war nicht so eindeutig. Wolfram Fischer hat den gegenwärtigen Wissensstand knapp formuliert: »Der Pauperismus der ersten Jahrzehnte des Jahrhunderts ist vielmehr der Ausläufer der alten, vorindustriellen Armut, verschärft nun einerseits durch das schnellere Bevölkerungswachstum bei noch langsamem Produktivitätszuwachs in Landwirtschaft und Industrie, verschärft aber auch durch die erhöhte Sensibilität gegenüber sozialen Fragen.«[36]

Die Verknüpfung des neuen Pauperismus mit dem »alten Elend« ist gewiß richtig und wichtig. Aber der Kontrast, den die sichtbare Zunahme von Armut und Elend gegenüber dem Erwartungshorizont der optimistischen und liberalen Vorkämpfer des industriellen Fortschritts bedeutete, ist doch ein Charakteristikum dieser Jahrzehnte. Von daher wird verständlich, weshalb die unzulänglichen Antworten der Regierungen und der Gesellschaft auf die neuen Formen des Pauperismus so starke Kritik hervorriefen. Ebenso ist die Haltung der führenden Strömungen des Liberalismus zu beachten. Ihre Weigerung, die sozialen Probleme der Industrialisierung als eine zentrale Aufgabe aufzugreifen, läßt sich tief in die Verfassungsarbeit und Politik der deutschen Nationalversammlung 1848 verfolgen.

3. Gesellschaft und Staat zwischen Biedermeier und Revolution

Karikatur auf den Frack, den der englische Dandy George Bryan Brummell erfand und bei Hofe einführte. Die ungewöhnliche Mode verbreitete sich rasch auch auf dem Kontinent und hat sich bis auf den heutigen Tag im Diplomatenfrack erhalten.

»Fliegende Blätter«, 1845

Die Jahrzehnte zwischen Biedermeier und Revolution sind von drei durchgehenden Tendenzen bestimmt, die in unterschiedlichen Mischungs- und Kontrastformen das soziale Profil jener Generationen bestimmen, die 1866/1871 dann die Entscheidung der deutschen Frage erkämpfen und erleiden. Die *Egalisierung* ist einerseits ein gedankliches und pragmatisches Erbe der napoleonischen Zeit, das sich mit dem Prinzip der Rechtsgleichheit der Staatsbürger, dem sehr weitgehenden Abbau der ständischen Schranken und sozialen Privilegien, den gleichen Zugangschancen zu den meisten Berufen Schritt um Schritt durchsetzt. Der technische Fortschritt und seine standardisierenden und nivellierenden Wirkungen wie die kapitalistische Umgestaltung der Lebensbedingungen forcieren diesen Egalisierungsprozeß. So bedeutet der Übergang zum Eisenbahnverkehr eine Einschränkung des »Individualverkehrs«; man kann auf der Bahn nicht mehr fahren und aussteigen, wie und wo und wann man will. Die Einführung unterschiedlicher Klassen und die Bereitstellung von Hof- und Extrazügen und Salonwagen unterstreicht diese Tendenz letztlich nur: Alle, vom Monarchen bis zum Ärmsten, haben sich neuen, allgemeinen Regeln zu unterwerfen.

Die Entwicklung der Mode zeigt den unaufhaltsamen Trend zum offiziellen Schwarz der Männerkleidung und zur Einheitlichkeit des schwarzen Rocks für alle Schichten. Noch nie hatte es eine solche kleidermäßige Angleichung von oben und unten gegeben, wie sie nun – wesentlich auch vom englischen Puritanismus der Viktorianischen Epoche her – den mitteleuropäischen Standard bestimmte. Die Frauenkleidung wahrte sich mehr Spielraum, doch im sozialen Ausgleich von oben nach unten folgte sie der gleichen Tendenz. Was die Kaiserin trug, wurde durch Modejournale und Schnittmuster prinzipiell auch für die Bürgersfrauen erreichbar und wirkte bis in die Unterschichten hinein. Der Aufbau einer medizinisch-klinischen Behandlung in den jetzt entstehenden Krankenhäusern neuen Stils galt nicht mehr vorwiegend der Alters-, Siechen- und Armenfürsorge. In dem Maße, wie der medizinische Fortschritt und

Ein ganzer Empiresalon diente der Prinzessin Mathilde von Bayern als Schrank. Josephine de Beauharnais, Kaiserin der Franzosen, besaß zu dieser Zeit 500 Spitzenhemden, 230 Sommer- und 673 Winterkleider.

die neuen Behandlungsmethoden für schwerere Fälle nur hier zu haben waren, mußte sich Hoch und Niedrig in einem langsamen Ablöseprozeß von der individuellen Hauspflege den gleichmäßigen Bedingungen der Anstaltspflege unterwerfen. Die Unterscheidung von Pflegeklassen und, mehr noch, der zahlbare Zugang zum operierenden Professor konnte auch hier die Tendenz der Egalisierung verhüllen, nicht aber aus der Welt schaffen. Eine andere Dimension der vormärzlichen Egalisierung stellt die breite Entfaltung des Vereinswesens dar.[37] Der selbstgewählte Zusammenschluß der freien und gleichen Mitglieder tritt an die Stelle der hierarchisch gegliederten ständisch-korporativen Lebensformen. Der Zweck der Vereine differierte: Technik und Naturwissenschaft, Kunst und Kultur, Wirtschaft, Gesang, Heimatkunde und Geschichte. Aber diese inhaltliche Differenzierung unterstreicht nur die neue Gleichheit der Gesellungsformen.

Eine Epochentendenz ist aber auch die *Betonung und Verteidigung der traditionellen Unterschiede.* In vielen Spielarten wird sie der jeweiligen Interessenlage nach mit großem gedanklichen Aufwand als Lehre von der wahren, organischen Natur der Gesellschaft formuliert; sie erscheint in romantischer Einkleidung als Gegenkonzept zu dem falschen Individualismus, Liberalismus und »Gleichheitswahn« seit 1789. Die »Stände« galten als naturwüchsige oder von Gott gewollte Bausteine einer gesunden Staats- und Sozialordnung. Doch weit über den Rahmen ideologischer Systeme hinaus geht es bei dieser Tendenz um starke, faktische Tatbestände und Wirkungszusammenhänge. Die überkommenen Unterschiede von Herrschaft und Besitz setzen sich fort, und die technisch-industrielle Umwälzung schafft neue Unterschiede von unten und oben, die sich gleichfalls fortsetzen. Die neuen Unterschiede heben die alten nur teilweise auf, zum anderen Teil verbinden sie sich – unabsichtlich oder absichtsvoll – durch Einheirat in die alten Oberschichten und/oder durch Nobilitierung bürgerlicher Aufsteiger. Das Verhalten und die objektiven Wirkungen des Neuadels und der neuen bürgerlich-kapitalistischen Oberschichten sind nicht gleichmäßig und gehen nicht überall in diese Richtung. Aber je stärker im politischen System die restaurativen Züge sind – sowohl vor 1848 als auch nach der Revolution –, desto weniger leisten die neuen Schichten jener Tendenz der Verteidigung der traditionellen Unterschiede in der Gesellschaft Widerstand und desto mehr passen sie sich der alten geburtsständischen Differenzierung an; das gilt gleicherweise für Preußen und Österreich.

Diese beiden Grundzüge der Epoche, die Egalisierung und die Distanzierung, überschneiden sich auf eine unvorhergesehene Weise: in einer Ära sich anbahnender Nivellierung kommt es zu einer *funktionalen Neuverschärfung gesellschaftlicher Unterschiede,* was geradezu als dritte Zeittendenz charakterisiert werden kann. Auch hier wirken subjektive Bestrebungen verschiedener Art mit objektiven Wandlungsprozessen zusammen.

Die zahlreichen Projekte und Ansätze zu einer Adelsreform, die vom Freiherrn vom Stein bis zu König Friedrich Wilhelm IV. reichen, bilden gewissermaßen noch einen Übergang: Der Adel sollte, auch durch die Hereinnahme des Leistungs- und Bewährungsprinzips, umgestaltet und gemäß den Bedürfnissen der Gegenwart modernisiert werden. Die vielen antiegalitären Leistungs- und Berufsmuster bringen neue Scheidungen und Klüfte. Die Propheten und Väter des technisch-wissenschaftlichen Fortschritts hatten sich zumeist als Ergebnis eine ausgeglichene, herrschaftsfreie Gesellschaft vorgestellt; die meisten ahnten nicht, wie rasch trotz der unbestreitbaren Egalisierungswirkungen neue Eliten zur Meisterung der neuen Techniken und Wissenschaften entstehen würden. Natürlich gab es Spielräume und unterschiedliche Wege. Für den deutschen Bereich wurde bedeutsam, daß hier die kommunitär-anarchistischen Bewegungen, die in West- und Südeuropa schon mit dem frühen Industrialismus einsetzten, kaum Fuß faßten. Statt dessen gewannen die vorindustriellen Modelle der militärischen Rangpyramide und der Beamtenhierarchie zunehmenden Einfluß auf die Gestaltung der neuen industriellen Welt. Der Aufbau des Eisenbahndienstes, der Post- und Fernmeldetechnik und viele Beispiele aus dem innerbetrieblichen und organisatorischen Bereich des Fabrikwesens machen die Anleihen beim Militärwesen deutlich.

Die gesellschaftlichen Wandlungen im 19. Jahrhundert erfaßten auch die Familie. Der Kontrast zwischen den vorindustriellen Lebensformen, wo die Familie noch Lebens- und Produktionsgemeinschaft war, und der »modernen Familie«, die durch neue Merkmale wie Privatheit, Emotionalität (auch durch Freiheit der Gattenwahl) und eine veränderte Rollenverteilung zwischen Mann und Frau gekennzeichnet war, bestimmt trotz mancher Unterschiede im Regionalen und Sozialen die Epoche insgesamt.[38] Thomas Nipperdey hat den Idealtypus dieser neuen privaten bürgerlichen Familie beschrieben, wie er in Deutschland seit dem Biedermeier anzutreffen ist: »Die Familie wird öffentlich hochgeachtet, gerade weil sie die Bastion der privaten Existenz ist. In der Spannung von Lebenskampf und trautem Heim erhöht sich die Bedeutung der

Das »Familienkonzert« von S. Gutzwiler – eine Biedermeier-Idylle voll Behaglichkeit und Empfindsamkeit. Das Sich-Zurückziehen des Bürgers an den heimischen Tisch und Herd ist einerseits die resignierende Antwort auf das politische Scheitern, andererseits werden neue, emotionale Beziehungen gesucht und gepflegt, da die Familie als Produktionsgemeinschaft mehr und mehr an Bedeutung verliert.

Familie. Das Leben in der Familie, die Arbeit für sie wird Teil des Lebenssinnes, die das eigene Leben transzendierenden Hoffnungen richten sich auf die Kinder, sie und die Fortexistenz im Andenken der Familie werden ein wesentliches Element bürgerlicher Unsterblichkeit, je mehr sich die christliche Eschatologie abschwächt.«[39]

Auch hier reichte der Geltungsbereich verschieden weit. Gewiß gab es wichtige Elemente dieser »neuen Familie« schon in früheren Epochen; die vorindustrielle Ehe kannte nicht nur ökonomische Gesichtspunkte ohne alle Emotionalität, und die neue Familie kannte auch geschäftliche Perspektiven, Unfreiheit der Gattenwahl, Härte zwischen Gatten und gegenüber den Kindern. Der neue Idealtypus kann für die Unterschichten jener Zeit sicher nur mit großen Einschränkungen und Varianten gelten. Man muß das Wort W. H. Riehls von der »Familienlosigkeit« des Arbeiters, die weitgehend sozial bedingt war, ernst nehmen; es ist ja nicht zu übersehen, daß in den Arbeiterfamilien, bei Arbeit der Frau und auch der Kinder, eine andere Verschränkung von Emotionalität und Ökonomie gegeben war. Andererseits sind auch hier die Veränderungsvorgänge nicht zu übersehen. W. Conze hat sie betont: »Auf lange Sicht eröffnete der Übertritt in das außerhäusliche Lohnarbeitsverhältnis die Möglichkeit zur Bildung der ›Arbeiterfamilie‹, die sich Jahrzehnte nach dem Industrialisierungsbeginn dank günstiger werdender Bedingungen und großer Leistungen der Arbeiterfrau dem Typus der kleinbürgerlichen Kernfamilie annäherte.«

Die schichtenspezifische Abgrenzung gilt auch nach oben, gegenüber den Familientypen der alten und neuen Oberschichten. Die Adelsfamilien mit einer im Durchschnitt hohen Ausstattung an Landbesitz, Herrschaftskontinuität und Sippeneinfluß bewahrten länger bestimmte Charakteristika der vorindustriellen Zeit. Auch die Stellung der Frau war hier, im Umkreis höfischer Lebensformen, noch anders und in mancher Hinsicht stärker und freier als bei der Mehrheit der bürgerlichen Familien mit ihrer deutlichen Rollenverteilung (»innen« die Frau, »außen« der Mann). In den neuen bürgerlichen Oberschichten war der Typus der »neuen Familie« einerseits von der alten, aristokratischen Lebensweise beeinflußt; andererseits gab es hier neuartige Konstellationen von Ökonomie und »Privatleben«. Der Fabrikherr, der seine Villa gleich neben die Fabrik baut (oder die Fabrik neben die Villa), kommt damals häufig vor. Für ihn paßt das Privatheitsmodell der »neuen Familie« nur mit Einschränkungen. Erst recht gilt dies im Falle der zahlreichen mittelständischen Handwerksbetriebe und Handelsgeschäfte, wo Werkstatt und Kontor noch im Wohnhaus lagen, und für die große Mehrheit der bäuerlichen Betriebe.

Gravierend für diesen Wandel der Familienstruktur wird auch die politisch-soziale Großwetterlage. Man hat für Deutschland ab 1815 von einem »neuen Patriarchalismus« im Familienbereich gesprochen.[40] Tatsächlich weisen viele Beobachtungen darauf hin, daß die antiliberalen und reaktionären Züge in der deutschen Politik vor und nach 1848 die Stellung des Mannes in Ehe und Familie verstärkt haben. Insgesamt handelt es sich freilich um komplexe Vorgänge, deren systematische Untersuchung, auch im Vergleich mit den außerdeutschen Entwicklungen, noch in den Anfängen steckt. Der Fragenkreis reicht weit über die pragmatische Entwicklung des Ehe- und Scheidungsrechtes und über die ersten Auseinandersetzungen für und gegen die Gleichstellung der Frau (seit den dreißiger Jahren, vor allem von Frankreich her) hinaus. Beispielsweise setzte gerade in Preußen die Eröffnung selbständiger, »gebildeter« Berufschancen für Frauen schon 1834 mit einer Laufbahnregelung und staatlicher Ausbildung für Volksschullehrerinnen ein. Preußen erschwerte andererseits 1831 das Scheidungsverfahren.

Bettina von Arnim, Henriette Herz und Rahel Varnhagen sind nicht nur durch ihre Salons in die Geschichte eingegangen, auch als Briefpartnerinnen von Dichtern und Gelehrten prägten sie das literarische und gesellschaftliche Leben des Vormärz. Vor allem Bettina entwickelte in ihrer Korrespondenz die subjektive Briefsprache der Romantik zu vollendeter Kunst.

Brief Bettina von Arnims an Fürst Pückler-Muskau, 1832

Schwer zu sagen, ob diese deutsche Gesellschaft vor 1848 wirklich schon eine »bürgerliche Gesellschaft« im vollen Wortsinn war. Es zeigt sich auf Schritt und Tritt, daß die Stellung des deutschen Adels, der ja bis zum Ende des alten Reiches der politische Stand schlechthin gewesen war, auch im Rahmen der vormärzlichen Veränderungsprozesse vielerorts noch stark und teilweise bestimmend blieb. Sein Vorrang wurde in erster Linie von den vielen kleineren und größeren Fürstenresidenzen bestimmt; der Adel bildete den Kern der »Hofgesellschaft«, besetzte die Hofämter und gab trotz formaler Chancengleichheit auch weiterhin in den Spitzenstellungen der zivilen und militärischen Behörden und im diplomatischen Dienst den Ton an. Das höfische System der Nobilitierung von bürgerlichen Aufsteigern – oft mit Ordensverleihungen verbunden, die den persönlichen oder erblichen Adel brachten, – verstärkte und verlängerte nach außen die Ausstrahlungs- und Orientierungskraft der Adelswelt, auch wenn hinter der aristokratischen Schauseite der Residenzen das bürokratische, im Grunde bürgerliche Leistungsprinzip unaufhaltsam an Boden gewann.

Nächst den regierenden Häusern bildeten die ehemaligen weltlichen »Reichsstände«, die vor 1815 mediatisiert worden waren, eine gegenüber dem sonstigen Adel abgehobene Gruppe von »Standesherren« mit besonderen, in der Bundesakte (Art. 14) gesicherten Privilegien. Stellung und Einfluß dieser hochadeligen Familien waren sehr verschieden. Meist verfügten sie – das war ja im ganzen das zweite Kennzeichen fortdauernder Adelsmacht – über ausgedehnten Grundbesitz. Als »Unterlandesherren« konnten sie bis 1848 in manchen Regionen aufgrund einer jahrhundertelangen Verwurzelung und eines altertümlichen Netzes von Herrschaftspflichten und Fürsorgerechten fast wie souveräne Herren schalten und walten. So residierten etwa die Fürsten von Fürstenberg in Donaueschingen über einen Besitz von etwa 2100 Quadratkilometern mit etwa 85000 »Untertanen« (nach dem Stand von 1800). Durch Revolution und Bauernbefreiung gelang dann 1848 die Umwandlung dieser Standesherrschaft in eine moderne Wirtschaftsführung mit hoher Rentabilität und großen Leistungen für kulturelle Zwecke.[41] Anders verlief die Entwicklung, wo standesherrliche Besitzungen im Bereich des großen preußischen Staates lagen, wie sich am Beispiel des Hauses Stolberg-Wernigerode zeigt[42], oder wo es um die Existenz- und Wirtschaftsform des großen österreichischen Adels ging. Die fürstlichen Häuser – wie etwa Liechtenstein und Schwarzenberg – bildeten in der Zeit des Vormärz weitgehend autonome Feudalherrschaften mit eigenem Hofstaat und umfangreichem Beamtenstab.[43]

Die Besonderheiten der österreichischen Adelswelt - nicht nur dieser Familien des Hochadels, deren besitzmäßiger und politischer Schwerpunkt meist in Böhmen und Mähren lag - waren die jeweiligen Beziehungen zum Kaiserhaus und zur pränationalen Staatsidee Österreichs. Es kam nun sehr auf die Mobilisierungsfähigkeit dieser Adelskräfte für eine zielstrebige habsburgische Politik in Deutschland und Europa an. Auch hier liegen wesentliche Unterschiede gegenüber dem Adel in Preußen.

In Preußen war der Adel besitzmäßig und ethnisch weit weniger differenziert als in Österreich. Es herrschte der mittlere und kleinere Besitz vor; die Junker waren daher anders als in Österreich auf den staatlichen Dienst verwiesen. Hinzu kam die regionale und sprachlich-kulturelle Einheitlichkeit des norddeutschen Adels; aufgrund eines jahrhundertelangen Integrationsprozesses, in den sich auch die mediatisierten Standesherren und der eigenwillige westfälische und rheinische Adel nach 1815 einordneten, war er nicht nur mit der Hohenzollerndynastie verbunden, sondern auch kontinuierlich in den politisch-militärischen Dienst und damit in die modernen Staatsaufgaben hineingewachsen. Die Kompaktheit und Effizienz dieses Adels im preußischen Staat wurde - das wird an den politischen Abläufen deutlich - auch durch das schwierige Ringen um Reform, Verfassung und Liberalisierung nicht gemindert.

In Österreich lief die grundsätzliche Loyalität des Adels zum Haus Habsburg und zu seinem Staat keineswegs auf ein politisch-militärisches Engagement hinaus, das im preußischen Sinne mobilisierbar war. Ganz abgesehen von der altertümlichen Sonderstellung, die der polnische und ungarische Adel bis 1848 einnahm, waren sowohl die großen Herren aus Böhmen und Mähren wie der meist weniger begüterte Adel der deutschen Erbländer in den zivilen und militärischen Spitzenpositionen Österreichs nicht stark vertreten.[44] Auffallend ist der hohe Prozentsatz von Adeligen, die aus dem alten »Reich« kamen. Auch der Anteil von Familien mit französischen Namen, die vor 1789 aus Lothringen und Belgien, danach als Emigranten aus Frankreich gekommen waren, fällt in die Augen; und nicht zuletzt füllen nobilitierte Bürgerliche die oberen Ränge.

Das unterschied die Führungsschichten in Preußen und Österreich. Mit einer gewissen Überspitzung wurde gesagt: »In Preußen mußte sich der ausländische oder der Adel der später erworbenen Gebiete ein- und unterordnen, somit verstärkten diese Geschlechter die Kraft des eingesessenen Junkertums. Das Königreich der Hohenzollern hatte eine gewachsene, die Donaumonarchie eine geborgte Oberschicht.«[45] Aber auch die österreichische adelige Oberschicht war ja gewachsen, nur daß aus Gründen, die weit in die Entstehungsgeschichte der Habsburgermonarchie zurückreichen, diese Schicht viel uneinheitlicher und unter den nationalen und sozialen Bedingungen des 19. Jahrhunderts weit weniger mobilisierbar als der preußische Adel war. Und: war von diesem weitgehend pränational eingestellten und sozioökonomisch meist konservativen Adel Österreichs viel für die deutsche Frage zu erwarten? Es gab ja noch immer einen bemerkenswerten Zustrom deutscher Adelsfamilien aus dem »Reich«, von Stadion über Metternich bis Rechberg. Doch gerade im Wirken und Wollen dieser Männer, die Deutschland und Österreich sahen, erwies sich das habsburgische

Dilemma zwischen Vielvölkerstaat und deutscher Nation. So ähnlich also die preußische und österreichische Adelswelt im gemeinsamen Kontrast zum aufsteigenden Bürgertum ist, so unterschiedlich ist sie hinsichtlich ihrer politisch-sozialen Funktionen.

Das Bürgertum des Vormärz läßt sich viel weniger leicht fassen als das der vorausgegangenen Jahrhunderte. Die Mittelschichten aus Handwerk und Handel, aus bürgerlichen Gutsbesitzern, Gastwirten, Glas- und Maschinenfabrikanten, aus Lehrern und Ärzten, Beamten und Offizieren kamen von der Welt der alten Reichsstädte, der partikularen Residenzen, der über das weite, adelig-bäuerliche Land verstreuten Provinzzentren her. Aber ihr soziales und nationales Selbstbewußtsein und ihr Gemeinsinn entwickelten sich unter den restriktiven Bedingungen des Vormärz nur langsam. Nach dem Abbau der ständischen Schranken galten Bildung und Besitz als die beiden Kennzeichen des aufsteigenden und an Zahl und Gewicht wachsenden Bürgertums. Die neuen Aufstiegschancen durch Schule und Universität stehen außer Zweifel, die Rolle der Bildung für die Formation des Bürgertums reichte weit über das laufbahnmäßige Prüfungs- und Auswahlsystem hinaus, das jetzt ausgebaut wurde.

Der Anspruch des Bürgertums, das Allgemeininteresse darzustellen, traf und verband sich mit dem Anspruch der klassischen Bildung, das Allgemein-Menschliche und die weltbürgerliche und soziale Harmonie zu fördern. Neben den adeligen Kunstfreund trat der bürgerliche Mäzen; die bürgerliche Wissenschaftsförderung durch Vereine und Stiftungen nahm breiten Raum ein. Es sollte sich bald zeigen, daß das neue Ineinandergreifen von Bildung und Besitz und die neuen, bildungsbezogenen Aufstiegskriterien auch neue Probleme und Widersprüche hervorbrachten.

Alle Angaben über die Lebensbedingungen im allgemeinen und die Entwicklung der Einkommen und der Lebenshaltungskosten im besonderen stimmen darin überein, daß bei großen Unterschieden in regionaler Hinsicht und nach Berufsgruppen der Gesamtrahmen im Vormärz bescheiden war.[46]

Realeinkommen in Deutschland 1810 bis 1913

Die Entwicklung der Realeinkommen von Arbeitnehmern in Deutschland (in den Grenzen von 1871) wurde nach einem kombinierten Verfahren (unter Einbeziehung von Handarbeitern) teils geschätzt, teils errechnet. Der Wert des Schaubildes liegt in der jeweiligen Relation von Lebenshaltungskosten und Nominaleinkommen, wobei das starke Schwanken der Lebensmittelpreise mit den Teuerungen von 1816/17, 1846/47 und Mitte der fünfziger Jahre auffällt, während ein kontinuierlicher Aufstieg der Realeinkommen erst nach 1870 einsetzt

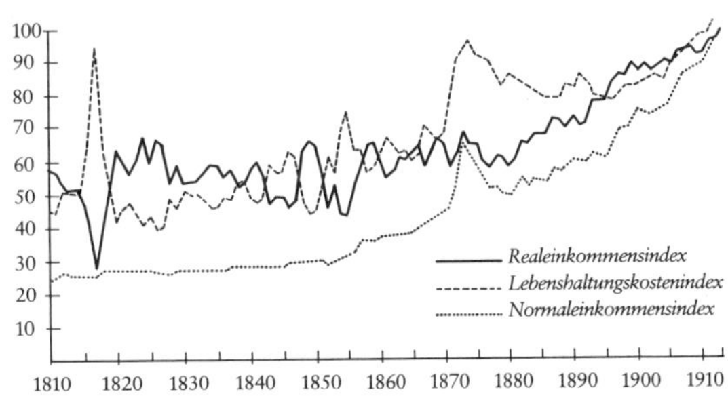

Haushaltstyp	Jahres-einkommen (in Talern)	Ausgaben für Lebens-mittel (in %)
Armenhaushalt	65	80
Arbeiterhaushalt	155	67
kleinbürgerlicher Haushalt	400	55
großbürgerlicher Haushalt	über 800	45

Einkommen und Lebenshaltungskosten in Bremen von 1815 bis 1848

Eine besonders signifikante Rolle spielte im 19. Jahrhundert, vor allem im Vormärz, die Emanzipation der Juden und ihre Integration in die bürgerliche Erwerbsgesellschaft.[47] Sieht man von einzelnen Spitzenpositionen ab, wie zum Beispiel dem sagenumwobenen Aufstieg der Bankiersfamilie Rothschild, so bleibt die Emanzipation dieser über Jahrhunderte diskriminierten Bevölkerungsgruppe ein langsamer und unvollständiger Prozeß. Um 1820 lebten im außerösterreichischen Deutschland etwa 270 000, in den zum Bund gehörenden Teilen Österreichs etwa 85 000 Juden. Bis 1850 stiegen diese Zahlen, auch durch Zuwanderung aus dem Osten, auf 400 000 und 130 000. Die berufliche Struktur war durch die traditionellen Restriktionen geprägt: auf dem Lande Klein- und Viehhandel und Geldverleih, dazu im Osten Gewerbetätigkeit; in den Städten steigender Anteil am Gewerbe, insbesondere als Schneider, Kürschner und im Lebensmittelbereich. Schon im Vormärz setzte eine Konzentrationsbewegung in den größeren Städten ein.

Juden in deutschen Städten

In Prag steigt die Zahl der Juden von über 6 400 im Jahr 1846 auf 14 918 im Jahr 1869, in Wien von 2 010 im Jahr 1838 auf 40 200 im Jahr 1869.

Stadt	1816	1871
Berlin	3 373	36 015
Hamburg	7 000	13 796
Breslau	4 409	13 000
Frankfurt / M.	4 309	7 620
Köln	150	3 172
München	380	2 903

Der alte, offene und latente Antisemitismus wurde durch die Emanzipationsvorgänge nur teilweise zurückgedrängt. Ob die Ausschreitungen, zu denen es 1848 wieder kam, noch als eine »Resterscheinung« oder als Ankündigung eines neuen, ideologischen Antisemitismus zu sehen sind, ist umstritten. Die schrittweise Zulassung der Juden zu den bürgerlichen Rechten und zum Universitätsstudium brachte vielerorts bedeutende Impulse für das wirtschaftliche und intellektuelle Leben. Doch blieben sie zunächst fast überall von Beamten- und Offiziersstellen, meist auch vom aktiven Wahlrecht ausgeschlossen. Die mannigfachen Hemmungen, die der vollen Gleichberechtigung entgegengestellt wurden, veranlaßten Heinrich Heine zu der bekannten Formulierung, daß erst der Taufzettel »das Entreebillet zur europäischen Kultur« sei. Andererseits wurde der Übertritt zu den christlichen Kirchen nur von einer kleinen Minderheit getan. In Preußen ließen sich von 1822 bis 1840 nur 2 200 Juden taufen. Die übergroße Mehrheit verfolgte den Weg der Emanzipation als einen Weg zur vollen bürgerlichen Gleichstellung. Dementsprechend nahm eine nicht unerhebliche Zahl von Juden an den liberalen und demokratischen Bewegungen und an den Ereignissen von 1848/49 aktiven Anteil. Sie taten dies aber nicht »als Juden für Juden, sondern als Staats- und Reichsbürger . . . , die endlich ihre staatspolitische Chance sahen«.[48]

Die Abgrenzung der bürgerlichen Mittelschichten nach oben und nach unten und der prozentuale Nachweis ihres damaligen Anteils an den zivilen und militärischen Führungspositionen ist schwer zu fassen. Insgesamt ist der bürgerliche Anteil an der staatlichen und gemeindlichen Bürokratie und auch an den Offiziersstellen im Vormärz gestiegen. In Preußen gibt es im Verlauf des Vormärz noch einmal eine Zunahme des Adels, insbesondere in höheren Verwaltungsstellen und militärischen Chargen. Die Anzahl der Nobilitierungen von Bürgerlichen, innerhalb und außerhalb der Staatsstellen, war in Preußen vergleichsweise niedriger als in Österreich.[49]

In Österreich war eine erhebliche »Durchlässigkeit« für den Aufstieg Bürgerlicher in höchste Positionen gegeben.[50] Andererseits

Position	Adlige	Bürgerliche	gesamt
Alle Offiziere	5264	4170	9434
Infanterie	3521	2870	6391
Kavallerie	1492	490	1982
Artillerie	251	810	1061
Garde	660	22	682
Majore	371	169	540
Oberstleutnant	62	20	82
Oberst	109	7	116
Generalmajor	93	1	94
Generalleutnant	34	1	35
General d. Inf. u. Kav.	4	–	4
General d. Artillerie	–	–	–
Minister	9	3	12
Ministerialdirigent	6	3	9
Oberpräsident	7	1	8
Wirkl. Geheime Räte	20	4	24
Staatsrat außer den Ständigen Mitgliedern	27	22	49
Gesandte usw.	29	1	30
Regierungspräsidenten und -vizepräsidenten	20	8	28
Präsidenten der obersten Gerichte	19	29	48
Landräte	234	72	306

Anteil von Adligen und Bürgerlichen im Staatsdienst 1842

Es zeigen sich bereits die Folgen des »adeligen Rückstoßes«. Nur bei den Artillerieoffizieren (technische Aufgaben!) und bei den hochqualifizierten Juristen überwiegt das bürgerliche Element. Die militärischen und zivilen Spitzenpositionen sind überwiegend oder fast ausschließlich vom Adel besetzt.

Jahr	Zivilverwaltung			Generalität		
	Adlige	Neuadlige u. Bürgerliche	gesamt	Adlige	Neuadlige u. Bürgerliche	gesamt
1804	10	1	11	34	3	37
1816	11	3	14	26	6	32
1829	16	6	22	21	3	24
1847	16	4	20	26	2	28
1859	15	8	23	17	2	19
1878	8	10	18	10	11	21

Spitzen der Zivilverwaltung und Generalität in Österreich

Auf österreichischer Seite fällt die hohe Zahl der Nobilitierungen ins Auge. Es verschiebt zwar in formaler Hinsicht das Bild etwas, erscheint aber in sozialgeschichtlicher Sicht sinnvoll, wenn bei den folgenden Aufstellungen der nobilitierte Neuadel mit den Bürgerlichen zusammengerechnet wird.

hängt auch der geringe Grad an sozialer und nationaler Konsistenz, der damals das Bürgertum in Österreich kennzeichnete, mit den zahlreichen Nobilitierungen zusammen. Nicht nur die Offiziere und Generäle bürgerlicher Herkunft, auch die meisten Angehörigen der zahlenmäßig starken Bürokratie verstanden sich und handelten als Träger der übernationalen, großösterreichischen Staatsidee und nicht als Faktoren einer anzustrebenden Verbürgerlichung des Staates.[51] So sprechen die Vergleichszahlen von Preußen und Österreich nicht für ein stärkeres Gewicht des bürgerlichen Elements in Österreich; eher schon für den auch sozial »zusammengesetzten« Charakter dieser Führungsschichten des habsburgischen Vielvölkerstaats.

Überall in Mitteleuropa ist die starke Differenzierung des Bürgertums zu beobachten. Auf der einen Seite stehen breite und unterschiedliche Schichten des Kleinbürgertums mit Übergängen zu den

Unterschichten. In Aufstieg und Abstieg gab es bei zunehmender sozialer Mobilität fließende Zwischenstufen und Zwischenschichten. Am anderen Rande gab es das obere Bürgertum mit fließenden Übergängen zu den alten Führungsschichten. In diesem Zusammenhang fällt wieder die schichtbildende Wirkung der militärischen Hierarchie ins Auge, die insbesondere in Preußen durch die Institution des Reserveoffiziers tief in die zivile Gesellschaft hineinwirkte. Die Privilegierung zu einem auf ein Jahr verkürzten Wehrdienst, der dann vielfach zum Reserveoffizier führte, galt für »junge Leute aus den gebildeten Ständen, die sich selbst kleiden und bewaffnen können«. Diese Möglichkeit wie auch die Laufbahn als aktiver Offizier galt also nur für die oberen Schichten des Bürgertums. Hieraus resultierte eine Spaltung, die mitten durch das Bürgertum ging. Unter dem Gesichtspunkt der militärischen Hierarchie, der für die deutsche Gesellschaft im 19. Jahrhundert immer wichtiger wurde, rückte der höhere Teil des Bürgertums an den Adel heran, das Kleinbürgertum an die Unterschichten.[52]

Mit der wenig präzisen Bezeichnung Unterschichten pflegt man jene sozialen Gruppen zusammenzufassen, die vom Kleinhandwerker und Kleinbauern über die gewerblichen und bäuerlichen Arbeiter bis zu den eigentlichen »Armen« reichen. In diesem Umkreis lebten die Formen der vorindustriellen Armut weiter. Aber es kamen, steigend in den vierziger Jahren, neue Verelendungsprozesse dazu, die direkt und indirekt mit der frühen Industrialisierung und den Wandlungen im Agrarbereich zusammenhängen. Doch fällt es der Forschung trotz vieler Einzelergebnisse schwer, in dem Gesamtbild die Züge einer noch eben auskömmlichen, sozusagen »nieder-biedermeierlichen« Lebensführung gegen die Bereiche von unterstützungsbedürftiger Armut proportional, regional und zeitlich abzuwägen.

Im Handwerk lagen die Bauhandwerker mit ihren Löhnen an der Spitze; im Bergbau und in den Fabriken wurde im allgemeinen besser gezahlt als im Handwerk. Niedrig lagen die Löhne im Textilbereich, besonders bei Heimarbeit. Die Lohndifferenzierung war auch innerhalb der einzelnen Betriebe ausgeprägt. In der Chemnitzer Kattundruckerei betrug das Verhältnis zwischen dem höchsten und dem niedrigsten Wochenlohn 13:1. In vielen Untersuchungen hat man Material über das Verhältnis von Löhnen und Preisen, über den »Verbrauchskorb« von Arbeiterfamilien, über die jeweiligen örtlichen und chronologischen Wechsellagen noch oberhalb oder schon unterhalb eines rechnerisch ermittelten Existenzminimums gesammelt. Übereinstimmend zeigt sich, daß die allgemeine Lage der Unterschichten in den vierziger Jahren schlechter wurde. Für das Existenzminimum einer fünfköpfigen Arbeiterfamilie liegen Schätzungen vor, die von 6,50 bis 10,50 Mark pro Woche differieren. Der Vergleich mit Lohnangaben zeigt so oder so ein dunkles Bild: »Bei aller Fragwürdigkeit dieser Angaben ergibt sich doch, daß die Löhne der meisten Arbeiter, vor allem im Textilgewerbe, unter dem Existenzminimum lagen oder es gerade erreichten« (Kaufhold).[53] Das bedeutete weithin den Zwang zur Kinderarbeit und zur schlechtbezahlten Frauenarbeit oder/und die Abhängigkeit von Armenunterstützung. Im Detail gesicherter sind die Angaben, die über den Wandel des »Verbrauchskorbes« vorliegen.[54]

Produkt	1810	1849	1857	1883	1899	1907	1910/13
1. Nahrungs-/Genußmittel							
Brot	31,1	26,7	25,6	18,9	13,9	8,5	7,0
Fleisch, Wurst	9,6	9,4	9,6	14,0	16,8	16,0	14,8
davon Rind	3,5	3,3	2,7	5,4	6,0	4,6	4,5
Schwein	4,6	5,1	5,2	7,5	9,1	9,9	9,0
Kalb	0,5	0,2	0,7	0,8	1,4	1,5	1,3
Hammel	1,0	0,8	1,0	0,3	0,3	-	-
Bier	11,0	10,6	10,5	8,5	7,5	3,4	3,2
Milch	9,0	8,2	8,2	6,8	5,6	5,3	5,5
Mehl, Grieß, Reis	1,5	1,5	1,5	1,8	1,7	1,6	1,5
Schmalz	1,0	1,5	1,5	1,7	1,7	1,8	1,6
Kartoffeln	5,8	5,8	5,1	4,1	1,3	2,0	2,0
Eier	0,5	0,7	0,7	0,9	1,6	3,2	3,0
Butter	0,5	0,6	0,6	0,6	0,6	0,8	0,9
sonstige	-	-	0,7	2,7	5,1	7,7	9,0
insgesamt	70,0	65,0	64,0	60,0	55,8	50,3	48,5
2. Wohnungsmiete	8,6	8,7	9,1	10,1	14,8	13,9	14,8
3. Bekleidung	8,0	8,0	8,5	7,5	7,4	8,5	7,5
4. Heizung	5,8	5,7	5,0	3,3	4,0	4,0	4,0
5. Beleuchtung	1,9	1,9	1,8	0,9	1,0	1,0	1,0
6. Hausrat	2,0	2,0	2,0	3,0	3,4	4,5	4,5
zusammen	96,3	91,3	90,4	84,8	86,4	82,2	80,3
nur 1, 2, 4, 5	86,3	81,3	79,9	74,3	75,6	69,2	68,3

Die Ausgabenstruktur von Nürnberger Arbeiterfamilien 1810 bis 1910/13 (in %)

Über die in den vierziger Jahren zunehmende Not und das Ausmaß der Armenunterstützung liegen bewegende Schilderungen und auch umfangreiches Zahlenmaterial vor. Der Marburger Staatswissenschaftler Bruno Hildebrand wies in einer Rezension der Schrift von Engels über die Not der arbeitenden Klassen in England auf die Verelendung in der noch ganz traditionellen Wirtschaftslandschaft Oberhessens hin. Im Winter 1846/47 erreichte »die Not eine Höhe, die in den Schilderungen der irischen Armut Epoche machen würde. In Marburg wurden in diesem Winter zweimal bei 10 Grad Kälte Kinder auf der Straße geboren ... In Schmalkalden, Schlüchtern, Fulda und Hünfeld schlug man die Zahl der völlig Verarmten auf ein Drittel der Bevölkerung an. In Hünfeld wurden

Das Massenelend der vierziger Jahre war so groß, daß man eigens dafür einen neuen Begriff prägte: Pauperismus. Unter diesem Stichwort verzeichnet der Brockhaus 1846: »Der Pauperismus ist da vorhanden, wo eine zahlreiche Volksklasse ... keine Aussichten der Änderung hat, darüber immer tiefer in Stumpfsinn und Rohheit versinkt, ... den Armen-, Arbeits- und Zuchthäusern fortwährend eine immer steigende Zahl von Rekruten liefert und dabei immer noch sich in reißender Schnelligkeit ergänzt und vermehrt.«

die Armen von den Behörden zu völligen Bettlerumzügen organisiert, welche täglich nach einem festgesetzten Turnus durch regelmäßige Umzüge in den einzelnen Stadtteilen und den angrenzenden Dörfern ihre Almosen zusammenbettelten.«[55]

Für 1844 liegt eine Gesamtschätzung vor, die besagt, daß »ein gutes Drittel aller Gemeinden Deutschlands sich in entsetzlicher Armuth« befinde. Wertvoll sind die kommunalen Angaben über Unterstützungsempfänger. Die Kölner Armenlisten verzeichnen für 1848 rund 25 000 Personen, also mehr als ein Viertel der Gesamtbevölkerung von 95 000. In den folgenden Jahren sinken die Zahlen rasch und erheblich. Die Institutionen und die Leistungsfähigkeit der Armenpflege – der Vorläuferin der späteren Sozialversicherung und -hilfe – variierten von Land zu Land und von Ort zu Ort. Es handelte sich um städtische und staatliche, um private, genossenschaftliche und kirchliche Hilfseinrichtungen. Insgesamt schätzt Wolfram Fischer den Anteil der städtischen Einwohner, die Mitte des 19. Jahrhunderts von der Armenpflege unterstützt wurden, auf 20 bis 30 Prozent. Diese Schätzung gibt ganz allgemein eine Orientierung für den weiterreichenden Tatbestand der »potentiellen Armut« in den damaligen Unterschichten, die für die Korrektur idyllischer Vorstellungen von biedermeierlicher Auskömmlichkeit wichtig ist.

Anhand der Untersuchung der Lebensverhältnisse von Hamburger Unterschichten in der ersten Hälfte des 19. Jahrhunderts kam Antje Kraus zu folgendem Ergebnis[56]: »Die Mehrzahl jener Menschen, die zur ›handarbeitenden Klasse‹ zählen, können ohne Zweifel als ›Schicht der potentiellen Armen‹ bezeichnet werden. Ihr Verdienst reichte allenfalls aus, um von der Hand in den Mund zu leben, ließ aber keine oder bestenfalls nur geringe Ersparnisse zu, um auch nur die ›kleinen Notfälle‹, wie kurzfristige Krankheit und vorübergehenden Dienstausfall, ohne in finanzielle Bedrängung zu geraten, durchzustehen; ganz abgesehen davon, daß sie bei Arbeitsunfähigkeit oder starker Einschränkung der Erwerbsfähigkeit im Alter ohnehin meist der Armenanstalt zur Last fielen.«

Das Ringen um die Ausgestaltung und Veränderung der staatlichen Ordnungen vollzog sich in den Mitgliedsstaaten des Deutschen Bundes bis zum Ausbruch der Revolution 1848 in einem wechselvollen Vor und Zurück von Bewegung und Repression. Bei enormen Unterschieden in der Größenordnung und in der politisch-sozialen Kräftekonstellation der Einzelstaaten sind bestimmte Grundzüge durchgehend festzustellen.[57]

Überall ist es der bürokratische Staat, der Staat der »Beamtenherrschaft« (Max Weber), der mit dem absolutistischen Erbe die zentralisierenden und modernisierenden Tendenzen der napoleonischen Verwaltung in unterschiedlichen Mischungen zu verbinden weiß. Überall rekrutiert sich aus Adel und Bürgertum ein geschlossener, selbstbewußter Beamtenstand, der streng nach Rängen gegliedert ist und innerhalb dessen nach Leistung – nach »Conduitenlisten« – und nach Dienstalter befördert und besoldet wird. Ruhegehalt und Witwen- und Waisenversorgung sichern den Beamten. Dieser Apparat wird in den folgenden Jahrzehnten vor allem in den unteren Rängen, wo zum Teil entlassene Feldwebel und Unter-

Das gesellschaftliche Leben der bürgerlichen Oberschichten und des Adels ist gepflegt, niveauvoll und niemals ausschweifend. Maß zu halten, das kleine Glück zu finden, sich selbst zu bescheiden ist das Ziel.

Links: Ballfest im Wiener Elysium
Unten: Julius Schoppe, Abendgesellschaft in einem Haus am Dönhoffplatz, um 1826

offiziere eingestellt werden, systematisch ausgebaut. Die kommunalen Verwaltungen folgen diesem Modell. Das preußische Beispiel zeigt die Größenverhältnisse: 1849 gibt es in der Verwaltung 2049 höhere Beamte und 21854 Subalterne; in der Justiz lauten die entsprechenden Zahlen 5412 und 9817, in den Gemeinden 643 und 15466.

Auch die Heeresverfassungen der Einzelstaaten waren stark vom napoleonischen Vorbild beeinflußt. Nur in Preußen war die Heeresreform von dem Gedanken der allgemeinen Wehrpflicht im Sinne der »politischen Partizipation« der Männer aller Stände ausgegangen, wenn auch seit 1825 die Auswahl durch Los erfolgte und bei gleichbleibender Friedensstärke und wachsender Bevölkerung ein immer geringerer Teil der Bevölkerung Dienst mit der Waffe tat. In

den anderen Staaten herrschte das Konskriptionssystem mit langjähriger Dienstzeit, Loskauf und Stellvertretung. So wurde die traditionelle Trennung zwischen Militär und bürgerlicher Gesellschaft außerhalb Preußens überall aufrechterhalten, in Österreich noch durch eine vierzehnjährige Dienstzeit, durch die ethnische Vielfalt und regionale Sonderregelungen (Militärgrenze) verschärft. Die Brauchbarkeit der Militärorganisation als Stütze der staatlichen Autorität nach innen war im großen und ganzen überall gegeben; als Machtinstrumente im europäischen Maßstab kamen aber eigentlich nur die preußische und die österreichische Armee in Frage. Die Diskrepanz zwischen dem Leistungsstand dieser beiden Großarmeen und dem mittel- und kleinstaatlichen Militärwesen stellte eine dauernde Beeinträchtigung der Bundesheeresorganisation dar, blieb trotz aller Reformversuche bestehen und wirkte sich 1866 entscheidend aus.

Diesen starken, bürokratischen Staat des Vormärz versuchte der Frühliberalismus – und auch der seit den vierziger Jahren sich daneben entwickelnde demokratische Radikalismus – mit den Mitteln politischer und publizistischer Aktion in freiheitlicher Richtung umzugestalten. Die verschiedenen Formen und Ergebnisse dieses Ringens machen einen wesentlichen, wenn nicht den wichtigsten Inhalt der politischen Geschichte des Vormärz aus. Überall überschneiden sich die Fronten, die Bündnisse wechseln, die politischen Ideen und die sozialen Bedingungen wandeln sich. Erstaunlich ist, wie uneinheitlich und sogar abbröckelnd trotz einiger herausragender Köpfe die gedankliche und politisch-prinzipielle Fundierung des Widerstandes gegen die liberalen und demokratischen Strömungen war.

Der Höhepunkt der konservativen Ideenpolitik lag in der Frühzeit. Die unmittelbare Auseinandersetzung mit Napoleon gab der romantisch-restaurativen Gedankenwelt Friedrich Schlegels, Adam Müllers und Friedrich Gentz' anfangs eine erhebliche Überzeugungskraft. Aus der Rückkehr zu den angestammten deutschen und christlichen Formen organischer und ständisch gegliederter Gemeinschaft sollten die Kräfte und Prinzipien zur Neuordnung der vom falschen Individualismus der Revolution und der Tyrannis Napoleons zerstörten Ordnung des deutschen und europäischen Lebens gewonnen werden. Doch in der rauhen Wirklichkeit pragmatischer Staatsinteressen und angesichts einer rasch gegen jede verdächtige Bewegung einschreitenden Polizeistaatlichkeit kam dieses anspruchsvolle, ursprünglich gar nicht auf Unterdrückung angelegte Programm auch schon 1815 nicht wirklich zur Entfaltung. Es lebte nur in fragmentarischer und zu unmittelbaren Machtzwecken umfunktionierter Weise fort. Später gab es Ansätze, aus der romantisch-ganzheitlichen Gesellschafts- und Staatsphilosophie sozialpolitische Programme zu entwickeln, aber auch hier überholten die raschen Umbrüche und Machtkämpfe der Wirklichkeit immer wieder den Gedanken. Die katholische Sozialphilosophie und Soziallehre hat einiges davon weiterzuführen versucht.[58] Sehr deutlich wird, wie gerade der siegende Liberalismus in Deutschland weithin die Relevanz der sozialen Frage verkannte, während die frühe Kapitalismus- und Industriekritik, die von der konservativen Seite kam, wichtige Prinzipien des späteren Sozialstaates vorwegnahm. Was aber von der Spätromantik her auch im evangelischen Bereich von Männern wie Victor Aimé Huber und Albert Schäffle oder – in wieder anderer Weise – von Lorenz von Stein zur Sozialreform gedacht und geplant wurde, gelangte damals kaum zur Geltung.

Viel eher kam die nüchtern-patriarchalische Gedankenwelt des Schweizer Staatstheoretikers Karl Ludwig von Haller dem Geschmack der konservativen Beamten und Politiker des Vormärz entgegen. Auch der Einfluß des christlich-konservativen Rechtslehrers Friedrich Julius Stahl, den Friedrich Wilhelm IV. nach Berlin berief, ist hoch anzuschlagen. Doch alles in allem erwies sich die Gedankenwelt und die politische Programmatik, die dem bürgerlichen Freiheitsgedanken in seiner liberalen, an französischen oder englischen Mustern geschulten Form entgegentrat, von Jahr zu Jahr als brüchiger, steriler und an den eigentlichen Aufgaben der Zeit vorbeisehend. Am ehesten konnte zeitweilig noch das Metternichsche Programm der europäischen Friedenssicherung und Stabilität einleuchten. Aber für die Bewegung zur Freiheit und politischen Mündigkeit, die seit 1789 und seit Napoleon die Völker erfaßt hatte, war in diesem Programm, jedenfalls so wie es seit 1818/20 exekutiert wurde, kein Platz und keine Entwicklungschance. Dies gilt für die Idee der Freiheit ebenso wie für den nationalen Gedanken.

Wie kann die deutsche Staatlichkeit im Sinne des Nationalgedankens entwickelt werden? Das war das zweite starke Bewegungsmoment, das die Jahrzehnte bis 1848 bestimmte. Am Anfang des Deutschen Bundes gab es vielfach noch einen territorial gefärbten Landespatriotismus, der – am deutlichsten in Preußen und Bayern – weiterwirkte und den Begriff der Nation für sich in Anspruch nahm. Das Nebeneinander von »bayerischer Nation« und »deutscher Nation« ist für die vormärzliche Situation charakteristisch. Andererseits lebte von den Freiheitskriegen her noch die weitverbreitete Erwartung, eine evolutionäre Ausgestaltung des Föderativsystems könne die deutschen Wünsche nach nationaler Integration erfüllen oder doch vorwärts bringen. Noch 1819 beschrieben die von Metternich inspirierten Wiener »Jahrbücher für Literatur« in einer Polemik gegen die ultranationale »Turn-Literatur« die Harmonie von deutscher Nationalität und europäischer Kultur als Aufgabe des Bundes.[59] »In dem erneuerten Zustande von Europa, bey den festeren Banden, wodurch unter dem Paniere des Christenthums die Staaten unseres Erdtheiles vereinigt werden sollen, ist schon an und für sich selbst Erweckung von National-Haß, wo es immer seyn möge, für ein Verbrechen an der guten Sache zu halten; in Deutschland aber, in dem Lande, welches so oft und nicht mit Unrecht das Herz von Europa genannt worden, welches vor allen andern zum Mittelpunkte und Stapelplatz europäischer Kultur bestimmt ist, und welches ... durch seine Verfassung als Staatenbund noch den Vorteil genießt, auch die natürlichen Wortführer jener außerdeutschen Interessen in seinem hohen Rathe versammelt zu sehen – in Deutschland einabwehrende oder gar feindliche Gesinnung gegen das Ausland hervorbringen zu wollen, würde vollends ein verkehrtes und wiedersinniges Unternehmen seyn, vielmehr für ein Vernichten, als für ein Gründen wahrer deutscher Nationalität gehalten werden müssen.«

Doch es kam anders. Die Wege, auf denen sich der deutsche Nationalgedanke bis zur Revolution 1848 entfaltete, sind widerspruchsvoll; das jeweilige Verhältnis des Freiheitsgedankens zur Nationalidee wechselt von Jahrzehnt zu Jahrzehnt und von Region zu Region. Für den älteren Liberalismus, wie ihn noch Karl Theodor Welcker vertrat, war der Vorrang des Freiheitsprinzips vor der Forderung nationaler Einheit und Macht ganz eindeutig.[60] Dann begann sich die Priorität umzukehren. Die machtvolle Einigung der deutschen Nation wurde schließlich nicht mehr vorrangig an den Sieg der Freiheit in Deutschland gebunden, sondern verselbständigte sich: erst die Einheit, dann die Freiheit. Das war eine langfristige Entwicklung, zu der viele Faktoren in Deutschland und Europa beitrugen.

Dieses Zurücktreten des Freiheitspostulats ermöglichte neuartige Koalitionen von liberalem und konservativem Nationalismus. Das Gewicht der konservativen Varianten des deutschen Nationalbewußtseins, die nicht nur im katholischen, süddeutsch-österreichischen Raum verbreitet waren, war nicht geringer als das der verschiedenen liberalen Formierungen. Eine solche Koalition zeichnete sich erstmals 1840 ab; die »Rheinkrise« wurde in Deutschland nahezu allgemein als chauvinistische Drohung von seiten Frankreichs empfunden; zugleich trat bereits die Schreckensvorstellung eines zwischen Romanen und Slawen eingeschlossenen Deutschtums auf. Die Reaktion auf dieses Drohbild gab sich noch defensiv; doch der Übergang zur Forderung einer Präventivpolitik mit imperialistischen Folgen kündigte sich an. Am 4. Januar 1840 schrieb die eher gemäßigte, liberalkonservative »Augsburger Allgemeine Zeitung«:[61] »Überhaupt läßt sich nicht verkennen, daß gegen den Germanismus, der mehr als tausend Jahre lang in Europa vorherrschte, in den letzten Jahrzehnten eine welthistorisch wichtige Reaction, einerseits des Romanismus in Frankreich, andererseits des Slawismus in Rußland begonnen hat. Beide letztere sind noch fortwährend im Vordringen begriffen. Beide haben immer wieder die Gelegenheit ergriffen oder gefunden, auf Kosten des in ihrer Mitte liegenden Germanismus Erwerbungen zu machen. Hier sind Elsaß und Lothringen, dort sind die deutschen Ostseeprovinzen uns entzogen worden ...«

So entsteht aus politisch-historischer Reflexion ein pan-germanisches Programm. Die Paulskirchenabgeordneten werden 1848 zeigen, wie in dies Programm das Habsburgerreich einbezogen wird und wie schwierig es selbst für die kosmopolitische Linke wurde, gegenüber dem deutschen Nationalismus das Freiheitspostulat und die Rechte der anderen Nationen zur Geltung zu bringen. Weit über 1848 hinaus wird die Frage der nationalen Einheit, ihrer inneren Konstruktion und ihrer Verträglichkeit mit Europa im Zentrum der deutschen Geschichte stehen.

4. Die Kirchen zwischen Erneuerung und Neokonfessionalismus

Die Analyse der Rolle der Religion in der Gesellschaft, der kirchlichen Kräfte und Institutionen, ihres Wandels und ihrer Verflochtenheit mit den politischen, sozialen und kulturellen Entwicklungen ist eine der schwierigsten, aber auch wichtigsten Aufgaben historischer Rechenschaft.[62] Diese generelle Problematik gilt in höchstem Maße für das 19. Jahrhundert und für die deutsche Geschichte.

Die allgemeinen Zeitfragen von Säkularisierung und christlicher Erneuerung, Thron und Altar, sozialem Wandel und Entchristlichung werden in Deutschland überlagert durch die fortbestehende konfessionelle Spannung, die nach einer Epoche abklingender Polemik (im Zeichen der Aufklärung, des Idealismus und der Romantik) schon vor der Mitte des Jahrhunderts in einen Neokonfessionalismus mit unerhörten politischen und kulturellen Begleitumständen mündete. Dieser Prozeß wurde schon durch das konfessionelle Bevölkerungsverhältnis verschärft; die deutschsprachige Bevölkerung Mitteleuropas - zum Teil in einer kleinräumigen Gemengelage, zum Teil in großflächiger Ausgrenzung - verteilte sich etwa halb zu halb auf die katholische Kirche und auf die Reformationskirchen.

Ein solches demographisches Gleichgewicht der Konfessionen gab es nirgendwo sonst in der Welt. Dazu kam die sehr ungleiche politisch-kulturelle Schwerpunktbildung. Seit dem Ende der geistlichen Reichsfürstentümer und nach der politischen Flurbereinigung in Deutschland 1803/15 war an die Stelle der katholischen Fürstenmehrheit eine entschiedene Übermacht protestantischer Dynastien getreten. Abgesehen von dem habsburgischen Kaiserhaus gab es im Deutschen Bund nur noch das katholische Haus Wittelsbach. (Der süddeutsche, katholische Zweig der Hohenzollern zählte kaum und verzichtete bekanntlich 1849 zugunsten Berlins auf die Regierung.)

Nach 1815 war die Lage zwischen den katholischen und den evangelischen Christen durch eine Unzahl von Elementen der Anziehung und Abgrenzung bestimmt. Der Verlust zahlreicher katholischer Universitäten hatte das Problem einer kulturellen Inferiorität der Katholiken (vor allem im Zuge der Ausbildung einer deutschsprachigen Nationalkultur) weiter verschärft. Die politische Unterstellung großer katholischer Bevölkerungsteile unter evangelische Herrscherhäuser - Rheinland und Westfalen, aber auch Baden und Württemberg - schuf neue Probleme, aber auch die Eingliederung erheblicher evangelischer Bevölkerungsteile in Franken, der Pfalz und Schwaben in das katholisch regierte Bayern führte zu Spannungen. Beide Konfessionen wurden in die großen weltanschaulichen und politisch-sozialen Kämpfe des Jahrhunderts einbezogen, und das vollzog sich auf evangelischer und katholischer Seite in unterschiedlicher Weise und mit verschiedenen Ergebnissen, wenn auch die kirchensoziologische Ausgangslage ähnlich war.

Einerseits bildeten die kirchlichen Organisationsformen, die in einem nahtlos dichten Netz Stadt und Land überzogen, einen nicht wegzudenkenden Bestandteil auch des profanen Funktionierens der Gesellschaft: Nicht nur im ländlichen Bereich waren die Pfarrer die Träger einer Fülle von Aufgaben in standesamtlicher, schulischer, bildungsmäßiger und gemeindeorganisatorischer Hinsicht, die erst später aus dem eigentlich kirchlichen Dienst ausgegliedert wurden. Andererseits vermittelten diese kirchlichen Amtsträger religiösen Lebenssinn, verkündeten und überwachten eine hochentwickelte Ethik - und taten dies unter den Bedingungen eines zwangskirchlichen Systems (mit Polizeivollstreckung), einer konfessionellen Gespaltenheit (mit der Hypothek konkurrierender Norm- und Heilsansprüche) und einer öffentlichen Diskussion, die mit zunehmender Schärfe gerade diese altertümlichen Funktionsverflechtungen, auf denen doch das Ganze noch beruhte, in Frage stellten. So bildet der kirchliche Bereich noch einen Teil des vormodernen Einheitssystems von Gesellschaft, Kultur und Religion. Auf der anderen Seite waren die Kirchen und die Christen mit ihrem kirchlich-religiösen Selbstverständnis den gewaltigen Herausforderungen einer umstürzenden Gedankenbewegung und Strukturveränderung ausgesetzt. Individuelle Lebensschicksale und allgemeine Veränderungsprozesse waren in einer unausweichlichen Weise verknüpft.

Die Entwicklungen im Protestantismus sind vielfältiger als die Wege der katholischen Welt. Nicht in einer globalen Verfaßtheit und den entsprechenden Konfrontationen, sondern in einer aufgefächerten Entfaltung religiöser, sozialer und politischer Antriebskräfte, Formelemente und auch Konflikte gestaltet und erleidet der Protestantismus das 19. Jahrhundert. Der deutsche Bereich ist vom monarchischen Kirchenregiment bestimmt: Der Staat regierte die Kirche und die bürokratische Zentralisation verschärfte diesen Zustand, während gleichzeitig die zum Teil ganz willkürliche und unhistorische Aufspaltung in viele Landeskirchen erhalten blieb. Das ist der Rahmen für die theologisch-kirchlichen Auseinandersetzungen. Seit 1800 rangen drei Richtungen um Einfluß: Aufklärung, Orthodoxie und Pietismus. Die aufklärerischen Strömungen, die Vernunft und Glauben in der Weise des 18. Jahrhunderts versöhnen wollen, verlieren seit den dreißiger Jahren an Bedeutung. Die alte Orthodoxie, die an den im 16. und 17. Jahrhundert erarbeiteten dogmatischen und liturgischen Formen unverbrüchlich festhält, setzt sich in einer neuen Orthodoxie fort, die mit verfeinerten Argumenten und später auch mit staatlicher Stützung das Übernatürliche der Offenbarung und der christlichen Anthropologie betont. Volkstümlicher und kräftiger als im 18. Jahrhundert betonen nun die pietistischen Erweckungsbewegungen gegenüber den rationalistischen und säkularisierenden Zeitströmungen den schlichten, innerlichen Glauben und das individuelle Erlebnis von Sünde, Bekehrung und christlichem Liebeswirken.

Orthodoxie und Pietismus, die früher gegeneinander standen, finden im Widerstand gegen den unchristlichen Zeitgeist zusammen und bilden gemeinsam ein starkes konservatives Lager. Diese deutsche Entwicklung verläuft anders als die angelsächsische, wo der Nonkonformismus zu einem breiten Spektrum selbständiger

Kirchengruppen führte. Sie steht Skandinavien näher, wo die starken Erweckungsbewegungen des 19. Jahrhunderts, vor allem im bäuerlichen Milieu, eine Erneuerung der Staatskirche von unten bewirkten. Aber die deutsche Wendung zu einem entschiedenen Konservativismus und die scharfe Abgrenzung der Orthodoxie und des Pietismus gegenüber den neuen Strömungen der liberalen Theologie sind nur verständlich vor dem Hintergrund des spezifisch deutschen Verhältnisses von Kirche und Staat und angesichts des wiedererstarkenden Katholizismus.

Deutschlands evangelische Vormacht war Preußen. Preußens Herrscherhaus gehörte dem reformierten Bekenntnis an; die überwiegende Mehrheit der protestantischen Bevölkerung bekannte sich aber zum Luthertum. König Friedrich Wilhelm III. wünschte die Union der beiden evangelischen Kirchen. Er hatte darunter gelitten, daß er mit seiner lutherischen Gemahlin Luise nie gemeinsam zum Abendmahl gehen konnte und tatsächlich schien die Zeit einer Überwindung kirchlicher Schranken günstig. Der König nahm das Reformationsjubiläum 1817 zum Anlaß, in einer frommen Proklamation die Vereinigung der Reformierten und der Lutheraner »zu einer neu belebten evangelisch-christlichen Kirche im Geiste ihres heiligen Stifters« zu verkünden. Die protestantischen Gemeinden wurden aufgerufen, dem Beispiel des Königs, der sogleich bikonfessionelle Gottesdienste veranstaltete, freiwillig zu folgen. Das wirkte einladend und schien eine Tat christlicher Versöhnung. Eine Reihe deutscher Fürstenstaaten folgte auf dem Weg der obrigkeitlichen Union: Hessen-Nassau, das Großherzogtum Hessen, Baden, Waldeck und Bayern für die Rheinpfalz.

Doch die Dinge nahmen einen wenig versöhnlichen Verlauf. Einerseits überschnitt sich die obrigkeitliche Unionspolitik mit Bestrebungen zu einer synodalen Verselbständigung der Kirche vom Staat, in deren Mittelpunkt der große Theologe Schleiermacher stand. Er war schon 1803 für eine völlige Neuordnung im Sinne einer kirchlichen Autonomie von unter her eingetreten; auch der Freiherr vom Stein hatte Tendenzen in dieser Richtung unterstützt. Es gab also Analogien zwischen dem Ringen um eine liberale Staatsreform und um die Freilassung der Kirche aus der staatlichen Bevormundung. Wie tragfähig und aussichtsreich diese Tendenzen waren, ist umstritten. Bei Schleiermacher, der im nachhinein als der große Anreger der liberalen Theologie erscheint, sind doch die sehr innerlichen und tiefen Züge nicht zu übersehen, die er vom Pietismus her aufgenommen hatte. Er protestierte gegen die Äußerlichkeit der »Hofkirche«, die der König schaffen wollte, und hielt den Vertretern der Orthodoxie einen dynamischen und mündigen Glaubensbegriff entgegen; auch die »Kinder dieser Welt« sollten einer solchen Kirche, die in lebendiger Verbindung mit der Kultur der Zeit stand, »wahrhaft und ehrlich« angehören.

Aber wie die preußische Verfassungsreform scheiterte, so versandeten auch alle Bemühungen um eine Reform des alten Staatskirchensystems. Nach der reaktionären Wende von 1819/20 wurde selbst der König seinem Freiwilligkeitsprinzip untreu, setzte die Union gegen Widerstände mit Gewalt durch und versuchte, durch eine gemeinsame Kirchenagende die Einigung von oben her zu forcieren. Inmitten einer Fülle kleiner bürokratischer Schikanen, die das Staatskirchentum und den Unionsgedanken zunehmend kompromittierten, kam es zu ganz widersinnigen Maßnahmen. Es kam zu Absetzungen, Gefängnisstrafen, Ausweisungen und freiwilligem Exil. In der schlesischen Gemeinde Hönigern wurden Truppen mit Kanonen eingesetzt, um die verschlossene Kirche aufzubrechen und den Pfarrer, der am lutherischen Herkommen festhielt, ins Gefängnis abzuführen. Zwangseinquartierung sollte die Gemeinde veranlassen, den Gottesdienst des neuen, der königlichen Agende folgenden Geistlichen zu besuchen.

Daß die evangelische Kirche damals noch weithin Volkskirche blieb, war neben dem religiösen Wirken der Erweckungsbewegungen wohl auch den vielfältigen Initiativen in Kranken- und Armenpflege, im Schulwesen und in der Gefangenenbetreuung zu verdanken. Schon Schleiermacher hatte im Rahmen seiner Ideen zur Kirchenreform die Armenpflege als eine spezifisch kirchliche Aufgabe bezeichnet; der Arme gehe lieber zum Pfarrer als zum Amtsvorstand und die Gefahr der Bürokratisierung werde verringert. Auffallend ist für die evangelisch-sozialen Vereine und Hilfseinrichtungen des Vormärz die Zurückhaltung der offiziellen Amtskirche und der Einfluß englischer und niederländischer Vorbilder, wo die Kirchen schon längst an freieres Wirken gewohnt waren. Johann Hinrich Wicherns »Rauhes Haus« in Hamburg, 1833 als eine Erziehungsanstalt für verwahrloste Jugendliche gegründet, war eine private Stiftung; erst 1848 gelang Wichern auf dem ersten evangelischen Kirchentag der Durchbruch zur kirchenoffiziellen Gründung der »Inneren Mission«.

Besonders anschaulich wird der Entstehungsvorgang großer, neuer Hilfswerke aus dem Geist individueller Frömmigkeit und Initiative im Falle der Kaiserswerther Diakonissenanstalt. Der nicht nur karitative, sondern eigentlich kirchenreformerische Charakter der Gründung des Pfarrers Theodor Fliedner wird schon an dem neuartigen Namen dieser Frauengemeinschaft deutlich. Fliedner, der viele Anregungen in England, insbesondere bei der Gefangenenbetreuung durch die Frauen um Elisabeth Fry, aufgenommen hatte, wollte mit dem Namen der »Diakonissen« an die altchristliche Liebestätigkeit anknüpfen. 1836 gründete er in Kaiserswerth ein Krankenhaus, das von Anfang an die Aufgabe hatte, evangelische Krankenpflegerinnen auszubilden; weitere Anstalten für entlassene weibliche Strafgefangene, ein Waisenhaus, eine Kleinkinderschule, ein Lehrerinnenseminar folgten. Bald breiteten sich die Diakonissen in Deutschland und über Deutschland hinaus aus. Fliedner stand nicht nur mit dem Freiherrn vom Stein in Verbindung, auch der Kölner Erzbischof Spiegel und die katholische Geistlichkeit unterstützten seine Anfänge. Noch war die Zusammenarbeit durch den Neokonfessionalismus nicht gestört. In mancher Hinsicht stellt diese Gründung auch einen christlichen Beitrag zur Emanzipation der Frauen dar; auch die Einflüsse des katholischen Ordenswesens, das damals eine neue Blüte erlebte, sind nicht zu übersehen. Fliedner sah die neue Frauengemeinschaft, der man sich jeweils auf fünf Jahre verpflichtete, als eine zeitgemäße, protestantische Erneuerung des Ordensgedankens.

In der breiten Palette evangelischer Wege und Richtungen stehen der pietistischen Frömmigkeit und den karitativen Werken die

Bemühungen der liberalen Theologie um eine Versöhnung von Glaube und Wissenschaft, von Kirche und Kultur gegenüber. Das war, auch im Falle Schleiermachers, keineswegs eine einfache Fortsetzung des Rationalismus des 18. Jahrhunderts. Die wissenschaftlichen Leistungen der liberalen Theologen zählen zu den großen Leistungen der deutschen Geistesgeschichte des 19. Jahrhunderts. Während auf katholischer Seite etwa die Bibelforschung in traditionalistischer Weise zurückgedrängt wurde und erst Ende des Jahrhunderts mit der Gründung der »Revue Biblique« (1892) bescheidene Modernisierungsschritte einsetzten, entfaltete sich die exegetische, kirchen- und dogmengeschichtliche Forschung in den Generationen nach Schleiermacher in die Breite und Tiefe. Die Wirkungen auf das kirchliche Leben und auch die gedankliche Orientierung dieser Forschergenerationen selbst waren jedoch sehr unterschiedlich. Wie rasch der wissenschaftliche Forscherdrang unter den Einfluß des linken Hegelianismus und skeptischer oder idealistisch-pantheistischer Denkrichtungen geriet, zeigen besonders deutlich die Geschichte der Leben-Jesu-Forschung und das biographische Beispiel des württembergischen Theologen David Friedrich Strauß, der 1831/32 Schüler Schleiermachers in Berlin gewesen und schon 1835 mit seinem Werk »Das Leben Jesu« schlagartig berühmt geworden war. Strauß ging es darum, die Berichte der Evangelien als »Mythen« zu verstehen, in denen sich ewige, humane Wahrheiten verbergen, die durch philosophische Interpretation erfaßt werden müssen. So führte der Weg des Theologen Strauß über die Grenzen

Das 1845–47 erbaute Berliner Diakonissenhaus Bethanien war eines der ersten Gebäude in der von Friedrich Wilhelm IV. und Peter Lenné geplanten Luisenstadt. Für das neue Viertel war von vornherein ein Netz sozialer Einrichtungen, das, was man heute Infrastruktur nennt, – Schulen, Kirchen, Spitäler, Altersheime – vorgesehen. Der König, von den Ideen und Reformen des Pfarrers Fliedner angetan, stellte dabei die Mittel für dieses große, den medizinischen Erkenntnissen der Zeit gemäße Krankenhaus zur Verfügung.

des Christentums hinaus. In seinem letzten Werk »Der alte und der neue Glaube« (1872) war die Destruktion des Offenbarungsglaubens vollendet: »Wir sind keine Christen mehr.«

Auch von anderen Voraussetzungen her kam es jetzt zu einer entschiedenen Religionskritik, am radikalsten bei Ludwig Feuerbach, dessen soziologischer Atheismus von Karl Marx aufgenommen wurde. Aber es war nicht die Mehrheit der liberalen Theologen, die den Weg aus dem Christentum oder auch nur aus der Kirche genommen hat. Die große Bedeutung der sogenannten »Vermittlungstheologen« lag gerade darin, die Verbindung zwischen der fortschreitenden theologischen Forschung und dem kirchlichen Leben festzuhalten und weiter auszubauen. Doch tiefe Unsicherheiten über das Wesen, die Wege und die Formen christlichen

Lebens wurden überall sichtbar. Es hing auch von dem Fortgang der politischen und sozialen Entwicklung und von der Stellung des Protestantismus zur Revolution und zur Reaktion ab, wie sich die fälligen Säkularisierungsprozesse auf die evangelische Christenheit in Deutschland insgesamt auswirken würden.

Die enge Bindung der evangelischen Kirchen an den vormärzlichen Obrigkeitsstaat und die konservative Orientierung des Bündnisses von Orthodoxie und Pietismus wurden durch die politischen Kämpfe der vierziger Jahre und den Ausbruch der Revolution 1848 noch gesteigert. Wohl gab es auch auf seiten der Liberalen und Demokraten evangelische Christen, aber sie bewegten sich außerhalb der kirchlichen Verfaßtheit. Wo der kirchlich-religiöse Zusammenhang ins Spiel kam, machten sich seine Kräfte entschieden in antirevolutionärer Richtung geltend. Das wurde besonders deutlich auf dem Wittenberger Kirchentag im September 1848, wo neben Friedrich Julius Stahl und anderen Sprechern Wichern in schärfster Form gegen die Revolution als »Sünde«, als frevelndes, gottfernes Handeln auftrat; sein Legitimismus brachte ihn auch gegen das Frankfurter Ringen um einen nationalen Verfassungsstaat auf. So fügte sich die neue sozial-karitative Wirksamkeit der »Inneren Mission« stützend und legitimierend in das gegenrevolutionäre Programm ein: patriarchalische Fürsorge im sündhaften Gefüge dieser gefallenen Welt und Ablehnung jeder sozialpolitischen Initiative.

Daß sich die konfessionelle Abgrenzung im Laufe des Vormärz rasch verschärfte, wird an einem Vergleich der Reformationsfeiern von 1817 mit denen von 1830 (300 Jahre Augsburger Konfession) besonders kraß deutlich. 1830 gedachte man der Landung Gustav Adolfs vor 200 Jahren und 1832 seines Schlachtentodes im Kampf für den deutschen Protestantismus. Das gab den Anstoß zur Gründung des Gustav-Adolf-Vereins, der die Gemeinden in der Diaspora unterstützen sollte; das Programm des Vereins, der sich rasch ausbreitete, zeigte deutlich antikatholische und auch nationalprotestantische Züge. Er sollte »dem großen heiligen Gebäude der allgemeinen deutschen Vereinigung dienen«. Das wies voraus auf die Gedankenwelt einer Vollendung der deutschen Reformation durch den Sieg des Protestantismus im ganzen Deutschen Reich (nach 1871).

Die Gründung und Tätigkeit des Gustav-Adolf-Vereins stieß katholischerseits auf scharfe Kritik; bissig schrieb der alte Görres, was man wohl sagen würde, wenn jetzt die Katholiken einen Tilly-Verein gründen würden.[63] Die beiderseitigen Rückgriffe auf die kirchliche Konfliktgeschichte Deutschlands, die von nun an die Entwicklung des Neokonfessionalismus begleiteten, finden natürlich vor dem Hintergrund des wiedererstarkenden Katholizismus statt; das erst macht sie verständlich. Dieser Neokonfessionalismus, der die schmerzhaften Trennungskonflikte des 16. Jahrhunderts in einer nochmals entstellenden Weise reproduzierte, hat weit in das kommende Jahrhundert hineingewirkt, bis in die Gegenwart hinein; noch in die Schwierigkeiten zwischen den Reformationskirchen und der katholischen Kirche und ihr ökumenisches Abarbeiten spielt er hinein. Es mag sein, daß diesem Prozeß des 19. Jahrhunderts mehr Gewicht zukommt als dem eigentlichen Trennungsvorgang des 16. Jahrhunderts. Allerdings wurde die konfessionelle Konfrontation in Deutschland durch die neue Dynamik der politischen und sozialen Kämpfe verschärft. Beide Seiten stützten sich zunehmend auf moderne Organisationsformen, auf Vereine, Presse, Parlamente, Parteien. Zwischenpositionen wurden zerrieben. Auf katholischer Seite trat an die Stelle eines weitgehend autonomen, differenzierten Kirchenwesens eine einheitliche, geschlossene, zunehmend von der römischen Zentrale her bestimmte Struktur.

Diese Entwicklung ist ohne die Französische Revolution und Napoleon so nicht denkbar.[64] Das Ende des Alten Reiches und die Säkularisation hatten die katholische Kirchenorganisation im außerösterreichischen Deutschland fast ganz zerstört. 1817 waren hier nur noch drei Bischofsstühle besetzt. Sowohl für die äußere Reorganisation wie für die innere Erneuerung der katholischen Kirche in Deutschland waren zwei Vorgänge von größter Bedeutung: Auf der einen Seite war die Masse der katholischen Bevölkerung von den Ideen der Aufklärung kaum berührt und hatte den Eingriffen der aufgeklärten Staatsgewalt vielfach Widerstand geleistet. So führten hier ungebrochene Linien aus der Welt der barocken Frömmigkeit ins 19. Jahrhundert; dem Einfluß des Staates waren Grenzen gesetzt und die Mobilisierung eines katholischen Populismus, einer an französischen und irischen Vorbildern orientierten Bewegung, die kirchlich-politische Ziele auf breiter Basis vertrat, wurde möglich. Auf der anderen Seite wirkte der moralische Wiederaufstieg des Papsttums nach den Wirren und Erniedrigungen vor 1815 auf vielen gedanklichen und organisatorischen Wegen nach Deutschland. Je bedrängter sich die Katholiken Deutschlands fühlten, desto unbedingter und uneingeschränkter suchten sie den Anschluß an das Papsttum. Eine Fülle gedanklicher Neuansätze – etwa die grundlegende Bedeutung der Romantik für die neue Hochschätzung der mittelalterlichen Einheit und damit des Papsttums – und organisatorischer wie emotionaler Entwicklungen wiesen in diese Richtung. So wichtig also die eigenständigen Wurzeln der katholischen Erneuerung in Deutschland sind, so gravierend wurde auch der zunehmende Einfluß Roms. Die römische Kurie erwies sich in theologischer wie in politisch-ethischer Hinsicht bald als Widerpart aller liberalen Strömungen.[65]

Die Entscheidungen über die Rekonstruktion der katholischen Kirche in Deutschland waren auf dem Wiener Kongreß über die Köpfe der Betroffenen hinweg im Zusammenhang der internationalen Politik getroffen worden. Die Bestrebungen, eine Nationalkirche mit großer Selbständigkeit der Bischöfe gegenüber Rom zu schaffen, waren gescheitert; auch das römische Konzept einer Gesamtregelung mit dem Deutschen Bund war zurückgewiesen worden. Statt dessen setzte die Kurie ihre zentralistischen Tendenzen in einer Reihe von Einzelabkommen mit den Gliedstaaten des Bundes mehr oder weniger erfolgreich durch. Überall wurde das Prinzip zugrunde gelegt, daß die Grenzen der neu zu errichtenden oder zu reorganisierenden Bistümer die Staatsgrenzen nicht überschneiden sollten. Auf die Besetzung dieser Landesbistümer konnten sich die Fürsten – auch die protestantischen Staatsoberhäupter – einen starken Einfluß sichern.

In Preußen legte die 1821 in Kraft tretende Neuregelung (durch die päpstliche Bulle *De salute animarum*) zwar das Bischofswahlrecht der Domkapitel fest, doch wurde dem König ein Ausschließungsrecht von »minder genehmen« Kandidaten zugestanden; in der Praxis machte das keinen großen Unterschied zu dem positiven Nominationsrecht aus, das von Rom nur katholischen Fürsten – also dem König von Bayern – eingeräumt wurde. Auch in der finanziellen Ausstattung der Landesbistümer und der Kapitel, für die eine Fundierung auf Grundbesitz vereinbart, aber nicht ausgeführt wurde, zeigte sich die starke Stellung des Staates. Dazu kam der maßgebende Einfluß sowohl auf die theologischen Ausbildungsstätten als auch auf die Besetzung der Pfarrstellen. Das Besetzungsrecht über die 625 Pfarreien der Diözese Regensburg verteilt sich im Jahr 1841 folgendermaßen[66]: Der König besetzte 359 Stellen, dazu 55 alternierend (mit anderen Patronatsinhabern); für 95 Stellen hatten Adel und städtisches Patriziat das Patronat; 30 Stellen besetzten Klöster und Stifte, 27 der Bischof (dazu hatte der König bei allen anderen Besetzungen das Bestätigungsrecht). Auf diese faktische Abhängigkeit der Kirche vom Staat antwortet das Hochkommen einer selbstbewußten, umfassenden katholischen Bewegung im Vormärz.

Die geistigen Impulse und die kirchlichen Ziele waren von Anfang an und noch auf längere Zeit keineswegs einheitlich. Die Kraft der Bewegung lag in ihrer breiten sozialen Basis und in ihrem zunehmend wirksamen Rückhalt an einer globalen und vom römischen Zentrum zusammengefaßten Kirchlichkeit. Der Kampf für die Freiheit der Kirche wurde zum starken Motiv und Rahmen. Unter den Gesichtspunkten der Sozial- und Mentalitätsgeschichte bedeutete dies, daß der allgemeine und fällige Auflösungsprozeß der vormodernen Einheit von Gesellschaft und Religion auf katholischer Seite erheblich anders verlief als auf evangelischer Seite. Die deutschen Katholiken hatten die Chance, in diesem Prozeß zu neuartigen Formen des Zusammenhalts und der »kirchlichen Vergesellschaftung« zu gelangen. Daß eine solche Neuintegration unter diesen Umständen nur um den Preis einer weitgehenden Abgrenzung gegenüber dem liberalen und säkularisierenden Zeitgeist möglich war, zeichnete sich bereits im Vormärz ab.

Zentren der inneren Erneuerung waren Wien und München, Tübingen und Mainz. Die starken Impulse der Romantik und zugleich der engste Anschluß an Rom kennzeichneten den Wiener Kreis um Clemens Maria Hofbauer. Der streitbare Redemptorist sah die Überwindung des Josephinismus als eine Hauptaufgabe der Zeit. Friedrich Schlegel, der in Köln konvertiert hatte und seit 1809 in Wien im Staatsdienst arbeitete, war der stärkste Kopf der neuen Richtung. Ähnlich wie er traten Konvertiten wie Adam Müller, Zacharias Werner und andere für eine Erneuerung von Kirche und Gesellschaft aus dem Geiste christlicher Ganzheit ein, für die ihnen das Mittelalter Vorbild war. Die inneren Widersprüche und auch die äußeren Hemmnisse durch das österreichische Zensursystem beeinträchtigten die Wirkungen des Wiener Kreises. Trotz wiederholter Versuche kam keine weitreichende publizistische Unternehmung zustande; die Zeitschrift »Ölzweige« erlebte fünf Jahrgänge (1819/23), die von Friedrich Schlegel herausgegebene »Concordia« kam nur auf sechs Hefte (1820/23). Große und selbständige Ansätze, die Anliegen der Aufklärung und des Idealismus mit einer erneuerten Katholizität zu verbinden, wie sie der Prager Religionswissenschaftler und Philosoph Bernhard Bolzano oder der Wiener Theologe Anton Günther vertraten, fielen in Österreich dem restaurativen Zusammenwirken von Kirche und Staat zum Opfer.

Bald rückte daher München an die erste Stelle, wo Johann Michael Sailer, der Lehrer König Ludwigs I., von dem milden Erbe der katholischen Aufklärung her eine neue Theologie der Offenbarung und ein charismatisches seelsorgerisches Wirken entfaltete.[67] Sailer, der stets ein Gegner der zu neuer Geltung kommenden Scholastik blieb und mit vielen evangelischen Gesinnungsgenossen befreundet war, hatte fortgesetzt unter den Intrigen kirchlicher Gegner zu leiden. Erst 1829 setzte der König ihn als Bischof von Regensburg durch. Die von Landshut nach München verlegte Universität wurde durch Ludwig I. zum Mittelpunkt der Anstrengungen, Glaube und Wissenschaft zu versöhnen und Bayern zur Führungsmacht im deutschen Katholizismus zu erheben. Männer wie Görres, Möhler, Döllinger, der Philosoph Franz von Baader und der Mediziner Johann Nepomuk von Ringseis prägten das neue katholische Profil. Die Wirkungen reichten weit ins Land hinaus; überall wurde das kirchliche Leben gefördert. Der Neuaufbau des durch die Säkularisation ganz zerstörten Klosterwesens begann; der König förderte vor allem die Benediktiner, deren unpolemische Frömmigkeit er schätzte. Die Zeitschrift »Eos« (1818–1832) und seit 1838 die von Görres herausgegebenen »Historisch-Politischen Blätter« wurden zum Sprachrohr des Münchner Kreises, der auch in Verbindung trat zu den neuen katholischen Zentren in Frankreich, Belgien und England.

Als bedeutendstes Zentrum katholischer Theologie tat sich seit 1819 die neugegründete theologische Fakultät der Universität Tübingen hervor. Die Werke der Tübinger Theologen sind ohne die Herausforderung durch die protestantische Geistigkeit und die relative Bewegungsfreiheit an einer staatlichen Fakultät - deren Einrichtung von Rom und von den intransigenten Katholiken nicht gern gesehen wurde - nicht zu denken; Drey, Hirscher und Möhler waren die wichtigsten Köpfe. Möhlers großes Frühwerk von 1825 »Die Einheit in der Kirche oder das Prinzip des Katholizismus, dargestellt im Geiste der Kirchenväter der drei ersten Jahrhunderte« war von den Bibel- und Patristikstudien der protestantischen Theologen nicht minder beeinflußt als von dem Organismusdenken und der Einheitsidee der Romantik. Möhlers Kirchenbegriff ist noch ganz unscholastisch und auf die altkirchlichen Grundlagen konzentriert. Er grenzt sich und die erhoffte Zukunft scharf ab gegen die »steif mittelalterlichen« Lehren von der päpstlichen Allgewalt und prognostiziert ein irenisches Verhältnis von Katholiken und Protestanten.

Bald sollten andere Töne und Tendenzen in den Vordergrund treten. Der Mainzer Kreis um die Elsäßer Liebermann und Räß, die am bischöflichen Seminar wirkten, ging von den französischen Erfahrungen unbedingter kirchlicher Konzentration und aktiver Organisation des Kirchenvolkes aus. Die Romantik und die vielgestaltigen Vermittlungsversuche zwischen der idealistischen Philosophie und Kultur und der katholischen Erneuerung spielten für sie eigentlich keine Rolle. Die Mainzer Monatszeitschrift »Der Katholik« (seit 1821) und eine umfangreiche populäre Broschürenliteratur kämpften nicht nur gegen Staatskirchentum und Protestantismus, sondern auch gegen Männer wie Sailer und Ignaz von Wessenberg, den von Konstanz aus wirkenden Vertreter eines spätaufklärerischen Reformkatholizismus. Das »Kritische Journal für das katholische Deutschland« (das im Geiste Wessenbergs redigiert wurde) polemisierte 1821 heftig gegen die Mainzer Zeitschrift: Katholisch – nach Meinung des »Katholik« – sei nur, wer »mit dem Oberhaupt der katholischen Kirche, dem Papste vereinigt ist, und mit demselben gleichlautend lehrt«. Dem hält das »Kritische Journal« als bisherige Lehrmeinung entgegen, daß »auch ein jeweiliger Papst nur in so fern Katholik sei, als er sich zum Glauben der katholischen Kirche bekennt«[68]. Solche Auseinandersetzungen machen die Spannweite der Positionen deutlich.

Die Mainzer griffen besonders den Bonner Theologen Georg Hermes und dessen Versuch an, die Kantische Philosophie und Wissenschaftslehre für ein zeitgemäßes Verständnis der christlichen Offenbarung fruchtbar zu machen. Der Einfluß des »Hermesianismus« breitete sich an den deutschen Universitäten aus. Hermes hat eine ganze Generation von Priestern im Geiste einer erneuerten und vertieften Glaubensverkündigung herangebildet. Aber seine Gegner ruhten nicht; 1835 wurden er und seine Lehre postum von Papst Gregor XVI. durch ein Breve (päpstliches Schreiben) verurteilt. Es war der erste derartige Fall, daß die Kurie offen den Anzeigen aus Deutschland folgte und zensierend in das theologische Forschen und Leben eingriff. Der Konflikt wurde um so heftiger, als auch die Kurie versäumt hatte, bei den Bischöfen Erkundigungen einzuholen, und statt dessen den Denunzianten so unbedingt geglaubt hatte, daß »sogar deren objektiv unwahre Beschuldigungen in das Breve aufgenommen wurden« (Merkle).

Gregor XVI. wurde 1831 als Exponent der »Zelanti«, also der radikalen, ultrakonservativen Gruppe unter den Kardinälen und römischen Theologen, zum Papst gewählt. Zu dieser Wendung in der kirchlichen Zentrale hatte Metternich beigetragen; Wien wollte unbedingt die Wahl eines liberalen Papstes verhindern, dem es zuzutrauen war, mit der italienischen Nationalbewegung zu sympathisieren und die Herrschaft Österreichs in Italien zu schwächen. So griff eines ins andere. Natürlich waren Theologen wie Bolzano, Günther und Hermes dem Metternichschen System ohnehin unsympathisch, aber erst das massive Ineinandergreifen der politischen Restauration und der kirchenpolitischen und theologischen »Zelanti« in Rom wie nördlich der Alpen schuf die Voraussetzungen für das Dominieren der ultramontanen Kräfte in dieser Art.

So ist die katholische Kirche im Vormärz in einem Zwiespalt. Auf der einen Seite gibt es eine tiefe und breite Bewegung für eine kirchliche Erneuerung und weit ins Politische reichende Versuche, die kirchliche Freiheit gegen den Staat zu sichern. Die Vorgänge seit den »Kölner Wirren« 1837[69] zeigen die Vitalität dieser neuen Entwicklung; es kommt auch zu begrenzter politischer Zusammenarbeit mit den Liberalen. Doch andererseits setzen sich von Rom her in Deutschland zunehmend jene Kräfte und Ideen durch, die nicht in einer differenzierten Auseinandersetzung mit der Kultur und Gesellschaft außerhalb der Kirche, sondern in monolithischer Abgrenzung und im Rückgriff auf eine vormoderne Theologie das Heil suchen. Diese Vorgänge sind im Vormärz noch keineswegs zum Abschluß gelangt. Aber die Weichen sind gestellt.

Nicht die neuen Perspektiven der Verbindung von Freiheit und Katholizismus, die auch aus Frankreich, Belgien und England nach Deutschland wirkten, sondern die alten, nun durch neue Organisations- und Loyalitätsformen verstärkten Konzeptionen von geistlicher Herrschaft und Gehorsam, die der Restauration im politischen Bereich entsprachen, wurden für das 19. Jahrhundert bestimmend. Aber auch der bürokratische Staat des Vormärz wie die liberale Öffentlichkeit und die protestantischen Kräfte trugen zur Verschärfung und damit zur Solidarisierung und Disziplinierung auf katholischer Seite bei. Statt eines Zusammengehens der Christen beider Konfessionen zur gemeinsamen Arbeit an den sozialen und kulturellen Aufgaben der Zeit entwickelte sich ein lähmender Neokonfessionalismus, der in der zweiten Hälfte des Jahrhunderts seinen Höhepunkt erreichte.

Die politisch-sozialen Dimensionen dieses Weges waren für die Zeitgenossen nicht leicht zu erkennen. Aber daß die neue »römische Dictatur« etwas anderes war, als die Erneuerungshoffnung der christlichen Romantik meinte, wurde schon damals von nachdenklichen Katholiken bemerkt. Franz von Baader kritisierte 1838/39 mit Ingrimm, was sich in Rom und von Rom her vollzog. »Die Punctualisierung« im Papsttum, so schrieb er, mache die Kirche »der Weltmacht faßlich, weil ihr gleich«.

5. Kulturelle Wandlungen und Konflikte in der Zeit des Biedermeier

Die Bezeichnung »Biedermeier« wurde erstmals 1855 im Rahmen eines spöttischen Rückblicks auf die sentimental-beschauliche Literatur und Lebensweise der Jahrzehnte vor 1848 geprägt; sie wird heute ernsthaft und auch nostalgisch zur Gesamtcharakteristik der deutschen Kultur jener Zeit verwendet.[70] Aber die Kontraste, die hinter der biedermeierlichen Schauseite der politischen Kräfte und kulturellen Bewegungen der Zeit liegen, sind so stark, daß sich auf diese Weise bestenfalls *eine* große Perspektive fassen läßt, aus der sich das Leben von der späten Goethezeit bis zur Revolution zeigt: die ruhige und gedämpfte, konfliktscheue und Ausgleich suchende Lebensweise einer Gesellschaft, die noch nicht weiß – oder noch nicht entschieden hat –, in welcher Richtung die ungeheuren Modernisierungsprozesse und Konflikte des heraufziehenden industriellen Zeitalters die deutsche Zukunft gestalten werden.

Die vorausgegangenen Höhepunkte der deutschen klassischen Literatur – von Goethe und Schiller – und der großen idealistischen Philosophie – von Kant bis Hegel – wirken noch stark auf die folgenden Generationen, die als Epigonen im Banne dieser Gipfel leben. Daneben aber steht die Fülle neuer, sehr unterschiedlicher praktischer Aufgaben, die jetzt vom Städtebau bis zur musikalischen Massenkultur, von der »Leseexplosion« bis zur unentwegten Umsetzung wissenschaftlicher Entdeckungen in technische Fortschritte reichen; das alles bestimmt die Chance, aber auch die Herausforderung, den Lebenszuschnitt zivilisatorisch zu erleichtern und kulturell zu heben.

Diese mächtigen Prozesse kultureller und zivilisatorischer Hebung des Lebensstandards vollziehen sich im deutschen Vormärz ihrerseits im Spannungsfeld unterschiedlicher Kräfte und Leitbilder. Die Gegensätze von konservativ und liberal, von katholisch und protestantisch, von weltbürgerlich und national wirken nicht in einem einfachen Parallelismus in die kulturelle Umgestaltung hinein, sondern in gegenseitiger Beeinflussung und mit vielfachen Überschneidungen und Brechungen. Dabei steht vielen Zeitgenossen der Vergleich mit den »praktischen« Engländern und Franzosen, die Politik und Kultur so viel unproblematischer zu verbinden wissen, mahnend vor Augen. Werden die Deutschen von dem Zwiespalt zwischen einem unendlich reichen kulturellen Leben und dem mühsamen Suchen nach politischer Selbstfindung letztlich Gewinn oder Schaden haben? Diese Frage hat unter den Zeitgenossen mit besonderer Schärfe Gervinus gestellt: »Ob die deutsche Weisheitsliebe eine thaterzeugende oder thatertödtende sei?«[71]

Vieles läßt sich am Begriff des Biedermeier erläutern – wobei allerdings Zuordnungen und Abgrenzungen stattfinden müssen. Gemeinsam sind – nach den politisch-sozialen Erschütterungen und den philosophisch-dichterischen Höhepunkten der vorausgehenden Jahrzehnte – die Tendenzen zu ordnender Harmonie im großen Leben und zum sinnvollen Ausgleich auch im beschränkten Kreise; insofern trifft das Wort vom Biedermeier die Atmosphäre der Zeit. Daneben aber stehen vom Beginn bis zum Ende der Epoche starke Strömungen – vom Neuhumanismus und der Spätromantik bis zum »Neuen Deutschland« –, die sich in die Stil- und Lebensformen des Biedermeier nur sehr bedingt oder gar nicht einfügen. Und doch läßt sich nicht sagen, daß sich die Dinge so scheiden lassen, als wiege innerhalb des Biedermeier das Statische, Begrenzte, Apolitische und Bildungsaristokratische vor, jenseits des Biedermeier aber liege das Dynamische, Tiefe und Fortschrittliche. Auch das Biedermeierliche enthält durchaus die Perspektive auf den kulturellen Aufstieg breiter Bevölkerungsschichten und das Ziel des sozialen Ausgleichs durch Bildung.

Bauen und Wohnen

Der Wandel im Bauen und Wohnen spiegelt die Veränderungen des ländlichen und städtischen Lebens. Die Zeugnisse der bäuerlichen Wohnverhältnisse in der ersten Jahrhunderthälfte schildern einerseits die Primitivität des Lebens auf dem Lande; andererseits halten sie die rasche Bautätigkeit im Agrarbereich fest, die Hand in Hand mit der ökonomischen Umgestaltung und dem »Ende des Mittelalters« in der Landwirtschaft vor sich ging.[72] Im Jahre 1825 machten die Kärntner Bauernhäuser, wie Johann Kysalek berichtet,

Der »Wiener Hausgarten« zeigt eine biedermeierliche Idylle mit Strickstrumpf und Haube, dem Buch gegen den Lesehunger, der selbst in der Abgeschiedenheit und Geborgenheit grüner Hecken die Bildungsjahrzehnte charakterisiert. Die fremde Welt endet hinter der »privaten« Rückfront des Hauses.

Erasmus Ritter von Engert, Wiener Hausgarten, 1828/30

durchaus noch keinen einladenden Eindruck: »Die Türe zu öffnen und wieder zu schließen war eins. Rauch, Dampf und Brand« qualmten ihm entgegen. »Inmitten der schwarzen Stube um einen mit Geschirren bepflanzten Lehmherd, auf dem das Feuer emporloderte, standen sieben Personen, die Männer Tabak schmauchend, die Weiber Reisig nachschürend, und ein Schweinchen in der Ecke grunzte ihnen Beifall zu ... Auf dem holprig lehmigen Fußboden standen einige Verschläge mit Stroh, die mutmaßlichen Bettstellen.«[73] Doch behördliche Vorschriften zum Feuerschutz und zur hygienischen Vorsorge, zunehmender Einfluß der städtischen Bauweise und wachsender Wohlstand in den Bereichen der Agrarkonjunktur führen zu Verbesserungen, wie Erzherzog Johann im Jahre 1829 bei der Jubiläumssitzung zum zehnjährigen Bestehen der k. k. Landwirtschafts-Gesellschaft feststellen kann: »Im Gebäudewesen ist die Veränderung in jeder Landstrecke sichtbar, in manchen auffallend. Alte hölzerne Gebäude weichen steinernen, die neuen Wohnstuben werden geräumiger, lichter, luftiger, folglich gesünder gebaut. Selbst da, wo noch Holz, den Verhältnissen angemessen, an der Tagesordnung ist, geschehen bedeutende Verbesserungen ... Die Strohdächer machen Platz Dächern von Ziegeln ... Ställe, Scheunen, Kästen werden zweckmäßig gebaut ...«[74]

Noch heute kann der Besucher der Steiermark in vielen Orten den Typus des »Erzherzog-Johann-Hauses« antreffen, der damals entstand. Äußeres Kennzeichen dieses neuen, planvoll entwickelten bäuerlichen Wohnhauses ist ein von Säulen getragener Giebel, der einen meist straßenseitig gelegenen Treppenaufgang überdacht. Der Einfluß der klassizistischen Bauweise des Biedermeier ist unverkennbar. Vielleicht noch wichtiger sind die bautechnischen und einrichtungsmäßigen Verbesserungen: gediegenes Ziegel-

Der Fürst Hermann von Pückler-Muskau führte den landschaftlichen Gartenstil der Romantik in Deutschland zu höchster Vollkommenheit. Die Parkanlagen von Muskau und Branitz sind als Gesamtkunstwerk gedacht; Architektur und Natur stellen jenes Lebensgefühl her, das die Jahrzehnte des Übergangs zwischen aristokratischer und bürgerlicher Welt kennzeichnet. Unter dem »Tumulus«, der hohen Erdpyramide im Park von Branitz, befindet sich das Grab des Fürsten.

Bilder aus Branitz

mauerwerk, größere Raumproportionen, statt der alten Rauchstube (mit offenem Rauchabzug) meist schon eine sogenannte »Sparherdküche« mit moderner Herdform und der Funktion als Wohnküche. Oft wurde allerdings der klassizistische Portikus dieses Reformtypus, der das bäuerliche Wohnen ansatzweise in die soziale Egalisierung mit Bürgerhaus und Schloß einbeziehen sollte, von den Bauern nicht »angenommen«; man verzichtete auf die Eingangsfunktion des Portikus zugunsten des gewohnten Eingangs von der Hofseite her und schloß ihn durch Zaunlatten als Sitzplatz nach außen ab.

Der Schloßbau, der im Barock für Land und Stadt die beherrschende Bauaufgabe der Profanarchitektur gewesen war, trat an Bedeutung zurück und entwickelte dezentralisierte, zum Teil versteckte und geradezu an der Privatheit und Unauffälligkeit bürgerlichen Bauens orientierte Formen. Die Grenzen zwischen Gärtnerhaus und fürstlicher Wohnung verschwammen. Das gab es schon Ende des 18. Jahrhunderts (etwa in der Schloßanlage von Wörlitz) und das kennzeichnet Entwürfe und Bauten der folgenden Jahrzehnte. Die Tendenzen zur »Natürlichkeit« und zur Auflockerung, die sich bereits in den Parkanlagen des ausgehenden 18. Jahrhunderts mit dem Siegeszug des »Englischen Gartens« durchgesetzt hatten, griffen nun auch auf die Wohnbauten der Fürsten und des Adels über. Was Schinkel im Park von Charlottenhof um 1830 für den Thronfolger Friedrich Wilhelm schuf, bewegte sich in dieser eigenartigen Zwischenwelt von asymmetrischer, privater und in die Parklandschaft eingebundener Baugestaltung.

Aber auch dort, wo größere Schloßbauten in klassizistischen oder neugotischen Formen entstehen, wird der tiefe Unterschied des sozialen und kulturellen Rahmens gegenüber der Herrschaftsarchitektur des Barock deutlich. »Der alte Herrschaftsanspruch des barocken Machthabers ist preisgegeben. Der neue Anspruch, der jetzt erhoben wird, ist nur noch ein allgemein-menschlicher. Auch der Fürst zeigt, daß er den Ideen der Freiheit und des Natürlichen Raum zu geben gewillt ist.«[75] Die Abgrenzung gegenüber der Herrschaftsarchitektur der Vergangenheit fällt ins Auge, doch weniger klar ist, was nun an deren Stelle tritt.

Am aufschlußreichsten sind jene Entwürfe und Gestaltungen, wo größere Schloßanlagen mit umfassenden Landschaftsparks, die der Öffentlichkeit zugänglich sind, verbunden werden. Das ist etwa in den Bauten des Fürsten Pückler-Muskau der Fall, die einen Höhepunkt deutscher Gartenarchitektur darstellen. Hier gestaltet der Fürst als bewußter Partner einer neuen, bürgerlichen Öffentlichkeit, nicht mehr als wetteifernder Bauherr innerhalb einer geschlossenen aristokratischen Gesellschaft: in der großen Anlage sind Gebäude und Plätze für die Bewirtung und Unterhaltung der umwohnenden Bevölkerung vorgesehen; die kulturelle Öffnung von Schloß und Parkgelände soll Erholung und Freude allgemein machen.[76]

Mit noch deutlicherer Verbindung von Erziehungsabsicht, Ästhetik und feudaler Öffnung hat Fürst Johann I. von Liechtenstein seine Besitzungen bei Mödling und im südlichen Wiener Wald zu einer großen gesellig-volksbildenden Schloß- und Parklandschaft umgebaut.[77] Erst 1809 hatte er die im Süden Wiens gelegene Stammburg

Tempel und Pyramide sind in Wien wie in Potsdam die Elemente des antikisierenden Bauwillens. Ob die Neue Wache Unter den Linden, die Walhalla bei Regensburg oder der Tempel bei Mödling, überall griff man auf das klassische Griechenland zurück, um Würde und Erhabenheit auszudrücken.

Husarentempel bei Mödling

seines Hauses mit dem umliegenden Besitz zurückgekauft. Sogleich begann er den Wiederaufbau der Burg Mödling, auf der Walter von der Vogelweide gelebt hatte. Ein mit Bänken besetzter Promenadenweg erschloß das Tal von Hinterbrühl. Auf allen Höhen wurden Bauten errichtet, am bedeutendsten schon 1813 von Kornhäusel ein dorischer »Tempel des Kriegsruhmes« (mit Gräbern von Gefallenen aus den Schlachten gegen Napoleon). Die kahlen Kalksteinhöhen wurden systematisch mit Kiefern bepflanzt, unten im Tal wurde das Gasthaus »Zu den zwei Raben« zum Mittelpunkt der sonntäglichen Gesellschaft. Auf dem neuen Promenadenweg wandelte Beethoven in die Hinterbrühl, und seine »Mödlinger Tänze« sind für das Orchester geschrieben, das in den »Zwei Raben« spielte, so wie Franz Schubert wenig später in der Höldrichsmühle seine Freunde versammelte und die Forellen des Mödlingbaches besang. Auf einer der Höhen, neben dem 1820/21 erbauten neuen Schloß Liechten-

In Preußen verwandelten der Architekt Karl Friedrich Schinkel und der Landschaftsgärtner Peter Lenné die sandigen Flecken der Endmoräne am Ufer der Havel in eine fast mediterrane Kulturlandschaft. Ihr gemeinsames Werk, der Charlottenhof inmitten der Gesamtanlage von Sanssouci, zählt zu den geringsten und kostbarsten Schöpfungen dieses preußischen Kunstwillens, der ein bestehendes Bauernhaus ohne viel Aufwand in eine römische Villa verwandelte.

stein, befand sich die »Allianzpyramide«; von hier aus soll der Fürst während des Wiener Kongresses den in der Heiligen Allianz verbundenen Monarchen seinen paradiesischen Landschaftspark gezeigt haben. Anspruch und Absicht sprechen aus der Inschrift am Eingang der Promenade, die im Todesjahr des Fürsten - 1836 - angebracht wurde:

> Enkel sagen es den Enkeln:
> Wer dieser Gegend
> ihr erhöhtes Leben gab, war
> Fürst Johann Joseph von Liechtenstein.

Einer ganzen Gegend und ihren Bewohnern ein »erhöhtes Leben« zu geben, war ein bezeichnender Gedanke jener Zeit, die durch künstlerische Gestaltungen, die - wie konnte es anders sein? - von oben nach unten wirkten, Harmonie und allgemeine Gesittung zu verbreiten wünschte. Der bewußten Formung von Natur und Architektur kam bei diesem Gestaltungswillen eine besondere Bedeutung zu. Auch die neu entstehenden Werkstätten und Fabrikgebäude, Bergwerks- und Hüttenanlagen fügen sich zumeist in diese biedermeierliche Tendenz der Harmonie von Natur und Kultur ein. Fabriken - meist noch außerhalb der Städte gelegen - werden in den Formen biedermeierlicher Landhäuser errichtet; die Schornsteine suchen sich noch zu verstecken, Hochofenanlagen werden freundlich kaschiert. Die Absicht und der Anschein eines idyllisch geordneten, in die Natur eingebetteten und nicht naturzerstörenden Wachstums der Wohn- und Arbeitsbauten bleiben mindestens bis zur Mitte des Jahrhunderts vorherrschend.

Wo das enorme natürliche Bevölkerungswachstum durch den Zustrom vom Lande potenziert wird, stellen sich mit der Notwendigkeit von Stadterneuerung und Stadtplanung ganz neue Aufgaben.[78] Überall in Mitteleuropa bringt die napoleonische Zeit Bewegung in den Städtebau; die alten, beengenden Befestigungssysteme werden im Krieg zerstört oder danach als unzweckmäßig demoliert; kommunale Zollschranken und Niederlassungsverbote werden abgebaut; die kapitalistische Freisetzung des Grundstücks- und Baumarktes und die philanthropischen und medizinischen Ideen des gesunden, naturgemäßen Wohnens wirken in ähnliche Richtung. Einige dieser Faktoren kommen hier und da erst nach 1848 voll zur Wirkung, und das Ineinandergreifen obrigkeitlicher und kommunaler, privater und künstlerisch-planender Initiativen und Interessen bleibt in wechselnder Mischung für den Städtebau des ganzen 19. Jahrhunderts bestimmend. Charakteristisch für den Vormärz sind aber die noch konfliktarmen, durch ein Übergewicht des obrigkeitlichen Vorgehens bestimmten und meist auf größere Städte bezogenen Abläufe von Planung und Städtebau.

In Düsseldorf hatte der Friede von Lunéville (1801) die Schleifung der Befestigungsanlagen angeordnet. Die großzügigen Pläne zur Stadterweiterung und zur Anlage von öffentlichen Parks anstelle der alten Befestigungen, die Maximilian Weihe entwickelte, konnten seit einem Dekret Napoleons vom 17. Dezember 1811 zur Verschönerung Düsseldorfs energisch verwirklicht werden. Ähnliche Fälle einer frühzeitigen »Entfestigung« mit entsprechenden urbanistischen Möglichkeiten liegen in Mannheim (1798), Bremen (1802/9), Hamburg und Lübeck (1804) vor.

Der große Brand von 1842 vernichtete fast ein Viertel der Hamburger Innenstadt. Für den Wiederaufbau berief der Hamburger Senat die Architekten Lindley und Chateauneuf, die sich vor allem um die Anlage des Rathausmarktes verdient machten, eine der bedeutendsten städtebaulichen Leistungen des 19. Jahrhunderts.

Das neue Hamburger Rathaus, 1858

In Hamburg ergab sich nach der Brandkatastrophe von 1842 eine neuartige Situation. Der Hamburger Senat bildete für den Wiederaufbau eine »Technische Kommission«, in der bedeutende Architekten und Ingenieure mit den städtischen Behörden zusammenarbeiteten. Während die künstlerisch wie funktional überaus interessanten Vorschläge Gottfried Sempers nur zum Teil in die Beschlüsse über den Wiederaufbauplan eingingen, waren die praktischen Modernisierungsmaßnahmen umfassend und beispielgebend. Hamburg erhielt als eine der ersten deutschen Städte Schwemmkanalisation und zentrale Wasserversorgung. Mit einer großzügigen Umgestaltung des alten Straßennetzes, der Einführung der öffentlichen Beleuchtung und einer Reihe von Maßnahmen zur Verbesserung des Schiffsverkehrs zwischen Alster und Elbe machte Hamburg im Wiederaufbau einen entschiedenen Schritt in die neue Zeit.

Im Unterschied zu der bürgerlichen Orientierung der Hamburger Planung war der spektakuläre Ausbau Münchens unter König Ludwig I. vor allem ein Werk monarchischer Baulust und Kunstfreude. Nach Vorstufen seit dem Ende des 18. Jahrhunderts begann man das Gesicht der bis dahin ganz altertümlichen, noch halb ländlichen Hauptstadt innerhalb von drei Jahrzehnten gründlich zu verändern. Dem Herrscher ging es um eine neuartige Verbindung von Königs-

Der kunstliebende König Ludwig I. eröffnete die Reihe der bayerischen Herrscher, die der Residenzstadt München den Glanz ihrer Platz- und Straßenanlagen und den Reichtum ihrer Sammlungen verliehen. Die berufenen Architekten hatten sich dabei im starken Maße den Wünschen des Königs anzupassen.

Die Feldherrnhalle - eine Nachahmung der Loggia dei Lanzi in Florenz -, erbaut 1840-45 von Friedrich von Gärtner

residenz, staatlicher Repräsentation und Kunstpflege. Von Pariser Vorbildern angeregt, wurde nörlich der Altstadt ein System von Plätzen und Prunkstraßen entwickelt, dessen Besonderheit in der Verbindung von bedeutenden Einzelleistungen klassizistischer und historistischer Baukunst mit monumentaler Ensemblewirkung liegt. Maßgebend war zunächst die Tätigkeit des Hofbaumeisters Leo von Klenze, später trat Friedrich von Gärtner dazu. Nicht alle Planungen konnten ausgeführt werden und nicht alles Ausgeführte stimmte harmonisch zusammen. Als Hauptachsen haben die Ludwigstraße, vom neugestalteten Odeonsplatz nach Norden zum Siegestor führend, mit ihren großen klassizistischen Baublöcken und der eklektizistischen Ludwigskirche, wie der Westkomplex (vom Wittelsbacherplatz bis zu den Propyläen, mit den beiden Pinakotheken nach Norden ausstrahlend) bis heute erstaunlich viel vom Glanz ihrer Entstehungszeit bewahrt.

In der kaiserlichen Residenzstadt Wien, die im 18. Jahrhundert durch umfassende barocke Baumaßnahmen ausgestaltet worden war, kam es in der ersten Hälfte des Jahrhunderts nur zu partiellen Schritten der Stadterneuerung. Dies ist um so erstaunlicher, als die Bevölkerungszahl enorm anstieg und auch große Neubauten für öffentliche Zwecke errichtet wurden (Polytechnisches Institut 1818, Landesgericht seit 1831, Münzamt 1835). Zwar wurden der neuerrichtete Volksgarten (1821/23), der Prater und der Augarten der Öffentlichkeit zugänglich gemacht, und im Rahmen der Neugestaltung der »Anlagen vor der Burg« wurde 1821/24 das klassizistische Burgtor errichtet. Aber eine grundsätzliche Stadterweiterung, die den totalen Verzicht auf die alte Befestigung und auf die Freihaltung des riesigen Glacis voraussetzte, kam erst in den späten fünfziger Jahren in Gang.

Anders ging die Entwicklung in Berlin vor sich. Zwar setzte auch hier erst in den fünfziger Jahren die Arbeit an einem »allgemeinen Bebauungsplan« ein, der dann weit ins 20. Jahrhundert hinein wirkte, aber die starke Bautätigkeit, die durch die amtliche Autorität Karl Friedrich Schinkels großartige Impulse erhielt, begann lange vor 1848 das Gesicht der Stadt im Sinne einer klassizistischen Prägung eindrucksvoll zu verändern. Nachdem die Durchführung der Agrarreform die Einbeziehung des »Ackerlandes« innerhalb der Stadt und im unmittelbaren Umkreis in einen Bebauungsplan ermöglicht hatte, legte 1840 der königliche Gartendirektor Peter Josef Lenné dem Innenministerium einen umfassendenden Plan vor: »Projektierte Schmuck- und Grenzzüge von Berlin mit nächster Umgebung«. Lenné war damals schon einer der führenden Gartenarchitekten Europas; er hatte 1815 den Laxenburger Park für Kaiser Franz entworfen und arbeitete seit 1816 in Potsdam. Sein Plan versuchte nach westeuropäischem Vorbild die unterschiedlichen Sphären des städtischen Lebens - gewerbliche Produktion, Verkehr, Wohnen, Erholung und Kultur - harmonisch zusammenzufassen: »... Je weiter ein Volk in seiner Kultur und in seinem Wohlstande fortschreitet, desto mannigfaltiger werden auch seine sinnlichen und geistigen Bedürfnisse. Dahin gehören dann auch die öffentlichen Spazierwege, deren Anlage und Vervielfältigung in einer großen Stadt nicht allein des Vergnügens wegen, sondern auch aus Rücksicht auf die Gesundheit dringend empfohlen werden muß. Wie sehr Berlin daran Mangel leidet, ist bekannt. Außer der Promenade Unter den Linden und außer dem Tiergarten besitzt die Hauptstadt keinen öffentlichen Spaziergang, wo der fleißige Handwerker, der tätige Fabrikarbeiter nach überstandenem Tagewerk sich abends und sonntags ergehen könnte ...«[79]

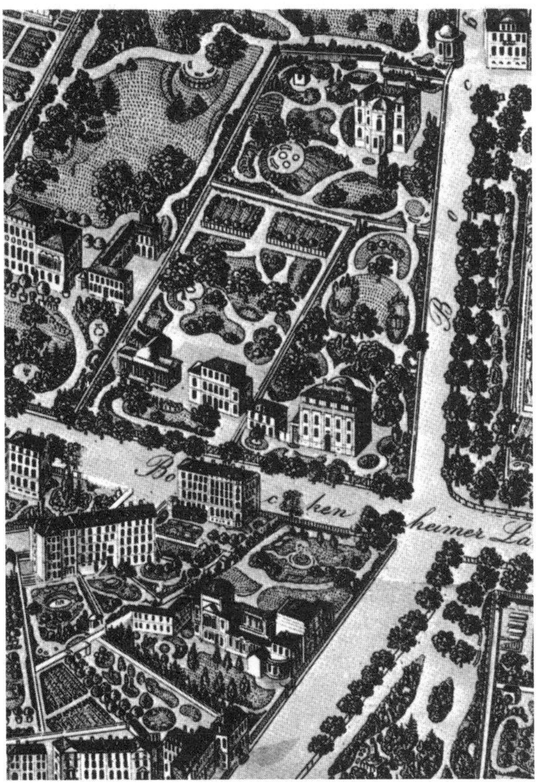

Am westlichen Rande der Stadt einen Garten zu besitzen, war seit Jahrhunderten für das vornehme europäische Bürgertum Tradition. Im 19. Jahrhundert wandelten sich diese Gebiete vielerorts zum bürgerlichen Wohnviertel, dem Westend.

Das Frankfurter Westend mit dem Landhaus der Rothschilds (links oben), 1844

Lennés Vision einer grüngeschmückten Musterstadt Berlin, wo die arbeitenden Massen froh und gesund die Segnungen einer öffentlichen Bau- und Gartengestaltung genießen, entsprach Friedrich Wilhelms IV. vorkapitalistischer Vorstellungswelt. Aber sie scheiterte vor allem an den Interessen der privaten Grundeigentümer, die sich weigerten, sich einem obrigkeitlich verordneten urbanistischen Gesamtwohl unterzuordnen. Die reale Entwicklung Berlins verlief in ganz anderer Richtung; Boden- und Bauspekulation ließen in der zweiten Jahrhunderthälfte Berlin zur »größten Mietskasernenstadt« Europas werden.

Die biedermeierliche Wohnung mit ihren maßvollen Räumen und Möbeln und ihrem Geschmack des Bescheidenen ist die erste »mittlere« Wohnkultur; sie erfaßte nun auch das ärmliche Bürgertum. Wenn es jemals eine geschmackvoll herrschende bürgerliche Lebensform gegeben hat, so war es wohl diese, auf die familiäre Intimität zugeschnittene und auch mit einfachen Mitteln zu realisierende Wohnkultur. Das städtische Miethaus dieser Zeit hält an der herkömmlichen Zusammenfassung von Wohnungen sehr unterschiedlicher Qualität (und Mietkosten) im selben Hause fest: zu ebener Erde und im ersten Stock, der Beletage, ist es am teuersten. Diese ästhetischen und sozialen Maßstäbe zeigten sich auch bei den Entwürfen Schinkels für Berliner Wohnhäuser (die durch Musterbücher einen starken Einfluß auf die Bautätigkeit in der preußischen Provinz hatten): die klassizistischen Bauformen und Fassaden verbergen nicht die unterschiedliche Stockwerkshöhe. Natürlich gab es schon in den Städten des Vormärz ausgesprochene Villen- und Nobelviertel, wie etwa das Frankfurter Westend. Und es wurden bereits Familienhäuser für Arbeiter gebaut, die – auch in den Städten – meist die charakteristischen Merkmale des Bauernhauses übernahmen. Aber erst nach der Jahrhundertmitte verstärkt sich der Trend zum »Auseinandersiedeln« der Reichen und der Armen. Dann erst entstehen Hand in Hand mit den schmutzenden und rauchenden Industrievierteln die Arbeiterviertel mit ihren Mietskasernen.

Die zivilisatorischen Fortschritte durch fließendes Wasser, Kanalisation, Wasserklosett, Gasbeleuchtung, Badezimmer und -anstalten hatten einen allgemeinen Wohlfahrts- und Gesundheitsaspekt, aber auch einen solchen fortschreitender klassentrennender Realität.[80] Deutlicher noch tritt eine andere Perspektive des Baugeschehens der ersten Jahrhunderthälfte in die Augen, wenn man den Wandel des Stadtbildes aus dem Abstand von anderthalb Jahrhunderten mustert. Zum ersten Mal in der Geschichte des Städtebaus stehen die *Kulturbauten* im weitesten Sinne im Mittelpunkt des Geschehens: Bibliotheken und Museen, Schulen und Universitäten, Theater und Konzertgebäude präsentieren sich als zentrale Bauaufgaben der Zeit. Dazu tritt eine zweite Gruppe: Kirchen, Krankenhäuser, Gefängnisbauten (nach dem neuen, reformierten System des Ein-Mann-Zellenbaus), schließlich auch Bahnhöfe und Militärgebäude, die auf jeweils anderer Ebene, aber doch in ähnlicher Weise das Ringen um die *allgemeine* Verbesserung des Lebens dokumentieren.

Die militärische Bautätigkeit nach 1815 gehört unter dem Gesichtspunkt einer vaterländischen Sinngebung durchaus in diesen

Gestaltungsprozeß. Die großen preußischen Baumaßnahmen vom Rheinland bis Ost- und Westpreußen folgen einem relativ einheitlichen Typus mit einfachen, klassizistischen Formen und oft monumentaler Wirkung. Ähnlich wie die österreichische Franzensfeste im südlichen Tirol zeigt der größte rheinische Festungsbau in Ehrenbreitstein bei Koblenz stufenförmig gelagerte, wuchtige Werke, die sich ästhetisch eindrucksvoll in die Landschaft einfügen. Andererseits wollen auch die neuen Kirchen wie die neuen Krankenhäuser den modernen Forderungen der Hygiene entsprechen: Licht und Lüftung in den Kirchen, Wasserklosetts und moderne Operationssäle in den Spitälern. Unverkennbar ist bei ganz unterschiedlicher Zwecksetzung und Qualität die Orientierung an den Idealen einer aufsteigenden, verallgemeinerungsfähigen Kultur und Moralität. Verschieden bleiben die inhaltlichen Wertsetzungen, und die Frage nach den Instanzen, die über kulturelle Werte und zivilisatorische Konflikte entscheiden, wird durch die vormärzlichen Harmonie-Vorstellungen verdeckt.

»In welchem Style sollen wir bauen?«

Unter diesem Titel veröffentlichte der Architekt Heinrich Hübsch 1828 eine Schrift, die eine damals vielfach geführte Diskussion widerspiegelt. Schon zehn Jahre zuvor hatte sich Georg Moller, der

Zu den neuen Bauaufgaben der Jahrhundertmitte zählen Museen, Rathäuser und Spitäler; wenig später treten die Bahnhöfe und Börsen dazu. Die Baugeschichte liefert die Modelle - griechische Antike, deutsche Gotik und italienische Renaissance.

Die Glyptothek in München, erbaut 1816–30 von Leo von Klenze

bezeichnenderweise die erste deutsche Denkmalschutz-Verordnung zuwege gebracht hatte (1818 in Hessen), mit der gleichen Frage hilfesuchend an Goethe gewandt: »In Deutschland werden jetzt jährlich ... eine große Anzahl neuer Kirchen erbaut, aber da es ganz an einer festen Norm für diese Gattung von Gebäuden fehlt, so wird wenig Gutes zu Tage gefördert. Ich habe jetzt sechs Kirchen im Bau und gebe mir alle Mühe, etwas Leidliches zu liefern, aber ich gestehe aufrichtig, daß ich über die Grundsätze, nach welchen dieselben zu bauen sind, höchst unsicher bin. Alle Völker und selbst unsere Vorfahren hatten für ihre Tempel gewisse Normen, welche, weit entfernt, dem Genie Fesseln anzulegen, dazu dienten, ihm seine Richtung vorzuzeichnen ... Möchte es doch Eurer Exzellenz gefallen, sich hierüber in einer Weise auszusprechen, wodurch den Bestrebungen denkender Architekten eine Basis gegeben und diesem Teile der Baukunst in der gegenwärtigen Krisis vielleicht für Jahrhunderte die Richtung erteilt würde.«[81]

Damit war das Grundproblem des Historismus in der bildenden Kunst formuliert, das sich im 19. Jahrhundert zum ersten Mal stellte. Nicht zufällig wurde die Frage an Goethe - es ist unbekannt, ob und wie er antwortete - mit dem Blick auf den Kirchenbau gestellt. Hier ließ der Bauzweck einen sehr großen Spielraum, der die Reflexion über den besten, den für die religiöse Bestimmung gemäßesten Stil herausforderte: von der altchristlichen Basilika über byzantinische und romanische Formen bis zur Gotik und zur Renaissance. Und hier trat den denkenden Zeitgenossen auch das noch tiefere Problem von Form und Inhalt, von gegenwärtiger Entchristlichung und vergangener Formenwelt der Frömmigkeit vor Augen. Schopenhauer schrieb: »Wenn ich nun sehe, wie dies unglaubliche Zeitalter die vom gläubigen Mittelalter unvollendet gelassenen Gothischen Kirchen so emsig ausbaut, kommt es mir vor, als wolle man das dahingeschiedene Christenthum einbalsamieren.« Aber so scharf urteilten zunächst nur wenige.

Es ist überraschend, daß von den bedeutendsten Theoretikern der Zeit, etwa von Schinkel, die historistische Entscheidungsfrage keineswegs als Schwäche, sondern als großartige Möglichkeit der Wahl empfunden wurde. Seine Entwürfe von 1814/15 für eine gotische Kathedrale auf dem Leipziger Platz in Berlin, die nach dem Willen des Königs ein »Denkmal für Preußen« werden sollte, stehen nicht im Zeichen von Zweifel und Fragen, sondern sind von einem energischen Wirkungskalkül beherrscht, das allerdings über den religiös-kirchlichen Zweck hinausgreift.[82] Der Dom soll eine volksbildende und politische Aufgabe erfüllen, er soll ein Nationaldenkmal werden. Das romantische Denken der Zeit hat stark in diese Richtung gewirkt, wobei die bewußte Entscheidung für die Gotik sowohl frömmigkeitsfördernde Zwecke wie historisch-politische Bildung im Auge hatte. Die Gotik galt zeitweise als die deutsche Kunst schlechthin.

Schinkel und mit ihm eine bedeutende Generation deutscher Architekten hat sich am Ende für die an der Antike orientierte Bauweise entschieden. Das zeitweilige Nebeneinander von neogotischen und klassizistischen Bauformen (und vieler Mischformen) während der nächsten Jahrzehnte darf nicht darüber hinwegtäuschen, daß diese bis über die Jahrhundertmitte anhaltende Vorherrschaft einer an der antiken Formenwelt geschulten Bauweise einerseits tief im neuhumanistisch-kosmopolitischen Denken verwurzelt war und andererseits einer weiten Entfaltung technisch-architektonischer Modernität zugute kam. Gerade das letztere hat Schinkel deutlich gesehen und auch formuliert: Man wolle die altgriechische Baukunst »in ihrem geistigen Prinzip festhalten«, sie dabei aber »auf die Bedingungen unserer neuen Weltperiode erweitern, worin zugleich die harmonische Verschmelzung des Besten aus allen Zwischenperioden liegt«. So gesehen bedeutete die Option für den Klassizismus noch einmal eine - wenn auch unvollständige - Vertagung der historischen Gesamtkrise des künstlerischen Wollens. Erst nach der Jahrhundertmitte trat die Krise in ein neues, ver-

Vergangenheit und Einsamkeit sind die Motive der deutschen Malerei von Caspar David Friedrich bis zu Carl Spitzweg.

Caspar David Friedrich, Mann und Frau in Betrachtung des Mondes, um 1824

schärftes Stadium - verschärft auch durch die rasche Erweiterung der technischen Mittel im allgemeinen und der Möglichkeiten der Massenherstellung. Das hat - weit über das engere Historismus-Problem hinaus - Gottfried Semper 1852 in einer Schrift »Wissenschaft, Industrie und Kunst. Vorschläge zur Anregung nationalen Kunstgefühls« kritisch untersucht[83]: »Metall wird nicht mehr gegossen oder getrieben, sondern mit jüngst unbekannten Naturkräften auf galvanoplastischem Wege deponirt ... Die Maschine näht, strickt, stickt, schnitzt, malt, greift tief ein in das Gebiet der menschlichen Kunst und beschämt jede menschliche Geschicklichkeit.« So wird der Überfluß an Mitteln zum Verhängnis der Kunst; nun kann - so sieht es Semper - sich nicht mehr »durch vielhundertjährigen Volksgebrauch« ein Stil im Sinne früher blühender Kunst entwickeln. Was tun? Die neue Problematik von Kunst, Stilreflexion und industrieller Serie wird die zweite Jahrhunderthälfte erfüllen und das Absterben alter, volkstümlicher Formkultur beschleunigen, so wie die Einführung des metrischen Maßsystems die überkommene Harmonie der Raum- und Baumaße in Frage stellt.

Nicht nur die Architektur und das Kunsthandwerk, auch die in Praxis und Theorie so fest etablierten Künste der Maler und Bildhauer gerieten unaufhaltsam in die neue Spannung von Kreativität und Rezeption. Die großen Maler der romantischen Stilrichtung hatten neue Räume der Innerlichkeit, der Naturempfindung und auch - wie Caspar David Friedrich - einer kosmisch, nicht mehr kirchlich getönten Religiosität erschlossen. Daneben gab es breite Ströme der Fortsetzung herkömmlicher Bildkunst in Porträt-, Landschaft-, Genre- und Architekturmalerei. Die mythologische Götterwelt, die seit der Renaissance so starke Ausdrucksformen menschlicher Grundbefindlichkeiten geboten hatte, siecht trotz einiger Wiederbelebungsversuche dahin und zählt bald nicht mehr. Die Linien von Porträt und Landschaft werden schärfer und gewissermaßen schon lithographisch und photographisch, bevor noch die neuen Techniken der Reproduktion und Naturabbildung voll ein-

Antike, Christentum und Mittelalter liefern die Motive, wenn man sich Figurenbildern zuwendet. Die Welt der alltäglichen Gegenwart, die in die französische Malerei einzieht, bleibt draußen.

Julius Schnorr von Carolsfeld, Der sechste Schöpfungstag, 1. Mose, 1,26, Holzschnitt zur Bibel in Bildern, 1860

setzen. So mündet die große Tradition der Bildkunst fast unversehens in die technisch-industriellen Möglichkeiten.

Eine besondere und doch von den allgemeinen Bedingungen der Epoche nicht ausgeschlossene Rolle spielt die religiöse Bildkunst. Die Frage nach der Funktion und Kraft von Religion im Wandel des 19. Jahrhunderts stellt sich hier besonders kraß. Die Gruppe der »Nazarener«, die sich nach 1810 in Rom, in dem leerstehenden Kloster San Isidoro, zusammenfand, war von der romantischen Kunstauffassung und von der Idee einer Erneuerung kirchlicher Kunst und Frömmigkeit geprägt. Zu Friedrich Overbeck und Franz Pforr stießen Cornelius, Schnorr von Carolsfeld, die Brüder Veit und andere. Ihre Versuche, die religiöse Freskomalerei des Mittelalters und der Frührenaissance zu erneuern und die Ideale einer verinnerlichten Katholizität durch historisierende Rückgriffe auf ältere Sakralkunst auszudrücken, wirkten tief in das 19. Jahrhundert hinein. Overbeck sah, wie schon vor ihm Philipp Otto Runge, im Sinne des romantischen Ganzheitsdenkens Religion und Kunst als Einheit; wahre Kunst sei nur diejenige, »die ganz ihrem innersten Wesen nach aus der Religion hervorgeht, Geist und Leben aus ihr gestaltet...«[84] Der Anspruch war groß und ernst, doch die künstlerischen Ergebnisse blieben von Anfang an dahinter zurück. Trotz der Aufnahme neuer und weiterführender Bildthemen gelang es der Schule der Nazarener immer weniger, den Bann einer epigonalen und gefühligen Formsprache zu sprengen. Als Dokumente eines zurückgezogenen, rückwärtsgewandten, sanft-religiösen Kunstwollens und nicht als Zeugnisse eines großen künstlerischen Aufbruchs zu neuem christlichen Ernst sind die Werke dieser Schule und ihrer Nachfolger in die Geschichte des Jahrhunderts eingegangen.

Die Nazarener waren mehr Erinnerung als Aufbruch gewesen. Auch schon die Goethesche Kunstpolitik hatte die Unsicherheiten der neuen Lage gezeigt; am Streit um den nüchternen Klassizismus Schadows und den strengen Idealismus Rauchs waren nur zwei der vielen Fronten sichtbar geworden, die jetzt plötzlich aufbrachen. In Frankreich gab es eine malerische Allianz von Revolution und Klassizismus, dann von Sozialismus und Realismus; in Deutschland spielten sich die Kämpfe auf einer anderen Ebene ab.

Mit Ludwig Richter schlug eine ganze Richtung zeitgenössischer Künstler liebenswürdige Seitenwege ein, die aus der großen Epoche in die kleine Welt der bürgerlichen Idylle mündeten. Aber auch die akademisch-traditionelle Schule stellt sich einer neuen künstlerischen Subjektivität entgegen, die eine tiefere Wahrnehmung sich wandelnder menschlicher und sozialer Realitäten gibt. Die Behauptung des Eigenen und Überlieferten führt zu einem immer stärker werdenden Interesse am nationalen Hoffen aus Vergangenheit und Gegenwart; geschichtliche Themen beherrschen eine Historienmalerei, die doch eine politische Rolle spielt. Es wird sich nach 1848 mit zunehmender Deutlichkeit zeigen, was die Kombination konservativen Kunstgeschmacks mit dem Hang zu patriotischen Stoffen gerade in Deutschland an Abstrusitäten zu leisten imstande war.

Auch das Bemühen um nationale Denkmäler, meist als Gesamtkunstwerke von Architektur, Plastik und Malerei konzipiert, geriet zunehmend auf diese abschüssige Bahn.[85] Vor 1848 wurden von großen Projekten nur die Walhalla und die Befreiungshalle realisiert, beide durch König Ludwig I. und beide noch im erträglichen Rahmen vormärzlichen klassizistischen Geschmacks. Der Platz sollte, nach dem Willen des Königs, ein nationaler Wallfahrtsort werden,

Selbst wenn die deutschen Maler der Romantik Kleinstadtidyllen zeigen, bilden sie nicht gegenwärtige Häuser und Marktplätze, sondern Fachwerkbauten des Mittelalters. Man flieht in die Ferne, die Einsamkeit und die Vergangenheit – eine Wirklichkeitsabwendung, aus der auch politische Resignation spricht.

Ludwig Richter,
Teich im Riesengebirge, 1839

Die Walhalla bei Regensburg, 1830–42 von Leo von Klenze als griechischer Tempel auf einer Anhöhe über der Donau errichtet, war dem Andenken der großen Deutschen gewidmet; den Innenraum füllten Porträtbüsten. Wer in diesem Nationalheiligtum Aufnahme fand, entschied König Ludwig I. persönlich. Sogleich wurde bemerkt und gerügt, daß Luther, Melanchthon, Hans Sachs und andere fehlten, daß also statt deutscher Versöhnung konfessionelle Ausgrenzung zum Zuge gekommen war.

ein »Beförderungsmittel großer und patriotischer Zwecke«. Die antike Kunstform war hier als Ausdruck höchster Idealität gewählt, sie galt als übernational und allgemein menschlich; noch einmal wurde das deutsche Nationalbewußtsein kosmopolitisch überhöht. Ludwig I. sprach die Erwartung aus, daß der Besucher der Walhalla zugleich in seinem Deutschtum und in seiner Moralität gehoben werde. Das war der Sinn dieses Kunstwerkes: »... auf daß teutscher der Teutsche aus ihr trete, besser als er gekommen.«

Erziehung und Wissenschaft

Der deutsche Vormärz war die große Zeit der Schulen und der wissenschaftlichen Forschung.[86] Die Deutschen errangen damals ihren Ruf als führendes Volk der Schul- und Universitätsbildung, als Volk des Bücherlesens und Bücherschreibens. Die Zahlenangaben über die Bildungsstätten dieser Jahrzehnte sind unvollständig, aber im einzelnen sehr aufschlußreich. Am besten sind wir über die preußische Bildungsstatistik informiert. Vergleichende quantitative Studien für den Bereich des Deutschen Bundes, die auch die österreichische Sonderentwicklung und damit das Gesamtproblem des »katholischen Bildungsdefizits« dokumentieren, stehen noch aus; auch die überaus wichtigen Zusammenhänge von Bildungswesen, Bildungsreform und Bildungsfinanzierung sind noch kaum erforscht. Das aus der ständischen Gesellschaft überkommene System des Privatunterrichts (durch Hofmeister) behauptet sich zeitweilig noch neben dem staatlich-kirchlichen Bildungsmonopol. In Preußen wird erst 1834 das Abitur (und nicht mehr eine Eignungsprüfung an der Universität) zur Bedingung des Studiums. In Österreich wird die Möglichkeit des Privatstudiums *bis zum Universitätsabschluß* erst 1849 abgeschafft.

Den Lehren Pestalozzis, seinen volksbildnerischen Gedanken und seinen Ansichten über die Zerstörung der Familie durch die Industrialisierung fühlten sich in Deutschland vor allem Fröbel, Diesterweg und Ruge verbunden.

Pestalozzi als Lehrer

Die Bildungsinhalte wurden in unterschiedlichem Ausmaß von den neuhumanistischen Programmen bestimmt. Diese hatten zwar ihren Schwerpunkt im Gymnasium und in der neuen, vor allem auf Wilhelm von Humboldt zurückgehenden Konzeption der Universität, strahlten aber auch auf die Volksschulen aus. Dagegen konnten sich die Verfechter einer nichtklassischen, »realistischen« Bildungsidee, die an den Utilitarismus der Aufklärung anknüpften und sich an den neuen bürgerlichen Bedürfnissen von Handel, Gewerbe und Industrie orientierten, nur langsam durchsetzen. Erst in den dreißiger Jahren begann auf breiter Basis der Ausbau eines Realschulwesens als eines zweiten Weges neben dem humanistischen Gymnasium. Preußen, dann auch Bayern wurden die Zentren der neuhumanistischen Bildungsreform, die sich weitgehend auf das Interesse der Reformbürokratie stützen konnte. In Österreich kam es dagegen nach erheblichen Bildungsleistungen des Spätjosephinismus seit 1815 zu einer Erstarrung. Die österreichischen Universitäten blieben in mancher Hinsicht auf dem Stand des 18. Jahrhunderts und wurden erst vom Neoabsolutismus in einer an den preußischen Vorbildern orientierten Weise reformiert.

Die Volksschulen waren in den Jahrzehnten nach Rousseau und Pestalozzi im Zusammenwirken von staatlichen, kommunalen und kirchlichen Instanzen in Deutschland zu einem fast lückenlosen Netz auf der Basis der Schulpflicht ausgebaut worden. Die Berliner Statistik ab 1828 zeigt den enormen Anstieg der Gesamtzahlen und zugleich den Übergang von einem sehr differenzierten System von Pflichtschultypen zu einer Vereinheitlichung.[87]

Verteilung der männlichen Schulpflichtigen Berlins nach Schultypen 1828 bis 1911 (in %)

Die Aufstellung zeigt den relativen Rückgang in der Frequenz der höheren Schulen

Jahr	Volksschüler			Privatschüler		höhere Schüler an öffentlichen Schulen					absolut
	Gemeindeschüler	Kostenschüler	Vereinsschüler	untere Privatschüler	höhere Privatschüler	Vorschüler	Gymnasiasten	Realgymnasialschüler	Oberrealschüler	Realschüler	
1828	2,4	16,4	15,7	39,5	11,4	2,0	10,8	0,7	0,9	-	12 713
1848	24,0	23,9	8,0	20,1	6,2	4,6	7,0	5,7	0,6	-	20 888
1868	42,3	11,2	5,6	15,2	6,0	5,2	7,4	5,1	1,9	-	39 510
1888	79,8	0,4	0,7	1,2	3,4	4,0	5,4	3,2	0,8	1,2	101 414
1908	86,5	-	-	0,1	1,5	2,7	2,9	1,9	0,7	3,7	130 804
1914	87,2	-	-	0,2	1,2	2,5	2,6	1,6	0,8	3,8	128 238

Aufschlußreich sind auch die Verhältniszahlen der schulbesuchenden zu den schulpflichtigen Kindern und ihre Veränderungen.[88]

Anstieg des Schulbesuchs 1816 bis 1846 (in % der Gesamtheit der Schulpflichtigen)

Jahr	Preußen insgesamt	Rheinland	Sachsen (Provinz)
1816	60	49	84
1846	82	86	94

Man sieht hier einerseits die starke Differenzierung, andererseits den sehr erheblichen Anstieg des Schulbesuchs. Der Überblick über die Entwicklung der Schülerzahlen und der Schultypen im höheren Schulwesen Preußens ab 1822[89] wird durch andere Berechnungen ergänzt: Die Bevölkerung Preußens wuchs zwischen 1816 und 1846 um 56 Prozent, die Zahl der Lehrer um 69 Prozent, die der Schüler um 73 Prozent.[90] Das bedeutete ein starkes Anschwellen der Bildungsschicht, dem aber keine Ausweitung der Berufschancen entsprach. Demgemäß ging die Zahl der Universitätsstudenten nach einem Boom um 1830 stark zurück; sie begann erst nach 1860 absolut und erst nach 1870 auch relativ im Verhältnis zur Gesamtbevölkerung zu steigen.[91] Für die österreichischen

Schultyp	1822	1828	1837	1846	1855	1864	1873	1882	1891	1901	1911
Gymnasium	(13 767)	(14 376)	(20 917)	(24 968)	(31 336)	44 114	63 207	78 126	74 126	92 465	103 702
Progymnasium	(1 059)	(1 349)	(1 656)	(1 848)	(2 879)	2 463	3 269	4 087	4 512	5 209	4 015
Realgymnasium								26 725	25 017	24 012	48 160
Realschule 1. Ordnung (incl. 9-klassige Realschule 2. Ordnung)						16 491	26 187				
Realschule 2. Ordnung						2 618	4 745				
Oberrealschule								4 120	3 970	17 202	40 664
Realschule (Typ von 1832)	(6 354)	(6 738)	(9 682)	(12 811)	(14 000)						
Höhere Bürgerschule					(5 553)	2 720	10 971	4 514	12 259		
Realschule (Typ von 1882)								4 161	6 883	33 992	32 248
Real-progymnasium								9 428	8 486	1 587	3 903
gesamt	(21 180)	(22 463)	(32 255)	(39 627)	(53 768)	68 406	108 379	131 161	136 034	174 034	232 692

Oben: Zahl der Schüler (männlich) auf höheren Schulen (ohne Vorschulen) in Preußen nach Schultypen 1822 bis 1911

Pflichtschulen liegen zeitgenössische Statistiken vor, die für die Jahre 1830/37 neben den absoluten Zahlen länderweise die Relation zwischen schulbesuchenden und »schulfähigen« Kindern zeigen.[92]

Provinz	katholische Schulen				nichtkath. Schulen	Kinder		Schulbesuch (in %)	
	Haupt-,	Trivial-,	Mädchen-schulen	gesamt		schul-fähig	schul-besuchend	1837	1830
1. Österreich unter der Enns	21	1 042	28	1 091	5	158 744	155 794	98	97
2. Tirol und Vorarlberg	15	1 374	222	1 611	1	107 999	105 171	97	97
3. Österreich ob der Enns	8	595	8	611	15	92 768	87 754	94	93
4. Mähren und Schlesien	23	1 748	20	1 791	95	290 340	271 426	94	92
5. Böhmen	46	3 281	38	3 365	72	527 665	493 229	93	91
6. Steiermark	8	619	11	638	4	93 824	76 833	81	73
7. Lombardei	63	2 030	1 373	3 466	–	337 368	178 207	53	58
8. Kärnten und Krain	9	313	9	331	32	86 542	28 416	33	32
9. Venetien	25	1 563	29	1 617	–	248 810	81 296	33	31
10. Dalmatien	7	39	4	50	1	17 978	3 624	20	19
11. Galizien	31	1 712	29	1 772	73	518 023	67 958	13	11
12. Küstenland	12	73	18	103	10	82 324	9 838	12	13
gesamt	268	14 389	1 789	16 446	308	2 562 385	1 562 546	61	59
1830	243	13 975	1 419	15 637	234	2 452 998	1 470 556	–	–
Militärgrenzland 1837	22	528	20	570	536	125 998	62 205	49	37
Siebenbürgen	25	213	40	278	1 278	66 818	50 394	75	91

Verglichen mit den preußischen Zahlen erscheint die Durchsetzung der Schulpflicht in den deutschsprachigen Provinzen außerordentlich erfolgreich, wobei allerdings die Frage der Qualität unberücksichtigt ist.

Ein Überblick über das höhere Schulwesen in Österreich im Jahre 1818 zeigt - ganz im Unterschied zu Preußen und auch zu Bayern -, daß sämtliche höheren Schulen in geistlicher Hand waren (was im übrigen die Tätigkeit einer erheblichen Anzahl weltlicher Lehrkräfte nicht ausschloß).[93] Das änderte sich erst nach 1848.

Überblick über das höhere Schulwesen in Österreich 1818 (berechnet gemäß dem Gebiet der heutigen Republik)

Provinz	Schule	Schüler
Wien	Akademisches Gymnasium (Piaristen) Josefstädter Gymnasium (Piaristen) Schottengymnasium (Benediktiner)	503 306 465
Niederösterreich	Krems (Piaristen) Horn (Piaristen) Melk (Benediktiner) Seitenstetten (Benediktiner) Wr. Neustadt (Zisterzienser)	133 100 102 184 191
Oberösterreich	Linz (Ordensangehörige der oberösterreichischen Stifte) Kremsmünster (Benediktiner)	242 140
Salzburg	Salzburg (Benediktiner)	408
Burgenland	–	–
Steiermark	Graz (Benediktiner) Admont (Benediktiner) Vorau (Augustiner-Chorherren)	352 44 27
Kärnten	Klagenfurt (Benediktiner) St. Paul (Benediktiner)	301 36
Tirol	Innsbruck (Weltpriester, Ordensangehörige) Hall (Franziskaner)	357 157
Vorarlberg	Feldkirch (Gymnasialfond, Weltgeistliche)	76
gesamt		4 174

Was das Verhältnis des Staates zu den Bildungsideen und den Bildungseinrichtungen angeht, so dürfte zu Anfang des 19. Jahrhunderts die Meinung allgemein verbreitet gewesen sein, die Heinrich Franz Graf von Rottenhann, Vorsitzender der 1795 gegründeten Wiener Studien-Revisions-Hof-Kommission vertrat: Die Entscheidung in allen pädagogischen Fragen solle ausschließlich der Regierung vorbehalten sein, weil »über die kluge Ausspendung der Reichthümer des Geistes ebenso, wie über jeden anderen Genuß des gesellschaftlichen Lebens, eine Art von Staatspolizei walten müsse«[94]. Diese Maxime blieb in Österreich über 1848 hinaus grundsätzlich in Geltung, noch verschärft durch die reaktionäre Wendung von 1819/20. Wesentlich anders verliefen die Entwicklungen in Preußen und weithin auch im dritten Deutschland, wo die gewaltigen Impulse einer idealistischen und neuhumanistischen

Linke Seite: Schulbesuch auf österreichischen Pflichtschulen

Um auf die enormen regionalen Unterschiede hinzuweisen, wurden in der Tabelle auch die nicht zum Deutschen Bund gehörenden Teile mitbelassen. Galizien liegt am Tabellenende (was auch Gründe in der Schulfinanzierung hatte); erstaunlich niedrig sind die Werte für die italienischsprachigen Gebiete sowie für Kärnten und Krain (mit einem hohen Anteil slowenischer Bevölkerung).

Bildungsbewegung das Schul- und Universitätswesen neu und unwiderrufbar formten und eine unerhörte Entwicklung der Geistes- und Naturwissenschaften in Gang brachten. Zwar wirkten die idealistische Philosophie und der Neuhumanismus auch in Österreich; und die wissenschaftlichen Leistungen im österreichischen Vormärz von der Physik und Medizin bis zur Historie, Sprachwissenschaft und Orientalistik sind aller Ehren wert. Aber was im nördlichen und protestantischen Deutschland in Gang gekommen war und seit Wilhelm von Humboldts Berliner Universitätskonzeption von 1810 über die ganze Welt auszustrahlen begann, war etwas anderes, bisherige Begrenzungen Sprengendes: Trotz aller politischen Hemmnisse und sozialen Schranken hatten die Ideen einer allgemein menschlichen Bildung Macht über die Institutionen gewonnen.

Wilhelm von Humboldt hat das Prinzip der neuen Universität radikal gegen die alte Universität des 18. Jahrhunderts gestellt, die nur den Zweck hatte, Staatsdiener auszubilden oder »abzurichten«. Der Staat – so Humboldt – erreicht am besten seine Zwecke, wenn er die Universität sich selbst überläßt: »Er [der Staat] muss im Ganzen … von ihnen [den Universitäten] nichts fordern, was sich unmittelbar und geradezu auf ihn bezieht, sondern die innere Überzeugung hegen, dass, wenn sie ihren Endzweck erreichen, sie auch seine Zwecke, und zwar von einem viel höheren Gesichtspunkte aus, erfüllen, von einem, von dem sich viel mehr zusammenfassen lässt und ganz andere Kräfte und Hebel angebracht werden können, als er in Bewegung zu setzen vermag.«[95] Wo aber liegt der eigenste Zweck der neuen Universität und wie erreicht sie ihn? »Der Universitätslehrer [ist] nicht mehr Lehrer, der Studierende nicht mehr Lernender, sondern dieser forscht selbst und der Professor leitet diese Forschung und unterstützt ihn darin. Denn der Universitätsunterricht setzt nun in Stand, die Einheit der Wissenschaft zu begreifen und hervorzubringen, und nimmt daher die schaffenden Kräfte in Anspruch.« Nicht also Berufsausbildung – sondern die Begegnung mit der »reinen Idee der Wissenschaft« und zugleich das belebende Zusammenwirken mit anderen führt den jungen Menschen zur Ausbildung seiner inneren Kräfte und sichert die gelingende Tätigkeit: Der Geist der echten Wissenschaft ist der Geist der Wahrheit.

Man nennt diese Idee der Bildung und der Universität häufig neuhumanistisch, und gewiß ist sie mit der neuen Modellfunktion, die der Antike nun zugesprochen wird, aufs engste verbunden. Aber sie läßt sich aus der Antike selbst ebensowenig direkt ableiten, wie der Humanismus der Renaissance. Viele Erfahrungen der modernen Welt und der neuzeitlichen Subjektivität mußten gesammelt werden, bis *diese* Art der Antikerezeption und ihre praktische Umsetzung solche Form und Kraft gewannen. Humboldt hat das auch selbst betont: »Denn wir sehen offenbar das Altertum idealischer an, als es war … Was aus dem Altertum herüber auf uns am innerlichsten und geistigsten wirkt, gehört dem Griechischen Geist an, der, indem er, gleich einer natürlichen Blüte, aus dem Lande und Volke emporwuchs, wie vom Weltschicksal gestempelt erscheint, die Bildung künftiger Jahrtausende in sich zu tragen.« Wie verhält sich aber diese Bildung, die aus der Antike in die Zukunft weist, zum Christentum? Humboldt hat, anders als der bilderreiche Goethe, sein Bekenntnis zur Antike eindeutig mit einer Absage an das Christentum verbunden: »Das Altertum ist das einzige, was mich eigentlich ganz lebendig ergreift, und ich bin im reinsten und eigentlichsten Verstande ein echter Heide, in vollständigem Gegensatz gegen alles Moderne, das Mittelalter mit eingeschlossen.«

Es fehlte nicht an Versuchen, diesen schroffen Gegensatz zwischen antikem Ideal und bürgerlicher, deutscher, christlich geprägter Gegenwartsrealität zu entschärfen und auszugleichen. Die Geschichte der Theorie und Praxis des neuhumanistischen Bildungssystems ist voll von solchen Bemühungen. Am ehesten schien der konfliktlose Bezug zwischen Griechentum und Deutschtum in den Bereichen der Sprache und der Ästhetik herstellbar. Die ursprüngliche Verwandtschaft zwischen dem griechischen und dem deutschen Geist wurde vielfach betont. In dem von Reinhold Bernhard Jachmann und Friedrich Passow herausgegebenen »Archiv deutscher Nationalbildung« heißt es 1812: »Im griechischen Altertum, oder nirgends, findet der Knabe und Jüngling die schönsten und lehrreichsten Berührungs- und Vergleichspunkte bei der Entwicklung seiner eigenen Nationalität. Die griechische Welt, die uns ein schönes, heiteres, blühendes Jugendleben der Menschheit darstellt, ist ein bildendes Vorbild für den aufblühenden Jüngling, an dem griechischen Sprachgebäude ... lernt er überhaupt erst das Wesen und die Vollkommenheit der Menschensprache kennen und beurteilen. Die noch unerreichten Werke der griechischen Kunst wecken und bilden seinen Sinn für echte Schönheit, drücken das ewige Urbild des Schönen in seine Seele ...«[96] Wieweit sich der Neuhumanismus von der eigentlichen, historischen Realität griechischer Kultur unterschied und wie tief er von Jahrhunderten mittelalterlicher und moderner Disziplinierung des Geistes und der Gesellschaft geprägt war, zeigt auch der Blick auf den erzieherischen Optimismus und den Schulenthusiasmus, den viele seiner Vertreter entwickelten. Jachmann etwa, der Königsberger Schulrat, programmierte das Verhältnis der neuen humanistischen Schule zur Welt in kühnster Weise. Bisher war die Schule – das richtete sich gegen die Aufklärungspädagogik – »gleich den übrigen bürgerlichen Gewerben, ein bloß integrierender Teil der Welt«. Nun aber kann die Schule »sich endlich in einem präordinierten Verhältnis zur Welt ansehen; sie kann ihren eigenen Zweck, den höchsten Zweck der Menschheit, allein im Auge halten und verfolgen; sie kann es darauf anlegen, selbst die Welt allmählich diesem Schulzwecke anzubilden.«[97]

Zwei Brüder prägten das geistige Berlin zwischen Freiheitskriegen und Revolution ganz wesentlich: die Brüder Humboldt. Naturwissenschaftler und Kulturpolitiker im weitesten Sinn, haben sie Einfluß auf Hof und Regierung; bis in unser Jahrhundert hinein blieb die deutsche Universität von der Humboldtschen Bildungsidee geprägt, die ein Muster für Hochschulen in der alten und Neuen Welt wurde.

Wilhelm von Humboldt

Die Breite und Tiefe der Wirkungen, die trotz aller Widerstände und Verflachungen von der neuhumanistischen Bildungsidee ausgingen, läßt sich auf jedem Gebiet der vormärzlichen Kultur verfolgen. Selbst im offiziellen Österreich, das sich gegen die Ideen Humboldts nicht weniger abschloß als einst gegen die Ideen Pestalozzis, ist unter den spätjosephinischen Pädagogen der belebende Einfluß der neuen Ideen zu bemerken. Vinzenz Eduard Milde (1777–1853), der führende katholische Erziehungstheoretiker des Vormärz, der dann Erzbischof von Wien wurde, trat für die Idee der humanen Autonomie ein: »Die Bestimmung zur Menschheit muß immer der erste und höchste Zweck sein; denn ehe die Ältern das Kind zu etwas rufen, sagt Rousseau mit Grunde, ruft die Natur dasselbe zum Mensch seyn.«[98] Solche qualitativen Veränderungsprozesse verbanden sich mit dem quantitativen Wachstum von Bevölkerung, Alphabetisierung und Lebensstandard. Nicht nur, daß aus der alten Gelehrtenschule das neue Gymnasium, aus der Kirchengemeindeschule die Volksschule, aus der alten Beamten-Erziehungs-Universität die neue Universität der »schaffenden Kräfte« und der »Einheit der Wissenschaft« wurde. Die Wissenschaft selbst wird nun erstmals zu einem bestimmenden Faktor in der Gesellschaft. Das gemeinsam voranschreitende Interesse von Staatsmacht und Gesellschaft und die neue Institutionalisierung von Forschung im Rahmen der reformierten Universitäten wecken und fördern unerhörte wissenschaftliche Potenzen, die ihrerseits die Wandlungsprozesse in allen Lebensbereichen beeinflussen und vorantreiben.

Sehr viele Impulse gehen von der Theologie und der klassischen Philologie aus. Es fasziniert geradezu, wie rasch sich die philologisch-kritische Methode nun von ihren »klassischen« Gegenständen löst, wie schnell sich die allgemeine Sprachwissenschaft entwickelt, die das Sanskrit entdeckt und bald die Stammbäume aller Menschensprachen verfolgt. So gesehen ist Wilhelm von Humboldts Vordringen vom Griechischen zum Ägyptischen, zu den altamerikanischen Sprachen, zum Chinesischen und schließlich zur Kawi-Sprache auf Java ein exemplarischer Vorgang. Unter dem Gesichtspunkt humaner Einheit und nationaler Sonderung hat schon Gervinus auf die politische Ambivalenz dieser enormen sprachwissenschaftlichen Fortschritte hingewiesen (wobei er das sprachlich-nationale Erwachen der West- und Südslawen mit offenkundiger Sorge verfolgte): »Einigend haben sie [die Sprachforscher] hier, die Förderer eines Weltbürgerthums im ausgedehntesten Sinne, die Menschheit aus allen Fernen in nächste Berührung zu bringen geholfen. Spaltend haben sie dort, seit sich die Shafarik und Palacky, die Kollar und Kopitar und Karadschitsch für die Aufnahme aller slavischen Idiome, Volksdichtungen und Alterthümer zu regen begannen, die Trennung von Völkern und Völkern gefördert ...«[99]

Von den klassischen Sprachen führten viele Wege auch in die tiefere Erforschung der antiken Kultur und der germanischen und deutschen Vorzeit. Von Berthold Georg Niebuhrs Grundlegung einer kritischen Geschichte Roms und der »Realphilologie« August Boeckhs, der den Staatshaushalt der Athener untersuchte, zum systematischen Ausbau der Archäologie, die 1829 mit der Gründung des »Instituto di corrispondenza archeologica« in Rom aus deutscher Initiative ein internationales Zentrum erhielt, zu Jakob Grimms Deutscher Grammatik (1. Band 1819), die den Schritt von der romantischen Sammeltätigkeit der »Kinder- und Hausmärchen« (1812) zur Germanistik als Wissenschaft markiert, reicht die Reihe der großen Anfänge weiter bis zur »Gesellschaft für Deutschlands ältere Geschichtskunde«, die 1819 vom Freiherrn vom Stein gegründet wurde und 1826 den ersten Band der »Monumenta Germaniae Historica« herausbrachte. Damit war auch im Bereich der Mittelalterforschung der Übergang von der Begeisterung für die vaterländischen Studien zu der Institutionalisierung rigoroser Quellenforschung vollzogen. Auf die Ausarbeitung des Programms einer Rechtsgeschichte neuen Stils durch Savigny folgte 1843 das erste Werk der Historischen Schule der Nationalökonomie, mit dem

Wilhelm Roscher gegen die Herrschaft der klassischen, westeuropäischen Nationalökonomie auftrat. Zur quellenmäßigen Bearbeitung der Neuzeit haben erst die politisch bewegten fünfziger Jahre angeregt. Aber die moderne Richtung der Neuzeitforschung, die in Deutschland entwickelt wurde und in der zweiten Jahrhunderthälfte weit über die deutschen Grenzen hinauswirkte, entstand bereits in der Zeit des Vormärz.

An dem Zustandekommen dieses neuen historischen Denkens und dieser neuen historiographischen Schule, in deren Mittelpunkt Leopold Ranke stand, waren viele Kräfte beteiligt. Schon Wilhelm von Humboldt hatte gefordert, die Geschichte als einen einheitlichen Prozeß und als eine untrennbare Verbindung von Individuellem und Allgemeinem zu sehen. Aber was Humboldt ganz weltlich anfaßte, war für Ranke eine christliche Aufgabe.[100] Es fehlte zwar auch hier im Nachklang Goethes und Hegels nicht an platonisierenden und pantheistischen Färbungen: »Die Idee der Menschheit - Gott gab ihr Ausdruck in den verschiedenen Völkern.« Keine Epoche darf zugunsten einer anderen abgewertet werden: »Jede Epoche ist unmittelbar zu Gott.« »Eben darum folgen die Zeiten aufeinander, damit in allen geschehe, was in keiner einzelnen möglich ist, damit die ganze Fülle des dem menschlichen Geschlecht von der Gottheit eingehauchten geistigen Lebens in der Reihe der Jahrhunderte zutage kommt.« Die Einheit des Menschengeschlechts war schon von der Aufklärungshistorie betont worden. Aber von deren Auffassungen grenzte sich Ranke zweifach ab: gegen die Aufklärung vertrat er nicht nur die Konzeption der »genetischen Sinngebung« der Geschichte, sondern auch einen neuen methodischen Anspruch: der Historiker solle nicht urteilen oder richten, sondern nur zeigen, »wie es eigentlich gewesen«. Das war eine sehr optimistische und seither unausgesetzt diskutierte Auffassung von der Objektivitätspflicht des Historikers und ihren Möglichkeiten: »Ich möchte mein Selbst auslöschen ...«

In Wirklichkeit hat Ranke sein Selbst niemals ausgelöscht. Die Spannung zwischen Rankes theoretischen Aussagen, seiner Praxis als Forscher und Geschichtsschreiber und seinen deutlichen politischen und weltanschaulichen Optionen macht auf das geschichtswissenschaftliche Problem des »Historismus« aufmerksam. Rankes Interpretation der neueren Geschichte und der Weltgeschichte war europazentrisch, national-deutsch und sozialkonservativ. Luthers Reformation - so meinte er - sei nur infolge des Hereinwirkens äußerer Mächte (Papsttum und Karl V.) an der Durchsetzung der reineren Formen des Christentums in ganz Deutschland gehindert worden.[101] Für seine Zeit erhoffte er, seit 1825 Professor an der Berliner Universität, durch Preußens Monarchie eine machtvolle Neugestaltung des deutschen Lebens. Die versöhnliche Auffassung der Papstgeschichte, die er noch 1834 vorgetragen hatte, machte seit den Kölner Wirren (1837) einer dezidiert protestantischen Stellungnahme Platz. In den politischen Gegenwartsfragen vertrat er eine moderat konservative Linie. Unter der Voraussetzung einer nichthabsburgischen Lösung der deutschen Frage legte Ranke besonderen Nachdruck auf die Beziehungen zum bayerischen Königshaus. Dort sah er den wichtigsten Angelpunkt zur Herstellung jener deutschen Einheit, die in der Reformationsepoche an der katholi-

In Göttingen wirkten die Brüder Grimm, Begründer der Germanistik und leidenschaftliche Sammler deutschen Volksgutes. »Es ist höchste Zeit geworden, alte Überlieferungen zu sammeln und zu retten, damit sie nicht, wie Tau in der Sonne vergeht, wie Feuer im Brunnen erlischt, in der Unruhe unserer Tage für immer verstummen« (Jakob Grimm).

schen Gegenwehr Bayerns gescheitert war. Als 1845 dem bayerischen Kronprinzen Maximilian, der bei Ranke in Berlin studiert hatte und mit einer preußischen Prinzessin verheiratet war, der erste Sohn geboren wurde, sandte Ranke ihm einen durch und durch politischen Glückwunsch:[102]

»Ein Ereignis von Bedeutung nicht allein für Ihr Königl. Haus, Ihre eigene Stellung, das bayrische Volk, sondern für alle Deutschen ... Ein Pfand dieser Eintracht sehe ich in dem Neugeborenen, der den Häusern Hohenzollern und Wittelsbach zugleich angehört. Sei Gott, der ein Gott ist der Katholischen und der Protestantischen, dafür gepriesen. Er hatte einst Ew. Königl. Hoheit nicht umsonst auf unsere Universität geführt.«

So fügte sich die Erforschung der nationalen Vergangenheit und das gegenwärtige Engagement für die Herstellung deutscher Eintracht durch eine providentielle dynastische Achse Berlin-München nahtlos ineinander. Ranke war bei alledem kein Klopffechter der kleindeutschen Einigung. Viele Historiker, die mit ihm und nach ihm aus derselben neuhumanistisch-protestantischen Wurzel die neuen Methoden und Formen der Geschichtsschreibung entwickelten, waren seine Weggefährten auf diesem politischen Weg, wenn auch oft mit stärker liberalem Engagement und nicht mehr auf der gleichen Höhe der Perspektiven. Das alles nimmt dem wissenschaftlichen Aufschwung der Zeit nichts von seiner gewaltigen inneren und nationalen Bedeutung. Man muß nur sehen, daß die Objektivitätsforderung, die damals der geisteswissenschaftlichen Entfaltung in der Tat inneren Raum und neue, autonome Kraft gab, mit entschiedenen persönlichen Standpunkten durchaus vereinbar war. Daß andererseits diese Generationen von Forschern die Problematik von Wissenschaft und Wertbezug stark unterschätzt haben, liegt von heute her gesehen auf der Hand.

Erst in der zweiten Jahrhunderthälfte überflügelten die Naturwissenschaften in Deutschland die Geisteswissenschaften.[103] Das war zum einen in dem Vorsprung begründet, den England und Frankreich mit ihren großen hauptstädtischen Forschungszentren im 18. Jahrhundert gehabt hatten. Es lag aber auch an bestimmten Folgen des Gedankens der »Einheit der Wissenschaft«, die der neuhumanistischen und romantischen Wissenschaftskonzeption gemeinsam waren. Die deutsche »Naturphilosophie« herrschte von Schelling bis Schopenhauer, sie hemmte die Entwicklung der exakten Wissenschaften auf deren eigenstem Gebiet. Schelling wandte sich wie Goethe gegen Newton; nicht durch empirische Methoden, sondern durch Anschauung und Intuition sollte die Erkenntnis der Natur gelingen. Dazu kamen christliche Motive, die insbesondere gegen die sogenannte »materialistische« Heilkunde ins Feld geführt wurden. Romantische Ärzte wie Feuchtersleben in Wien oder Ringseis in München traten für eine ganzheitliche Medizin unter Einbeziehung von Gefühl, Gebet und Heilung durch das Handauflegen priesterlicher Ärzte ein. Wie schwierig es war, sich aus dieser Gedankenwelt zu lösen und wie dann die endlich siegreiche exakte Forschung alles spekulative, übergreifende Denken verachtete und die Spezialisierung vorantrieb, wird an vielen Beispielen greifbar. Man sieht es an den Kämpfen für die »neue Physiologie« und gegen die »Geisteskrankheit« der Naturphilosophie, die Männer wie Carl

Ludwig, Ernst Wilhelm Ritter von Brücke, Emil Du Bois-Reymond und Hermann Helmholtz jahrzehntelang führten. Man kann es verfolgen bei Jan Purkyně (1787–1869), dem böhmischen Piaristenpater, der zum Mitbegründer der naturwissenschaftlichen Physiologie wurde und den »Unfug« denunzierte, der mit der »dichterischen Anschauung der Natur« getrieben wurde;[104] obwohl er selber versuchte, mittels eines dualistischen Ansatzes die Totalität der Naturerkenntnis festzuhalten.

Hand in Hand mit der physikalisch-chemischen Kausalerklärung von Lebensvorgängen durch die neue Physiologie gingen die Fortschritte der Chemie, der es gelang, »organische« Substanzen synthetisch herzustellen. Der Lebensweg Justus Liebigs (1803–1873) illustriert diese Entwicklungen.[105] Der Darmstädter Apothekerlehrling studierte in Bonn und Erlangen und kam mit neunzehn Jahren durch ein Stipendium des hessischen Großherzogs nach Paris. Dort arbeitete er bei den großen Physikochemikern, unter anderem bei Gay-Lussac. Als er seine erste analytische Untersuchung in der Pariser Akademie vortragen durfte, war zufällig Alexander von Humboldt anwesend. Humboldt, der letzte der großen Universalgelehrten im Stile des 18. Jahrhunderts, hat Liebig damals »entdeckt« und ihn, wie manche andere, sogleich energisch gefördert. Auf seine Empfehlung hin berief der Großherzog den zweiundzwanzigjährigen, in Deutschland ganz unbekannten Chemiker auf einen Lehrstuhl an der Universität Gießen. Hier hat Liebig das erste leistungsfähige Laboratorium im Universitätsrahmen eingerichtet und Gießen zum Mittelpunkt der chemischen Forschung in Deutschland gemacht.

Der Chemiker Justus von Liebig, Begründer des Laboratoriumsunterrichtes, wies in allerhöchster Not durch seine physiologisch-chemischen Untersuchungen und durch die agrikulturchemische Begründung der Mineraldüngung einen Weg aus der Hungerkrise der vierziger Jahre; seine Entwicklungen ermöglichten eine erhebliche Steigerung der landwirtschaftlichen Produktion.

Liebigs chemisches Laboratorium auf dem Seltersberg zu Gießen (Ausschnitt), um 1840

Sein großes Werk »Die organische Chemie in ihrer Anwendung auf Agrikulturchemie und Physiologie« (1840) hat die Agrarchemie revolutioniert. Sein radikales Eintreten für die Mineraldüngung schuf ihm zunächst viele Gegner, auch an den vor allem praxisorientierten landwirtschaftlichen Hochschulen. Liebig war nicht nur ein großer Systematiker, sondern auch ein praktischer Kopf (Erfindung des Fleischextrakts), der in den seit 1844 vielfach neu aufgelegten »Chemischen Briefen« bei dem gebildeten Publikum für die neuen Erkenntnisse und ihre Anwendung warb: »Die Naturwissenschaft hat das Eigene, daß alle ihre Resultate dem gesunden Menschenverstand des Laien ebenso klar, einleuchtend und verständlich sind wie dem Gelehrten, daß der Letztere vor dem Andern nichts voraus hat als die Kenntniß der Mittel und Wege, durch welche sie erworben wurden; diese sind aber für die nützlichen Anwendungen in den meisten Fällen völlig gleichgültig.«[106] Den gleichen Optimismus strahlen auch Liebigs Anschauungen über den wohltätigen Einfluß des wissenschaftlichen Fortschritts auf die Gesellschaft und auf den Staat aus. Der Mensch wirkt als Prometheus ohne Gefahr des Absturzes, die Naturgewalten sind zu seinen willigen Dienern geworden. Die Naturwissenschaften werden die erste Stelle in den Schulen einnehmen, die neue Generationen in kräftigerem Geist erziehen: »Durch sie werden die Hülfsmittel der Staaten zunehmen, in ihnen ihr Vermögen und ihre Kraft wachsen, und wenn der Mensch im Drucke seiner Existenz erleichtert, von den Schwierigkeiten nicht mehr überwältigt wird, die irdischen Sorgen zu tragen und zu beseitigen, dann erst wird sich sein Sinn, reiner und geläutert, dem Höheren und Höchsten zuwenden können.« Liebig trat gegen die militärische Rüstung auf, die Rechnung des Fortschritts war ihm auch in dieser Hinsicht einfach und bestärkte seine Zuversicht: »Darum haben die Staaten mit großen stehenden Heeren nur den Schein von Stärke, weil ein dauernder Aderlaß den besten Theil ihres Blutes und ihre edelsten Säfte entzieht; ihre Macht ist der Kraft gleich, welche der Wilde im Branntweinrausche findet; wenn der Rausch verfliegt, dann ist die Macht mit der Kraft dahin.«

Daß es anders und gefährlicher kam, als Liebig und die meisten Vertreter der aufsteigenden Naturwissenschaften hofften, macht seither einen großen Teil der deutschen Geschichte und der Weltgeschichte aus: anders im Hinblick auf die Integration der Naturwissenschaften in die Allgemeinbildung, anders im Hinblick auf ihre Stellung und Wirkung in Deutschland, auf das Verhältnis von Wissenschaft, Technik, Staat, Frieden, Welternährung, Welterhaltung ...

Literatur

Die unentwegt wachsende Literatur über die Literatur des Biedermeier füllt mittlerweile so viele Bücherschränke wie die Literatur des Vormärz selber.[107] Die rapide Ausbreitung der lesenden Öffentlichkeit zeigt sich schon an den erstaunlichen Volksschulzahlen des Vormärz; dem entspricht die Vermehrung der Buchhandlungen, der Bibliotheken, der Buchproduktion und der Zeitschriften und Zeitungen. Zu Beginn des 19. Jahrhunderts gab es in Deutschland etwa 500 Buchhandlungen, 1832 zählte man 729, davon 89 in Österreich. Für 1844 gab das »Börsenblatt für den deutschen Buchhandel« folgende Zahlen an: in 341 Städten des Bundesgebietes 1321 Buch-

Anzahl der Buchhandlungen in einigen großen Städten des Deutschen Bundes

Stadt	1831	1844	1855
Berlin	80	127	195
Wien	43	48	34
Leipzig	79	130	156
Stuttgart	17	36	55

handlungen (davon in Österreich in 20 Städten 107). Schon hier wird das Zurückbleiben Österreichs deutlich. Noch deutlicher zeigt sich die wachsende Differenz im Städtevergleich. Im Jahre 1844 besaß

München 20 Buchhandlungen, Dresden 28, Frankfurt am Main 33, Prag 21, Breslau 23. Berlin allein hatte 1844 schon ganz Österreich (Bundesgebiet) überflügelt, Wien blieb selbst hinter deutschen Mittelstaaten zurück.

Für die Verbreitung der Lektüre spielten die Buchkolporteure, die alle Schichten in Stadt und Land erreichten, und die immer zahlreicheren Leihbibliotheken und Lesevereine im Vormärz eine eminente Rolle. Den Bibliotheksgründungen aus uneigennütziger, volksbildnerischer Absicht liefen die kommerziell geführten Leihbibliotheken vielfach den Rang ab. Trotz der teilweise strengen staatlichen Aufsichtsmaßnahmen weitete sich das Netz der Leihbibliotheken bis 1848 ständig aus. Auch hier lassen sich charakteristische Unterschiede feststellen. 1846/47 bestanden in Preußen 656 Leihbibliotheken, in Sachsen 117, in Kurhessen 19, in Hannover (außer Göttingen) 108 (schon 1844), in Bayern 66. München besaß vier und Wien, aufgrund der geltenden Zulassungsbestimmungen, nur zwei solche Bibliotheken. Vielfach waren mit den Leihbibliotheken Zeitungs- und Zeitschriftenlesezirkel verbunden, wo man unter verschiedenen Abonnementklassen wählen konnte. Das mit der Schmidt'schen Leihbibliothek in Dresden verbundene »Journalistikum« besaß 1819 bereits 26 laufende »Gelehrte und politische Zeitungen« und 146 jährlich erscheinende Almanache und Taschenbücher.

Was den Inhalt der Bestände anging, so stand überall die Belletristik im Vordergrund. Ihr Anteil stieg im Laufe der Zeit noch gegenüber der Sachliteratur, die am ehesten in den großen Städten ihren Platz behauptete. Bei W. Bernhardt in Hamburg machte sie

Auf der Rückseite dieser Darstellung eines Lesecafés ist vermerkt: »Alles liest alles.« Tatsächlich ist die Epoche von unersättlichem Lesehunger geprägt; man zieht sich mit dem Buch in die Natur zurück, lädt zu Leseabenden ein, erfindet Caféhäuser, in denen man sich trifft, weil dort Zeitungen ausliegen.

Gustav Taubert,
Im Berliner Lesecafé, 1832

1844 immerhin 24 Prozent aus, 1848 bei Gerold in Wien 29,25 Prozent. In den kleineren Städten stieg der Anteil der Belletristik und vor allem des Romans auf 80 bis 85 Prozent. Seit den zwanziger Jahren setzte mit Walter Scotts Romanen eine Flut von Übersetzungen aus dem Englischen und Französischen ein. In dem Leipziger Ostermeßkatalog von 1840 handelte es sich bereits bei einem Drittel aller Romane um Übersetzungen. »Die weitgehende Einschränkung des Lektüreangebots auf die Belletristik entsprach nicht notwendig dem Charakter der Leihbibliothek als literarische Insti-

tution. Sie war vielmehr eine Folge der Zensurverordnungen, der allgemeinen von oben herab gesteuerten Tendenz der Zeit zur Entpolitisierung und zur Flucht in die Unverbindlichkeit der Phantasie, der dominierend ›ästhetischen Erziehung‹ und endlich des durch den Industrialisierungs- und Verstädterungsprozeß ausgelösten Bedürfnisse nach Evasion.«[108]

Hinter dieser Entwicklung der Buchproduktion stehen die verschiedensten Ursachen – die Zunahme des Lesepublikums oder die Rationalisierung und Verbilligung der Herstellungstechnik zum Beispiel; andere Faktoren wie Maßnahmen der Zensur, Auswanderung von Autoren, Sättigung des Marktes, Verlagerung der Interessen wirkten in entgegengesetzte Richtung. Die jährliche Buchproduktion in Deutschland überschritt nach einem erheblichen Rückgang während der Kriegs- und Nachkriegsjahre erst 1821 mit 4 505 Titeln wieder den Stand von 1805.[109] In den zwanziger und dreißiger Jahren erfolgte eine wesentliche Wachstumsbeschleunigung, die 1843 mit 14 039 Titeln einen Höhepunkt erreichte, der dann erst in den sechziger Jahren übertroffen wurde. Seit 1846 setzte eine rückläufige Entwicklung ein und ab 1848 fiel die Titelzahl für rund zwanzig Jahre unter die 10 000-Grenze zurück, die erstmals 1837 erreicht worden war. Prozentual wuchsen die Sachgebiete des »praktischen Lebens«; der Gesamtanteil der Gruppe »Schöne Künste und Wissenschaften« behauptete noch bis 1845 den ersten Platz, dann ging der Anteil an der Gesamtproduktion ständig zurück (1801/5 – 29,4 Prozent, 1841/5 – 17,7 Prozent).

Die Produktion von billigen Großauflagen der Klassiker durch Cotta und Göschen in den zwanziger Jahren ist sowohl unter dem Gesichtspunkt der Buchtechnik als auch unter dem der Entstehung einer Massenkultur bemerkenswert. Organisatorisch bedeutete die Gründung des Vereins der Buchhändler (Leipzig 1833), der schon Mitte der vierziger Jahre nahezu die Hälfte aller deutschen Buchhändler umfaßte, sowie die gleichzeitige Gründung des »Börsen-

Börsenblatt
für den
Deutschen Buchhandel
und für die mit ihm
verwandten Geschäftszweige.
Herausgegeben von den
Deputirten des Vereins der Buchhändler zu Leipzig.

Redacteur: Otto Aug. Schulz. Commissionair: A. Frohberger.

№ 1. Freitag, den 3. Januar 1834.

Vorwort.

Längst schon wurde von vielen achtbaren Geschäftsfreunden mündlich und schriftlich der Wunsch ausgesprochen: in Leipzig eine Zeitschrift erscheinen zu sehen, welche regelmäßigen Mittheilungen, Belehrungen, Nachrichten u. s. w. im Gesammtinteresse des deutschen Buchhandels und der mit ihm in Berührung kommenden Geschäftszweige ausschließlich gewidmet sey. Den vielfachen, freundlichen Aufforderungen entgegen zu kommen und dem zeither gefühlten Mangel zu begegnen, hat sich die Deputation des Vereins der hiesigen Buchhändler entschlossen, von jetzt an, unter der Redaction des Unterzeichneten, ein Blatt herauszugeben, welchem nachstehender Plan zur Grundlage dienen soll. Das

Börsenblatt für den deutschen Buchhandel u. s. w.

wird aus zwei Abtheilungen bestehen.

Die erste Abtheilung soll enthalten:

1. Bekanntmachungen des Vorstandes der deutschen Buchhändler-Börse und aller gesetzlich anerkannten Vertreter von Buchhändler-Corporationen.

2. Gesetz-Kunde.

a) Alle neuen, in den deutschen Bundesstaaten erscheinenden, die Presse und den Buchhandel betreffenden Gesetze und Verordnungen; b) ältere noch in Kraft befindliche Gesetze, wenn sich eine erneute Kenntniß derselben nothwendig zeigt; c) neuere gesetzliche Bestimmungen des Auslandes, in soweit solche auf unsern Verkehr von Einfluß sind.

Anm. Alle übrigen Mittheilungen der Art, welche Wichtigkeit für den deutschen Verkehr entbehren, werden unter den historischen ihren Platz erhalten.

3. Mercantilisch-technische Mittheilungen.

Besprechung aller Gegenstände, welche auf den Betrieb unsers Geschäfts von Einfluß sind, als: Buchdruckerkunst und Schriftgießerei, Papierfabrication, Stahl-, Kupfer- und Holzstich, Steindruck, Handzeichnung, Illuminiranstalten, Buchbinderkunst, alle Einrichtungen unsers inneren Geschäftsverkehrs u. s. w.

4. Historisch-statistische Mittheilungen.

a) Aufsätze zur Geschichte der Buchdruckerkunst und des Buchhandels aller Länder, mit besonderer Berücksichtigung für Sammlung von Materialien zu einer Geschichte des Buchhandels in Deutschland; statistische Nachrichten; merkwürdige Rechtsfälle im In- und Auslande, als Belehrung über praktische Anwendung der Gesetze und zur belehrenden Unterhaltung; Gesetz-Entwürfe über Presse und Buchhandel constitutioneller Staaten; gesetzliche Verhältnisse im Auslande, welche nicht blos den innern Verkehr betreffen. b) Berichte von neuen Etablissements, Procura-Ertheilungen und andern Handlungs-Veränderungen, in sofern wir durch formelle Anzeigen davon unterrichtet sind, deren Originale in unserm Archiv aufbewahrt werden sollen, welches zur Benutzung von Nachweisungen dem deutschen Buchhandel stets geöffnet ist; c) Personal-Notizen und Miscellen.

Die zweite Abtheilung wird Bekanntmachungen im hauptsächlichen Interesse der Einsender, gegen die unten bemerkten Insertionsgebühren liefern. Die geordneten Rubriken für diese Abtheilung sind:

1. Gerichtliche Anzeigen über Concurse u. s. w. 2. Pränumerations- und Subscriptions-Anzeigen. 3. Bücher, Musikalien u. s. w. unter der Presse. 4. Verkaufs-Anzeigen neu erschienener und älterer Bücher, Musikalien u. s. w. 5. Kaufgesuche derselben. 6. Tausch-Anerbietungen und Gesuche. 7. Circulare, Bekanntmachungen,

1. Jahrgang. 1

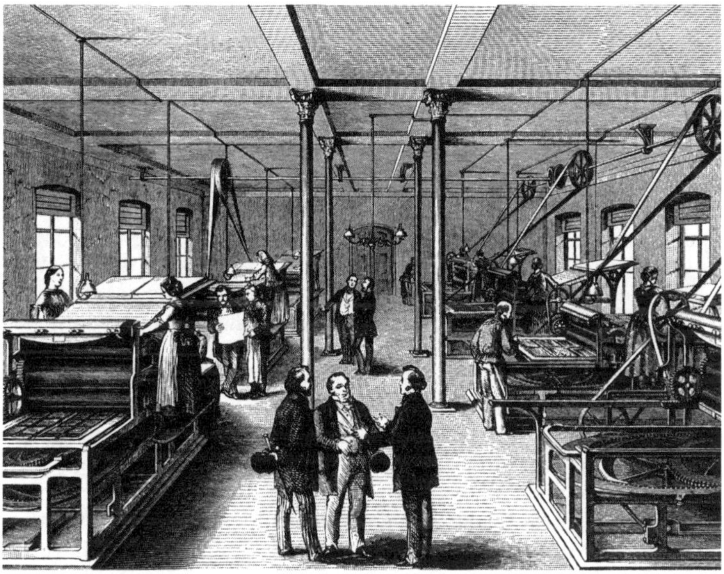

Die Industrialisierung, die Erfindung der Dampfkraft berührt ausnahmslos alle Bereiche des menschlichen Lebens. Wie hätte das Lesepublikum des 19. Jahrhunderts befriedigt werden sollen ohne die Entwicklung im Druckgewerbe?

Linke Seite: Schnellpresse für Handbetrieb, 1845
Rechte Seite: Maschinensaal der Leipziger Buch- und Kunstdruckerei Giesecke & Devrient, 1862

blattes für den deutschen Buchhandel« eine Stärkung des Standesbewußtseins und der Rechtsstellung. 1835 konnte - gegen den ursprünglichen Widerstand Österreichs - vom Frankfurter Bundestag eine einheitliche Rahmenregelung gegen illegale Nachdrucke und für den Schutz der Autoren- und Verlagsrechte beschlossen werden. 1845 wurde die Schutzfrist für den ganzen Bund einheitlich auf 30 Jahre festgesetzt. Eine zehnjährige Schutzfrist für dramatische Werke (soweit ungedruckt) wurde schon 1841 vom Bundestag festgesetzt.

In die bedeutungsvolle Geschichte des deutschen Verlags- und Zeitschriftenwesens im Vormärz, in der sich ein guter Teil der geistigen und politischen Kämpfe der Zeit widerspiegelt, gehört als ein besonders bemerkenswertes Gebiet die Entstehung und Wirkung der ersten Massenzeitschriften.[110] 1834 übernahm Brockhaus das im Jahre zuvor in Leipzig gegründete »Pfennig-Magazin der Gesellschaft zur Verbreitung gemeinnütziger Kenntnisse«. Es handelte sich um eine Wochenschrift im Umfang eines Quartbogens zum Jahrespreis von zwei Talern (was ungewöhnlich billig war). Die Auflage soll zunächst 35 000, später 100 000 betragen haben, dazu brachte Gerold eine österreichische Ausgabe mit 10 000 Exemplaren heraus. Liest man das Geleitwort des »Pfennig-Magazins« für 1833/34, so möchte man sehr gern mehr über Inhalt und Wirkungsgeschichte solcher Publikationen wissen, die gerade für die biedermeierliche Bildungswelt des »kleinen Mannes« wichtig waren. Der Zweck sei »allgemeine Verbreitung nützlicher Kenntnisse, Erhebung des Geistes zum Himmel, Stärkung des Gemüthes, Befestigung des Charakters, Beförderung des Wohlstandes, Vertilgung von Unwissenheit, Ausrottung der Vorurtheile und des Aberglaubens, kurz Aufklärung, Tugend und Religion«. Und diesem stark an den älteren, humanitären Reformismus (vor 1789) erinnernden Programm wurde zur Beruhigung der Zensur beigefügt, daß alles vermieden werden solle, »was nur im geringsten die zwischen den

Regierungen und ihren Unterthanen streitigen Gegenstände berührt, weil wir durchaus keiner Parthei anhängen«.

Nach den Umwälzungen des frühen 19. Jahrhunderts gab es keine naive Literatur mehr. Die Zukunft des deutschen Geistes und seines Beitrags zur Weltkultur war zur Disposition gestellt. Der neue Reflexionsstand zeigt sich bereits in der ausgreifenden Rolle der Literaturtheorie und der Literaturgeschichte. Am Anfang der neuen, nachklassischen Epoche steht Friedrich Schlegel. Seine »Geschichte der alten und neuen Literatur« (1812/15), entstanden aus Vorträgen vor der Wiener Gesellschaft, entwickelte die romantische Theorie der Literatur innerhalb eines Totums weltgeschichtlicher Interpretation. Schlegel bemerkte scharfsinnig den neuen Umstand, »den merkwürdigen Charakterzug unserer Zeit, daß jetzt alles zur Partei wird« (Die Signatur des Zeitalters, 1820). Er wollte aber das Ganze zeigen, die Literatur im Gang der Weltgeschichte beschreiben. Das war zwar ein großes, zukunftsweisendes Programm, aber die inhaltlichen Widersprüche seiner Konzeption, die in der Spannung zwischen mittelalterlich-christlicher Idealität und den realen Bedürfnissen und Ansprüchen des modernen Subjekts stand, wußte er nicht zu lösen. Es war dann Georg Gottfried Gervinus, der nach manchen Zwischenstufen in seiner »Geschichte der poetischen National-Literatur der Deutschen« (1835/42) einen neuen Interpretationsrahmen entwickelte, der stark an Hegel orientiert war. Die Entwicklung der deutschen Literatur und des Volksgeistes sah er sich in einem historischen Dreischritt vollziehen: von der Reinigung der Religion durch die Reformation zur Erneuerung der klassischen Kunst durch Goethe und Schiller zu der politischen Gestaltwerdung der deutschen Nation, die das Werk der Gegenwart sein soll. Nicht alle Parteimänner des Fortschritts gingen so weit wie Gervinus, dessen Geschichte der deutschen Literatur »paradoxerweise die Negation von deren aktueller Funktion einschließt« (Witte).[111] Doch der Weg von Schlegel zu Gervinus war jedenfalls bezeichnend für die rasche Wendung von der spätromantischen Ganzheitsschau zu den radikalen Konzeptionen einer *littérature engagée.*

Andererseits wirkte die Romantik weiter, insbesondere in der Naturlyrik, die neben einer massenhaften Produktion von Mittelmäßigem Kostbarkeiten hervorbrachte. Im deutschen »Musenalmanach« von 1838 findet man inmitten von Banalitäten Eichendorffs »Wünschelrute«, die noch einmal den schon verlöschenden Zauber der Romantik beschwört:

Schläft ein Lied in allen Dingen,
Die da träumen fort und fort,
Und die Welt hebt an zu singen,
Triffst Du nur das Zauberwort.

Joseph von Eichendorff (1788–1857) arrangierte sich als preußischer Beamter mit dem Zeitgeist. Der Schwabe Eduard Mörike (1804–1875) scheiterte als evangelischer Pastor wie als liebender Gatte, er war ein Leidender des Vormärz im allgemeinsten Sinne. Sein Phantasieland Orplid hat man in Zusammenhang mit dem Motiv der imaginären Emigration und der Amerikasehnsucht gebracht. Als eine höchste und letzte Form der Naturmystik und der lyrischen Form steht Mörikes Dichtung zugleich im Biedermeier und schon jenseits des Biedermeier:

Du bist Orplid, mein Land,
Das ferne leuchtet!
Vom Meere dampfet dein besonnter Strand
Den Nebel, so der Götter Wange feuchtet.
Uralte Wasser steigen
Verjüngt um deine Hüften, Kind!
Vor deiner Gottheit beugen
Sich Könige, die deine Wärter sind.

In dieses Stadium des überreifen Zu-Ende-Gehens elementarer sprachlicher und gedanklicher Möglichkeiten der Lyrik gehört wohl auch die westfälische Dichterin Annette von Droste-Hülshoff (1797–1848), bei der, anders als bei Eichendorff und Mörike, der Einfluß der Engländer spürbar wird, der seit den zwanziger Jahren wirkte: Walter Scott, Lord Byron und Irving. Ihre Naturlyrik steht zwischen sinnlichem Mitfühlen und kosmischer Schreckensdrohung. Ihr Ringen um ein Einbringen verinnerlichter Christlichkeit in die poetische Formung der Welt- und Zeiterfahrung führt sie auf neue Wege, so in dem Nachlaßgedicht »Die ächzende Kreatur«. Unter dem Eindruck des beginnenden Industriezeitalters schreibt die Dichterin dem Menschen die Schuld an der Verdüsterung der Welt zu:

Das ist die Schuld des Mordes an
Der Erde Lieblichkeit und Huld.
An des Getieres dumpfen Bann
Ist es die tiefe schwere Schuld ...

Das ist die endgültige Abwendung von dem harmonischen Einklang von Kultur und Natur des Biedermeier. Mit bewußter Entschiedenheit wendet sich seit den späten zwanziger Jahren eine ganze Generation von Schriftstellern, die sich selber als die Stimme des »Jungen Deutschland« sahen, im Namen des humanen und sozialen Fortschritts gegen die romantische und spätklassische Literatur. Voran gingen Ludwig Börne (1786–1837) und Heinrich Heine (1797–1856), voran allerdings auch auf dem Weg ins politisch-poetische Exil in Frankreich. Einig waren sich fast alle Köpfe dieser Gruppe im Angriff auf das »Alte«, im entschiedenen Einsatz aller literarischen Mittel und Formen für die Erneuerung der politischen, sozialen und kulturellen Wirklichkeit. Gervinus hat den Beginn dieser in sich sehr vielgestaltigen literarisch-politischen Bewegung mit dem Tod Byrons im griechischen Freiheitskampf (1824) in Verbindung gebracht: »Denn mit dem Ende seines Lebens fing sein Geist an umzugehen in der jungen europäischen Literatur, in der sein Tod, eine Wasserscheide der Tendenzen, den Bruch mit der gegenwartsflüchtigen Romantik entschied und die neue Ära einleitet, wo die Poesie, den Preis der strengen Kunstleistung in die Schanze schlagend, ihren Ruhm in das unmittelbar reformistische Eingreifen in die Gegenwart setzte.«[112]

Schon bald suchte der Frankfurter Bundestag die neuen Tendenzen durch eine regelrechte Verbotskampagne einzudämmen; der Anlaß wurde 1835 der Roman Karl Gutzkows (1811–1878) »Wally, die Zweiflerin«, der die Emanzipation der Frau, die freie Liebe und den Kampf gegen das kirchliche Christentum, »das sich überall der politischen Emanzipation in den Weg zu stellen« scheint, zu einem Gegenstand der erzählenden Literatur gemacht hatte.

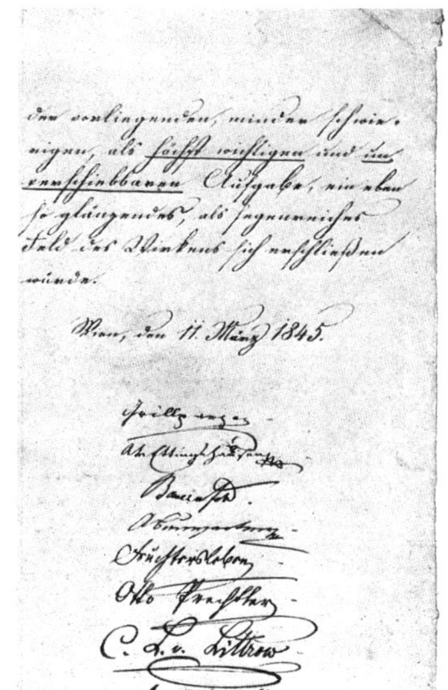

Am 11. März 1845 reichen österreichische Schriftsteller und Gelehrte beim Minister Kolowrat-Liebsteinsky eine »Denkschrift über die gegenwärtigen Zustände der Censur in Österreich« ein und bitten um die »Erlassung eines zeitgemässen Censurgesetzes«. Die Reihe der Unterzeichner führt Franz Grillparzer an.

Im Kampf gegen Verbot und Zensur war dem Erfindungsreichtum keine Grenze gesetzt; am geistreichsten war Heinrich Heine, der in seinem »Buch le Grand« ganze Seiten mit Zensurstrichen füllte, zwischen denen nur die Worte »Die deutschen Censoren ... Dummköpfe ...« übriggeblieben waren. Die Kämpfe waren voll Bitterkeit und Härte; die politische Kampflyrik spiegelt die neue Konfliktsituation, die schon auf 1848 hinwies, vermutlich am unmittelbarsten. Die Gedichte Georg Herweghs (1817–1875), aus der Schweiz eingeschmuggelt oder, wie das berühmte Gedicht »Die Partei«, 1842 während der kurzen Tauwetterperiode in der »Rheinischen Zeitung« veröffentlicht, galten dem direkten politischen Kampf:

> Partei! Partei! Wer sollte sie nicht nehmen,
> Die noch die Mutter aller Siege war! ...
> Die Fürsten träumen, laßt die Dichter handeln! ...
> Ein Schwert in eurer Hand ist das Gedicht ...

Zwischen später Romantik und politischer Kampflyrik standen nachklassische, teils schon realistische Schriftsteller, deren Romane und Erzählungen, Dramen und Gedichte der Empfindung der Zerrissenheit Sprache geben. Schon vom Titel her zeigt sich das bei Karl Immermanns (1796–1840) Roman »Die Epigonen«. Formal von Goethes »Wilhelm Meister« angeregt, zeichnet er das Generationenschicksal der Nachgeborenen: »Wir sind, um mit einem Wort das ganze Elend auszusprechen, Epigonen und tragen an der Last, die jeder Erb- und Nachgeborenschaft anzuhaften pflegt.« Es war eine Literatur der ehrlichen Empfindung und des guten Willens; erregt nahmen die Zeitgenossen auf, daß hier ihre drängenden Probleme abgehandelt wurden. Geblieben sind, den Tag überdauert haben die scheinbar zeitabgewandten Dinge, die Erzählungen Adalbert Stifters oder die Dramen Franz Grillparzers. Beide sahen sich in der Nachfolge Goethes, beide aber waren vom österreichischen Vormärz geprägt. Was bei dem älteren Grillparzer (1791–1872) zum leidenschaftlichen Ringen um klassische Form in einer unklassischen Umwelt und zum Kampf um Freiheit in einer Zeit der Despotie gerät, findet bei Stifter (1805–1868) schon in den Werken vor 1848 zu einer neuartigen Synthese von Realismus des Alltags, Ethos und Naturmythos. Stifter steht gegen das »Junge Deutschland«, dem er Vermischung des Schönen mit »Tagesfragen und Tagesempfindungen« vorwirft.[113] An Gustav Freytags »Soll und Haben« tadelt er, daß ihm »Empfindung für die Totalität« fehle. Auf diesem schmalen Grat entstehen Stifters Meisterwerke. Auf die Revolution von 1848 war er so wenig vorbereitet wie Grillparzer. Doch nicht erst in der berühmten Vorrede zu den »Bunten Steinen« (1852), die bereits vor dem Hintergrund des Neoabsolutismus steht, sondern schon vor der revolutionären Erschütterung formulierte er – anläßlich des Erscheinens von Grillparzers Novelle »Der arme Spielmann« – seine Anschauung von Kunst und Leben. Als ein christlicher Nachfolger Goethes suchte Stifter im Kleinen und Unscheinbaren die menschliche Größe: »Hier ist menschliche Größe in dem schwächsten, zerbrechlichsten Gefäße, und wenn andere ihre Helden recht groß machen, oder überhaupt ihr sogenanntes Großes schildern wollen, so können sie nicht genug Gebirgszüge von Kröpfen und Höckern anbringen, und nicht

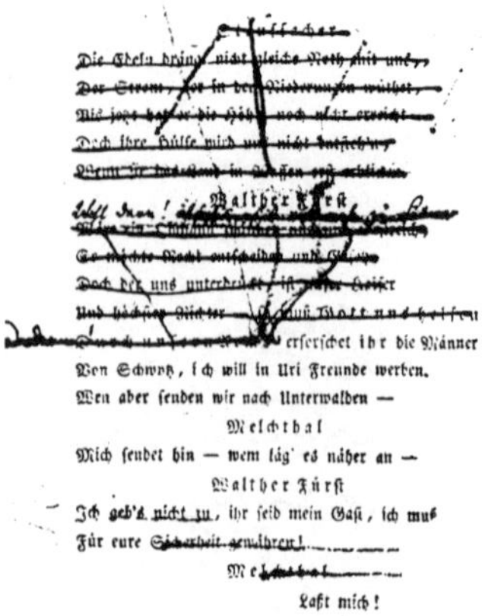
erforschet ihr die Männer
Von Schwytz, ich will in Uri Freunde werben.
Wen aber senden wir nach Unterwalden —
Melchthal
Mich sendet hin — wem läg' es näher an —
Walther Fürst
Ich geb's nicht zu, ihr seid mein Gast, ich muß
Für eure Sicherheit gewähren!
Melchthal
Laßt mich!

Das gelesene und gesprochene Wort ist eine Macht geworden, mit der man Systeme umstürzen kann, wie die Französische Revolution gelehrt hat. So sucht sich die Obrigkeit durch rigorose Zensurmaßnahmen zu schützen, die auch die Werke der gefeierten Klassiker nicht schonen.

Streichungen der Wiener Zensurbehörde in einem Exemplar von Schillers »Tell« für die dortige Erstaufführung schnell genug den Menschenverstand über Bord werfen, damit es nicht Alltäglich und Klein sei. Jede Größe ist einfach und sanft, wie es ja auch das Weltgebäude ist ... und die Unkraft lärmt auch und schlägt um sich, wie es die Knaben in ihren Spielen tun, wo sie Männer darstellen.«[114] Das bedeutete gegenüber der Klassik und Romantik eine neue Spannung von idealer Größe und realem, nämlich »kleinem« Alltag. Die sozialen und moralischen Aspekte des realen vormärzlichen Autoritätssystems kamen allerdings nicht zur Sprache, die politische Wirklichkeit blieb draußen. So führte von Stifters Dialektik des Kleinen und Großen kein Weg zur reformistischen und revolutionären Dialektik der gleichzeitigen links-engagierten Literatur.

Theater und Musik

Nach der glanzvollen Theaterepoche, die mit den Namen Lessing, Goethe und Schiller verbunden ist, war das Theater im Biedermeier die eigentliche Stätte der deutschen Nationalkultur geworden. Die vorausgegangene Ära hatte ausgezeichnete Schauspieler, bedeutende Theaterleiter, einen neuen Bühnenstil, die großen Dramenstoffe der Klassik und Shakespeares und ein begeisterungsfähiges Publikum hinterlassen. Goethe hatte als Intendant des Weimarer Hoftheaters (1791-1817) mit seinen rigoros-pedantischen Anweisungen nur beschränkte Erfolge erzielt; es war Iffland, der in Berlin das dortige Nationaltheater zu einem Mittelpunkt deutscher Bühnenkunst erhoben hatte; fast gleichzeitig erlebte das Wiener Hofburgtheater unter Joseph Schreyvogel (1814-1832) eine unvergleichliche Blüte. Aber auch mittlere Bühnen, wie etwa das Düsseldorfer Theater unter Karl Immermann (1833-1837), trugen durch bedeutende Inszenierungen und hochgespannte Programmpolitik zur

Trotz der Streichungen, die aus politischen Gründen oder auch – wie in den dreißiger Jahren durchaus üblich – zur Besänftigung des Publikums vorgenommen wurden, verursachten die Aufführungen von Schillers Dramen Aufruhr.

Gedränge vor dem Wiener Burgtheater anläßlich einer Aufführung von Schillers »Räubern«, um 1840

Dagegen hatten die Stücke Ferdinand Raimunds, die mit Humor und Melancholie Einsichten vermittelten und in ihrem erzieherischen Gehalt auf die biedermeierlichen Tugenden von Treue, Redlichkeit und Maßhalten ausgerichtet waren, eher eine besänftigende und erbauliche Wirkung.

Ferdinand Raimund in »Das Mädchen aus der Feenwelt, oder der Bauer als Millionär«, Uraufführung in Wien, 1826

»Veredelung der Sitten« im Sinne der biedermeierlichen Kulturidee bei. Die Klassiker mußten sich jetzt allerdings Eingriffe gefallen lassen, die nicht ausschließlich mit der Zensur zusammenhingen; auch der biedermeierliche Publikumsgeschmack verlangte jetzt Besänftigungen. Schillers Dramen waren in politischer Hinsicht ein Stein des Anstoßes für die Zensur; von Shakespeares Tragödien hatte es schon im 18. Jahrhundert abgeschwächte und parfümierte Fassungen gegeben; am Wiener Burgtheater konnte »König Lear« erst unter Heinrich Laubes Leitung (nach 1850) ohne den sogenannten »Wiener Schluß« gegeben werden, der den König weiterleben ließ. Doch trotz aller Behinderungen brachten ein vordem unbekannter Austausch von Schauspielern und Theaterleitern und eine schnelle Zirkulation der Textbücher im ganzen deutschen Sprachraum eine Belebung des gesamtdeutschen literarischen Bewußtseins wie nie zuvor.

An der Blüte des Theaters hatten auch die volkstümlichen Formen der Komödie und der Zauber- und Märchenpoesie kräftigen Anteil. Die Altwiener Volkskomödie, mit Ferdinand Raimund (1790–1836) und Johann Nestroy (1801–1862) Weltliteratur geworden, spiegelte in ihrer Feenwelt dennoch die ethisch-sozialen Ideen der Zeit und die populären Gegenstände der Kritik. Aber die Wende der Zeit ergriff auch dieses Traumgespinst; dem Harmonie-Theater Raimunds folgte die radikale und bittere Satire Nestroys; als das Zeitalter des Liberalismus anbrach, fanden sie keinen auch nur annähernd vergleichbaren Nachfolger. Mit dem Ende des Neoabsolutismus ging auch die Zeit der Posse und der Kritik in Form der grotesken Komik zu Ende.

Gegenüber der aufklärerischen und klassischen Epoche, in der das Theater vom Bürgertum und humanistisch gebildeten Adel getragen worden war, hatte sich die soziale Zusammensetzung der Zuschauer erweitert. Die Hofgesellschaft und die Oberschicht hatten Logen gemietet; das mittlere Publikum saß im Parkett, ganz oben war das Volk – alle in derselben Aufführung. Besonders aufschlußreich in publikumssoziologischer Hinsicht sind die Schilderungen der sogenannten »Freitheater«, das heißt der Gratisvorstellungen, die der Hof bei bestimmten Anlässen für die Bevölkerung gab. Im Falle des Wiener Burgtheaters gibt es zu einer solchen Vorstellung im Jahre 1816 (aus Anlaß der Vermählung des Kaisers) eine drastische, im Dialekt abgefaßte Schilderung, die in den berühmten »Eipeldauer Briefen« auch gedruckt wurde. »Am Sundag nach der allerhöcht'n Koperlazion [= Kopulation] war Freikumödi in all'n fünf theatern in Wien - das iss a Hauptjux für unsri jungen - und a für die älteren Herrn, denn da kreil'ns auf all'n Gallerien Stieg'n auf Stieg'n ab ummer und schauen bald a Bissl nach, wie der Nachwuchs an jungen Mädchen ausg'fall'n iss, und weil bald bei solch'n G'legenheid'n allzeid a gross's Gedränck und a Gepovelwerdn iss - no müess'n si dö Herrn bald öfters an a hübschi Köchinn oder Kuchlmensch anhald'n ...«[115]

Das war der eine Pol der zeitgenössischen Theatersucht; der andere die Weihe des Lebens durch Poesie. Als Goethe 1832 starb, veranstaltete Schreyvogel im Wiener Burgtheater, das als führende deutsche Bühne galt, eine Trauerfeier.[116] Umrahmt von einer Allegorie, in der Melpomene und Thalia die Aufnahme des Dichters in den Tempel der Unsterblichkeit forderten, wurden als Proben für die Würdigkeit dieser Aufnahme einzelne Szenen aus »Egmont«, »Iphigenie«, »Tasso« und - erstmals am Burgtheater - aus dem »Faust« gegeben. Man spielte den Faust-Monolog, darauf Erdgeist und Wagner, Auftritt des Mephisto, Marthes Garten, Wald und Höhle, die Valentin- und die Kerkerszene. Nach der bestandenen Probe wies am Ende der Feier der »Priester der Unsterblichkeit« Goethes Büste unter dem stürmischen Jubel der Zuschauer einen Platz zwischen Shakespeare und Schiller zu.

In andere Dimensionen der Wirkung - und der Dauer - reicht das Musikleben der Zeit. Die Epochengrenze um 1830 schließt mit dem Tode Beethovens (1827) und Schuberts (1828) die Zeit der Klassik ab; die folgenden Jahrzehnte stehen im Zeichen von Chopin und Liszt, Berlioz und Meyerbeer, Schumann und Mendelssohn. Das Ende der klassischen Ära bringt aber auch den Übergang von den aristokratisch-privaten Formen der Musikpflege und des Konzertwesens zu einer bürgerlich-demokratischen Musikkultur, verbunden mit einer weitverbreiteten Hausmusik und Chor- und Liedgeselligkeit. Überall bilden sich Gesellschaften und Vereine, die zu Trägern des öffentlichen Konzertwesens werden. Der Übergang ist allerdings nicht eindeutig und abrupt: »Daß sich im öffentlichen Konzert der Geist des Bürgertums musikalisch manifestierte, besagt allerdings nicht, daß die Musikkultur des Zeitalters insgesamt bür-

In Berlin leitet zu dieser Zeit Goethes Altersfreund Zelter die Singakademie Unter den Linden, deren berühmtester Schüler Felix Mendelssohn wird.

gerlich gewesen wäre. Und von bloßen Relikten des aristokratischen Privatkonzerts zu sprechen ... wäre eine grobe Übertreibung. Das Privatkonzert, zu dem man eingeladen werden mußte, statt ohne Ansehen der Person gegen Bezahlung zugelassen zu sein, war die Institution, in der kein Geringerer als Beethoven seinen Ruhm begründete. Und bis zur Mitte des 19. Jahrhunderts kann man durchaus im Zweifel sein, ob das öffentliche oder das private Konzert – also der bürgerliche oder der aristokratische ›Idealtypus‹ – als Instanz, bei der die ästhetisch-musikgeschichtlichen Entscheidungen fielen, ausschlaggebend gewesen ist« (Dahlhaus).[117]

Die Wandlung des musikalischen Klimas kam aber nicht nur aus formalen und sozialen Prozessen; im Zeichen der Säkularisierungstendenzen des 19. Jahrhunderts veränderte sich auch das bisher so enge Verhältnis von Musik und kirchlicher Religiosität. Auf einer anderen Ebene vollzog sich gleichzeitig die neuartige Einbindung der Musik in das erstarkende nationale Bewußtsein. Beide Entwicklungen kennzeichnen den Weg der deutschen Musikkultur, ihrer Institutionen und ihrer großen Gestalten. Große Zentren wie Berlin, Leipzig, Dresden, Prag und Wien entwickelten ihre jeweils eigenen Möglichkeiten und Ausstrahlungen: von der großen Oper, wo es weiter beim Nebeneinander deutscher, italienischer und französischer Werke in wechselnder Weise blieb, über die symphonische Musik zur neuen Blüte der Liedkomposition gemäß der romantischen Konzeption des Volksliedes mit starkem Einschlag volkstümlicher Elemente.

In Berlin konnte Carl Friedrich Zelter, Goethes Freund, für seine Singakademie 1824/26 an der Dorotheenstraße ein eigenes Haus errichten; es wurde mit einer geistlichen Musik des 18. Jahrhunderts, mit Grauns »Tod Jesu« eingeweiht. Die berühmt gewordene neuentdeckende Aufführung von Bachs Matthäuspassion in der Singakademie im März 1829 setzte Zelters Lieblingsschüler Mendelssohn durch. Mendelssohn ging 1835 als Leiter des Gewandhauses nach Leipzig und wurde 1843 Mitbegründer des dortigen Konversatoriums; Leipzig galt damals als das Musikzentrum Europas. Während der bürgerliche Neuhumanismus im protestantischen Deutschland vielfach die alten institutionellen Grundlagen der Kirchenmusik zerstörte, kam hier eine Gegenbewegung auf, die im Rückgriff auf Bach und auf Palestrina eine Erneuerung kirchlicher Musikkultur anstrebte.

In Wien und in den katholischen Gebieten lagen die Dinge anders. Die Tradition der Kirchenmusik blieb zunächst ungebrochen. Beethoven hatte ohne Zögern die Missa Solemnis (1824) für die Inthronisation des Erzherzogs Rudolph als Erzbischof von Olmütz geschrieben. Schubert knüpfte mit seiner geistlichen Musik, wie Beethoven, an die aufwendige Tradition barocker Kirchenmusik an, die im Dienst des Gotteslobes jeden instrumentalen Prunk rechtfertigte. So bediente sich die Es-Dur-Messe, die er 1828, wenige Monate vor seinem Tod, komponierte, der Mittel der großen Symphonie. Die Kirchenlieder dagegen, die er für den täglichen gottesdienstlichen Gebrauch schrieb, entsprechen den spätjosephinischen Tendenzen zu einer Liturgiereform. Sie drücken schlichte Frömmigkeit aus. In Schuberts Liedern, oft nach wenig belang-

Mit Franz Liszt beginnt die Reihe der fürstlichen Künstlerexistenzen, die dann über Makart bis zu Wagner einen sonderbaren Kontrast bildet zu der Verbürgerlichung von Monarchen, wie den Großherzögen von Darmstadt und Weimar, deren Lebensstil bis in das Meublement hinein dem Gesetz der neuen Zeit folgt und ihr mitunter vorausgeht. Auf den Matinéen Liszts traf sich die künstlerische und gesellschaftliche Avantgarde von Berlioz und Chopin bis zum Großherzog Karl Alexander und dem Fürsten Putocki.

vollen Texten komponiert, spielen solche Fragen keine Rolle mehr; diese Vergänglichkeits- und Todesmusik, die zum Stärksten gehört, was im 19. Jahrhundert komponiert wurde, hat mit kirchlicher Musik nichts mehr zu tun, wohl aber mit den großen Sinnfragen, die sich den Menschen innerhalb und außerhalb der etablierten Religionen stellen.

Im Laufe des kosmopolitisch beginnenden und nationalistisch endenden Jahrhunderts kommt es auch zu einer »Nationalisierung« der Musik. Mit Glinkas »Iwan Sussanin« (Das Leben für den Zaren) beginnt die Reihe der Nationalopern, die dann über Verdi und Smetanas »Verkaufte Braut« (1866) bis in das späte 19. Jahrhundert reicht; Lortzing und Carl Maria von Weber geben die deutsch-volkstümliche Variante einer solchen, sozusagen patriotischen Musik, die auch den Chor- und Liedgesang des Vormärz färbt. Musik, Stoffwahl, Textsinn und Nationalgefühl greifen ineinander; das Nationalgefühl erhält vom Musikalischen her Prägungen und Steigerungen. Wie vieles ist dies bei Richard Wagner am schärfsten formuliert, und zwar nicht erst bei dem revolutionären und postrevolutionären Wagner, sondern schon bei den vormärzlichen Konzeptionen einer »deutschen Musik«. 1844 hielt Wagner in Dresden die Gedenkrede für Carl Maria von Weber, dessen sterbliche Überreste man aus London geholt hatte, um sie auf dem Dresdener Katholischen Friedhof beizusetzen:[118] »Nie hat ein deutscherer Musiker gelebt als Du! Wohin Dich auch Dein Genius trug, in welches ferne, bodenlose Reich der Phantasie, immer doch blieb er mit jenen tausend zarten Fasern an dieses deutsche Volksherz gekettet, mit dem es weinte und lachte, wie ein gläubiges Kind, wenn es den Sagen und Märchen der Heimat lauscht …«

War das anders oder bedenklicher als bei anderen Nationen? Würden wir den redenden Musiker von 1844 beachten, wenn wir nichts wüßten von dem späteren Wagner, seinen haßsprühenden Wendungen ins Antisemitische und Nationalistische? Jedenfalls verdienen schon die Anfänge der deutschen Variante einer Nationalisierung der Musik größte Aufmerksamkeit. Carl Dahlhaus hat am Beispiel der Veränderungen, die um die Mitte des Jahrhunderts in der österreichischen Musik vor sich gingen, den Übergang von einer pränationalen zu einer national gesonderten Musikkultur gezeigt: »Im selben Maße, in dem sich um die Jahrhundertmitte einerseits die tschechische und ungarische Sprach- und Musikkultur emanzipierte und national verfestigte und andererseits die italienische Oper aus einem internationalen System von Hofopern zu einer nationalen Institution bürgerlicher Prägung schrumpfte, zog sich die Musikgeschichte Österreichs gewissermaßen zu einem, wenn auch zentralen Teil der deutschen Musikgeschichte zusammen.«[119]

Das ist in doppelter Hinsicht lehrreich. Es zeigt das tendenzielle Aufgehen der »österreichischen« in der »deutschen« Musik, und es erhellt den allgemeinen Vorgang des bewußten Auseinandertretens musikalischer Nationalkulturen. In diesem Umfeld ist auch Wagner zu sehen. Das Verstehen dieses gemeineuropäischen Prozesses schärft den Blick auf das Typische deutscher Musikkultur und auch für ihre zunehmend nationalen Züge. Demgegenüber erscheint Wagner als atypischer Gigant; seine musikalische Genialität hat jenseits von allem Nationalismus ihren universalen Sinn.

III.
Der Vormärz: politische und soziale Bewegungen von 1830 bis 1847

1. Deutschland nach dem Pariser Juli: Bewegung und neue Repression

Der Eckstein des reaktionären europäischen Systems war die Herrschaft der Bourbonen in Frankreich, die der Wiener Kongreß wiederhergestellt hatte. In der letzten Woche des Juli 1830 stürzte eine revolutionäre Bewegung in Paris den Thron König Karls X.[1] Das Ergebnis der »Großen Woche« war nicht eine Republik, sondern eine neue Form des konstitutionellen Königtums. Louis Philippe von Orléans, aus einer Nebenlinie der gestürzten Dynastie, trat als »Bürgerkönig« das Erbe der gescheiterten Restauration an. Seine Regierung stützte sich auf das Großbürgertum und arbeitete eine liberale Verfassung aus. Auf Metternich und die konservativen Kräfte wirkte die Julirevolution wie ein Schock, »wie der Durchbruch eines Dammes in Europa«.

Die revolutionäre Welle erfaßte von Frankreich aus die Niederlande, Polen, Italien und den Deutschen Bund. In Brüssel siegten die Aufständischen über die holländische Armee. Die Folge war die Errichtung eines selbständigen Königreiches Belgien mit einer freiheitlichen Verfassung, die das Prinzip der Volkssouveränität verkündete: »Alle Gewalten gehen vom Volke aus.« Erhebungen in Italien folgten, und in Polen kam es 1830/31 zu einer großen Aufstandsbewegung in dem gesamten, von Rußland beherrschten Gebiet. Österreichische Truppen schlugen die Aufstände in Italien nieder, die zaristische Armee siegte über die polnischen Freiheitskämpfer. Die antirevolutionäre Solidarität führte Wien und St. Petersburg wieder eng zusammen. Aber die Heilige Allianz konnte nicht mehr zum Leben erweckt werden. Europa war nun politisch-ideologisch geteilt. Einem westlichen liberalen Lager stand im Osten der konservative russisch-österreichische Block gegenüber, dem sich auch Preußen anschloß. Dazwischen lag die deutsche Frage. Nach dem freiheitlichen Umschwung in Frankreich und Belgien (mit den Sympathien Englands) war es für Wien und Berlin noch wichtiger geworden, die repressive Politik im Bund und das alte System politisch-sozialer Blockierung fortzusetzen.

Die politischen Bewegungen, die durch die Julirevolution in Deutschland ausgelöst wurden, unterschieden sich nach Stärke, Zielen und Ergebnissen von Land zu Land, teilweise auch von Ort zu Ort. Einige Züge waren neu und erwiesen die Vorgänge der Jahre von 1830 bis etwa 1833 als eine neuartige Stufe politischer Opposition und sozialer Mobilisierung. Die liberalen Strömungen machten sich zunächst in Norddeutschland geltend; mit einer neuen Welle von Verfassungsgebung wurde der bisherige Rückstand gegenüber dem konstitutionellen Süden mit Ausnahme Preußens weitgehend aufgeholt. Damit aber nahm der Gegensatz zwischen der entwickelteren politisch-gesellschaftlichen Situation im dritten Deutschland und dem Beharrungsdruck Preußens und Österreichs grundsätzlichen Charakter an.

Vor allem kam es jetzt zu einer Beteiligung breiterer kleinbürgerlicher und bäuerlicher Schichten, zu einer »flächenhaften Bewegung des politischen und sozialen Protests« (Faber). Mit der Ausbreitung des Schulwesens war die Bedeutung der Presse als Instrument oppositioneller Propaganda und Bewußtseinsbildung gestiegen. Die Verbesserung der Verkehrs- und Postverbindungen hatte zu einer wachsenden Mobilität geführt, was neuen Formen überregionaler politischer Gruppierungen zugute kam. Das ältere Vereinswesen wurde trotz aller behördlichen Restriktionen zur wirkungsvollen Form bürgerlicher Selbstorganisierung – bis weit in unterbürgerliche Schichten hinein. In diesem Prozeß greifen die Fortschritte der freiheitlichen Bewegungen und die Gegenmaßnahmen Berlins und Wiens zeitlich und sachlich in komplexer Weise ineinander. Es ist nicht so, als ob es erst ab 1832 nach einer Zeit des *laissez-faire* wieder zu behördlichen Unterdrückungsaktionen gekommen wäre; seit dem Sommer 1830 gehen liberale Aktionen und antiliberale Gegenmaßnahmen gewissermaßen Hand in Hand. Beide Seiten steigern ihre Anstrengungen, bis dann 1833/34 die Macht der Beharrung sich gewaltsam durchsetzt.

Diese – allerdings nur befristeten – Erfolge in der Wiederaufrichtung des reaktionären Systems führten zu neuartigen Wirkungen, die es in solcher Form nach Karlsbad noch nicht gegeben hatte: Eine starke Welle politischer Emigranten überflutete das liberale Westeuropa. In der Schweiz und in Frankreich, in Belgien und in England kam es zu Zusammenschlüssen der aus Deutschland flüchtenden Oppositionellen, die sich nun mit den Vertretern der europäischen Linken solidarisierten. Unter dem immer härter werdenden Druck der Obrigkeit setzte in Deutschland eine Aufspaltung oppositioneller Gruppen in unterschiedliche Richtungen ein. Dieser Differenzierungsprozeß ging auch in der Emigration weiter, wo sich am linken Flügel schon die Frühformen erst sozialistischer, dann kommunistischer Ideen abzeichneten.

Ob man für die Zeit vor 1840 schon von politischen »Parteien« sprechen kann, ist strittig. Seit 1840, als das alte Repressivsystem nach und nach seine Kraft verlor, formulierten sich jedenfalls auf neue Weise sehr unterschiedliche politische Gruppierungen von links bis rechts mit immer deutlicher werdenden Programmen und genauer faßbaren sozialen Trägergruppen. Obwohl auch nach 1830 noch Adelige und Adelsgruppen dem deutschen Frühliberalismus zuzurechnen sind, verschiebt sich das Schwergewicht der Bewegungen, im Vergleich zu den Jahren nach 1815, nun eindeutig nach der bürgerlichen Seite.

Die Vorgänge, die 1830/31 in Braunschweig, Sachsen, Hannover und Kurhessen den Übergang zum modernen Verfassungsstaat brachten, hatten ähnliche Voraussetzungen und Motive, aber unterschiedliche Begleitumstände.[2] In Braunschweig entlud sich die aufgestaute Unzufriedenheit mit der Mißwirtschaft und dem Willkürregime des Herzogs Karl in einem Aufstand. Am Abend des 6. September versammelten sich die Demonstranten in den Straßen und empfingen den in der Kutsche aus dem Theater heimkehrenden Fürsten mit einem Hagel von Steinen. Das Schloß wurde von der Menge belagert: »Nieder mit dem Herzog! Nieder mit dem Tyrannen! Arbeit! Fort mit der Personalsteuer! Einberufung der Landstände!«

Die allgemeine Solidarisierung auch des gehobenen Bürgertums

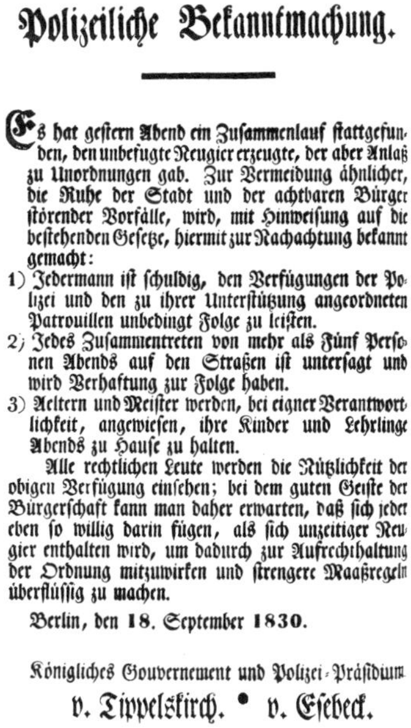

Polizeiliche Bekanntmachung.

Es hat gestern Abend ein Zusammenlauf stattgefunden, den unbefugte Neugier erzeugte, der aber Anlaß zu Unordnungen gab. Zur Vermeidung ähnlicher, die Ruhe der Stadt und der achtbaren Bürger störender Vorfälle, wird, mit Hinweisung auf die bestehenden Gesetze, hiermit zur Nachachtung bekannt gemacht:

1) Jedermann ist schuldig, den Verfügungen der Polizei und den zu ihrer Unterstützung angeordneten Patrouillen unbedingt Folge zu leisten.
2) Jedes Zusammentreten von mehr als Fünf Personen Abends auf den Straßen ist untersagt und wird Verhaftung zur Folge haben.
3) Aeltern und Meister werden, bei eigner Verantwortlichkeit, angewiesen, ihre Kinder und Lehrlinge Abends zu Hause zu halten.

Alle rechtlichen Leute werden die Nützlichkeit der obigen Verfügung einsehen; bei dem guten Geiste der Bürgerschaft kann man daher erwarten, daß sich jeder eben so willig darin fügen, als sich unzeitiger Neugier enthalten wird, um dadurch zur Aufrechthaltung der Ordnung mitzuwirken und strengere Maaßregeln überflüssig zu machen.

Berlin, den 18. September 1830.

Königliches Gouvernement und Polizei-Präsidium
v. Tippelskirch. • v. Esebeck.

und von Teilen des Adels und des Offizierskorps mit der Rebellion wurde erleichtert durch die politischen Sympathien für den jüngeren Bruder des Herzogs, Prinz Wilhelm. So zeichnete sich rasch die Alternative ab, dem Aufstand als Ziel einen Wechsel innerhalb der Dynastie zu geben. Am 7. September floh der Herzog, die Volksmenge brannte das Schloß nieder, ohne daß das Militär eingriff. Die Landstände gewannen Prinz Wilhelm zur provisorischen Übernahme der Regierung. Aber erst als der englische König als Chef des Welfenhauses und schließlich auch der Bundestag in Frankfurt sich einverstanden erklärt hatten, nahm Wilhelm Ende 1830 den Titel des Herzogs von Braunschweig an. Im folgenden Jahr wurde die altständische Verfassung im Sinne des süddeutschen Konstitutionalismus umgebildet. Die »Neue Landschaftsverordnung« vom 12. September 1831 bedeutete den Beginn eines modernen Verfassungslebens.

Im Königreich Sachsen hatte es schon vor der Julirevolution eine wachsende Opposition gegen das reaktionäre Regime des Ministers Graf von Einsiedel gegeben. Hans Georg von Carlowitz, ein Exponent der liberalen Strömungen im sächsischen Adel, hatte 1829 eine »Adresse des sächsischen Volkes an den König« verfaßt, die ein Programm politischer und steuerlicher Reform gab. Im September 1830 kam es erst in Leipzig und Dresden, dann in der Lausitz, im Erzgebirge und im Vogtland zu Handwerkeraufständen. Kommunalgarden unter der Leitung der städtischen Magistrate übernahmen die Funktionen der Polizei. Am 14. September wurde Einsiedel entlassen, der siebzigjährige König Anton ernannte seinen Neffen Friedrich August zum Mitregenten (seit 1837 König). Eine neue Regierung unter der Leitung des mit den Liberalen sympathisierenden Ministers von Lindenau sagte eine Städteordnung und die Ausarbeitung einer Verfassung zu, dennoch kam es in den folgenden Monaten zu einer Radikalisierung größerer Gruppen der städtischen Bevölkerung. Die Regierung, gestützt auf liberale Kräfte, konnte jedoch einen mittleren Kurs in der Verfassungsfrage durchhalten.

Die neue Verfassung, die am 4. September 1831 verkündet wurde, entsprach trotz mancher altständischer Relikte im wesentlichen den Grundprinzipien des süddeutschen Konstitutionalismus. Der Zensus war verhältnismäßig hoch; für Bauern war das Wahlrecht an die Zahlung von 30 Talern Grundsteuer gebunden, städtische Abgeordnete hatten ein Vermögen von mindestens 6 000 Talern oder ein festes Einkommen von 400 Talern nachzuweisen. Im März 1832 wurde ein Gesetz zur Ablösung der Feudallasten auf dem Lande verabschiedet. Nach dem preußischen Modell konnten die Bauern die Dienstleistungen durch Zahlung des fünfundzwanzigfachen Jahresbeitrags des Geldwertes dieser Leistungen oder durch Landabtretungen an die Gutsherren ablösen. Weitere Regelungen betrafen die Errichtung einer Landrentenbank und die Verwaltungs- und Steuerreform. Die Bedeutung dieses sächsischen Reformwerkes zeigte sich auch in der Übernahme des dem Bauernschutz dienenden Banksystems durch Preußen und Bayern nach 1848.

Auch in Hannover kam es 1830/31 zu Unruhen und Aufständen und sogar zur Bildung von Kommunalgarden; auch hier griff die Bewegung von Anfang an auf breitere Bevölkerungsschichten über.

Neben die Forderung nach einer freiheitlichen Verfassung traten teils sehr weitgehende Vorschläge für eine Reform der Agrarverhältnisse, der Verwaltung und der Staatsfinanzen. Raschen Erfolgen stand die komplizierte staatsrechtliche Lage entgegen. Erst als der bisherige Generalgouverneur, der Herzog von Cambridge, durch den englischen König zum Vizekönig mit erweiterten Vollmachten ernannt worden war und der unbeliebte Minister von Münster seinen Abschied genommen hatte, war der Weg zu Verfassungs- und Reformverhandlungen frei. Die Arbeiten, an denen der Göttinger Historiker Dahlmann und der Osnabrücker Abgeordnete Carl Bertram Stüve besonderen Anteil hatten, gingen nur langsam voran; erst im September 1833 trat die neue Verfassung in Kraft, die durch einen beträchtlichen Rest altständischer Rechte gekennzeichnet war. Schon zuvor hatte das Gesetz vom 10. November 1831 die Neuregelung der Agrarverfassung in einer bauernfreundlichen Weise vorgenommen. Nach der Auflösung der Personalunion mit England (in Hannover galt die weibliche Erbfolge nicht) bestieg Ernst August als neuer König den Thron. Seine erste Amtshandlung war die Annullierung des Staatsgrundgesetzes von 1833. Der nun einsetzende Verfassungsstreit, der zu dem spektakulären Protest der »Göttinger Sieben« und zu ihrer Entlassung führte, gehört aber bereits in eine spätere Etappe des Ringens zwischen Liberalismus und Reaktion.

In Kurhessen hatte die Bewegung von Anfang an tumultuarische Züge angenommen. Die Forderungen der bürgerlichen Opposition wurden von einer Welle von Protestaktionen unterbürgerlicher Schichten begleitet. Der Kurfürst Wilhelm II. war überaus unbeliebt; der Historiker Gervinus hat ihn als »Taugenichts von rohesten Begierden« geschildert. Am 15. September 1830 überbrachte eine Delegation der Kasseler Bürger die Forderung nach einer gesetzlichen Volksvertretung, sonst drohe »ein allgemeiner Krieg der Armen gegen die Vermögenden«. Die Menge wartete auf dem Schloßplatz. Es war vereinbart worden, daß die Delegation im Falle einer positiven Antwort ein weißes Tuch vom Schloßfenster wehen lasse, im anderen Falle einen schwarzen Handschuh herabwerfen werde. Dies wäre – so wird berichtet – für die versammelte Masse das Signal zum Sturm auf das Schloß gewesen, doch der Kurfürst war klug genug, einzulenken. Als die Dinge in den folgenden Wochen nicht weitergingen, kam es zu einer neuen Welle von Unruhen; in Oberhessen begann ein regelrechter »Bauernkrieg«, kam es zur Zerstörung von Forsthäusern und Zollämtern und zur Vertreibung von mißliebigen Beamten. Der Kurfürst stellte daraufhin am Bundestag den Antrag auf militärische Intervention.

Die Lage beruhigte sich jedoch, nachdem ein konstituierender Landtag nach Kassel einberufen worden war. Noch im Januar 1831 wurde die neue Verfassung rechtskräftig, die die liberalen Prinzipien der Zeit am deutlichsten verwirklichte. Es gab nur eine Kammer; der Landtag besaß das Recht der Gesetzesinitiative und der Ministeranklage; alle Staatsbeamten, auch Offiziere und Unteroffiziere, mußten den Eid auf die Verfassung ablegen; die Leibeigenschaft wurde aufgehoben; 1832 folgte ein Gesetz über die Grundablösung. Aber der Kurfürst verweigerte die Zusammenarbeit mit dem Landtag. Daraufhin setzte der Landtag im Herbst 1831 die faktische

Abdankung des Kurfürsten zugunsten seines Sohnes Friedrich Wilhelm durch. Doch im Aufwind der Reaktion ging der neue Regent schon im Sommer 1832 zur Gegenoffensive über und legte mit Hilfe des neuberufenen Ministers Ludwig Hassenpflug für Jahre das konstitutionelle Leben lahm.

Blickt man aufs Ganze, so fällt auf, daß die freiheitlichen Bewegungen in Norddeutschland zunächst weder vom Deutschen Bund noch von Preußen oder Österreich gehemmt wurden; was auch damit zusammenhing, daß zur gleichen Zeit der Liberalismus in Süddeutschland mit neuer Kraft auftrat und die europäischen Komplikationen die Regierungen in Wien und Berlin zeitweilig ganz in Anspruch nahmen. Überall in Süddeutschland verstärkten sich nach der Julirevolution das Engagement und die Zuversicht der liberalen Gruppen in den Landtagen. Überall kam es zur Neubildung von Vereinen mit liberalen und nationalen Zielsetzungen, auch über die Grenzen der einzelnen Bundesstaaten hinweg. Erstmals wurde in Deutschland die Presse zu einer politischen Macht; über die Gruppe der Gebildeten hinaus vermittelte sie breitesten Volksschichten die Informationen über das Geschehen in ganz Europa und über die von Frankreich aus vordringende Freiheitsbewegung. Eine unübersehbare Menge neuer, oft kurzlebiger Zeitungs- und Zeitschriftengründungen stellte sich überwiegend in den Dienst der verschiedenen »linken« Richtungen. Zum ersten Mal begann der Berufsstand des Journalisten eine Rolle im öffentlichen Leben zu spielen. Ein neues Element bedeutete auch die Mobilisierung der Öffentlichkeit durch größere und kleinere Feste mit politischen Vorzeichen. Vorbilder boten die organisierten Festveranstaltungen der französischen Revolution, überraschenderweise auch die üblichen solennen Formen bei der Begrüßung rundreisender Fürstlichkeiten. Man brauchte am Ablauf nur wenig zu ändern, und aus dem Festzeremoniell für den Landesfürsten wurde die anfeuernde Begrüßung für die aus dem Landtag heimkehrenden liberalen Abgeordneten.

Unter dem Eindruck der Pariser Vorgänge erzielten auch die süddeutschen Landtage zunächst eine Reihe verfassungspolitischer Erfolge. Dies führte aber sehr schnell zu Reaktionen der Regierungen, und so sind die Jahre ab 1831 durch eine Verschärfung der parlamentarischen Kämpfe und eine Verhärtung der verfassungspolitischen Fronten gekennzeichnet.

Inmitten dieses Vor und Zurück bildete sich ein starker Mittelpunkt der liberalen Opposition in der bayerischen Pfalz. Hier war vieles der Entstehung einer breiten, volkstümlichen und radikalen Strömung günstig, deren Höhepunkt das Fest auf dem Hambacher Schloß im Mai 1832 wurde.[3] Die Nähe Frankreichs, der Stolz auf die fortbestehenden »französischen Institutionen«, die Kritik an der fernen Münchner Regierung und an der überdurchschnittlichen Steuerbelastung der Pfalz, der man die Schuld an der akuten wirtschaftlichen Notlage gab – das alles wirkte zusammen. Die Rheinpfalz wurde zeitweilig der Mittelpunkt einer radikalen Bewegung für deutsche Freiheit und Einheit. Eine führende Rolle spielte der pfälzische Advokat Schüler, der schon im bayerischen Landtag 1831 als Sprecher einer angriffslustigen Gruppe am linken Rand der Liberalen hervorgetreten war. Entscheidend wurde die publizistische

Unterstützung, als Johann August Georg Wirth die Redaktion des demokratischen Oppositionsblattes »Deutsche Tribüne« Ende 1831 aus München nach Homburg verlegte, um den Schikanen der hauptstädtischen Zensur zu entgehen. Philipp Jakob Siebenpfeiffer agierte mit seiner Zeitung »Bote aus dem Westen« in ähnlicher Richtung.

Ein neuer Impuls für die liberale Bewegung kam von der Emigrantenpublizistik aus Frankreich; auch das hatte es vor der Julirevolution nicht gegeben. Ludwig Börnes »Briefe aus Paris« mit ihrer radikalen Kritik wurden als eine Sensation empfunden und im ganzen Südwesten gelesen. Angesichts der Pariser Juli-Errungenschaften, als die Franzosen ihre Ketten zerbrochen hatten, verspottete er den »Lakaien-Charakter der Deutschen«, der »Lampenputzer der Weltgeschichte«. Zugleich rief er seine Landsleute zur direkten und gewaltsamen Aktion auf: »Ein Volk, das die Freiheit haben will, muß sie rauben. Dem Geduldigen giebt man nichts, dem Drohenden wenig, dem Gewaltthätigen alles.«

Ein wichtiges Datum war die Gründung des »Vaterlandsvereins zur Unterstützung der freien Presse«, die Ende Januar 1832 in Zweibrücken auf einem Fest zu Ehren des vom Münchner Landtag zurückkehrenden Schüler erfolgte. Schüler bildete mit den Advokaten Savoye und Geib ein vorläufiges Zentralkomitee. Wirth unterstützte die Werbung durch einen programmatischen Aufruf in seiner »Deutschen Tribüne«, der außerdem in 50 000 Sonderdrucken verbreitet wurde: »Das Mittel zur Wiedervereinigung Deutschlands im Geiste ist aber einzig und allein die freie Presse ... Schließt sich jeder Deutsche, dem die heilige Sache am Herzen liegt, diesem Verein an, so ist zur Wiedergeburt Deutschlands und der Organisation Europas im demokratischen Sinne, auf gesetzmäßigem Wege der Grundstein gelegt.«

Die Werbung des »Vaterlandsvereins« ging weit über die Pfalz hinaus. Die Mitgliederzahl stieg bis zum Herbst auf 5 000; der Schwerpunkt der zahlreichen Filialkomitees lag in West- und Mitteldeutschland. Das Sozialprofil des Vereins, das aufgrund der Berufs- und Beitragsangaben ziemlich genau erkennbar ist, zeigt eine breite, ziemlich gleichmäßige Streuung vom Klein- bis zum Großbürgertum.[4] In der Pfalz selbst kam es nach einem ersten Verbot des Vereins und der Verhaftung Wirths zu einem Einlenken der Behörden. Als die Richter am Zweibrücker Appellationsgericht Wirth freisprachen, feierte ein Flugblatt mit einer Auflage von 60 000 das als Sieg des Fortschritts.

Während es in der Führung des Vereins bald zu erheblichen Richtungskämpfen zwischen gemäßigten und radikalen Gruppen kam, hatten Wirth und Siebenpfeiffer den Gedanken, durch eine große öffentliche Kundgebung die Stärke, Geschlossenheit und Attraktivität der Bewegung zu demonstrieren. Ein von Siebenpfeiffer verfaßter, von 32 Bürgern der Stadt Neustadt a. d. Haardt unterzeichneter Aufruf lud alle deutschen Männer und Frauen ein, sich am 27. Mai auf dem Gelände der Schloßruine zu Hambach zu versammeln. Die Behörden waren unsicher; erst verboten sie die Veranstaltung, aber als dann eine starke Protestwelle einsetzte, zog der bayerische Regierungspräsident das Verbot wieder zurück. Im März, April und Mai kam es in zahlreichen Orten der Pfalz zu Demonstrationen;

überall wurden Freiheitsbäume gepflanzt, schwarz-rot-goldene Fahnen wurden gehißt und das Militär am Eingreifen gehindert.

Das Hambacher Fest am 27. Mai war der Höhepunkt und Wendepunkt zugleich. 20 000 oder 30 000 Menschen kamen zu Fuß und auf eichenlaubgeschmückten Wagen, mit Fahnen und Gesang. Sowohl die organisatorischen Vorbereitungen als auch der Festverlauf wurden von Mitgliedern des Preßvereins geleitet. Siebenpfeiffer persönlich hatte mit 300 Handwerksgesellen einen selbstgedichteten Gesang auf die Melodie des Schillerschen Reiterliedes eingeübt: »Hinauf Patrioten, zum Schloß!« Als es soweit war, wurden die schwarz-rot-goldene Fahne und der weiße Adler Polens auf dem Schloß aufgepflanzt. Polnische Flüchtlinge in Uniform schritten im Zuge mit und wurden beklatscht. Die Festordner trugen schwarz-rot-goldene Schärpen mit der Aufschrift »Deutschlands Wiedergeburt«. Alle Mitglieder des Landrates der Rheinpfalz waren erschienen; aus Paris war Börne gekommen. Nach den Liedern und Grußworten begannen die Reden. Was wollten die Anführer, worum ging es den Massen? Wie sollte Deutschlands Wiedergeburt vonstatten gehen?

Die zahlreichen Festredner überboten sich in begeisterten Worten mit recht unterschiedlichen politischen Akzenten. Zuerst erklärte Dr. Hepp, »daß die ganze Schmach, der namenlose Jammer, der auf Deutschland lastet, nur aus der Vereinzelung und Getrenntheit der deutschen Stämme, aus Mangel an Volkstum, aus der Unentschlossenheit herrühre, für die heilige Sache des Vaterlandes alles andere zu opfern«. Siebenpfeiffer ermunterte die Patrioten zum Kampf für die gute Sache und blickte voraus auf den kommenden Tag, »an welchem die Fürsten die bunten Hermeline feudalistischer Gottstatthalterschaft mit der männlichen Toga deutscher Nationalwürde vertauschen müßten; ... wo das deutsche Weib, nicht mehr die dienstpflichtige Magd des herrschenden Mannes, sondern die freie Genossin des freien Bürgers, unseren Söhnen und Töchtern schon als stammelnden Säuglingen die Freiheit einflößt; ... wo ein gemeinsames deutsches Vaterland sich erheben sollte, das alle Söhne als Bürger begrüßt.«

Schärfer und eindeutiger sprach Wirth im antimonarchischen Sinne. Er brachte ein Hoch aus auf die »vereinigten Freistaaten Deutschlands« und auf das »konföderierte republikanische Europa«. Die Frankfurter Filiale des Preßvereins hatte ihm ein Schwert als Geschenk überbracht; dies schwang er dabei drohend über sich. Ein Straßburger Journalist überbrachte Grüße aus Frankreich; sein Land wolle eine ehrliche Allianz mit dem deutschen Volke. Namens der Burschenschaften forderte aber der Westfale Brüggemann Elsaß-Lothringen von Frankreich zurück. Der Tag endete mit Becherklang und Freiheitsgesängen unter den alten Kastanien des Schloßberges. Dann wurde Börne ein Fackelzug dargebracht.

So etwas hatte es in Deutschland noch nie gegeben. Doch wie sollte es weitergehen? Am 27. Mai hatte man begeistert gesungen:

Mut, Mut, Mut! Nicht wird uns Gott verlassen,
Folgen wir in Treuen seinem Wort!
Feurig laßt uns lieben, feurig hassen
Und bereiten uns zum Drachenmord.

An den folgenden Tagen fanden in engerem Kreise politische Ge-

Die revolutionäre Welle, die im Sommer 1830 durch ganz Europa ging, erfaßte fast alle deutschen Staaten; in Kurhessen führte sie zum Sturz des Kurfürsten. Bald ergriff die Bewegung alle Schichten der Bevölkerung. Zehntausende versammelten sich 1832 auf dem Gelände der Schloßruine Hambach, um Freiheit und Einheit zu fordern.

Hambacher Fest, 1832

spräche und Programmdiskussionen statt. Bald stellte sich heraus, daß über die Frage, wer der Drache eigentlich sei, und wie man ihn ermorden solle, keine Einigung zu erzielen war. Die bisherige Führungsgruppe des Preßvereins spaltete sich auf. Schüler mit einer Mehrheit von »Gemäßigten« setzte durch, daß Zielsetzung und Arbeitsweise des Preßvereins in unveränderter, also lockerer Weise fortgesetzt werde. Wirths und Siebenpfeiffers Vorschläge, die Organisation zu straffen und den neuen »Reformverein« schon als eine Art provisorischer Volksvertretung zum Träger einer umfassenden Aktion zur Veränderung der politischen und gesellschaftlichen Verhältnisse zu machen, fanden keine Mehrheit.[5] Die weitere Auseinandersetzung zwischen den beiden Konzeptionen wurde von der schnell einsetzenden behördlichen Repression abgeschnitten; es bleibt offen, wie sich das Kräfteverhältnis zwischen den beiden Richtungen und die Aktionsbasis in der Bevölkerung weiterentwickelt hätte. Der marxistische Historiker Karl Obermann, einer der besten Kenner dieser Epoche, hat das Hambacher Fest dahingehend interpretiert, daß auch in Deutschland die Radikalisierung erhebliche Fortschritte gemacht hatte.[6] Aber trifft es wirklich zu, daß damals »in Deutschland Voraussetzungen für eine große revolutionäre Bewegung der Volksmassen gegeben waren«? Gerade die Spaltung in Hambach und die folgenden Vorgänge machen da skeptisch.

Nach Hambach war es zu einer eindrucksvollen, aber kurzen Serie von weiteren Demonstrationen gekommen, dann griffen die Behörden zu. Schon Mitte Juni setzte die Verhaftungswelle ein, der alle führenden Köpfe der Bewegung so oder so zum Opfer fielen.[7] Siebenpfeiffer floh 1833 über Weißenburg in die Schweiz, wo er an der Universität Bern eine juristische Professur übernahm. Er hielt den Kontakt zu den politischen Freunden aufrecht, bis er 1844 wegen einer Geisteskrankheit in eine private Anstalt eingeliefert wurde; dort starb er vierzehn Jahre später. Wirth saß eine zweijährige Haft wegen Beamtenbeleidigung ab und widersetzte sich Befreiungsversuchen. Einem anschließenden Zwangsaufenthalt in seiner Heimatstadt Hof entzog er sich 1836 durch die Flucht. In Frankreich und der Schweiz verdiente er sich sein Brot als politischer Journalist, bis er 1847 nach Deutschland zurückkehrte und in die Frankfurter Nationalversammlung gewählt wurde; aber er starb schon am 28. Juli 1848. Schüler wurde zu einer zehnjährigen Landesverweisung und einer weiteren zehnjährigen Polizeiaufsicht, schließlich zum Verlust aller bürgerlichen und politischen Rechte verurteilt und aus der Anwaltsliste gestrichen. Vor der drohenden Verhaftung floh er nach Frankreich, wo er, so weit sich sehen läßt, keine politische Aktivität ausübte. 1848 wurde er in die Paulskirche gewählt und gehörte zur Gruppe »Deutscher Hof«. Im pfälzischen Aufstand 1849 wurde er Mitglied der provisorischen Regierung; er suchte mäßigend auf die Radikalen einzuwirken, floh nach dem Ende der Kämpfe erneut nach Frankreich und wurde 1851 in absentia zum Tode verurteilt. Er starb 1873 als Zweiundachtzigjähriger auf seinem Gut bei Metz. Ferdinand Geib, der gleichfalls nach Frankreich floh, starb schon 1834 an Lungenschwindsucht. Joseph Savoye entfaltete in der Pariser Emigration eine vielseitige Aktivität und gehörte schon 1833 dem »Deutschen Volksverein« in Paris an. 1848 entsandte ihn die französische Republik als diplomatischen Vertreter zur Frankfurter Nationalversammlung. Nach einem Jahr abberufen, kehrte er nach Paris zurück; infolge seiner Kritik an dem Staatsstreich Louis Napoleons wurde er 1851 aber aus Frankreich ausgewiesen. Er ging nach England, wo er zwei Jahrzehnte später starb.

Diese wenigen Hinweise geben einen eindrucksvollen Ausschnitt aus der Leidensgeschichte deutscher freiheitlicher Politik im Medium von Lebensläufen. Die Anfänge der deutschen Emigrantenpolitik in Paris, die ja aufs engste mit der pfälzischen Bewegung verbunden waren, machen deutlich, wie jetzt die Zentren der deutschen Emigration in Westeuropa eine immer bedeutendere Rolle für die Entwicklung der politischen Kräfte und Ideen in Deutschland zu spielen beginnen.[8] Auch das war eine Folge der seit der Julirevolution immer schärferen politisch-ideologischen Spaltung zwischen dem liberalen Westen Europas und dem konservativ-reaktionären Osten des Kontinents. Westdeutschland, also besonders die Pfalz, Baden und die Rheinlande, lagen unmittelbar an der »Bruchzone« zwischen den beiden Systemen; hier blieben die Verbindungen nach dem Westen auch nach dem neuerlichen Einsetzen der Domestizierung aller freiheitlichen Bewegungen eng und wirkungsvoll. Dazu trug bei, daß es sich bei den Deutschen, die in Frankreich und in der Schweiz die oppositionellen politischen Vereinigungen bildeten, nicht nur um »echte« politische Emigranten, sondern vielfach auch um wandernde Handwerksgesellen handelte. Sie kamen und gingen; sie kehrten wieder nach Deutschland zurück und brachten die radikalen Ideen in ihre Heimat. Die deutschen Behörden versuchten diesen Ideentransport durch Wanderverbote zu unterbinden, hatten aber damit nur begrenzten Erfolg. Gerade für die Anfänge der deutschen Arbeiterbewegung wurden diese Kontakte und Wege besonders wichtig.

Nachdem die ursprüngliche Führungsgruppe der ersten Verhaftungswelle zum Opfer gefallen war, verlegte der in der Pfalz gegründete Preßverein die Zentrale seiner Tätigkeit nach Frankfurt, schließlich nach Bockenheim. Aber 1833/34 wird es still um ihn. Anders entwickelten die Dinge sich in Paris, wo im Februar/März 1832 der »Deutsche Volksverein« als Filiale des Preßvereins gegründet wird. Unter den Mitarbeitern der ersten Stunde werden Heine und Börne genannt. Später gehörte der Pfälzer Savoye dem fünfköpfigen Redaktionskomitee an, das im Dezember 1832 bei einer Versammlung in Heines Wohnung gegründet wurde, um »die Redaktion der Druckschriften und Pamphlets des Vereins ... künftig geübteren Federn anzuvertrauen«. Auch in den Agentenberichten, die den deutschen Behörden zugingen, wird die Intensivierung der Tätigkeit des Pariser Vereins beobachtet, der sich bisher größtenteils nur aus Tischler- und Schneidergesellen zusammengesetzt habe.

Nach dem Ende des Preßvereins in Deutschland und nach der Unterdrückung der liberalen Presse veränderte sich die Lage und die Arbeitsweise des Pariser Vereins. Als 1834 der »Deutsche Volksverein« durch die französischen Behörden aufgelöst wird, bildet sich aus früheren Mitgliedern des Vereins der »Bund der Geächteten«. Bei diesem Übergang zu einer strafferen, geheimbündlerischen Organisation tritt Jakob Venedey hervor, der auch die Zeitschrift »Der Geächtete« herausgibt. Der Kölner Venedey war eigentlich ein Radikalliberaler, aber seine Agitation richtete sich schon zunehmend an die unterbürgerlichen Schichten in Frankreich, in der Schweiz und in Deutschland. Die Einflüsse des französischen Frühsozialismus und der in der Schweiz entstehenden Arbeitervereine machten sich geltend. 1835 erschien eine Flugschrift mit dem umständlichen Titel »Betrachtungen eines deutschen Arbeiters über die neuesten Beschlüsse der Bundesversammlung, wodurch den Handwerkern der Aufenthalt in Frankreich, der Schweiz und Belgien bei Verlust ihres Heimatrechtes untersagt wird«.[9] Hier findet sich, als radikale Antwort auf die Repressalien des Deutschen Bundes, bereits eine Ankündigung künftiger sozialer Revolution: »Der deutsche Arbeiter wird das große Werk vollbringen ... Vernichtung der Zwingherrschaft und Wiedergeburt eines freien und einigen Deutschlands.« In den Jahren 1836/40 entstand aus dem »Bund der Geächteten« der neue »Bund der Gerechten«, womit der Schritt zu den frühkommunistischen Zusammenschlüssen und Ideen getan war, die für das veränderte Klima in der Emigration der vierziger Jahre und auch für den Werdegang eines Karl Marx charakteristisch wurden.

Die Radikalisierung der Bewegung im Westen, vor allem in der Pfalz, und schließlich das Hambacher Fest waren für Metternich der willkommene Anlaß, nun die Gesamtheit der Bundesstaaten wieder auf eine harte Linie festzulegen. Sogleich nach dem Hambacher Fest warf er in ungewöhnlicher Schärfe dem bayerischen Außenminister vor, in Bayern sei »zuerst dem revolutionären Treiben ein legaler Tummelplatz eröffnet worden«.[10] Als Heilmittel empfahl er sowohl militärische als auch gerichtliche Maßnahmen in der Pfalz. Die bayerische Regierung reagierte unverzüglich; der greise Feldmarschall Wrede wurde mit Sondervollmachten an der Spitze eines ganzen Armeekorps in die Pfalz entsandt. Nachdem der Ausnahmezustand verhängt worden war, wurden die Freiheitsbäume entfernt, dann folgte eine Welle von Verhaftungen und Gerichtsverfahren; verdächtige Bürger wurden mit Einquartierung bestraft (»Strafbayern«). Metternich warnte damals auch Preußen; das war aber fast überflüssig, denn die Berliner Regierung war sich in der Einschätzung des Hambacher Festes als einer »vollständigen Revolution« mit Wien ganz einig.

Schon im Herbst 1830 waren für diese Entwicklung die Weichen gestellt worden, als der Bundestag gemäß einem Antrag Österreichs »Maßregeln zur Herstellung und Erhaltung der Ruhe in Deutschland« erlassen und damit das Verfahren zur militärischen Intervention im Auftrag des Bundes vereinfacht hatte. Nun hielt Preußen den Erlaß neuer Bundesgesetze für nicht notwendig und Wien und Berlin einigten sich in vertraulichen Vorbesprechungen auf eine bindende Auslegung der bestehenden Gesetze. So entstanden die »Sechs Artikel«, die schon einen Monat nach Hambach, am 28. Juni 1832, dem Bundestag vorgelegt und einstimmig angenommen wurden;[11] sie richteten sich vor allem gegen die einzelstaatlichen Verfassungen. Die Wiener Schlußakte von 1820 wurde extensiv ausgelegt im Sinne einer Beschränkung des Petitionsrechtes, des Budget- und Gesetzgebungsrechtes und der Rede- und Berichtsfreiheit der Landtage. Zudem wurde, in Analogie zu 1820, eine neue Überwachungskommission eingesetzt. Sie hatte insbesondere die Landtagsverhandlungen in den Gliedstaaten zu beobachten und »gesetzwidrige« Vorgänge in den Landtagen dem Bund zu melden. Aufgrund eines bayerischen Antrages wurde die Tätigkeit der Überwachungskommission auf sechs Jahre begrenzt.

Entgegen den Erwartungen in Wien und Berlin kamen trotz des Bundesbeschlusses über die Sechs Artikel Einwände und Vorhaltungen von einer ganzen Reihe Regierungen. Tatsächlich handelte es sich um gravierende Eingriffe in die einzelstaatlichen Verfassungen. Demgegenüber berief man sich in Wien und Berlin auf den Grundsatz »Bundesrecht bricht Landesrecht«. Schwieriger gestaltete sich die Frage der Publikation der Sechs Artikel in den Einzelstaaten; daß das für ihre Rechtsgültigkeit notwendig war, ließ sich nicht bestreiten. Es ergaben sich ausgedehnte Debatten innerhalb und außerhalb der Landtage. Die Unruhe blieb, aber die Bestimmungen wurden schließlich doch überall rechtskräftig. Wieder einmal zeigte sich, daß die zentralen Bundeskompetenzen nur dort ausgebaut und wahrgenommen wurden, wo es um die Niederhaltung liberaler und nationaler Bestrebungen ging.

Doch nicht genug. Schon im Juli folgte in Frankfurt ein sogenanntes Maßregeln-Gesetz, das zusätzliche Beschränkungen der Preß-, Vereins- und Versammlungsfreiheit brachte. 1833 wurde eine neue »Zentralbehörde für politische Untersuchungen« geschaffen (nicht zu verwechseln mit der »Überwachungskommission« von 1832 für die Landtage). Äußerer Anlaß waren tumultuöse Ausschreitungen in Frankfurt, am Sitz des Bundestags. Dieser »Frankfurter Wachensturm« war von einer Gruppe Heidelberger Studenten inszeniert worden. Er hatte das Signal für eine allgemeine revolutionäre Erhebung Deutschlands abgeben sollen. Der Angriff der Verschwörer auf die Stadtsoldaten an der Frankfurter Hauptwache hatte jedoch keine Kettenreaktion ausgelöst; die Bevölkerung war teilnahmlos geblieben. Ein Bataillon der Stadttruppen hatte genügt, den Aufruhr niederzuschlagen, der sechs Soldaten und einem Aufständischen das Leben kostete. Der Bundestag reagierte auf den Verzweiflungsschritt pathetischer Studenten absurd. Frankfurt wurde von Bundestruppen besetzt. Die Intervention des Bundes dauerte, trotz eines Einspruchs der Stadt, tatsächlich neun Jahre.

Wieder, wie 1819, einigten sich die beiden Großmächte auf ein Vorgehen außerhalb der regulären Verfahrensweise des Bundes. Mit den Wiener Ministerialkonferenzen vom Januar bis Mai 1834 eröffnete Metternich die nächste Runde.[12] Doch während der Verhandlungen ergaben sich tiefgehende Gegensätze zwischen der konservativen Gruppe und einer zwar nicht liberalen, aber doch konstitutionell orientierten Gruppierung, die sich vor allzu tiefen Eingriffen in das eigene Verfassungs- und Rechtssystem scheute. Hierzu zählten Bayern, Sachsen, Hannover, Württemberg, Baden, Kurhessen, Sachsen-Weimar, Nassau und die 16. Kurie. Doch die konservative Allianz um Preußen und Österreich setzte sich im wesentlichen durch. In dem Wiener Schlußprotokoll vom 12. Juni 1834 wurden 60 Artikel zusammengefaßt, die ab jetzt als geltendes Bundesrecht angesehen wurden. Als förmliche Bundesgesetze wurde aber nur ein geringer Teil dieser Beschlüsse 1834/35 publiziert. Der Hauptteil der 60 Artikel blieb geheim; erst 1843 wurden sie durch eine Indiskretion bekannt. Die heftige Diskussion, die sogleich über die Frage ihrer Rechtsgültigkeit – da nicht publiziert – entbrannte, stand bereits im Zeichen wachsender Skepsis gegenüber einem System, das mit solchen Mitteln den Lauf der Dinge steuern zu können glaubte.

Die massenhafte Verbreitung von Zeitungen, die mit der Ausbreitung des Schulwesens gekommen war, machte das gedruckte Wort zu einer gefährlichen Waffe. Die Regierungen antworteten mit immer neuen Zensurmaßnahmen und Verboten.

Zeitungsverbote, 1832

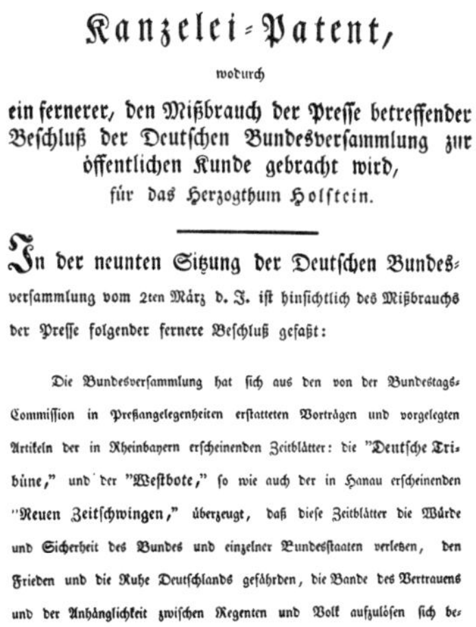

Kanzelei-Patent,

wodurch

ein fernerer, den Mißbrauch der Presse betreffender Beschluß der Deutschen Bundesversammlung zur öffentlichen Kunde gebracht wird,

für das Herzogthum Holstein.

In der neunten Sitzung der Deutschen Bundesversammlung vom 2ten März d. J. ist hinsichtlich des Mißbrauchs der Presse folgender fernere Beschluß gefaßt:

Die Bundesversammlung hat sich aus den von der Bundestags-Commission in Preßangelegenheiten erstatteten Vorträgen und vorgelegten Artikeln der in Rheinbayern erscheinenden Zeitblätter: die "Deutsche Tribüne," und der "Westbote," so wie auch der in Hanau erscheinenden "Neuen Zeitschwingen," überzeugt, daß diese Zeitblätter die Würde und Sicherheit des Bundes und einzelner Bundesstaaten verletzen, den Frieden und die Ruhe Deutschlands gefährden, die Bande des Vertrauens und der Anhänglichkeit zwischen Regenten und Volk aufzulösen sich be-

№ 12.

Anzeigen des Fürstenthums Schaumburg-Lippe.

Sonnabend, den 24. März 1832.

Höhere Bekanntmachung.

Die hohe deutsche Bundes-Versammlung hat in ihrer neunten dießjährigen Sitzung am 2. d. M. nachstehenden Beschluß gefaßt:

Die Bundesversammlung hat sich aus den von der Bundestags-Commission in Preßangelenheiten erstatteten Vorträgen und vorgelegten Artikeln der in Rheinbayern erscheinenden Zeitblätter: die „Deutsche Tribüne" und der „Westbote", so wie auch der in Hanau erscheinenden „Neuen Zeitschwingen", überzeugt, daß diese Zeitblätter die Würde und Sicherheit des Bundes und einzelner Bundes-Staaten verletzen, den Frieden und die Ruhe Deutschlands gefährden, die Bande des Vertrauens und der Anhänglichkeit zwischen Regenten und Volk aufzulösen sich bestreben, die Autorität der Regierungen zu vernichten trachten, die Unverletzlichkeit der Fürsten angreifen, Personen und Eigenthum durch Aufforderung zur Gewalt bedrohen, zum Aufruhr anreitzen, eine politische Umgestaltung Deutschlands und Anarchie herbeyzuführen und staatsgefährliche Vereine zu bilden und zu verbreiten suchen, — sie hat daher, auf den Grund des provisorischen Preßgesetzes vom 20. September 1819, §. 1, 6 und 7, welches, nach den einstimmig und wiederholt gefaßten Beschlüssen aller Bundesglieder, so lange in Kraft besteht, bis der deutsche Bund sich über neue gesetzliche Maßregeln vereinigt haben wird, so wie in pflichtmäßiger Fürsorge für die Erhaltung des Friedens und der Ruhe im Bunde, im Namen und aus Autorität desselben, beschlossen:

1., Die in Rheinbayern erscheinenden Zeitblätter: die „Deutsche Tri-

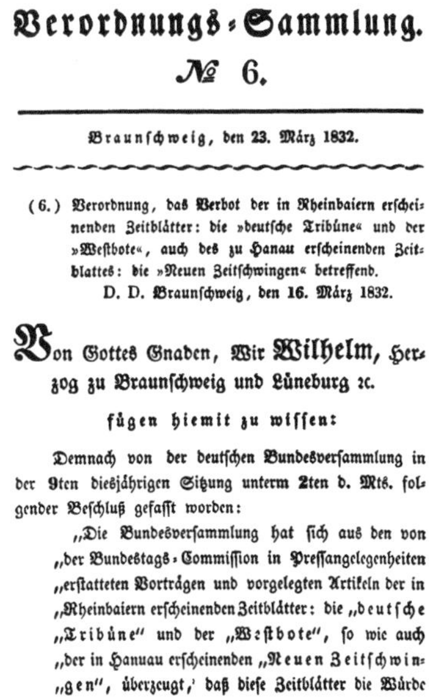

Verordnungs-Sammlung.

№ 6.

Braunschweig, den 23. März 1832.

(6.) Verordnung, das Verbot der in Rheinbaiern erscheinenden Zeitblätter: die »deutsche Tribüne« und der »Westbote«, auch des zu Hanau erscheinenden Zeitblattes: die »Neuen Zeitschwingen« betreffend.
D. D. Braunschweig, den 16. März 1832.

Von Gottes Gnaden, Wir Wilhelm, Herzog zu Braunschweig und Lüneburg 2c.

fügen hiemit zu wissen:

Demnach von der deutschen Bundesversammlung in der 9ten diesjährigen Sitzung unterm 2ten d. Mts. folgender Beschluß gefasst worden:

„Die Bundesversammlung hat sich aus den von „der Bundestags-Commission in Pressangelegenheiten „erstatteten Vorträgen und vorgelegten Artikeln der in „Rheinbaiern erscheinenden Zeitblätter: die „deutsche „Tribüne" und der „Westbote", so wie auch „der in Hanuau erscheinenden „Neuen Zeitschwin„gen", überzeugt,' daß diese Zeitblätter die Würde

In seiner Schlußrede vor der Wiener Ministerialkonferenz erklärte Metternich jedoch mit Befriedigung, daß die Ergebnisse »die nicht niedrigen Erwartungen« Seiner Majestät übertroffen hätten. Zwar könne man die Gefahren, die das gemeinsame Vaterland bedrohen, nicht in wenigen Monaten beseitigen. »Unser Trost darf jedoch sein, daß geschehen ist, was menschliche Kräfte unter den gegebenen Umständen vermochten, und mehr noch als dies, daß ein Weg gefunden und eröffnet ist, der … nicht blos aus dem

Labyrinthe der in diesem Augenblicke drohenden Gefahren und Bedrängnisse zu führen, sondern auch für alle Zukunft auf einen besseren Pfad der Ordnung, der echten Freiheit und des Rechtes zu leiten geeignet ist.«[13]

Nach dem Ende der Konferenzen bedankte sich König Friedrich Wilhelm III. eigenhändig bei Metternich für die unschätzbaren Verdienste, die dieser sich seit so vielen Jahren um das »politische Erhaltungsprincip« erworben habe. Der preußische König mochte das ernst nehmen. Aber Metternich - glaubte er selbst noch an das, was er tat und sagte?

Im November 1831 hatte der Staatskanzler sein deutsches Programm neu formuliert: Deutschland befinde sich in einer furchtbaren Unordnung; die Fürsten folgten den Parolen des Liberalismus, als ließen sich Souveränität und Demokratie verbinden; so sei ihre Macht auf den Nullpunkt gesunken. Glücklicherweise gäbe es aber den Deutschen Bund, den er nun einsetzen werde. »Die Schlacht wird nicht leicht zu gewinnen sein, aber ohne sie ist Deutschland verloren.«[14] Jetzt - 1834 - schien die Schlacht gewonnen. War sie wirklich gewonnen?

2. Die dreißiger Jahre: nochmals zwischen Stagnation und Wandel

Im Jahr vor der Julirevolution hatte Rahel Varnhagen in Berlin ein Gespräch mit Karl Wilhelm von Willisen, einem alten Freund ihres Kreises, der im preußischen Staatsdienst stand. Das Gespräch ging von der Katholikenemanzipation in England aus und kam - wie damals so oft in den Salons - auf die Frage nach dem Fortschritt in der Geschichte. Willisen vertrat den bekannten Standpunkt: es sei nicht ausgemacht, daß die Menschheit fortschreite; die Masse des Unglücks bleibe sich stets gleich. Da hielt es Rahel nicht mehr; sie berichtete ihrem Mann von ihrem Ausbruch:

»Da schrie ich: Wir wären nicht besser dran, als unter Kardinal Richelieu? Stehlen auf dem Pontneuf als gentilesse: Duelle an den Ecken zu fünfzehn, sechszehn Paaren; Vergiftung bei Bällen; Morde aller Art; Auflehnung gegen König und Obrigkeit als Adelsbenehmen; Bartholomäusnacht vorher, Dragonaden nachher; Unrecht, Gewalt in Blüthe; Judenaustilgung, wenn ihr Vermögen Appetit machte; un coup dans le d... für ganze Klassen; ... *Jetzt,* geliebtes geehrtes *Jetzt;* Europa in Aufruhr, wenn in irgend einem Winkel Unrecht oder gar Mord vorkommt; Alle müssen besser werden, besser leben ... Die Wege, die Erfindungen, die Sanitätsanstalten, Pflaster, Beleuchtung, Kanäle ...«[15]

Das war 1829 gewesen. Der emanzipatorische Aufschrei Rahels kam tief aus der jüdischen Unterdrückungsgeschichte, aus den Ideen der Aufklärung und aus der Überzeugungskraft gegenwärti-

Der Hessische Landbote.

Erste Botschaft.

Darmstadt, im Juli 1834.

Vorbericht.

Dieses Blatt soll dem hessischen Lande die Wahrheit melden, aber wer die Wahrheit sagt, wird gehenkt, ja sogar der, welcher die Wahrheit liest, wird durch meineidige Richter vielleicht ge aft. Darum haben die welchen dies Blatt zukommt, folgendes zu beobachten:

1) Sie müssen das Blatt sorg' ltig außerhalb ihres Hauses vorder Polizei verwahren;
2) sie dürfen es nur an treue Freunde mittheilen;
3) denen, welchen sie nicht trauen wie sich selbst, dü en sie es nur heimlich hinlegen;
4) würde das Blatt dennoch bei Einem gefunden, der es gelesen hat, so muß er gestehen, daß er es eben dem Kreisrath habe bringen wollen;
5) wer das Blatt nicht gelesen hat, wenn man es bei ihm fin det, der ist natürlich ohne Schuld.

Friede den Hütten! Krieg den Pallästen!

Im Jahr 1834 siehet es aus, als würde die Bibel Lügen gestraft. Es sieht aus, als hätte Gott die Bauern und Handwerker am 5ten Tage, und die Fürsten und Vornehmen am 6ten gemacht, und als hätte der Herr zu diesen gesagt: Herrschet über alles Gethier, das auf Erden kriecht, und hätte die Bauern und Bürger zum Gewürm gezählt. Das Leben der Vornehmen ist ein langer Sonntag, sie wohnen in schönen Häusern, sie tragen zierliche Kleider, sie haben feiste Gesichter und reden eine eigne Sprache; das Volk aber liegt vor ihnen wie Dünger auf dem Acker. Der Bauer geht hinter dem Pflug, der Vornehme aber geht hinter ihm und dem Pflug und treibt ihn mit den Ochsen am Pflug, er nimmt das Korn und läßt ihm die Stoppeln. Das Leben des Bauern ist ein langer Werktag; Fremde verzehren seine Aecker vor seinen Augen, sein Leib ist eine Schwiele, sein Schweiß ist das Salz auf dem Tische des Vornehmen.

Im Großherzogthum Hessen sind 718,373 Einwohner, die geben an den Staat jährlich an 6,363,364 Gulden, als

1) Direkte Steuern	2,128,131	fl.
2) Indirecte Steuern	2,478,264	„
3) Domänen	1,547,394	„
4) Regalien	46,938	„
5) Geldstrafen	98,511	„
6) Verschiedene Quellen	64,198	„
	6,363,363	fl.

Dies Geld ist der Blutzehnte, der von dem Leib des Volkes genommen wird. An 700,000 Menschen schwitzen, stöhnen und hungern dafur. Im Namen des Staates wird es erpreßt, die Presser berufen sich auf die Regierung und die Regierung sagt, das sey nöthig die Ordnung im Staat zu erhalten. Was ist denn nun das für gewaltiges Ding: der Staat? Wohnt eine Anzahl Menschen in einem Land und es sind Verordnungen oder Gesetze vorhanden, nach denen jeder sich richten muß, so sagt man, sie bilden einen Staat. Der Staat also sind Alle; die Ordner im Staate sind die Gesetze, durch welche das Wohl Aller gesichert wird, und die aus dem Wohl Aller hervorgehen sollen. — Seht nun, was man in dem Großherzogthum aus dem Staat gemacht hat; seht was es heißt: die Ordnung im Staate erhalten!

2493. Steckbrief.

Der hierunter signalisirte Georg Büchner, Student der Medizin aus Darmstadt, hat sich der gerichtlichen Untersuchung seiner indicirten Theilnahme an staatsverrätherischen Handlungen durch die Entfernung aus dem Vaterlande entzogen. Man ersucht deßhalb die öffentlichen Behörden des In- und Auslandes, denselben im Betretungsfalle festnehmen und wohlverwahrt an die unterzeichnete Stelle abliefern zu lassen.

Darmstadt, den 13. Juni 1835.

Der von Großh. Hess. Hofgericht der Provinz Oberhessen bestellte Untersuchungs-Richter, Hofgerichtsrath
Georgi.

Personal-Beschreibung.

Alter: 21 Jahre,
Größe: 6 Schuh, 9 Zoll neuen Hessischen Maases,
Haare: blond,
Stirne: sehr gewölbt,
Augenbraunen: blond,
Augen: grau,
Nase: stark,
Mund: klein,
Bart: blond,
Kinn: rund,
Angesicht: oval,
Gesichtsfarbe: frisch,
Statur: kräftig, schlank,
Besondere Kennzeichen: Kurzsichtigkeit.

ger und kommender Zivilisationsleistungen. Es blieb die Frage nach der Verwirklichung dieser bürgerlichen Idealität in den dreißiger Jahren. Noch schärfer gefragt: Konnte nach Metternichs »Sieg über die Julirevolution«, nach der augenscheinlichen Vergeblichkeit der Hoffnungen, die Deutschland 1830 erfaßt hatten, noch so argumentiert werden? Konnte nach diesem nochmaligen Rückschlag noch so fest an ein sinnerfülltes *Jetzt* als Sprosse auf der menschheitlichen Hoffnungsleiter geglaubt werden, wie es Rahel in ihrem Berliner Salon 1829 getan hatte? In den Wechselbädern zwischen Bewegung und Beharrung, die seit der Französischen Revolution Deutschland in Atem hielten, war die zweite Repressionswelle nach 1830 vielleicht noch folgenreicher als die erste nach Karlsbad. Denn trotz des unaufhaltsamen Aufstiegs der bürgerlichen Schichten wurden die Ansätze zu einer politischen Kultur in Deutschland nochmals gelähmt. Trotz der das Bürgertum vorwärtstreibenden sozioökonomischen Entwicklung war es nicht leichter, sondern schwieriger geworden, in dem »geliebten Jetzt« den Anhalt für eine freiheitlich-humanitäre Zukunft zu sehen. Eine Gegenwart voller Unterdrükkung führte auf der einen Seite zu einer Radikalisierung, die bereits

Der einundzwanzigjährige Medizinstudent Georg Büchner wurde die zentrale Figur im letzten Aufflammen der radikalen Bewegung im hessischen Raum. Hier ging es nicht mehr um eine liberale Verfassung, sondern um den Sturz der Fürsten durch die unterbürgerlichen Schichten, die Büchner und sein Freund Ludwig Weidig gegen die Gebildeten zu mobilisieren suchten, die sich doch nie mit der Masse solidarisch erklären würden.

Links: Georg Büchners Flugschrift »Der hessische Landbote«
Rechts: Steckbrief auf den geflohenen Dramatiker

an der kommenden sozialen Revolution orientiert war und daher die humane Tragfähigkeit der bürgerlichen Freiheitsmodelle in Frage stellte; auf der anderen Seite griffen Resignation, Entpolitisierung und Anpassung um sich. So schrieb Ludwig Uhland 1834 in tiefer Enttäuschung:

Wohl werd ichs nicht erleben,
Doch an der Sehnsucht Hand
Als Schatten noch durchschweben
Mein freies Vaterland.

In diesem Zusammenhang ist ein letztes Aufflackern radikaler Protestbewegungen im Gebiet zwischen Darmstadt, Frankfurt und Marburg aufschlußreich.[16] Im Mittelpunkt standen der Butzbacher Pfarrer Ludwig Weidig und der hessische Medizinstudent Georg Büchner, der 1833 in Marburg eine geheime »Gesellschaft der Menschenrechte« gegründet hatte. Büchners berühmte Flugschrift »Der hessische Landbote«, die erstmals im Sommer 1834 erschienen war, schilderte mit statistischem Material, das Büchner von Weidig geliefert worden war, die Not und die Ausbeutung der Bevölkerung durch die Fürsten. Eine revolutionäre Erhebung des Volkes sollte zum Sturz der Tyrannen und zu einer deutschen Republik führen. Büchner, Weidig und ihre Gesinnungsgenossen wandten sich ausdrücklich an die »ungebildete Gesellschaft«; von dem gebildeten Bürgertum erwartete man nichts mehr. Büchner schrieb an Gutzkow: »Sie werden nie über den Riß zwischen der gebildeten und ungebildeten Gesellschaft hinauskommen. Ich habe mich überzeugt, die gebildete und wohlhabende Minorität, so viel Koncessionen sie auch von der Gewalt für sich begehrt, wird nie ihr spitzes Verhältnis zur großen Klasse aufgeben wollen.« 1835 wurde der Verschwörerkreis aufgedeckt; nach zweijähriger, brutaler Untersuchungshaft nahm sich Weidig 1837 das Leben; Büchner hatte fliehen können, starb aber im gleichen Jahr in Zürich.

Die Monarchie der Habsburger war von den Unruhen, die auf die Julirevolution folgten, nur gestreift worden. Weder in den deutschsprachigen noch in den italienischen Reichsteilen kam es 1830/31 zu ins Gewicht fallenden politischen oder sozialen Protestaktionen. Dagegen trat das Nationalitätenproblem hier rascher, dort langsamer in ein neues Stadium. In Ungarn wurde die alte, feudalistisch-ständische Verfassung zu einem Ansatzpunkt nationaler und liberaler Bestrebungen.[17] Bereits auf dem ungarischen Reichstag von 1825/27 war Graf Stephan Széchenyi für liberale Reformen eingetreten; auf dem Reichstag von 1832/36 wurde ein umfassendes politisches, soziales und wirtschaftliches Reformprogramm verlangt. Hier begann auch Franz Déak seine politische Laufbahn als Abgeordneter des Kleinadels. Er war und blieb ein Vertreter des gemäßigten Liberalismus, während Ludwig Kossuth, aus einer verarmten Adelsfamilie slowakischer Herkunft, bald zum Exponenten radikalerer Forderungen wurde.

Insgesamt brachten die ungarischen Reformbestrebungen der dreißiger Jahre nur partielle Ergebnisse; das Zusammenspiel der konservativen Adelsgruppen mit der Wiener Bürokratie blockierte vieles. Und doch knüpfte der erstarkende Frühliberalismus jetzt nähere Verbindungen zu den Vorkämpfern des Liberalismus in

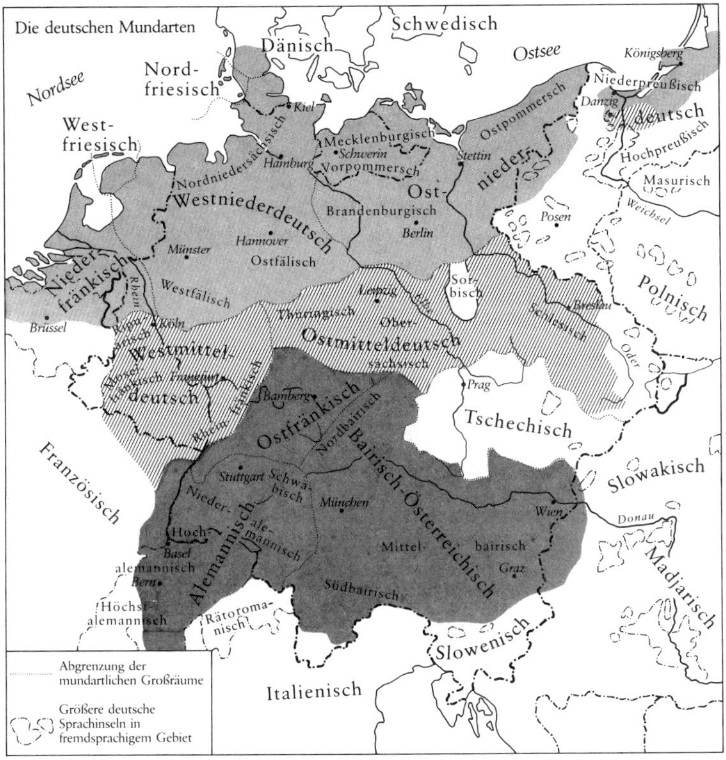

Frankreich, England und in Deutschland. Cottas »Allgemeine Zeitung« und Welcker-Rottecks Staatslexikon fanden in Ungarn ein zunehmendes Echo (wobei das deutschsprachige Österreich zunächst gewissermaßen »übersprungen« wurde - auch aus Gründen der Zensur, die in Ungarn nie so scharf durchsetzbar war!). Das Wachsen einer ungarischen national-liberalen Bewegung, die sich als Teil des europäischen Fortschritts fühlte und sich zudem auf die geltende Verfassung stützte, hatte unmittelbare Wirkungen auch auf die anderen nichtdeutschen Nationalitäten der Monarchie. In Galizien blieben die Erinnerungen an den großen polnischen Aufstand von 1830/31 lebendig. Die kleine Republik Krakau bedeutete für die polnischen Patrioten ein Zentrum ihrer Tätigkeit.

In Böhmen und Mähren richteten sich die nationaltschechischen Bestrebungen zunächst auf die Pflege von Sprache und Volkstum.[18] Die Gründung des Böhmischen Nationalmuseums in Prag 1818 durch Graf Sternberg hatte noch durchaus im Zeichen einer vornationalen deutsch-tschechischen Gemeinsamkeit gestanden; der 1833 gegründete böhmische Gewerbeverein kam jedoch bald in den Bannkreis nationaltschechischer Ideale. Seit der Mitte der dreißiger Jahre beschleunigte sich diese Entwicklung einer Kulturbewegung zu einer staats- und verfassungspolitischen Partei. Die Haltung des Adels, dessen Mehrheit zunächst national indifferent war, änderte sich nicht von heute auf morgen. Es dauerte noch einige Zeit, bis der altständische Landespatriotismus und der vor allem im tschechischen Bürgertum lebendige neue Nationalgedanke sich verbanden.

Das nationale Erwachen der Slowaken und Slowenen, der Serben und Rumänen auf österreichischem Boden wurde erst im Vorfeld von 1848 oder durch die Revolution selbst in konkrete politische Bahnen gelenkt.

So befand sich der alte Vielvölkerstaat 1835, als Kaiser Franz im Alter von 67 Jahren starb, in verfassungs- und nationalitätenpolitischer Hinsicht in einer wenig entschiedenen Übergangssituation. Es kam viel darauf an, wie sich nach dem Tode des alten Kaisers, der ja noch als letzter die Krone des Heiligen Römischen Reiches getragen hatte, die inneren Verhältnisse Österreichs und damit seine Möglichkeiten und Aussichten gegenüber dem Deutschen Bund gestalteten. Auf Franz I. folgte sein ältester Sohn als Kaiser Ferdinand I.[19] Der neue einundvierzigjährige Herrscher war Epileptiker, galt als schwachsinnig und war in nur eingeschränkter Weise regierungsfähig. Sein Vater hatte zeitweilig erwogen, ihn von der Erbfolge auszuschließen; aber selbst den Gedanken, einen förmlichen Regentschaftsrat einzusetzen, hatte er nicht verwirklicht. Sein Letzter Wille räumte nur dem jüngsten seiner Brüder, dem politisch unbedeutenden Erzherzog Ludwig, eine Mentorrolle für den Sohn ein. Die älteren, militärisch und staatsmännisch ernst zu nehmenden Erzherzöge Karl und Johann wurden beiseitegeschoben.

Metternich versuchte in dieser Situation die eigene Machtstellung zu erweitern, stieß aber auf starke Widerstände seitens der Erzherzöge Ludwig und Franz Karl und seines alten Rivalen, des Hofkanzlers Graf Kolowrat. Nach heftigen Machtkämpfen pendelte sich ab 1836 ein Gleichgewicht der Kräfte ein: angesichts der faktischen Regierungsunfähigkeit des Kaisers lagen Verantwortung und Entscheidung bei der sogenannten »Staatskonferenz«, in der die Einflüsse Metternichs und Kolowrats sich mit dem Immobilismus der Erzherzöge Ludwig (als Vorsitzender) und Franz Karl auseinanderzusetzen hatten. Der neue Kaiser und die Erzherzöge hielten sich im wörtlichsten Sinne an die letzte Anweisung, die Franz seinem Sohn auf dem Totenbett gegeben hatte: »Verrücke nichts an den Grundlagen des Staatsgebäudes. Regiere und verändere nichts!«[20]

Die Schwäche eines solchen Herrschaftssystems machte sich bald nach innen und außen bemerkbar. Insbesondere die Sanierung der Staatsfinanzen, die mit der Frage nach der militärischen Stärke und einer Modernisierung des Heeres verbunden war, kam über Ansätze nicht hinaus. Von der Konzeption einer langfristigen Entwicklung, die wirtschaftliches Wachstum, sozialen Wandel und politische Reformen gleicherweise im Auge hatte, konnte angesichts dieser Mischung von Absolutismus, Beharrung und Machtkampf nicht die Rede sein. Es war erstaunlich genug, daß in Einzelbereichen bemerkenswerte Neuansätze gelangen. Vor allem der seit 1840 als Hofkammerpräsident wirkende Freiherr von Kübeck, ein Schneidersohn aus Iglau, zeigte, welche Entwicklungschancen im Bau von Eisenbahnen und Telegraphen, im Finanz- und Steuerwesen trotz der allgemeinen Stagnation wahrgenommen werden konnten.

Was die europäischen Mächte, vor allem Rußland und Preußen anlangte, wirkte sich der Regierungswechsel in Richtung einer Minderung der Macht und Geltung Österreichs aus. Metternich tat, was er konnte, um die alte Fassade und den großen Einfluß, den Wien neuerdings in Preußen und Rußland gewonnen hatte, aufrecht zu erhalten. Insbesondere suchte er die Autorität Österreichs im Deutschen Bund unvermindert zur Geltung zu bringen. In diesem Sinne stellt der Nachruf auf Franz I., den Metternich durch den Gesandten Münch-Bellinghausen vor dem Frankfurter Bundestag feierlich verlesen ließ, ein bemerkenswertes Dokument österreichischer Deutschlandpolitik dar:[21]

»Was der verewigte Kaiser für Deutschland gewesen - wie er, des alten ehrwürdigen Reiches letztes Oberhaupt - die Kämpfe einer schweren Zeit treu und ausdauernd bestanden, wie er, nach endlich errungenem Siege, zur Knüpfung des neuen, Deutschlands Fürsten und freie Städte vereinigenden Nationalbandes, als einer der ersten Stifter des Bundes mitgewirkt, und wie er seit eingegangenem Bunde sein Streben auf treue Haltung, auf Ausbildung und Befestigung desselben gerichtet - alles dieses nach Gebühr zu würdigen, überläßt der Gesandte dem dem seinigen gewiß entsprechenden Gefühle dieser hohen Versammlung.«

Dann spricht Metternich im Namen des neuen Kaisers. Den heutigen Leser läßt bei dem Rückblick auf das Leben des alten Kaisers, des letzten Herrschers eines fast tausendjährigen Reiches, dieser Trauer-Katafalk deutscher Geschichte nicht unberührt; doch das nun folgende Programm einer deutschen Politik Ferdinands I. vermittelt uns - angesichts der damaligen politischen Realität - nur

Als Kaiser Franz I. 1835 starb, hatte er sich nicht entschließen können, seinen physisch und psychisch kranken Sohn Ferdinand von der Thronfolge auszuschließen. Das ohnehin schon schwerfällige österreichische Staatsschiff wurde damit für die folgenden Jahre noch unbeweglicher, bis man schließlich 1848, als die Situation nicht länger haltbar schien, den jungen Franz Joseph auf den Thron hob. Dieser stellte sich ganz bewußt in die direkte Nachfolge seines Großvaters Franz, um der unter Ferdinand verspielten kaiserlichen Autorität wieder neuen Glanz zu verleihen.

Der fünfjährige Erzherzog Franz Joseph am Totenbett Kaiser Franz' I.

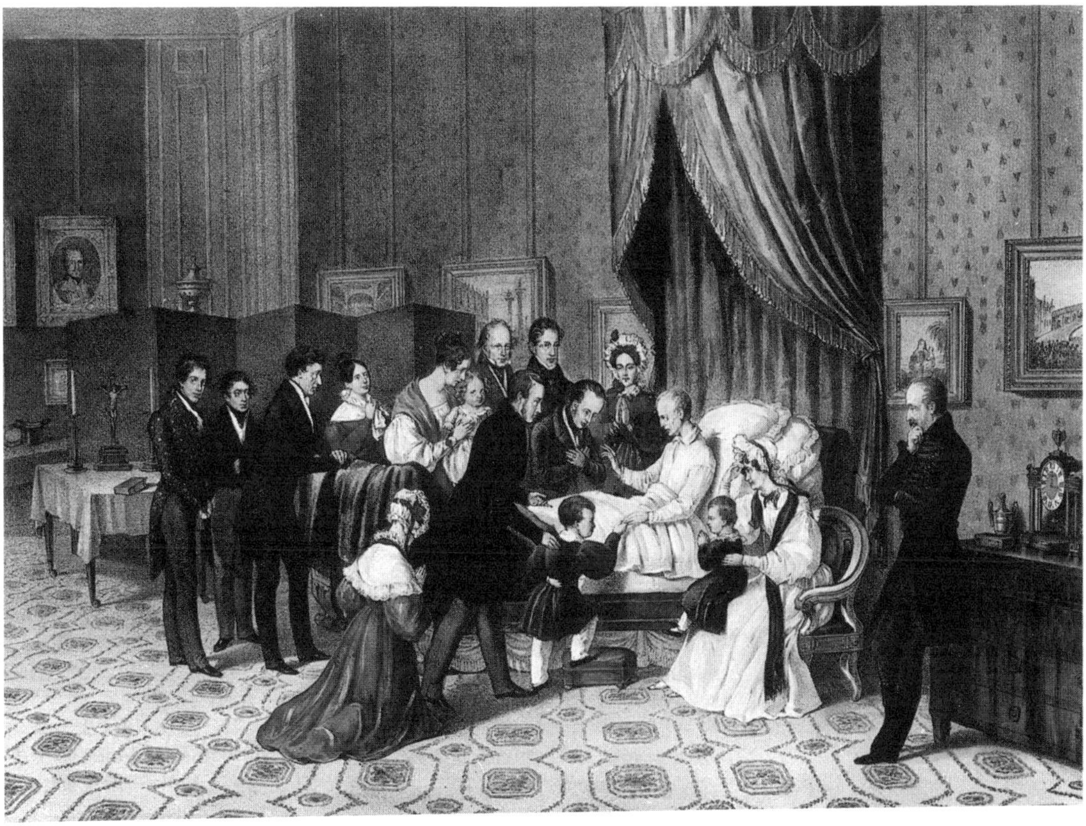

den Eindruck von Wunschdenken und Rhetorik: »Seine Majestät [Kaiser Ferdinand I.] werden sich glücklich fühlen, wenn dereinst das ehrenvolle Vertrauen, welches dem verewigten Kaiser von Seiten Seiner deutschen Bundesgenossen einstimmig gezollt war, auch auf sie übergehen könnte. Erbe seiner Gesinnungen und, wie er, von der Überzeugung durchdrungen, daß die althergebrachten Bande zwischen Ihrer Monarchie und den deutschen Staaten zum wechselseitigen Heile nicht innig und fest genug geknüpft sein können, wird immer Deutschlands Wohl und Deutschlands Macht und Stärke Seiner jetzt regierenden Majestät aufrichtigster Wunsch und der stete Gegenstand Ihres Bestrebens sein.«

Kein Zweifel, daß Metternich dies Programm in vollem Ernst vortragen ließ. Setzt man jedoch in Rechnung, wie es um die Fähigkeit des neuen Kaisers und auch der regentschaftsähnlichen Staatskonferenz stand, Überzeugungen zu fassen und diese dann zielgerichtet zu verfolgen, dann gewinnen diese Verheißungen einen ganz irrealen Charakter. Zwar kam es auch jetzt nicht so, daß nur Fassadenmalerei den Charakter der österreichischen Deutschlandpolitik ausgemacht hätte; doch Wollen und Wirklichkeit, Anspruch und reale Chancen traten so weit auseinander, daß man versucht ist, auch in der Deutschlandpolitik vom Beginn des Nestroy-Zeitalters in Österreich zu sprechen. Die ironische Auflösung der Wirklichkeit aber konnte nur auf der Bühne erheitern und befreien; in der Politik waren die Folgen alles andere als amüsant.

Selbst die Tagebücher von Metternichs getreuer und stets zum Optimismus neigenden Gattin Melanie füllen sich in diesen Jahren mit Klagen und Kassandrarufen: »Unsere schöne Monarchie fällt in Trümmer, d. h. sie gerät in Fäulnis, denn es giebt in ihr nur Elemente der Zerstörung, keine der Erhaltung.«[22] Dabei darf man es der Fürstin Melanie nicht zum persönlichen Vorwurf machen, daß sie keine positiven Elemente fand; die schichtenspezifischen Grenzen ihrer Wahrnehmungsfähigkeit hinderten sie wie so viele, Mittel zu sehen, die außerhalb des einmal fixierten Systems lagen. Was Metternich selbst angeht, so war er viel zu nahe mit dem Gang der deutschen Dinge, insbesondere mit Preußens Erfolgen in der Zollvereinsfrage konfrontiert, um nicht immer wieder nach neuen Chancen Ausschau zu halten. Als der badische Liberale Rotteck 1838 Wien besuchte, führte er ein Gespräch mit Metternich.[23] Der Staatskanzler fragte Rotteck, woher der wachsende Einfluß Preußens im Bund komme. Rotteck antwortete, das komme von seiner verständigen, beharrlich fortschreitenden Verwaltung. Darauf Metternich: und wie können wir dem entgegenwirken? Rotteck erwiderte: wenn Sie dem preußischen Vorbild folgen! Am Ende der Unterredung waren sich die beiden zwar einig in der Klage über Preußens steigende Macht, aber ein Kurswechsel innerhalb Österreichs oder in der österreichischen Deutschlandpolitik kam weder jetzt noch später zustande, nicht einmal in den ja anscheinend politisch-ideologisch so unverfänglichen Fragen der Zoll- und Wirtschaftsverbindungen Wiens mit den deutschen Staaten.

Während die Urteile der Historiker über die dreißiger Jahre in Österreich wenig auseinandergehen, spiegelt sich die Vielgesichtigkeit der preußischen Geschichte dieser Zeit in recht unterschiedlichen Bewertungen. Heinrich von Treitschke rühmte das Wachsen

Der Schauspieler und Dichter Johann Nestroy gilt als erfolgreichster Vertreter der biedermeierlichen Volkskomödie. Sein Witz steigert sich über Spott und Skepsis bis zur boshaften Satire, keine Schwäche der Wiener Gesellschaft bleibt ihm verborgen, aber er weiß auch immer wieder durch Komik und Humor zu versöhnen.

Johann Nestroy als Landgraf Purzel in einer »Tannhäuser«-Parodie, 1858 (Wagners »Tannhäuser« war 1857 in Wien aufgeführt worden.)

der inneren Kraft Preußens: »In keinem Staate der Welt bestand eine so menschliche, so sorgsame, so gerechte Verwaltung, in keinem eine so volkstümliche, so ganz unerschöpfliche Wehrbarkeit. Das deutsche Sparta war zu einem Lande der Bildung geworden ... In glücklicher Sicherheit lagen die Fluren, die seit zwei Jahrhunderten immer und immer wieder der Hufschlag fremder Rosse zerstampft hatte; eine Gemeinschaft der Arbeit, wie sie unsere Geschichte nie gekannt, verband die Deutschen ... Und wie fest war der preußische Staat jetzt mit dem Leben der Nation verwachsen.«[24]

Überzeugte Liberale sahen das gleiche Jahrzehnt anders. Alfred Stern faßte sein Urteil zusammen, indem er auf die Korrespondenz zurückgriff, die General Boyen 1837 mit Heinrich Theodor von Schön, dem altliberalen Oberpräsidenten von Ostpreußen, führte. Boyen hatte geschrieben: »Je mehr sich die neueste Zeit zu entwickeln anfängt, desto ernster müssen sich die Besorgnisse über unsern Staat in der Brust jedes Patrioten anhäufen. Im Innern lösen sich die notwendigsten Bande aus Mangel an übereinstimmenden Grundsätzen mit jedem Tage mehr auf und im Äußern sind wir trotz aller oder vielmehr zu vieler Nachgiebigkeit doch nahe daran, bald wiederum ganz isoliert dazustehen.«[25] Wie aber standen die Dinge in Wirklichkeit?

Ein sicherer und weitreichender Gewinn für den preußischen Staat war 1834 die Begründung des Deutschen Zollvereins und seine weitere Ausgestaltung.[26] Die politischen und sozialen Bewegungen im Anschluß an die Julirevolution hatten das Zustandekommen einer Vereinigung zwischen dem preußisch-hessischen und dem bayerisch-württembergischen Zollverein 1832/33 nicht behindert, im Endergebnis sogar eher gefördert. Zwar war man in den anderen deutschen Staaten ernsthaft mit dem Gedanken an eine Gegenaktion umgegangen, die zunächst in Hannover konzipiert, dann am Bundestag beraten und von Metternich unterstützt worden war. Wien hatte schon 1832 in München verhandelt, um durch ein Zollbündnis mit den beiden süddeutschen Königreichen der preußischen Zolloffensive zu begegnen. Doch die österreichische Bürokratie war nicht bereit - oder aufgrund der inneren Verhältnisse des ungleichmäßigen Staatsgebildes nicht in der Lage - von ihrem Prohibitivsystem nennenswerte Abstriche zu machen. Vor allem wollte sie den bayerisch-württembergischen Wünschen hinsichtlich des Donau-Verkehrs und des Transithandels nicht entgegenkommen. So scheiterte 1833 auch ein Vorstoß Metternichs, Kaiser Franz angesichts der Gefahren des entstehenden Deutschen Zollvereins zu Konzessionen zu veranlassen. Er warnte den Monarchen aufs deutlichste vor den politischen Folgen[27]: »In dem großen Bundesverein entsteht ein kleinerer Nebenbund... Nach und nach werden die Vereinsstaaten unter der thätigen preußischen Leitung und bei den sich notwendig bildenden gemeinschaftlichen Interessen in einen mehr oder weniger compacten Körper zusammenfließen... Mit allen Künsten diplomatischer Thätigkeit, mit allen Verlockungen durch materielle Interessen wird daher in der Zukunft Preußen dahinstreben, an den seinem System verschriebenen Höfen den Einfluß Oesterreichs zu schwächen, deren Beziehungen mit uns zu mindern, die Höfe daran zu gewöhnen, ihre Blicke der Furcht wie der Hoffnung nur nach Berlin zu richten, Österreich endlich... *als Ausland* ansehen zu machen.«

In Preußen spürten die Burschenschafter nach 1832 besonders stark die harte Hand der Reaktion. Unter den am 4. August 1836 zu 30 Jahren Haft verurteilten 204 Studenten befand sich auch der Mecklenburger Fritz Reuter, dessen Werk »Ut mine Festungstid« das bewegendste Dokument dieses Justizterrors ist. Sein einziges Verbrechen war die Zugehörigkeit zur Burschenschaft gewesen.

Das waren scharfsichtige Analysen und Prognosen, aber sie schienen ungehört zu verhallen. Nach dem Inkrafttreten des Deutschen Zollvereins am 1. Januar 1834 konnte Preußen dagegen weitere Erfolge verbuchen; Sachsen und die thüringischen Kleinstaaten schlossen sich an. Gegen heftige Widerstände von französischer Seite trat 1835 auch Baden bei, dann folgten Nassau und die Stadt Frankfurt. Damit umfaßte das vereinigte Zollgebiet eine Bevölkerung von 25 Millionen Menschen. Die gemeinsame Zollgrenze, die ja bewacht werden mußte, war jetzt kürzer, als die alte preußische Linie von 1815. Der enorme Rückgang des Schmuggels war nur eine der positiven Folgen für die wirtschaftliche Entwicklung. Günstige Außenverträge mit den Niederlanden, mit England und der Türkei folgten.

Aber Hand in Hand mit dieser modernisierenden Zoll- und Handelspolitik ging eine repressive Innenpolitik. Die Zahlen der politischen Strafurteile erreichten eine nie dagewesene Höhe. Harmlose Studentenreden, heimliche Verwendung der schwarz-rot-goldenen Farben für Pfeifenquasten und dergleichen waren der Anlaß schwerer Strafen. Am 4. August 1836 wurden 204 Burschenschafter wegen Hochverrats zu Höchststrafen verurteilt: 39 zum Tode (in vier Fällen zum Tod durch Rädern), 165 zu lebenslänglichen oder zeitlichen Freiheitsstrafen. Die Todesstrafen verwandelte der König teils in lebenslängliche, teils in dreißigjährige Festungshaft. Allerdings gab die Amnestie nach der Thronbesteigung Friedrich Wilhelms IV. allen noch Inhaftierten die Freiheit zurück.

Auch die preußische Zensur ging mit einer bis dahin nicht gekannten Schärfe vor. Selbst in Fällen, wo oppositionelle Schriftsteller im In- oder Ausland sich zu Konzessionen und einer »Aussöhnung« mit den Behörden bereitfanden, wurden sie von der mechanischen Anwendung des Systems nicht verschont. Heinrich Heine, der 1838 den Plan entwarf, in Paris eine deutsche Zeitung »unter Wahrung der Interessen Preußens« herauszugeben, und mit Berlin über bestimmte Zusicherungen für den Inlandsvertrieb verhandelte, gab schließlich jede Hoffnung auf. 1841, nach dem Erscheinen der »Unpolitischen Lieder« Hoffmanns von Fallersleben, wurde die gesamte Produktion des Hamburger Verlages Hoffmann und Campe für Preußen verboten. Heine schrieb damals an Campe: »Ich rate zu einem offenen Krieg mit Preußen auf Tod und Leben. In der Güte ist hier nichts zu erlangen.«[28] Die Stagnation in vielen Bereichen des staatlichen Lebens wurde von dem alternden König nach Kräften festgeschrieben. In einem Testamentsentwurf von 1838 band Friedrich Wilhelm III. den Kronprinzen, dessen Sympathien ohnehin in altständische Richtung gingen, für den Fall einer Änderung der bestehenden Provinzialstände an die Zustimmung sämtlicher Mitglieder des Herrscherhauses.

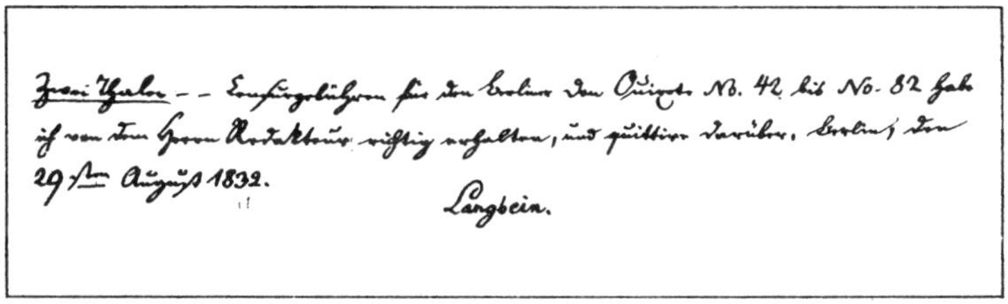

Quittung der preußischen Zensurbehörde

Zwei Thaler – Zensurgebühren für den Berliner Don Quixote No. 42 bis No. 82 habe ich von dem Herrn Redakteur richtig erhalten, und quittiere darüber, Berlin, den 29sten August 1832. Langbehn.

So waren die liberalen Strömungen nach 1832 weitgehend unter Kontrolle; aber jetzt kam es zu einem außerordentlich folgenreichen Konflikt mit großen Teilen der katholischen Bevölkerung.[29] Drei Entwicklungen wirkten zusammen und ließen diesen Konflikt zu einer Niederlage für den preußischen Polizeistaat werden: das wachsende Selbstbewußtsein der rheinischen Katholiken gegenüber der als bevormundend empfundenen und zudem in personeller, rechtlicher und sachlicher Hinsicht am Protestantismus orientierten Kirchenpolitik Berlins; eine katholische Erneuerungsbewegung, die überall den Sinn für das Eigenrecht und die Freiheit des kirchlichen Lebens schärfte, und schließlich die wachsende moralische Autorität des Papsttums, das nicht nur als zentrale Rechts- und Glaubensinstanz, sondern zunehmend auch als Zufluchtsstätte bedrängter Katholiken emotionale Zuwendung fand.

Die komplizierten Vorgänge, in deren Mittelpunkt der Streit zwischen dem preußischen Staat und der katholischen Kirche um konfessionell gemischte Ehen stand, hatten eine längere Vorgeschichte. Das strenge tridentinische Mischehenrecht – katholische Trauung nur bei Versprechen der katholischen Erziehung für alle Kinder – war schon im 18. Jahrhundert nicht mehr überall in Geltung. Erst recht hatten die in Deutschland seit dem Ende des alten Reiches neugeschaffenen, konfessionell gemischten Territorien zu einer Ausweitung der Mischehen und zu einer gemilderten kirchlichen Praxis geführt. 1803 hatte der König eine Regelung verfügt, die der konfessionellen Einheit der Familie und zugleich dem Prinzip der religiösen Parität dienen sollte: für alle ehelichen Kinder wurde die Konfession des Vaters maßgebend. Dies galt zunächst nur für die östlich der Elbe gelegenen Teile Preußens. Als die Regelung 1825 per Kabinettsordre auch für das übrige Staatsgebiet verfügt wurde, regte sich dort wachsender Widerstand. Der überwiegende Teil der Mischehen entstand ja, wenn evangelische Beamte und Offiziere, die aus den altpreußischen Gebieten nach dem Westen entsandt worden waren, in katholische Familien einheirateten. So empfand man das staatliche Mischehenrecht als gezielte Maßnahme zur Förderung der Protestantisierung. Immer mehr Geistliche, besonders jene, die unter dem Einfluß der katholischen Erneuerungsbewegung standen, machten Schwierigkeiten, und ihre Berufung auf die Gewissensfreiheit gegenüber der Staatsomnipotenz fand auch bei Liberalen Zustimmung.

Die preußische Regierung suchte in Verhandlungen mit der römischen Kurie eine Lösung zu finden. 1830 erließ Pius VIII. ein Breve, das den preußischen Wünschen sehr weit entgegenkam.[30] Den Pfarrern wurde gestattet, in Fällen, in denen trotz Abmahnung eine Mischehe nicht verhindert und das katholische Erziehungsversprechen nicht erlangt werden konnte, sich auf eine sogenannte »passive Assistenz« zu beschränken; die Ehe galt nach katholischem Recht als gültig. Berlin war damit nicht zufrieden, aber der Papst war zu keinen weiteren Konzessionen bereit. Daraufhin wurde das Breve zunächst nicht veröffentlicht und der preußische Druck verlagerte sich von Rom nach Köln. Hier kam es nun sehr auf die beteiligten Persönlichkeiten an. Der damalige Kölner Erzbischof Graf Spiegel kam aus dem westfälischen Adel und war ein hochgebildeter, verantwortungsbewußter und kirchlich sehr tätiger Oberhirt, aber – und das unterschied ihn von seinem Nachfolger und von der Gesamtheit der folgenden Bischofsgeneration – noch ganz und gar geprägt von der Tradition der deutschen Reichskirche des 18. Jahrhunderts. Er fand sich 1834 in Geheimverhandlungen mit dem preußischen Vatikangesandten Josias von Bunsen in Berlin zu einer sehr milden Auslegung des Breve bereit: nur mehr »die religiöse Gesinnung des katholischen Teils in Absicht auf Glaubenstreue und Pflichterfüllung bei der künftigen Kindererziehung« war für die Vornahme der feierlichen Trauung gefordert.[31] Die passive Assistenz wurde auf Fälle offenkundiger Leichtfertigkeit eingeschränkt. Die Suffraganbischöfe von Münster, Trier und Paderborn traten bei. Nun endlich wurde das Breve von der Regierung »freigegeben« und mit einer ergänzenden Instruktion, die der geheimen Berliner Vereinbarung entsprach, den Pfarrern mitgeteilt. Daß diese Instruktion das Breve nicht etwa »erläuterte«, sondern in wesentlichen Punkten inhaltlich modifizierte, war nicht von Anfang an klar.

Spiegel starb 1835. Dies nutzte die preußische Regierung, ihre zugesagten Gegenleistungen nicht zu erfüllen. So kam es nicht zu der erhofften Beruhigung, auch deshalb nicht, weil die Geheimkonvention nicht geheim blieb. Spiegels Nachfolger, der aufgrund einer Unterstützung durch den preußischen Kronprinzen und die Berliner Regierung vom Kapitel gewählte Clemens August von Droste-Vischering, stammte gleichfalls aus westfälischem Adel. Er hatte zwar vor seiner Wahl der preußischen Regierung erklärt, sich an die »gemäß dem Breve« getroffene Berliner Konvention zu halten.[32] Dennoch führten die sachlichen Unklarheiten und Drostes schroffe Vorgangsweise alsbald zu einer Reihe von Zusammenstößen mit den staatlichen Behörden. Droste verfuhr bei seinem Vorgehen gegen die Anhänger des Hermesianismus[33], die er für Ketzer hielt, unklug und unduldsam. Seine darauf bezogenen Eingriffe in die Bonner Universität hatten einen schweren Konflikt mit der Regierung zur Folge. Dann erst kam das Mischehenproblem

Sein ganzes Leben lang hat Joseph von Görres nie nachgelassen, mit aller Kraft für die Freiheit zu kämpfen. Er hatte sich schon als Gegner Napoleons hervorgetan, hatte 1819 wegen seiner Schrift »Teutschland und die Revolution« fliehen müssen und fand – nun schon sechzigjährig – im Konflikt zwischen Preußen und den Katholiken erneut Anlaß, seine Stimme zu erheben.

Die Achtundvierziger-Ereignisse erlebte der streitbare Publizist und Gelehrte nicht mehr; er starb im Januar 1848.

dazu, das zur Katastrophe führte und den Erzbischof in kürzester Frist zum Märtyrer der katholischen Sache werden ließ.

Nach dem Bekanntwerden der Geheimkonvention verschlechterte sich das Verhandlungsklima zwischen Rom und Berlin; die Kurie drängte auf eine strengere Praxis im Sinne des Breve von 1830, die katholische Publizistik griff ein. Die Konfliktfälle im Rheinland häuften sich. Nun hielt sich Berlin an Erzbischof Droste. Dieser berief sich auf den Standpunkt: »Wo aber die Instruktion mit dem päpstlichen Breve nicht in Einklang zu bringen ist, da richte ich mich nach dem päpstlichen Breve.«[34] In dieser Lage schaltete die Regierung nun auf eine harte Gangart: Wenn der Erzbischof sich durch Gewissenszweifel außerstande fühle, dem Verlangen des Königs zu folgen, solle er sein Amt niederlegen. Als Droste sich weigert, läßt man ihn verhaften.

Dieser polizeistaatliche Gewaltakt, dem auch kein Gerichtsverfahren folgte, löste eine Lawine von Kritik und Protest aus. Papst Gregor XVI. wandte sich in einer berühmt gewordenen Allokution an die Weltöffentlichkeit und griff das preußische Vorgehen in schonungsloser Weise an.[35] Der starrsinnige, bis dahin wenig beliebte Erzbischof war mit einem Schlage zum Symbol kirchlicher Freiheit und zum bewegenden Opfer staatlicher Rechtsverletzung geworden. Die katholische Öffentlichkeit und Presse in Deutschland, Frankreich und Belgien, aber auch Vertreter des Liberalismus nahmen sich des Falles an; die Bewegung reichte von unten bis oben.[36] Von den Führern der liberalen Bewegung trat Rotteck öffentlich für Droste und gegen die Verletzung des rechtsstaatlichen Prinzips ein.

Die gewaltigste Wirkung in dem bald einsetzenden Flugschriftenkrieg hatte Joseph von Görres mit seinem Anfang 1838 in München erscheinenden Werk »Athanasius«. Der kühne Vergleich mit dem von Kaiser Konstantin verfolgten Patriarchen hob den Kölner Fall aus der Enge ins Große, Allgemeine. Der alte Görres fand noch einmal das journalistische Feuer seiner Jakobiner-Jugend wieder. Mit großartiger Rhetorik und dem Anspruch des Propheten deutet er die Zeichen der Zeit: die Kirche wird nicht erst siegen, sie hat schon gesiegt![37] Wie der vom Kaiser verbannte Patriarch nach langjährigem Exil zurückkehren konnte und über das Unrecht der Staatsmacht triumphierte, so wird Erzbischof Droste zum Zeichen des Umschwunges der Dinge: »So hat die Vergangenheit also abgeschlossen mit der Gegenwart, und die Zukunft hebt unter einem anderen Gestirn an ... Denn die Mitternachtsstunde hat jetzt ausgeschlagen, ein anderer Tag ist angebrochen.« Die Worte des Papstes sind der Ruf des Wächters, der den Aufgang des neuen Morgens anzeigt.

Ein konkretes Programm dieses neuen Morgens darf man in der Streitschrift nicht erwarten. Ihre große zeitgeschichtliche Bedeutung liegt in der neuen Stimmung und in der Mobilisierung eines neuen Selbstbewußtseins: die stummen und bis dahin meist defensiven Kräfte kirchlichen Lebens werden wach und stellen sich auf einer neuen und anderen Basis als der Liberalismus dem Polizeistaat entgegen: »Das katholische Volk in ganzer Masse bis zu seinem allertiefsten Grunde aufgeregt. Alle, wie sie wähnten, längst entwurzelten religiösen Gefühle wieder sich mit Macht erhebend und mit verjüngter Kraft in aller Herzen lebend ... Daneben aber auch ein einstimmiger Abscheu gegen die geübte Gewalt und Hinterlist ... Aller Zwang fortan auf die Dauer rein unmöglich und vom Ziele so weit zurück verschlagen, daß es kaum mehr im Gesichtskreis steht ... Ihr habt alle ein und dasselbe Ziel, und dies Ziel ist: die ganze und volle Realisierung der feierlich gewährten Religionsfreiheit und der zugesagten politischen und bürgerlichen Gleichheit der Konfession in ihrem ganzen Umfang.«

War die Freiheit, die Görres artikulierte, nur eine kirchliche, oder schon eine politische Freiheit? Bereits Jahre zuvor hatte Clemens Brentano seinen Freund Görres gewarnt, er möge in den kirchlichen Betrachtungen nicht seinen politischen Ingrimm durchschlagen lassen, damit keiner sage, »er kratzt sich theologisch, wo es ihn politisch juckt«[38]. Die Frage läßt sich der gesamten katholischen Bewegung seit 1837 stellen. E.R. Huber hat denn auch den politischen Charakter des »Athanasius« unterstrichen: Er habe den Katholizismus in Deutschland zur politischen Partei gemacht.[39] Huber verweist darauf, daß Görres bei aller Polemik gegen den preußischen Beamtenstaat und bei allem Kampf für politische und bürgerliche Rechtsgleichheit und für Gewissensfreiheit zwar keineswegs die Prinzipien des damaligen Liberalismus annahm, aber doch in diese Richtung wirkte: »So sehr der Görressche ›Athanasius‹ nach seinem Inhalt ein Kampfruf nicht nur gegen den preußischen Beamtenstaat, sondern auch gegen Liberalismus und Demokratie war, so Entscheidendes trug er zur Grundlegung des liberal-demokratischen Verfassungsstaats durch die meisterhafte Technik der Popularisierung der Verfassungsdiskussion bei.« Die Bemerkung bezeichnet zutreffend die damalige und die spätere Problematik des Verhältnisses des deutschen Katholizismus zu Liberalismus und Demokratie.

Doch die Probleme reichten weiter. Es war eine komplexe Entwicklung, die von den »Kölner Ereignissen« und dem Eingreifen Roms ausging. Das Papsttum, dessen Autorität für den Katholizismus gerade in den neuen Formen einer Massenbewegung immer stärkere Geltung gewann, orientierte sich – mit gelegentlichen Schwankungen – immer eindeutiger in antiliberaler und durchaus autoritärer Richtung. Zwar gab es im europäischen Katholizismus, insbesondere in Frankreich und Belgien, auch weiterhin gewichtige liberale Strömungen, aber im deutschen Sprachraum setzte sich überwiegend die von Rom geförderte konservative Orientierung durch. Zusammen mit patriarchalischen Vorstellungen einer »christlich-germanischen Freiheit« führte dieser römische Antiliberalismus zu einer paradoxen Kampfstellung. Im Prinzip weigerten sich die meisten deutschen Katholiken, auf den Boden der liberalen Ideen zu treten; sie kämpften für die Rechte ihrer Kirche in Schule und Ehesachen und in ähnlichen Streitfragen. Faktisch wirkte jedoch ihr politisches Engagement in die Richtung allgemeiner politischer Freiheit und eines generellen Ausbaus des Verfassungsstaates. Das vielfach kritische Verhältnis der liberalen Kräfte zum Katholizismus und seiner einsetzenden politischen Wirksamkeit war zugleich Ursache *und* Folge dieser eigenartigen Lage. So hatte der preußische Absolutismus seit dem Kölner Ereignis zwei Gegner, Katholiken und Liberale, die aber untereinander nur sehr beschränkt oder gar nicht bündnisfähig waren.

Der große Konflikt mit der katholischen Kirche griff bald auch auf die östlichen Provinzen über. Erzbischof Dunin von Posen-Gnesen wurde gleichfalls gefangengesetzt; er hatte sich, wie Droste-Vischering, der Regierung in der Mischehenfrage widersetzt. Auch in diesem Falle nahm der Papst öffentlich Partei für den Erzbischof und verurteilte das Vorgehen der Behörden in schärfsten Worten. Rasch wurden auch die Diözesen Ermland, Kulm und Breslau in den Konflikt hineingezogen. Die Polarisierung der Kräfte wurde immer umfassender. Der alte König Friedrich Wilhelm III. fand keinen Ausweg aus einer Lage, die sich für die preußische Regierung immer nachteiliger gestaltete.

Die Regierung versuchte nun auch ihrerseits in den publizistischen Kampf einzugreifen; sie setzte alles daran, die protestantische Seite zu mobilisieren; die Erfolge aber blieben zweifelhaft. Die Schrift des Berliner Theologen Heinrich Marheinecke »Beleuchtung des Athanasius ...« läßt noch spüren, daß er ein persönlicher Freund Görres' war, was dem bis dahin verbreiteten Gefühl evangelisch-katholischer Solidarität gegen den »unchristlichen Zeitgeist« entsprach. Unvermittelt kam es dann aber zu durchaus polemischen Forderungen: es könne nicht eher Friede mit der katholischen Kirche sein, als bis sie sich »aller Abhängigkeit von Rom« begeben habe und ein »wirklicher Bestandteil des deutschen Volkes und ein lebendiges Glied der Landeskirche« geworden sei.[40] Das hieß Öl ins Feuer gießen. Kennzeichnend war auch das Verhalten des »Berliner Politischen Wochenblattes«, wo bisher evangelische und katholische Autoren im konservativen Geist zusammenwirkten. Das Kölner Ereignis machte dieser Zusammenarbeit ein Ende. Das »Wochenblatt« hatte nach anfänglichem Zögern einen Artikel gebracht, der das Verhalten der Regierung guthieß; daraufhin stellten die Katholiken ihre Mitarbeit ein. So hatte der Kölner Kirchenstreit zur Folge, daß in Deutschland keine wirkliche Solidarität der christlichen Konfessionen mehr zustande kam. Auch als nach dem Tode des alten Königs sein Sohn Friedrich Wilhelm IV., ganz vom Geiste christlich-romantischer Ideen erfüllt, den großen Streit zu einem glimpflichen Ende führte und durch große Konzessionen die Katholiken zu gewinnen suchte, konnte er das Geschehene nicht rückgängig machen. Der preußische Obrigkeitsstaat hatte von einer Seite, von der man es nicht vorausgesehen hatte, seine bisher schwerste Niederlage erlitten.

Die neue Kräftekonstellation, die aus den Kölner Wirren hervorging, war zunächst noch wenig übersichtlich. Auf der einen Seite waren Bayern und auch König Ludwig I. persönlich kräftig für die katholische Sache eingetreten. Das bedeutete eine neuartige politische Konfrontation zwischen München und Berlin. Andererseits hatte auch Österreich sehr intensiv und in antipreußischer Perspektive den Konflikt verfolgt und seine Ratschläge erteilt.[41] Vielfach sprach man damals von einer Führungsrolle, die der Kaiserstaat in der katholischen Bewegung übernehmen könne. Gab es solche Chancen wirklich? Konnte realistischerweise erwartet werden, daß ein Mann wie Metternich den Aufwind der katholischen Bewegung über taktische Züge hinaus in großem Stile zu einem neuen Ansatz deutscher Politik nutzen werde? Bei näherem Zusehen ist in dem Verhalten des Staatskanzlers zu den Kölner Wirren die Unsicherheit unverkennbar. Natürlich suchte er aus den Schwierigkeiten Preußens Gewinn zu ziehen und Österreich als Schutzmacht des Katholizismus ins Spiel zu bringen; doch daneben steht sein Zögern, mit einer von Preußen als »revolutionär« denunzierten Bewegung gemeinsame Sache zu machen. So kam es nicht zu einer großen, neuartigen Initiative Wiens.

Auf der anderen Seite stellt sich im Rückblick die Frage nach einer »linken« Alternative. War im katholischen Deutschland nach 1837, insbesondere im Rheinland, eine Entwicklung ähnlich dem belgischen Modell denkbar, also ein Zusammenwirken der katholischen und liberalen Kräfte in Richtung auf einen revolutionären Wandel des Staates und der Gesellschaft? Der tatsächliche Weg der vierziger Jahre hat diese Möglichkeit beiseitegeschoben; das hatte mit der Eigenart der preußischen Staatlichkeit, der katholischen Kirche und auch des deutschen Liberalismus zu tun.

Im Norden Deutschlands entstand, fast gleichzeitig mit dem Kölner Ereignis, ein anderer Verfassungskonflikt von weittragender Bedeutung. Hannover war seit 1714 mit England in Personalunion verbunden. Als 1837 König Wilhelm IV. starb, hörte infolge der Verschiedenheit der Erbfolgeordnung die Personalunion auf. In England, wo das weibliche Erbrecht galt, bestieg nach dem Tode König Wilhelms IV. seine Nichte den Thron, in Hannover der Bruder König Wilhelms, Ernst August, bis dahin Herzog von Cumberland.

Dem Thronwechsel folgte ein Staatsstreich. König Ernst August löste den Landtag auf und erklärte am 1. November 1837 die bisherige Verfassung (von 1833) für ungültig.[42] Weit über die verfassungsrechtliche Streitfrage hinaus gewann die nun beginnende Auseinandersetzung in und um Hannover politische Bedeutung, die in die Zukunft wies. Hat man das Ende des welfischen Königreiches 1866 kraft preußischer Eroberung im Blick, stellt sich die Frage, wie sich ein solcher Umsturz mit der Neueinwurzelung der Dynastie vereinbaren lassen sollte, noch dazu in einem Lande, das beiderseits von Preußen eingeschlossen war: Die Voraussetzungen, die der sechsundsechzigjährige Herrscher mitbrachte, als er den Thron bestieg, waren dem konstitutionellen Kurs, den das Land seit 1833 eingeschlagen hatte, entgegengesetzt. Ernst August hatte sich in seiner englischen Heimat und bei seinen Aufenthalten in Berlin stets auf einer ganz reaktionären Linie gehalten; nun wollte er die liberale Verfassung von 1833 in Hannover durch die altständische Verfassung von 1819 ersetzen.

Da das Bundesrecht, insbesondere die Wiener Schlußakte (Artikel 56) alle bestehenden einzelstaatlichen Verfassungen schützte, mußte der König sich nach dieser Seite hin abzusichern suchen. Tatsächlich führte er Verhandlungen mit dem preußischen König und mit Metternich. Beide stimmten seiner politischen Richtung zu. Doch Metternich, für dessen europäisches System Hannover als Nachbar Preußens eine traditionelle Stütze bedeutete, legte Wert auf eine möglichst unauffällige Vorgangsweise. Das Gegenteil trat ein, als das Patent vom 1. November 1837 bekannt wurde, das die bisherige Verfassung einfach als nicht mehr bestehend bezeichnete. Eine Welle von Widerspruch und Kritik erhob sich nicht nur im Königreich Hannover, sondern auch in der deutschen Öffentlich-

1837 rückte die Göttinger Universität in den Blickpunkt der deutschen Öffentlichkeit, als sich sieben ihrer Professoren öffentlich gegen den Landesherrn Ernst August stellten, indem sie unmißverständlich zu erkennen gaben, daß sie das Patent vom 1. November für einen Verfassungsbruch hielten.
In Windeseile waren die »Göttinger Sieben« als Helden der Freiheit so populär, daß sie sogar in Zinn gegossen wurden und Pfeifenköpfe zierten.

Die Göttinger Universität, 1846

keit; am wirkungsvollsten war der Protest von sieben Professoren der Universität Göttingen, die öffentlich erklärten, daß sie sich nach wie vor an ihren auf die Verfassung von 1833 geleisteten Diensteid gebunden fühlten und entsprechend handeln wollten.

Die »Göttinger Sieben« wurde vom König sogleich ihrer Ämter enthoben; die Historiker Dahlmann und Gervinus und der Germanist Jakob Grimm wurden zudem des Landes verwiesen. Der Göttinger Protest war ursprünglich umfassender geplant gewesen; die Initiatoren hatten die Gesamtheit der Professoren für einen gemeinsamen Widerstand gegen den Verfassungsbruch des Königs gewinnen wollen. Aber auch in der eingeschränkten Form des »Siebener-Protests« machte der Mut der Professoren Furore und fand ein weites Echo. Handelte es sich hier doch nicht um Handwerksburschen oder literatenhafte Revolutionäre, sondern um angesehene, fachkundige, als gemäßigt bekannte Männer. Unterstützungskomitees bildeten sich, die Geld sammelten und den stellenlosen Professoren tatsächlich bis zu ihrer Wiederanstellung außerhalb des Landes ihr volles Gehalt zahlen konnten.

Für die Opposition in Hannover war entscheidend, ob und wie der Bundestag sich mit dem Verfassungsbruch beschäftigen werde. Eine Reihe von hannoverschen Stadt- und Landgemeinden, an ihrer Spitze die Stadt Osnabrück, wandten sich beschwerdeführend an den Bundestag. Dort gab es eine Tendenz, die vor allem von Bayern und Württemberg getragen wurde, die Beschwerde aufzugreifen. Preußen und Österreich erreichten jedoch, daß die Beschwerdeführer aus dem formalen Grund mangelnder Legitimation abgewiesen wurden. Doch die überstimmte konstitutionelle Staatengruppe setzte durch, daß nunmehr der Bund von Amts wegen prüfte, ob Hannover sich einer Verletzung der Wiener Schlußakte schuldig gemacht habe. Ein weiteres Jahr zog sich der Streit hin.

Die entscheidende Sitzung des Bundestages fand erst am 5. September 1839 statt. Österreich war schon vorher für die hannoversche Regierung eingetreten; mit zehn zu sechs Stimmen wurde schließlich ein Eingreifen abgelehnt. Für eine Intervention zugunsten der

Verfassung von 1833 stimmten nur Bayern, Sachsen, Württemberg, Baden, die sächsischen Herzogtümer und die freien Städte. Damit war auch die Niederlage der Opposition in Hannover besiegelt. Immerhin zeigte eine neue Verfassung, die 1840 verkündet wurde, eine deutliche Rücksichtnahme auf jene liberalen Kräfte, die einem Rückweg in ein altständisch-feudales System widerstrebten.

Viel stärker aber waren Echo und Wirkung der Vorgänge außerhalb Hannovers. Die vertriebenen Professoren und ihre Freunde entfalteten einen publizistischen Feldzug, der in ganz Deutschland Aufsehen erregte. Dahlmann selbst, ein überlegter politischer Kopf, hütete sich, die nach dem Göttinger Ereignis vielerorts eintretende Solidarisierung der linksliberalen Gruppen mit seiner gemäßigten, monarchisch-konstitutionellen Haltung zu unterstützen oder auch nur auszunutzen. »Ich kämpfe für den unsterblichen König, für den gesetzmäßigen Willen der Regierung, wenn ich mit den Waffen des Gesetzes das bekämpfe, was der sterbliche König im Widerspruch mit den bestehenden Gesetzen beginnt.« Ganz eindeutig aber war Dahlmanns Polemik gegen den Bund: »Kann eine Landesverfassung vor den Augen des Bundes wie ein Spielzeug zerbrochen werden ... dann ist über Deutschlands nächste Zukunft entschieden, aber auch über die Zukunft, die dieser folgen wird.«[43] Diese Position mobilisierte die Vertreter des monarchischen Prinzips; sie verwarfen das Auftreten der Göttinger Sieben prinzipiell; das Verhalten der Professoren sei mit ihrer Stellung als Inhaber eines öffentlichen Amtes nur vereinbar, wenn man dieses »als den Ausfluß einer von der Krone unabhängigen Staatsgewalt betrachten will«; doch neben einer solchen könne dann die Souveränität des Königs keinen Platz mehr finden.[44] Auch der Göttinger Philosoph Johann Friedrich Herbart bestritt seinen Kollegen rundheraus das Recht zum politischen Protest und das Amt des Verfassungswächters. Durch eine Teilnahme am politischen Leben werfe die Universität »ihre geistige Existenz in die Zeit«; dies mache »ihre Gedanken zur Beute des Augenblicks«.[45]

So war das mutige Auftreten einer Gruppe von Professoren als Träger politischer Überzeugungen zwar ein starkes und zukunftsträchtiges Element deutscher Geschichte; es wies voraus auf 1848. Aber das Prinzip war keineswegs unumstritten, und das Ethos unpolitischer Wissenschaft wirkte ihm entschieden entgegen.

Der Staatsstreich von Hannover, mehr noch die Weigerung des Bundes, dem Verfassungsbruch entgegenzutreten, hat nicht nur die Politik in Deutschland bestimmt; auch das Nachdenken über Politik hat immer wieder zu ergründen gesucht, ob die Dinge so laufen mußten und ob sich hinter der Schwäche des Staatenbundes schon der Schatten des starken Einheitsstaates erhob.

Dahlmann, der ja auch in eigener Sache sprach, hat sein Verdikt über dies Verhalten des Bundes später noch verschärft. 1846 schrieb er zu dem Bundesbeschluß: »Wenn mich nicht alles trügt, wird der künftige Geschichtsschreiber Deutschlands sagen müssen: die weite Verbreitung des Unglaubens an eine friedliche Entwicklung unserer deutschen Zukunft ... datiere sich von der Entscheidung, welche über diese Frage gefallen ist.«[46] Noch 1889 nahm Treitschke diesen Gedankengang auf: »Unvergeßlich aber blieb der Nation der Bundesbeschluß vom 5. Sept. 1839. Seitdem begannen auch die

Gemäßigten zu fühlen, daß unter dem Deutschen Bund kein Recht mehr fest stand, und in immer weiteren Kreisen verbreitete sich die Hoffnung auf einen gewaltsamen Umschwung, der mit einem Schlage dem deutschen Elend Wandel schaffen sollte.«[47] Weitere siebzig Jahre später schloß sich noch nach dem Untergang des deutschen Nationalstaates der Staatsrechtler Ernst Rudolf Huber dieser Meinung an, die das Verdikt über 1839 sehr eng und legitimierend mit der späteren Zerstörung des Bundes zusammenfaßte: »Im Hannoverschen Verfassungsstreit stellte der Bund sich auf die Seite des Unrechts und der das Bundesrecht negierenden Gewalt. Ein solches Vorgehen mußte die Rechtsgrundlagen, auf denen der Bund ruhte, zerstören. Es mußte den Kräften, die den Bund durch eine andersartige Form der deutschen Einheit zu ersetzen strebten, neuen Auftrieb geben. Das Versagen des Bundes im hannoverschen Verfassungskonflikt war eine der wesentlichen Etappen auf dem Wege zur nationaldemokratischen Revolution.«[48]

Tatsächlich hat das opportunistische und rechtsschädigende Verhalten des Bundes 1839 auf dessen Ansehen, Autorität und Entwicklungschancen gewirkt. Bei solchen historischen Reflexionen macht es allerdings einen Unterschied aus, welche Vorstellungen über Wünschbarkeiten und Möglichkeiten des weiteren Laufs der Dinge der Autor jeweils im Hinterkopf hat. Bei Dahlmann 1846 lag das Ziel noch voraus; die Wertorientierung war also zukunftsorientiert: weg vom Bund, weg auch von Österreich. Treitschke ging 1889 von dem rückblickenden Glück der Erfüllung aus: es ist erreicht; das preußisch-deutsche Imperium ist geschaffen. Der Rückblick des Staatsrechtlers Huber von 1960 hat diese eindimensionale Interpretationsweise Treitschkes nicht wirklich überwunden. An dieser Stelle soll nicht die so unendlich wichtige Frage erörtert werden, ob und wie die deutsche Geschichte des 19. Jahrhunderts auch anders hätte verlaufen können. Wichtig ist aber, daß man sieht, wie solche Aussagen über die vermeintliche Unausweichlichkeit des Verlaufs stets Werturteile im Hintergrund haben. Alles heutige Nachdenken über Wege - oder Irrwege - deutscher Geschichte muß Treitschkes Determinismus hinter sich lassen und in die unbefangene Würdigung der Vielfalt deutscher Geschichtswege eintreten.

3. Neue Impulse: die Rheinkrise 1840 und die Anfänge Friedrich Wilhelms IV.

Blickt man von Europa auf Deutschland, so beginnt 1840 ein neuer Abschnitt: die europäischen und orientalischen Konfliktsituationen von 1840 haben, wie Theodor Schieder sagte, in Deutschland die innere Gärung beschleunigt, die endlich in die Revolution von 1848 mündete.[49] Doch anders als bei der Julirevolution von 1830 handelte es sich diesmal nicht um eine neue Welle von Freiheitsimpulsen. Die unmittelbaren Folgen der politisch-militärischen Verwicklungen von 1840 waren vielmehr eine Hochflut nationalistischer Äußerungen beiderseits des Rheins, die den Beginn eines verschärften Differenzierungsprozesses innerhalb der politischen Strömungen Deutschlands markierten.

Der Ausgangspunkt der internationalen Krise lag weitab vom Rhein in der sogenannten orientalischen Frage. Die Probleme, die sich aus dem Machtverfall des Osmanischen Reiches ergaben, betrafen noch nicht die europäischen, sondern die asiatischen und afrikanischen Reichsteile. Der Vizekönig Mehmed Ali von Ägypten hatte schon Anfang der dreißiger Jahre versucht, seine Machtstellung in Syrien und Arabien auf Kosten der schwachen Zentralgewalt in Konstantinopel zu erweitern, und nur durch das Eingreifen Rußlands war die Herrschaft des Sultans gerettet worden. Als 1839 ein neuer Konflikt zwischen Mehmed Ali und der Hohen Pforte ausbrach, kamen die tiefreichenden Interessengegensätze der europäischen Mächte ins Spiel. Frankreich, das seit der Besetzung von Algier seinen Einfluß in Nordafrika und im Mittelmeer auszubauen suchte, sah in dem ägyptischen Vizekönig einen vielversprechenden Verbündeten, Rußland dagegen die Chance, durch eine Stützung der Türkei seinen Einfluß am Bosporus zu erweitern. Österreich hatte sich schon früher mit der russischen Orientpolitik abgefunden, wofür der Zar Metternichs mitteleuropäische Position abstützte. Immerhin durfte Wien den russischen Einfluß in Konstantinopel nicht allzu groß werden lassen. Jetzt aber griff auch England ein; das neue Machtzentrum in Ägypten und Vorderasien bedrohte seine Mittelmeerinteressen und die Verbindungen nach Indien. So traten Rußland, Österreich und England zugunsten des Sultans, Frankreich für den Vizekönig Mehmed Ali ein. Auch Preußen trat auf die Seite Österreichs und Rußlands. Im Londoner Vertrag vom 15. Juli 1840 einigten sich diese vier Mächte mit der Pforte: dem Osmanischen Reich wurde sein Bestand, Mehmed Ali dagegen die erbliche Herrschaft in Ägypten unter der Bedingung garantiert, daß er Syrien räume. Frankreich war ausmanövriert. Im Herbst 1840 griffen russische, österreichische und englische Flottenverbände in Syrien ein, Landungstruppen besetzten Beirut; das Londoner Programm war militärisch durchgesetzt.

Was hatte das alles mit Deutschland zu tun? Überraschend viel, wie sich herausstellen sollte. Die Orientkrise war in Paris schon im Winter 1839/40 zum Anlaß geworden, die Forderung nach »Aufhebung der Verträge von 1815« und damit nach einer Rückgewinnung der Rheingrenze für Frankreich zu erheben. Der Rückschlag im Osten wurde nun von der französischen Öffentlichkeit als ein »diplomatisches Waterloo« und als eine Demütigung der nationalen Ehre empfunden, und der Ruf nach kompensatorischen Erfolgen am Rhein verstärkte sich. Die Kriegsstimmung der Öffentlichkeit wurde durch die Regierung, an deren Spitze der Historiker Adolphe Thiers stand, von Anfang an nicht gedämpft, sondern forciert. Frankreich rüstete, man sprach ganz offen vom Krieg gegen die Mächte des Londoner Vertrags, vor allem gegen Österreich und Preußen. Als Ersatz für die verlorenen Gewinne im Orient erschien eine Expansion in Europa gerechtfertigt. Die nationalistische Agitation traf sich hier mit linksradikalen Strömungen, die gegen den großbürgerlichen Immobilismus der Julirevolution kämpften; neuartige nationalrevolutionäre Töne stimmten in den Chor ein.

Zeitungen aller Richtungen waren einig in dem Ruf, den jugendliche Barrikadenkämpfer in Paris schon im Juli 1830 erhoben hatten: »Man muß die Verträge von 1815 zerreißen ... Auf zum Rhein ... Man setze die nationale Bewegung fort durch den Krieg.«[50]

Dies waren Eruptionen eines Nationalismus, wie ihn Europa noch nicht gekannt hatte; auf der Ebene der diplomatischen Verhandlungen blieben sie jedoch ohne größere Bedeutung. Thiers mußte schon im Herbst 1840 abdanken, sein Nachfolger Guizot betrieb die »Versöhnung mit Europa«. Der Meerengenvertrag von 1841 sicherte – im europäischen Konsens – die Existenz des Osmanischen Reiches und balancierte durch die Schließung der Dardanellen für alle fremden Kriegsschiffe die russischen und die englischen Machtinteressen.

Diese Ergebnisse der Krise von 1840/41 brachten aber keine dauernde Konsolidierung des europäischen Staatensystems. Die Spaltung in einen westlichen, liberalen, und einen östlichen, konservativen Block war zwar durch das Zusammengehen Englands mit Rußland verringert; aber eine Erneuerung der alten Fünfer-Allianz von 1818, an der Rußland und auch Österreich interessiert waren, kam nicht mehr zustande. Die vierziger Jahre gaben für die gewaltigen sozialen und ökonomischen Wandlungen Europas auf der politisch-diplomatischen Ebene einen unstabilen Rahmen ab. Das Metternichsche System lebte vor allem durch seine Beharrungskraft weiter; es wurde weder regeneriert noch durch ein neues System europäischen Zusammenlebens abgelöst.

Die Folgen der »Rheinkrise« waren jedoch in Deutschland stark und dauernd. Fürs erste blieb man der französischen Agitation die Antwort nicht schuldig; die leidenschaftlichen Aufwallungen des deutschen Nationalgefühls 1840/41 waren ohne Beispiel und hatten eine langfristige Veränderung des politischen Bewußtseins zur Folge. In einer Flut von Liedern und Gedichten kam die patriotische Erregung zu Wort. Am bekanntesten wurde das »Rheinlied« des aus Bonn gebürtigen Gerichtsschreibers Nikolaus Becker:

Das Lied ist das Erkennungszeichen des neuen Jahrhunderts, in Männerchören schließen sich Mediziner, Turner, Handwerker, Buchhändler und Arbeiter zusammen und schmettern ihre Träume von der Einheit und Freiheit der Nation in die Welt hinaus.

Sängerfahrt auf die Wartburg im August 1847

Sie sollen ihn nicht haben,
Den freien deutschen Rhein,
Ob sie gleich gier'gen Raben
Sich heiser danach schrei'n.

Die Angaben über die Anzahl der Vertonungen dieses Liedes schwanken zwischen siebzig und mehr als zweihundert. Man muß sich die Gewalt jener Männerchöre dazu denken, die Beckers Lied und all die anderen Rheinlieder mit antifranzösischer Begeisterung erschallen ließen. Damals entstanden auch Hoffmanns von Fallersleben »Deutschlandlied« und die »Wacht am Rhein« des Schwaben Max Schneckenburger, die aber erst ein Menschenalter später durch die Melodie Karl Wilhelms so ungeheure Popularität gewann.

Das Jahr 1840 gilt mit Recht als ein entscheidender Einschnitt in der Geschichte des deutschen Nationalbewußtseins: hier begann der moderne deutsche Nationalismus, auch wenn er vielfach auf Stimmungen der Befreiungskriege zurückgriff. Und doch sollte dieser Einschnitt nicht zu sehr akzentuiert werden. Die Hochflut internationaler freiheitlicher Solidarität war ja in den Jahren nach 1830 bald abgeflaut und schon vor 1840 sind neue Akzente nationalen Selbstgefühls bemerkbar. Daß diese Formen eines neuen deutschen Nationalismus etwas mit der vorausgegangenen Blockierung der freiheitlichen Strömungen aus den dreißiger Jahren zu tun hatten, wurde schon von zeitgenössischen Beobachtern gesehen. Georg Kolb, der Herausgeber der »Allgemeinen Zeitung«, begrüßte bereits Ende 1838 »das Bedürfnis Deutschlands, in dem Wettkampf der Nationen sich geltend zu machen« – auch deshalb, weil durch ein solches gemeinsames Ziel Monarchisten und Konstitutionalisten von ihrem »ausgangslosen« Kampf abgebracht würden.[51]

Die Funktion eines stärker werdenden, nach außen gewandten Nationalbewußtseins wurde so schon damals als Ablenkung von dem aussichtslos gewordenen innerdeutschen Kampf um freiheitliche Institutionen beschrieben: es erschien der »Allgemeinen Zeitung« sinnvoll, daß die Deutschen sich den gemeinsamen äußeren Aufgaben zuwandten und den Kampf um die innere Durchsetzung der bürgerlichen Freiheiten einstweilen ruhen ließen. In den lebhaften deutsch-französischen Pressefehden der Jahre 1840/41 erscheint zum ersten Mal der Hinweis auf Deutschlands erstarkende Wirtschaftskraft. Gegen den französischen Vorwurf, die Deutschen seien eine träumende Nation im Winkel, wird die industrielle Leistung betont: »... Ist nicht der Gewerbefleiß, die Industrie und die Fabrication von Deutschland in steigendem Fortgang, der selbst England zu beunruhigen anfängt?«[52] Auf ähnliche Weise wird Frankreich die militärische Stärke Deutschlands entgegengehalten und auch die Kraft der deutschen Literatur, die sich freilich erst in Zukunft voll entfalten werde. Man müsse zugeben, daß das öffentliche Leben Deutschlands noch vielfach beengt sei; aber – darauf läuft es hinaus – die Zukunft gehöre den Deutschen, die sich gegenüber dem »Romanismus« im Westen und dem »Slavismus« im Osten siegreich behaupten werden!

»Wer die künftigen Entwicklungen des deutschen Volkes erkennen will, der muß sein Ohr an dessen Brust legen und durch alle Schnürbrüste hindurch den geheimen Schlag des deutschen Herzens verstehen ... Die Zeit seiner rechten Tragiker, Geschichtsschreiber, Redner, Publicisten soll für Deutschland erst kommen. Hätten wir augenblicklich einen Aristophanes, wer weiß, wir wiesen ihn außer Landes! Sie wird kommen jene Zeit, vielleicht erst, wenn schon das Gras über unsern Grabhügeln im Winde schwankt ... aber einmal gewiß, wenn sich das Bewußtseyn der Nation mit Thaten erfüllt und der Deutsche als Volk seine große Sendung und Stellung inmitten der Geschichte begriffen haben wird.«[53]

Wenn Frankreich die Wiedergewinnung der Rheingrenze unverhüllt forderte, wenn vom Ministerpräsidenten Thiers über die Abgeordnetenkammer bis hinab zur Tagespresse Annektionen deutscher Gebiete ganz offen proklamiert wurden, waren nachhaltige Reaktionen auf deutscher Seite voraussehbar. Doch wohin führte das, wem nützten solche antifranzösischen Protesthaltungen? Die konsensbildende Wirkung des antifranzösischen Nationalgefühls war zwar stark, drängte die inneren Konflikte aber doch nur vorübergehend zurück. Die Stimmungskampagne überdeckte nicht vollständig die verfassungspolitischen Gegensätze zwischen den »Monarchisten« und den Liberalen. Manche Liberale unternahmen es, im Namen der nationalen Gemeinsamkeit und zur Abwendung französischer »Verführung« durch die Ideologie der Freiheit den herrschenden Gewalten verfassungspolitische Konzessionen zu empfehlen; aber bei vielen Liberalen überlagerten schon jetzt die nationalen Töne die freiheitlichen Ziele. Mit Entschiedenheit forderte diese Richtung den Abschied von dem älteren, kosmopolitischen Liberalismus, der zunächst die Freiheit wollte und dann erst die Interessen der eigenen Nation sah. Karl Biedermann schrieb:

»Deshalb hinweg mit dem kosmopolitischen Liberalismus, der nur von einer Propaganda der Freiheit, von einer Gemeinde der politisch Gleichgesinnten träumt, aber darüber die näheren Bedürfnisse und Verhältnisse des Nationallebens vernachlässigt; der nicht eher für das Vaterland wirken und kämpfen möchte, als bis alle seine Forderungen erfüllt wären ... Die Zeiten dieses Liberalismus sind, dem Himmel sei Dank, in Deutschland vorüber und werden hoffentlich niemals wiederkehren.«[54]

Auch manche radikalliberale Politiker und Autoren, die nach 1830 in die Emigration gegangen waren, trennten sich jetzt von ihren bisherigen kosmopolitischen und frankophilen Überzeugungen. So vollzog der Pfälzer Johann Georg Wirth, der nach dem Hambacher Fest nach Paris geflohen war, in der von ihm redigierten »Deutschen Volkshalle« sehr deutlich die Ablösung von den Positionen der französischen Linken; ihm folgten andere Emigranten wie August Ludwig von Rochau und Jakob Venedey. (Rochau wird später – 1853 – zum Propagator des berühmt-berüchtigten Wortes von der »Realpolitik«, die allein die deutsche Zukunft sichere.) Der Demokrat Johann Philipp Becker, gleichfalls im Exil und 1848 ein Führer der äußersten Linken, propagierte 1841 sogar einen Krieg gegen Frankreich unter liberalem Vorzeichen:

»Keineswegs dürfen wir annehmen, daß durch einen Krieg gegen Frankreich die Freiheit in Europa vernichtet werden könnte, sondern vertrauen wir vielmehr, daß in einem so gerechten Kampfe der Freiheitssinn vollständig erwachen, sich mächtig erheben werde, und daß Frankreich auf der anderen Seite in solchem Kampfe von seinen Illusionen zu sich komme und daß es, durch Gefahren und Leiden gewitzigt, die Freiheit besser auffassen werde.«[55]

Eines ist Beckers kühne Dialektik der Freiheit, ein anderes die Tatsache, wie nahe er damit den konservativen Politikern und Militärs kam, etwa Helmuth von Moltke, der ebenfalls von der Gerechtigkeit eines Krieges gegen Frankreich und von der Gewißheit des deutschen Sieges überzeugt war: »Wenn Frankreich und Deutschland je miteinander abrechnen, so steht alles Soll auf seiner, alles Haben auf unserer Seite.« Moltke, der schon damals für den Fall des Krieges das Elsaß zurückforderte, konnte sich mit Recht auf den »Demagogen« Ernst Moritz Arndt beziehen; er wiederholte ja nur dessen schon 1813/14 formuliertes Programm, daß der Rhein »Deutschlands Strom, nicht Deutschlands Grenze« sei.

Doch keineswegs alle »Linken«, weder auf der gemäßigten noch auf der radikalen Seite, vollzogen diese Schwenkung. Während die vom Liberalismus kommenden Vertreter der neuen nationalen Solidarität gewollt oder ungewollt die Positionen der deutschen Fürsten und Regierungen stärkten, bekräftigte die andere Seite desto entschiedener das Festhalten an der internationalen Solidarität, an der *fratellanza dei popoli.* So trugen die Ereignisse einerseits zur Auflösung der übernationalen Interessengemeinschaft der frühliberalen Bewegung Europas bei; andererseits verschärften sie die Gegensätze innerhalb der demokratischen und liberalen Strömungen in Deutschland. Den Fürsten und Regierungen brachten sie, ohne daß diese einen Finger für die liberale Sache zu rühren brauchten, erstmals einen ganz erheblichen Gewinn an nationaler Übereinstimmung.

Das alles waren Veränderungen der politischen Landschaft Deutschlands, die schon über 1848 hinauswiesen. Die latente Spannung zwischen dem nationalen Gedanken und den liberalen Forderungen, die in Deutschland seit den Freiheitskriegen bestand, war akut geworden, und das bedeutete eine Auflockerung der noch 1830 recht eindeutigen Fronten und eine Erweiterung der politischen Spielräume. Was die französische Seite anging, so gelten die Rheingelüste und der Nationalismus von 1840 für die heutige Forschung als eine kurze Episode: »So entpuppte sich die nationalistische Welle als ein Strohfeuer.«[56] Das traf für Deutschland nicht zu, wo die Rheinkrise auf tiefgehende und spannungsreiche Bedingungen der Politik und der politischen Psychologie stieß.

Zur Erweiterung der Handlungsspielräume und des Erwartungshorizonts trug 1840 wesentlich der Thronwechsel in Preußen bei.[57] Die Herrschaft Friedrich Wilhelms IV., der im Alter von 45 Jahren an die Spitze des bevölkerungsstärksten deutschen Staates trat, stellte einen extremen Gegensatz zu dem erstarrten, bürokratischen Monarchismus dar, der infolge der faktischen Regierungsunfähigkeit Kaiser Ferdinands seit 1835 in Österreich herrschte. Der neue König war hochbegabt und voll besten Willens, er strebte die Versöhnung aller Gegensätze an, eine neue Blüte Preußens als eines patriarchalisch-christlichen Gemeinwesens und er arbeitete für die zukünftige Größe Deutschlands. Von dem enggewordenen Beamtenregime seines Vaters wandte er sich ab; der Rationalismus und die Staatsanbetung der Hegelianer waren ihm zutiefst fremd. Sein Wesen und seine politischen Ideen waren von einer romantischen Verklärung mittelalterlichen Lebens bestimmt; die Erneuerung der christlich-germanischen Ideale, die Wiederaufrichtung der Harmonie von Thron und Altar und schließlich ein deutsch-nationaler Patriotismus, der Österreichs Führungsrolle im Lichte der Reichstradition anerkannte – das waren Angelpunkte einer phantasievollen politischen Vorstellungswelt. Der schwankende Realitätsbezug dieser Ideen wurde weder durch einen eigenen zielstrebigen Willen noch durch eine entschlossene Beratergruppe oder »Partei« gefestigt. So war der König vom Anfang bis zum Ende seiner Regierungszeit, in die so viele Weichenstellungen der deutschen Geschichte fielen, von wechselnden Situationen und Einflüssen abhängig, statt sie zu meistern und zu leiten, wie es seinem hochgespannten monarchischen Selbstbewußtsein entsprochen hätte.

Ein solcher Herrscher war insbesondere den massiven Einwirkungen der konservativen Verbündeten Preußens, also vor allem Metternich und dem Zaren Nikolaus I., ausgesetzt. Dies um so mehr, als seine mittelalterlich gefärbten Freiheitsideen nur vorübergehend den harten Tatbestand verhüllen konnten, daß sein preußischer Staat im Ernst keine anderen Machtgrundlagen wollte, als die im österreichisch-russischen System vorhandenen: Polizei, Bürokratie, Militär. Daß sich in Preußen, anders als in Rußland und in Österreich, die wirtschaftliche Kraft des Staates schon weitgehend auf die Leistungen des kapitalistischen Bürgertums stützte und immer weiter dorthin verlagerte, begriff der König nicht als Ansatz zu einer Politik neuerer innerer Solidarität.

Die ersten Maßnahmen und Kundgebungen Friedrich Wilhelms IV. wurden nach dem Ende des alten Systems mit Begeisterung aufgenommen und als Zeichen einer neuen, freiheitlichen Entwicklung in Preußen und Deutschland begrüßt. Ernst Moritz Arndt erhielt seine Professur zurück, der Turnvater Jahn wurde rehabilitiert; durch die Berufung von Jakob und Wilhelm Grimm in die Preußische Akademie der Wissenschaften und Dahlmanns an die Universität Bonn wurden drei der »Göttinger Sieben« vor aller Öffentlichkeit ausgezeichnet. Der König ergriff sogleich die Initiative zur Beilegung des schweren Konflikts mit der katholischen Kirche; er nahm sehr erhebliche Konzessionen des Staates in Kauf, um durch das Einvernehmen mit der Kirche dem Ideal von »Thron und Altar« näher zu kommen. Auch in der Polenfrage lenkte er ein und bremste die Germanisierungspolitik.

Entscheidend wurde jetzt die Frage nach der Erfüllung des Verfassungsversprechens, das ja aus der Zeit Friedrich Wilhelms III. uneingelöst fortbestand; die liberale Öffentlichkeit präsentierte diese Frage denn auch sogleich. Schon mitten in der allgemeinen Euphorie der Huldigungsfeiern in Königsberg und Berlin wurde deutlich, daß der König sich der Einlösung dieses Versprechens mit undeutlichen Redensarten zu entziehen versuchte. Die ostpreußischen Provinzialstände waren liberal orientiert, sie erinnerten den König an das Versprechen von 1815 im Sinne einer »Vollendung der verfassungsmäßigen Vertretung des Landes«. In die gleiche Richtung zielte die Schrift des Königsberger Oberpräsidenten Theodor von Schön »Woher und wohin«. Radikaler wurde die Verfassungsforderung von Johann Jacoby in einer Flugschrift »Vier Fragen, beantwortet von einem Ostpreußen« vorgetragen. Die Schrift fand anfangs reißenden Absatz, dann wurde sie in Preußen beschlag-

Letzte Seite der Flugschrift »Vier Fragen, beantwortet von einem Ostpreußen« von Johann Jacoby

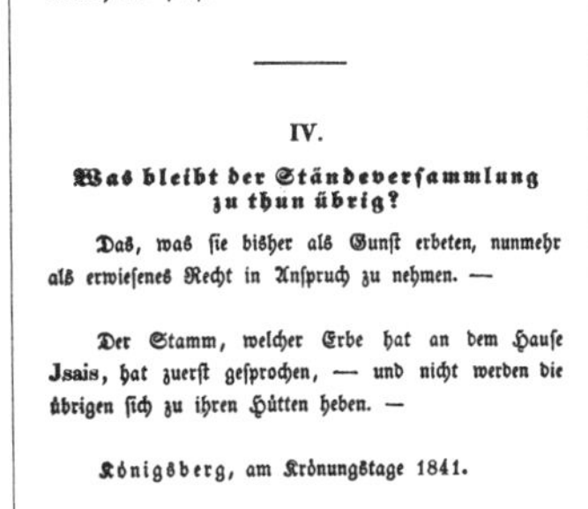
47

außer Zweifel gestellt. Die vierte Frage erledigt sich dadurch von selbst. —

IV.

Was bleibt der Ständeversammlung zu thun übrig?

Das, was sie bisher als Gunst erbeten, nunmehr als erwiesenes Recht in Anspruch zu nehmen. —

Der Stamm, welcher Erbe hat an dem Hause Jsais, hat zuerst gesprochen, — und nicht werden die übrigen sich zu ihren Hütten heben. —

Königsberg, am Krönungstage 1841.

nahmt und vom Bundestag verboten. Der Autor wurde wegen Hochverrats, Majestätsbeleidigung und »frechen, unehrerbietigen Tadels der Landesgesetze« angeklagt und zu zweieinhalb Jahren Festung verurteilt. Allerdings erfolgte 1843 ein Freispruch. Der Jubel im liberalen Lager war laut.

Die Enttäuschung über Friedrich Wilhelm IV. und seine restriktive Verfassungspolitik wurde bald durch ein ähnliches Vorgehen in Zensur-, Presse- und Bildungsfragen verstärkt. Der ostpreußische Oberpräsident wurde entlassen; in der Verfassungsfrage versuchte der König allerdings eine mittlere Linie zu steuern. Doch jede versöhnliche Maßnahme litt unter der gleichen grundsätzlichen Schwäche: die Bereitschaft des Königs, den Absolutismus seiner Regierungsweise durch Beiziehung von »Ständen« abzustützen und auch ein wenig einzuschränken, war ganz an romantisch-altständischen Vorstellungen orientiert. Das führte verfassungspolitisch ins Leere und konnte niemanden wirklich befriedigen. 1842 wurde eine Versammlung von Ausschüssen der einzelnen Provinzialstände nach Berlin berufen. Sie fügte sich zwar in die Rolle eines Beratergremiums der Regierung, aber die Verfassungsfrage wurde durch solche Experimente nicht gelöst, sondern nur verschärft. Sie kam nicht zur Ruhe, bis 1847 – ganz gegen den Willen des Königs – der »Vereinigte Landtag« die Dinge selbst in die Hand nahm. Das aber war schon das Vorspiel zur Revolution.

Die konservativen Mächte sahen in den Versuchen des Königs, in den Verfassungs-, Zensur- und Rechtsfragen vom Standpunkt des bisherigen bürokratischen Absolutismus loszukommen, vor allem das Bestreben, sich »einen liberalen Nimbus« zu verschaffen. Dementsprechend scharf fielen die Kritiken und Pressionen von Seiten Österreichs und Rußlands aus, deren Wirkung in vielen Fällen noch dadurch verstärkt wurde, daß der älteste Bruder des Königs, Prinz Wilhelm, seinen großen Einfluß als Thronfolger des kinderlosen Herrschers meist im retardierenden Sinne ausübte. Es ist fraglich, ob vielleicht ein Mann mit stärkerer Willenskraft, als Friedrich Wilhelm IV. sie besaß, diesen Einflüssen standgehalten hätte. Je weniger die Politik Wiens und St. Petersburgs einen halbwegs zukunftsreichen Weg zur Gestaltung der preußischen und deutschen Verhältnisse zu weisen vermochte, desto entschiedener bestanden die Ostmächte auf der Unterdrückung der liberalen Strömungen in Preußen.

Wien beobachtete seit der Thronbesteigung Friedrich Wilhelms IV. die Berliner Dinge mit unverhohlenem Mißtrauen. Als deutlich wurde, daß der König sich mit einer Gruppe von hochkonservativen, teilweise vom Pietismus geprägten Beratern umgab – Graf Stolberg, General von Thile, die Brüder Gerlach, dazu der katholische Oberst von Radowitz –, kommentierte der österreichische Gesandte die Vorliebe des Monarchen für diese »Betbrüder, welche eine Klientel von Heuchlern hinter sich führen«, wenn auch spöttisch, so doch immerhin beistimmend im antiliberalen Sinne.[58] Doch die Besorgnis blieb bestehen, daß es dem »Geschrei der Liberalen« gelingen könne, dem für Beifall sehr empfänglichen König Zugeständnisse abzuringen. Demgegenüber bemühte sich Metternich seit dem Frühjahr 1841, Zar Nikolaus I. für ein gemeinsames Vorgehen in Berlin zu gewinnen; der König müsse vor dem

119

Der Abgeordnete Johann Jacoby

in der Audienz auf Sanssouci.

Das ist das Unglück der Könige, daß sie die Wahrheit nicht hören wollen.

Die Ihr den Mann verleugnet, Euch zur Schmach
Einlegend schnell demüthige Verwahrung,
Ihr wußtet nicht: was jener Edle sprach,
Ist der Geschichte ew'ge Offenbarung.

Weh' Jedem, der der Wahrheit Wort verdammt!
Der Sturm durchsaust die Wipfel schon im Grimme.
Weh' Jedem, wenn der Blitz herniederflammt,
Der nicht gehöret des Propheten Stimme!! —

An unsere Abonnenten.

Der Ernst des gegenwärtigen Augenblicks gestattet uns nicht, Humor und Witz für diesmal walten zu lassen. — Wir glauben vollkommen durch die Gewalt der Umstände entschuldigt zu sein. —

Die Redaktion.

Unter Verantwortlichkeit der Verlagshandlung: A. Hofmann & Comp. in Berlin. — Druck von J. Draeger.

Nach seiner mutigen Äußerung überflutete eine Welle von Verleumdungen den liberalen Ostpreußen Jacoby. Nur wenige traten wie der Verlag Hoffmann und Comp. auf seine Seite.

»trügerischen Haschen nach Popularität« gewarnt werden. Der Zar unterließ es in den folgenden Jahren ebensowenig wie Metternich, Friedrich Wilhelm aufs nachdrücklichste vor liberalen Schritten zu warnen. Von den Ergebnissen dieser Einwirkung auf seinen Schwager war Nikolaus I. alles andere als befriedigt; im Herbst 1843 äußerte er sich nach der Rückkehr aus Berlin sehr alarmiert über die Verfassungspläne des Königs und über den allgemeinen Gang der preußischen Politik: »Ich bin besorgter als je ... Wir waren drei, ich habe die traurige Überzeugung, daß wir nur noch zwei sind« – so kommentierte er dem österreichischen Gesandten von Ficquelmont gegenüber seinen Eindruck vom Ausscheiden Preußens aus der konservativen Allianz der Ostmächte.[59] Soweit war es freilich noch nicht. Metternich kannte die innerpreußische Situation, die konservative Fronde und die Unfähigkeit des Königs zu entschlossenem Handeln zu gut, er hatte auch zu gute Verbindungen zu dem ganz verfassungsfeindlichen Kreis um Prinz Wilhelm, als daß er das Schlimmste für die nächste Zukunft befürchtete.

Was die Gestaltung der deutschen Dinge und die Bundespolitik

anging, so hatte Österreich bald nach dem spektakulären Regierungsbeginn Friedrich Wilhelms IV. in mehrfacher Richtung Überlegungen angestellt, dem drohenden Übergewicht Preußens, das ja die nationalen Hoffnungen vieler Deutscher unterstützte, entgegenzuwirken. Im Vordergrund stand erst einmal die Frage des Zollvereins und der österreichischen Wirtschaftspolitik. Metternich nahm im Herbst 1841 einen neuen Anlauf, Österreich angesichts der florierenden Entwicklung im Zollverein und der ganz aktuellen Eisenbahnfragen wirtschaftspolitisch ins Spiel zu bringen. In seinem Vortrag für den Kaiser unterstrich er sowohl die ökonomischen wie die politischen Machtfragen. Es könne kein Zweifel bestehen, »daß Oesterreich infolge seiner Föderativstellung in Deutschland sich nie in die Lage versetzen dürfe, von Deutschland in was immer für einer Beziehung als Ausland behandelt zu werden«[60]. Doch auch diese Initiative blieb ohne Unterstützung seitens der österreichischen Bürokratie; der Plan einer Zolleinigung Österreichs mit Deutschland wurde einstweilen ad acta gelegt.

Ein anderes Feld des politischen Wettbewerbs Wiens mit Berlin schien seit den Kölner Wirren und dem Konflikt Preußens mit der katholischen Kirche offen zu stehen. Auch hier versuchte Metternich einzugreifen, um so mehr als die Versöhnungspolitik, die Friedrich Wilhelm IV. einleitete, indirekt auf Kosten des österreichischen Einflusses ging. Metternich suchte durch einen systematischen

Abbau des josephinischen Staatskirchenrechts Österreich als einen katholischen Musterstaat in Deutschland ganz allgemein und gegenüber Preußen im besonderen aufzuwerten. Im Sommer 1841 trug er der Staatskonferenz seine Absichten und Motive vor: Der Versöhnungskurs des jetzigen preußischen Königs bedrohe die Stellung Österreichs in Deutschland; die Annäherung Preußens an Rom zwinge Österreich, seinerseits seine passive Stellung aufzugeben und kirchenpolitisch aktiv zu werden. »Unter den obwaltenden Umständen wird die passive Stellung nicht zu behaupten sein; denn sie würde den Charakter der *Nullität* der Regierungs-Gewalt ... annehmen.«[61] Gut gesprochen, aber auch hier folgten der Einsicht und der Initiative Metternichs keine wirksamen Taten. Erst nach der Revolution gelang dem Neoabsolutismus die Bereinigung der innerösterreichischen Kirchenfragen durch das Konkordat von 1855.

Greifbare Ergebnisse im Bundesbereich zeitigten dagegen die preußisch-österreichischen Verhandlungen über eine Verbesserung der militärischen Einrichtungen und der Kriegsverfassung des Deutschen Bundes,[62] deren Reformbedürftigkeit schon länger diskutiert worden war. Die Rheinkrise 1840, die nationale Welle, die französischen Rüstungen und die akute Kriegsgefahr führten zu Sonderverhandlungen zwischen Wien und Berlin und dann zu Anträgen und Beschlüssen am Bundestag. Als militärische Ergebnisse kamen Verbesserungen in der Organisation und Kontrolle hinsichtlich der Bundestruppen zustande; vor allem einigte man sich endlich über

Zu Beginn der vierziger Jahre führten die französischen Rüstungen und eine nationalistische Welle in Paris, der gleich hitziger Patriotismus in Deutschland antwortete, zu einer Annäherung zwischen Wien und Berlin. Man einigte sich über eine Verbesserung der Kriegsverfassung des Deutschen Bundes und einen Ausbau der Bundesfestungen gegen einen französischen Angriff. Rastatt und Ulm wurden zu neuen Festungen ausgebaut, die als nahezu uneinnehmbare Bollwerke galten.

Die Bundesfestung Rastatt, 1859

den Ausbau des Befestigungswesens des Bundes in Süddeutschland. Ulm und Rastatt wurden zu neuen Bundesfestungen bestimmt; der Baubeginn der neuen Anlagen, die Süddeutschlands Schutz gegen Frankreich verstärken sollten, zog sich allerdings bis 1844 hin.

Noch wichtiger als die nicht gerade beeindruckenden praktischen Resultate waren die politischen Begleitumstände dieser Militärverhandlungen. Es zeichnete sich, über die Zollvereinspolitik hinaus, deutlich eine preußische Tendenz zur militärisch-politischen Führung im außerösterreichischen Deutschland ab. Eine solche Entwicklung lag nahe: Die preußischen Heeresverbände wären von einem französisch-deutschen Konflikt viel rascher betroffen gewesen als die österreichischen; der Stand der militärischen Vorbereitungen, auch der Friedensstärke, blieb in den meisten Mittel- und Kleinstaaten erheblich hinter den bundesrechtlichen Verpflichtungen zurück. Preußen ging es einerseits um eine generelle Reform der Bundeskriegsverfassung von 1821, zum anderen um eine Erweiterung seines militärischen Einflusses auf die Verbände des dritten Deutschland und um dessen Absicherung durch zweiseitige Absprachen mit Österreich.

Friedrich Wilhelm IV. sah das alles ganz im Sinne seiner deutsch-patriotischen Konzeption; die Absicht einer politischen Verdrängung Österreichs aus Deutschland scheint ihm persönlich ferngelegen zu haben. Durch seinen Gesandten ließ er in Wien erklären, er achte Österreichs Stellung in Deutschland, sei jedoch entschlossen, den Deutschen Bund aus dem Zustande der Entwürdigung zu reißen und ihn »in die Reihe der Mächte wieder emporzuheben«[63]. Anders stand es wohl mit dem preußischen Sonderbeauftragten, Joseph Maria von Radowitz, der die Verhandlungen mit Wien und den deutschen Höfen führte und der schon bald als Verfechter der Vorherrschaft Berlins in Deutschland und eines »weiteren Bundes« mit Österreich auftrat. Österreich sah die preußischen Initiativen anders; man warf Preußen vor, unter dem Vorwand der Sicherung Deutschlands eine Politik zu betreiben, die eine »Diktatur in Deutschland« bezwecke.[64]

Dies hinderte Metternich nicht, aus den gegebenen Umständen das Beste für die Position Österreichs herauszuholen. Im November 1840 wurde in Wien ein Abkommen zwischen Preußen und Österreich abgeschlossen, das weitgehende militärische Zusagen Österreichs für den Kriegsfall im Westen enthielt, dafür aber von preußischer Seite den Schutz der italienischen Besitzungen der Monarchie gegen einen französischen Angriff garantierte, »so als wäre er gegen den Bund geschehen«[65]. Metternich war, anders als Preußen, ganz an der Erhaltung des Friedens interessiert, auch um dadurch die Gefahr eines Ausuferns des preußischen Einflusses zu vermeiden. Es kam nicht zum Krieg, und so blieben von den sehr intensiven militärischen Verhandlungen der Jahre 1840/41 nur vergleichsweise bescheidenen Resultate.

Schon bei dieser Gelegenheit hatte sich gezeigt, wie anders und wie dynamisch Friedrich Wilhelm IV. den Bund und seine Aktionsmöglichkeiten auffaßte. So lag es nahe, daß der König im Sinne seiner nationalen Bestrebungen und seines Werbens um Sympathie die Initiative für eine Auflösung der seit 1833 in Frankfurt bestehenden »Bundeszentralbehörde« und ihrer repressiven Befugnisse ergriff. Da Österreich sich dagegen aussprach, stimmte Preußen 1842 dem Kompromiß zu, die Behörde zu »vertagen«, das heißt einstweilen stillzulegen. Als wenig später der österreichische Bundesgesandte dem König eine Wiederbelebung der Behörde zur Bekämpfung der kommunistischen Agitation vorschlug, fragte dieser, ob es denn nicht möglich sei, »daß vom Bundestage etwas geschehe, was die deutsche Nation überzeuge, daß der Bundestag wache; etwas, was die Guten stärke und die Schlechten von ihrem Beginnen zurückschrecke; etwas Positives, Entschiedenes und Entscheidendes, was das Nationalgefühl erhebe und beruhige, und mit einem Male das Bewußtsein lebendig mache, es sey die Institution des Bundes stark genug, das Unwetter zu beschwören, das über uns heraufzieht«.[66] Das war sehr schön gesagt. Aber da der König selbst nichts Konkretes vorschlug, kam der Österreicher gleich wieder auf die Reaktivierung der Untersuchungsbehörde zurück. Dieser Vorschlag erschien dem König aber nach wie vor nicht als das rechte Mittel, das deutsche Nationalgefühl zu beleben. Die Sache unterblieb.

Ebenso charakteristisch verlief die Auseinandersetzung um Bundeswappen und Bundesfarben. Sie ergab sich bezeichnenderweise nicht schon 1815 oder 1821 im Zusammenhang der Militärorganisation, sondern erst 1844/45 anläßlich der Bauarbeiten an den neuen Bundesfestungen. Ein preußischer Vorschlag, der möglicherweise auf den König selbst zurückging, trat für den alten Reichsadler und die Farben schwarz, gelb, rot ein. Metternich widersprach heftig und forderte neben dem doppelköpfigen Reichsadler die alten »Reichsfarben« gelb und schwarz, da der Kaiser die bestimmteste Verwahrung gegen die Annahme von schwarz, gelb und rot zu Bundesfarben einlege: »Diese Farben sind von der umstürzenden Parthey im deutschen Vaterlande zum Symbol und zum Erkennungszeichen bei ihren hochverräterischen Umtrieben gewählt worden. Sie haben einst von den Zinnen des Hambacher Schlosses als die Embleme des Einen, revolutionierten Deutschlands herabgeweht. Sie können also nie und nimmer die Farben des den Gegensatz zu jenem Deutschland bildenden Bundes der Fürsten und freyen Städte, wie er dermalen besteht, werden.«[67]

4. Vom Kölner Dombaufest zum »Bund der Kommunisten«

Die Erweiterung der Handlungsräume, das Einsetzen neuer Prozesse der Veränderung und das Entstehen völlig neuartiger Konstellationen prägten in vielfacher Hinsicht die vierziger Jahre. Hoffnungen und Widersprüche, Rückschläge und Radikalisierungen kennzeichnen eine Epoche, die bereits, im Unterschied zu der letzten Reaktionsepoche seit 1832/33, tief von der Erfahrung unaufhaltsamer zivilisatorischer Veränderung geprägt war. Die Dampfkraft

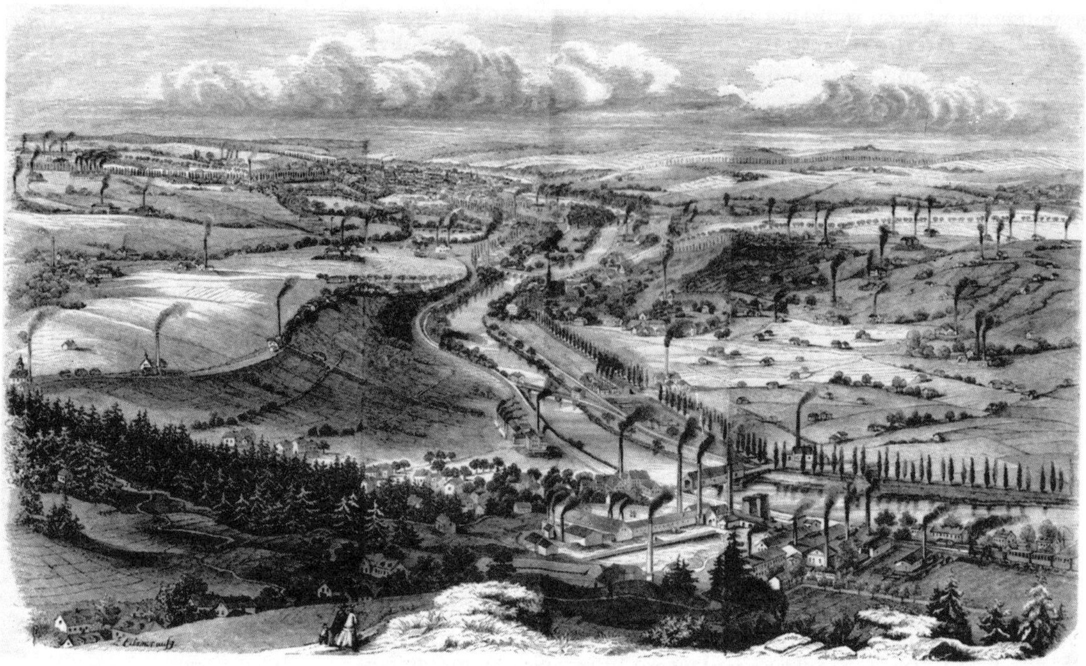

Die neue Industrie prägte seit der Mitte des Jahrhunderts nicht nur das Gesicht der Städte, sondern auch das der Landschaft. Das neue, das eiserne Zeitalter zog mit Lärm, Rauch und Gestank herauf; was die Revolutionen für die Staaten geleistet hatten, holte jetzt die Technik für die Natur nach: die Epoche der alten Ordnungen ging endgültig zu Ende.

Zwickau und seine Kohlenwerke, 1857

wird zum handfesten Symbol des technisch-wissenschaftlichen Fortschritts. Die politischen und kulturellen Ziele des Wandels sind weiterhin umstritten. Aber Dampfboote und Eisenbahnen, Telegraph und rasante Drucktechnik beweisen aller Welt, daß alles anders wird, daß eine neue Zeit heraufkommt, wie immer ihr politisch-soziales Ordnungssystem, ihre Machtstruktur und ihre Sinnorientierung aussehen mögen.

Ein Nachhall der nationalen Welle in den Rheinlanden 1840/41 und eine Demonstration der neuen Versöhnung von Thron und Altar ist das »Dombaufest«, das im September 1842 anläßlich der Grundsteinlegung zur Vollendung des Kölner Domes stattfindet.[68] Der Gedanke des Nationalfestes stammte ja aus revolutionärer Wurzel; das Wartburgfest 1817 und das Fest auf dem Hambacher Schloß 1832 waren Höhepunkte oppositioneller Bewegungen gewesen. Nun gab man der Sache eine andere Wendung.

Friedrich Wilhelm IV. setzte den Festen der Linken ein Fest entgegen, »in dem die Einheit des christlichen und des nationalen Gedankens dem Volke offenbar werden sollte« (Schnabel). Die bürgerlichen Aktivitäten des 1840 gegründeten Dombauvereins und die neue, selbstbewußte Kirchlichkeit im Rheinland waren das eine; das andere war der romantische Versöhnungs- und Nationalgedanke des Königs, der schon als Kronprinz von dem Kölner Sulpice Boisserée, dem Verehrer und Sammler mittelalterlicher Kunst, für die Idee des Ausbaues der unvollendeten Kathedrale gewonnen worden war.

Die Bauarbeiten waren einst im Zeitalter der Glaubensspaltung eingestellt worden; eine Halbruine stand seit dem 16. Jahrhundert inmitten der Stadt. Die Generation Boisserées hatte den Bauzustand genau erforscht und fühlte sich jetzt nicht nur im technischen

Mit der eigenhändig gezeichneten Hedwigskathedrale Unter den Linden hatte Friedrich der Große den katholischen Adel des neugewonnenen Schlesien für Preußen gewinnen wollen. Mit der Wiederaufnahme der seit Jahrhunderten ruhenden Bauarbeiten am Kölner Dom sollte das rheinische Preußen ein Nationaldenkmal erhalten – Symbol nicht nur des Glaubenswillens, sondern auch des Nationalgedankens König Friedrich Wilhelms IV.

Kölner Dombaufest, 1842

und künstlerischen Sinne befähigt, den Dom im »echten« gotischen Stil zu vollenden. Sie sah in der Wiederaufnahme des Dombaus auch eine große, zeitgemäße Aufgabe. Die Vollendung des Doms am Rhein sollte das Zeichen für ein neues Zeitalter deutscher Einheit und kirchlichen Friedens sein. So verband die nationale Romantik die bürgerliche Initiative mit der Absicht des Monarchen.

Zur Grundsteinlegung kam der König eigens nach Köln; ein vielstündiges Festprogramm führte ihn mit dem neuen Erzbischof Geissel zusammen, der als Nachfolger Droste-Vischerings einen klugen Ausgleichskurs steuerte. Friedrich Wilhelm hatte als Festredner stets seine besten Stunden; jetzt begeisterte er die Zuhörer: »Hier wo der Grundstein liegt, sollen sich die schönsten Tore der ganzen Welt erheben. Deutschland baut sie, so mögen sie für Deutschland durch Gottes Gnade Tore einer neuen, großen, guten Zeit werden ... Und das große Werk verkünde den spätesten Geschlechtern von einem durch die Einigkeit seiner Fürsten und Völker großen, mächtigen, ja den Frieden der Welt unblutig erzwingenden Deutschland.« So rauschte die Rede des Königs dahin, und neben der deutschen Weltgeltung kam zum Schluß auch der Lokalpatriotismus zu seinem Recht: »... das tausendjährige Lob der Stadt: Alaf Köln!«

Von österreichischer Seite nahmen Metternich und, als Vertreter des Kaiserhauses, Erzherzog Johann an dem Fest teil. Der lange Zeit wegen seiner liberalen Neigungen abseits gehaltene Habsburger und der alternde Staatskanzler kamen sich in diesen Jahren näher; sie verband die gemeinsame Sorge, wie die in Bewegung geratenden deutschen Dinge von Österreich noch gesteuert und was dem preußischen Einfluß entgegengesetzt werden könne. So ist auch der viel- und falschzitierte Toast des Erzherzogs bei einem anschließenden Festessen auf Schloß Brühl zu verstehen. Zunächst feierte Friedrich Wilhelm in Erinnerung an die alte Waffenbrüderschaft gegen Napoleon den Erzherzog, dessen Name »uns anwehe wie die Bergluft der Hochalpen«. Darauf antwortete der Habsburger und schloß mit einem Zitat aus dem Arndtschen Deutschlandlied etwa folgendermaßen: »Solange Preußen und Österreich, solange das übrige Deutschland, soweit die deutsche Zunge klingt, einig sind, werden wir unerschütterlich dastehen wie die Felsen unserer Berge.« Die Zeitungen berichteten anders; der Erzherzog habe gesagt: »Kein Österreich, kein Preußen mehr, ein einiges Deutschland, fest wie seine Berge.« Man braucht in der Kommentierung nicht so weit zu gehen wie Treitschke, der es als neckischen Humor der Weltgeschichte bezeichnete, daß der Erzherzog zur Belohnung für einen Trinkspruch, den er so nicht gehalten, später als Reichsverweser an die Spitze der deutschen Nation berufen wurde.[69] Bemerkenswert bleibt doch auch diese Textmanipulation als Zeichen des Interesses an einer prodeutschen Stilisierung der Habsburgermonarchie.

Metternich kam in diesen Tagen wohl unter dem Einfluß des Prinzen Wilhelm, der mit dem Staatskanzler Österreichs schonungslos über seinen Bruder sprach, zu dem Urteil, daß der König ein anderes Preußen schaffen wolle und das bestehende vernichten werde, ohne zu dem neuen Bau zu gelangen. Auf der Rückreise von Köln finden in Koblenz ausführliche politische Gespräche zwischen Metternich, dem König und seinen Ministern statt. Die Frage, ob Friedrich Wilhelm imstande sei, die Umgestaltung Preußens in seinem Sinne – also nicht in konstitutioneller, sondern in feudal-romantischer Richtung – durchzuführen, beantwortete Metternich nach dem Abschluß der Koblenzer Gespräche mit einem »unbedingten Nein«.[70]

An meinen König.
(Rhein. Zeitung)

Aus dürrem Stabe wird das Laub noch brechen
und auch der nackte Felsen wird noch grün,
du darfst ein Wort, ein einzig Wort nur sprechen,
und uns're ganze Hoffnung wird erblüh'n.

Nur in der Hoffnung ruht das schön're Leben,
die Hoffnung ist auch unser Heil und Hort,
du giebst uns Alles, willst du Hoffnung geben,
und unser ganzes Hoffes ist Ein Wort.

O, sprich Ein Wort in diesen trüben Tagen,
wo Trug und Knechtssinn, Lug und Schmeichelei
die Wahrheit gern in Fesseln möchten schlagen,
mein König, sprich das Wort: das Wort sei frei.

Köln, den 22. September 1842.
Hoffmann von Fallersleben

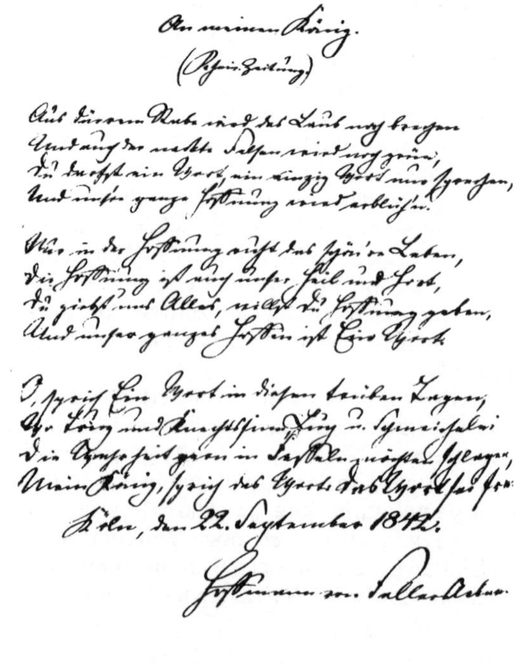

Damit war das Dilemma der preußischen Politik und auch der österreichisch-preußischen Beziehungen im Hinblick auf Deutschland formuliert, aber nicht gelöst. Was konnte Wien dem König anderes raten, als Verzögerung, Stillstand, Unterdrückung? Demgegenüber äußerte sich die liberale Opposition in all ihren Schattierungen drängend; sie nahm auch das Dombaufest kritisch unter die Lupe. Der junge Dichter Robert Prutz sprach den König poetisch, doch sehr direkt an:

Herr, die Geschichte drängt, die Räder rollen, ...
So sprich das Wort zum zweiten Dombaufeste,
Sprich aus das Wort: *Konstitution!*

Verfolgt man die Anfänge des politischen Katholizismus in den vierziger Jahren, so bietet sich eine Perspektive von oben und eine von unten an. Von oben her kam die zufriedene Feststellung des neuen Kölner Erzbischofs Johannes von Geissel nach dem Dombaufest: »Es ist doch etwas, daß alle diese hohen Herren sich in der Lage fanden, einer Kirche öffentliche Achtung zu bezeigen, die man noch vor vier Jahren tot glaubte.« Diese Zufriedenheit beruhte auch auf der für die katholische Seite so günstigen Entwicklung des großen Konflikts seit 1837; zwar durfte der alte Erzbischof Droste-Vischering nicht auf seinen Kölner Sitz zurückkehren, aber ansonsten gingen die Zugeständnisse der Regierung sehr weit. Daß die neue, selbstbewußte Bewegung der Katholiken sich über Preußen hinaus geltend machte und daß sie vor allem in Bayern durch König Ludwig I. unterstützt wurde, war für jedermann offenbar. Doch die eigentlichen, neuartigen Dimensionen werden erst sichtbar, wenn man die Dinge von unten, von der Masse der katholischen Bevölkerung her betrachtet, die nun erstmals kirchlich *und* politisch mobilisiert wurde. Die Grenzen zwischen »kirchlich« und »politisch« sind gerade in diesen Jahren noch kaum genau zu ziehen; auch kann noch keine Rede von einer überregionalen katholischen Partei sein. Erst 1848 zeichnen sich die Anfänge einer politischen Gruppierung mit katholischem Vorzeichen für ganz Deutschland ab.

Das Erstarken des kirchlichen Bewußtseins manifestierte sich in einem neuen Aufschwung des katholischen Vereins-, Presse- und Buchwesens.[71] Den Kirchenblättern kam eine Ersatzfunktion zu; erst nach der Revolution setzten im großen Stil die katholischen Zeitungsgründungen ein.

In diesem Zusammenhang steht auch die Wallfahrt zum Heiligen Rock von Trier 1844 und die folgenreiche Polemik, die sich daran anschloß.[72] Die Wiederbelebung älterer Formen katholischer Volksfrömmigkeit wurde als Zeichen der Kräftigung des religiösen Sinnes von vielen gebildeten Katholiken begrüßt, auch wenn die Authentizität der Wunder- und Reliquiengeschichten oft viel zu wünschen übrigließ. Mit Zustimmung der preußischen Behörden, die auf die »antirevolutionäre« Wirkung der Wallfahrt bauten, floß bald ein Massenpilgerstrom; fast eine Million Gläubige machte sich zu der Reliquie, die man für den ungeteilten Leibrock des Herrn hielt, auf den Weg nach Trier. Görres feierte die »Pilgerfahrt der rheinischen Völker«, die Liberalen stichelten gegen einen neuen hinterwälderischen Obskurantismus. Schließlich wurde die Trierer Wallfahrt zum

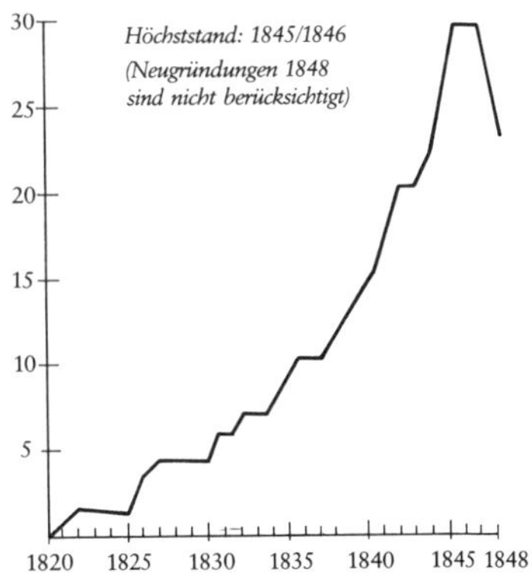

Anzahl der Kirchenblätter in den einzelnen Jahren 1821 bis 1848

Die Statistik über die Gründung katholischer Kirchenzeitungen zwischen 1820 und 1848 ist noch aufschlußreicher, wenn man bedenkt, daß die protestantischen Regierungsbehörden vor 1848 fast überall die Gründung katholischer Tageszeitungen verhinderten.

Anstoß für eine radikale, bald auch politisch tätige Sezessionsbewegung, den sogenannten »Deutschkatholizismus«.

Der Breslauer Kaplan Johannes Ronge, der schon vor 1844 in Konflikt mit den kirchlichen Behörden stand, erhob als einer der ersten Protest gegen die Trierer Wallfahrt, die ihm nur eine Verbindung von Aberglauben und Ultramontanismus darstellte. Rasch entwickelte sich eine sektenartige Bewegung mit antirömischen Vorzeichen, die sich als Ziel eine »nationale« Kirche mit demokratischer Orientierung setzte.[73] Der theologische Gehalt und der tatsächliche Zustrom zu den neuen Gemeinden stand im umgekehrten Verhältnis zu dem enormen publizistischen Echo und zu den großen Erwartungen, die demokratische und liberale Politiker in die »deutschkatholische« Bewegung setzten; selbst Männer wie Gervinus und Mathy erhofften vom Deutschkatholizismus zeitweilig die Lösung der konfessionellen Frage und damit einen entscheidenden Schritt zur politischen Einheit der Nation. Das Gegenteil trat ein. Gerade die massive Parteinahme von nichtkatholischer Seite führte zu einer Solidarisierung der katholischen Massen gegen die Deutschkatholiken. Ihre Gemeinden zählten 1847 insgesamt etwa 70 000 Mitglieder; aber nach diesem Höhepunkt verloren sie ständig an Bedeutung. Die Zeit arbeitete gegen solche Versuche und für die kompakte Einheit der Katholiken.

Das neue Phänomen einer Mobilisierung der katholischen Basis läßt sich am besten in Baden verfolgen.[74] Dort standen einer katholischen Bevölkerung von etwa 45 Prozent die evangelische Dynastie, eine überwiegend evangelische Bürokratie und starke liberalprotestantische Gruppierungen im Landtag und in der Öffentlichkeit gegenüber. Auffallend war auch das sozioökonomische Gefälle zwischen den Konfessionen. Die Katholiken lebten überwiegend in den wirtschaftlich unterentwickelten Gebieten; 46 Prozent der Protestanten, aber 61 Prozent der Katholiken wohnten in Gemeinden mit weniger als 2 000 Einwohnern.

Unter diesen Umständen gelang es Männern wie dem Freiburger Professor Franz Joseph Buß, als wirksame Massenagitatoren das katholische Volk in den politischen Kampf zu führen. Das war auch insofern ganz neu, als in der älteren Generation des Klerus noch spätaufklärerische, staatsfromme Mentalitäten herrschten; Anregungen kamen auch aus der irischen Protestbewegung mit ihren großen Meetings. Doch die Bedeutung der neuen Konstellation erschöpfte sich nicht im Organisatorischen und in der neuartigen Verbindung einer integralen Kirchlichkeit mit Demokratie. Buß veröffentlichte 1841 ein bedeutendes sozialpolitisches Werk: »Über den Einfluß des Christentums auf Staat und Kirche«. Er hatte Owen, Saint-Simon und Fourier gelesen und versuchte, die Idee eines kirchlichen Sozialismus mit ständisch-konservativen Gedanken zu verbinden. Der politische Konflikt erreichte seinen Höhepunkt, als in der zweiten badischen Kammer ein Antrag auf Religionsfreiheit gestellt wurde, der im Sinne des liberalen Flügels der badischen Protestanten den Deutschkatholiken zugute kommen sollte. Buß organisierte dagegen Petitionen aus 415 Gemeinden mit über 50 000 Unterschriften. Das war die Sprengung der Kammer; von jetzt an sahen sich die herrschenden liberalen Gruppen mit einer Massenbewegung konfrontiert, die sich demokratischer Methoden bediente. Die Gefahr eines Bündnisses zwischen »der roten Mütze und der Kapuze«, noch schlimmer, des »Communismus in der Kutte« tauchte auf und begann die politische Landschaft zu verändern.

Auch in Württemberg regte sich erfolgreicher katholischer Widerstand gegen das bisherige Staatskirchentum, ermuntert von Preußen, Baden und Bayern. Im Unterschied zu Baden ging hier die katholische Bewegung bis 1848 meistens mit der liberalen Opposition zusammen, da ihr Ziel der Kirchenfreiheit zunächst mit den Forderungen des Liberalismus zusammenfiel; nur in Kirchen- und Schulfragen traten die katholischen Abgeordneten gesondert auf.

In Bayern lagen die Dinge wesentlich anders. Zwar kam es auch hier zu einer bisher nicht dagewesenen Lautstärke katholischer Überzeugungen in breiten Schichten der katholisch-konservativen Bevölkerung. Sie läßt sich auch in dem Anwachsen der katholischen Publizistik weit über die esoterischen Kreise der Münchner Intellektuellen hinaus verfolgen.

Der in Regensburg erstmals 1846 erscheinende »Katholische Hausfreund« wandte sich im Stil eines Abraham a Sancta Clara an seine Leser.[75] Gut und Böse war rasch und ohne weitere Mühe der Differenzierung zu unterscheiden; alle bösen Zeiterscheinungen sind nur als Folge der »schlechten Presse« zu verstehen: die Unzufriedenheit der arbeitenden Klasse, die kommunistischen Umtriebe, die Auswanderungslust, das Aufbegehren gegen die Obrigkeit, gegen die Steuern und die Gesetze ... »Sieh liebes deutsches Volk, das Alles hast Du größtenteils der grundschlechten Presse zu verdanken, deren Dampfmaschinen Du durch das gierige Verschlingen ihrer schlechten Erzeugnisse beständig in der größten Bewegung erhältst.« Dagegen biete die neue Zeitschrift das Gegengift. Friede wolle sie in die Familien bringen, nicht Krieg. »Krieg nur dem Schlechten, dem Heillosen unserer Tage, dem Indifferentismus, der Sektirerei und der Glaubensverkommenheit, Krieg nur der Zügellosigkeit, wo sie sich finden mag, der Empörung gegen Staat und Kirche und gesellschaftliche Ordnung.«

Anders sah es dort aus, wo der Aufstieg des bayerisch-katholischen Populismus sich mit der Politik des Königs und der Regierung und mit den überwiegend liberalen Kräften im Landtag traf.[76] Ludwig I. hatte in Carl August von Abel, dem kurz vor den Kölner Wirren berufenen leitenden Minister, einen Mann gefunden, der die bayerische Politik im Sinn eines integralen, ganz an Rom orientierten Katholizismus leitete. Hier ergab sich also im Zusammenwirken der katholischen Kräfte von »unten« und von »oben« eine in anderer Hinsicht neue Situation. Die Führer der katholischen Bewegung, insbesondere der Münchner Kreis um Görres und um die »Historisch-Politischen Blätter«, unterstützten den König und seine Regierung auch dort, wo seine absolutistischen Neigungen immer unverhüllter hervortraten. Das war von großer Bedeutung und ging weit über eine zeitweilige opportunistische Praxis hinaus.

Die Münchner Gruppe tendierte, anders als der rheinische Katholizismus, prinzipiell in eine antiliberale Richtung. Sie hat trotz des Freiheitspathos, das der alte Görres nie aufgab, entschieden über Bayern hinaus in diesem Sinne gewirkt: »So haben die ›Historisch-politischen Blätter‹ die katholische Bewegung trotz Görres in entschieden konstitutionsfeindliche Bahnen gelenkt, und ohne

Zweifel haben sie in den vierziger Jahren König Friedrich Wilhelm IV. bestärkt in seinem Zögern, konstitutionelle Zugeständnisse zu machen.«[77]

Die oft vorbehaltlose Nähe zur Macht der bayerischen Monarchie und auch die enge Anlehnung an den katholisch firmierenden Absolutismus Österreichs bedeutete für das Profil und die Wirkung dieser Teile der katholischen Bewegung noch in anderer Hinsicht sehr viel. Die Parteinahme der bayerischen Regierung für die katholische Sache trug in der Ära des Ministeriums Abel nicht nur antiliberale, sondern in vielen Fällen auch antiprotestantische Züge. Die zahlreichen Beschwerden über eine Benachteiligung der Protestanten in Bayern bezogen sich auf die verschiedensten Lebensbereiche.

Die Errichtung evangelischer Gemeinden wurde behindert. Jahrelange Kämpfe und Dispute gab es um den Erlaß des Königs, daß bei katholischen Sakraments-Prozessionen das Militär, ohne Rücksicht auf die Konfession, die Kniebeuge zu leisten habe. Das entsprach in etwa der Anordnung Friedrich Wilhelms III. über den obligatorischen Besuch des evangelischen Gottesdienstes durch katholische Soldaten, machte aber nun – in den Jahren nach 1840 – sehr böses Blut. Erst 1845 wurde der »Kniebeugungserlaß« aufgehoben.

Ähnlich stand es mit dem bayerischen Verbot des 1843 neugegründeten Gustav-Adolf-Vereins zur Förderung des evangelischen Lebens in der Diaspora. Görres hatte wohl Recht, wenn er in den »Historisch-Politischen Blättern« die Namensgebung kritisierte und die katholische Empfindlichkeit gegenüber diesem Rückgriff auf das nationale Unglück des Dreißigjährigen Krieges betonte.[78] »Das möchte doch bedenklich seyn, und die von der andern Seite aufregen; hätten die Katholischen mit einem Tillyverein zuerst angefangen, das wäre ein Landspektakel; seht da die Landfriedensbrecher, sie scheuen sich nicht, das kaum wieder erwachte Volksgefühl so schmählich zu höhnen, daß sie den Mordbrenner von Magdeburg – denn das bleibt er immer, wenn auch längst das Gegenteil erwiesen – auf ihre Fahnen setzen: fort mit dem blutgierigen Barbaren.« Aber die relative Berechtigung solcher und ähnlicher Polemiken litt unter einer schweren Hypothek: indem die Wortführer der neuen katholischen Bewegung sich mit den Trägern und den Methoden der antiliberalen, antiprotestantischen Macht in München und Wien so weitgehend identifizierten, nahmen sie auch das Odium neuer konfessioneller Intoleranz auf sich. Oder, andersherum und weiter formuliert: im damaligen Spannungsfeld einer integralen Kirchlichkeit, wie sie Rom seit Papst Gregor XVI. förderte und forderte, und der Gegenwehr sowohl der protestantischen Regierungen als auch der liberalen Öffentlichkeit gelang es diesen katholischen Gruppen nicht, den doppelten Teufelskreis neukonfessioneller Verhärtung und politischer Autoritätsanleihe zu durchbrechen.

Das sah außerhalb Bayerns anders aus. Auch hier gab es, besonders im katholischen Adel, eine konservative Richtung, die an der romantischen Gesellschaftsphilosophie, am Legitimismus und an dem Bund der »staatserhaltenden Kräfte« festhielt und den modernen Appell an die souveränen Massen ablehnte. Und doch wurde hier ein positives Verhältnis zu den liberalen und demokratischen

Ideen und Methoden gefunden, wenn es sich auch mitunter mehr um eine Übernahme neuer Taktiken gehandelt haben mag. Am deutlichsten trat die Verbindung der katholischen Bewegung mit liberal-konstitutionellen Strömungen wohl im Rheinland zutage. Wie hier in der Entstehung des politischen Katholizismus konservative und liberale Elemente zusammenwirkten, hat Franz Schnabel am Beispiel der beiden Brüder August und Peter Reichensperger gezeigt, die später zu den Gründern der Zentrumspartei gehörten.[79] Sie waren Söhne eines rheinischen Juristen, der im französischen Dienst Karriere gemacht hatte; beide dienten als Richter dem preußischen Staat und waren zunächst ganz unkirchlich orientiert. Das Erlebnis des Jahres 1837 und der großen Bewegung der Katholiken gegen die kirchlich-politische Bevormundung durch Berlin markierte für beide den Umschwung. Sie blieben weiterhin ihrer bürgerlichen Schicht verbunden, aber sie schlossen sich jetzt den bis dahin verspotteten »Glaubensknechten« an, nahmen Verbindung zu dem liberalen Katholizismus Montalemberts auf und suchten einen neuen Weg; er sollte sich an dem liberalen Konstitutionalismus, aber auch am Schutz des kirchlichen Lebens, der christlich verstandenen Familie und Schule und darüber hinaus an sozialpolitischen Aufgaben orientieren.

In der Tat war dies ein Weg, der sich von dem Programm der Münchner »Historisch-Politischen Blätter«, von ihrem politischen Autoritätsglauben, auch ihrer Industriefeindlichkeit und ihren ständisch-korporativen Ideen unterschied. Beide Richtungen haben über viele Jahrzehnte hinweg in wechselnder Weise den politischen Katholizismus beeinflußt. Was die vierziger Jahre und die nähere Vorgeschichte der Revolution angeht, so kam für das innerkatholische Kräfteverhältnis und das Gewicht dieser oder jener Richtung einiges auf Österreich an. Freilich stellte die stärkste katholische Macht Deutschlands damals in Sachen der katholischen Bewegung noch ein fast unbeschriebenes Blatt dar. Metternichs Absicht, durch Liquidierung des josephinischen Staatskirchentums Österreichs Werbekraft als katholischer Musterstaat in Deutschland und Europa zu entwickeln, war ja in den ersten Ansätzen steckengeblieben. Es ist auch ganz fraglich, ob im Metternichschen Umkreis überhaupt mehr als einige kosmetische Operationen kirchenrechtlicher Art zustandekommen konnten. Für eine eigenständige katholische Bewegung war in diesem System kein Platz; sogar die »Historisch-Politischen Blätter« mußten mit großer Vorsicht und in ständigem Kontakt mit Metternich lavieren, um nicht selbst in Österreich Opfer der Zensur zu werden.[80] Von einer mitlebenden, mitschaffenden Partnerschaft der österreichischen Katholiken im Formationsprozeß der neuen katholischen Bewegung konnte vor 1848 nur in ganz beschränkter Weise die Rede sein. Die Folgen für Österreich und die deutsche Frage traten nach dem revolutionären Dammbruch zutage und sollten lange weiterwirken; infolge der engen Bindung des Katholizismus an den absolutistischen Staat trug der Liberalismus in Österreich stärker als in jedem anderen katholischen, deutschsprachigen Land antiklerikale Züge. Eine andere Folge war, daß die Bildung einer selbständigen christlich-sozialen Gruppierung in Österreich erst Jahrzehnte später als im außerösterreichischen Deutschland erfolgte.

Unter diesen Umständen lastete auch in den Augen des liberalen Katholizismus Westeuropas die Bindung an das niedergehende System des Metternichschen Österreich kompromittierend auf dem konservativen Flügel der katholischen Bewegung, der das Zentrum in München hatte. Spektakulär wurde die Auseinandersetzung zwischen der prohabsburgischen Apologetik der Münchner Gruppe und den liberalen französischen Katholiken um Montalembert, die von der englischen Zeitung »The Tablet« unterstützt wurden, als es 1846 um den polnischen Aufstand in Galizien ging.[81] Montalembert und seine Freunde warfen den »Historisch-Politischen Blättern« vor, daß sie im Interesse der österreichischen Staatsräson die Unterdrückungspolitik der Hofburg und die fürchterlichen Umstände der Niederwerfung des Aufstandes gutgeheißen oder doch beschönigt hätten. Die Prinzipienfrage des Verhältnisses von Freiheit und katholischem Gewissen war polemisch formuliert, traf aber ins Schwarze: Die »Historisch-Politischen Blätter« hätten früher für Freiheit und Recht gekämpft; jetzt hingen sie an den korrupten Tendenzen des Fürsten von Metternich. »Wenn die Herausgeber fortfahren ihre Politik nach den österreichischen Eingebungen zu modeln, so wird es höchst wahrscheinlich um ihren wohl verdienten Einfluß auf die literarische Welt gethan seyn. Denn es ist ganz und gar nicht wahrscheinlich, daß die streitenden Elemente, die gegenwärtig einen Sturm in Deutschland vorbereiten, einem zwitterhaften System beifallen werden, was zugleich religiöse Freiheit und politische Gebundenheit, die in der Regel selbst auf die Feßlung des Gewissens hinausläuft, proclamirt.«

Der alte Görres war so loyal, diese Angriffe des »Tablet« in seiner Erwiderung wörtlich abzudrucken. Was er ihnen entgegenzusetzen hatte, war freilich recht dürftig: das Argument der Notwehr für Österreichs Verhalten in Galizien und dazu eine lange Gegenrechnung französischer Übeltaten gegen Deutschland, vorgetragen mit scharfen nationalistischen Akzenten. Die Grundsatzfrage nach Freiheit und Unterdrückung berührte er gar nicht; aber sehr bald wurde sie nicht nur den Katholiken, sondern ganz Deutschland von der Revolution gestellt. Görres erlebte das nicht mehr, er starb im Januar 1848.

In all das hinein spielten nun die sozioökonomischen Modernisierungsprozesse, die vom Bürgertum getragen wurden und ihm zugute kamen. Marx und Engels bezeichneten das Jahr 1840 als das Jahr der »oppositionellen Schilderhebung der deutschen Bourgeoisie«. Der hier mit politischem Pathos angesprochene Veränderungsprozeß vollzog sich freilich keineswegs so akzentuiert und noch dazu in recht ungleicher Weise. Manche Wirtschaftsräume, etwa der überwiegende Teil des deutschsprachigen Österreich, gerieten weiter ins Hintertreffen, andere stagnierten. An die Spitze der wirtschaftlichen und der bürgerlich-politischen Entwicklung rückten die Rheinlande. Hier begann sich ein großbürgerlicher Liberalismus neuer Prägung zu formieren. Er knüpfte zwar an die Bestrebungen des süddeutschen Liberalismus an, zielte aber absichtsvoller auf die Entfaltung der wirtschaftlichen Energien im größeren, nationalen Rahmen und verstand sich als selbstbewußte Interessenvertretung innerhalb einer Klassengesellschaft. Natürlich hatten die Sprecher dieser Gruppierungen den alten liberalen Anspruch nicht aufgegeben, im Namen des wohlverstandenen Allgemeinwohls zu agieren; aber sie gingen pragmatisch vor, sahen sich als Vollstrecker eines »naturwüchsigen« Wirtschaftswachstums, nahmen Proletarisierung und Pauperismus als vorübergehende Begleiterscheinungen der Industrialisierung in Kauf und waren im übrigen zu mancherlei Kompromissen mit der Staatsgewalt bereit. »Bemerkenswert für diesen pragmatischen Liberalismus, der auch kein grundlegendes Programm hervorgebracht hat, ist die von seinen führenden Vertretern praktizierte Verbindung von Wirtschaft und Politik, wie sie bis dahin in Deutschland unbekannt gewesen war.«[82]

Eine Reihe dieser Männer tritt dann 1848 in führenden Positionen auf die Szene: der Kölner Bankier Ludolf Camphausen, der den rheinischen Eisenbahnbau und die Dampfschiffahrt auf dem Rhein förderte, der Aachener Textilkaufmann David Hansemann, der in Dülken geborene Gustav Mevissen, Gründer des Schaafhausenschen Bankvereins und Vorsitzender der Kölner Handelskammer. Auch in Südwestdeutschland veränderte sich die Physiognomie des Liberalimus. Der alte Rotteck, der noch ganz an den kosmopolitischen Idealen von 1789 hing, war 1840 gestorben. Männer wie der Verleger Friedrich Bassermann oder der aus Mannheim stammende Karl Mathy standen der neuen Richtung nahe, wie sie auch die Historiker Dahlmann in Bonn, Ludwig Häusser in Heidelberg und - als jüngster - Heinrich von Sybel vertraten.

Für die politische Selbstdarstellung dieses rheinischen Liberalismus, dessen Stellung von Jahr zu Jahr erstarkte, brachte der Koblenzer Provinziallandtag von 1845 einen bedeutsamen Erfolg. Im Mittelpunkt der Verhandlungen stand ein Antrag Camphausens, der den König an das Verfassungsversprechen von 1815 erinnerte. Korreferent Camphausens war der Krefelder Seidenfabrikant Beckerath. In seiner Stellungnahme trat die preußisch-kleindeutsche Konzeption deutscher Einheit deutlich zutage: »Die Einheit Deutschlands ist bedingt durch Preußens Vorschritt in der Verfassungsfrage.« Der Antrag und das Protokoll der Debatte wurden gegen den Willen der Regierung als Flugschrift verbreitet. Ähnlich war die Stimmung auch auf anderen preußischen Provinziallandtagen des Jahres 1845. Aber die Vorgänge in Koblenz zeigten besonders deutlich, wie selbstsicher die Vertreter des großbürgerlichen Liberalismus die Dinge in die Hand genommen hatten.

Das scheint mit Entschiedenheit auf die Ereignisse vom Frühjahr 1848 hinzuweisen. Auf einem anderen Gebiet, dem des rheinischen Pressewesens, zeigt sich jedoch, wie zwiespältig die Entwicklungen waren und wie rasch der staatliche Repressionsmechanismus eingriff, wenn die oppositionelle Kritik die Grenzen großbürgerlichen Wohlverhaltens überschritt. Es ist die Rede von Karl Marx und der Geschichte der »Rheinischen Zeitung«.[83] Diese Zeitung lebte wenig mehr als ein Jahr, aber sie wird bis heute in aller Welt zitiert. Denn hier trat der vierundzwanzigjährige Marx, der kurz zuvor in Jena über ein Thema der griechischen Philosophie dissertiert hatte, erstmals als politischer Journalist an die Öffentlichkeit.

Die »Rheinische Zeitung für Politik, Handel und Gewerbe« war die Gründung einer Gruppe namhafter, meist jüngerer Angehöriger des liberalen rheinischen Bürgertums. Sie wollten der konservativen

Verschiedene Sichtweisen:

Kreuzzeitung.
In Buxtehude haben am 18. März Unruhen stattgefunden. Die verruchten Demokraten warfen bei einigen mißliebigen Beamten die Fenster ein und lieferten dadurch aufs Neue den Beweis, daß wir nicht eher Frieden im Lande haben werden, als bis der Schlange der Demokratie der Kopf zertreten worden ist.

Neue Rheinische Zeitung.
In Buxtehude haben am 18. März Unruhen stattgefunden. Die verruchten Reactionaire haben einige Bummler angestellt, welche bei mehrern der freisinnigsten Bürger der Stadt die Fenster einwerfen mußten, um Erbitterung unter der Demokratie zu erregen und dieselbe zu einem Putsch zu reizen; sie hatten aber falsch gerechnet und lieferten nur einen neuen Beweis, daß wir nicht eher Friede im Lande haben werden, als bis der Schlange der Reaction der Kopf zertreten worden ist.

»Kölnischen Zeitung« ein fortschrittliches Blatt entgegenstellen und hatten dafür die Genehmigung der Behörde erhalten. In der Kommanditgesellschaft, die seit dem 1. Januar 1842 die neue Zeitung herausgab, wie unter den Mitarbeitern waren unterschiedliche Meinungen vertreten; am stärksten war die Gruppe der Junghegelianer. Die Herausgeber erklärten in der ersten Nummer ihr Programm: »... dem Fortschritt huldigen, den Aufschwung der Rheinlande, die Fortbildung ihrer Institutionen, die Vermittlung ihrer und der deutschen Gesamtinteressen sowie der menschlichen Gesellschaft überhaupt und ihr inneres Gedeihen im Auge haben.«[84]

Marx veröffentlichte seine erste Artikelserie im Mai 1842; es handelte sich um eine kritische Besprechung der Debatten im rheinischen Landtag, insbesondere über Pressefreiheit und über die Veröffentlichung der Verhandlungen des Landtags. Daraufhin erging von Berlin die erste Direktive zum Verbot der neuen Zeitung; der Oberpräsident in Koblenz, Ernst von Bodelschwingh, setzte sich aber für das weitere Erscheinen ein: »Das plötzliche Aufhören einer Zeitung, die bisher freisinnigere Ideen wie andere Blätter vertreten hat, würde also nicht nur in der Rheinprovinz, sondern in ganz Deutschland, wo die von Preußen gewährte größere Zensurfreiheit jetzt eben allgemeine Anerkennung findet, als eine gegen den Ausdruck liberaler Ansichten im allgemeinen gerichtete gewaltsame Unterdrückung betrachtet ... werden.«

Die Herausgeber übertrugen im Oktober 1842 Karl Marx die Redaktion. Die Verbreitung des Blattes und das Echo in den oppositionellen Kreisen nahmen rasch zu. Marx redigierte die Zeitung im Geiste eines radikalen, am linken Hegelianismus geschulten Fortschrittsdenkens; der Übergang zu sozialistischen Ideen deutete sich zwar an, war aber noch nicht vollzogen. Aus der Sicht der Regierung ging es einerseits um das Image einer liberalen Pressepolitik, andererseits wurde die Tendenz stärker, nun doch gegen die oppositionelle Offensive, wie sie damals am schärfsten von der »Hartungschen Zeitung« in Königsberg und der »Rheinischen Zeitung« vertreten wurde, vorzugehen. Friedrich Wilhelm IV. fand »die Königsberger Schandzeitung und ihre Hurenschwester am Rhein« unerträglich. Eine neue Zensurinstruktion beendete im Januar 1843 jene Phase freierer Pressepolitik in Preußen, der die »Rheinische Zeitung« ihr kurzes Leben verdankt hatte. Mit Wirkung vom 1. April wurde sie nun verboten; als Gründe wurden die »Böswilligkeit der Tendenz« und die »unveränderte Konsequenz in Befolgung eines gemeingefährlichen Systems« angegeben.

Marx trat schon im März aus der Redaktion aus. Er zog zunächst nach Kreuznach, heiratete Jenny von Westphalen und ging dann nach Paris. In einer geradezu atemberaubenden Schnelligkeit und Entschiedenheit ließ er nun nach der deutschen idealistischen Philosophie und Theologie auch den westeuropäischen Frühsozialismus und die analytischen Systeme der englischen Nationalökonomie hinter sich. Sogleich nach dem Ende der »Rheinischen Zeitung« begann er, sich mit der Hegelschen Staatslehre auseinanderzusetzen. 1843/44 wirkte er in Paris mit Arnold Ruge zusammen, dessen »Deutsche Jahrbücher«, die zuletzt in Dresden erschienen waren, gleichfalls Anfang 1843 durch eine preußische Intervention verboten worden waren; gemeinsam gaben jetzt beide die »Deutsch-

Französischen Jahrbücher« heraus. Gleichzeitig arbeitete Marx an einem großangelegten Werk über Hegels Staatsrecht. Ein einleitender Abschnitt, »Zur Kritik der Hegelschen Rechtsphilosophie«, erschien 1844 in den Jahrbüchern. 1844/45 folgte, nun schon gemeinsam mit Friedrich Engels verfaßt, als kritische Abrechnung mit der deutschen Religionsphilosophie die Untersuchung »Die Heilige Familie«. Das war der Durchbruch in eine neue Epoche europäischer Denk- und Aktionsgeschichte.

Bedenkt man im Rahmen der deutschen Geschichte die Voraussetzungen und Folgen des Marxschen Weges, so fällt zunächst die Radikalisierung durch das System der Unterdrückung und das Schicksal der Emigration ins Auge. In Paris fand der von der preußischen Zensur vertriebene Journalist die vielfältigsten Anknüpfungspunkte. Als Marx im August 1844 in dem Pariser Emigrantenblatt »Vorwärts« erklärte, daß Deutschland »erst im Proletariat das tätige Element seiner Befreiung finden« könne[85], war das in der Sache nichts Neues, sondern griff Revolutionstheorien auf, die schon seit den dreißiger Jahren entwickelt worden waren. Anders verhielt es sich aber, als Marx daran ging, in der Kritik der Hegelschen Rechtsphilosophie das Verhältnis von Theorie und materieller Gewalt neu zu bestimmen. Denn hier wurde dem, was Marx unter »Proletariat« verstand, seine weltgeschichtliche Stellung und Funktion zugewiesen und aus dem Anspruch auf die Erkenntnis der Weltgeschichte die Strategie der revolutionären Weltveränderung und eine neue Anthropologie entwickelt. Hegel hatte gelehrt, daß die Vernunft die Welt beherrsche. Was aber nun, wenn die Macht, die 1843 über den Kölner Redakteur und sein Tun entschied, durchaus verhinderte, daß »die Vernünftigkeit in weltliche Existenz zu treten beginnt«? Darauf antwortete Marx:

»Die Waffe der Kritik kann allerdings die Kritik der Waffen nicht ersetzen, die materielle Gewalt muß gestürzt werden durch materielle Gewalt, allein auch die Theorie wird zur materiellen Gewalt, sobald sie die Massen ergreift. Die Theorie ist fähig, die Massen zu ergreifen, sobald sie ad hominem demonstriert, und sie demonstriert ad hominem, sobald sie radikal wird. Radikalsein ist die Sache an der Wurzel fassen. Die Wurzel für den Menschen aber ist der Mensch selbst.«[86] Und wenig später formulierte Marx in der 11. These gegen den Religionsphilosophen Feuerbach den weltberühmten Satz: »Die Philosophen haben die Welt nur verschieden interpretiert, es kömmt darauf an sie zu verändern.«

Wie aber verändert man die Welt? Wie ergreift die Radikalität der kommunistischen Idee die Massen, wie wird die Theorie durch die Massen zur materiellen Gewalt, welche die alten Gewalten stürzt? Die preußische Regierung verfolgte Marx auch über die Grenze hinweg, aufgrund ihres Drängens wurde er aus Paris ausgewiesen. Er ging nach Brüssel und tat sich dort mit Friedrich Engels zusammen, dem Fabrikantensohn aus Barmen, der von nun an sein nächster Weggefährte wurde. Noch während sie in den Schriften der Jahre 1845/46 den historischen Materialismus ausarbeiteten, gründeten sie ein kommunistisches »Korrespondenzbüro« in Brüssel. Es ging darum, welchen Platz und welche Bedeutung die neue Gruppe, ihre Ideen und ihre Strategien in dem bestehenden Geflecht der deutschen und internationalen Arbeiterbewegung gewinnen werde.

404. **Marx,** Carl, Dr., aus Trier, geboren am 2. Mai 1818, in Theil I. Seite 61, 66, 69, 70, 71, 74, 88, 111, 112, 116, 117, 267, 268, 269, 270, 276, 277, 279 und 307 vorkommend, ist ein Sohn des im Jahre 1838 in Trier verstorbenen Ober-Bergraths Marx. Nach in Bonn 1839 oder 1840 vollendeten Studien lebte er als Privatmann einige Jahre in Trier, verheirathete sich im Jahre 1843 mit Jenni von Westphalen aus Trier, ging bald darauf nach Paris, gab dort mit dem bekannten Arnold Ruge (Nr. 554.) die „deutsch-französischen Jahrbücher" und mit H. Heine, Börnstein und Ruge das Blatt „Vorwärts" heraus, wurde 1844 aus Frankreich ausgewiesen, begab sich mit seiner obgedachten Frau nach Brüssel, ließ sich am 1. Dezember 1845 Entlassung aus dem preußischen Unterthanenverbande behufs Auswanderung nach Amerika geben, wurde am 2. März 1848 aus Belgien ausgewiesen, weil er sein am 22. März 1845 schriftlich und auf sein Ehrenwort gegebenes Versprechen, in Belgien nichts über Politik zu schreiben, gebrochen und weil sich überdieß bei einer in Brüssel gegen ihn verhängten Haussuchung Belege in Menge über sein extremstes revolutionaires Treiben fanden. Er stand namentlich an der Spitze der Central-Behörde des Communistenbundes zu Brüssel, brachte den bekannten Beschluß vom 3. März 1848 zu Stande und begab sich darauf nach Paris, kam nach Ausbruch der Unruhen in Deutschland nach Cöln, wurde dort 1848 und 1849 drei Mal wegen schwerer Preßvergehen angeklagt, indeß jedes Mal freigesprochen, darauf um Mai 1849 als nunmehriger Nichtpreuße ausgewiesen, ging dann nach Frankreich, wurde dort in ein inneres Departement verwiesen, siedelte indeß bald nach London über, wo er sich noch jetzt befindet, die Fortsetzung der in Monatsheften erscheinenden Neuen Rheinischen Zeitung, politisch-ökonomischen Revue, herausgiebt und für den Communistenbund wirkt, nach der am 17. September 1850 entstandenen Spaltung an der Spitze der sogenannten cölner Fraction steht. Marx wird von Trier aus als einer der gefährlichsten und talentvollsten Mitglieder der europäischen Umsturzparthei, dabei als schlau, kalt und entschlossen, bei seiner Parthei hoch angesehen, geschildert.

Personal-Beschreibung des Carl Marx. Alter: 35 Jahre. Größe: 5 Fuß 10—11 Zoll hannöversch Maaß. Statur: untersetzt. Haare: schwarz, gelockt. Stirn: oval. Augenbrauen: schwarz. Augen: dunkelbraun, etwas blöde. Nase: dick. Mund: mittel. Bart: schwarz. Kinn: rund. Gesicht: ziemlich rund. Gesichtsfarbe: gesund. Spricht deutsch im rheinischen Dialect und französisch. Besondere Kennzeichen: a) erinnert in Sprache und Aeußerm etwas an seine jüdische Abkunft, b) ist schlau, kalt und entschlossen.

Polizeiliche Angaben über Karl Marx

Im März 1846 begegnete Marx Wilhelm Weitling, dem ehemaligen Magdeburger Schneidergesellen, der seit dem Ende der dreißiger Jahre eine führende Stellung im »Bund der Gerechten« einnahm.[87] Weitling war stark von den Ideen des französischen Frühsozialismus geprägt, von Saint-Simon, Fourier und Blanqui.

Marx, der von Anfang an gegen den sektenhaften »Handwerkerkommunismus« im Umkreis Weitlings auftrat, beendete das Zusammengehen nach den Auseinandersetzungen der Jahre 1846/47, die sich auch auf die in Deutschland entstehenden Zellen kommunistischer Agitation erstreckten, indem er den »Bund der Kommunisten« gründete, den er mit seinem Freund Engels maßgeblich beeinflußte.

Hier entstand die Anregung zu einem »kurzen kommunistischen Glaubensbekenntnis«. Im Auftrag des Bundes arbeitete Marx mit Engels ein politisches Programm aus. Es wurde Anfang 1848 in London gedruckt: »Manifest der Kommunistischen Partei«. Im Unterschied zur geheimen Organisationsform des »Bundes« sollte das Manifest, am Vorabend der von Marx und Engels prognostizierten europäischen Revolution, das europäische Publikum ansprechen. Es begann mit einer eindrucksvollen Enthüllungsrhetorik: »Ein Gespenst geht um in Europa – das Gespenst des Kommunismus«. Und es schloß mit der prophetenhaften Verkündigung: »Die Kommunisten verschmähen es, ihre Ansichten und Absichten zu verheimlichen. Sie erklären es offen, daß ihre Zwecke nur erreicht werden können durch den gewaltsamen Umsturz aller bisherigen Gesellschaftsordnung. Mögen die herrschenden Klassen vor einer kommunistischen Revolution zittern. Die Proletarier haben nichts in ihr zu verlieren als ihre Ketten. Sie haben eine Welt zu gewinnen. – Proletarier aller Länder, vereinigt euch!«

Blickt man vom kommunistischen Manifest nochmals zurück auf die Ausgangssituation in Köln und in Deutschland 1843, so liegt die Frage nahe, was aus den anderen wurde, die sich damals als Herausgeber oder als Mitarbeiter für die Sache der »Rheinischen Zeitung« engagiert hatten. Einige Jahre später rekapitulierte Gustav Mevissen die Bedeutung und Wirkung der Zeitung.[88] Er unterschied drei Gruppen, die nach dem Verbot der Zeitung unterschiedliche Wege eingeschlagen hätten. Ein Teil habe sich »dem geistigen Leben der Nation entfremdet« und einer unpolitischen Tätigkeit zugewandt. Eine andere Gruppe, wozu er sich selber rechnete, sei nach »jener Periode des Sturmes zu einer milderen, das Bestehende mehr anerkennenden Weltsicht gelangt«, der mittleren liberalen Linie entsprechend, die jetzt Gervinus in der »Deutschen Zeitung« vertrete. Eine dritte Gruppe aber sei zu »vorwiegend sozialistischer Tendenz« fortgeschritten.

Man könnte die Frage aufwerfen, welchen Weg Karl Marx und die internationale Arbeiterbewegung, vielleicht sogar die Weltgeschichte genommen hätten, wenn Berlin die »Rheinische Zeitung« nicht verboten hätte. Kann man sich für Marx bei einem anderen Verlauf der deutschen Dinge etwa eine Karriere als Verleger oder Syndikus bei der Kölner Handelskammer vorstellen, oder schließlich, wenn die Sonne der Weltvernunft über Berlin voll aufgegangen wäre, als Minister in dem sozialliberalen Kabinett eines preußischen Volkskönigtums?

Solche Fragen führen aber nur zu Gedankenspielereien und greifen ins Leere, denn der Spielraum, den das preußische System nach links bot, wurde in den vierziger Jahren nicht zufällig immer enger, und die inneren Widersprüche des industriellen Systems traten immer deutlicher hervor. Dagegen ist der Rückblick auf die »Rheinische Zeitung« aufschlußreich für die soziale und geistige Umwelt der Biographie von Karl Marx in der rheinischen Bourgeoisie. Man sieht, wie nahe damals für begüterte rheinische Liberale, wenn sie einmal vom Apfel des Linkshegelianismus gekostet hatten, der Weg in die sozialistischen Konsequenzen lag.

Die Stabilisierung von Besitzstreben *und* »nationaler Arbeit«, das für Deutschland später so kennzeichnende Ineinandergreifen von bürgerlichem Kapitalismus und national firmierender Staatsmacht, befand sich damals erst in den Anfängen. Die Hoffnungen der linken Hegelschule schienen noch nicht widerlegt; der Weg vom bürgerlichen zum proletarischen Fortschritt und der Schritt über die Schwelle des Eigentumsbegriffs und des Nationalismus hinaus zu einer universalen Befreiungslehre boten sich geradezu an, vor 1848 noch mehr als nach 1848.

Entgegen der weitverbreiteten Gewohnheit, den »Fall« Marx isoliert zu sehen - in welcher Perspektive und Bewertung auch immer - spricht vieles dafür, gerade hinsichtlich der entscheidenden Anfangsstadien seines Weges die überindividuellen Bedingungen stärker zu beachten. Geschichte macht Männer.

IV.
Die Revolution 1848/49: Bedingungen und Impulse, Verlauf und Scheitern

Die Revolution, die im Februar 1848 in Paris ausbrach und rasch viele Teile Europas erfaßte, war nach eineinhalb Jahren überall gescheitert: in Frankreich und im Bereich des Deutschen Bundes, in Italien und Ungarn. Ihre Stärke und Einheitlichkeit hatte in der Phase des Beginns gelegen. Die Ursachen und der Verlauf des Scheiterns waren von Land zu Land verschieden. Für den deutschen Bereich gab es einige grundlegende Voraussetzungen, die die raschen Anfangserfolge und den bald einsetzenden Niedergang erklären. Zunächst waren die auf eine Veränderung drängenden Kräfte stark, aber sie waren strukturell sehr uneinheitlich und sie hatten durchaus unterschiedliche Ziele im Auge. Auch behinderte der überkommene politisch-soziale Polyzentrismus Deutschlands jeden vereinheitlichenden Durchsetzungsprozeß; der Rahmen staatlicher Einheit, der in der westeuropäischen Revolutionsgeschichte von Anfang an da war, hätte erst geschaffen werden müssen. Und unter den dynamischen Bedingungen der Mitte des 19. Jahrhunderts wäre ein energischer Prozeß der Staatsvereinheitlichung sogleich mit so krassen politischen *und* sozialen Strukturveränderungen verbunden gewesen, daß die voneinander abweichenden Ziele der einzelnen Gruppierungen wohl noch schneller und brutaler den begrenzten Konsens zerrissen hätten, schneller, als es dann ohnehin geschah.

Dagegen waren die Kräfte der Beharrung, die schließlich ein Jahr später schon den Sieg der Gegenrevolution bewirkten, vergleichsweise einheitlich. Nach einer kurzen Phase, in der die Staatsmacht gewissermaßen einen Kollaps erlitten hatte, traten die stützenden Elemente der alten Ordnung überall wieder vereint in Kraft: das Militär (das kaum oder gar nicht von der Revolution erfaßt wurde), die Bürokratie (die sich in ihrem Autoritätsverlangen wie in ihrer begrenzten Reformbereitschaft bestätigt sah) und die Monarchie mit dem weitverzweigten Adelssystem (das eindeutiger als früher konservative Funktionen ausübte). Diese Gegenkräfte waren zwar ebenfalls politisch zersplittert, aber sie vermochten sich über die innerdeutschen Grenzen hinweg wirksam zu verständigen. Schwer zu bestimmen ist das Maß des Gewichts, das die internationale Politik für die deutschen Ereignisse besaß. Das konterrevolutionäre Eingreifen des Zarismus spielte 1849 sicher eine große Rolle, doch es bleibt zweifelhaft, ob bei den entscheidenden Weichenstellungen im Herbst und Winter 1848/49 die außerdeutschen Faktoren erheblich eingewirkt haben.

Ganz deutlich ist dagegen die enorme Bedeutung des großdeutsch-kleindeutschen Problems. Zunächst bringt die Idee einer großdeutschen Einheit einen gewaltigen Impuls, dann häufen sich die Schwierigkeiten, die aus dem habsburgischen Vielvölkerstaat und seiner Um- oder Einschmelzung kommen. Unter den Gründen, die einem Gelingen der Revolution zuwiderliefen, steht dieses Problem wohl an erster Stelle. Thomas Nipperdey hat im Rahmen einer zusammenfassenden Reflexion über das Scheitern von 1848/49 betont: »Wenn man unter den einzelnen Ursachen für das Scheitern in Deutschland gewichten will, so muß man meiner Meinung nach sagen, daß es das großdeutsch/kleindeutsche Problem und das Problem des österreichischen Nationalitätenstaates und seiner nationalen Konflikte waren, die am meisten zählten. Sie haben schon eine schnelle Entscheidung im Sommer unmöglich gemacht, haben die ersten großen Siege der Gegenrevolution in Österreich ermöglicht, haben die Einheit der Revolution seit dem Herbst so erschüttert, daß ein gemeinsames Handeln nicht mehr möglich war, haben die Entscheidung dann auf Preußen zugespitzt. Sie letzten Endes haben die Revolution in den Wettlauf mit der Zeit gebracht, den sie nicht gewinnen konnte.«[1]

Im Falle Österreichs ging es aber nicht nur um die verfassungs- oder nationalpolitischen Fragen, wie ein größeres Deutschland aussehen sollte, sondern auch um die gesellschaftspolitische Dimension. Was würde das altertümliche, mehr als »halbfeudale« Österreich in die Neuformation der deutschen Gesellschaft, die 1848 akut wurde, an Kräften und Zielen, an Anziehung und Abstoßung einbringen? Auch hier wird wieder die unauflösliche Verknüpfung der sozialen mit der nationalen und staatlichen Frage deutlich, die seit den Anfängen des Deutschen Bundes allen Entwicklungen ihre eigentümliche Färbung gegeben hat.

1. Deutschland vor der Revolution

Und dennoch stand es nicht von vornherein fest, daß die Dinge diesen Weg gehen mußten. Vieles war offen und entschied sich erst in einem Ineinandergreifen von Kräften und Persönlichkeiten in unterschiedlichen Abläufen. Daß die Revolution überhaupt, daß sie gerade in dieser Form kommen werde, war nicht nur den Zeitgenossen von 1847 unklar – die Ereignisse sind auch nachträglich aus den damaligen Zuständen keineswegs im Sinne einer eindeutigen Kausalität ableitbar. Der Blick auf die Situation von 1847 zeigt die Vielfalt und Widersprüchlichkeit, die Divergenzen und Konvergenzen der jeweiligen Lage.

Schon ganz allgemein kann im Vormärz von politischen Parteien nur mit großem Vorbehalt gesprochen werden; für die konservative Seite gilt dies in gesteigertem Maße.[2] Hier gab es zwar Männer, Ideen, Zeitungen, Gruppierungen und Strömungen unterschiedlicher Art, die aber über keine ausgebildeten Kommunikations- und Organisationsformen im späteren Sinne verfügten. Wesentlich war, daß nach den Kölner Ereignissen (1837) eine katholisch-protestantische Zusammenarbeit konservativen Zuschnitts nicht mehr zustande gekommen war. Die Ideen des Berliner Staatsphilosophen Friedrich Julius Stahl wirkten zwar auch in den katholischen Bereich, entsprachen aber in besonderer Weise dem norddeutsch-protestantischen Milieu. Gegenüber dem Patriarchalismus Hallers und dem Rationalismus der Neuhegelianer vertrat Stahl in seinem Werk »Das monarchische Prinzip« (1845) einen konservativen Verfassungsstaat, der sich von dem westlichen Konstitutionalismus durch die Betonung der monarchischen Autorität und der maßgebenden Rolle der Kirchen im Sinne der Christlichkeit des Staates unterschied. Das Zusammengehen von Pietismus und ständischem Konservatismus war im norddeutschen Adel nicht selten. Geschichtsmächtig wurde der pommersche Kreis um Adolf von Thadden-Trieglaff, wo der junge Bismarck von der Erweckungsbewegung berührt wurde; hier lernte er seine Frau kennen und fand zugleich die Basis für seine ersten politischen Schritte als konservativer Abgeordneter 1847.

Während die evangelische Kirche damals insgesamt in das konservative Milieu und in den staatlichen Rahmen eingebunden blieb und bei den Maiwahlen 1848 wenige protestantische Geistliche in das Frankfurter Parlament gewählt wurden, sah sich die katholische Seite vor neuen Herausforderungen. 1844 wurde unter Bezugnahme auf den Mailänder Reformbischof des 16. Jahrhunderts der Karl-Borromäus-Verein zur Pflege des katholischen Buchwesens gegründet, 1845 nach dem französischen Vorbild die erste Vinzenz-Konferenz für die Armenpflege eingerichtet; seit 1846 bildeten sich, von Adolf Kolping ausgehend, die ersten katholischen Gesellenvereine. Zur Gründung einer überregionalen politischen Partei in der Art des späteren »Zentrum« kam es jedoch noch nicht. Aber die parlamentarische Einzelarbeit für die katholischen Interessen und eine Fülle sozialpolitischer, publizistischer und kulturpolitischer Initiativen schufen eine neue Atmosphäre und mobilisierten neue Kräfte. Bei den Wahlen 1848 kam es zu bedeutenden Erfolgen katholischer Kandidaten. Eine Reihe katholischer Geistlicher zog in die Paulskirche ein, darunter der spätere Mainzer Bischof Wilhelm von Ketteler. Die politischen und publizistischen Wortführer des damaligen Katholizismus lassen sich nicht pauschal als konservativ begreifen. Vielfach orientierten sie sich an korporativen Leitbildern des politischen und sozialen Lebens und kritisierten den in ihren Augen überzogenen Individualismus und die Blindheit der meisten Liberalen für die sozialen Probleme. Im politischen Kräftefeld des Jahres 1848 gehörten die Katholiken schließlich überwiegend der Rechten oder der rechten Mitte an, wobei sie fast durchgehend an der österreichischen Führung festhielten.

Im linken Lager überschneiden sich vor der Revolution Differenzierungs- und Sammlungsprozesse. Zwischen den altliberalen Gruppen, die ihre traditionellen Bastionen im Südwesten hatten, und den neuen, gewerblich-großbürgerlichen Strömungen gab es viele Bindeglieder. Die von Gervinus im Frühsommer 1847 in Heidelberg gegründete »Deutsche Zeitung« wurde schließlich zu einem Sammelpunkt der gemäßigten Liberalen, denn die ursprünglich vorgesehene Mitarbeit der weiter links stehenden Demokraten kam nicht zustande. Die von Karl Mathy verfaßte Ankündigung der neuen Zeitung war in einer mittleren Tonlage gehalten. Sie besagte, »daß das Blatt das Prinzip der konstitutionellen Monarchie in einem freien Sinne mit besonnener Haltung in allen seinen Konsequenzen und für alle Teile des Vaterlandes verfechten wird«.[3] Die Wirkung des neuen Organs, das sich zum Ziel gesetzt hatte, »das Gefühl der Gemeinsamkeit und Einheit der deutschen Nation« zu fördern, war bald spürbar, vor allem, da es gelang, die Verbindungen zwischen den süddeutschen und den preußischen Liberalen zu verstärken. Auf der anderen Seite nahm man eine desto schärfere Abgrenzung nach rechts vor – gegen Konservative und Katholiken, aber auch gegen die demokratische Linke. Auf dieser Linie einer liberalen Sammlung lag es, zum ersten Mal eine überregionale Zusammen-

Das Offenburger Programm der radikalen Demokraten um Gustav von Struve und Friedrich Hecker

Die Forderungen des Volkes.

Unsere Versammlung von entschiedenen Freunden der Verfassung hat stattgefunden. Niemand kann derselben beigewohnt haben, ohne auf das Tiefste ergriffen und angeregt worden zu sein. Es war ein Fest männlicher Entschlossenheit, eine Versammlung, welche zu Resultaten führen muß. Jedes Wort, was gesprochen wurde, enthält den Vorsatz und die Aufforderung zu thatkräftigem Handeln. Wir nennen keine Namen und keine Zahlen. Diese thun wenig zur Sache. Genug, die Versammlung, welche den weiten Festsaal füllte, eignete sich einstimmig die in folgenden Worten zusammengefaßten Besprechungen des Tages an:

Die Forderungen des Volkes in Baden:

I. Wiederherstellung unserer verletzten Verfassung.

Art. **1.** Wir verlangen, daß sich unsere Staatsregierung lossage von den Karlsbader Beschlüssen vom Jahr **1819**, von den Frankfurter Beschlüssen von **1831** und **1832** und von den Wiener Beschlüssen von **1834**. Diese Beschlüsse verletzen gleichmäßig unsere unveräußerlichen Menschenrechte wie die deutsche Bundesakte und unsere Landesverfassung.

Art. **2.** Wir verlangen Preßfreiheit; das unveräußerliche Recht des menschlichen Geistes, seine Gedanken unverstümmelt mitzutheilen, darf uns nicht länger vorenthalten werden.

Art. **3.** Wir verlangen Gewissens- und Lehrfreiheit. Die Beziehungen des Menschen zu seinem Gotte gehören seinem innersten Wesen an, und keine äußere Gewalt darf sich anmaßen, sie nach ihrem Gutdünken zu bestimmen. Jedes Glaubensbekenntniß hat daher Anspruch auf gleiche Berechtigung im Staate.

Keine Gewalt dränge sich mehr zwischen Lehrer und Lernende. Den Unterricht scheide keine Confession.

Art. **4.** Wir verlangen Beeidigung des Militärs auf die Verfassung.

Der Bürger, welchem der Staat die Waffen in die Hand gibt, bekräftige gleich den übrigen Bürgern durch einen Eid seine Verfassungstreue.

Art. **5**. Wir verlangen persönliche Freiheit.

Die Polizei höre auf, den Bürger zu bevormunden und zu quälen. Das Vereinsrecht, ein frisches Gemeindeleben, das Recht des Volkes sich zu versammeln und zu reden, das Recht des Einzelnen sich zu ernähren, sich zu bewegen und auf dem Boden des deutschen Vaterlandes frei zu verkehren — seien hinfüro ungestört.

II. Entwickelung unserer Verfassung.

Art. **6.** Wir verlangen Vertretung des Volks beim deutschen Bunde.

Dem Deutschen werde ein Vaterland und eine Stimme in dessen Angelegenheiten. Gerechtigkeit und Freiheit im Innern, eine feste Stellung dem Auslande gegenüber gebühren uns als Nation.

Art. **7.** Wir verlangen eine volksthümliche Wehrverfassung. Der waffengeübte und bewaffnete Bürger kann allein den Staat schützen.

Man gebe dem Volke Waffen und nehme von ihm die unerschwingliche Last, welche die stehenden Heere ihm auferlegen.

Art. **8.** Wir verlangen eine gerechte Besteuerung.

Jeder trage zu den Lasten des Staates nach Kräften bei. An die Stelle der bisherigen Besteuerung trete eine progressive Einkommensteuer.

Art. **9.** Wir verlangen, daß die Bildung durch Unterricht allen gleich zugänglich werde.

Die Mittel dazu hat die Gesammtheit in gerechter Vertheilung aufzubringen.

Art. **10.** Wir verlangen Ausgleichung des Mißverhältnisses zwischen Arbeit und Capital.

Die Gesellschaft ist schuldig die Arbeit zu heben und zu schützen.

Art. **11.** Wir verlangen Gesetze, welche freier Bürger würdig sind und deren Anwendung durch Geschwornengerichte.

Der Bürger werde von dem Bürger gerichtet. Die Gerechtigkeitspflege sei Sache des Volkes.

Art. **12.** Wir verlangen eine volksthümliche Staatsverwaltung.

Das frische Leben eines Volkes bedarf freier Organe. Nicht aus der Schreibstube lassen sich seine Kräfte regeln und bestimmen. An die Stelle der Vielregierung der Beamten trete die Selbstregierung des Volkes.

Art. **13.** Wir verlangen Abschaffung aller Vorrechte.

Jedem sei die Achtung freier Mitbürger einziger Vorzug und Lohn.

Offenburg, **12.** September **1847.**

kunft von Abgeordneten in Heppenheim abzuhalten. Solche Initiativen standen in engem Zusammenhang mit der preußischen Verfassungsbewegung und neuerlichen Reformanträgen bei der Frankfurter Bundesversammlung. Achtzehn Abgeordnete aus Preußen, Baden, Württemberg und Hessen trafen sich am 10. Oktober 1847 und verabredeten eine »interparlamentarische« Aktion für eine nationale Verfassungsreform: »eine Vertretung am Bundestag, eine Ausbildung der Bundesakte in allen Ständeversammlungen zu beantragen und immer wieder und stets mit verstärkter Kraft darauf zurückzukommen«. Das zielte auf einen deutschen Bundesstaat mit eigener Regierung und Volksvertretung. Auch zwei Vertreter der demokratischen Richtung, Itzstein und Kapp, waren nach Heppenheim gekommen. Das Programm, auf das man sich einigte, war aber alles andere als revolutionär. Die Abwesenheit österreichischer Vertreter entsprach dem konstitutionslosen Zustand des Kaiserstaats. Daß sich demgemäß eine preußisch-kleindeutsche Orientierung ergab, darf nicht wundernehmen; es hatte aber Konsequenzen für 1848.

Das Herauswachsen eines demokratischen Radikalismus aus dem deutschen Liberalismus spielte sich auf politischer und theoretischer Ebene ab; es war ein langfristiger Prozeß, der 1847 noch nicht abgeschlossen war. Einerseits hatten die demokratischen Theorien das Konzept der Volkssouveränität im Auge; das konnte - mußte aber nicht - revolutionäre und republikanische Konsequenzen bedeuten. Andererseits gab es aber auch weiterhin Verbindungen und Gemeinsamkeiten zwischen Demokraten und Liberalen. Der theoretische Unterschied »schloß nicht aus, daß beide weithin manche, auf die deutsche Situation zugeschnittene Einzelpostulate gemeinsam hatten, zumindest der ›linke‹ Liberalismus und die Demokratie; so etwa die späteren ›Märzforderungen‹ und das Ziel der nationalen Einigung« (Faber).[4] Auch innerhalb des demokratischen Lagers gab es, wie bei den Liberalen, unterschiedliche Richtungen. In Südwestdeutschland hatten die Demokraten einen Schwerpunkt in Baden; ihre Führer waren der Mannheimer Advokat Gustav von Struve und der Abgeordnete Friedrich Hecker. Die politischen Tendenzen dieser Gruppen artikulierten sich auf einer Volksversammlung in Offenburg im September 1847: gleiches Wahlrecht, »volkstümliche« Wehrverfassung, progressive Einkommenssteuer, kostenloser Unterricht und »Ausgleich des Mißverhältnisses zwischen Kapital und Arbeit«. Die Forderung nach Schaffung einer deutschen Republik wurde nicht öffentlich vorgebracht; das weitreichende Programm politisch-sozialer Umgestaltung schwieg sich über die Methoden seiner Realisierung aus; darin zumindest war man dem antirevolutionären Reformismus der Liberalen nahe.

In Mittel- und Norddeutschland entwickelte der demokratische Radikalismus ein schärferes intellektuelles Profil. Das ging zum Teil auf den Einfluß der Linkshegelianer und verschiedener politisch-religiöser Oppositionsbewegungen zurück. Neben dem »Deutschkatholizismus« gewannen die freien Gemeinden der »Lichtfreunde«, seit 1845 in Preußen aus der Staatskirche verdrängt, zeitweilig Bedeutung. Sachsen und Hamburg wurden zum Mittelpunkt radikaler politischer Publizistik. In Leipzig trat Robert Blum an die Spitze der oppositionellen Agitation. In Dresden wirkte Julius Fröbel, ein bedeutender demokratischer Publizist und Organisator. Er hatte ursprünglich in der Schweiz im Verlagswesen für die linke Exilliteratur gearbeitet, aber im Herbst 1846 verlegte er seine Tätigkeit, gemeinsam mit Arnold Ruge, aus Zürich nach Deutschland zurück. Während sonst die große Masse der politischen Emigranten erst im Frühjahr 1848 in die Heimat zurückkehrte, zeigt das Beispiel von Fröbel und Ruge, wie sich schon vorher im Nachlassen der staatlichen Zensuraufsicht und in der Verstärkung der radikalen Werbung der kommende Wandel ankündigte. 1847 erschien Fröbels zweibändiges Werk »System der sozialen Politik«, das ihn als einen bedeutenden demokratischen Theoretiker auswies, der sich mit den sozialistischen Systemen wie mit Michail Bakunins Anarchismus auseinandersetzte. Wenig später saß Fröbel auf den linken Bänken der Paulskirche; nach dem amerikanischen Exil tauchte er als führender Kopf der großdeutschen Bewegung seit 1861[5] wieder auf der Bühne auf.

Die Frage nach den Ideen, Organisationsformen und Kräften der sozialistischen und kommunistischen Agitation vor der Revolution führt noch weiter nach links. (Im Unterschied zu den späteren Unterscheidungen sind für diese Zeit die Begriffe »Sozialismus« und »Kommunismus« als Selbstbezeichnung wie als Fremdetikettierung noch häufig austauschbar.) Zur selben Zeit, in der Marx und Engels in der Emigration die Theorie bis zum »Kommunistischen Manifest« zuspitzten, bildeten sich in Nordwestdeutschland einzelne Zentren, die in mehr oder weniger nahem Zusammenhang untereinander und mit der Emigration standen. Die Verbindungen zum bürgerlichen Radikalismus waren noch nicht problematisiert. Einzelne Persönlichkeiten, die aus dem linken Bürgertum kamen, spielten eine prägende Rolle: Im Herbst 1847 wurde in Köln unter Leitung von Andreas Gottschalk eine Zweigstelle des »Bundes der Kommunisten« gegründet. Am 2. Januar 1848 schrieb der Rheinländer Joseph Weydemeyer an Marx: »Überall stehen wir in kleinen Häuflein zusammen, d. h. überall, wo ein Leiter die wenigen revolutionären Elemente der jungen Bourgeoisie um sich zu sammeln weiß.«[6]

Die Meinungen gingen auseinander, wie groß das Potential für die sozialistische Revolutionsidee einerseits in der Arbeiterschaft, andererseits in den linksbürgerlichen Gruppen anzusetzen war; das ist auch heute noch ein Streitpunkt. Vor allem kam es darauf an, ob und wieweit im Zeichen der von Marx und Engels propagierten revolutionären Ziele eine breitere Plattform politischer Agitation geschaffen werden konnte oder ob die sozialistische Mobilisierung von Arbeitern und Kleinbürgern nur zu Episoden am linken Rand der Entscheidungsprozesse führen würde. Die Richtungskämpfe, die bereits damals mit dem Führungsanspruch von Karl Marx verbunden waren, verdienen Beachtung. Später ist mitunter gemeint worden, daß durch Marx und Engels »die Möglichkeiten einer republikanischen, aber deutschen, nicht internationalen Arbeiterpartei stark herabgemindert« worden seien. Solche Kritik, schon 1930 durch Veit Valentin formuliert, wirft in der Tat wichtige Fragen hinsichtlich der Machbarkeit der Revolution auf deutscher wie auf internationaler Ebene auf.

Das deutsche Bildungsbürgertum artikulierte 1846/47 auf einer anderen Ebene das Ziel der Förderung deutscher Einheit und Freiheit. Die Versammlungen deutscher Germanisten, die erstmals 1846 in Frankfurt am Main und 1847 in Lübeck abgehalten wurden, standen vorwiegend im Zeichen des nationalen Gedankens. Die Sprachforscher, Historiker und Juristen sahen in der Vereinigung ihrer wissenschaftlichen Bestrebungen einen unmittelbaren Beitrag zur Gestaltung der deutschen Zukunft. Der fränkische Freiherr von Aufseß schlug schon 1846 die Gründung eines deutschen Nationalmuseums vor; Leopold Ranke trat für eine gesamtdeutsche Organisation der Geschichtswissenschaft ein, die wichtige überregionale Forschungsaufgaben, etwa die Publikation der Akten der deutschen Reichstage, in die Hand nehmen sollte. Andere Formen nahm die zunehmende Bekundung nationaler Wünsche und Ziele in der Turnbewegung an. Die Turnvereine, die ja eine ältere Tradition hatten, traten jetzt mit erneuerter Verve in der Öffentlichkeit auf. Auf einem großen Turnfest in Frankfurt am Main wurde im Sommer 1847 der Beschluß gefaßt, einen allgemeinen deutschen Turnerbund zu gründen. Ein Schwert und eine Flammenkeule in Rot und Gold auf schwarzem Feld wurden als Wappen vorgeschlagen. Der radikaldemokratische Charakter der damaligen Turnbewegung fällt ebenso in die Augen wie ihre militärischen Aspekte; die Turnerschaft wurde schon damals als Vorstufe zur allgemeinen Volksbewaffnung gesehen.

Unter den Einzelstaaten des Bundes tat sich Preußen 1847 auf spektakuläre Weise mit seinem Verfassungsstreit hervor. Im Grunde war es gar nicht die preußische Monarchie als solche, sondern König Friedrich Wilhelm IV. als Person, der die Überleitung Preußens in einen Verfassungsstaat verhinderte. Der Verfassungsstreit, der sich in Berlin aus der Einberufung des »Vereinigten Landtages« im Frühjahr 1847 entwickelte, wurde für ganz Deutschland zu einem Signal und gehört damit in die unmittelbare Vorgeschichte der Revolution. Der König hielt stets an seiner grundsätzlichen Ablehnung des an westeuropäischen Vorbildern orientierten Konstitutionalismus fest. Als 1846/47 zur Regelung der Staatsfinanzen eine Einschaltung ständischer Vertretungskörperschaften unvermeidbar schien, versuchte er einen Kompromiß, der seinen altständisch-romantischen Vorstellungen Rechnung tragen sollte: der für April einberufene Vereinigte Landtag war nur die Zusammenfassung der Mitglieder aller bestehenden Provinziallandtage. Die Liberalen kritisierten dies Vorgehen, vor allem die mangelhaften Kompetenzen der Ständeversammlung. Sie befürworteten aber den Zusammentritt, um auf diesem Boden für den Ausbau der konstitutionellen Rechte kämpfen zu können. Unter den 612 Abgeordneten war der Grundbesitz am stärksten vertreten, das Bürgertum und die Beamten nur sehr schwach. Als es aber zur Frage der Geldbewilligungen kam, bildete sich eine wirkungsvolle Koalition von liberalem Adel und Bürgertum.

Vorerst wurden die Geldforderungen der Regierung abgelehnt bis die Verfassungsfragen geklärt seien (Periodizität des Landtages, eindeutige Kompetenzen); erst dann werde man der Dreißig-Millionen-Taler-Anleihe für den Bau der Ostbahn von Berlin nach Königsberg zustimmen, an der der Regierung vor allem gelegen war. Der König war tief enttäuscht, ließ den Landtag brüsk schließen und befahl die Einstellung der schon begonnenen Bahnarbeiten.

Unter den konservativen Abgeordneten, die mit der Regierung gingen, befand sich auch ein zweiunddreißigjähriger Gutsbesitzer, der erst im Mai als Stellvertreter eines Deputierten der Magdeburger Ritterschaft in den Landtag getreten war: Otto von Bismarck. Denkwürdig wurden schon die ersten Schritte seiner politisch-parlamentarischen Laufbahn, die ihn von Anfang an in schärfsten Gegensatz zu der liberalen Mehrheit des Hauses brachten. Der hessische Gesandte schilderte diesen ersten Eindruck: »Unter den wenigen Rednern für die Ansichten der Regierung und den ... Willen des Königs tritt ein junger Herr von Bismarck auf eine bemerkenswerte Weise hervor, und man bezeichnet ihn schon jetzt als eine Notabilität für die künftigen Versammlungen.«[7] Bismarck war sogleich ins Grundsätzliche gegangen. Zum ersten griff er die für das liberale Selbstbewußtsein zentrale Auffassung an, die Freiheitskriege gegen Napoleon seien als ein Zusammenhang von innerer Reform, innenpolitischem Freiheitsprogramm und Sieg über die Fremdherrschaft zu verstehen. Auf der anderen Seite plädierte er gegen die humanitär-universale Begründung der Judenemanzipation für die »Rechte des christlichen Staates«, die eine volle Gleichberechtigung der Juden ausschlössen.[8]

Wenig später heiratete Bismarck Johanna von Puttkammer. Auf der Hochzeitsreise traf er in Venedig den König, der ihm persönlich die Anerkennung für sein Verhalten in Berlin aussprach. Es schien eine Aussicht auf eine politische Laufbahn weit auf der rechten Seite eröffnet. Aber die Revolution sollte Preußens Politik auf Jahre in andere Bahnen lenken und erst mit dem Sieg der Reaktion begann 1851 Bismarcks steile Karriere.

Ganz anders kündigten sich die ersten Krisenzeichen in Österreich an.[9] Der Vielvölkerstaat hatte dauernd mit dem katastrophalen Zustand der Staatsfinanzen zu kämpfen, der im Winter 1847/48 in eine akute Finanzkrise mündete. Er unterlag der unaufhaltsamen Erosion des absolutistisch-bürokratischen Regierungssystems, wo die Tatsache der Regierungsunfähigkeit des absoluten Herrschers durch den Immobilismus der »Staatskonferenz« verdeckt werden sollte. Noch immer hatte der alte Metternich die Hand am Steuer; aber die Nationalitätenfrage und die Verfassungsfrage ließen sich durch die verstaubten Rezepte von Karlsbad nicht mehr beantworten. In Ungarn wuchs im Rahmen der alten ständischen Verfassung das neue Nationalbewußtsein; in der Lombardei und in Venetien hatte die italienische Nationalbewegung so stark Fuß gefaßt, daß eine Aufrechterhaltung der österreichischen Herrschaft, die sich früher auf manche Interessen und auch Sympathien in der Bevölkerung stützen konnte, nur noch durch Gewalt möglich war; in Böhmen und Mähren bedeuteten die vierziger Jahre den endgültigen Wandel des tschechischen Nationalismus aus einer kulturellen in eine politische Bewegung. Metternich nahm diesen Wandel auf seine Weise wahr. Der Tschechismus, so meinte er, sei wie Bohnensalat in Cholerazeiten; sonst harmlos, müsse er in Zeiten der Aufregung eine Gefahr werden. Ein Rezept gegen diese Cholera hatte er freilich nicht.

Metternich versuchte die zentrifugalen Kräfte mit den gewohnten Mitteln der Vergangenheit zu bändigen: die ungarische Bewegung durch die ungarischen Magnaten, die tschechische Bewegung durch deutsche Bürokratie und pränationalen Feudalismus. Doch gerade das erwies sich zunehmend als untauglich. Die Grafen Leo und Josef Thun begannen, die tschechische Bewegung zu unterstützen. Andere Angehörige des mächtigen böhmischen Feudaladels folgten; das Bündnis der bürgerlichen tschechischen Nationalbewegung mit dem landespatriotischen Adel bahnte sich an.

Im Süden kündigte sich die Radikalisierung an, die die kroatische und slowenische Bewegung durch die Ereignisse von 1848 erfuhr. Auch die großserbischen und großrumänischen Bestrebungen, die im Revolutionsjahr offen hervortraten, waren von langer Hand vorbereitet. Im Norden nahm die polnische Frage immer schärfere Konturen an. Die Annexion des kleinen Freistaats Krakau durch Österreich im Jahre 1846 löste in Galizien schwere Unruhen aus; die nationalen, religiösen und sozialen Gegensätze zwischen polnischen Grundbesitzern und ukrainischen Bauern führten zu Bürgerkriegszenen von erschreckender Grausamkeit. Die Wiener Zentrale konnte mit Mühe die äußere Ordnung wiederherstellen, aber keines der Probleme lösen, die hinter den Erschütterungen der alten Ruhe standen.

Auch unter den Deutsch-Österreichern, in denen Metternich die tragende Gruppe der Monarchie sah, verschärfte sich 1846/47 die Opposition gegen das herrschende System. Im Rahmen der Landtage des Vormärz wurde die niederösterreichische Ständeversammlung zu einem Mittelpunkt vorsichtiger, aber spürbarer Bewegung. Der stolze Neubau des 1846 vollendeten Ständehauses – im Zentrum Wiens, in unmittelbarer Nähe der kaiserlichen Residenz – war der Architektur gewordene Ausdruck eines neuen Selbstbewußtseins. Noch waren aber die Verbindungen zum deutschen Liberalismus und zu seinen konstitutionellen Bestrebungen eine Sache einzelner ständischer Abgeordneter und keineswegs eines breiteren Kreises. Aber diese einzelnen – Anton von Schmerling, Baron Doblhoff, Viktor von Andrian und andere – bedeuteten nicht wenig in einem Land, das seit Jahrzehnten durch harte Zensur und Überwachung vom übrigen Deutschland abgeschnitten war. Auch im öffentlichen Leben, im Vereins- und Publikationswesen zeigte sich in den letzten Jahren des Metternichschen Systems ein Wandel. Die Zensur verlor an Kraft. Die Verbreitung der vor allem aus Sachsen und aus Hamburg stammenden oppositionellen Publizistik und Literatur nahm zu, darunter Schriften einer richtiggehenden österreichischen Emigrantenliteratur. 1843 hatte Viktor von Andrian in einer anonym in Hamburg erschienenen Broschüre »Österreich und seine Zukunft« den sprichwörtlich gewordenen Satz geschrieben: »Österreich ist im Verhältnis zu Europa das, was China in Asien ist.« Dieser Satz konnte jetzt, 1847, wohl nicht mehr im Sinne eines gänzlich abgeschlossenen Landes gelten. Die Grenzen waren durchlässiger geworden, die Zentren einer neuen, liberalen Meinungsbildung wirkten lebhafter: der »Juridisch-politische Leseverein« in Wien, den 1841 Alexander Bach gegründet hatte, der »Gewerbeverein«, die Schriftstellervereinigung »Concordia« und andere Umschlagplätze der neuen – für Österreich neuen – Gedanken.

Dennoch bleibt der Eindruck, den die politische Welt Österreichs am Vorabend der Revolution macht, überaus zwiespältig. Jahrzehnte der Polizeimaßnahmen und das Erlahmen der anfänglichen staatlichen Reformanstrengungen hatten im Laufe eines halben Jahrhunderts zu einem Zurückbleiben der politischen Kultur des Landes ohnegleichen geführt. Das Beharren auf einer pränationalen Staatsidee hatte, wie sich 1848 rasch herausstellte, die Voraussetzungen für ein freies Zusammenleben der Nationalitäten keineswegs begünstigt, eher behindert. Das soziokulturelle und sozioökonomische Gefälle vom Westen nach dem Osten hatte sich in den

Jahrzehnten seit 1815 weiter verschärft. Der Aufstieg eines ökonomisch kräftigen und politisch selbstbewußten Bürgertums, das für die west- und mitteldeutsche Entwicklung kennzeichnend war, blieb selbst im deutschsprachigen Österreich auf Wien und wenige städtische Zentren beschränkt. Auch im westlichen Teil der Monarchie wurden das Leben und der politische Horizont vom Fortbestand der Adelsherrschaft bestimmt. So waren die Voraussetzungen, mit denen Österreich und das außerösterreichische Deutschland in die Revolution eintraten, ganz und gar verschieden.

Unter den Staaten des dritten Deutschland nahm Bayern, auch aufgrund der nationalkulturellen Bestrebungen König Ludwigs I., eine Sonderstellung ein.[10] Der Abbruch der entschieden antiliberalen Innenpolitik der vierziger Jahre vollzog sich hier schon vor 1848 unter einzigartigen und pittoresken Umständen. Der sechzigjährige König, für weibliche Reize wie eh und je empfänglich, geriet in die Netze der Tänzerin Lola Montez. Nach einer abenteuerlichen Laufbahn richtete sich diese in München aufs komfortabelste ein. In der bald einsetzenden publizistischen Polemik gegen die moderne »Pompadour« zeichneten sich verständlicherweise die katholischen Blätter aus. Lola besaß die Kühnheit, nicht nur die eigene Position

Noch bevor in den Märztagen des Jahres 1848 überall in Deutschland die Throne ins Wanken geraten, wird Bayern von einer Staatskrise, ausgelöst durch die Affäre zwischen dem König und der Tänzerin, erschüttert.

Karikatur auf Lola Montez und Ludwig I.

König Ludwig I. in seinen besten Tagen: Der liberale Herrscher, der sich für den Freiheitskampf der Hellenen eingesetzt hatte, betrachtet im Kreise seiner Familie ein Gemälde, das seinen Sohn Otto, den neuen König von Griechenland, beim Einzug in Nauplia darstellt.

zu verteidigen, sondern als grundsätzliche Gegnerin des »Pfaffenministeriums« aufzutreten. Schließlich wurde dem ultramontanen Ministerium Abel der Befehl des Königs übermittelt, die rechtlichen Voraussetzungen für die Verleihung des Grafentitels an eine Person zu schaffen, die überhaupt keine Ausweispapiere besaß. Das war zuviel. Die Regierung Abel weigerte sich und trat zurück. Das neue Ministerium trug eine gedämpft liberale Färbung, und Lola konnte nun in der Tat zur Gräfin Landsfeld befördert werden. Doch nun kam eine Lawine ins Rollen: Eine ganze Phalanx von Universitätsprofessoren, die gegen dies entwürdigende Vorgehen des Königs protestierten, wurde gemaßregelt oder entlassen. Das neue Ministerium betätigte sich nicht ohne Erfolg auf dem Gebiet liberaler Reformen, konnte es aber dem König, der sich über die fortwährenden öffentlichen Proteste und Krawalle gegen Lola immer starrköpfiger erregte, nicht recht machen. Auch dem folgenden Ministerium des Fürsten Öttingen-Wallerstein gelang es nicht, die Lage zu konsolidieren. Als Lola so weit ging, sich unter den Studenten einen Anhang, eine Art von Leibgarde, zu bilden, nahmen sowohl die Unruhen an der Universität als auch die Massendemonstrationen leidenschaftliche Färbung an. Auch viele Liberale stellten sich jetzt gegen das Treiben der Tänzerin und das »Lolaministerium«. Der Konflikt eskalierte. Der König schloß die Universität; die Münchner Bürgerschaft protestierte; die Schließung wurde zurückgenommen. Schließlich gab der König den Kampf auf und trennte sich von der Tänzerin; Lola mußte die Stadt verlassen. Der Mob plünderte sogleich die Villa in der Barerstraße, die ihr Ludwig geschenkt hatte. Die Unruhen hörten nicht auf, die allgemeine Unzufriedenheit mit den Mißständen des königlichen Willkürregimes brach sich Bahn. Bayern befand sich noch vor dem Beginn der Märzbewegung mitten in einer Staatskrise, die das Verhältnis zwischen Monarch, Dynastie und Land erschütterte.

In Hannover[11] leistete einstweilen König Ernst August aus dem Machtzuwachs des gelungenen Staatsstreiches von 1837 allen Forderungen der Stände erfolgreichen Widerstand. Als im Frühjahr 1847 beide Kammern gemeinsam die Öffentlichkeit der Landtagsverhandlungen beantragten, ließ ihnen der König seinen unabänderlichen Entschluß mitteilen, dies auch in Zukunft niemals zuzulassen. In Kurhessen hatte es zwar keinen Staatsstreich gegeben. Als aber der alte Kurfürst starb, verstärkte der Nachfolger, Friedrich Wilhelm I., den Druck auf die Landstände und forderte von der Armee die Ableistung einer Eidesformel, die von der verfassungsmäßigen Form abwich. In Sachsen verstärkte sich seit 1845 die Opposition im Landtag. Ähnlich wie in Baden betrat hier neben einer gemäßigt liberalen auch eine radikal demokratische Gruppe unter den Abgeordneten und im Land die Szene. In Baden hatten mehrfache Wahlsiege der Liberalen zu einer Annäherung zwischen Regierungspolitik und Kammermehrheit geführt. Aber auf der linken Seite verschärfte sich der Radikalismus, der vor allem im badischen Oberland einen starken Anhang hatte. Gustav von Struve, ihr bedeutendster Kopf, publizierte seit 1847 den »Deutschen Zuschauer« und verband ätzende Kritik der deutschen Zustände mit dem Plädoyer für weitgesteckte demokratische Ziele. Auch in den Landtagen von Württemberg und Hessen-Darmstadt schlug seit der Mitte der vierziger Jahre das Klima um. In Stuttgart kehrten 1844 die alten Vorkämpfer des Liberalismus - Uhland, Pfizer, Römer - wieder in den Landtag zurück. In Darmstadt wurde seit 1846 Heinrich von Gagern zum anerkannten Haupt der liberalen Opposition. Die radikale Richtung war hier vor allem durch den Mainzer Advokaten Franz Zitz vertreten, der im Mai 1848 als Kommandant der Mainzer Bürgerwehr und Abgeordneter der Paulskirche eine sehr umstrittene Rolle spielte.

Nimmt man alles in allem, so war zwar überall eine Belebung der national- und verfassungspolitischen Diskussion unübersehbar, aber wenig deutete darauf hin, daß die Zeiger der Uhr auf Revolution gestellt waren. Dies galt in ähnlicher Weise für die Schweizer Ereignisse und für die Vorgänge am Frankfurter Bundestag, der die Möglichkeiten und Schwierigkeiten eines evolutionären Weges der Bundesreform geradezu exemplarisch vorführte.

Der Schweizer Sonderbundskrieg 1847/48[12], der mit einem uneingeschränkten Sieg der liberalen Kräfte endete, entsprang zwar ganz den eigentümlichen Verhältnissen der Eidgenossenschaft, wurde aber überall in Europa und besonders in Deutschland als Signal aufgefaßt. Innerhalb des lockeren förderativen Rahmens mit der weitgehenden Souveränität der Einzelkantone, der seit 1815 bestand, hatten sich im Laufe der vierziger Jahre die Gegensätze zwischen dem katholischen, konservativen Teil und der protestantischen, meist liberal orientierten Mehrheit verschärft; wirtschaftliche Interessendivergenzen und politische Meinungsverschiedenheiten wurden sichtbar, wobei die liberalen Kräfte auf eine zentralisierende Reform der Eidgenossenschaft drängten.

Zum offenen Konflikt kam es über kulturpolitische Streitfragen. Die Frage der Zulassung von Jesuiten zum Schulwesen führte 1845 zum Abschluß einer »Schutzvereinigung« der katholischen Kantone Luzern, Uri, Schwyz, Unterwalden, Zug, Freiburg und Wallis. Die von Bern angeführte liberal-demokratische Mehrheit der Kantone verschärfte ihrerseits die Auseinandersetzung durch Forderungen, die Ende Oktober 1847 zum Bruch führten. Die Mehrheit beschloß, durch bewaffnetes Vorgehen die Auflösung des Sonderbundes zu erzwingen.

Die Großmächte versuchten zu intervenieren; Metternich und Friedrich Wilhelm IV. hatten nicht übel Lust, offen zugunsten des Sonderbundes einzugreifen, während England und Frankreich durch eine hinhaltende Diplomatie Zeit zu gewinnen suchten. Rasche und durchschlagende Erfolge der liberalen Seite verhinderten, daß der Schweizer Bürgerkrieg, der allgemein als »Prinzipienkampf« galt, sich zu einem ernsthaften Konflikt der europäischen Mächte ausweitete. Noch im Verlauf des Novembers wurden die Truppen des Sonderbundes geschlagen. Der Weg zur Umgestaltung der Eidgenossenschaft in einen Bundesstaat mit einer liberalen Föderativverfassung war frei.

Friedrich Wilhelm IV. sah nach dem Umschwung in der Schweiz ganz Europa von der Seuche des Radikalismus bedroht. Die liberalen und demokratischen Kräfte applaudierten den Siegern. Von London aus feierte Freiligrath den Schweizer Sieg als Vorboten der Freiheit in Deutschland und überall auf der Welt:

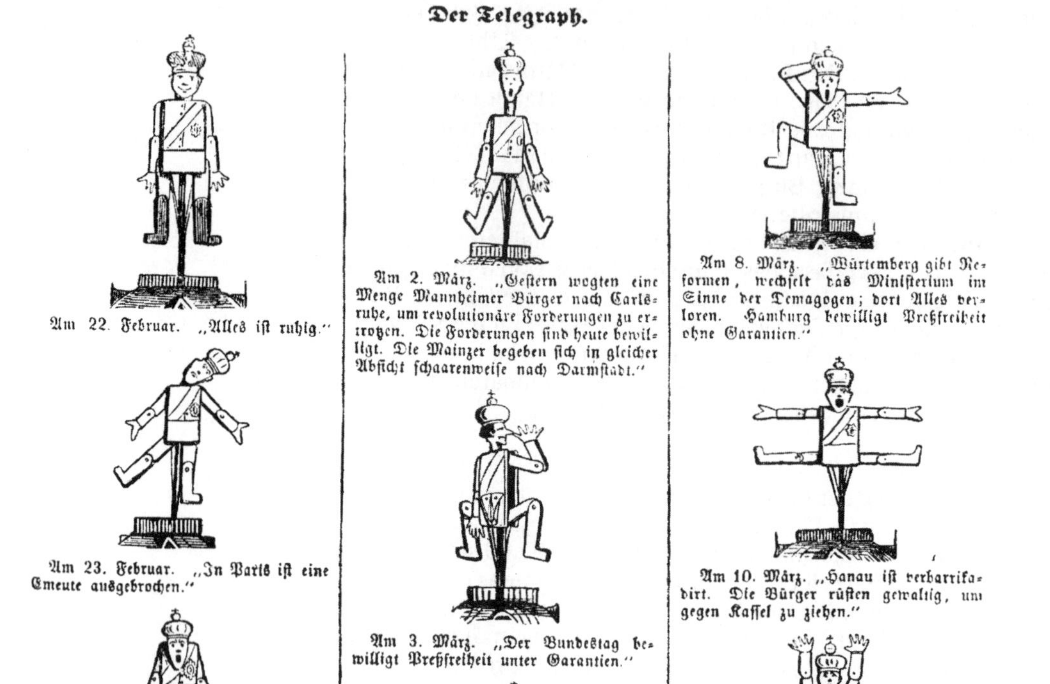

Die Angst Friedrich Wilhelms IV. vor der Revolution

Karikatur aus den »Fliegenden Blättern«, 1848

Im Hochland fiel der erste Schuß.
Was weiter wird – noch harren wir!
Doch wird's die Freiheit werden!
Die Freiheit dort, die Freiheit hier,
die Freiheit jetzt und für und für,
die Freiheit rings auf Erden!

Am Frankfurter Bundestag gingen die Dinge langsam und ohne Elan voran. Doch auch hier zeigte sich im Laufe des Jahres 1847, daß eine lange Periode der Erstarrung zu Ende ging und neue Entwick-

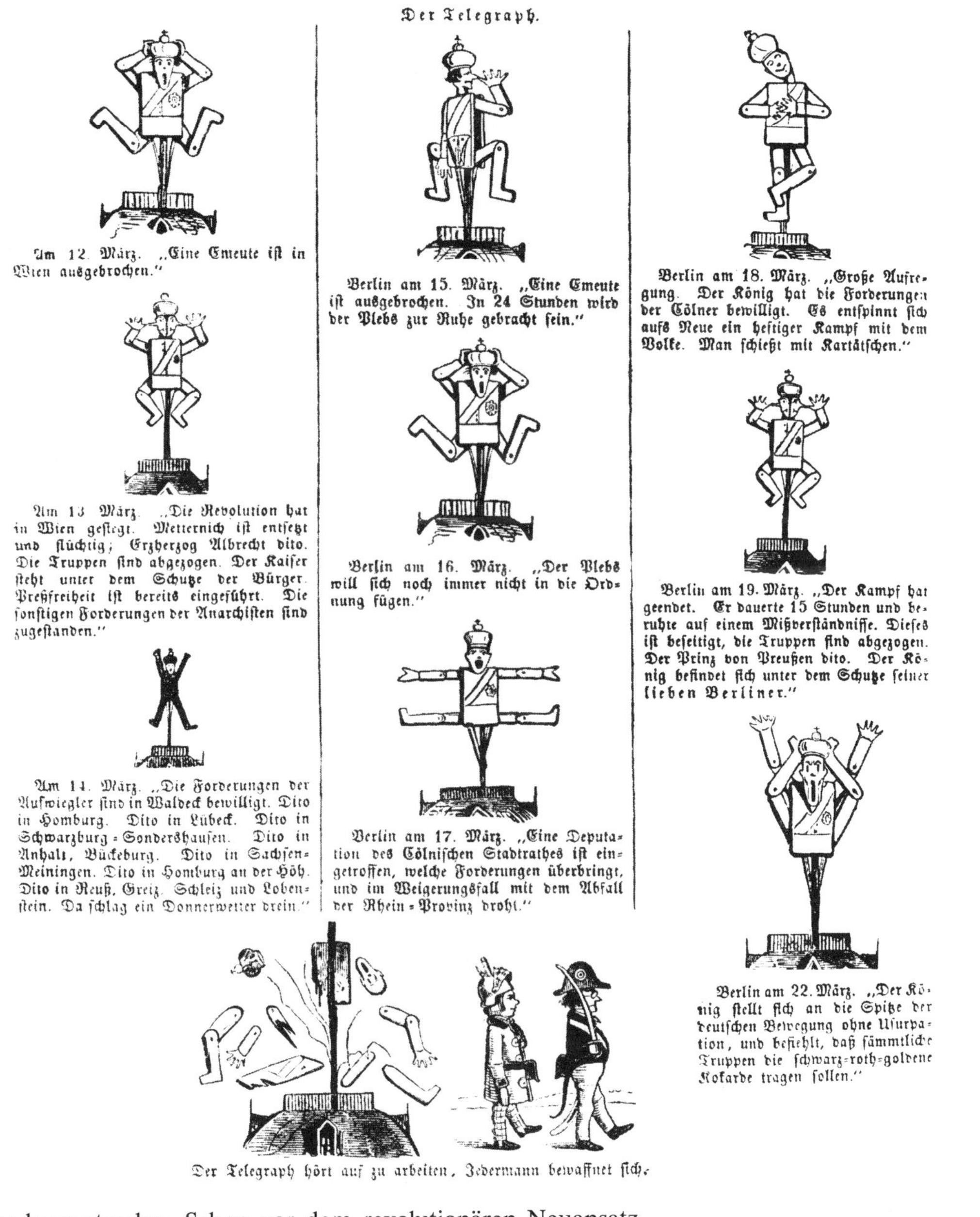

lungen bevorstanden. Schon vor dem revolutionären Neuansatz vom März 1848 machten sich Bestrebungen einer reformistischen Bundespolitik bemerkbar, ohne die der revolutionäre Verlauf des Jahres 1848, sein schließliches Scheitern und die Bundesgeschichte nach 1850 nicht ganz verständlich sind.

Auf der einen Seite gab es eine Reihe konkreter Einzelfragen, an die sich Reformminitiativen einzelner Bundesstaaten knüpften; auf der anderen Seite wurden umfassende Reformprojekte diskutiert, die das Ganze des Bundes, das Verhältnis Österreichs zu Preußen und die Zukunft Deutschlands zum Gegenstand hatten. Eine kennzeichnende Einzelfrage war die Frage der Veröffentlichung der Protokolle des Bundestages. In den ersten Jahren des Bundes war das nach westeuropäischem Muster erfolgt, seit der Reaktionszeit der zwanziger Jahre aber untersagt worden.[13] Nun stellte Anfang 1847 Württemberg den Antrag, die Veröffentlichung wieder aufzunehmen. Der preußische Bundestagsgesandte Graf Dönhoff betonte in seiner befürwortenden Stellungnahme, daß eine solche Publikation zur »Stärkung des Nationalgeists«, zur Hebung der Verteidigungsbereitschaft und zu einem stärkeren Rückhalt in der öffentlichen Meinung beitragen werde. Österreich aber erhob Einwände und wollte höchstens einen Auswahlband nach dem Ende jeder Sitzungsperiode in Betracht ziehen; es weigerte sich, jene Publikationsform wieder aufzunehmen, die schon seit 1816 bestanden hatte. Erst am 6. April 1848, als die Frage durch die revolutionäre Bewegung eigentlich schon überholt war, beschloß die Bundesversammlung die Veröffentlichung der Protokolle.

Ähnlich verliefen die Fronten in der Frage der Zensur und Pressegesetzgebung. Hier ergriff 1847 Preußen die Initiative. Nun war Berlin keineswegs für die Aufhebung der Zensur; es schlug lediglich eine sowohl elastischere als auch effektivere Form der staatlichen Kontrolle vor. Bemerkenswerterweise verschoben sich aber im Laufe der langwierigen Verhandlungen die Ziele und Fronten. Während Österreich, so lange es ging, einen starr defensiven Kurs steuerte, zeigte sich bei den anderen Bundesstaaten eine zunehmende Neigung, in Zensurfragen möglichst frei zu entscheiden. Baden, Württemberg und Sachsen traten offen für ein sehr liberales Pressegesetz ein, nur Hannover und Kurhessen blieben bei der österreichischen Linie. Es waren Preußen und Sachsen, die im September 1847 in der Sitzung des Bundestages die unerhörte Behauptung vortrugen, eine unzensierte Presse sei »ein viel geeigneteres Element der Entwicklung und Stärkung des Nationalgefühls und dadurch der moralischen Kraft Deutschlands« als eine zensierte. Österreich zog die Sache in die Länge und so kam erst im März 1848 der Entwurf eines Bundespressegesetzes zustande, der gegen die österreichische Stimme von der Mehrheit der Bundesversammlung angenommen wurde. Jedem Bundesstaat wurde die Aufhebung der Zensur freigestellt; dabei wurden jedoch Garantien gefordert, welche die anderen Staaten und den Bund gegen Mißbräuche sicherstellten. Wie diese beiden Bestimmungen vereinbart werden konnten, wurde nicht mehr geprüft, denn auch hier ging die Entwicklung rasch über den Entwurf hinweg.

Eine andere Initiative kam im Sommer 1847 aus Dresden. Sachsen schlug die Vereinheitlichung der Gesetzgebung innerhalb des Deutschen Bundes vor, insbesondere bei Neukodifikationen einzelner legistischer Sachgebiete. In dieser Richtung hatte es schon früher Ansätze und auch Verhandlungen am Bundestag gegeben, zum Beispiel in der Frage eines einheitlichen Urheber- und Patentrechtes. Diesmal kam der blockierende Einspruch nicht von Österreich, sondern von Bayern. München fürchtete für das Souveränitätsprinzip und verweigerte seine Zustimmung; deshalb lehnte es sogar den deutschen Postkongreß ab, den Preußen und Österreich zur Vereinheitlichung des Postwesens vorschlugen.

Aber an all dem war deutlich geworden, daß neue Bewegungsmomente in die Bundespolitik gekommen waren, denen der alte, starre Mechanismus des Bundestages nicht mehr gewachsen war. Im Laufe des Jahres 1847 und im Winter 1847/48 wurden eine ganze Reihe von Reformprojekten vorgelegt, die den Bund und seine Verfassung im ganzen betrafen. Der badische Bundestagsgesandte von Blittersdorf, der bayerische Reichsratspräsident Fürst Leiningen, der englische Prinzgemahl Albert von Coburg, der preußische General und Diplomat Joseph von Radowitz legten Denkschriften zu einer Reform des Bundes und einer nationalen Politik Deutschlands vor, die ein breites Spektrum mittelstaatlicher und preußischer Interessen spiegeln. Auffallend ist das Schweigen Österreichs während dieser ganzen Reformdiskussion, die immer deutlicher kleindeutsche, auf eine preußische Spitze Deutschlands zielende Überlegungen sichtbar werden ließ. Dies war nicht nur die Folge des abwehrenden Immobilismus, den Österreich bis zuletzt in den Verhandlungen des Bundestages und in seiner Deutschlandpolitik zeigte. Jede Bestrebung, den Bund in Richtung eines Bundesstaates zu stärken und, wie man damals sagte, mit »volkstümlichen«, also parlamentarischen Einrichtungen auszustatten, mußte auf das Problem Österreich stoßen. Wie sollte sich die Monarchie als ein Nationalitätenstaat ohne Konstitution in die Zukunft einer deutschen Staatlichkeit einfügen, die beides im Auge hatte: Freiheit und nationale Einheit?

Am schärfsten trat in der Reformdiskussion das deutsch-österreichische Problem bei den Verhandlungen von Radowitz mit Friedrich Wilhelm IV. und Metternich zutage.[14] Radowitz legte Vorschläge für die Stärkung des Bundes vor: Verbesserung der Militärverfassung, Vereinheitlichung des Rechtssystems, wirtschaftspolitische und technische Vereinbarungen. Undeutlich blieb, was er über die konstitutionelle Seite dachte. Er sprach von der Hinzuziehung von »Sachverständigen aus allen Teilen Deutschlands« zu den Arbeiten der Bundesversammlung. Wie immer man das verstehen wollte – hinter der Forderung nach einem Nationalparlament neben dem Bundestag blieb er weit zurück. Was Österreich anging, so sollte Preußen den Kaiserstaat zunächst mit allen Kräften »zur richtigen Erkenntnis der Sachlage und zum gemeinsamen Gange« hinführen. »Nur im äußersten Fall darf die innigste Gemeinschaft mit dem alten Kaiserstaate momentan aufgegeben werden.« Für diesen Fall sah Radowitz einen Stufenplan vor: Zunächst soll Preußen eine in Wien abgewiesene Reform vor den Bundestag bringen. Erst wenn auch hier nichts durchzusetzen sei, müsse Preußen durch den Appell an die Öffentlichkeit »den Geist der Nation selbst als Bundesgenossen« anrufen. Das bedeutete, daß Preußen vorübergehend durch »Spezialvereine« erreichen sollte, was auf dem Weg über den Bund nicht möglich war. Diese Strategie begründete Radowitz mit der unterschiedlichen Stellung Preußens und Österreichs zu Deutschland. Der bewegliche Geist des preußischen Generals hat hier Überlegungen und Maximen formuliert, die aus dem Fundus der Hohenzollerngeschichte seit Friedrich dem Großen, aber auch aus der liberalen Diskussion des Vormärz stammten und für die weitere Programmatik und Politik Preußens bestimmend wurden: »Daß Deutschland mächtig und einträchtig dastehe, dieses ist die

Joseph Maria von Radowitz wurde in der Reformdiskussion der Jahre 1847/48 der eigentliche Gegenspieler Metternichs. Der preußische Diplomat verfocht mit Entschiedenheit die Linie, daß Österreich in seine außerdeutschen Interessen verwickelt sei und daß diese Tatsache die Führung der deutschen Dinge notwendigerweise Preußen zuschiebe.

Lebensfrage für Preußen, die oberste Bedingung seiner eigenen Existenz. Österreich befindet sich hierin in einem wesentlich verschiedenen Verhältnis; es ist zu tief in die Welthändel verflochten, zu fremd allen engeren deutschen Interessen, Freuden und Leiden, um sich auf diese Linie zu beschränken. Nur eine Macht, die da steht und fällt mit Deutschland, kann hier eine wahre moralische Autorität ausüben.«

Der preußische König legte Wert auf Radowitz und seine Meinungen. Er schickte ihn zweimal nach Wien, um mit Metternich über die Bundesreform zu verhandeln und eine Verständigung über die weiteren Schritte herbeizuführen. Denn für den König war das Zusammengehen mit Österreich zur Aufrechterhaltung des konservativen Status quo unverzichtbar: »In Teutschland hält nur die Existenz des Bundes, Östreichs und Preußens, das wilde Thier grinsend im Käfig.« Zu dem Vorschlag des Fürsten Leiningen, Deutschland ohne Österreich zu organisieren, äußerte sich Friedrich Wilhelm IV. ganz ablehnend: »Teutschland ohne Triest, Tyrol und das herrliche Erzherzogtum wäre schlimmer als ein Gesicht ohne Nase!«

In Wien war die Sprache Metternichs gegenüber Radowitz zurückhaltend. Er hatte schon früher die Bundesreformideen Friedrich Wilhelms verspottet: »Der König schreibt hinsichtlich des Bundes einen Roman wie hinsichtlich der Regierung seines Reiches.« Als Radowitz Anfang März 1848 zum zweiten Mal nach Wien kam, hatte sich der europäische Horizont durch den Sturz des französischen Königtums bereits tief verfärbt. Jetzt fand sich Metternich bereit, mit Radowitz am 10. März eine Vereinbarung über die gemeinsame Initiative zur Bundesreform abzuschließen. Alle deutschen Regierungen sollten für den 25. März zu einer Konferenz nach Dresden eingeladen werden. Auch in diesem Fall überrollte die Revolution die Reform: Schon wenige Tage später war der Staatskanzler außer Dienst und auf der Flucht ins Exil; die Dresdener Konferenz kam nicht mehr zustande.

Die wirtschaftliche Strukturkrise der vierziger Jahre, die durch Bevölkerungsdruck, Massenarbeitslosigkeit und Pauperismus gekennzeichnet war, wurde 1845/47 noch durch eine akute Krise verschärft. Die Kartoffelkrankheit und Mißernten führten zu einer Hungersnot, die sich in Epidemien und in einem Rückgang der Geburtenrate äußerte. Im Frühjahr 1847 kommt es in Berlin, Stuttgart, Ulm und in den Wiener Vorstädten zu Hungerrevolten. Bäckerläden und Marktstände werden geplündert, Polizei und Militär müssen eingreifen. In Oberschlesien erkranken in diesem Jahr 80000 Menschen am Hungertyphus, fast 16000 erliegen der Krankheit. General von Natzmer, der dem Kreis um König Friedrich Wilhelm IV. angehört, warnt, daß »in den schlesischen Zuständen der Keim zu einer bevorstehenden Umwälzung der Zustände liege«[15]. Als ein Mann der Linken, Heinrich Simon, in der Presse auf die schlesischen Zustände hinzuweisen versucht, streicht die Zensur seine Artikel, da Simons Mitteilungen »geeignet seien, Aufregung im Volk hervorzubringen«. Simon läßt daraufhin eine Flugschrift drucken: »Die oberschlesische Hungerpest. Eine Frage an die preußische Regierung«. Sie erscheint in Robert Blums Leipziger Verlag. Bald werden Simons Angriffe durch einen berühmt gewor-

Jahr	Lebenshaltungskosten	Realeinkommen
1842	50	56
1843	59	47
1844	57	49
1845	57	49
1846	63	46
1847	61	48
1848	47	62
1849	44	66
1850	45	64

Lebenshaltungskosten und Realeinkommen von Arbeitnehmern in Deutschland (ohne Österreich) auf der Basis von 1913 = 100

Aus der Übersicht wird sowohl die kurzfristige Krise als auch deren Verknüpfung mit der Revolution deutlich; aber die Zahlen zeigen, wie rasch auf den Tiefpunkt von 1846/47 der Aufschwung ab 1848 folgte.

denen Bericht Rudolf Virchows über die Epidemie und ihre Ursachen ergänzt. So erwuchsen aus Hungersnot und Hungerepidemie oppositionelle Kritik und öffentliche Bewußtseinsbildung.

Die Auswirkungen der lokalen deutschen Ernährungskrise wurden 1847 verschärft durch eine internationale Rezession, die zu einer enormen Steigerung der Bankerotte und der Arbeitslosigkeit und zu einem Sinken der Löhne führte. Aufschlußreich ist der Index der Lebenshaltungskosten und des Realeinkommens von Arbeitnehmern.[16]

Es fragt sich nur, welche Folgerungen man aus dem Material zieht, das über diese Krisensymptome und Hungerrevolten vorliegt. Ist die Feststellung ausreichend: »Der Höhepunkt der Krise, die große Teile Europas erfaßt hatte, war im Herbst 1847 überschritten. Die Preise fielen, die Beschäftigungslage verbesserte sich«[17]? Oder trifft die Interpretation von Marx und Engels zu, »daß die Welthandelskrise von 1847 die eigentliche Mutter der Februar- und Märzrevolution« von 1848 gewesen ist?[18] Ein unmittelbarer Zusammenhang zwischen den Hungerunruhen 1847 und der Revolution wurde auch von nichtsozialistischen Zeitgenossen angenommen; der demokratisch orientierte Historiker Wilhelm Zimmermann betonte 1861: »Das Fieber in den Nerven ganz Deutschlands, der ›Krankheitszustand der politischen und sozialen Verhältnisse‹, zuckte der Entscheidung entgegen, besonders in den Hauptadern Deutschlands, vor allem in Preußen.«[19] Aber gerade dann wird die Frage wichtig, welchen Einfluß die ganz unerhörte Steigerung des Realeinkommens der Arbeitnehmer 1848, 1849, 1850 auf das Sinken der revolutionären Erfolgskurven besaß.

Das Elend auf dem Lande, der Hunger, die Not und die Aussichtslosigkeit trieben immer mehr Verzweifelte in die Städte, wo sie die Masse der Obdachlosen vergrößerten.

Auf jeden Fall klang die ökonomische Krise ab, bevor die große politische und soziale Bewegung der deutschen Revolution im März 1848 einsetzte. Der Zusammenhang zwischen beiden Krisen darf nicht zu »ökonomistisch« genommen werden. Die Destabilisierung des vormärzlichen Systems hatte vielfältige Gründe gehabt; im kurzfristigen Bereich dürfte das Ferment der Hungerkrisen im Zusammenhang einer allgemeinen Vertrauenskrise des alten Systems nicht gering zu veranschlagen sein.

2. Von der Märzbewegung zum Paulskirchenparlament

Überall in Europa kam es in den vierziger Jahren zu liberalen, demokratischen und republikanischen Bewegungen, die die alten Ordnungen gefährdeten. Die Monarchie und der Bestand des Reiches waren in Österreich zudem bedroht durch die Freiheitsbestrebungen der Tschechen und Polen, Italiener und Slowenen, Kroaten und Serben, Rumänen und Ungarn.
Einer der unerschrockensten Kämpfer gegen das Wiener Unterdrückungssystem war der Oppositionsführer im ungarischen Landtag, Ludwig Kossuth.

In Paris siegte nach dreitägigen Barrikadenkämpfen am 24. Februar 1848 die Revolution. Der König Louis Philippe floh, die Monarchie wurde abgeschafft, die Republik ausgerufen. Die Gesamtzahl der Toten und Verwundeten auf beiden Seiten betrug etwa 1200 bis 1300. Die Wirkung der Februarrevolution auf Europa war ungeheuer. Das Feuer der revolutionären Begeisterung griff sogleich auf Italien und Ungarn über, wo es um äußere Freiheit gegen die österreichische Herrschaft ging. So war Deutschland schon wenige Tage nach dem Umschwung in Paris auf drei Seiten von einer mächtigen Freiheitsbewegung umgeben. Diese Situation, nicht nur die rasch gelungene Revolution in Frankreich, hat viel dazu beigetragen, daß die in der deutschen Öffentlichkeit vorhandene Unruhe sich so rasch zum politischen Umsturz steigerte. »Auf jeden Fall haben anfangs die von außen kommenden Impulse manche Hemmungen im deutschen Bürgertum, das vor revolutionären Entscheidungen zurückschreckte, beseitigt« (Schieder).[20]

Italien erlebte im Januar und Februar 1848, also noch vor dem Sturz des Julikönigtums in Paris, eine Welle revolutionärer Erschütterungen, die in Neapel, Florenz und Rom zu erfolgreichen Verfassungsinitiativen geführt hatten; im österreichischen Machtbereich, in Lombardo-Venetien, war das Standrecht verhängt worden. Doch auch hier brachen im März die Dämme; die Revolution wurde zum Freiheitskampf gegen Habsburg. In Ungarn bedeutete das Auftreten des radikalen Abgeordneten Ludwig Kossuth im Parlament am 3. März einen Wendepunkt; seine programmatische Rede hielt zwar noch an der dynastischen Einheit des Kaiserstaates fest, sagte aber dem Wiener Unterdrückungssystem den Kampf an und verband die ungarische Freiheitsforderung mit dem Vorschlag einer konstitutionellen Erneuerung aller Länder Österreichs: »Aus den Beinkammern des Wiener Systems weht eine verpestete Luft uns an, die unsere Nerven lähmt, unsern Geistesflug bannt ... Wo die Grundlage fehlerhaft ist, da ist das Verhängnis des Sturzes unausweichbar. An uns ist es, die Dynastie zu retten, ihre Zukunft an die Verbrüderung der verschiedenen Völker Österreichs zu binden, statt des schlechten Bindemittels der Bajonette und des Beamtendruckes den festen Kitt einer freien Verfassung zu setzen.«

In Deutschland überstürzten sich seit Ende Februar die Ereignisse. Drei verschiedene Vorgänge überschnitten sich jetzt. Einerseits kam es zu spontanen Initiativen in den einzelnen Bundesstaaten, die fast überall rasch zum Sturz der alten Regierungen führten; andererseits wurden Bestrebungen deutlich, die ein vorläufiges revolutionäres Zentrum für ganz Deutschland zum Ziel hatten, was dann zum »Vorparlament« in Frankfurt führte. Aber auch die Vorgänge am Bundestag selbst waren ein Signal. Die alte Bundesversammlung, durch die neuen »Märzregierungen« im progressiven Sinn instruiert, fand zu einer evolutionären Verbindung mit der revolutionären Bewegung und machte damit jenen Mittel-

Eine Elberfelder Barrikade.

In Elberfeld haben viel tausend Mann
Auf die Reichsverfassung geschworen.
Der Tanz geht los! der Feind rückt an!
Die Preußen stehn vor den Thoren!

In Elberfeld giebt's harten Strauß,
Und Prügel giebts nach Noten;
Die Preußen ziehn zur Stadt hinaus
Mit fünf drei Viertel Todten.

In Elberfeld geht's lustig her:
Die Rheinischen Lazzaroni
Bau'n Barrikaden von Golde schwer,
Von Silber und Mahagoni.

Und all die blanke Herrlichkeit,
Bildsäulen, Spiegel und Lüstre,
Die liefert Herr Daniel von der Heydt,
Der Bruder vom Handelsminister.

Herr Daniel rauft sich das Haar und heult:
Weh! Wollt ihr mich denn nicht schonen?
Ich habe ja an die Rebellen vertheilt
Schon an die tausend Patronen!"

Da kömmt ein Proletarier her
Und bietet ihm eine Prise:
„Wenn ihr Bruder nur kein Minister wär'!
Und wenn er nicht August hieße!!"

weg der »Vereinbarung« zwischen dem Neuen und dem Alten frei, der sowohl die anfängliche Euphorie wie den späteren Niedergang der Revolution begründete.

An der »Märzbewegung« in Südwestdeutschland wird das Ineinandergreifen des längerfristigen Reformprogramms der Liberalen und der plötzlichen, verallgemeinernden und radikalisierenden Stoßkraft deutlich, die durch die Pariser Impulse und die Mobilisierung der Massen dazu kam. Am 12. Februar legte Friedrich Bassermann in der badischen Kammer ein leidenschaftliches Bekenntnis zur deutschen Einheit und zur Schaffung eines Bundesstaates nach dem Muster der Vereinigten Staaten von Amerika ab. Die Rede erregte Aufsehen, aber im Grunde entsprach sie dem liberalen Programm der letzten Jahre. Neu und ganz anders war jedoch seit Ende Februar die Serie von Volksversammlungen in Baden, Württemberg und Hessen, bei denen die liberalen und demokratischen Wortführer zunächst noch gemeinsam auftraten. Ein Massenpublikum griff jetzt die »Märzforderungen« auf und setzte sich in oft tumultuarischer Form für die schnelle Verwirklichung ein: Pressefreiheit, Schwurgerichte, konstitutionelle Rechte in den Einzelstaaten, Berufung eines deutschen Parlaments.

Der revolutionäre Charakter dieser Bewegung, die bald auf fast alle Gebiete des Deutschen Bundes übergriff, ist unverkennbar. Das lag nicht eigentlich an den Forderungen selbst, die ja alle aus dem reformistischen Programm von vor 1848 stammten (die Republik wurde am Anfang noch nicht offen gefordert). Es lag an den Motiven, in denen sich politische und sozialrevolutionäre Stimmungslagen mischten, und an den Durchsetzungsformen. In den Hauptstädten zogen die Demonstranten vor die Ministerien und Residenzen und verschafften ihren Forderungen nach dem Abtreten der bisherigen Regierungen lautstark Nachdruck. Gelegentlich kam es zu Plünderungen und zum Aufbrechen von Zeughäusern und Waffenlagern. Daß Handwerksgesellen Fabriken angriffen und Maschinen zerstörten, zeigt die Ambivalenz der sozialrevolutionären Tendenzen zwischen Zurück und Voran. Auf dem flachen Lande nahm die Bewegung vielerorts agrarrevolutionäre Züge an, vor allem dort, wo die Bevölkerung noch in Abhängigkeit von den Grundherrschaften oder auch vom fürstlichen Domänenbesitz war. Die großen standesherrlichen Besitzungen wurden Zentren der Demonstrationen, in deren Mittelpunkt die Forderung nach Aufhebung der Feudalrechte stand. Auch hier kam es zu Plünderung und Brandstiftung.

Ein gemeinsamer Plan ist nie nachgewiesen worden. Gegen eine »Verschwörungsthese« spricht auch die Tatsache, daß nicht nur die agrarischen, sondern auch die städtischen Unruhen fast überall mit der Bewilligung der konkreten Forderungen schnell zu Ende gingen. Die Bedeutung dieser Tumulte für das Frühstadium der Revolution liegt dennoch offen zutage. »Ihre darüber hinausreichende Funktion im Gesamtverlauf der Revolution bestand darin, daß sie die Monarchen und Regierungen zu einem schnelleren Nachgeben im Sinne des politischen Kurswechsels zwangen, als dies ohne Druck zu erwarten gewesen war« (Faber).[21]

Vor diesem Hintergrund stehen die überraschend schnellen Erfolge, die den liberalen und demokratischen Wortführern noch im März auf der Ebene gesamtdeutscher Verfassungs- und Nationalpolitik gelangen. In Heidelberg trat am 5. März eine Versammlung von 51 Vertretern unterschiedlicher liberaler und demokratischer Richtungen, meist aus Süd- und Westdeutschland, zusammen, um über Maßnahmen zur Verwirklichung deutscher Einheit und Freiheit zu beraten. Obwohl der Gegensatz zwischen den beiden Richtungen sofort deutlich wurde – Hecker und Struve traten für die deutsche Republik, Heinrich von Gagern für ein neues Kaisertum und die vorläufige Übertragung der Zentralgewalt an Preußens König ein –, einigte man sich auf ein gemeinsames Rahmenprogramm: eine Aufforderung an alle deutschen Regierungen, Wahlen zum Nationalparlament auszuschreiben, und die sofortige Einberufung eines »Vorparlaments« nach Frankfurt, das die Wahlen vorbereiten sollte. Ein Siebener-Ausschuß wurde gebildet, der die Einberufung des Vorparlaments in die Hand nehmen sollte. Die Heidelberger Versammlung hatte eine erste Machtprobe zwischen Liberalen und Demokraten gebracht. Aber die Radikalen hatten sich nicht durchsetzen können. Auch in dem Siebener-Ausschuß hatten die Liberalen die Mehrheit.

Das Vorparlament, zu dem 574 Abgeordnete aus ganz Deutschland erschienen (aus Österreich allerdings nur zwei), tagte vom 31. März bis zum 3. April in der Frankfurter Paulskirche. Zuvor war es noch zu Verhandlungen zwischen liberalen Politikern, die Sorge vor der Radikalisierung hatten, dem Bundestag und einzelnen Regierungen gekommen. Sie hatten zwar keine spektakulären Ergebnisse gebracht, waren aber wichtig für das Zustandekommen jenes »Mittelweges« zwischen Revolution und evolutionärem Reformismus.

Der Bundestag war inzwischen nicht untätig geblieben. Am 1. März hatte er sich »als das gesetzliche Organ der nationalen und politischen Einheit« mit einem Appell an den »bewährten gesetzlichen Sinn, die alte Treue und die reife Einsicht des deutschen Volkes« gewandt. Am 9. März wurde das bisher verbotene Schwarz-Rot-Gold für die Bundesfahne anerkannt. Wichtig war der Beschluß vom 10. März, daß die Regierungen »Männer des öffentlichen Vertrauens« zur Vorbereitung der Bundesreform nach Frankfurt entsenden sollten. Die Zahl dieser halb noch gouvernementalen, halb schon von der Öffentlichkeit legitimierten »Vertrauensleute« wurde auf siebzehn festgesetzt. Der Siebzehner-Ausschuß, der sich im wesentlichen aus Vertretern des gemäßigten Liberalismus zusammensetzte, begann seine Frankfurter Beratungen Ende März. In diesen Zusammenhang, als man in letzter Stunde versuchte, vom bestehenden Rechtszustand, also von oben her, die Initiative zu ergreifen und der revolutionären Bewegung den Wind aus den Segeln zu nehmen, gehören auch die Verhandlungen Heinrich von Gagerns mit Baden, Nassau, beiden Hessen, Württemberg und Bayern. Gagern, der inzwischen hessischer Minister geworden war, suchte als Exponent der gemäßigten Liberalen der Sorge vor der Radikalisierung dadurch Rechnung zu tragen, daß er eine »regierungsamtliche« Bundesreform betrieb. Das Nationalparlament hätte dann eigentlich nur mehr die Aufgabe gehabt, einen zwischen den Regierungen auf dem Wege des alten Bundestages ausgehandelten Verfassungsentwurf zu ratifizieren. Die Sache scheiterte jedoch rasch an Bayerns Widerstand; ungeklärt blieb, wie Preußen und Österreich sich dazu gestellt hätten. Denn Gagerns Vorstellungen hatten ja schon damals nicht nur eine antiradikale, sondern auch eine antiösterreichische Tendenz.

In diesen entscheidenden Wochen zeigte sich, daß der südwestdeutsche Liberalismus, jetzt in die Regierungen eingerückt, die Risiken eines parlamentarischen Ringens um den neuen Nationalstaat am liebsten vermeiden wollte.[22] Aus dieser Konstellation, die von der Verschärfung des Gegensatzes zwischen Liberalen und Demokraten bestimmt war, ergab sich ein gemeinsames Interesse von altem Bundestag und neuen »Gemäßigten«, zumindest die Wahlen zum Nationalparlament noch vom legalen Boden des alten Systems her in die Wege zu leiten. Dem entsprach das Vorgehen des Bundestages; am 30. März beschloß er, alle Regierungen zur Durchführung der Wahlen aufzufordern. Damit war der legale Rückhalt am bestehenden Bundesrecht im Sinne Gagerns und seiner Richtung gesichert. Aber was will das für den Fortgang der Revolution besagen? Heißt es, daß diese Liberalen von Anfang an nur mit einem Bein im Lager der Revolution standen? Daß sie die revolutionäre Solidarität mit den Demokraten schon anfangs nicht ernst nahmen? Daß sie dadurch – mit oder ohne Absicht – dazu beitrugen, die radikale Linke statt zu einer zentrierten Politik zu abenteuerlichen, putschistischen Unternehmungen zu veranlassen? Die Geschichte der liberalen und demokratischen Gruppierungen 1848/49 ist zu facetten- und wandlungsreich, als daß sich diese Fragen eindeutig beantworten lassen.

Heinrich von Gagern, einer der Mitbegründer der Allgemeinen Deutschen Burschenschaft, mußte im Zuge der reaktionären Maßnahmen von 1833 den hessischen Staatsdienst verlassen. Aber auch er kehrt, wie viele andere, Jahre später ins politische Leben zurück. 1847 ist er im Darmstädter Landtag Sprecher des Liberalismus, im Mai 1848 Präsident der Nationalversammlung, im Dezember Leiter des Reichsministeriums. In dieser Eigenschaft setzt er sich für die Wahl des preußischen Königs zum deutschen Kaiser ein. Dieser lehnt ab; im März 1949 sind schließlich alle Pläne Gagerns gescheitert; er tritt zurück.

Die revolutionären Vorgänge in den deutschen Einzelstaaten führten noch im Laufe des März überall zum Zusammenbruch der alten Staatsmacht und zur Berufung neuer, liberaler Regierungen, die sich der allgemeinen nationalen Bewegung anschlossen.[23] Das macht den Inhalt der »Märzrevolution« aus, die eine wirkliche Revolution insofern war, als die alten Mächte durch Massenpetitionen, Tumulte und Straßenkämpfe zum Nachgeben gezwungen wurden. Ob die Ereignisse blutig oder unblutig verliefen – die Ergebnisse waren überall ähnlich: ein rascher Sieg der Kräfte der liberalen, bürgerlichen Mitte auf der Ebene der Regierungsbildung und der öffentlichen Meinung, ein Freisetzen aller Bewegungskräfte, auch der linken und ganz linken, in öffentlicher Agitation, Zeitungs- und Vereinsgründungen, aber keine grundlegende Veränderung der politisch-administrativen Herrschaftsstrukturen. Wenn die Liberalen die eigentlichen Gewinner der Märzrevolution waren, so lag dies auch daran, daß die Fürsten durch die Übertragung der Regierungsgewalt auf die Führer der bisherigen gemäßigten Opposition eine weitere Radikalisierung zu vermeiden hofften. Die neuen »Märzministerien« gewährten meist sehr rasch die von der Volksbewegung geforderten liberaldemokratischen Freiheitsrechte. Sie versuchten gleichzeitig durch die Zusammenarbeit mit den fortbestehenden bürokratisch-militärischen Kräften einen Damm gegen radikalere Programme und Kräfte aufzurichten. Die Machtbalance, die im März entstand, variierte von Land zu Land; insgesamt bedeutete sie aber eine sehr folgenreiche Weichenstellung im Sinne des Kompromisses mit dem *ordre établi.*

In Hessen-Darmstadt war Heinrich von Gagern bereits am 5. März anstelle des reaktionären du Thil zum leitenden Minister berufen worden. Das badische Ministerium wurde am 9. März neu gebildet; der gemäßigt liberale Karl Georg Hoffmann, seit 1831 Abgeordneter, übernahm das Amt des Ministerpräsidenten, Karl Theodor Welcker ging als Bundestagsgesandter nach Frankfurt. In Württemberg setzte sich die neue Regierung aus den bisherigen Wortführern der liberalen Opposition zusammen: Friedrich Römer, Paul Pfizer und Gustav Duvernoy. In Hannover bestellte man Carl Bertram Stüve, einst Vorkämpfer des ständisch-kommunalen Widerstandes gegen den Staatsstreich von 1837, zum Innenminister. In Sachsen, wo die Agitation der demokratischen Gruppen stark war, wurde am 13. März ein neues Ministerium gebildet, in dem die gemäßigten Liberalen bestimmten. Der Rechtsprofessor Ludwig von der Pfordten, der das Außen- und Kultusministerium übernahm, trat für eine liberale und föderalistische Linie ein: ein Jahr später holte ihn König Max II. als Außenminister nach München. Ähnlich verlief der Umschwung in den meisten kleineren Staaten Mittel- und Norddeutschlands und in den freien Städten.

In Bayern steigerte sich im März der Konflikt zwischen König Ludwig I. und der rasch die Märzforderungen aufgreifenden oppositionellen Bewegung. Da der König den liberalen Forderungen nur zögernd nachgab, kam es am 16. März, dem Tag des Zusammentritts der Kammern des Landtages, sowohl in München als auch auf dem Lande zu einer explosiven Situation. Die spontane Forderung nach einer Abdankung des Königs fand im Land solches Echo, daß sich Ludwig I. entschloß, am 20. März die Krone niederzulegen. Sein

Sohn, Maximilian II., erklärte sich von Anfang an bereit, die Märzforderungen zu akzeptieren. Das am 25. März neugebildete Ministerium, an dessen Spitze der föderalistisch-konservative Graf Bray-Steinburg stand, begann sogleich eine umfassende Reformtätigkeit im Sinne des liberalen Programms.

Höchst brisant und noch dazu voll schwieriger national- und verfassungspolitischer Probleme war die Bewegung in Schleswig-Holstein.[24] Die Märzrevolution fiel hier mit einer akuten Verschärfung des Problems der dänischen Gesamtstaatsverfassung zusammen. Die altertümliche ständerechtliche Sonderstellung der beiden Herzogtümer im Verband des dänischen Königtums war schon im Vormärz von den neuen nationalen Strömungen zunehmend in Frage gestellt worden. Seit einem Vertrag von 1460 war die staatsrechtliche Verbundenheit der beiden Herzogtümer festgelegt: »Up ewig ungedeeld.« Die dänische Minderheit in Schleswig und eine nationaldänische Einheitsbewegung standen auf der einen Seite. Auf der anderen Seite opponierte die deutsche Bevölkerung gegen einen Abbau der Eigenstaatlichkeit der Herzogtümer und betonte deren deutschen Charakter; man verlangte die Einbeziehung Schleswigs in den Deutschen Bund, dem ja bisher nur Holstein angehört hatte.

Die dänisch-deutsche Frage fand in ganz Deutschland ein leidenschaftliches Echo. In Rendsburg forderte am 18. März 1848 eine Versammlung von Vertretern beider Herzogtümer die Errichtung einer gemeinsamen Volksvertretung, den Eintritt Schleswigs in den Bund und die Anerkennung des gesamten liberalen »Märzprogramms« durch die dänische Regierung. Darauf antwortete der dänische König Friedrich VIII. nicht nur mit einer entschiedenen Zurückweisung, sondern mit der Proklamation der Einbeziehung Schleswigs in eine neue dänische Verfassung. Im Gegenzug riefen am 24. März die Wortführer der deutschen Bewegung den Notstand aus, wobei sie das Widerstandsrecht gegen den geplanten dänischen Gewaltakt geltend machten; sie vermieden zwar die Proklamation der Unabhängigkeit, vollzogen aber die tatsächliche Rebellion gegen Kopenhagen durch die sofortige Einsetzung einer provisorischen Landesregierung. Diese Regierung übernahm dann die Vollzugsgewalt und rief die Hilfe des Deutschen Bundes gegen die in Schleswig einrückenden dänischen Truppen an. Preußische Truppen leisteten Hilfe, indem sie Stellungen in Holstein bezogen.

Der Bundestag fand sich, um in der nationalen Hochstimmung jener Wochen nicht die Initiative zu verlieren, am 12. April zu dem Beschluß bereit, notfalls durch Bundestruppen die Dänen aus Schleswig zu vertreiben, »um das durch den Bund zu schützende Recht Holsteins auf die Union mit Schleswig zu wahren«. Das war bundesrechtlich, vor allem hinsichtlich des internationalen Rechts, ein sehr kühner Schritt. Im April rückten Bundestruppen und preußische Truppen kämpfend in Schleswig ein. Der Bundestag hatte bis dahin den revolutionären Antrag Schleswigs auf Aufnahme in den Bund nicht beantwortet, aber er hatte die provisorische Landesregierung, die ja durchaus auf revolutionärem Boden stand, faktisch anerkannt. So schuf die Erhebung in Schleswig-Holstein, wenn sie auch in nationalrevolutionärer Hinsicht ein einzigartiger Erfolg war, ein kaum entwirrbares Knäuel staatsrechtlicher und internationaler Probleme von höchster Brisanz. Die Frankfurter Nationalversammlung erbte gewissermaßen vom Bundestag den dänisch-deutschen Krieg. Hier mußte eine neue deutsche Politik zeigen, was sie in der Lösung nationaler und europäischer Probleme zu leisten vermochte.

In noch viel weiterem Maße zeigte der Verlauf der Märzrevolution in Österreich, wie tief und unauflösbar die Freiheits- und Einheitsforderungen der Deutschen mit den Lebensfragen und den neuen Zielen anderer Nationen verknüpft waren. Der inneren Schwäche des Metternichschen Systems entsprach die mangelnde politische Reife gerade auf deutsch-österreichischer Seite. Die Bewegung des »Völkerfrühlings« konnte nicht nur bei Tschechen und Polen, Ungarn und Italienern, sondern auch bei Slowenen, Kroaten, Serben und Rumänen an mehr oder weniger ausgearbeitete Vorstellungen und Programme nationaler Wiedergeburt und Befreiung anknüpfen; in Deutsch-Österreich waren die Fragen einer neuen, nationalen Gestaltung der Verhältnisse bisher kaum offen diskutiert worden, geschweige denn, daß sich die verschiedenen Richtungen in festen Gruppierungen und Programmen formiert hätten. So mischte sich jetzt Euphorie, Ratlosigkeit, Naivität und auch Radikalität, und dieses Gemenge war das, was das revolutionäre Geschehen vor allem in Wien charakterisierte. Außerhalb von Wien bildeten sich alsbald so starke nationale Zentren, daß es monatelang unsicher schien, ob der habsburgische Vielvölkerstaat überhaupt das Jahr 1848 überleben werde. Auch diese Perspektive eines möglichen Zerfalls der Monarchie ist der dunkle Hintergrund der Schwankungen, in denen sich die Radikalität des deutsch-österreichischen Problems im März 1848 plötzlich zu erkennen gab.

Kossuths aufrüttelnde Rede vor dem ungarischen Parlament vom 3. März hatte starke Bewegung auch in die Wiener Szene gebracht. Am 6. März legte der niederösterreichische Gewerbeverein eine Petition vor, der bald viele ähnliche folgten; alle hielten sich auf der Linie der liberalen deutschen Märzforderungen. Die österreichische Staatsproblematik stand nicht im Vordergrund, vielmehr schien Kossuths Programm und Mazzinis Ideal der *fratellanza dei popoli* ein brüderliches Zusammenleben der Nationalitäten möglich zu machen. In Böhmen warf dagegen schon die erste Initiative die nationale Frage sehr konkret auf. Eine Versammlung von Deutschen und Tschechen im Prager Wenzelsbad am 11. März verband mit dem üblichen liberalen Programm die Forderung nach Anerkennung der staatsrechtlichen Grundlagen der Länder der Wenzelskrone (Böhmen, Mähren, Österreichisch-Schlesien) auf der Basis der Gleichberechtigung beider Nationen. Das war in dieser besonderen Form neu und aufregend für die ganze Monarchie.

In Wien spielten vom ersten Moment im März bis zum blutigen Ende im Oktober die Studenten eine große Rolle. Ursprünglich demonstrierten sie lediglich für Lehr- und Lernfreiheit, für die Freiheit und Gleichheit der Bürger und für die Gleichberechtigung der Konfessionen. Ihre Adresse an den Kaiser wurde am 12. März nur hinhaltend beantwortet. Daraufhin beschloß man, sich am 13. März, dem Tag des Zusammentritts des niederösterreichischen Landtags, vor dem Ständehaus zu versammeln. Dieser Tag wurde zum Wendepunkt. Die Forderung nach dem Sturz Metternichs trat gebieterisch

Metternich, der so lange die Geschicke des Kaiserstaates in der Hand gehabt hatte, mußte fliehen; unter falschem Namen verließ er heimlich die Residenzstadt, in der bald ein Spottgedicht über seine Flucht im Umlauf war.

Die Massenaufläufe und Demonstrationen des Frühjahrs 1848 nahmen in Wien fast die Form einer wirklichen Revolution mit einer Nebenregierung, einer Nationalgarde und einem politischen Zentralkomitee an. Nach heftigen Straßenkämpfen verließ die kaiserliche Familie Wien und ging nach Innsbruck.

Zerstörung der Mariahilfer Linie in Wien am 13. März 1848

in den Mittelpunkt. Militär war in der Stadt verteilt. Die rasch anwachsende Menge von Bürgern, Handwerkern, Arbeitern, die sich mit den Studenten Zugang in das Ständehaus verschaffte, wurde zum treibenden und getriebenen Strom der Rebellion: Demonstrationen, dann Militär und Gewehrfeuer, schließlich Barrikaden und Plünderungen, währenddessen pausenlose Beratungen der Regierung und der Erzherzöge, dazwischen Verhandlungen mit Delegationen und in den Vorstädten immer neue Unruhen mit Fabrikbesetzungen, Zerstörung der Maschinen, Niederbrennen von Maut- und Zollhäusern an der Stadtgrenze. In der Hofburg fiel die Entscheidung gegen die von Metternich vorgeschlagene Anwendung von Gewalt ohne lange Diskussion; ohne viel Umstände war damit auch über Metternich selbst entschieden. Keiner der Erzherzöge sagte ein Wort, um ihn zu halten. Unter falschem Namen verließ der entlassene Staatskanzler Wien. Die Bevölkerung jubelte, überall wurden schwarz-rot-goldene Fahnen aufgezogen. Dem Standbild Josephs II. vor der Nationalbibliothek wurde das deutsche Banner in den Arm gedrückt. Studenten erkletterten den Turm von St. Stephan und ließen von dort die Farben des neuen deutschen Reiches über Wien flattern. In der Totenkammer des Allgemeinen Krankenhauses zählte man am 14. März nahezu 60 Opfer der Straßenkämpfe; mit Fichtengrün und den ersten Frühlingsblumen wurden sie geschmückt.

Der Staatskonferenz blieb nur, die üblichen Forderungen zu bewilligen: Verfassung, Aufhebung der Zensur, Bildung einer Nationalgarde. Die radikalen Demokraten organisierten sich rasch und wirkungsvoll. Die Studenten bildeten die bewaffnete »Akademische Legion«, dazu traten der »Demokratische Klub« und die Arbeitervereine in den Vorstädten. Mitglieder des Landtages traten mit dem unter Alexander Bach, einem Führer der vormärzlichen Opposition, gebildeten Bürgerausschuß zur Beratung der künftigen Verfassung im Sinne eines gemäßigten Liberalismus zusammen.

Die am 21. März bekanntgegebene Regierungszusammensetzung rief jedoch sogleich wieder Enttäuschung und Widerspruch hervor. Unter dem Vorsitz des Grafen Kolowrat gehörten dem Ministerium fast nur Vertreter des alten Systems an; lediglich der

Zur Erinnerung an Österreichs drei glorreiche Tage erschien ein prachtvolles Gedenkblatt

Innenminister, Franz Freiherr von Pillersdorf, konnte als überzeugter Liberaler gelten. Die von ihm ausgearbeitete und am 25. April durch den Kaiser in Kraft gesetzte Verfassung stieß infolge ihrer sehr moderaten inhaltlichen Bestimmungen (Zweikammersystem, Zensuswahlrecht), mehr noch aufgrund des kaiserlichen Oktrois auf Kritik und Ablehnung. Die Linke sah in dem ganzen Vorgehen einen Staatsstreich; durch die Direktionslosigkeit der Regierung, die zwischen liberalem Konsens und antirevolutionärem Beharren schwankte, fühlte sie sich jedoch ermutigt. So sammelten sich ihre verschiedenen Gruppierungen, und auch Kräfte der Mitte konnte sie zunächst für sich gewinnen. Am 9. Mai bildete man ein politisches Zentralkomitee, das die Tätigkeit der Akademischen Legion und der Nationalgarde vereinigte.

Am 15. Mai kam es nochmals zu Massenaufläufen und Demonstrationen: für die offizielle Anerkennung des Zentralkomitees, gegen die Aprilverfassung, für das allgemeine Wahlrecht. Die Regierung gab in allem nach; die kaiserliche Familie verließ Wien und ging nach Innsbruck. Das Manifest des Kaisers vom 20. Mai machte dann jedermann deutlich, daß die Dynastie von jetzt an die Gegenrevolution im Auge hatte: Als Bedingung für die Rückkehr des Hofes nach Wien forderte der Kaiser die Auflösung der Akademischen Legion. Das Ministerium beschloß sie am 25. Mai, aber die

Studenten weigerten sich, dem Dekret Folge zu leisten. Neue, blutige Straßenkämpfe veranlaßten die Regierung, nochmals nachzugeben. Dem Auflösungsprozeß auf der Seite der Regierungsgewalt entsprach die Konsolidierung der linken Gruppen in Wien. Der nach dem 26. Mai gebildete »Sicherheitsausschuß« war praktisch eine revolutionäre Nebenregierung; in der Nationalgarde und in der Akademischen Legion besaß er wirksame Exekutivorgane. Aber seine Macht reichte nicht weit über die Hauptstadt hinaus, und die Zukunft entschied sich außerhalb Wiens.

Als sich die Wiener Deputierten für die Abreise zum Vorparlament nach Frankfurt rüsteten, richteten sie an die Regierung das Ansuchen, ihnen die Reichskleinodien aus der Schatzkammer auszuhändigen, um sie in Frankfurt, gewissermaßen als Morgengabe der Wiener Bevölkerung, zur Verfügung des deutschen Volkes zu stellen. Der zuständige Minister, Graf Ficquelmont, lehnte freundlich, aber entschieden ab: »Sollte das deutsche Volk sich so konstituieren, daß es sie zurückverlangen und brauchen sollte, so bin ich überzeugt, daß Seine Majestät der Kaiser diese von Karl dem Großen herkommenden Insignien Deutschland zurückstellen würde. So lang aber Deutschland, zerrissen in seinem Inneren, der Kampfplatz für alle politischen Staatstheorien bleibt, sollen solche ehrwürdigen Andenken allen Zufällen des Streites nicht preisgegeben werden …«[25]

Die Begeisterung über das vermeintlich Errungene kennt keine Grenzen, so neigt sich in dieser Darstellung selbst der Stephansdom vor der Konstitution.

Die Wahlanordnung des Frankfurter Bundestages stellte die Wiener Regierung dann vor die Notwendigkeit, sich ernsthaft über das künftige Nationalparlament und die Neugestaltung Deutschlands zu äußern. Das Prinzip von Wahlen wurde akzeptiert und ihre Abhaltung in allen zum Deutschen Bund gehörenden Teilen der Monarchie, also auch in Böhmen und Mähren, anbefohlen. Zur Frage der Umwandlung des Staatenbundes in einen Bundesstaat nahm das Ministerium aber sehr vorsichtig Stellung: »Von dem Wunsche des innigen Anschlusses an Deutschland durchdrungen, wird Österreich jeden Anlaß freudig ergreifen, welcher seine Anhänglichkeit an die gemeinsame deutsche Sache zu betäthigen vermag. Es könnte aber nie ein gänzliches Aufgeben der Sonderinteressen seiner verschiedenen, zum deutschen Bunde gehörigen Gebiethsteile, eine unbedingte Unterordnung unter die Bundesversammlung, ein Verzichten auf die Selbständigkeit der inneren Verwaltung mit seiner besonderen Stellung vereinbarlich finden, und muß sich die besondere Zustimmung zu jedem von der Bundesversammlung gefaßten Beschlusse unbedingt vorbehalten. In so fernere Letzteres mit der Wesenheit eines Bundesstaates nicht vereinbarlich erkannt würde, wäre Österreich nicht in der Lage, einem solchen beizutreten.«[26] Dies war eine deutliche Warnung an die Frankfurter Adresse. Doch dort wurde sie im Eifer der nationalen Begeisterung und im Hinblick auf das Schwanken des österreichischen Staatsschiffes nicht ernst genommen. Erst im Herbst 1848 kam den Frankfurtern der furchtbare Ernst des österreichisch-deutschen Dilemmas zu Bewußtsein.

Aber die Vorbehaltserklärung vom April bezeichnet ja nur eine Seite dieses Dilemmas. Die andere Seite – die Nationalitätenfrage und der Fortbestand des dynastischen Staates – trat gleichfalls im April für jeden, der sehen wollte, als ein möglicherweise noch gravierenderes Problem zutage. In Böhmen und Mähren war die von Frankfurt geforderte, von Wien akzeptierte Durchführung der Wahlen zum deutschen Nationalparlament auf den entschiedenen Widerspruch des tschechischen Nationalismus gestoßen.[27] In Prag bildete sich ein Nationalausschuß als eine Art Nebenregierung; er nahm gegen die deutsche Fahne für das Nationalbanner Rot-Weiß Stellung und verfocht aufs nachdrücklichste den Standpunkt, daß die Einbeziehung in einen deutschen Nationalstaat für die Tschechen gleichbedeutend mit dem Verlust der nationalen Identität sein würde.

Der Historiker Franz Palacký, der führende Kopf der tschechischen Bewegung, lehnte am 17. April die Einladung des Frankfurter Fünfziger-Ausschusses ab: Er sei kein Deutscher, sondern »ein Böhme slawischen Stammes«; Palacký betonte die nationale Eigenständigkeit der Tschechen: »Dieses Volk ist nun zwar ein kleines, aber von jeher ein eigentümliches und für sich bestehendes.« Alle weiteren Gedanken seines Briefes sind von daher zu verstehen: die Notwendigkeit der Erhaltung der österreichischen Monarchie, der Grundsatz der Gleichberechtigung aller österreichischen Nationalitäten und Konfessionen, die Warnung vor der Gefahr einer russischen Universalmonarchie, die Empfehlung einer deutschen Republik sowie eines festen Bündnisses und womöglich einer Zollunion zwischen Deutschland und Österreich. Nach Palackýs Brief verschärfte sich der Meinungskampf weiter. Der tschechische Austroslawismus erörterte jetzt Pläne, durch die West- und Südslawen ein neues Österreich zu errichten, falls die Deutsch-Österreicher zugunsten einer großdeutschen Republik den Kaiserthron in Wien stürzen sollten. Der Frankfurter Fünfziger-Ausschuß und später die Nationalversammlung gaben zwar eine Garantie freier Entwicklung für das nichtdeutsche Volkstum ab, aber sie fügten eine scharfe Erklärung hinzu, daß nie ein Fußbreit des deutschen Bundesgebietes aufgegeben werde.

Den Widerhall der Ideen Palackýs und der Agitation des Nationalausschusses zeigte die Tatsache, daß es nur in weniger als einem Drittel der Wahlkreise in Böhmen und Mähren zu Wahlen kam (20 von 68). Nicht ein einziger Tscheche wurde daher in die Paulskirche entsandt, aber auch in vielen gemischtsprachigen Kreisen waren die Wahlen nicht zustande gekommen. Und doch gelang es nicht, für Böhmen und Mähren zu einer weitgehend unabhängigen Nationalregierung zu kommen, ein Ziel, das bis zum Untergang Österreich-Ungarns nicht erreicht wurde. Es kam lediglich zu einer Verschärfung des Gegensatzes zu der deutschen Minorität, die sich jetzt in dem von Ludwig von Löhner gegründeten »Verein der Deutschen in Böhmen, Mähren und Schlesien« zu organisieren begann. Sonst blieben die Dinge noch in der Schwebe.

Während es in Galizien durch die umsichtige Politik des Statthalters Graf Stadion und infolge der noch frischen Erinnerung an die Vorgänge von 1846 gelang, neue Unruhen zu vermeiden, zeichnete sich in Ungarn schon bald nach dem Sturz Metternichs eine immer entschiedenere Haltung gegenüber Wien ab. Daß Wien daraufhin die nationalen Bestrebungen der Kroaten und der Serben förderte, beschleunigte den Ausbruch des offenen Konflikts. Die Ermutigung der kroatischen Nationalbewegung wirkte aber auch auf die slowenischsprechenden Gebiete hinüber, die ja größtenteils zum Deutschen Bund gehörten und also zur Wahl für Frankfurt aufgefordert waren. Sehr rasch bildeten sich auch hier neue nationale Fronten.

Am 16. April wurde in Graz, am 20. April in Wien der nationale Verein »Slovenija« gegründet. Seine Mitglieder wandten sich gegen die Teilnahme am Frankfurter Parlament und schlugen vor, die zersplitterten slowenischen Gebiete in Krain, Kärnten, in der Steiermark und im Küstenland in einem Königreich »Slowenia« zu vereinigen. Dagegen trat der in Laibach geborene Dichter Anastasius Grün in einem Aufruf »An meine slowenischen Brüder« für die Zugehörigkeit aller Teile des alten Bundes zum neuen Reich ein; die Slowenen könnten unter Beibehaltung ihrer angestammten Stellung »in Deutschland« auf den Schutz ihrer nationalen Belange rechnen. Das entsprach der in Frankfurt herrschenden Linie, fand aber unter den Slowenen offensichtlich wenig Echo. In einer Reihe von Wahlbezirken kam es zu Demonstrationen und Tumulten, und nur hier und da konnten die Wahlen abgehalten werden.

Auch in den italienischsprechenden Gebieten der Monarchie brachen nach dem Sturz Metternichs Unruhen aus, in der Lombardei ergriff die Revolution das ganze Land, Radetzky räumte mit der Armee Mailand und zog sich nach Verona zurück. In Mailand wie in Venedig kam es zur Bildung provisorischer Regierungen. Während die Lombardei den Anschluß an das Königreich Piemont-Sardinien beschloß, konstituierte sich Venedig als selbständige Republik unter dem Präsidenten Manin. Die Wiener Regierung war zu Ausgleichsverhandlungen, auch zu Verzichten bereit. Doch erwirkte Fürst Felix Schwarzenberg, den Radetzky nach Innsbruck an den Kaiserhof entsandte, den Beschluß, die Entscheidung in Italien mit den Waffen zu suchen. Damit war nicht nur der Weg zu Radetzkys entscheidendem Sieg von Custozza am 25. Juli frei; es waren auch die Weichen für eine militärisch-dynastische Rekonstruktion des Kaiserstaates gestellt, die das weitere Ringen um die deutsche Frage in eine andere Richtung drängten. Die Versuche, den Aufstand auf Trient auszudehnen, blieben ohne Erfolg, was vielleicht damit zusammenhing, daß die Wahlen für Frankfurt sowohl im Trentino wie in Triest durchgeführt werden konnten. Triest entsandte zwei Deutsche, darunter Karl von Bruck, den späteren Handelsminister des Neoabsolutismus. Aus dem Trentino dagegen wurden Italiener als Delegierte nach Frankfurt geschickt.

Während also das deutsche und europäische Geschick des Kaiserstaates im März und April noch durchaus unentschieden war, vollzog sich in Preußen eine revolutionäre Entwicklung, die den Hohenzollernstaat enger als je zuvor in die allgemeine Bewegung Deutschlands hineinführte. Die Märzrevolution setzte sowohl im Rheinland wie in den östlichen Provinzen mit einer Flut von örtlichen Versammlungen und Petitionen ein. Der liberale Flügel des rheinischen Landtages begnügte sich mit einem auffallend zahmen Programm; es forderte nicht viel mehr als die Reform des »Vereinigten Landtags« durch Erweiterung des Wahlmodus, Kompetenzerweiterung und Umwandlung des Herrenhauses. Erst die Ereignisse in Berlin gaben den Dingen auch im Rheinland eine andere Wendung. König Friedrich Wilhelm IV. zögerte zunächst, der täglich stärker werden-

An meine lieben Berliner!

Durch mein Einberufungs-Patent vom heutigen Tage habt Ihr das Pfand der treuen Gesinnung Eures Königs zu Euch und zum gesammten teutschen Vaterlande empfangen. Noch war der Jubel mit dem unzählige treue Herzen mich begrüßt hatten nicht verhallt, so mischte ein Haufe Ruhestörer aufrührische und freche Forderungen ein und vergrößerte sich in dem Maaße als die Wohlgesinnten sich entfernten. Da ihr ungestühmes Vordringen bis in's Portal des Schlosses mit Recht arge Absichten befürchten ließ und Beleidigungen wider meine tapfern und treuen Soldaten ausgestoßen wurden, mußte der Platz durch Cavallerie **im Schritt** und mit **eingesteckter Waffe** gesäubert werden und 2 Gewehre der Infanterie entluden sich von selbst, Gottlob! ohne irgend Jemand zu treffen. Eine Rotte von Bösewichtern, meist aus Fremden bestehend, die sich seit einer Woche, obgleich aufgesucht, doch zu verbergen gewußt hatten, haben diesen Umstand im Sinne ihrer argen Pläne, durch augenscheinliche Lüge verdreht und die erhitzten Gemüther von Vielen meiner treuen und lieben Berliner mit Rache-Gedanken um vermeintlich vergossenes Blut! erfüllt und sind so die gräulichen Urheber von Blutvergießen geworden. Meine Truppen, Eure Brüder und Landsleute haben erst dann von der Waffe Gebrauch gemacht als sie durch viele Schüsse aus der Königsstraße dazu gezwungen wurden. Das siegreiche Vordringen der Truppen war die nothwendige Folge davon.

An Euch, Einwohner meiner geliebten Vaterstadt ist es jetzt, größerem Unheil vorzubeugen. Erkennt, Euer König und treuster Freund beschwört Euch darum, bei Allem was Euch heilig ist, den unseeligen Irrthum! kehrt zum Frieden zurück, räumt die Barricaden die noch stehen hinweg, und entsendet an mich Männer, voll des ächten alten Berliner Geistes mit Worten wie sie sich Eurem Könige gegenüber geziemen, und ich gebe Euch mein Königliches Wort, daß alle Straßen und Plätze sogleich von den Truppen geräumt werden sollen und die militairische Besetzung nur auf die nothwendigen Gebäude, des Schlosses, des Zeughauses und weniger anderer, und auch da nur auf kurze Zeit beschränkt werden wird. Hört die väterliche Stimme Eures Königs, Bewohner meines treuen und schönen Berlins und vergesset das Geschehene, wie ich es vergessen will und werde in meinem Herzen, um der großen Zukunft Willen, die unter dem Friedens-Seegen Gottes, für Preußen und durch Preußen für Teutschland anbrechen wird.

Eure liebreiche Königinn und wahrhaft treue Mutter und Freundinn, die sehr leidend darniederliegt, vereint ihre innigen, thränenreichen Bitten mit den Meinigen. — Geschrieben in der Nacht vom 18.—19. März 1848.

Friedrich Wilhelm.

Gedruckt in der Deckerschen Geheimen Ober-Hofbuchdruckerei.

den Welle von Petitionen und Volksversammlungen in der Hauptstadt entgegenzukommen und liberale Zugeständnisse zu machen. Die militärische Führung glaubte, durch Besetzung strategisch wichtiger Punkte in Berlin die Lage meistern zu können. Der Bruder des Königs, Prinz Wilhelm, der schon am 9. März mit sehr weitgehenden militärischen Vollmachten in das Rheinland hatte abgehen sollen und als Haupt der reaktionären Partei galt, blieb in Berlin. Die Präsenz der Truppen verschärfte die Lage in der Hauptstadt. In den Versammlungen wurden jetzt offen sozialrevolutionäre Forderungen erhoben, bald kam es zu Zwischenfällen zwischen Militär und Zivilisten. Die Agitation ergriff nun auch Arbeiter und Handwerksgesellen, Kleinbürger und Studenten. Erst nach dem Sturz Metternichs versuchte der König, unter dem Eindruck widersprüchlicher Ratschläge und Nachrichten unsicher geworden, schrittweise auf das liberale Reformprogramm einzuschwenken.

Am 18. März verkündete er die Aufhebung der Zensur, berief den Vereinigten Landtag ein und bekannte sich zur Notwendigkeit einer »konstitutionellen Verfassung« für Deutschland.

Das blieb selbst hinter den gemäßigt liberalen Forderungen zurück, ganz zu schweigen von dem am 17. März auf zahlreichen Versammlungen formulierten Programm der Berliner Bürger, wo es an erster Stelle um die konkrete Situation in der Hauptstadt ging: »Zurückziehung der militärischen Macht, Organisation einer bewaffneten Bürgergarde.«[28] Am Nachmittag des 18. März erschien Friedrich Wilhelm IV. auf dem Balkon des Schlosses. Im Schloßhof waren Truppen aufgestellt; der Schloßplatz war von einer großen Menge erfüllt, der nun der Bürgermeister Naunyn die jüngsten Konzessionen mitteilte. Die Reaktion der Menge war zwiespältig. Der Dank an den König mischte sich mit dem Ruf: »Die Soldaten fort! Das Militär zurück!« Die Truppen erhielten von General von Prittwitz den Befehl, den Schloßplatz von den Demonstranten zu räumen. Zwei Schüsse ungeklärten Ursprungs lösten einen gewalttätigen Zusammenstoß zwischen Militär und Bürgern aus, der dann das Signal zu einem blutigen Straßenkampf in vielen Teilen Berlins wurde.[29] In den erbitterten Barrikadenkämpfen, die sich bis in den Morgen des 19. März hinzogen, vertieften sich nicht nur die Leidenschaften; es erweiterte sich auch der politisch-soziale Konsens der Revolution. Hinzu kam, daß die Rücksichtslosigkeit des Militärs zu einer neuartigen Solidarisierung im Straßenkampf geführt hatte. Der russische Gesandte von Meyendorff, ein unverdächtiger Zeuge, schilderte die Kämpfe: »Der Alexanderplatz war der Zentralpunkt des Aufstandes; dorthin haben die Truppen, im Besitz der Königstraße, niemals vordringen können ... Auf der Barrikade gegenüber dem Schloß wehte die republikanische [schwarz-rot-goldene] Fahne; dort hörte man die Rufe: Nieder mit dem König! Man kann sich nicht verbergen, daß der allergrößte Teil der Bürger an dem Aufstand teilgenommen hat; sogar die Hausbesitzer begünstigten, bevor die Truppen vordrangen, den Barrikadenbau und das Aufreißen des Straßenpflasters; die Pflastersteine wurden von Frauen und kleinen Kindern auf das Dach der Häuser getragen ... Alle Bürger glaubten an den Verrat und verwünschten den König.«[30]

An die Deutsche Nation!

Eine neue glorreiche Geschichte hebt mit dem heutigen Tage für Euch an! Ihr seid fortan wieder eine einige große Nation, stark, frei und mächtig im Herzen von Europa!

Preußens Friedrich Wilhelm IV. hat Sich, im Vertrauen auf Euren heldenmüthigen Beistand und Eure geistige Wiedergeburt, zur Rettung Deutschlands an die Spitze des Gesammt-Vaterlandes gestellt.

Ihr werdet Ihn mit den alten, ehrwürdigen Farben Deutscher Nation noch heute zu Pferde in Eurer Mitte erblicken.

Heil und Segen dem constitutionellen Fürsten, dem Führer des gesammten Deutschen Volkes, dem neuen Könige der freien wiedergeborenen Deutschen Nation!

Berlin, den 21. März 1848.

Im Gegensatz zum österreichischen Kaiser blieb der preußische König in seiner Residenzstadt. Nachdem er den Forderungen der Aufständischen weitgehende Zustimmung versprochen hatte, führte sein Umritt durch die Straßen der Stadt zu Huldigungen.

Straßenplakate aus den Märztagen des Jahres 1848

Die Zahl der Toten betrug über 230. Am Morgen des 19. März ließ der König gegen den Widerspruch der Militärpartei den Kampf einstellen und ordnete den Abzug der Truppen aus Berlin an. Die Revolution hatte gesiegt. Der König selbst stellte sich in seinem sentimentalen Bedürfnis nach Zustimmung zunächst in der Öffentlichkeit ganz auf die Seite der siegreichen Revolution; mit der königlichen Familie nahm er persönlich teil an der Ehrung für die Märzgefallenen auf dem Schloßplatz, entblößte sein Haupt vor den Leichen der Barrikadenkämpfer und wohnte der Übergabe der Schloßwache vom Militär an die Bürgerwehr bei. Am 21. März unternahm er in Begleitung der Prinzen und der neuberufenen

Aber damit war die Revolution in Berlin keineswegs beendet. Der schwankende König hob unter dem Einfluß seiner hochkonservativen Freunde nach und nach die Zugeständnisse wieder auf, und der Generaladjutant des Königs überspielte in einer Art von geheimer Gegenregierung das gemäßigt-liberale Ministerium.

Sturm auf das Berliner Zeughaus am 14. Juni 1848

Minister jenen berühmten Umritt durch Berlin, wobei er nicht nur durch das Tragen der schwarz-rot-goldenen Armbinde, sondern auch durch Ansprachen das neue Programm einer preußischen Politik der nationalen Freiheit und Einheit verkündete. Vor der Universität begrüßte der König die Studenten und Professoren: »Ich trage die Farben, die nicht mein sind, aber ich will keine Krone, keine Herrschaft, ich will Deutschlands Freiheit, Deutschlands Einigkeit, ich will Ordnung, das schwöre ich zu Gott!« Die Studenten jubelten. In der offiziellen Proklamation vom gleichen Tag sagte der König noch mehr: »... Deutschland wird sich Mir mit Vertrauen anschließen ... Preußen geht fortan in Deutschland auf.«[31]

Das klang nach nationalrevolutionärer Politik. Aber diese Wendung des preußischen Königs, der eben vor der Revolution im eigenen Haus kapituliert hatte, wird nur aus dem Zusammenhang der Gesamtsituation nach dem 18. März verständlich. Zwar wurden nun Zug um Zug die üblichen Forderungen des Märzprogramms erfüllt. Auf eine bürokratische Übergangsregierung vom 21. März folgte am 29. März das Camphausen-Hansemann-Kabinett, in dem die Sprecher des großbürgerlichen Vormärz-Liberalismus den Ton angaben. Am 2. April trat der Vereinigte Landtag zusammen, dankte dem König für die Ankündigung einer liberalen Verfassung und beschloß ein demokratisches Wahlrecht für die kommende preußische Nationalversammlung. (Nur zwei Abgeordnete stimmten nicht für den Dank an den König, Bismarck und sein Freund von Thadden-Trieglaff.) Der Frankfurter Wahlaufforderung kam man selbstverständlich nach; am 1. Mai fanden in ganz Preußen die Wahlen zum Frankfurter Parlament und zur preußischen Nationalversammlung statt.

Doch wie in anderen deutschen Staaten entsprach die neue, gemäßigt liberale Regierung keineswegs dem wirklichen Kräfteverhältnis und den Zielen der demokratischen Bewegung, die im März über die alte Macht gesiegt und den Umschwung bewirkt hatte. Die Tendenz des Ministeriums Camphausen-Hansemann ging dahin, die durch die Märzbewegung »erschütterten Grundlagen der Autorität« erst einmal wieder zu festigen und insbesondere die kredit- und finanzpolitische Krise möglichst rasch zu überwinden. Doch

Das Abonnement beträgt: 1½ Rt für ¼ Jahr in Berlin, 2 – – – – incl. Postzuschlag in allen Theilen der Monarchie. Bei einzelnen Nummern wird der Bogen mit 2½ Sgr berechnet. Dies Blatt erscheint täglich mit Ausnahme der Sonn- und Festtage.

Alle Postanstalten nehmen Bestellung auf dieses Blatt an, für Berlin die Expedition der Neuen Preußischen Zeitung: Deßauer-Straße № 5. Insertions-Gebühr für den Raum einer viergespaltenen Petitzeile: 1 Sgr

Neue Preußische Zeitung.

Vorwärts mit Gott für König und Vaterland!

Probenummer 1. Berlin, Freitag, den 16. Juni. 1848.

Programm.

Die reißende Gewalt, mit welcher sich die Revolution in unsrem Vaterlande Bahn gebrochen, die Veränderungen, welche sie uns gebracht hat und mit welchen sie uns noch bedroht, die Lehren, aus welchen dies Alles geboren worden ist, machen es zur unabweislichen Pflicht, den entfesselten Geistern der Empörung mit Kraft und Nachdruck entgegen zu treten. Jedoch hiermit allein, mit dem bloßen Bekämpfen und Bestreiten, ist's nicht gethan, vielmehr gilt es, neben dem Kampf gegen die Revolution und ihre verderblichen Grundsätze und Consequenzen, zugleich eine positive Stellung zu der neuen Ordnung der Dinge einzunehmen; denn nur dem gehört die Zukunft, der auf die bewegenden Gedanken der Gegenwart positiv einzugehen vermag.

In dieser doppelten Richtung auf dem Gebiet der Tagespresse wirksam zu sein, ist Zweck und Aufgabe des unter dem Namen: „Neue Preußische Zeitung" und unter dem Zeichen des eisernen Kreuzes neu zu begründenden Blattes. Wir wollen demnach mit diesem Blatte kein mechanisches Reagiren, kein principloses Restituiren eines früheren Zustandes, kein bloßes Hemmen und Negiren der neuen Entwickelung. Wir wollen aber auch nicht, daß die Revolution, die als Thatsache nicht ungeschehen zu machen ist, sich als Princip unseres öffentlichen Lebens festsetze, daß dem deutschen Volke im Namen der Freiheit und des Fortschritts fremde und undeutsche Institutionen aufgedrungen werden, die uns mit dem Verluste wie der heiligsten sittlichen Güter, so auch der ganzen Summa an Recht, Gesittung und Bildung bedrohen, die ein kostbares Erbe unserer geschichtlichen Vorzeit, der Schmuck und Ruhm unseres deutschen Vaterlandes sind. Diesen Tendenzen und dem zerstörenden Nivellirungstriebe der Zeit gegenüber werden wir die wahren und geschichtlichen Grundlagen uns'res Staats- und Rechtslebens geltend machen. Wir werden das Recht von oben gegen die willkürliche Rechtsbildung von unten nach einem nirgend dargethanen blos vorgeschützten Volkswillen, die Obrigkeit von Gottes Gnaden gegen selbstzusetzende und selbstzuentsetzende Machthaber vertreten, die geltende Rechtsordnung und die dadurch geschützten Interessen gegen offene und versteckte Gewalt, gegen das Andrängen eines alle Ungleichheit nicht aufhebenden, sondern umkehrenden Radicalismus vertheidigen. Zugleich werden wir aber in der neuen Ordnung der Dinge, die wir mit ihren Verheißungen ernst beim Wort nehmen, diejenigen Elemente aufweisen, welche wahre Realität und Inhalt haben, die lebensfähigen Triebe (unter organischer Anknüpfung an das geschichtlich Gegebene) zu positiven Bildungen und wirklichen Lebensmächten zu entwickeln und so

Die in diesen Tagen gegründete »Neue Preußische Zeitung« wurde das Sprachrohr der Ultrakonservativen. Wegen des Eisernen Kreuzes im Zeitungskopf war sie bald allgemein bekannt unter dem Namen »Kreuzzeitung«.

anders als sonstwo in Deutschland war dieser Kompromiß zwischen dem gemäßigt-liberalen Bürgertum und der alten Staatsautorität in Preußen durch das Fortbestehen einer konservativen Fronde, die sich weithin auf die Armee stützen konnte, von Anfang an in Frage gestellt. Die Fronde schien zunächst wenig aussichtsreich. Prinz Wilhelm flüchtete ins Ausland und Bismarcks Vorschläge, mit Hilfe königstreuer Bauern und Offiziere einen royalistischen Putsch anzuzetteln, wurden am Hof verworfen. Aber die Zeit arbeitete für die konservative Fronde. Schon Ende März bildete sich unter der Führung Leopold von Gerlachs, des Generaladjutanten des Königs, eine Art von geheimer Gegenregierung. Im Mai wurde die »Kreuzzeitung« als Organ dieser ultrakonservativen Auffassungen gegründet. Auch lag dem Innenminister von Auerswald nicht daran, die alten Verhältnisse und Mentalitäten in Bürokratie und Armee zu liberalisieren.

In dieser Lage kam viel auf den König an. Schon die Gerlachsche Initiative hatte gezeigt, wie sehr man im internen Kreise mit der Beeinflußbarkeit des Monarchen rechnete. Von großer Bedeutung war, daß Friedrich Wilhelms deutschlandpolitisches Programm, mit dem er im März seine innenpolitische Niederlage gewissermaßen durch eine nationalrevolutionäre Flucht nach vorn wettzumachen versuchte, in der Öffentlichkeit kaum auf ein positives Echo gestoßen war. »Das preußische Königtum hatte mit dem 18. März sein Ansehen vor der Nation verloren; für eine Führungsrolle war es jetzt ohne Legitimation.«[32] Je mehr nun die konservative und militärische Umgebung dem Monarchen einzureden wußte, daß nur ein starkes Preußen in Deutschland Gefolgschaft finden werde, und je weniger die liberale Regierung bereit war, ihre politische Basis nach links zu erweitern, desto ungewisser wurde in Preußen der Fortbestand der revolutionären Gewinne vom März 1848.

In diesen Wochen und Monaten des »Völkerfrühlings« wurde auch Preußen mit dem Nationalismus seiner östlichen Teile konfrontiert. Die Polenfrage wurde rasch zu einem Prüfstein für die deutsche Nationalbewegung und die neue liberale Politik Preußens.[33] Die Sympathien des deutschen Liberalismus galten zunächst fast ungeteilt der polnischen Sache; das Frankfurter Vorparlament bekannte sich ausdrücklich zur Wiedergutmachung des Unrechts der polnischen Teilungen und zur »Wiederherstellung des Polenreiches«. Doch die inneren Widersprüche, die die Polenpolitik des deutschen Liberalismus so nachhaltig belasteten, kamen nicht erst später, sondern schon jetzt zum Vorschein. Das gleiche Vorparlament sprach sich für die Aufnahme von ganz Ost- und Westpreußen in den Deutschen Bund aus, ungeachtet des erheblichen polnischen Bevölkerungsanteils und der Tatsache, daß sowohl Westpreußen wie das Ermland ja gerade durch die polnische Teilung an Preußen gekommen waren. Es ist schwer zu sehen, was das Konzept der deutschen Liberalen auf der einen und der Berliner Regierung auf der anderen Seite war. Bezeichnenderweise nahm die preußische Regierung rasch und durchaus im Sinne der jeweiligen Landtage Ost- und Westpreußen überhaupt aus der Polendebatte heraus und ging so vor, als ob das polnische Problem sich nur auf das Gebiet des Großherzogtums Posen beschränke. Der polenfreundliche, liberale Elan der ersten Stunde fand seinen Niederschlag in der Bereitschaft des Königs, eine »nationale Reorganisation« für Posen anzubahnen. Solche vorübergehenden Anwandlungen waren mit der phantastischen Idee verbunden, England und Frankreich für ein propolnisches Vorgehen gegen Rußland zu gewinnen. Das außenpolitische Manöver scheiterte; in Posen kam es rasch zu Konflikten zwischen dem neugegründeten polnischen Nationalkomitee und dessen militärischen Verbänden und den preußischen Truppen und dem deutschen Bevölkerungsteil. Die preußische Armee zwang schon am 9. Mai die Polen zur Kapitulation. Der Völkerfrühling war schnell an sein Ende gekommen; man ging so weit, die Wahlen zur Frankfurter Nationalversammlung nicht nur in Ost- und Westpreußen, sondern auch in Posen abzuhalten (wo es mit einer Ausnahme nur zur Wahl deutscher Abgeordneter kam). So hinterließ die Bewegung des Frühjahrs dem Frankfurter Parlament auch für das deutsch-polnische Verhältnis wie für das deutsch-dänische und das deutsch-tschechische Problem ein außerordentlich schwieriges Erbe.

Die revolutionären Erhebungen nahmen überall einen anderen Verlauf, hier auf mehr Liberalität im Rahmen des bestehenden Prinzips zielend, dort um eine Verfassung kämpfend, die eine konstitutionelle Monarchie im Auge hatte. Der badische Aufstand ging unter der Führung Heckers und Struves weit über all das hinaus, das Ziel war die Republik.

Friedrich Hecker, 1848

Der Weg vom Frankfurter Vorparlament zu gesamtdeutschen Wahlen und zum Zusammentritt der ersten und einzigen Nationalversammlung des deutschen Volkes am 18. Mai 1848 ist faszinierend; fast alle Fragen der Zukunft brechen hier bereits unvermittelt und gleichzeitig auf. Unter den 574 Abgeordneten des Vorparlaments, die ja nicht gewählt, sondern eingeladen waren, dominierten die

Liberalen. Heinrich von Gagern formulierte ihr Programm: »Freiheit, Volkssouveränität, Monarchie«. Dafür suchten sie den Weg der Vereinbarung mit den alten Gewalten, also mit dem Bundestag und den Einzelregierungen.

Die demokratische Minderheit hatte ganz anderes im Sinn. Struve legte ein radikales Programm vor, das die Aufhebung der erblichen Monarchie wollte, eine föderative Republik nach dem Muster der USA, Abschaffung der stehenden Heere und des Berufsbeamtentums, Trennung von Kirche und Staat, Aufhebung der Klöster.[34] Um den revolutionären Elan nicht erlahmen zu lassen, beantragte Struve, daß das Vorparlament bis zum Zusammentritt der gewählten Nationalversammlung permanent tage und durch einen Exekutivausschuß die »Wiederherstellung Deutschlands« vorbereite. Das alles wurde zwar abgelehnt, doch zeichnete sich bald ein Kompromiß zwischen den Liberalen und den Demokraten ab. Man einigte sich auf eine Beschränkung des Vorparlaments, das lediglich die Vorbereitung des Nationalparlaments übernehmen sollte, auf die Aufnahme Schleswigs und Ost- und Westpreußens in den Bund, auf das allgemeine Wahlrecht für alle »volljährigen, selbständigen Staatsangehörigen« (ohne Festlegung auf direkte und geheime Wahl) und auf die Einsetzung eines permanenten Fünfziger-Ausschusses bis zum Zusammentritt des Parlaments (der zum 1. Mai vorgesehen war). Außerdem verständigte man sich in inhaltlicher Hinsicht auf einen Katalog der Grundrechte, die dem künftigen Parlament zur Beschlußfassung empfohlen wurden.

Ein nächster Streitpunkt wurde die Forderung der Linken nach einer »Reinigung« des Bundestages: Vor jeder weiteren Beschlußfassung müsse der Bundestag alle früheren »verfassungswidrigen« Ausnahmegesetze (seit Karlsbad) aufheben und diejenigen Mitglieder des Bundestages, die am Zustandekommen solcher Gesetze mitgewirkt hatten, ausschließen. Ein solches Vorgehen hätte möglicherweise die Lahmlegung des Bundestags bedeutet und damit die von der liberalen Mehrheit geplante Anknüpfung der Parlamentswahlen und letztlich der Nationalversammlung an die Legalität der bestehenden Bundesverfassung durchkreuzt. Namens der Mehrheit entschärfte Bassermann den radikalen Antrag, indem er die doppelte Forderung aus einer vorweg zu erfüllenden Bedingung in eine Empfehlung verwandelte. Als diese Fassung die Mehrheit fand, versuchte der badische Radikale Friedrich Hecker die Linke zur Obstruktion zu gewinnen. Er verließ mit seinen Anhängern die Versammlung; es folgten ihm aber nur etwa 40 Abgeordnete. So führte dieser Versuch nur zu einer Spaltung innerhalb der demokratischen Minderheit. Daß dies auch generell eine Schwächung der Linken bedeutete, wurde sogleich deutlich, als man den Fünfziger-Ausschuß wählte. Die radikale Linke fiel durch, dadurch verschob sich das Spektrum nach rechts: es reichte im Fünfziger-Ausschuß von Gagern gerade noch bis Robert Blum.

Hecker stürzte sich nun in das Abenteuer, durch einen Aufstand von Südbaden aus, wo er populär war, die Entscheidung für die deutsche Republik zu erzwingen. Tatsächlich wurde in Konstanz eine provisorische republikanische Regierung ausgerufen. An der Spitze seiner Freischaren zog Hecker gegen Freiburg. Von einer Erhebung des Landes konnte aber keine Rede sein. Bei Kandern im

Ein Mitglied des Konstitionellen Klubs erforscht die Stimmung der arbeitenden Klasse.

Verzeichniß der Wahlmänner,

welche in den 5 Urwahl-Bezirken der Vorstadt Au zur Wahl der Abgeordneten für die allgemeine Volks-Vertretung am teutschen Bunde mit absoluter Stimmen-Mehrheit erwählt worden sind.

1. Herr Alexander Moser, rechtsk. Stadtschreiber.
2. „ Dr. Franz X. König, praktischer Arzt.
3. „ Joseph Simmet, Pelzwaarenhändler.
4. „ Joseph Hopf, Magistrats-Offiziant.
5. „ Franz X. Keller, Landarzt.
6. „ Martin Pögl, Tafernwirth.
7. „ Sebastian Witt, Apotheker.
8. „ Johann Köpel, Kupferschmiedmeister.
9. „ Joseph Vitzthum, Schneidermeister.
10. „ Johann Nepomuck Ertl, Zimmermeister.
11. „ van Mecheln, kgl. Landrichter.
12. „ Dr. Fürst, praktischer Arzt.
13. „ Matthäus Kluftinger, Mannheimerkoch.
14. „ von Stegmayr, Leihhausinhaber.
15. „ Jakob Erlinger, Bierwirth.
16. „ Johann Schoder, Schuhmachermeister.
17. „ Leonhard Rippolt, Glasermeister.
18. „ Georg Reis, Schullehrer.
19. „ Sebastian Erhardt, Krämer.
20. „ Michael Wagnmiller, Spießmüller.

Au, den 26. April 1848.

Die Wahl-Commission.

van Mecheln, k. Landrichter. Moser, rechtsk. Stadtschreiber.
Ertl, Magistrats-Rath. Betz, Magistrats-Rath. Köpel, Magistrats-Rath.

Bayerische Wahlmännerliste, 1848

Schwarzwald stießen die bewaffneten Haufen in einer Stärke von etwa 1200 Mann auf die inzwischen mobilisierten badischen und hessischen Truppen. Am 20. April endete Heckers Zug mit einer raschen und kompletten Niederlage. Struve und Hecker konnten im letzten Augenblick fliehen. Ähnlich erging es einer »deutschen Legion«, die aus Paris mit dem Sonderzug nach Straßburg fuhr und über den Rhein nach Baden übersetzte. An ihrer Spitze marschierten Franz Herwegh und seine Frau. Die Legion traf erst nach Heckers Niederlage ein und wurde bei Dossenbach von württembergischen Truppen am 27. April zersprengt; die »zweite Revolution« war zunächst gescheitert.

Der Blick auf die Abhaltung und die Ergebnisse der Wahlen zum Frankfurter Parlament führt tief in die Realität deutschen Lebens hinein. Die Wahlvorschriften, die das Vorparlament vereinbart hatte, wurden am 7. April durch Beschluß des Bundestages für alle deutschen Regierungen für verbindlich erklärt. Für je 50000 Seelen sollte ein Abgeordneter gewählt werden; maßgebend war die Bundesmatrikel.[35] (Angesichts des Bevölkerungszuwachses seit der Matrikel von 1818/19 bedeutete diese Bestimmung, daß tatsächlich etwa 60000 bis 75000 Einwohner auf jeden Abgeordneten kamen.) Das ergab für das Gebiet des Bundes 605 Abgeordnete, dazu kamen 32 für Ost- und Westpreußen und 12 für Posen. Da aber in etwa 70 österreichischen Wahlkreisen nicht gewählt wurde (Böhmen, Mähren, slowenische Gebiete), verminderte sich die tatsächliche Zahl auf rund 580 (mit vier weiteren Abgeordneten für Schleswig).

Die Festlegung des Wahltages und die Entscheidung, ob geheim oder öffentlich, direkt oder indirekt gewählt werden sollte, blieb den einzelnen Bundesstaaten überlassen. Überall galt das Mehrheitswahlrecht. Das hieß, daß die örtlichen Voraussetzungen – Wahlvereine, Komitees und Clubs, aber auch ältere Autoritätsbindungen an Pfarrer, Bürgermeister und sonstige Honoratioren – stark durchschlugen. Um die Korrektheit der wahltechnischen Durchführung wurde meist mit bestem Willen gerungen. In der Regel wurde neben dem Abgeordneten – oft bei der gleichen Versammlung in einem Wirtshaussaal – noch ein Stellvertreter gewählt. Dies Verfahren führte vielfach zu einem Kompromißergebnis: Da es sich ohnehin nirgendwo um streng parteimäßige Gruppierungen im späteren Sinne, sondern um die Wahl von so oder so orientierten Persönlichkeiten handelte, wählte derselbe Wahlkreis häufig als Stellvertreter einen Exponenten der anderen, bei der Hauptwahl nicht zum Zuge gekommenen »Orientierung«.

Während die Allgemeinheit und Gleichheit des Wahlrechts durch die Frankfurter Beschlüsse festgelegt worden war, gab es einen erheblichen Spielraum bei der Auslegung des Begriffs der »Selbständigkeit«. In Bayern galt die Klausel sehr restriktiv; als selbständig wurden nur jene Bürger eingestuft, die direkte Steuern zahlten. Eine Beschwerde aus der Pfalz an den Fünfziger-Ausschuß betonte, daß dadurch mindestens ein Viertel der sonst Wahlberechtigten ausgeschlossen werde. Eine Berechnung der Nürnberger Stadtverwaltung scheint diese Schätzung zu bestätigen: bei 50460 Einwohnern gab es nur 6752 aktiv Wahlberechtigte. In mehreren Staaten, so in Preußen, Österreich, Sachsen, Württemberg wurden ausdrücklich die Armen, das heißt meist die registrierten Empfänger öffent-

Trotz des proklamierten allgemeinen Wahlrechts sorgten die verschiedensten Klauseln der Wahlordnung für eine Begrenzung der effektiven Wahlteilnehmer. Die »Urwähler« zeigen das Gesicht der bürgerlich-handwerklichen Teilnehmer an der Wahl, die den Unterschichten weithin vorenthalten blieb.

Adolf von Menzel, Urwähler, 1849

licher Unterstützung, als »nicht selbständig« ausgeschlossen. Die preußischen Regierungsstatistiken zeigen, wie sich die Selbständigkeitsklausel in der Begrenzung der Wählerschaft auswirkte. Von den 15 Millionen der preußischen Bevölkerung (innerhalb des alten Bundesgebietes) waren rund 4 Millionen männlich und über 20 Jahre alt. Die Zahl der Stimmberechtigten betrug 3 372 977. Es wurden also etwa 600 000 Männer durch die Klausel ausgeschlossen. Dabei brauchte es sich jedoch nicht nur um »Arme« zu handeln; ein anderes häufiges Kriterium der Unselbständigkeit war, ob der Betreffende Kost und Lohn oder Kost und Logis hatte. Mitunter wurde eigener Hausstand gefordert; das Vorliegen eines »Dienstverhältnisses« genügte als Ausschließungsgrund.

Ein weiterer Ausschließungsgrund war für die aktive Wahl die Staatsangehörigkeit; eine einheitliche Staatsbürgerschaft gab es im Deutschen Bund ja nicht. An einigen Stellen wurde diese Vorschrift verschärft in die Bedingung des Bürgerrechts oder der Niederlassung im Wahlkreis. Ein Wiener Mitglied des Fünfziger-Ausschusses, Dr. Schilling, schätzte, daß von den 400 000 Einwohnern der österreichischen Hauptstadt 170 000 von außerhalb zugezogen waren. Er warnte daher, daß die strenge Durchführung des Staatsangehörigkeits- und Niederlassungserfordernisses mehr als 20 Prozent aller Wiener von den Wahlen ausschließen würde.

Das vorliegende Zahlenmaterial zeigt im Durchschnitt einen hohen Prozentsatz der effektiven Wahlteilnehmer, gemessen an den Wahlberechtigten. In Leipzig gab es rund 7 100 Eingetragene (also Wahlberechtigte), davon nahmen 5 593 an den Wahlen teil. In einem Dresdener Distrikt werden 7 000 Wähler und 8 000 Berechtigte genannt. Ein holsteinischer Wahlkreis zählte 7 874 von 19 732, ein württembergischer Kreis 6 891 von 10 665. In Nürnberg gingen von den 6 752 Wahlberechtigten 4 391 zur Wahl. Zeitungsberichte aus Bayern meldeten, daß es Wahlkreise mit einer Wahlbeteiligung von nur einem Viertel oder einem Drittel der Berechtigten gegeben habe. Aus solchen Daten und Schätzungen ergeben sich – bei aller Vorsicht hinsichtlich des unvollständigen und teilweise unsicheren Zahlenmaterials – zwei Dinge, was die Wahlrechtspolitik anlangt. So bestand ohne Zweifel ein Unterschied zwischen der deklamatorischen Betonung des *allgemeinen* Wahlrechts, auf das man sich in

Frankfurt - auch um des liberal-demokratischen Konsenses willen - geeinigt hatte, und den Beschränkungen durch die Selbständigkeits- und Staatsbürgerschaftsklauseln der Wahlordnung, die einer weiterenVerschärfung durch die einzelstaatlichen Ausführungsbestimmungen Tür und Tor öffneten. Die wurde aber anscheinend überwiegend nicht als Manipulation empfunden, da es ein Ausdruck des liberal-besitzbürgerlichen Verständnisses von Gesellschaft und Politik war, was sich ohne wirkungsvollen Widerspruch durchsetzte. Das andere betrifft die Frage nach dem tatsächlichen Wählerverhalten, zunächst in der Beteiligung, dann in der Wahlentscheidung. Ob diese Wahlrechtspolitik über die tatsächliche Ausschließung erheblicher Teile der Unterschichten hinaus auch »zur weitverbreiteten Stimmenthaltung in den unteren Klassen« beitrug, wie Th. S. Hamerow meint[36], dürfte nicht leicht nachweisbar sein. Schon das von Hamerow als eindeutig und klassenspezifisch angesehene Faktum der »Wahlenthaltsamkeit der breiten Masse« scheint der Differenzierung zu bedürfen, gerade wenn man die Zahlen aus Sachsen, wo die Demokratie stark war, betrachtet. Erst recht ist angesichts der Tatsache sehr unterschiedlicher Wahlbeteiligung im Süden und Norden, in Stadt und Land, Vorsicht in der Motivfrage geboten. Gewiß hat es Boykottaufforderungen von Arbeitervereinen gegen das indirekte Wahlrecht gegeben und ohne Zweifel haben auch Armut und Not zu Desinteresse und Wahlenthaltung geführt. Aber die richtige Feststellung, daß die Massen, nachdem die Märzrevolution vorbei war, keine hervortretende Rolle im öffentlichen Leben mehr spielten, erschließt nur *einen* Motivstrang zum Verständnis der Wahlen für das Frankfurter Parlament, ihrer Voraussetzungen und ihrer Ergebnisse.

Die gewählte deutsche Nationalversammlung war mehr als das Professorenparlament, zu dem es die konservative Publizistik gemacht hat. Hier kamen Vertreter aller deutschen Staaten zusammen und wählten den Habsburger Erzherzog Johann zum Reichsverweser. Einen Augenblick schien es, als ob die Einheit der deutschen Nation mit der Freiheit der Bürger vereinbar sein würde.

Am 18. Mai, als endlich das vorgeschriebene Quorum von 350 Abgeordneten in Frankfurt eingetroffen war, trat die Nationalversammlung unter Glockengeläut und Böllerschüssen in der Paulskirche zusammen.[37]

Es dauerte einige Zeit, bis vor allem durch das Entstehen der politischen Klubs eine deutliche politische Parteinahme der meisten Abgeordneten sichtbar wurde. Im großen und ganzen hatten die preußischen Ostprovinzen außer Schlesien und der Provinz Sachsen und den liberalen Städten Königsberg, Stettin und Berlin überwiegend konservative Abgeordnete gewählt. Im Rheinland und in Westfalen hatte die Wählergunst sich auf katholische Kandidaten, auf die bekannten Wortführer des Liberalismus und auf radikale Kandidaten verteilt. Aus den übrigen Teilen Nord- und Mitteldeutschlands wie aus Franken, Württemberg und dem rechtsrheinischen Hessen waren Vertreter des linken und des rechten Liberalismus gekommen. In Sachsen, Rheinhessen, Baden und der Pfalz waren die Demokraten erfolgreich gewesen. Altbayern hatte klerikale, landespatriotische Kandidaten gewählt. Aus Österreich wiederum waren Vertreter aller politischen Farben gekommen: von den klerikal-konservativen Kräften über gemäßigt liberale Großösterreicher zu den bürgerlich-nationalen Liberalen aus Böhmen und Wien bis zu radikal-großdeutschen Demokraten.

Nun kam sehr viel darauf an, wie diese Versammlung deutscher Bildung und deutschen Zukunftswillens sich untereinander und über die Prioritäten deutscher Politik zu verständigen wußte.

3. Paulskirche und neue Zentralgewalt: »Schwatzbude« oder Deutschlands Hoffnung?

Der Auftrag der Nationalversammlung war noch durch den alten Bundestag ausdrücklich festgelegt worden; sie sollte »zwischen den Regierungen und dem Volke das deutsche Verfassungswerk zu Stande bringen«[38]. Dies schien eindeutig, war es aber keineswegs. Nicht nur, daß es zwischen links und rechts, zwischen den unbedingten Vertretern der Volkssouveränität und den Befürwortern einer Vereinbarung mit den einzelstaatlichen Regierungen tiefe Divergenzen gab. Als fast noch komplizierter erwiesen sich die Entscheidungssituationen, die durch die Eigendynamik der Nationalversammlung und ihrer Verfassungsarbeit entstanden: Konnte das deutsche Zentralparlament überhaupt ohne eine Exekutivgewalt bestehen? Und wenn man sich, von links bis rechts, sehr bald von der Notwendigkeit einer provisorischen Zentralgewalt für ganz Deutschland überzeugte – wie sollte diese provisorische Spitze aussehen? Welche Befugnisse sollte sie haben? Angesichts der Ereignisse vom Mai bis zum Herbst 1848 blieb ja die Hauptfrage offen,

	Österreich	Preußen	Provinzen: Preußen	Brandenburg	Pommern	Schlesien	Posen	Sachsen	Westfalen	Rheinprovinz
	1	2	–							
A. Großgrundbesitz										
1. Adlige	3	13	4	2	3	2	2	–	–	–
2. Bürgerliche	3	7	1	1	–	1	–	–	1	3
B. Großbürgertum										
1. Kaufleute	2	3	–	1	–	–	–	1	–	1
2. Fabrikanten	–	2	1	–	–	–	–	–	–	1
C. Intelligenz										
I. beamtete										
1. höh. Staatsbeamte	2	30	8	3	2	2	2	2	5	6
2. Landräte	11	8	3	1	–	–	2	1	1	–
3. Kommunalbeamte	–	3	–	–	1	2	–	–	–	–
4. Richter	6	42	4	6	3	10	1	8	5	5
5. Hochschullehrer	7	15	2	2	1	4	–	1	–	5
6. Lehrer an höh. Sch.	4	11	1	–	4	3	1	1	1	–
7. sonstige Lehrer	–	5	1	2	–	1	–	1	–	–
8. Geistlichkeit, kath.	4	4	1	–	–	1	1	–	1	–
9. Geistlichkeit, ev.	–	5	–	1	–	1	1	1	1	–
II. freie										
1. Dr. jur.	18	–	–	–	–	–	–	–	–	–
2. Advokaten	8	7	1	–	–	–	–	–	–	6
3. Dr. phil.	2	8	–	1	–	–	1	1	2	3
4. Redakteure	2	–	–	–	–	–	–	–	–	–
5. Schriftsteller	3	1	–	1	–	–	–	–	–	–
6. Buchhändler	–	3	–	1	–	1	–	1	–	–
7. Dr.	6	1	–	–	–	–	–	1	–	–
8. Mediziner	8	4	–	–	–	1	1	2	–	–
D. Kleinbürgertum										
I. beamtetes										
1. Staatsbeamte	14	2	–	–	–	2	–	–	–	–
2. Kommunalbeamte	1	2	–	1	–	1	–	–	–	–
3. n. Gerichtsbeamte	5	9	3	2	–	2	–	1	–	1
II. freies										
1. Landwirte	1	1	–	–	–	1	–	–	–	–
2. Kaufleute	2	3	–	–	1	1	–	–	–	1
3. Handwerker	2	–	–	–	–	–	–	–	–	–
E. Militär	3	7	1	2	–	1	–	1	2	–
F. ohne Beruf	4	4	–	–	–	1	–	–	–	3
gesamt	121	200	31	27	15	38	12	23	19	35

Bayern	Königreich Sachsen	Hannover	Württemberg	Baden	Hessen	Kurhessen	Schleswig-Holstein	Mecklenburg	Luxemburg	Nassau	kleine Länder	gesamt
3	4	5	6	7	8	9	10	11	12	13	14	15
4	1	2	1	–	–	–	–	–	1	–	–	25
1	–	–	–	–	1	–	–	–	1	–	–	13
–	1	3	1	1	–	–	–	–	–	–	2	13
1	–	–	1	2	–	1	–	–	–	–	–	7
11	2	3	5	2	2	2	2	–	–	5	7	73
–	1	–	–	–	–	–	–	–	–	–	–	20
1	1	–	–	–	–	1	–	–	–	–	–	6
9	2	6	2	2	1	1	1	1	1	–	4	78
7	3	1	4	2	1	1	4	–	–	–	4	49
2	1	3	6	1	–	1	–	1	–	–	2	32
–	–	–	1	–	–	–	–	1	–	1	1	9
5	–	–	1	1	–	–	–	–	–	–	–	15
1	–	–	–	1	–	–	–	–	–	–	1	8
–	–	2	1	–	1	–	1	2	–	–	–	25
14	6	5	4	6	2	–	2	–	2	–	8	64
–	–	–	–	–	–	1	–	–	–	–	–	11
2	–	–	–	–	–	–	–	–	–	–	–	4
–	1	–	–	–	–	–	–	–	–	–	1	6
–	–	–	–	–	–	–	–	–	–	–	–	3
–	–	–	–	–	1	–	–	1	–	–	2	11
2	–	–	–	–	1	–	–	–	–	–	–	15
2	–	1	–	–	–	–	–	–	–	–	–	19
1	–	–	–	–	–	1	–	–	–	–	–	5
1	2	–	–	–	1	–	–	–	–	–	–	18
1	–	–	–	–	–	–	–	–	–	–	–	3
–	3	–	–	1	–	–	–	–	–	–	4	13
1	–	–	1	–	–	–	–	–	–	–	–	4
–	–	–	–	–	–	1	–	–	–	–	–	11
2	–	–	–	–	–	1	1	–	–	–	1	13
68	24	26	28	19	11	11	11	6	5	6	37	573

Vorangehende Seite:
Soziale Herkunft der Abgeordneten der Deutschen Nationalversammlung

Die Statistik, berechnet nach dem Stand von November 1848, zeigt das eindeutige Vorwiegen des Bildungs- und Besitzbürgertums. Die akademischen Berufe waren sehr hoch repräsentiert, der Adel vergleichsweise niedrig. Kein Arbeiter gehörte dem Parlament an; nur drei Landwirte und vier Handwerker wurden gezählt, was eine auffallende Unterrepräsentation des Kleinbürgertums bedeutete.

wie sich die deutsche Zukunft zwischen Österreich und Preußen entscheidenwürde, wenn diese Frage auch erst vom Herbst an im Bewußtsein der Zeitgenossen alle anderen verfassungs- und gesellschaftspolitischen Probleme der Neugestaltung Deutschlands überschattete. Im Sommer 1848 gab es noch keine offene Polarität von kleindeutsch und großdeutsch; von dem Ausschluß Österreichs wagte damals noch kaum jemand offen zu sprechen, und nur eine kleine Minorität hielt ihn für unvermeidlich. »Die Schaffung eines Reiches, in dem das gesamte Bundesgebiet zu vereinen war, schwebte der Linken wie der Rechten vor Augen, und verschieden war nur das Bild, das die werdenden Parteien sich von dem Wesen und der Bestandesfähigkeit des Kaiserstaates an der Donau machten« (v. Srbik).[39] Erst im nachhinein sind jene nationalen und sozialen Entscheidungsfaktoren deutlich geworden, die schon vor dem Oktober 1848 die späteren Weichenstellungen vorbereiteten.

Der Enthusiasmus, der in Frankreich und in ganz Deutschland die Anfänge der ersten freien Nationalvertretung begleitete, war ungeheuer und gab den Abgeordneten in den ersten Monaten ein außerordentliches Selbstbewußtsein. Was die praktische parlamentarische Arbeit anlangte, so mußte allerdings überall improvisiert werden: hinsichtlich der Geschäftsordnung, des Präsidiums, der Büros und der Ausschüsse. Aber nach dem ersten Durcheinander, wo man Hotelzimmer als Büros nahm, ging es überraschend schnell voran. Heinrich von Gagern wurde zum Präsidenten gewählt. Durch Anwendung des französischen Verfahrens der Aufteilung der Abgeordneten durch Los auf 15 »Abteilungen« konnten rasch Ausschüsse und Kommissionen für die zunächst wichtigen Angelegenheiten gebildet werden: für die Überprüfung der Wahlen, für die Verfassungsfrage, die Priorität der Anträge, die Geschäftsordnung. Die Abgeordneten lernten sich bald kennen, die politischen Grup-

Die Parteien der Frankfurter Nationalversammlung 1848/49

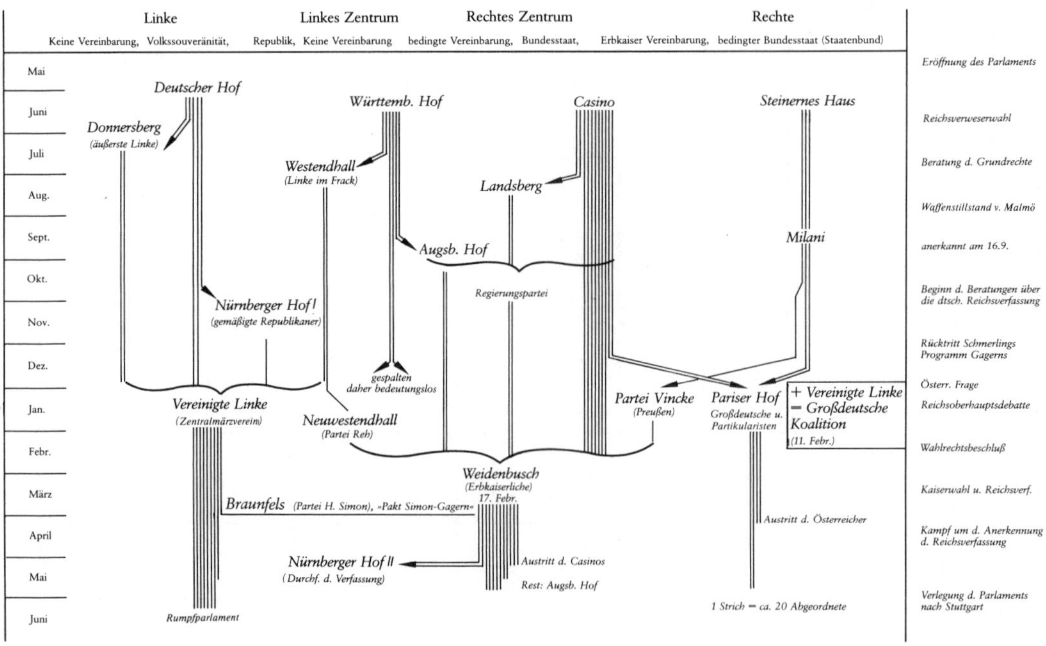

pierungen begannen sich abzuzeichnen, die Bildung von Fraktionen begann.

Die Wahlen hatten die liberale Mitte stark gemacht; die Extreme waren kaum oder gar nicht vertreten. Es fehlten Ultrakonservative ebenso wie sozialistische Abgeordnete. Die Fraktionen wurden in Frankfurt nun meist nach Gasthöfen benannt, in denen sich ihre Mitglieder regelmäßig trafen und wo in vielen Fällen die eigentliche programmatische und parteitaktische Arbeit und Instruktion stattfand. Aber auch die persönlichen Kontakte im Rahmen des geselligen Lebens im gastlichen Frankfurt spielten eine Rolle. Eine erhebliche Anzahl von Abgeordneten blieb außerhalb der festen fraktionellen Zusammenschlüsse oder wechselte ihre Zugehörigkeit. Daß die Fraktionszentren nicht statisch blieben, sondern sich verschoben, spalteten und neu zusammenfanden, gehört zu den wichtigsten Vorgängen der parlamentarischen Bühne in Frankfurt neben den folgenreichen Entwicklungen auf dem Felde der Organisation überregionaler »Parteien«.[40]

Die Konservativen hatten ihren Mittelpunkt im Café Milani (anfangs im »Steinernen Haus«). Sie traten für eine föderalistische Verfassung und für eine starke Stellung der Einzelstaaten ein. Es gab einen protestantischen und einen katholischen Flügel; die großdeutsche Orientierung herrschte vor. Eine selbständige »katholische Fraktion« bildete sich nicht, obwohl Versuche in dieser Richtung unternommen wurden; die Mehrheit der dezidiert katholischen Abgeordneten stand zwar rechts, aber ein parteibildendes Vorwiegen der kirchlich-politischen Gesichtspunkte im Sinne des späteren »Zentrums« gab es noch nicht.[41] Statt dessen existierte seit dem Juni ein von Radowitz geleiteter »Katholischer Verein«, in dem sich Abgeordnete unterschiedlicher politischer Orientierung zur Beratung gemeinsamer kirchenpolitischer Interessen und Stellungnahmen zusammenfanden. Die starke liberale Mitte war in zwei beziehungsweise vier (dann fünf) Fraktionen geteilt. Das »Rechte Zentrum« mit etwa 120 Abgeordneten traf sich im »Casino«. Das war die Partei Heinrich von Gagerns, der prominenten norddeutschen Professoren und vieler Vertreter des Großbürgertums, die für eine starke monarchische Gewalt eintraten und von Anfang an mehrheitlich eine kleindeutsch-preußische Orientierung hatten. Das »Linke Zentrum« im »Württemberger Hof« wollte eine parlamentarische Monarchie. Die Süd- und Westdeutschen dominierten. Die Majorität war - spiegelbildlich zur »Casino«-Partei - großdeutsch gesinnt. Die Fraktion »Landsberg« war eine liberale Abspaltung mit mittlerer Tendenz, antipolnisch im Sinne nationaler Machtentfaltung. Die »Westendhall« tendierte weiter nach links (»Linke im Frack«), der »Augsburger Hof« spaltete sich erst im September vom »Württemberger Hof« ab; seine Mitglieder traten damals für den Waffenstillstand in Malmö, also für die Reichsregierung, ein. Insgesamt zählten zum linken Zentrum etwa 100 Abgeordnete.

Die Linke teilte sich von Anfang an in zwei Hauptgruppen; beide waren großdeutsch im Sinne eines nationalen Unitarismus. Das Bekenntnis zur Republik wurde mit unterschiedlicher Deutlichkeit formuliert. Die Radikalen, nach ihrem Lokal »Donnersberg« genannt, konnten auf etwa 40 Abgeordnete rechnen, die vor allem aus Südwestdeutschland und Sachsen kamen. Hecker und auch Struve durften nach ihren Putschversuchen ihre Parlamentssitze nicht mehr einnehmen. Arnold Ruge, Julius Fröbel und andere Wortführer der Gruppe traten zwar für eine radikaldemokratische Umgestaltung der politischen und sozialen Verhältnisse ein, doch waren sie nicht durchweg Anhänger der »unbedingten Revolution«. Zutreffender ist die Charakteristik Karl-Georg Fabers: »Strikte Durchführung der Volkssouveränität in einer deutschen Republik bei Tolerierung der Einzelstaaten, Ablehnung des Vereinbarungsprinzips, demokratische Rechtsgleichheit, besonders in der Gestaltung des Wahlrechts, das waren Ziele, die der Donnersberg notfalls auch durch eine neue Revolution durchzusetzen bereit war.«[42]

Zur gemäßigten Linken im »Deutschen Hof« zählten wechselnd 60 bis 100 Abgeordnete. Die wichtigste Rolle spielten hier Robert Blum und »Altdemokraten« wie der Badener von Itzstein und der aus der Pariser Emigration zurückgekehrte Kölner Venedey. Sie alle traten für das Einkammersystem und das allgemeine Wahlrecht ein; in der Frage Republik oder Monarchie waren Kompromisse nach der Seite des Zentrums hin nicht ausgeschlossen. Etwa 150 Abgeordnete galten als fraktionslose »Wilde«; da überdies die Stellungnahme der einzelnen Fraktionen auf den verschiedenen Ebenen von Verfassung, Staatsspitze (Preußen–Österreich), Gesellschafts- und Nationalpolitik (Polen, Dänemark, Italien, Böhmen) nicht blockartig fixiert war, ergaben sich ständig Überschneidungen, was den dynamischen und überraschungsreichen Verlauf der Frankfurter Parlamentspolitik ausmachte.

Der Reichsverweser Erzherzog Johann, der jüngste Bruder Kaiser Franz' I., scheint sich als eine Art Volkskaiser eines vereinigten deutsch-österreichischen Reiches gesehen zu haben. Aber der greise Habsburger war ein Herrscher ohne Macht, und die Realität der deutschen Einzelstaaten holte ihn bald ein. Sein Einzug in Frankfurt am Main sollte sein einziger Triumph sein.

Als erstes wurde die Frage einer provisorischen Zentralgewalt entschieden. Am 28. Juni wählte auf Vorschlag Heinrich von Gagerns eine Mehrheit von 436 gegen nur 112 Abgeordnete den österreichischen Erzherzog Johann, den jüngsten Bruder des letzten deutschen Kaisers Franz I., zum Reichsverweser. Der Erzherzog nahm ohne Zögern an und akzeptierte auch ohne Bedenken den weiten, verfassungsrechtlichen Rahmen, den das Reichsgesetz »über die Einführung einer provisorischen Zentralgewalt für Deutschland« bot: Zuständigkeit für alle gemeinsamen Angelegenheiten der deutschen Nation; vollziehende Gewalt »in allen Angelegenheiten, welche die allgemeine Sicherheit und Wohlfahrt des deutschen Bundesstaates betreffen«; militärischen Oberbefehl, völkerrechtliche Vertretung Deutschlands.[43] Johann berief sogleich, wie das Gesetz es vorsah, ein Reichsministerium, das sich aus Persönlichkeiten zusammensetzte, die überwiegend großdeutsch orientiert waren. Ministerpräsident wurde Fürst Leiningen, Innenminister der Österreicher Anton von Schmerling. Preußen war nur durch den Kriegsminister, General von Peucker, vertreten. Zugleich beschloß der Bundestag, der ja bis dahin noch weiter bestand, namens der deutschen Regierungen alle seine verfassungsmäßigen Rechte an die provisorische Zentralgewalt, insbesondere in die Hände des Reichsverwesers zu übergeben. Der Bundestag sprach die Erwartung aus, daß »für die Einheit, die Macht und die Freiheit Deutschlands Großes und Erfolgreiches erzielt« werde, und erklärte hiermit seine bisherige Tätigkeit für beendet.[44] Was war geschehen? Was sollte das alles bedeuten und bewirken?

Die Schaffung dieser Art von Zentralgewalt und die Wahl des Erzherzogs zum Reichsverweser waren das Ergebnis eines parlamentarischen Kompromisses, der von einer Mitte-Rechts-Gruppierung mit einiger Stimmhilfe von links getragen wurde. Aus den schwierigen Grundsatzfragen – von Volkssouveränität oder Vereinbarungsprinzip, von mehrköpfigem Direktorium oder provisorischem Präsidentenamt, von Fortschreibung der Legalität des alten Bundestages und neuer, revolutionärer Legitimität der Nationalversammlung – hatte Gagern einen Ausweg gefunden, der breite Zustimmung fand. Gagern hatte die Rechte mit Teilen des konservativen Programms, die Linke mit Stücken aus dem radikalen Wunschkatalog gewonnen. Rechts stimmte man für den Reichsverweser, weil er Erzherzog war; links, obwohl er es war. Rechts sah man durch den Habsburger das Vereinbarungsprinzip mit den Regierungen gewährleistet, links war man froh, nun den alten Bundestag los zu sein, und rechnete mit der Möglichkeit der Mediatisierung der Einzelstaaten durch eine einheitliche Spitze des Reiches. Die Freunde Preußens sahen in dem habsburgischen Provisorium das Vorspiel zu

»Reichsvermoderer« soll Kaiser Franz Joseph seinen Onkel geringschätzig tituliert haben, der als Kompromißkandidat zwischen Liberalen und Konservativen aus dem Streit um die zukünftige Spitze des Reiches hervorging und im Sommer 1848 feierlich als Reichsverweser in Frankfurt am Main einzog.

An das deutsche Volk.

Deutsche! Eure in Frankfurt versammelten Vertreter haben mich zum deutschen Reichsverweser erwählt.

Unter dem Zurufe des Vertrauens, unter den Grüßen voll Herzlichkeit, die mich überall empfingen, und die mich rubrten, ubernahm ich die Leitung der provisorischen Centralgewalt für unser Vaterland.

Deutsche! nach Jahren des Druckes wird Euch die Freiheit voll und unverkurzt. Ihr verdient sie, denn Ihr habt sie muthig und beharrlich erstrebt. Sie wird Euch nimmer entzogen, denn Ihr werdet wissen sie zu wahren.

Eure Vertreter werden das Verfassungswerk fur Deutschland vollenden. Erwartet es mit Vertrauen. Der Bau will mit Ernst, mit Besonnenheit, mit ächter Vaterlandsliebe gefuhrt werden. Dann aber wird er dauern, fest wie Eure Berge.

Deutsche! Unser Vaterland hat ernste Prufungen zu bestehen. Sie werden überwunden werden. Eure Straßen, Eure Strome werden sich wieder beleben, Euer Fleiß wird Arbeit finden, Euer Wohlstand wird sich heben, wenn Ihr vertrauet Euren Vertreten, wenn Ihr mir vertraut, den Ihr gewählt, um mit Euch Deutschland einig, frei und mächtig zu machen.

Aber vergeßt nicht, daß die Freiheit nur unter dem Schirme der Ordnung und Gesetzlichkeit wurzelt. Wirkt mit mir dahin, daß diese zurückkehren, wo sie gestört wurden. Dem verbrecherischen Treiben und der Zügellosigkeit werde ich mit dem vollen Gewichte der Gesetze entgegentreten. Der deutsche Bürger muß geschützt seyn gegen jede strafbare That.

Deutsche! Laßt mich hoffen, daß sich Deutschland eines ungestörten Friedens erfreuen werde. Ihn zu erhalten ist meine heiligste Pflicht.

Sollte aber die deutsche Ehre, das deutsche Recht gefährdet werden, dann wird das tapfere deutsche Heer für das Vaterland zu kämpfen und zu siegen wissen.

Frankfurt am Main, den 15. Juli 1848.

Der Reichsverweser
Erzherzog Johann.

Die Reichsminister
Schmerling. Peucker. Heckscher.

einem hohenzollerischen Definitivum, die Freunde Österreichs bewerteten die Wahl Johanns als Vorentscheidung für die definitive habsburgische Führung, wenn nicht sogar für ein erneuertes habsburgisches Kaisertum in Deutschland. Die tiefe Problematik dieser Lösung, die uns heute deutlich ist, blieb im Jubel des Tages zunächst fast unbemerkt. Auch die Konservativen hatten sich ja plötzlich auf nationalrevolutionären Boden begeben; die Schaffung einer deutschen Zentralgewalt ging über den ursprünglichen Auftrag des Parlaments ebenso hinaus wie die Selbstabschaffung des Bundestags. Die ausdrückliche Bezeichnung Deutschlands als eines »Bundesstaates« durch Reichsgesetz war die Vorwegnahme einer Verfassungsentscheidung, die ja durch die Nationalversammlung erst zu treffen war. (Auf den österreichischen Vorbehalt vom April hatte man offenbar gar nicht geachtet.) Dabei waren alle eigentlichen Entscheidungsfragen hinsichtlich der staatlichen Zukunft Deutschlands nur verdeckt und hinausgeschoben. Der kurzfristige und sentimentale Kompromiß verschärfte nur den künftigen Dissens zwischen links und rechts wie zwischen Österreich und Preußen.

Wer war Erzherzog Johann?[45] Was wollte und was konnte er in Deutschland und in Österreich tun? Der Habsburger war weder ein Falschspieler, der seine konservativen Verwandten und Freunde egoistisch betrog, noch paßt auf ihn die landläufige Schablone des milden, volkstümlich-liberalen Grandseigneurs. Er war 1782 geboren, hatte alle Peripetien und Enttäuschungen der deutschen und österreichischen Geschichte seit Napoleon durchlebt, hatte schließlich in der Steiermark, aus Wien verbannt, ein alpenländisches und fortschrittliches Biedermeier-Land aufgebaut. Als man ihn an die Spitze des neuen Reiches berief, ging ihm der Ruf von Liberalität und deutscher Gesinnung voraus, dazu besaß er Erfahrung und Ansehen im Kreise der Fürsten und bei der Bevölkerung. Zwar war Erzherzog Johann alt, aber das Alter hatte seinen Ehrgeiz nach soviel Jahrzehnten der Zurücksetzung nicht gebrochen. Zwei Wochen vor der Wahl zum Reichsverweser hatte er in Österreich erreicht, als Vertreter des Kaisers, der noch immer in Innsbruck weilte, nach Wien entsandt zu werden. Johann zögerte nicht, die österreichische und die deutsche Reichsverweserschaft zu verbinden; in seiner Proklamation vom 6. Juli sprach er die Hoffnung aus, erfolgreicher wirken zu können, »indem ich beide gleich wichtigen und innig verbundenen Sendungen annehme«[46].

Vieles spricht dafür, daß Erzherzog Johann sich als künftiger Volkskaiser eines neuen deutsch-österreichischen Imperiums sah. Doch schon die Verbindung des Wiener mit dem Frankfurter Auftrag gelang nicht. Die Nationalversammlung nach Wien oder wenigstens nach Regensburg oder Linz zu verlegen war unmöglich. Der Erzherzog entschied sich für Frankfurt, das ihn mit patriotischem Jubel begrüßte. Der greise Habsburger wurde zeitweilig zur Symbolfigur deutscher Hoffnungen von ganz rechts bis halb links. Eine energische Politik nationaler Integration hat er nicht versucht. Je schwieriger sich die Aufgaben einer gesamtdeutschen Verwirklichung und Sicherung der Errungenschaften und Hoffnungen des März 1848 gestalteten, desto mehr blockierten Amt und Person Johanns alternative Entscheidungsprozesse (wohin auch immer sie geführt hätten). Zuletzt war er nicht viel mehr als ein Platzhalter der österreichischen Interessen in Frankfurt; damit ging mehr als ein steirischer Jodlertraum zu Ende.

Noch war es nicht soweit. Noch standen die einzelstaatlichen Regierungen unter dem frischen Eindruck der Ereignisse des März und April; noch konnte die Durchsetzung der neuen Zentralgewalt, gerade wenn sie sich in der Gestalt des Erzherzogs und in einer gemäßigt liberalen Richtung präsentierte, gegenüber den Einzelstaaten Chancen haben. Nicht zufällig betraf die erste Kraftprobe die militärische Kommandofrage, denn hier stellte sich das Problem der einzelstaatlichen Unterordnung unter das neue Ganze in einer konkreten, ja geradezu symbolträchtigen Form. Der Reichskriegsminister, der preußische General von Peucker, richtete an die Kriegsminister der deutschen Staaten die Aufforderung, am Sonntag, den 6. August, in allen Garnisonen eine Parade zu veranstalten, die Proklamation des Reichsverwesers an das deutsche Volk zu verlesen und dem Reichsverweser als neuem Inhaber der »Oberleitung« über alle Bundestruppen durch ein dreimaliges Hoch die öffentliche Huldigung zu erweisen.[47] Bezeichnenderweise hatte in den Frankfurter Vorverhandlungen die Linke statt dieser Huldigung die förmliche Vereidigung aller Truppen auf den Reichsverweser gefordert. Aber auch in der abgeschwächten Form wurde der Huldigungserlaß zu einem ersten, richtungweisenden Mißerfolg. Zwar führten die Kleinstaaten und ein Teil der Mittelstaaten den Erlaß durch, doch Hannover ließ die Parade wegen Schlechtwetter ausfallen, Bayern verwässerte freundlich, indem das Hoch auf den Reichsverweser mit einem Hoch auf den König und einem Hoch auf das deutsche Volk entschärft wurde. Entscheidend wurde die strikte Ablehnung durch Preußen und Österreich. Noch schlimmer wirkte sich aus, daß Erzherzog Johann selbst von dem Vorgehen seines Ministers abrückte, woraufhin sowohl das Ministerium wie das Parlament einlenkten. Die Berliner Militärpartei, die eine Mediatisierung der preußischen Armee fürchtete, brandmarkte das Vorgehen der Zentralgewalt in einer anonymen Flugschrift als umstürzlerische »Ignoranz oder Perfidie«. Die Schrift, deren Autorschaft auch dem Prinzen Wilhelm zugeschrieben wurde, markierte für Preußen das deutliche Einsetzen der Gegenrevolution.

Als nächstes ging es um den Geschäftsverkehr der Zentralregierung mit den Einzelstaaten. Auch hier liefen die Dinge sehr rasch anders, als die Frankfurter Regierung es gefordert hatte. Nach der Abschaffung des Bundestages wurde die Vertretung der Einzelstaaten bei der neuen Reichsregierung durch sogenannte Landesbevollmächtigte wahrgenommen; es konnte als bloße Formfrage gelten, ob die Zentrale nun direkt mit den Regierungen verhandelte oder über die jeweiligen Frankfurter Bevollmächtigten. Auch hier wich die Reichsregierung bald vorsichtig zurück, als vor allem von Preußen verlangt wurde, daß der Geschäftsverkehr nur über den Bevollmächtigten abgewickelt werde. In der Frage der zentralen Gesetzgebung und der Schaffung eines Reichsgesetzblattes verfuhr man in Frankfurt daraufhin von Anfang an sehr vorsichtig, um die Gefahr eines Bruches mit den Landesregierungen zu vermeiden. Im Ministerium hatten Leiningen, der Justizminister Mohl und der Außenminister Heckscher für ein entschiedenes Vorgehen plädiert: Ein möglicher Widerstand der Landesregierungen müsse gebrochen werden, für die Zentralgewalt gehe es um eine Existenzfrage. Man einigte sich aber auf einen Kompromiß, der das festgehaltene Prinzip des Vorrangs der Reichsgesetzgebung recht schonend umschrieb und in der Praxis denn auch kaum wirksam wurde. So konnten sich die Hauptstützen der Einzelstaaten, Militär und Bürokratie, mit Erfolg jeder weitergreifenden Einmischung der Zentrale entziehen.

Spektakulärer – und dem Ansehen der Zentralgewalt und der Sache der deutschen Einheit überaus abträglich – waren die Mißerfolge hinsichtlich der völkerrechtlichen Anerkennung. Hier ging es ja nicht nur um die Frage der Anerkennung der neuen Nationalregierung und damit der Ablösung der einzelstaatlichen Diplomatie. Die Auseinandersetzungen spiegelten die Interessenlagen und Machtpositionen der europäischen Mächte gegenüber der deutschen Revolution. Rußland stand der Bewegung von Anfang an mit großem Mißtrauen gegenüber; für Zar Nikolaus I. deckte sich die russische Staatsräson mit seiner persönlichen Grundeinstellung: Es sollte keinen nationalen Einheitsstaat in der Mitte Europas (der ja auch die polnische Bewegung gefördert hätte) geben, vielmehr sollte der konservative Partikularismus aufrechterhalten bleiben, auf den sich der dynastisch-politische Einfluß des Zarismus stützte. Deshalb mußte ein Bündnis Friedrich Wilhelms IV. mit der Nationalbewegung verhindert, die Gegenrevolution in Preußen und Österreich gefördert werden, und Dänemark war im Konflikt um Schleswig-Holstein zu unterstützen.

Die Frage eines Krieges gegen Rußland zur Sicherung der deutschen Freiheit ist im linken Lager 1848 vielfach diskutiert worden, aber sie blieb natürlich ganz spekulativ (mit welchen Heeren wollte man kämpfen?) ebenso wie die nachträglich von manchen Historikern vertretene Meinung, eine Selbstbehauptung der Revolution in Deutschland wäre 1849 nur um den Preis eines Krieges gegen den Zaren möglich gewesen. Was die Frankfurter Reichsregierung anging, so hat sie selbstverständlich beabsichtigt, auch mit St. Petersburg offizielle Beziehungen aufzunehmen. Die Instruktionen für den als Gesandten vorgesehenen General Hans von Auerswald waren schon fertiggestellt; als die russische Seite abwinkte, wurde wenigstens eine offiziöse Anknüpfung versucht. Auch dies scheiterte, da St. Petersburg verlangte, die Übernahme der gesamtdeutschen Funktionen durch die Zentralgewalt müsse zuvor durch die beim Zarenhof vertretenen deutschen Regierungen angezeigt werden. Der Reichsaußenminister wandte sich an diese Regierungen, aber die Sache kam nicht weiter.

Doch nicht nur im Falle St. Petersburgs, auch durch Frankreich und England kam es nicht zu einer völkerrechtlichen Anerkennung. Von der französischen Republik hatten sich vor allem die Demokraten Zustimmung und Solidarität für die Neugestaltung Deutschlands erhofft. Der liberale bayerische Abgeordnete Friedrich von Raumer wurde vom Reichsministerium nach Paris entsandt, um die Anerkennung zu erwirken, aber Raumer wurde hingehalten, schließlich abgewiesen. In Paris hatte sich seit dem Juliputsch ein Umschwung in der außenpolitischen Orientierung vollzogen; statt auf die freiheitliche Solidarität des »Völkerfrühlings« setzte man auf die Aufrechterhaltung des deutschen Partikularismus. Dementsprechend berief die Pariser Regierung auch den bereits als offiziösen Vertreter nach Frankfurt entsandten Savoye – einen gebürtigen Pfälzer, der nach dem Scheitern der Hambacher Bewegung 1832 nach Frankreich emigriert war, – wieder ab, da er noch an der liberalen Politik eines *pacte fraternel* der beiden Völker festhielt. Wenig später erklärte der französische Außenminister Jules Bastide dem preußischen Gesandten ganz offen seine Bundesgenossenschaft im Kampf gegen Frankfurt: »Wir werden den Triumph der demokratischen und unitarischen Tendenzen in Deutschland bekämpfen; wir werden durch unsere moralische Stütze die deutschen Fürsten halten; und deshalb werden wir auch keinen Gesandten der Zentralgewalt amtlich empfangen.«[48]

Womöglich noch enttäuschender verliefen die Verhandlungen mit England. Die starke liberale Mitte der Nationalversammlung rechnete fest mit der englischen Unterstützung, um so mehr als der Ministerpräsident der Reichsregierung, Fürst Leiningen, ein Halbbruder der Königin Victoria war und dem liberalen Kreis um den Prinzgemahl Albert von Coburg nahestand. Frankfurt entsandte den liberalen österreichischen Abgeordneten Baron Andrian als persönlichen Beauftragten nach London; seine Instruktion betonte den »rechtmäßigen und friedlichen Charakter« der deutschen Einheitsbestrebungen und leitete daraus das Verlangen nach offizieller Anerkennung ab: »Die hohe Bedeutung der ersten Gesandtschaft des Reichsverwesers liegt in der Einführung der deutschen Nation als einer Einheit in den Kreis der europäischen Mächte.«[49] Andrian wurde am Hof und von der Regierung freundlich und mit Sympathie empfangen. Die völkerrechtliche Anerkennung wurde aber nicht ausgesprochen. Lord Palmerston begründete das mit dem provisorischen Charakter der Frankfurter Ordnung. Er erklärte sich zu offiziösen Beziehungen bereit und schickte, im Austausch zu Andrian, Lord Cowley als »nichtamtlichen« Vertreter Englands nach Frankfurt. Cowley, ein Neffe Wellingtons, war ein ausgezeichneter Diplomat, der die Frankfurter Szene scharfsinnig beobachtete und auch von der Zentralgewalt als Berater geschätzt wurde. Daß sich das Verhältnis zwischen England und der Zentralgewalt sehr bald aufgrund der schleswig-holsteinischen Frage und anderer Faktoren nicht im Sinne einer offiziellen Anerkennung entwickelte, war nicht seine Schuld.[50]

Die Mißerfolge gegenüber den Hauptmächten Rußland, Frankreich und England konnten nicht dadurch ausgeglichen werden, daß eine Reihe kleinerer europäischer Staaten (Schweden, Schweiz, Niederlande, Belgien, Sardinien, Neapel, Griechenland) und die Vereinigten Staaten die Anerkennung vollzogen. Diese Entwicklung ermutigte vielmehr die deutschen Einzelstaaten, auf ihren eigenen diplomatischen Vertretungen zu beharren. Erzherzog Johann hatte im Juli dem König von Württemberg geklagt: »Ich bin in der Lage eines Kutschers, der den Weg kennt, aber nicht die Pferde, die er führt.« Vermutlich war schon damals die Lage wesentlich kritischer. Konnte man denn, um im Bilde zu bleiben, sagen, daß die deutsche Zentralgewalt jemals über eine Kutsche verfügt hätte? Sie hatte keine eigene Exekutive und keine eigenen Finanzquellen (die Matrikularbeiträge der Einzelstaaten für die Kosten der Reichsregierung und der Nationalversammlung liefen unregelmäßig und mangelhaft ein). Die militärische Befehlsgewalt gegenüber den Bundestruppen konnte sie niemals durchsetzen und mit ihrem prinzipiell übergeordneten Gesetzgebungsrecht mußte sie sehr vorsichtig lavieren. Sie wurde von den europäischen Großmächten nicht anerkannt und konnte dementsprechend das erklärte Monopol der völkerrechtlichen Vertretung Deutschlands weder nach innen noch nach außen durchsetzen. Sie hatte es mit einer Nationalversammlung voll unausgetragener Gegensätze zu tun, mit einer deutschen Öffentlichkeit voll schärfer werdender Parteinahme und Konfrontation und mit der raschen Erholung des erschütterten einzelstaatlichen Selbstbewußtseins, besonders in Preußen und Österreich.

Die Zeit arbeitete gegen die Zentralgewalt. Wer arbeitete für sie?

№ 10. Sonntag, den 9. Juli. 1848.

Kladderadatsch.

Wochenkalender.

Montag den 10. Juni.
Erzherzog Johann: Reichsverweser! Das Vaterland ist gerettet!

Dienstag den 11. Juni.
Deutschland einig. Freiheit, Gleichheit, Brüderlichkeit in allen Gauen. Der Schriftsteller Saphir in Wien geht mit dem Kaiser Ferdinand auf Duz-Comment ein.

Mittwoch den 12. Juni.
Friede und Eintracht. Der Patrioten-Verein in Berlin giebt den Studenten Schlöffel und Monecke ein solennes Festessen. Cohnheim vom Preußen-Club mit Fackelzug eingeholt.

Wochenkalender.

Donnerstag den 13. Juli.
Jeder Religionshaß geschwunden. Der Prediger Ulich tanzt mit dem Prediger Sido auf öffentlichem Markte Polka, und der Israelite Meyerbeer macht Musik dazu.

Freitag den 14. Juli.
Jede Ungleichheit des Besitzes aufgehoben. Der Banquier Rothschild leiht sich bei dem Proletarier Reich 5 Sgr., verspielt sie unter den Zelten, und wird herumgeprügelt.

Sonnabend den 15. Juli.
Die Brüderlichkeit hat den höchsten Gipfel erreicht. Der Professor Lachmann sagt zu dem Schriftsteller Held: „Bruder, heut bekneipen wir uns!

Kladderadatsch.

Organ für und von Bummler.

Dieses Blatt erscheint täglich mit Ausnahme der Wochentage für den Preis von 1½ Sgr. Es kann jeden Sonnabend von fünf Uhr ab aus sämmtlichen Buchhandlungen abgeholt werden. Abonnements für 13 Nummern vierteljährlich werden mit 17½ Sgr in allen Buchhandlungen und bei den Königl. Postämtern angenommen. **(Für die Monate Mai, Juni wird das Blatt mit 13½ Sgr. für 9 Nummern von den Königl. Postämtern geliefert.)** — Beiträge erbittet unter Adresse der Verlagshandlung

Die Redaktion.

Es war erstaunlich, wie sich in diesen Monaten Deutschland mit einem ganzen Netz politischer Organisation und Publizistik überzog, das die Parteipositionen und Kräfteverhältnisse im Paulskirchenparlament widerspiegelte, abwandelte und auf Frankfurt zurückwirkte. Nachdem der Pegel der staatlichen Gewalt im März so plötzlich und tief gefallen war, regten sich, wie noch nie in Deutschland, allerorts Kräfte und Ideen, die zu neuen Ufern strebten. Der explosionsartige, bizarre und vielfach in keine feste politisch-soziale Schablone passende Charakter der Bewegung dieser ersten Monate zeigt sich auch in der plötzlichen Hochflut von satirischen Blättern. Am 7. Mai 1848 erscheint in Berlin die erste Nummer des Kladderadatsch, des »Organes von und für Bummler«. »Die Zeit ist umgefallen! Der Geist hat der Form ein Bein gestellt! ... Fürsten sind gestürzt, Throne gefallen - Schlösser geschleift - Weiber verheert - Länder gemißbraucht - Juden geschändet - Jungfrauen geplündert - Barrikaden verhöhnt - Kladderadatsch!«

Für den Moment war alle staatliche Repression weggefallen; das ließ eine breite Skala gesellschaftlicher Kräfte hochkommen. Zurückgekehrte Emigranten wie Julius Fröbel, Arnold Ruge, Jacob Venedey, Karl Marx und viele andere, aber auch Veteranen der Freiheitskriege und der Burschenschaft wie Ernst Moritz Arndt und der Turnvater Jahn, die nun die Gloriole der erduldeten Verfolgung auf ihrer Seite hatten, schließlich Katholiken, die seit 1837 gegen Regierungen und Liberale für die Sache ihrer Kirche eingetreten waren - all diese Männer und Gruppierungen erschienen nun auf der Bühne und schickten sich an, das Wort zu führen. Doch auch die Kräfte des Alten machten sich die neue Freiheit zunutze. Der hinhaltende Widerstand gegen das Neue wurde nicht nur von den alten bürokratischen und militärischen Bastionen aus geführt; auch die Rechte bediente sich plötzlich ganz neuer publizistischer und organisatorischer Mittel.

Je länger sich die widersprüchliche und unsichere Lage hinzog, je mehr die Euphorie vom Frühjahr in Enttäuschung, Konflikt und Bitterkeit umschlug, desto hörbarer wurde das Echo auf die konservativen Parolen von Ruhe und Ordnung, von Tradition und Treue, von Besitz und Wohlstand. Mit den verfassungs- und gesellschaftspolitischen Meinungskämpfen überschnitten sich die Auseinander-

Frühjahr

Sommer

Herbst

Karikatur auf das Abflauen der revolutionären Bewegung

setzungen um Preußen und Österreich. Die innerösterreichischen und innerpreußischen Konflikte und Kämpfe, die sich an die Verhandlungen der im Mai neugewählten preußischen Nationalversammlung und des im Juli neugewählten österreichischen Reichstages knüpften, taten ein übriges, um die öffentliche Meinung Deutschlands in Bewegung zu bringen.

Der Katholizismus verstand es vom März an, auf der kirchlichen Basis und mit den neuen organisatorischen und publizistischen Instrumenten ein weitgespanntes System von Vereinen und Sammlungsbewegungen aufzubauen. Die »Piusvereine für religiöse Freiheit«, die rasch in allen Teilen Deutschlands entstanden (400 lokale Vereine bis Oktober), trugen zu Recht den Namen Papst Pius' IX. Sie waren zwar Laienorganisationen, aber doch eng an die kirchliche Hierarchie gebunden. Diese Vereine setzten geradezu Lawinen von Petitionen für die Verankerung der kirchlichen Freiheiten und Privilegien in der Reichsverfassung in Bewegung (bis zum August 1142 Petitionen mit 273000 Unterschriften); über 90 Prozent der in der Paulskirche eingehenden Petitionen stammten von katholischen Organisationen. Ein Höhepunkt war der erste deutsche Katholikentag, der in Mainz vom 3. bis 6. Oktober stattfand und den Zusammenschluß aller Piusvereine zustande brachte. In einem formellen Protest wandte man sich an die Nationalversammlung mit der Forderung, die Schul- und Kirchenartikel der geplanten Verfassung umzuarbeiten. »Keine andere der außerparlamentarischen Veranstaltungen hat eine annähernd vergleichbare Wirkung auf die Verfassungsarbeit der Nationalversammlung ausgeübt wie der Mainzer Katholikentag.«[51]

Die Organisationsformen der Konservativen blieben hinter dem katholischen Modell weit zurück. Es kam zwar, vor allem in Preußen, zur Gründung einer Reihe von lokalen Vereinen, aber an Zahl und Organisationsgrad hielten sie auch mit den liberalen und demokratischen Vereinsbildungen nicht Schritt. Eine Statistik der preußischen Regierung zählt im Herbst 1848 etwa 50 Vereine, die dem konservativen Lager zugehören (Preußen-, Patrioten-, Vaterlandsvereine und Vereine zur Wahrung des Grundbesitzes), gegen etwa 300 liberalkonstitutionelle und etwa 250 demokratische Vereine. Verfassungs- und gesellschaftspolitische Bedeutung hatte vor allem der Zusammenschluß preußischer Großgrundbesitzer, die in Berlin am 18./19. August eine Kundgebung veranstalteten. Die Stoßrichtung dieses »Junkerparlaments« ging auf die preußische Nationalversammlung, nicht auf Frankfurt. Es wurde ein Fünfziger-Ausschuß gewählt, der als Zentralorgan der ersten Parteiorganisation der preußischen Konservativen zu sehen ist. Konservative Tendenzen und Vorschläge kennzeichneten auch den in Frankfurt am 15. Juli zusammentretenden Allgemeinen Handwerker- und Gewerbekongreß. Diese Vertreter mittelständischer Interessen stellten antiliberale gewerbepolitische Forderungen auf und verlangten sogar die Wiedereinführung des Zunftwesens. Auch in politischer Hinsicht – der Ablehnung der Republik – zeichnete sich hier im mittelständischen Gewerbe eine konservative Wendung ab. In publizistischer Hinsicht spielte vor allem die im Mai 1848 neugegründete Berliner »Kreuzzeitung« bald eine prominente Rolle.

Die in Frankfurt am stärksten vertretene Gruppe blieben die

Liberalen; aber sie hatten es aufgrund ihrer Zersplitterung nicht leicht, überregionale Organisationen der vielerorts entstandenen Vereine und Gruppen zustande zu bringen.[52] Erst als im Sommer und Herbst 1848 das Motiv der »Abwehr der republikanischen Gefahr«, also die verschärfte Abgrenzung nach links, in den Vordergrund trat, änderte sich die Lage. Ein erster konstitutioneller »Kongreß« in Berlin am 22./24. Juli konnte die Gegensätze zwischen der rechten und linken Seite nicht überbrücken; erst die Einladung der Frankfurter Linken zum Beitritt zu der neuen Sammlungsbewegung, dem sogenannten Zentralmärzverein, und deren Ablehnung führte schließlich zum Aufbau einer gesamtdeutschen Organisation. Im November 1848 wurde in Kassel der »Nationale Verein für Deutschland« gegründet. Ihm gehörten etwa 160 Lokalvereine an, hauptsächlich aus Nord-, Mittel- und Südwestdeutschland. Preußen, Österreich, Bayern und Württemberg fehlten allerdings fast ganz.

Dagegen gelang den demokratischen Vereinen, die sich seit dem März an vielen Orten bildeten, schon im Juni der organisatorische Zusammenschluß mit einem vergleichsweise hohen Grad an Zentralisation.[53] Der rasche Erfolg kam auch dadurch zustande, daß die demokratischen Gruppen schon beim Vorparlament die Zweckmäßigkeit straffer Organisationsarbeit erkannt hatten. Der erste Kongreß der demokratischen Vereine fand am 13./14. Juni in Frankfurt statt; Julius Fröbel wurde zum Präsidenten gewählt. Ein Zentralausschuß mit Sitz in Berlin hatte »die demokratisch-republikanische Partei in Deutschland zu einigen und zu stärken« und durch Gründung von Kreisausschüssen ein gestaffeltes Organisationsnetz zu schaffen. Schon in der Frage der Wahl eines Reichsverwesers versuchte der Zentralausschuß eine Opposition gegen den Frankfurter Mehrheitsbeschluß in Gang zu bringen. Während als Partner der im Zentralausschuß zusammengefaßten demokratischen Vereine im Paulskirchenparlament vor allem die relativ schmale Gruppe »Donnersberg« in Frage kam, konnte in der Berliner Nationalversammlung mit einer ziemlich kompakten, 100 bis 120 Abgeordnete zählenden demokratischen Fraktion gerechnet werden, die von Johann Jacoby geleitet wurde. Auf dem zweiten Demokraten-Kongreß, der am 26. Oktober in Berlin zusammentrat, ging die Wendung gegen die Frankfurter Nationalversammlung so weit, daß man ihr politisches Mandat geradewegs für erloschen erklärte. Das schuf insofern eine prekäre Lage, als im November gerade von Abgeordneten der Frankfurter Linken die Initiative zu einer großen Sammlungsbewegung der radikalen Vereine draußen und der linken Fraktion zum Kampf für die Erhaltung der Märzerrungenschaften einsetzte. Auf dem Berliner Kongreß wurden die scharfen Auseinandersetzungen zwischen Föderalisten und Zentralisten und zwischen »politischen« und »sozialen« Demokraten oder, wie damals die »Neue Rheinische Zeitung« schrieb, zwischen »Reformern und Roten« folgenreich; die Konflikte führten an den Rand der Spaltung und hatten eine lähmende Wirkung für die Zukunft.

Seit dem März hatten sich in vielen Städten auch Arbeitervereine gebildet, aber ihre Zusammensetzung und Zielsetzung waren sehr unterschiedlich. Teils waren sie aus Zellen und Initiativen des »Bundes der Kommunisten« hervorgegangen, teils aus Arbeiterbildungsvereinen, teils auch aus der Zusammenarbeit mit dem bürgerlichen Radikalismus. Manche »Arbeitervereine« waren deshalb kaum oder gar nicht von den demokratischen Vereinen zu unterscheiden und arbeiteten in deren Dachorganisation mit; bei anderen überwogen die reformistisch-gewerkschaftlichen Ziele. Dies galt sehr weitgehend für das von Stephan Born, einem einflußreichen Arbeiterführer und Sozialtheoretiker, im April in Berlin gegründete »Zentralkomitee für Arbeiter« und für die im August auf einem Berliner Kongreß gleichfalls von Born ins Leben gerufene »Arbeiterverbrüderung«. Ziel dieser Gründungen war die Zusammenfassung aller Arbeitervereine zum Kampf für die »gesetzliche Revolution«, was soviel wie Sozialreform in einem demokratisch umgestalteten Staat bedeutete. Das gelang aber nur teilweise; während die Arbeiter besonders im März und April in den städtischen Zentren zu der Durchsetzungskraft der revolutionären Bewegung beigetragen haben, trat ihr Anteil bei den weiteren Auseinandersetzungen zurück.

Es ist umstritten, ob die revolutionäre Linie, die Karl Marx und seine Anhänger seit dem März steuerten, zu dieser Entwicklung beigetragen hat. Marx hatte auf der Rückkehr aus dem Londoner Exil Ende März noch in Paris mit Engels ein Siebzehn-Punkte-Programm verfaßt, das alsbald mit der Überschrift »Forderungen der kommunistischen Partei« verbreitet wurde. Das radikaldemokratische Programm ging von der Proklamation der »einigen und unteilbaren Republik« aus, legte den Nachdruck auf demokratische Umgestaltung und enthielt im wesentlichen soziale Forderungen, die den Rahmen des damaligen bürgerlichen Radikalismus nicht überschritten. Handelt es sich hierbei um eine grundsätzliche »Strategie einer Unterstützung der politischen Demokratie durch die Arbeiter unter Zurückstellung der sozialen Reform« (Faber) oder nur um eine kurzfristige Taktik im Rahmen einer elastischen und mehrschichtigen Vorgehensweise? Karl Marx hat mit der Neugründung der »Neuen Rheinischen Zeitung« am 1. Juni 1848 an die linksbürgerliche Linie der 1843 verbotenen »Rheinischen Zeitung« angeknüpft und mit diesem wirkungsvollen Organ die Politik des bürgerlichen Radikalismus und der außerparlamentarischen Aktion scharf zugespitzt. Er stieß jedoch im Milieu der Arbeitervereine auf Widerstand von zwei Seiten. Auf der einen Seite behaupteten sich – etwa im Umkreis von Stephan Born – starke Tendenzen einer reformistisch-gewerkschaftlichen Sozialreform; andererseits gab es gerade unter den westdeutschen Arbeitervereinen Vertreter einer radikalen Politik, die eine Arbeiterrepublik ohne bürgerliches Bündnis wollten. Ohne Zweifel haben aber kommunistische Agitatoren, die ganz überwiegend bürgerlicher Herkunft waren und mehr oder weniger unter dem Einfluß der Marxschen Ideen standen, im linksbürgerlichen Umkreis, in den Arbeitervereinen und bei den seit dem Herbst 1848 wieder zunehmenden außerparlamentarischen Aktionen eine erhebliche Rolle gespielt.

Außerhalb solcher linksradikaler Gruppierungen wurden die Forderungen nach einer Sozialreform vor allem von katholischer Seite getragen. Gab es hier Bündnischancen? Ganz abgesehen von der milieubedingten Begrenztheit der katholischen Kapitalismus-Kritik standen einem Zusammengehen kaum überwindliche Schwierigkeiten entgegen, da die Arbeiterschaft weithin auf die freisinnigen, kirchenkritischen Positionen der linksbürgerlichen Weltanschauung festgelegt war; auch das antirevolutionäre Credo katholischer Politik und Sozialreform begünstigte diese Polarisierung. So kam es, daß die beiden stärksten Basiskräfte der Folgezeit - Katholiken und sozialistische Arbeiterbewegung - trotz mancher Ansätze zu antikapitalistischer Konvergenz aufgrund ihrer weltanschaulichen Prägung für viele Jahrzehnte durch einen tiefen Graben getrennt blieben. Die Ursachen dieser Polarisierung sind tief mit dem europäischen Gesamtschicksal von Christentum und industrieller Gesellschaft verknüpft. Doch Deutschland mit der stärksten sozialistischen Partei des Jahrhunderts war in dieser Frage mehr Hammer als Amboß. Die Erfahrungen von 1848/49 prägten viele Generationen von areligiösen Arbeitern und von antirevolutionären Katholiken.

Inzwischen hatte die Nationalversammlung begonnen, die neue Verfassung Deutschlands zu beraten. Man begann bezeichnenderweise mit den *Grundrechten.* Namens des Verfassungsausschusses begründete Georg Beseler diese Vorgehensweise: Man wolle damit anfangen, »die tieferen Schichten des öffentlichen Lebens zu erfassen«.[54] Der Polizeistaat solle überwunden werden. Dies entsprach einem breiten Konsens von rechts bis links: dauernde, rechtsstaatliche Sicherungen nach dem westeuropäischen Vorbild für die Freiheit und Gleichheit der Bürger. Aber noch ein weiteres Motiv nannte Beseler für die Priorität der Grundrechtskodifizierung: »... daß bei der großen socialen Bewegung, die ganz Deutschland ergriffen hat, von hier aus ein Wort darüber gesprochen werde, wo wir die Grenze finden, über welche diese Bewegung nicht hinausgeführt werden soll.« Im Verfassungsausschuß dominierte mit Bassermann, Beseler, Dahlmann, Waitz, Droysen das rechte Zentrum, das sich an den Rechtsformen des klassischen Liberalismus und daher an den individuellen Freiheitsrechten und an der Sicherung des Eigentums orientierte. Die Linke war schwach vertreten. Das hatte rechtspolitische und verfassungsrechtliche Folgen. Der Grundrechtskatalog, der nach ausgiebigen Beratungen im Dezember von der Nationalversammlung verabschiedet wurde, hat den Bereich der sozialen Grundrechte kaum einbezogen; nur die Garantie des unentgeltlichen Unterrichts für Unbemittelte wurde aufgenommen.

Es fehlte zwar nicht an Vorschlägen und Forderungen, sozialrechtliche Bestimmungen, insbesondere für den Bereich der Arbeit, aufzunehmen, und in diese Richtung wiesen auch außerparlamentarische Initiativen. Der Berliner Arbeiterkongreß wandte sich Anfang September an die Nationalversammlung und forderte, über den bisherigen Grundsatz der Gesetzgebung hinauszugehen, »dem Arbeiter sei erlaubt, aus allen Kräften zu arbeiten und von dem Lohn der Arbeit zu leben«[55]. Angesichts der sozialen Existenzform der Arbeiter, die nicht durch Besitz bestimmt und von daher nicht geschützt werden könne, schlug der Kongreß den Frankfurtern eine korporative Rechtssicherung vor: »In der künftigen Gesetzgebung auch uns, als Besitzer der Arbeit, anzuerkennen und solche gesetzliche Bestimmungen eintreten zu lassen, durch welche die Existenz und Fortdauer unserer Organisation und Assoziation für alle Zeiten geschützt ... werden möge.« Doch weder diese und ähnliche Anregungen noch die zahlreichen Vorschläge, welche innerhalb der Nationalversammlung der sehr aktive volkswirtschaftliche Ausschuß dem Verfassungsausschuß machte, wurden berücksichtigt.

Man darf dennoch die Bedeutung der Grundrechte von 1848 nicht unterschätzen. Schon im Dezember wurden sie durch Beschluß der Nationalversammlung für ganz Deutschland geltendes Recht. Veit Valentin hat 1931 aus der neuerlich bedrohten Situation deutscher Rechtsstaatlichkeit heraus mit Emphase die fortschrittliche Kraft dieser Grundrechte, auch in ihrer klassisch-individualistischen Fassung, unterstrichen: »Nicht nach Lampe riechen diese Grundrechte, sondern nach deutschem Blut, nach deutscher Not ... Diese Grundrechte fassen die bitteren Erfahrungen des Menschenalters der Reaktion mit einer Klarheit zusammen, die noch in unsere Tage hineinleuchtet.«[56]

Während die sozialrechtliche Erweiterung nicht gelang, bewirkte das starke katholische Engagement sowohl im Parlament als auch durch außerparlamentarische Massenaktionen, daß einige Bestimmungen über das Verhältnis von Staat und Kirche noch während der Beratungen abgeändert wurden. Von wenigen protestantischen Abgeordneten, die ganz in der landeskirchlichen Tradition standen, abgesehen, herrschte von Anfang an quer durch die Fraktionen Einigkeit in der Ablehnung des alten staatskirchlichen Systems. Die entschiedene Linke wollte volle Trennung von Kirche und Staat; man einigte sich schließlich auf die Formel von der Freiheit und Selbständigkeit der kirchlichen Gemeinschaften vom Staat bei Fortdauer staatlicher Schutzfunktionen. Dies entsprach der von Anfang an von katholischer Seite mit großer Energie vertretenen Konzeption. Man wollte aber noch mehr. Die schon im März von dem ebenso ultramontanen wie hellsichtigen Kölner Erzbischof Geissel ausgegebene Parole war »die Vereinigung der unbedingten Freiheit und doch Privilegierung der Kirche« (Schnabel)[57]. In dieser Richtung also wurden durch die katholische Petitionsbewegung noch bei der zweiten Lesung einige Korrekturen durchgesetzt (Begrenzung der Staatshoheit über die Kirchen auf die »allgemeinen Gesetze«, kein Verbot des Jesuitenordens).

Schwieriger und weniger erfolgreich verliefen die Auseinandersetzungen um die Schulfrage und die staatliche oder kirchliche Schulaufsicht für die Katholiken. Der Bereich der Bildung wurde von den Grundrechten her generell im klassischen Sinn freigestellt: »Die Wissenschaft und ihre Lehre ist frei.« Doch in der Schulfrage, dem bekannten Kampfplatz laizistischer und kirchlich-konfessioneller Ansprüche, stießen die Gegensätze hart aufeinander. Die geistliche Schulaufsicht wurde abgeschafft. Dagegen versuchte Ketteler, vom Prinzip des Elternrechts her auf dem Boden der Gemeindeautonomie eine Lösung zu finden. Jede Gemeinde solle das Recht haben, die Lehrer zu berufen und ihre Schule mit der Kirche zu verbinden oder von ihr zu trennen.[58] Doch dieser Vorschlag drang nicht durch. Immerhin wurde zu der Einführung der staatlichen Schulaufsicht ein Gegengewicht geschaffen, indem die Errichtung von Privatschulen jedermann zugesichert wurde.

In diesem Ringen der Katholiken um ihnen gemäßere Grundrechte-Formulierungen für Kirche und Schule kündigte sich freilich noch ein weit gewichtigeres Problem an. Die deutsche Frage rief die konfessionellen Gegensätze von neuem hervor und verstärkte sie. Der kluge schwäbische Abgeordnete Gustav Rümelin erkannte das früh: »Die größten Schwierigkeiten der deutschen Einheit liegen hier.« Wenn die Katholiken fast geschlossen für eine großdeutsche Zukunft eintraten, dann waren dafür konfessionelle Ursachen ausschlaggebend. Legte man den territorialen Umfang des Deutschen Bundes zugrunde, so waren von den 43 Millionen Bürgern immerhin 23 Millionen, also 52,5 Prozent katholisch. Ein Ausscheiden Österreichs hätte einen Verlust von 12 Millionen Katholiken und damit eine starke protestantische Mehrheit gebracht.[59] Zwei weitere Tatsachen wurden in diesem Zusammenhang wichtig. Die kirchen- und schulpolitische Aktivität wurde in Frankfurt und außerhalb Frankfurts fast ganz von den außerösterreichischen Katholiken getragen. Soweit die österreichischen Abgeordneten teilnahmen, standen sie entweder als Liberale und Demokraten auf der Gegenseite, oder sie erschwerten nur – wie die Tiroler Klerikalen durch ihr Bestehen auf »Glaubenseinheit« – die modernere katholische Strategie, die sich erfolgreich auf den Boden der Glaubensfreiheit gestellt hatte.[60] Die starke Mobilisierung der außerösterreichischen Katholiken im neuerschlossenen parlamentarisch-publizistischen Rahmen fand bei dem österreichischen Katholizismus kaum eine entsprechende Partnerschaft. Das katholische Festhalten an der großdeutschen Orientierung und am Habsburgerstaat bedeutete also keinen Gewinn an vorwärtsgewandter und volkstümlicher Kraft. Vielmehr nahm die romantisch-traditionelle Bindung an die katholische Kaisermacht im Wandel Österreichs zum Neoabsolutismus seit 1848 notwendigerweise reaktionäre Züge an.

Während die Paulskirche monatelang mit den Grundrechten beschäftigt war und die eigentlichen politischen Entscheidungen hinausschob, entwickelte sich von der Frage nach *den Grenzen des neuen Nationalstaates* her eine Serie von Konflikten. Die Nationalitätenfragen zwangen die Paulskirche zu raschen Optionen nach innen und nach außen und überrannten gewissermaßen den langfristig angelegten Versuch, von den Grundrechten her stufenweise zu einer mittleren Lösung der Verfassungsfrage zu kommen. So verbanden sich bis zum September radikale nationalpolitische Forderungen in brisanter Weise mit den nur zeitweilig zurückgetretenen gesellschaftspolitischen und verfassungsrechtlichen Gegensätzen und mit dem Konfliktpotential der europäischen Politik.

Die polnische Nationalbewegung bestritt, unterstützt von vielen Abgeordneten der Linken, die Legitimation der deutschsprachigen Abgeordneten, die in Posen für Frankfurt gewählt worden waren. Während der Nationalismus der Linken für die Freiheit Polens eintrat, sah der Nationalismus der Rechten und der Mitte seine Aufgabe mit zunehmender Radikalität in der Verteidigung des Deutschtums in Posen, damit nicht »die 400 000 deutschen Brüder zum Schlachtopfer hingegeben« würden.[61] Die große Polendebatte der Nationalversammlung am 24./27. Juli ging von einem propolnischen Antrag der Linken aus und stellte die unterschiedlichen Nationalkonzepte unversöhnlich gegeneinander. Wilhelm Jordan, der sich gerade damals von der Linken trennte, bezeichnete die »Übermacht der Deutschen gegen die meisten slavischen Stämme«

als eine »naturhistorische Tatsache«, plädierte für einen »gesunden Volksegoismus« und verwarf die Wiederherstellung Polens als eine »schwachsinnige Sentimentalität«.[62] Es war nur logisch, wenn Jordan aus dieser Position die deutschen Eroberungen in Polen als eine Naturnotwendigkeit sah: Die polnischen Teilungen seien kein Völkermord gewesen, sondern »nichts als die Bestattung einer längst in der Auflösung begriffenen Leiche«. Der starke Beifall, den diese Auffassungen rechts und auch in der Mitte fanden, beruhte nicht zuletzt auf der Verbindung eines weltgeschichtlichen Erklärungsprinzips, das sich auf Hegel berief, mit der konkreten Anschauung und scheinbaren Beweiskraft der deutschen Ostkolonisation.

Auf der Seite der Linken trat zwar der Österreicher Schuselka leidenschaftlich für die polnischen Rechte in Posen ein, betonte aber auch seinerseits eine weltgeschichtliche Philosophie von Größe, Macht und Raum: »... denn ein großes Volk braucht Raum, um seinen Weltberuf zu erfüllen, und ich würde tausendmal sterben, ehe ich z. B. zugäbe, daß uns Triest genommen würde, obwohl dort Italiener leben.«[63] Die Gegenposition verfocht eindrucksvoll der einzige polnische Abgeordnete, der nach Frankfurt gekommen war, der Theologieprofessor Jan Janiszewski. Er bekam stürmische Zustimmung, als er betonte, er habe das Mandat nur im Vertrauen auf die Gerechtigkeitsliebe und Gewissenhaftigkeit der deutschen Nation angenommen; er könne nicht glauben, »daß ein Volk, welches sich eben zu einem freieren Dasein emporschwingt, einem anderen schwächeren Stamme Fesseln wird schmieden wollen«[64].

Auch Arnold Ruge trat mit allem Nachdruck für die polnische Freiheit ein. Er betonte die Allgemeinheit des neuen Engagements der Deutschen für die Freiheit: »... wir, die wir die Ausführung des neuen Völkerrechts, die wir die Freiheit der europäischen Völker wollen, müssen wünschen, daß die Tyrannen der Italiener, die Tillys der neueren Zeit, die Radetzkys geschlagen werden.«[65] Doch gerade damit stieß er auf den entschiedenen Widerspruch der Mehrheit, die Österreichs italienische Siege ja gerade als deutsche Siege feierte. Auch das propolnische Eingreifen von Abgeordneten der katholischen Gruppe konnte die Mehrheitsverhältnisse nicht mehr wesentlich verändern. Der Beschluß fiel im antipolnischen Sinne aus: die Eingliederung der Provinz Posen in den deutschen Bundesstaat bis zu einer von Preußen vorgeschlagenen Demarkationslinie (einschließlich der Stadt Posen). Die von der Zentralgewalt angeordnete Überprüfung der Demarkation gemäß den ethnischen Verhältnissen ergab dann eine Verschiebung der Linie zuungunsten der Polen. Damit wurden die letzten Hoffnungen des »Völkerfrühlings« zerstört; die Weichen für ein Jahrhundert der Konfrontation waren gestellt.

Ganz unmittelbar wurde die deutsch-österreichische Frage von den Paulskirchen-Auseinandersetzungen über die Zukunft Welschtirols, Italiens und Böhmens betroffen. Die welschtiroler Frage erwies sich als ein Angelpunkt für das Verhältnis der Paulskirche zur italienischen Nationalbewegung und damit zur österreichischen Herrschaft in Oberitalien. Die sechs italienischsprechenden Abgeordneten aus dem Trentino hatten sich in Frankfurt bald der Linken angeschlossen, da sie nur hier politische Hilfe für ihre Autonomieforderungen erwarten konnten. Der Antrag dieser Abgeordneten, die italienischsprachigen Bezirke Trient und Rovereto zwar bei Österreich zu belassen, aber »aus dem politischen Verbande mit dem deutschen Staatenbunde« zu entlassen, wurde später in die Forderung nach einem autonomen Status abgeschwächt.

In der Plenardiskussion, die am 12. August stattfand, stießen die Standpunkte mit nun schon notorischer Leidenschaftlichkeit aufeinander: Die Linke unterstützte den Antrag, die Rechte und die Mitte waren dagegen. Deutsch-Tiroler und rechtsliberale Abgeordnete überboten sich in der Aggressivität des Auftretens. Der Österreicher Kohlparzer griff das liberale Konzept des neuen Völkerrechts frontal an: »Ich sage nur: beati possidentes, wir besitzen Südtyrol und somit behalten wir es, das ist mein Völkerrecht!«[66] Dazu zerriß er auf der Tribüne die von seinen welschtiroler Mitbürgern überreichte Denkschrift. Jakob Grimm entwarf einen eigenen Antrag gegen die »undeutsch gesinnten Männer«. Der Historiker Friedrich von Raumer betonte als wissenschaftliche Erkenntnis, daß es in der Geschichte eben siegende und unterliegende Völker gebe.[67] Es sind »die siegenden, die herrschenden Völker, welche die Menschheit vorwärts bringen. Die Griechen waren mehr als die Perser, die Römer mehr wie die Karthager, und so sind die Deutschen mehr als diejenigen, welche von ihnen abhängen«. Diese kühne Geschichtsphilosophie mündete dann in einen emotionalen Aufruf, der stürmischen Beifall fand: »Deutschland wolle lieber sterben, als sich ergeben und vaterländischen Boden weggeben.«

Nicht viel anders verliefen die Debatten in der Triester Frage und gegenüber der italienischen Nationalbewegung in der Sache Lombardo-Venetiens. Bezeichnenderweise haben sich der Garantieerklärung für »den deutschen Hafen Triest« auch die meisten Abgeordneten der Linken angeschlossen. Die grundsätzliche Sympathie der Linken für das italienische Risorgimento blieb zwar bestehen, doch unter dem Eindruck der Siege Radetzkys traten die Mitte-Rechts-Gruppen immer massiver für eine weitgehende Unterstützung der österreichischen Herrschaft ein. Demgegenüber herrschte bei den beiden Linksfraktionen Unsicherheit und man kam nicht über einen Antrag Venedeys hinaus, der die österreichische Regierung veranlassen sollte, »mit Italien einen Frieden zu schließen, durch den nicht nur die Interessen Österreichs und Deutschlands gewahrt, sondern auch die heiligen und unveräußerlichen Rechte der italienischen Nation anerkannt und gesichert werden«. Der Antrag kam gar nicht zur Abstimmung, aber in abgewandelter Form schlug General von Radowitz als nationalstaatliche Kompromißlösung die doppelte Zugehörigkeit der bei Österreich bleibenden italienischsprachigen Gebiete (Mantua, Venetien, Istrien mit Triest, Dalmatien mit Fiume) zu einem italienischen Staatenbund und ihre »nähere Verbindung mit Deutschland« vor.[68] Tatsächlich hat die Zentralgewalt eine Friedensvermittlung in Italien versucht; sie ist damit aber gescheitert. Mit diesem Fiasko war auch der Versuch fehlgeschlagen, im Sinne der Radowitzschen Formel von Deutschlands »politischer Zentralstellung in Europa« über den italienischen Umweg Österreich zu einer Koordination, wenn nicht Unterordnung seiner Politik unter die Frankfurter Zentralgewalt zu veranlassen.

Was Böhmen und Mähren anlangt, so hatte nach Palackýs Absage an Frankfurt und dem erfolgreichen tschechischen Wahlboykott die deutsch-böhmische Agitation neue Ausmaße angenommen. »Verbrüderungsfeste« mit der Bevölkerung der angrenzenden sächsischen und schlesischen Gebiete und die Tätigkeit eines im Sommer 1848 von dem demokratischen Leipziger Historiker Wuttke gegründeten »Vereins zur Wahrung der deutschen Interessen an den östlichen Grenzen« zeigten das sprunghafte Erscheinen und Erstarken eines Nationalismus über die Grenzen hinweg. Als im Vorfeld des Prager Slawenkongresses alarmierende Nachrichten über tschechische Absichten nach Frankfurt gelangten, wurde in der Nationalversammlung sogar die Möglichkeit eines militärischen Eingreifens erörtert: »Deutschlands Pflicht ist es, die Slawen nicht so weit vorrücken, nicht in Böhmen Fuß fassen zu lassen. Denn Böhmen ist ein Keil, eingetrieben in die deutsche Eiche, um sie zu spalten. Es ist eine Kriegsfrage.«[69] Der Sieg der österreichischen Truppen in Prag entspannte dann die Lage. Demgemäß wurde im Oktober die Zugehörigkeit der österreichischen Gebiete des alten Bundes zum neuen Deutschland mit nur 80 Gegenstimmen beschlossen. Die Rechte begründete die mitteleuropäische Hegemonie der Deutschen vorwiegend mit machtpolitischen Argumenten, die Linke mit kulturell-humanitären Ideen einer Erziehungsaufgabe gegenüber rückständigen Völkern. Vom Herbst an wurde das böhmisch-mährische Problem ein Teil des großen Ringens um Österreichs Stellung zu Deutschland.

Auch im Westen gab es Probleme. Das etwa 150 000 Einwohner zählende Herzogtum Limburg, zum Königreich der Niederlande gehörig, war seit 1839 als Kompensation für den Verlust des westlichen Luxemburg dem Deutschen Bund angeschlossen.[70] Nach den Limburger Wahlen zur Frankfurter Nationalversammlung kam es im Land selbst, vor allem durch die Initiative des Limburger Abgeordneten Baron van Scherpenzell-Heusch, zu einer Bewegung, die in Frankfurt die engere Bindung des »echt deutschen« Gebietes zur Diskussion stellte. Arndt und andere Abgeordnete – ohne Unterschied von rechts und links – griffen in der Nationalversammlung sogleich die »deutsche Sehnsucht« nach der »Rückkehr« der Niederlande zu Deutschland auf; die weltpolitische und wirtschaftliche Bedeutung der »Wiedergewinnung unserer großen westlichen Ströme, womit die Weltherrschaft über die Meere zusammenhängt«, wurde in bewegten Worten betont. Auch der Österreicher Schuselka sprach von der Hoffnung, daß jetzt die Niederlande wie andere verlorene Kinder zurückkommen würden. Er bezog sich ausdrücklich auf die Ähnlichkeit der Verhältnisse an den östlichen und westlichen Grenzen Deutschlands.[71] Mehr als der Beschluß, die Limburger Frage zum innerdeutschen Problem zu erklären, kam damals und später jedoch nicht zustande.

Zur ersten offenen, schweren Krise der deutschen Nationalbewegung und der Zentralgewalt kam es im September in der Frage der deutsch-dänischen Beziehungen und Schleswig-Holsteins. Die Frankfurter hatten im Norden vom alten Bundestag einen veritablen Nationalkrieg geerbt, hinter dem auf der einen Seite nicht nur Kopenhagen, sondern das dänische Bürgertum, auf der anderen Seite die deutsche Nationalbewegung von links bis über das rechte

Zentrum hinaus standen.[72] Ende Mai hatte der preußische General Wrangel seine Truppen nicht nur aus Jütland, sondern auch aus Nordschleswig zurückgezogen. Dies Einlenken stand im Zusammenhang mit englisch-preußischen Vermittlungsversuchen. Denn sowohl England wie Rußland waren in hohem Maße an der Erhaltung des Status quo am Sund, dem »Bosporus des Nordens«, interessiert. Die Paulskirche griff ein, indem sie am 9. Juni die Schleswig-Holstein-Frage zur Sache der Nation erklärte und somit Preußen das Recht bestritt, allein mit Kopenhagen zu verhandeln und abzuschließen.

Desungeachtet gab Friedrich Wilhelm IV. dem Druck Englands und Rußlands nach und schloß am 26. August in Malmö einen Waffenstillstand mit Dänemark, der die Räumung der Herzogtümer von deutschen Truppen und die Ablösung der provisorischen Regierung in Kiel festlegte. Preußen besaß zwar seit Juli eine Verhandlungsvollmacht der Frankfurter Reichsregierung. Doch diese war an Bedingungen zugunsten der nationalrevolutionären Kieler Regierung gebunden, die in Malmö keineswegs erfüllt wurden. Nun kam es zur emotionalen und politischen Machtprobe zwischen der öffentlichen Meinung Deutschlands sowie den »nationalen« Abgeordneten von links bis Mitte rechts, wo die Zeichen auf Sturm standen, und dem Reichsministerium Leiningens, das die Zwangslage erkannte, die durch Frankfurts Abhängigkeit von der preußischen Politik gegeben war. Die Reichsregierung empfahl in realistischer Einschätzung der Situation unwillig die Zustimmung zu dem

Im merkwürdigen Widerspruch zum eigenen Streben nach Freiheit und Einheit stand die Haltung vieler Deutscher gegenüber der italienischen Einigungsbewegung. Radetzky galt ihnen als Landesverteidiger, seine Siege wurden nur von wenigen als Siege der Unterdrückung empfunden.

Der greise Pfarrer Haspinger, einst Feldpater im Freiheitskampf der Tiroler, segnet auf dem Wiener Südbahnhof die an die italienische Front ausrückenden tiroler Studenten.

Waffenstillstand. Mit 238 zu 221 Stimmen lehnte die Mehrheit diesen Vorschlag jedoch ab, bei »anhaltendem Beifall auf der Linken und auf der Galerie«. In der vorausgegangenen Debatte hatte sich Dahlmann zum Wortführer des nationalrevolutionären Radikalismus gemacht; die Linke hatte fast geschlossen applaudiert, als er gegen die Reichsregierung an den Parlamentsbeschluß vom 9. Juni appellierte und daran erinnerte, daß »in der schleswigschen Sache die Ehre Deutschlands gewahrt werden solle, die Ehre Deutschlands!«[73]

Nun folgte Schlag auf Schlag. Das Ministerium Leiningen trat zurück. Eine Regierungsbildung unter Dahlmann scheiterte, vor allem an den verfassungspolitischen Gegensätzen zwischen seiner Gruppe und den Linken. Am 16. September stimmte die Nationalversammlung dem Vertrag von Malmö doch noch zu (238 gegen 237 Stimmen durch Positionswechsel im Zentrum). Darauf konnte eine neue Regierung unter dem bisherigen Innenminister Schmerling gebildet werden. Aber jetzt begannen Auseinandersetzungen außerhalb des Parlaments. Viele von der bisherigen Gesamtentwicklung enttäuschte linke Gruppen außerhalb Frankfurts glaubten

Am 18. September schlagen die radikalen Demokraten zu, deren Geduld durch die endlosen Debatten in der Nationalversammlung erschöpft ist. Sie versuchen die Paulskirche zu besetzen; der aufgebrachten Menge fallen zwei der konservativen Abgeordneten zum Opfer. Den Kampf in den Straßen Frankfurts beendet das Eingreifen österreichischer und preußischer Truppen.

die Stunde der »zweiten Revolution« gekommen, doch die linken Fraktionen »Donnersberg« und »Deutscher Hof« hielten an ihrer Grundentscheidung für den parlamentarischen Weg fest. Auch die reaktionären Kräfte gedachten die Situation zu nutzen. Insbesondere sah die preußische Reaktion nach Malmö die Chance, daß »der Revolution die Spitze geboten werden kann«.

Der 17. September brachte für die Gesamtentwicklung der deutschen Revolution den Wendepunkt. Eine Volksversammlung auf der Pfingstweide bei Frankfurt bezeichnete alle Parlamentarier, die für Malmö gestimmt hatten, als Volksverräter. In der Nacht zum 18. September ließ der Stadtsenat auf Ersuchen Schmerlings österreichische und preußische Truppen aus Mainz nach Frankfurt holen. Sofort errichtete die Menge Barrikaden; Hunderte versuchten, in die Paulskirche einzudringen; es kam zu Straßenkämpfen. Das Militär ging scharf vor. In den Gassen der Altstadt wurde sogar Artillerie eingesetzt. Am Abend war der »Aufstand« niedergeschlagen. 80 Tote und die Ermordung der beiden konservativen Abgeordneten Fürst Lichnowsky und Hans von Auerswald belasteten die politische Atmosphäre. In Baden gab die Nachricht vom Frankfurter

Nro. I.

Republikanisches

Regierungs-Blatt.

Hauptquartier Lörrach, 22. September 1848.

Inhalt.

1) Aufruf an das deutsche Volk. 2) Dienstanweisung an sämmtliche Bürgermeister. 3) Verfügung über Abgaben. 4) Zollgesetz.

Aufruf an das deutsche Volk!

Der Kampf des Volkes mit seinen Unterdrückern hat begonnen. Selbst in den Straßen der Stadt Frankfurt a. M., am Sitze der ohnmächtigen Centralgewalt und der geschwätzigen konstituirenden Versammlung ist auf das Volk mit Kartätschen geschossen worden. Nur das Schwert kann das deutsche Volk noch retten. Siegt die Reaktion in Frankfurt, so wird Deutschland auf dem sogenannten gesetzlichen Wege furchtbarer ausgesogen und geknechtet werden, als dieses in den blutigsten Kriegen geschehen kann.

Zu den Waffen deutsches Volk! Nur die Republik führt uns zum Ziele nach dem wir streben.

Hoch lebe die deutsche Republik!

Lörrach, den 21. September 1848.

Im Namen der provisorischen Regierung
Gustav Struve.

Der Kommandant des Hauptquartiers:
M. W. Löwenfels.

Der Schriftführer:
Karl Blind.

Putschversuch den Anstoß zu einer neuen revolutionären Volkserhebung. Aber auch hier erlagen die Aufständischen rasch den regulären Truppen. Zu einer Zusammenarbeit Dahlmanns und der Mittelgruppen mit der Linken, wie sie noch eben zur Aufrechterhaltung der nationalrevolutionären Errungenschaften in Schleswig-Holstein praktiziert worden war, ist es von da an nicht mehr gekommen. Die Reichsregierung rückte nach rechts. »Alle diejenigen, die in radikaldemokratischen, sozialreformerischen und sozialrevolutionären Elementen stets mehr oder minder bestialische Anhänger der ›Roten Republik‹ ..., des Chaos und des totalen Umsturzes gesehen hatten, fühlten sich bestätigt« (Wollstein).[74]

4. Die Gegenrevolution in Preußen und Österreich und das vergebliche Ringen um den deutschen Nationalstaat

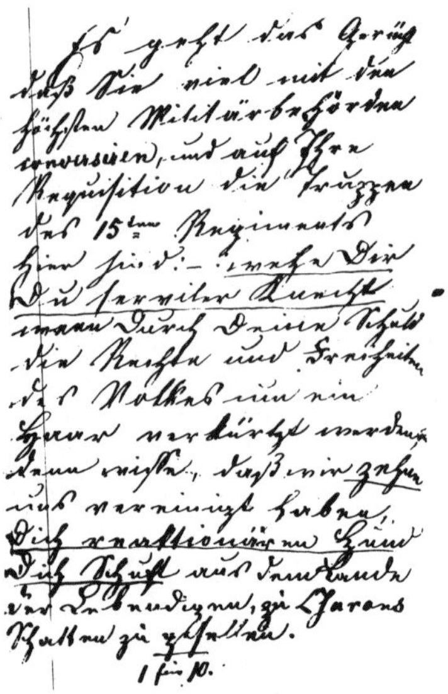

Anonymer Drohbrief aus der Zeit der Novemberunruhen, wahrscheinlich an den münsterschen Bankier Niedick gerichtet:

Es geht das Gerücht, daß Sie viel mit den höchsten Militärbehörden conversieren, und auf Ihre Requisition die Truppen des 15. Regiments hier sind: – wehe Dir Du serviler Knecht wenn durch Deine Schuld die Rechte und Freiheiten des Volkes um ein Haar gekürzt werden, dann wisse, daß wir zehn uns vereinigt haben, Dich reaktionären Hund Dich Schuft aus dem Lande der Lebendigen zu Charons Schatten zu gesellen. 1 für 10.

Vom Sommer bis zum Spätherbst 1848 vollzog sich in Preußen wie in Österreich der Wiederaufstieg der alten staatlichen Gewalt und die Liquidation der Errungenschaften des Frühjahrs. Der Verlauf und die Ergebnisse unterschieden sich vor allem durch das jeweilige Gewicht des Nationalitätenkonflikts. In Preußen konnte seit Juli/August das Polenproblem von der Regierung als erledigt betrachtet werden. Alle weiteren Kämpfe und Entscheidungen hatten innerdeutschen Charakter und waren unmittelbar mit den zentralen Vorgängen in Frankfurt verbunden. In Österreich dagegen nahm die Nationalitätenfrage schon seit dem Sommer unerhörte Dimensionen an, und mit der offenen militärischen Sezession Ungarns im Herbst erreichte der Konflikt einen ersten dramatischen Höhepunkt. Natürlich hatte die nationale Frage in Böhmen und Ungarn, in Kroatien, Slowenien und Italien und nicht zuletzt bei den Deutsch-Österreichern ein jeweils anderes Gesicht; überall sah das gesellschaftliche und verfassungspolitische Bezugsfeld anders aus. Und jedesmal spielten in diese Nationalitäten-Auseinandersetzungen soziale und staats- oder verfassungspolitische Frontbildungen hinein. Das alles wirkte sich dann auf zwei verschiedenen Ebenen aus: einmal in der Frage der Rekonstruktion Österreichs und zum anderen in der Frage der Errichtung eines neuen Staates für alle Deutschen.

In Preußen stieß die linksorientierte Berliner Nationalverfassung mit ihrem Bestreben, das Königreich in einen parlamentarischen Verfassungsstaat – im Rahmen deutscher nationaler Einheit – umzuwandeln, auf den immer entschiedeneren Widerstand des Königs und der Armee.[75] Die in der »Charta Waldeck« ausgearbeiteten Verfassungspläne der linken Mehrheit waren mit den Vorstellungen Friedrich Wilhelms IV. und seiner »Kamarilla« unvereinbar. Mit »Kamarilla«, dem spanischen Wort für »Kämmerchen«, bezeichneten schon die Zeitgenossen die reaktionäre Hofpartei, die sich seit dem Frühjahr 1848 gebildet hatte und zeitweilig starken Einfluß auf den König gewann. Bald kam von der Provinz her eine preußisch-partikularistische Gegenbewegung auf, die sich gegen die Nationalversammlung wandte. Der Konflikt zwischen Krone und Parlament wurde nach dem Rücktritt Hansemanns durch die Beru-

Proklamation.

Der in Meiner Haupt- und Residenzstadt Berlin seit geraumer Zeit herrschende gesetzlose Zustand, der das ganze Land in den Abgrund der Anarchie zu stürzen drohte, hat Mich genöthigt, auf den Rath Meiner verantwortlichen Minister, die zur Vereinbarung der Staats-Verfassung berufene Versammlung nach Brandenburg zu verlegen und dieselbe, damit diese Maaßregel ausgeführt werden könne, bis zum 27. dieses Monats zu vertagen. Aus demselben Grunde habe Ich die Truppenmacht in dieser Meiner Haupt- und Residenzstadt ansehnlich verstärken, auch die dortige Bürgerwehr mit Rücksicht auf ihr ungesetzliches Verhalten in Gemäßheit des §. 3. des über die Errichtung der Bürgerwehr unter dem 17. Oktober d. J. ergangenen Gesetzes bis zu deren Reorganisation auflösen müssen. Ich bin Mir wohl bewußt, daß diese Maaßregeln mannigfacher Mißdeutung ausgesetzt und von einer Umsturz-Partei dazu mißbraucht werden können, auch bei sonst gutgesinnten Staatsbürgern Besorgnisse über den Vollbestand der Meinem Volke gewährten Freiheiten hervorzurufen. Ich bin Mir aber eben so klar bewußt, daß Preußens und Deutschlands Zukunft diesen Schritt von Mir und Meiner Regierung zu fordern berechtigt war. Ich wende mich deshalb in dieser entscheidenden Zeit an das ganze Land, an Euch, Meine treuen Preußen Alle, mit der Zuversicht, daß Ihr den ungesetzlichen Widerstand, den ein Theil Eurer Vertreter, uneingedenk ihrer wahren Pflichten gegen Volk und Krone, der Verlegung der National-Versammlung entgegenstellt, ernst und entschieden mißbilligen werdet. Ich mahne Euch, nicht Raum zu geben den Einflüsterungen, die Euch glauben machen, Ich wolle Euch die in den Märztagen verheißenen Freiheiten verkümmern, Ich wolle wieder ablenken von dem betretenen konstitutionellen Wege!

Preußen! Ihr, die Ihr noch feststeht in dem alten guten Vertrauen zu Mir, Ihr, die Ihr noch ein Gedächtniß habt für die Geschichte Meines Königlichen Hauses und Seiner Stellung zum Volke, Euch bitte Ich, daran ferner festzuhalten, in guten wie in bösen Tagen! — Ihr aber, die Ihr schon darin zu wanken beginnt, Euch beschwöre Ich Halt zu machen auf dem betretenen jähen Pfade, und abzuwarten die Thaten die da folgen werden! — Euch allen aber gebe Ich nochmals die unverbrüchliche Versicherung, daß Euch nichts verkümmert werden soll an Euren konstitutionellen Freiheiten, daß es Mein heiligstes Bestreben sein wird, Euch mit Gottes Hülfe ein guter konstitutioneller König zu sein, auf daß wir gemeinsam ein stattliches und haltbares Gebäude errichten, unter dessen Dache zum Frommen Unseres Preußischen und ganzen Deutschen Vaterlandes, Unsere Nachkommen sich ruhig und einträchtig der Seegnungen einer echten wahren Freiheit Jahrhunderte lang erfreuen mögen! —

Dazu wolle Gott Seinen Seegen verleihen! —

Sanssouci, den 11. November 1848.

gez. Friedrich Wilhelm.

contras. Graf v. Brandenburg. v. Ladenberg. v. Strotha. v. Manteuffel.

Karikatur auf das Verhalten der zum Schutz gegen radikale Aufstände gebildeten liberalen Bürgerwehren.

Aus den »Leuchtkugeln“, 1848

fung des auf Ausgleich bedachten Ministeriums unter dem General von Pfuel nur hinausgeschoben, nicht überbrückt. Im Oktober kam es in der Hauptstadt immer häufiger zu Straßenunruhen; dabei wurde die Schwächung der linken Solidarität durch eine Spaltung zwischen liberalem Bürgertum und radikaler Linker deutlich. Anfang November ersetzte der König die Regierung Pfuel durch ein entschieden konservatives Ministerium unter dem Grafen Friedrich Wilhelm von Brandenburg.

Innerhalb von vier Wochen gelang es der neuen Regierung, die Nationalversammlung und die sie stützenden Linkskräfte im Lande mattzusetzen. Das Parlament versuchte zwar Widerstand zu leisten und zum Steuerboykott aufzurufen, doch es kam zu keinen koordinierten Maßnahmen und zu keiner energischen Politik der von inneren Gegensätzen gelähmten Volksvertretung. Am 5. Dezember löste der König staatsstreichartig die Nationalversammlung auf und verkündete von sich aus eine neue preußische Verfassung. Sie hatte keineswegs einen eindeutig reaktionären Charakter, behielt zum Beispiel das allgemeine und gleiche Wahlrecht bei, war aber wohl von Anfang an als Mittel gedacht, Zeit zu gewinnen.

Die Berliner Vorgänge betrafen ganz unmittelbar die Frankfurter Nationalversammlung und die Reichsregierung. Beiden mußte außerordentlich an der Erhaltung einer offenen Situation in Berlin gelegen sein: offen im Hinblick auf das allgemeine Prinzip der Verfassungsvereinbarung und offen für die neue Perspektive einer Übertragung der deutschen Kaiserwürde auf den preußischen König. So fuhr zunächst Bassermann, dann der Präsident des Frankfurter Parlaments, Heinrich von Gagern, im November nach Berlin, um eine Vermittlung zwischen Krone und Parlament zu versuchen, aber beide wurden vom König abgewiesen. Friedrich Wilhelm IV. hat schon damals gegen Bassermann und Gagern jene Einwände vorgebracht, an denen im folgenden Frühjahr die preußisch-erbkaiserliche Lösung der deutschen Frage scheiterte: die Bindung an das Haus Habsburg und die Solidarität mit den deutschen Fürsten. Nur aus den Händen der regierenden Fürsten wollte er eine Suprematie in Deutschland annehmen. Daß Gagern diese Einwände nicht ganz ernst nahm und eher für eine Ziererei des Königs hielt, darf angesichts der Wandlungsfähigkeit Friedrich Wilhelms IV. während der letzten Monate nicht verwundern.

In Österreich hatten inzwischen gewaltige Veränderungen stattgefunden.[76] Der Siegeszug der Gegenrevolution begann auf dem militärischen Felde und schien zunächst einfache Frontstellungen zu haben. In Italien siegte Radetzky am 25. Juli bei Custozza über die Armee Sardiniens; am 6. August zog er in Mailand ein. Belagerungszustand und Standgerichte folgten, gestützt auf die siegreiche Armee, die ein »Vielnationenheer« war (Huber). In Prag war im Juni ein Slawenkongreß zusammengetreten, der unter dem Präsidium Palackýs zunächst austroslawische Perspektiven erörterte, ohne unmittelbare revolutionäre Pläne zu schmieden. Zum blutigen Aufstand kam es erst am Pfingstsonntag, dem 13. Juni. Aber die Rebellion der tschechischen Kleinbürger, Arbeiter und Studenten wurde von dem Befehlshaber der österreichischen Truppen, Fürst Windischgrätz, niedergeschlagen. Überraschenderweise entwickelte sich von nun an der Austroslawismus in seinen sozialkonservativen Formen zu einem wirkungsvollen Verbündeten der Rekonstruktion des alten, dynastischen Österreich. Damit verschärfte sich die Aufgliederung der nichtungarischen Bevölkerung des Kaiserstaates, die schon länger vorbereitet war, in drei Richtungen: Großösterreicher (die an der alten, übernationalen Staatsidee festhielten), Austroslawen und Großdeutsche (die in unterschiedlicher Weise auf einen engen »Anschluß« an das übrige Deutschland hinarbeiteten).

Wie tief die Spaltung selbst in das liberale deutschsprechende Bürgertum reichte, wird eindrucksvoll deutlich am Fall Grillparzer, weil hier die Spannung zwischen staatskonservativem Großösterreichertum und freiheitlicher deutscher Gesinnung sich bis zur Identitätskrise steigerte. Grillparzer wankte nicht in seinen liberalen Grundsätzen, die ihn zu einem Opfer der vormärzlichen Polizeimaßnahmen gemacht hatten: »Der Despotismus hat mich ruiniert, warum sollte ich nicht für die Freiheit sein?« Aber als er die Monarchie wanken sah, bekannte er sich in aller Öffentlichkeit zu Radetzky und seiner Armee, die ihm allein die Bewahrung der Grundlagen seiner politischen Existenz verbürgte: »... in deinem Lager ist Österreich, wir andern sind einzelne Trümmer!«

Das Auseinanderbrechen des alten Zusammenlebens der Nationalitäten wirkte dort besonders alarmierend, wo die vormärzlichen Gesellschaftsformen und Familienbande von einem Tag auf den anderen in die Zerreißprobe gerieten. Der kärntner Land- und Fabrikbesitzer Ferdinand Graf Egger gehörte zum liberalen Flügel des Provinzadels. Er war ein väterlicher Freund und Verwandter des kroatischen Offiziers Juro von Jellačič, eines jüngeren Bruders des berühmten Generals. Die Briefe Eggers an seinen Freund Juro spiegeln die Erschütterung über das Aufbrechen der nationalen Gegensätze, seit im Mai der Konflikt zwischen Kroatien und Ungarn deutlich geworden war. Der Graf sah die alte Welt zusammenbrechen: »Ach, Juritza, mir graut unaussprechlich, es ist mir als müsse Alles, was in den alten Formen bisher bestanden, Alles, von den größten Weltbeziehungen an bis in die kleinsten Privatverhältnisse hinab zusammenbrechen und uns in einem Sturze begraben ... Noch fehlen die neuen Formen, und die alten sind zerstört oder in täglicher Zerstörung begriffen und inzwischen verheert der fessellose Sturm des geschmolzenen Metalles wie eine Lava Alles ohne Unterschied.«[77] Der Sensibilität des Grafen Egger entsprach freilich seine Passivität, aus der er in den folgenden Auseinandersetzungen kaum heraustrat. Solche Gebrochenheiten gab es jetzt viele. Auch daran lag es, daß das Gesetz des Handelns – sieht man von Ungarn ab – schließlich nur mehr zwischen den radikalen Großdeutschen in Wien und den militärischen Kommandeuren mit der schwarzgelben Kokarde und den böhmischen und kroatischen Regimentern strittig war.

Der demokratisch-großdeutsche Radikalismus, der sein Zentrum in Wien hatte, geriet nach den Anfangserfolgen im Frühjahr bis zur revolutionären Katastrophe im Oktober in eine zunehmend schwierige Lage. Den Gegensatz zwischen der Bourgeoisie und dem sogenannten Volk zu überwinden – das bezeichnete Julius Fröbel, der sich bereits im August 1848 in Wien aufhielt, in einem Zeitungsartikel als die entscheidende Aufgabe der Wiener Demokraten. Anders als im entwickelteren Westeuropa würde der Versuch einer sozialen Revolution in Wien nur eine gewissenlose Frivolität darstellen. »Für Wien handelt es sich nicht um die Ausbildung, sondern um die Versöhnung dieses Gegensatzes, – um die Entwicklung eines edlen Sinnes für Freiheit und wahre Gerechtigkeit, die der hiesigen Bourgeoisie weniger als jeder anderen fremd zu sein scheint und durch die sie, wenn mich nicht jede Ahnung täuscht, noch ganz auf die Seite der rückhaltlosen Demokratie herübergezogen und Wien zum Mittelpunkt und zur Hauptstadt des demokratischen Europa gemacht werden wird. Zu dieser großen Rolle in einer neuen Zeit muß sich Wien erheben, wenn es nicht im Schiffbruch einer alten zu Grunde gehen will.«[78] Der wunde Punkt lag freilich in der Isolierung Wiens und nicht nur in der Isolierung der Wiener Radikalen.

Die neue Rolle des Austroslawismus als Klammer des alten dynastischen Staates zeigte sich rasch in Ungarn und in Kroatien und im Verhalten des in Wien im Juli eröffneten österreichischen Reichstages. Der nach dem allgemeinen Wahlrecht zustande gekommene Reichstag wurde von Ungarn nicht beschickt; es dominierten die Abgeordneten slawischer Nationalität (Tschechen, Slowaken, Polen, Ruthenen, Serben, Kroaten, Slowenen). Wichtig wurde die agrarpolitische Initiative des deutsch-böhmischen Abgeordneten Hans Kudlich, die noch im August zum Beschluß der Aufhebung aller noch bestehenden Untertänigkeitsverhältnisse und Lasten der bäuerlichen Bevölkerung führte. Die Entschädigungsfrage wurde allerdings in einer für die Grundbesitzer (Adel, Klöster, Kaiserhaus, staatliche Fonds) günstigen Weise geregelt; die Liberalen stieß man vor den Kopf, indem man den Beschluß als Kaiserliches Gesetz verkündete, also an der Gesetzgebungskompetenz des Parlaments vorbei. Folgenreich sollte werden, daß das Interesse der ländlichen Bevölkerung an der weiteren Arbeit des Reichstages und an dem Fortgang der revolutionären Bewegung mit der raschen Erledigung der Agrarfrage erlahmte. Noch unmittelbarer wirkte sich der Konflikt mit Ungarn und der kroatisch-ungarische Gegensatz auf die Gesamtlage Österreichs aus. Die kaiserliche Regierung hatte seit März den kroatischen Nationalismus ermuntert; der vom Kaiser zum Banus (Statthalter) von Kroatien bestellte General von Jellačič wandte sich gegen die ungarische Regierung und Nationalbewegung, um die Selbständigkeit Kroatiens im Rahmen des Habsburgerstaates von der Stephanskrone wieder zu erkämpfen. Der Kaiserhof, der im August aus Innsbruck nach Wien zurückkehrte, und die Regierung lavierten zeitweilig zwischen den sehr weitgehenden Forderungen der Ungarn (Personalunion) und den Kroaten. Als Jellačič eigenmächtig zum militärischen Angriff gegen Ungarn vorging, wandte sich eine Delegation aus Budapest an den Wiener Reichstag mit der Bitte um Vermittlung und Intervention. Das führte im September zum Konflikt im Parlament. Die slawische Mehrheit, vor allem die tschechische Rechte, lehnte ein Eingreifen zugunsten der Ungarn ab; die Linke, vor allem aus Deutsch-Österreichern gebildet, sagte den Ungarn Unterstützung gegen Jellačič und gegen die österreichische Regierung zu.

Anfang Oktober verschärfte der endgültige Bruch der Regierung mit Ungarn die Lage in Wien, denn die militärische Stellung des Banus Jellačič war zunächst eher schwach, er mußte sich auf österreichisches Gebiet zurückziehen. Als daraufhin der Kriegsminister Latour die Entsendung aller verfügbaren österreichischen Truppen nach Ungarn anordnete, widersetzten sich aufgrund der Agitation der linken Gruppen des Reichstags und der demokratischen Vereine die in Wien stationierten Einheiten dem Abmarsch. Das war das Signal zur Oktoberrevolution in Wien. Die meuternden Truppen und die aufständischen Bürger, Studenten und Arbeiter brachten die Stadt in ihre Gewalt; der Kriegsminister Latour wurde an einer Laterne erhängt. Der Kaiserhof, fast alle Minister und die Abgeordneten der Rechten verließen die Stadt. Die revolutionären Gruppen in Wien organisierten politische und militärische Sicherheitsmaßnahmen, wobei sie vor allem auf die Hilfe der ungarischen Armee hofften. Aber nur ein Teil der Bevölkerung unterstützte den erforderlichen militärischen Abwehrkampf.

Die Wiener Revolution provozierte die Frankfurter Zentralgewalt zur Intervention; gleichzeitig verstärkte sie am Kaiserhof die Nei-

Die liberale Welle führte auch in Österreich zur Einberufung eines Reichstages. Als er in Wien feierlich eröffnet wurde, war aber schon deutlich geworden, daß die Nationalitätenfrage der demokratischen Einheitsbewegung entgegenstand; Ungarn hatte keine Vertreter entsandt.

gung zu entschlossenem gegenrevolutionären Vorgehen. Der geflohene Ministerpräsident Wessenberg versuchte von Olmütz aus noch eine Verständigung mit den Wiener Machthabern, um einen Bürgerkrieg zu vermeiden. Der Reichsverweser Erzherzog Johann entsandte zwei Abgeordnete als Reichskommissare zu einer »Mission des Friedens und der Versöhnung«. Doch Wessenberg erkannte den Kommissaren der deutschen Zentralgewalt keine Kompetenz in innerösterreichischen Fragen zu; so reisten sie gar nicht erst nach Wien weiter. Noch entschiedener lehnte Fürst Windischgrätz jedes Eingreifen Frankfurts ab; seit dem 16. Oktober bereitete er auf Befehl des Kaisers die Einschließung und militärische Eroberung Wiens vor. Die Frankfurter Linke verlangte, die Nationalversammlung solle sich mit der Wiener Erhebung solidarisieren; als sie dafür keine Mehrheit erhielt, schickte sie wenigstens eine Delegation nach Wien. Am 17. Oktober trafen Robert Blum und Julius Fröbel in Wien ein, aber sie konnten das Schicksal der Stadt und ihrer revolutionären Verteidiger nicht wenden, so wenig wie die demokratischen Aufrufe und Botschaften aus Deutschland: »Was wir für Wien tun, tun wir für Deutschland ... Rettet die Freiheit Wiens, rettet die Freiheit Deutschlands.«[79]

Am 26. Oktober begann Windischgrätz den Angriff auf Wien, nachdem die Aufständischen ein Ultimatum abgelehnt hatten. Da der ungarische Entsatzangriff bei Schwechat erfolgreich abgewiesen wurde, war das Schicksal Wiens besiegelt. Bis zum 31. Oktober war auch die Innenstadt in der Hand der regulären Truppen. Es folgten etwa 2 000 Verhaftungen, standgerichtliche Verfahren und Hinrichtungen. Die beiden Frankfurter Abgeordneten Blum und Fröbel wurden ohne Rücksicht auf ihre Immunität zum Tode verurteilt; Blum wurde hingerichtet, Fröbel ließ man frei.

Im Kampf um Wien standen tschechische und kroatische Regimenter gegen die deutschen Verteidiger der Stadt; die ethnische Fremdheit hatte jede Solidarisierung verhindert und den Sieg im Bürgerkrieg erleichtert. Die Stadt zeigte schon am nächsten Tag ein verändertes Gesicht. Alle schwarz-rot-goldenen Fahnen waren verschwunden. Auch das Standbild Josephs II. hielt nun eine schwarzgelbe Fahne im Arm. Die revolutionäre Mode mit altdeutscher

Tracht und langem Haar und Bart war von einem Tag zum anderen ausgelöscht: »Auf den Straßen ist eine ganz neue Bevölkerung ... Man sieht fast lauter Leute mit Handschuhen, die sehr hell und glänzend, während man diesen Luxus seit Wochen gar nicht mehr kannte, und wieviel Bärte und lange Locken sind seit gestern gefallen! Die deutschen Hüte und Kalabreser sind wieder durch den abgeschmackten Zylinder verdrängt.« Am Abend saßen auf allen Plätzen die Soldaten bei ihren Biwakfeuern. Vor der Stephanskirche kampierten tschechische Einheiten und stimmten *Schuselka nam pice* an, ein Spottlied auf den deutsch-böhmischen Abgeordneten der Paulskirche und auf Deutschland.

Nun kam sehr viel auf die weitere Verfahrensweise in der Verfassungs- und Nationalitätenfrage an; noch betrieb die Regierung nicht die Rückkehr zum Absolutismus. Der im mährischen Kremsier, der Sommerresidenz des Olmützer Erzbischofs, neu versammelte Reichstag begann die Ausarbeitung einer gesamtösterreichischen Verfassung. Die Linke arbeitete mit, und das konstitutionelle Werk hatte in der Tat liberale und föderalistische Züge. Gleichzeitig wiesen konkrete Entscheidungen an der Spitze des Staates in ganz andere Richtung. Das Habsburgerreich brauchte einen neuen Kaiser. Der innerdynastische Entscheidungsvorgang, der nun stattfand, war mit dem aufrechterhaltenen »naturwüchsigen« Gottesgnadentum im Grunde nicht vereinbar. Es setzte sich das Bündnis zweier Frauen durch: Kaiserin Marianne, die Gattin des schwachsinnigen, bisher regierenden Ferdinand I., tat sich mit ihrer Schwägerin Erzherzogin Sophie zusammen; gemeinsam setzten sie gegenüber den anderen Erzherzögen durch, daß Sophies Ältester, der am 18. August volljährig geworden war, als Franz Joseph I. am 2. Dezember zum Kaiser von Österreich erhoben wurde. An diesem ungewöhnlichen Vorgang – der kranke Kaiser lebte ja bis 1875 – wirkte Fürst Felix Schwarzenberg, der am 21. November die Leitung eines neuen Kabinetts übernommen hatte, nicht unerheblich mit. Schwarzenberg entschied sich für den liberalen Graf Stadion als Innenminister, als Handelsminister holte er den Triestiner Paulskirchenabgeordneten Karl Ludwig von Bruck. Aus dem alten Ministerium behielt er als Vertreter der bürgerlichen Mitte den Justizminister Alexander Bach und den Finanzminister Krauß. Der neue Ministerpräsident war weder ein Vertreter des Austroslawismus noch ein Exponent der feudalen Reaktion. Seine Standesgenossen hielt er für politisch unfähig. Seinem Schwager, Fürst Windischgrätz, schrieb er: »Die Demokratie muß bekämpft, ihren Übergriffen muß entgegengetreten werden, das kann aber in Ermangelung anderer Hilfskräfte nur die Regierung tun, denn ein schwacher Alliierter, wie es unsere Aristokratie leider ist, schadet der Sache mehr als er ihr nützt.«[80]

Von den deutschen Dingen verstand Schwarzenberg wenig. Doch ganz im Sinne Metternichs war es ihm ausgemacht, daß der europäische Wiederaufstieg Österreichs wesentlich mit der Neubefestigung seiner Stellung in Deutschland verbunden sein würde. Anders als Metternich besaß er die Überzeugung und die Energie, mit Hilfe hervorragender bürgerlicher Fachleute die innere Modernisierung des Kaiserstaates voranzutreiben. Ob diese deutschen und innerösterreichischen Ziele eher unter einem neoabsolutistischen Vorzeichen oder mittels eines gemischten, liberal-autoritären Systems – etwa im Stile Napoleons III. oder Bismarcks – zu erreichen waren, konnte im Spätherbst 1848 wohl noch als unentschieden gelten. Es war also nicht so, daß diese österreichische Rekonstruktion schon die Weichen für den Sieg der Gegenrevolution im übrigen Deutschland gestellt hätte. Auch der Niedergang der deutschen revolutionären Kräfte und das Nichtzustandekommen einer liberalen, Österreich einbeziehenden Verfassungslösung vom außerösterreichischen Deutschland her beeinflußten den Weg des Kaiserstaates in den Neoabsolutismus.

Der achtzehnjährige Kaiser war noch ein unbeschriebenes Blatt. Er hatte militärische Neigungen und stand zunächst stark unter dem Eindruck der Persönlichkeit Schwarzenbergs. Als Franz Joseph am 2. Dezember im erzbischöflichen Palais vor seinem Vorgänger und Onkel Ferdinand niederkniete und ihm dankte, streichelte ihm dieser väterlich die Wange und sagte: »Bleib nur brav, es ist gern geschehen.«

Die Mahnung zur Bravheit war vielleicht weniger harmlos, als es damals klang und seither wiederholt wird. Denn der alte Herrscher hatte im März das Verfassungsversprechen gegeben, er nannte sich seitdem »konstitutioneller Kaiser«. Franz Joseph fühlte sich an das Verfassungsversprechen seines Vorgängers nicht gebunden. Er hat dennoch im Einverständnis mit Schwarzenberg mit einem ganz und

Die stürmischen Zeiten um die Jahrhundertmitte erforderten für den Vielvölkerstaat eine kräftige monarchische Spitze. So kam es zu einer Art von Familienkomplott; der kranke Ferdinand I. wurde durch den achtzehnjährigen Franz Joseph ersetzt, der dann fast sieben Jahrzehnte bis in den Ersten Weltkrieg hinein regieren sollte.

Links: Thronverzichtserklärung des Kaisers Ferdinand I.
Rechts: Regierungserklärung des Kaisers Franz Joseph I.

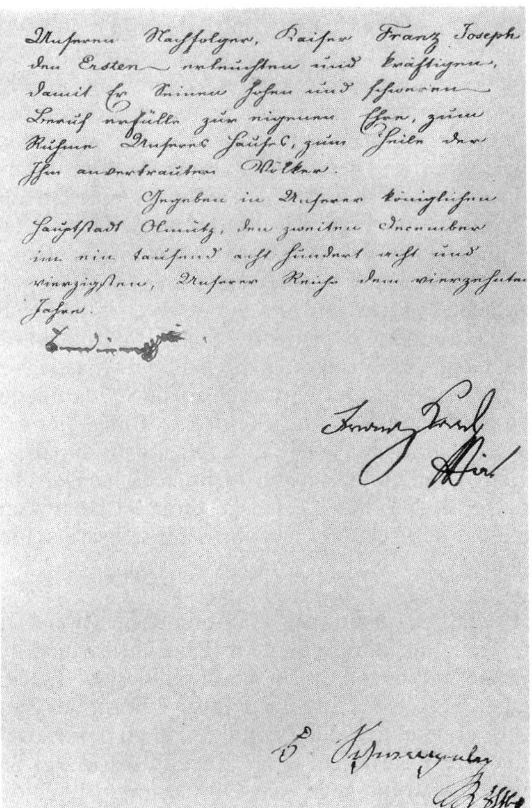
Unserem Nachfolger, Kaiser Franz Joseph dem Ersten [illegible] und kräftigen, damit Er seinen hohen und schweren Beruf erfülle zur eigenen Ehre, zum Ruhme Unseres Hauses, zum Heile der Ihm anvertrauten Völker.
Gegeben in Unserer königlichen Hauptstadt Olmütz, den zweiten December im ein tausend acht hundert acht und vierzigsten, Unserer Reiche dem vierzehnten Jahre.
Ferdinand
Franz Karl
Schwarzenberg

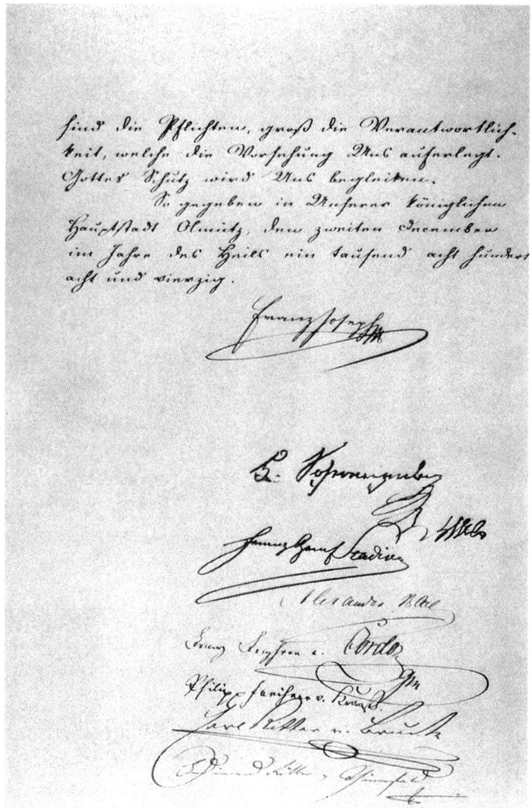
sind die Pflichten, groß die Verantwortlichkeit, welche die Vorsehung Uns auferlegt. Gottes Schutz wird Uns begleiten.
Gegeben in Unserer königlichen Hauptstadt Olmütz, den zweiten December im Jahre des Heils ein tausend acht hundert acht und vierzig.
Franz Joseph
F. Schwarzenberg
Franz Graf Stadion
Alexander Bach
[illegible]

gar konstitutionellen und von Freiheitsfloskeln gefüllten Manifest begonnen. Man hat später von einem glatten Betrug gesprochen, aber so entschieden war die antiliberale Gesamtlinie noch nicht. Freilich zeigte sich bald, wie stark der junge Kaiser durch die Erziehung, das Klima des Hofs und vor allem durch die militärischen Umstände der Rekonstruktion Österreichs im antikonstitutionellen Sinne geformt war. Auch traten sehr rasch jene Züge autokratischer Selbstüberschätzung hervor, die ihn selbst die noch von Schwarzenberg festgehaltenen halbliberalen Formen eines modernen Regierungssystems zerstören ließen.

Zunächst war Schwarzenberg als Mentor mit dem Ernst und der Haltung des jungen Monarchen sehr zufrieden. In einem Brief an Metternich gibt er eine Schilderung, die trotz des höfischen Parfüms durchgehende, bis ins hohe Alter geltende Charakterzüge treffend hervorhebt: »... Sein Verstand ist scharf, sein Fleiß in den Geschäften, besonders in seinem Alter, bewunderungswürdig. Er arbeitet ernstlich wenigstens zehn Stunden am Tage und wie viele Vorträge der Minister, von ihm selbst bemängelt, unerledigt zurückkommen, weiß niemand besser als ich. Sein Anstand ist würdevoll, sein Benehmen gegen alle Leute überaus höflich, aber etwas trocken. Die Gefühlsmenschen - und in Wien machen viele Leute Anspruch auf Gemütlichkeit - sagen, er habe wenig Herz. Von der gewissen warmen und flachen Gutherzigkeit mancher Erzherzoge findet man bei ihm keine Spur... Er ist physisch und moralisch ein furchtloser Charakter und ich glaube, daß er hauptsächlich deshalb jede Wahrheit, auch die bitterste, verträgt, weil sie ihn nicht erschreckt...«[81]

Was die Stellung des neuen Kaisers zur deutschen Frage angeht, so stand die Übereinstimmung mit Schwarzenbergs großösterreichisch-mitteleuropäischer Konzeption außer Frage. In tiefere Schichten des dynastischen und persönlichen Bewußtseins führt die deutliche Ablehnung der deutsch-liberalen Politik seines Onkels, des Erzherzogs Johann.[82] Gerade der Mutter gegenüber fallen scharf ironische Äußerungen über den Reichsverweser als »Onkel Reichsvermoderer« oder »Retter Deutschlands«. Begriffe wie »Nation« und »deutsche Einheit« und »Freiheit« waren und blieben für Franz Joseph revolutionäre Schlagworte. Seine Bindung an die Tradition einer deutschen Führungsaufgabe seiner Dynastie war tief, aber eigentlich pränational. Der Anspruch an die Solidarität der deutschen Fürsten nach dem Maßstab »deutscher Einigkeit« verband sich widerspruchslos mit der Vorstellung föderalistisch-patriarchalischer Herrschaft über deutsche und nichtdeutsche Bevölkerungen. Dabei wurde, freilich meist unausgesprochen, dem deutschen Element und der deutschen Lebensform der selbstverständliche Primat zuerkannt.

Das Plenum der Frankfurter Nationalversammlung beriet erst im Oktober über jene Teile der künftigen deutschen Verfassung, die über die Grundrechte hinaus die eigentlichen politischen Fragen betrafen: die Organe des Reiches und die definitive Form der Zentralgewalt und damit die Stellung der Zentralgewalt zu den Einzelstaaten, insbesondere zu Österreich. Bezeichnenderweise war die österreichische Frage, obwohl sie in den Diskussionen über die Grenz- und Nationalitätenprobleme immer wieder aufgetaucht war, bisher nie in ihrer vollen Bedeutung gesehen worden. Auch der Entwurf der Reichsverfassung, den der zuständige Ausschuß der Nationalversammlung Anfang Oktober dem Plenum vorlegte, war in dieser Hinsicht vorsichtig gehalten. Der Entwurf war von den Konzepten der liberalen Mitte geprägt. Das Reich sollte Träger der deutschen Souveränität werden, die Länder aus souveränen Staaten zu abhängigen Staaten werden. Weitergehende unitarische Pläne der Linken zur Neueinteilung Deutschlands in etwa zehn »Reichskreise« oder wenigstens zur Mediatisierung kleinerer Staaten im Sinne einer föderalistischen Flurbereinigung hatten keine Mehrheit gefunden. Die Diskussion über die Stellung Österreichs in und zu dem neuen Reich entzündete sich jetzt an den ersten Bestimmungen des Entwurfs:

»1. Das deutsche Reich besteht aus dem Gebiete des bisherigen deutschen Bundes ...

2. Hat ein deutsches Land mit einem nichtdeutschen Lande dasselbe Staatsoberhaupt, so soll das deutsche Land eine von dem nichtdeutschen Lande getrennte eigene Verfassung, Regierung und Verwaltung haben ...

3. Hat ein deutsches Land mit einem nichtdeutschen Land dasselbe Staatsoberhaupt, so muß dieses entweder in seinem deutschen Lande residiren, oder es muß auf verfassungsmäßigem Wege in demselben eine Regentschaft niedergesetzt werden, zu welcher nur Deutsche berufen werden dürfen.«[83]

Die leidenschaftlichen Debatten, die dieser Entwurf in der Paulskirche und in der deutschen und österreichischen Öffentlichkeit hervorrief, sind nur zu verständlich. Handelte es sich hier doch einerseits um das Grundprinzip des Nationalstaates, das nicht durch Einbeziehung fremder Völker verwässert oder gar aufgegeben werden durfte. (Daß auch das Bundesgebiet nichtdeutsche Bevölkerungen enthielt, wurde in der Paulskirche meist überspielt – oft mit dem historischen Argument der Zugehörigkeit zum alten Reich.) Andererseits handelte es sich um die staatliche Einheit des österreichischen Vielvölkerstaates, der sich ja eben jetzt, nach monatelangen schweren Krisen, wieder neu konstituierte. Nun fanden diese Debatten statt, bevor noch in Österreich (und in Preußen) im November die entscheidenden Schritte zur antirevolutionären Neubefestigung der Staatsmacht erfolgten. Und überdies ergaben sich hinsichtlich der Einbeziehung Österreichs keine grundlegenden Meinungsverschiedenheiten zwischen rechts und links. Von einer Alternative zwischen einer kleindeutschen und großdeutschen Option im späteren Sinne war noch gar keine Rede; vielmehr hat man damals noch um zwei Varianten innerhalb des als selbstverständlich Festgehaltenen gerungen: Zugehörigkeit nur der deutsch-österreichischen Gebiete des Kaiserstaates (gemäß Paragraph 1 des Entwurfes) oder Gesamteintritt Österreichs in das neue Staatsgebilde (mit Abänderung der Paragraphen 1 bis 3). Daß dies parlamentarische Ringen weithin rhetorischen Charakter hatte, weil man die Rechnung ohne den Wirt, nämlich ohne Abstimmung, ja ohne Kontakt mit der österreichischen Regierung machte, kam den Frankfurtern erst nachträglich zum Bewußtsein.

Die Bedeutung der Argumente zum deutsch-österreichischen

Problem, die in der großen Oktoberdebatte ausgetauscht wurden, reichten weit über den aktuellen Anlaß hinaus. Hier wurden Positionen, Wünsche, Ansprüche formuliert, die für die großdeutsche Dynamik über das Ende des Habsburgerstaates und des Zweiten Reiches hinaus bis in den Zweiten Weltkrieg ihr Gewicht behielten. Wie stand es um die Vereinbarkeit solcher Ziele mit den Interessen der nichtdeutschen Bewohner Europas? Hier wurde die grundsätzliche Frage nach dem Verhältnis deutschen Wollens zu dem Recht und den Lebensinteressen anderer Nationen aufgerissen. In den Auseinandersetzungen über die Grenzfragen (Polen, Dänen, Tschechen, Italiener) hatte sich bisher die Linke als Fürsprecherin der Rechte anderer Nationen und des »neuen Völkerrechts« präsentiert. Jetzt wurde am Problem Österreichs der ererbte Besitzstand deutscher Macht erstmals systematisch in modernes Licht gerückt. Da sah es anders aus. Es zeigte sich, wie rasch und unvermittelt die neuen Perspektiven wirtschaftlich-politischer Großrauminteressen und die scheinhistorischen Argumente von deutscher Kulturüberlegenheit in Imperialismus und Chauvinismus münden konnten.

Viele dieser Gedanken waren schon vor 1848 und dann verstärkt seit dem März formuliert und auch publiziert worden. Jetzt waren sie plötzlich in ein Treibhausklima nationaler Träumereien geraten, die sich vom politischen Realitätsbezug lösten.[84] Die Abgeordneten zeigten sich von der Überlegenheit und der daraus folgenden Mission deutscher Kultur, Bildung, Freiheit, Wissenschaft, Humanität ganz ungebrochen und naiv überzeugt. Aber der Donauraum als konkreter Aufgabenbereich der verlangten deutsch-österreichischen Kulturarbeit wurde zugleich auch in wirtschafts- und machtpolitischer Sicht gewertet. Die Perspektive ging weit über die bestehenden Grenzen Österreichs hinaus zu einem ebenso ausgedehnten wie verschwommenen Zukunftsbild eines endlich geeinten und in der einen oder anderen Form als Weltmacht auftretenden Deutschtums. Karl Biedermann sprach von einer Brückenfunktion Österreichs gegenüber »den Ländern, wohin der deutsche Einfluß dringen muß«. August Reichensperger betonte die antirussische Schutzfunktion der Habsburgermonarchie als einer »Vormauer nach Osten« und als »Eckpfeiler Deutschlands«. Der böhmische Graf Deym bezeichnete die Schaffung eines »mitteleuropäischen Riesenstaates« als Deutschlands Mission. Wichern plädierte für die Zusammenfassung der deutschen Nationalität »als ein klarer Krystall«, damit sie ihre welthistorische Mission erfüllen und dem republikanischen Westen wie dem despotischen Osten entgegentreten könne.[85] Der österreichische Abgeordnete Berger verband auf sehr typische Weise das machtpolitische Kalkül mit dem Pathos der Freiheitsmission: In einem großen mitteleuropäischen Staatensystem, dessen Zentrum Wien sein sollte, und das Polen, Rumänen und Südslawen umfaßt, werde die deutsche Kultur als eine Propaganda der Freiheit und Humanität nach dem Osten getragen.[86]

Auch die Redner der radikalen Linken, die wie Karl Vogt für eine Auflösung der Habsburgermonarchie plädierten, schrieben Deutschland ganz selbstverständlich die Rolle einer kolonisierenden Schutzmacht gegenüber den neu entstehenden slawischen Staaten zu. In der Freiheit und Humanität des deutschen Volkes sah Vogt die sicherste Garantie für den freiwilligen Anschluß dieser

Staaten auf dem Weg völkerrechtlicher Allianzen und Handelsbündnisse.[87] Ähnlich wurde über die Auswanderungsfrage gesprochen (Umlenkung nach dem Südosten) und über die Handels- und Flottenziele (Adria, Donaumündungen, Levante). So verschieden im einzelnen die aktuellen politischen Akzente lagen, so eindrucksvoll stellt sich aus dem Abstand von mehr als einem Jahrhundert diese Gedanken- und Empfindungswelt dar: das erneuerte Deutschland als das mächtigste und das mit tiefstem Recht zur Macht berufene Volk Europas und der Welt.

Mit dem Beschluß, eine Bundesflotte aufzustellen, machte die Frankfurter Nationalversammlung deutlich, daß das geeinte Deutschland auch nach außen die deutschen Farben zu zeigen gedachte. Nach der Revolution wurde die Flotte sang- und klanglos aufgelöst, die Flottengelder erhielt der Verein zur Rettung Schiffbrüchiger.

Die erste deutsche Flotte mit den Dampfschiffen »Lübeck« und »Bremen«, der Fregatte »Deutschland«, der Korvette »Franklin« und dem Dampfschiff »Hamburg« im August 1848 auf der Elbe

Das Auseinanderklaffen deutscher Wünsche und deutscher Wirklichkeit wurde schnell bei den Bemühungen um den Aufbau einer deutschen Kriegsflotte offenbar. Auch hier standen große, folgenreiche und gewiß auch zeitgemäße Ideen über die steigende Bedeutung des Welthandels und den Schutz der deutschen Interessen am Anfang. An diese ganz neue Marineliteratur muß man sich halten, um die patriotischen Gefühle und die rationalen Berechnungen, die nationale Hybris und die guten Gründe zu verstehen, von denen die Abgeordneten und die deutsche Öffentlichkeit erfüllt waren. Seit dem März bildeten sich in vielen deutschen Städten »Flottencomités« oder »Marineausschüsse«; Geldsammlungen fanden statt, Materialspenden liefen ein: Roheisen, Eichenstämme, ein Teleskop, eine Punschbowle in Form einer Bombe (vom Großherzog von Oldenburg für die Offiziersmesse des Schiffes, das seinen Namen tragen sollte). Die Ideen waren stark, die Wirklichkeit war mühsam. »Der deutsche Neptun wird viel, sehr viel zu thun haben, ehe er den starken Dreizack schwingt; wir werden viel Mühe, Opfer, Beharrlichkeit und vaterländische Gesinnung daran setzen müssen, ehe das Vaterland der Eichen Schiffe gebären kann, auf deren Masten stolz die schwarz-roth-goldene Flagge weht ... Eines nur, und zwar den Hauptgrund alles Gelingens, haben wir für uns: die deutsche Nation drängt mit Bewußtsein und Instinct zum Meere.«[88]

In der großen Oktoberdebatte über Österreich hatte der Abgeordnete Graf Deym die Vision eines kommenden Reiches entworfen, das den Engländern die Seeherrschaft entringen werde, um das größte und mächtigste Volk auf dem Erdenrund zu sein. Doch die deutsche Nationalversammlung löste sich auf, bevor eine einsatzfähige Flotte geschaffen war. Auch hier blieb als Erbschaft der Paulskirche ein großer Gedanke. Ob er in vernünftigem Sinne aufgegriffen würde, war einer kommenden Generation vorbehalten.

In der konkreten Verfassungsfrage fiel die parlamentarische Entscheidung nach unendlichen Redeschlachten am 27. Oktober. Die Nationalversammlung entschied sich mit großer Mehrheit für die unveränderte Annahme der Paragraphen 2 und 3, also dafür, Österreich vor die Alternative zu stellen: entweder Eintritt in das Reich unter Aufgabe der staatsrechtlichen Einheit bis auf den Restbestand einer Personalunion oder Erhaltung seiner Einheit bei einer Einschränkung seiner Verbindung mit dem außerösterreichischen Deutschland auf völkerrechtliche Beziehungen. Unter den 90 Neinstimmen waren 41 Österreicher, die für den Gesamteintritt oder für ein Hinausschieben der Frage eintraten. Die Mehrheit der 115 österreichischen Abgeordneten entschied sich mit der Mehrheit des Hauses für die Einbeziehung der »deutschen« Gebiete der Monarchie und damit für die Personalunion. Nun war Schwarzenberg am Zug.

In seiner Regierungserklärung vor dem Kremsierer Reichstag lehnte er jede Einschränkung der staatlichen Einheit Österreichs ab, ließ aber die weiteren Konsequenzen einstweilen im Dunkeln: »Nicht in dem Zerreißen der Monarchie liegt die Größe, nicht in ihrer Schwächung die Kräftigung Deutschlands. Österreich's Fortbestand in staatlicher Einheit ist ein deutsches wie europäisches Bedürfniß ... Erst wenn das verjüngte Österreich und das verjüngte Deutschland zu neuen und festen Formen gelangt sind, wird es möglich sein, ihre gegenseitigen Beziehungen zu bestimmen. Bis dahin wird Österreich fortfahren, seine Bundespflichten treulich zu erfüllen.«[89]

Damit war die Absage Österreichs an die Forderung der Personalunion unmißverständlich; alles andere blieb offen. Doch die Absage genügte schon, um in Frankfurt eine Sturzflut von Veränderungen hervorzurufen. Die Rechte spaltete sich in proösterreichische Großdeutsche, die jetzt den vollen Ernst der Lage erkannten und die deutsch-österreichischen Länder unbedingt dem Reich erhalten wollten, und in Anhänger der Idee Gagerns, einen engeren und einen weiteren Bund zu schaffen: einen Bundesstaat mit einer preußischen Spitze ohne Österreich, aber ergänzend einen völkerrechtlich »ewigen Bund« mit dem Kaiserstaat. Schmerling, der sich bisher zurückgehalten hatte, mußte jetzt mit der großdeutschen Gruppe sowohl gegen Gagern wie gegen die österreichische Politik Schwarzenbergs kämpfen. Dazu fand er in Frankfurt keine Mehrheit und so wurde er als Ministerpräsident der Reichsregierung zum Rücktritt veranlaßt. Der Reichsverweser berief zu seinem Nachfolger Heinrich von Gagern, der nun mit allem offiziellen Nachdruck für sein Programm des engeren und weiteren Bundes auftrat. Doch als er am 18. Dezember die Nationalversammlung ersuchte, ihn im Sinne seines Programms zu diplomatischen Verhandlungen mit Österreich zu bevollmächtigen – was ein sofortiges Präjudiz in dieser Richtung bedeutet hätte –, wich die Mehrheit aus. Man setzte einen Ausschuß ein, der eine linke Mehrheit hatte. Damit verlagerte sich die deutsch-österreichische Verfassungsfrage auf die Koalitionsfrage nach links.

Im Januar 1849 wurde die parlamentarische Lage in Frankfurt noch komplizierter. Gagern erhielt für die diplomatischen Verhandlungen mit Österreich über den engeren und weiteren Bund jetzt eine recht knappe Mehrheit. Schon die erste Debatte über die Oberhauptfrage führte in die Sackgasse. Weder das linke Konzept eines auf Zeit gewählten Staatsoberhauptes noch der bayerische Vorschlag eines mehrköpfigen Direktoriums, noch das Erbkaisertum (für Preußen?) fanden die erforderliche Mehrheit. Diese Vorgänge beschleunigten die im Februar zum Abschluß kommende Umgruppierung der Parteifraktionen. Im Wettlauf um die Stimmen der Linken bildeten sich zwei konträre Rechts-Links-Koalitionen. Jetzt erst trat der eigentliche Gegensatz kleindeutsch-großdeutsch beherrschend in den Vordergrund. Den Kern der kleindeutsch-erbkaiserlichen Verfassungspartei bildete seit Februar die Fraktion Weidenbusch; die großdeutsche Linke hatte sich schon vor Ende 1848 unter dem Vorsitz Fröbels in dem »Zentralmärzverein« zusammengeschlossen. Sie ging im Februar mit der von Schmerling geführten großdeutschen Rechts-Mitte-Gruppe (»Pariser Hof«) eine Koalition ein, die über 260 Stimmen verfügte. Daß diese Koalition schließlich unterlag, war nicht nur auf die Schwäche der gemeinsamen Basis zurückzuführen (man war sich im Februar vor allem in der Negation einig: Ablehnung des Doppelbundes, der preußischen Führung und der Reduktion des deutsch-österreichischen Verhältnisses auf eine völkerrechtliche Allianz). Bevor sich noch etwas über die Möglichkeit einer positiven Programmatik der großdeutschen Rechts-Links-Koalition ausmachen ließ, wurden die Voraussetzungen einer solchen Alternative von Österreich zerstört.

Fürst Felix Schwarzenberg hatte an der Absetzung Kaiser Ferdinands I. entschiedenen Anteil gehabt; nun suchte er als neuer Ministerpräsident energisch den Wiederaufstieg Österreichs in Deutschland durch eine innere Modernisierung des Kaiserstaates voranzutreiben.

Nachdem nicht nur Schmerling, sondern auch der katholische badische Abgeordnete Buß und der frühere Frankfurter Unterstaatssekretär von Würth vergeblich versucht hatten, Schwarzenberg zu einem flexiblen Verhandlungsangebot an die Paulskirche zu bewegen, entschieden sich die Dinge durch den Kaiser in entgegengesetzter Richtung: Er löste am 4. März 1849 staatsstreichartig den Kremsierer Reichstag auf. Zugleich ließ er eine oktroyierte Verfassung verkünden, die das Prinzip der staatsrechtlichen Einheit der deutschen und der nichtdeutschen Teile der Monarchie festschrieb. Diesem Überraschungsschlag folgte am 9. März eine deutschlandpolitische Initiative. Schwarzenberg legte der Frankfurter Zentralgewalt und der Nationalversammlung ein deutsches Verfassungsprojekt vor, das auf dem unbedingten Gesamteintritt Österreichs beruhte.[90] Zentralorgan sollte ein Direktorium sein, in dem Österreich, Preußen und Bayern ständig, die anderen Bundesstaaten mit vier Stimmen im Turnus vertreten sein sollten. In einem Staatenhaus aus Vertretern der einzelstaatlichen Kammern beanspruchte Österreich, gemäß der Bevölkerungszahl, die Mehrheit. An der Spitze sollte ein Reichsstatthalter stehen. Dies Amt würden im jährlichen Wechsel der Kaiser von Österreich und der König von Preußen bekleiden.

Erstaunlich genug, daß dies Projekt, das Schwarzenberg in ultimativem Ton vorlegte, nicht sogleich zur Niederlage der Großdeutschen und zum Sieg der kleindeutsch-erbkaiserlichen Partei in Frankfurt führte. Zwar begann es sogleich nach dem Bekanntwerden des offiziellen Schwarzenbergschen Siebzig-Millionen-Projektes auf der großdeutschen Seite zu bröckeln – wobei vielleicht mehr noch die Form als der Inhalt (der ja schon lange diskutiert worden war) des österreichischen Vorgehens desintegrierend wirkte. Die tiefe Fundierung des deutsch-österreichischen Zusammenhangs im Bewußtsein sehr vieler Abgeordneter von links nach rechts, aber auch die Skepsis gegenüber der Wünschbarkeit und Möglichkeit eines preußischen Kaisertums standen jedoch noch immer einem Abstimmungssieg der Kleindeutschen im Wege. Es bedurfte noch

Nachdem die neue Reichsverfassung verabschiedet worden war, die auch die deutschen Gebiete Österreichs ausgeschlossen hatte, war das Kaisertum für Preußen disponibel geworden. Aber König Friedrich Wilhelm IV. lehnte die ihm angetragene Krone ab, da sie seinem Verständnis des Gottesgnadentums und des Fürstenbundes widersprach. Die demokratische Nationalversammlung hatte in einer sonderbaren Verkennung der Wirklichkeit die Rechnung ohne den Wirt gemacht.

Friedrich Wilhelm IV. empfängt am 2. April 1849 die Kaiserdeputation der Nationalversammlung

eines parlamentarischen Kuhhandels, bis man so weit war. Erst als sich eine starke Gruppe der Mitte auf linke Verfassungspostulate festgelegt hatte (nur aufschiebendes, nicht absolutes Veto des Reichsoberhauptes; demokratisches Wahlrecht), konnte eine kleine, von dem Breslauer Heinrich Simon geführte Linksgruppe für das Erbkaisertum gewonnen werden. Sie bildete jetzt das Zünglein an der Waage.

Am 27. März 1849 fand die Schlußabstimmung über jene Fassung der Reichsverfassung statt, die Österreich, auch mit seinen deutschen Gebieten, ausschloß und das Kaisertum für Preußen disponibel machte. Aufgrund der Wahlabsprache, des sogenannten »Simon-Gagern-Paktes«, wurde die Vorlage mit 267 gegen 263 Stimmen angenommen.[91] Jetzt verloren die Kleindeutschen keine Zeit mehr. Schon am folgenden Tag wurde die Wahl Friedrich Wilhelms IV. zum deutschen Kaiser vorgeschlagen und mit 290 Stimmen bei 248 Enthaltungen beschlossen. Das war kein berauschendes Ergebnis, es hatte noch dazu zwei Schönheitsfehler. Nicht nur, daß in den berühmten Paragraphen 1 bis 3 zwar nach außen hin an dem großdeutschen Bundesstaat festgehalten, aber gleichzeitig unausgesprochen der Ausschluß Österreichs in Kauf genommen wurde. Gravierender noch war, daß durch die wahltaktisch bedingte Verstärkung der demokratischen und unitarischen Züge der Verhandlungsspielraum mit dem preußischen König (und auch mit den anderen Ländern) in belastender Weise eingeschränkt war. Es hatte also am 27./28. März 1849 keine realistische über eine unrealistische Konzeption deutscher Zukunft gesiegt – wie sich sehr schnell herausstellen sollte.

Denn rasch zeigte sich, daß auch Gagerns Mehrheit keine wirkliche Lösung brachte. Dem preußischen König wurde sogleich von einer Delegation der Nationalversammlung, die ihr Präsident Eduard Simson anführte, in feierlicher Form die Krone des Reiches angetragen. Der König hatte es früher zwar nicht an Ermunterungen der nationalen Hoffnungen fehlen lassen; in den letzten Monaten hatte er sich aber eindeutig gegen eine Krone aus der Hand der Nationalversammlung, also aus »revolutionärer« Initiative, festgelegt. So konnte es eigentlich nicht überraschen, daß er das Angebot der Frankfurter Delegation ablehnte, aber er tat das in einer Weise, die nicht nur die Legitimierung der Nationalversammlung in der Frage der Kaiserwahl, sondern ihr Recht auf eine verbindliche Verfassungsarbeit ganz grundsätzlich in Frage stellte. An Ernst Moritz Arndt schrieb er, diese Kaiserwürde sei »das eiserne Halsband der Knechtschaft«, durch das er der Revolution leibeigen gemacht werden solle.[92] Auch wenn nun zwischen Frankfurt und den deutschen Einzelregierungen weiter verhandelt wurde, auch wenn schließlich 28 deutsche Regierungen bis auf Österreich, Preußen, Bayern, Württemberg, Hannover und Sachsen die Reichsverfassung ausdrücklich anerkannten – mit der Ablehnung einer »demokratischen« Kaiserwürde durch den preußischen König war die gesamte, in der Paulskirchenversammlung konzentrierte Nationalbewegung in eine anscheinend ausweglose Krise geraten. Dem Scheitern der Frankfurter Verfassungs- und Nationalpolitik folgte ein doppeltes Nachspiel: eine republikanisch-revolutionäre Tragödie in Baden, der Pfalz und in Sachsen – und eine Reprise der Frankfurter Anstrengung in preußisch-konservativem Gewande.

»Wat heulst'n kleener Hampelmann?« – »Ick habe Ihr'n Kleenen 'ne Krone geschnitzt, nu will er se nich!«

Heinrich von Gagern klagt Germania sein Leid

5. Die letzten Kämpfe und der Sieg der Gegenrevolution

In der an Enttäuschung, Bitterkeit und Zwiespalt nicht armen Geschichte Deutschlands bilden die letzten Monate der scheiternden Revolution ein besonders melancholisches Kapitel. Dem schrittweisen Zerfall der Nationalversammlung antworteten örtliche Versuche, durch Demonstrationen und Proklamationen, auch durch bewaffnete Erhebungen (in Sachsen, der Pfalz und in Baden) den Lauf der Dinge zu wenden. Im Mittelpunkt dieser Bewegung stand die Kampagne für die Reichsverfassung, die von der Nationalversammlung am 28. März als für ganz Deutschland rechtsgültig verkündet worden war; unabhängig von der Tatsache, daß diese Verfassung mangels eines Oberhauptes noch nicht in Kraft getreten war, wurde vom April bis zum Ende der Nationalversammlung am 18. Juni für ihre Anerkennung gekämpft. Alle Demonstranten und auch die Aufständischen beriefen sich auf diese gesamtdeutsche Verfassung; sie war zum gemeinsamen, letzten Schutzschild der revolutionären Errungenschaften geworden. Doch aus einer Vielzahl von Gründen kam es im Frühjahr 1849 nicht mehr wie im Jahr zuvor zu einer wirklichen und mitreißenden Volksbewegung. Die

Konstellation der politischen und gesellschaftlichen Kräfte hatte sich grundlegend geändert; die inneren Gegensätze in Frankfurt – innerhalb der Nationalversammlung wie zwischen dem Parlament und der provisorischen Zentralgewalt – brachen mit zerstörerischer Schärfe auf und verhinderten die Bildung eines neuen Konsenses.

Überraschend schnell verflogen nun die hochgespannten Erwartungen der Mitte-Links-Gruppierung, die noch im April unter Heinrich von Gagerns Führung auf ein Bündnis der liberalen Kräfte mit der preußischen Monarchie gesetzt worden waren. Staatsstreichartig löste Friedrich Wilhelm die preußische Abgeordnetenkammer auf, die sich für die Reichsverfassung erklärt hatte, vertagte die erste Kammer und gab dann am 28. April nicht nur eine endgültige Absage an die Kaiserkrone, sondern auch an das Frankfurter Verfassungswerk. Am 14. Mai richtete Preußen an den Reichsverweser, Erzherzog Johann, die Aufforderung, die Nationalversammlung aufzulösen; es wurde ihm nahegelegt, seine Befugnisse an den preußischen König abzutreten. Den preußischen Abgeordneten wurde die weitere Ausübung ihres Mandats verboten.

Österreich schonte aus guten Gründen die Stellung Erzherzog Johanns. Desto eindeutiger erfolgte die Absage an die Nationalversammlung. Schwarzenberg berief schon am 5. April alle österreichischen Abgeordneten aus der Paulskirche ab, wenn auch wie im Falle Preußens nicht alle dieser Anordnung folgten. Die Radikalität der österreichischen Abwendung von der Paulskirche steht auch im Zusammenhang mit der Entwicklung der Dinge in Italien und Ungarn. Am 3. April hatte Radetzky die piemontesische Armee bei Novara vernichtend geschlagen, woraufhin König Carl Albert zugunsten seines Sohnes Viktor Emanuel abdankte. Auch in Ungarn hatte Schwarzenberg die militärische Niederwerfung der Revolution im Auge, nicht eine Versöhnung. Dazu suchte er nun die Unterstützung Rußlands. Zar Nikolaus I. war in erster Linie an der Ruhe in Polen interessiert, doch als ihn Franz Joseph am 1. Mai in einem eigenhändigen Schreiben um die Hilfe seiner Armee in Ungarn bat, zögerte Nikolaus nicht. Über Galizien marschierten die russischen Korps nach Ungarn. Die Entscheidung konnte nicht zweifelhaft sein, auch wenn es noch Monate dauerte, bis die verzweifelt kämpfende Revolutionsarmee vor dem russischen Feldmarschall Paskiewitsch kapitulierte; Preußen hatte die russischen Truppentransporte unterstützt. Es half wenig, daß die Abgeordneten der Linken in der Paulskirche im Mai nicht müde wurden, die Bedrohung der deutschen und der europäischen Freiheit durch die Unterdrückungspolitik und die erneuerte Heilige Allianz der drei Ostmächte in den dunkelsten Farben auszumalen.

Indessen verpuffte die volkstümliche Kraft der Reichsverfassungskampagne in einer Abfolge von teils rhetorischen, teils blutigen Einzelaktionen. Dabei war auch die Wirkung der konterrevolutionären Wendung in Frankreich, die zu dem cäsaristischen System Louis Napoleons führte, im Spiel; das europäische Klima änderte sich. In diesen Zusammenhang gehört auch der resignierende Rückzug der breiten bürgerlich-liberalen Mittelschichten, die bisher überall eine entscheidende Rolle gespielt hatten. Diese Resignation, die weit in die gemäßigte Linke hineinreichte, kam wohl kaum aus einer habituellen bürgerlichen Unfähigkeit zum aktiven Widerstand

Mitbürger!

Der König und die Minister sind entflohen. Das Land ist ohne Regierung, sich selbst überlassen worden. Die Reichsverfassung ist verleugnet.

Mitbürger! Das Vaterland ist in Gefahr! Es ist nothwendig geworden, eine provisorische Regierung zu bilden. Der Sicherheitsausschuß zu Dresden und die Abgeordneten des Volks haben nun unterzeichnete Mitbürger zur provisorischen Regierung ernannt.

Die Stadt Dresden ist dem Vaterlande mit dem rühmlichsten Beispiele vorangegangen und hat geschworen, mit der Reichsverfassung zu leben und zu sterben.

Wir stellen Sachsen unter den Schutz der Regierungen Deutschlands, welche die Reichsverfassung anerkannt haben.

Zuzug von allen Ortschaften des Vaterlandes ist angeordnet und wird hiermit angeordnet.

Wir fordern den strengsten Gehorsam für die Befehle der provisorischen Regierung und des Obercommandanten Oberstleutnant Heinze!

Wir werden Parlamentäre an die Truppen senden und sie auffordern, den Befehlen der provisorischen Regierung gleichfalls Gehorsam zu leisten. Auch sie bindet keine andere Pflicht, als die für die bestehende Regierung, für die Einheit und Freiheit des deutschen Vaterlandes!

Mitbürger, die große Stunde der Entscheidung ist gekommen! Jetzt oder nie! Freiheit oder Sklaverei! Wählt!

Wir stehen zu Euch, steht Ihr zu uns!

Dresden, den 4. Mai 1849.

Die provisorische Regierung.

Tzschirner. Heubner. Todt.

Die Dresdener Aufstandsbewegung zählte zu den radikalsten Erhebungen in der Reihe der Achtundvierziger-Revolutionen. Vorübergehend kam es zu einer Allianz der Bürger, der Intellektuellen und der Unterschichten. Gottfried Semper leitete den Bau der Barrikaden, die von Richard Wagner glühend begrüßt wurden. Der russische Emigrant Michail Bakunin formulierte die sozialrevolutionären Forderungen der Aufständischen, die nach der Flucht des Königshauses die Herrschaft in Dresden übernahmen.

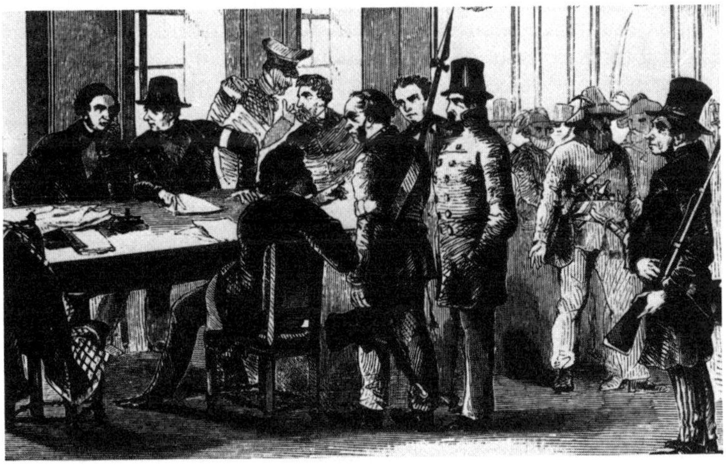

Die provisorische sächsische Regierung im Dresdener Rathaus, Mai 1849

oder gar zur bewaffneten Erhebung.[93] Nach dem Scheitern des auf Preußen abgestellten Erbkaiserplanes fehlte nun allen Gruppen rechts von der entschieden republikanischen Linken ein sinnvolles politisches Programm, für das sich zu kämpfen gelohnt hätte. Nur die republikanischen Linksgruppierungen (die übrigens keineswegs homogen und nicht gut organisiert waren) wußten, wofür sie eintraten. Die bayerische Regierung hielt an ihrem Nein zur Reichsverfassung fest, obwohl es in Schwaben, Franken und in der Rheinpfalz starke Strömungen für das Reich gab. In Franken kam es sogar zu Massendemonstrationen, wobei mit der Lösung der fränkischen Landesteile von Bayern gedroht wurde. Während es in Hannover vergleichsweise ruhig blieb, brach Anfang Mai in Sachsen ein bewaffneter Aufstand aus, der sein Zentrum in Dresden hatte. Der Architekt Gottfried Semper leitete den Bau der Barrikaden, der russische Emigrant Michail Bakunin formulierte die sozialrevolutionären Tendenzen der Dresdener Bewegung. Als der König und die Minister die Hauptstadt verließen, bildete sich eine provisorische Regierung, die sogleich die Reichsverfassung anerkannte. Zur selben Zeit kam es in Preußen zu Demonstrationen und bewaffneten Zusammenstößen. Im Rheinland entstand vor allem durch die

Rebellion erheblicher Teile der Landwehr in mehreren Städten eine revolutionäre Situation; in Iserlohn kostete die Niederwerfung der Landwehrrevolte durch reguläres Militär über 100 Tote. In Württemberg wurde der Druck der öffentlichen Meinung so stark, daß der König am 25. April - innerlich widerstrebend - die Reichsverfassung anerkannte; der leitende Minister Römer, der selbst als Abgeordneter der Paulskirchen-Linken angehörte, suchte durch eine vermittelnde Politik eine Radikalisierung zu verhindern, wie sie in der Pfalz und in Baden mit überraschenden Anfangserfolgen im Sinne einer »zweiten Revolution« erfolgte.

In der ersten Maihälfte setzte sich in der Rheinpfalz in enger Verbindung mit der radikalen Linken in der Paulskirche die revolutionäre Bewegung durch. Die am 17. Mai gebildete provisorische Regierung sprach sogleich die Anerkennung der Reichsverfassung aus, was zugleich die Absage an Bayern bedeutete. Die revolutionäre Regierung stellte eigene Truppen auch aus politischen Flüchtlingen und polnischen Emigranten auf und suchte die Unterstützung Frankreichs und der badischen Aufständischen, um vom deutschen Südwesten her einen Kristallisationsherd republikanischer Staatlichkeit zu schaffen.

Nur in Baden gelang es der Maibewegung, die an das republikanisch-sozialrevolutionäre Programm der Erhebungen vom Frühjahr und Herbst 1848 anknüpfte, einen ganzen Staat mit dem gesamten Behördenapparat, dem Staatsschatz und vor allem dem Gros des Heeres für die Revolution zu gewinnen. Am 13. Mai wurde in Offenburg formell das Widerstandsrecht gegen jene Fürsten proklamiert, die die Reichsverfassung ablehnten. Als von der Festung Rastatt her, wo die Menge die politischen Gefangenen befreite, die Revolution des Militärs auf das ganze Land übergriff, floh der Großherzog mit seinen Ministern. Eine provisorische Regierung, an deren Spitze der Mannheimer Rechtsanwalt Lorenz Brentano stand, übernahm die Staatsgewalt. Den Oberbefehl über die badischen Truppen, die sich aus den regulären Verbänden und revolutionären Freischaren zusammensetzten, führte der polnische Offizier Ludwig von Mieroslawski. Baden und die Rheinpfalz wurden für einen historischen Augenblick die Zentren der internationalen revolutionären Bewegung, deren Ziele weit über die deutsche Verfassungskampagne hinausreichten. Während sich die Gegensätze innerhalb der Führungsgruppe Badens bald verschärften, blieb die gesamte Maibewegung ohne eigentliche, integrationsfähige Führergestalt. In dieser letzten Phase gab es Versuche, an denen auch Marx und Engels beteiligt waren, die Arbeiterschaft zu einer selbständigen Rolle im revolutionären Kampf zu aktivieren. Wenn die Aufstände auf Berlin und auf größere Flächen in Sachsen und Thüringen, in Franken und im Rheinland übergegriffen hätten, wäre das vielleicht eine Chance gewesen, aber in Baden und in der Pfalz, wo tatsächlich länger gekämpft wurde, fehlten angesichts der ländlich-kleinbürgerlichen Struktur alle Voraussetzungen für eine Mobilisierung der Industriearbeiter.

Weiterhin überstürzten sich die Ereignisse in Sachsen und im Rheinland, in Franken, in der Pfalz und in Baden; sowohl die Nationalversammlung als auch die Zentralgewalt mußten darauf reagieren. Anfangs versuchte Heinrich von Gagern nicht ohne Erfolg,

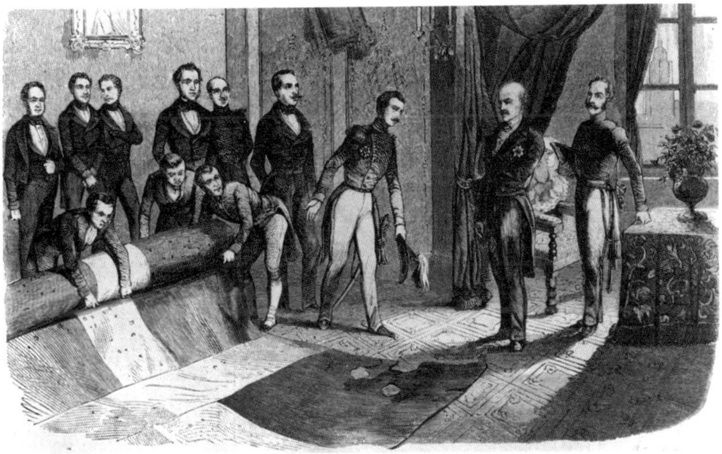

Bei Eckernförde errangen die Schleswig-Holsteiner 1849 einen Seesieg über die dänische Flotte. Das große dänische Linienschiff »Christian VIII.« flog dabei in die Luft. Die Übergabe der zerfetzten Flagge dieses Schiffes an den Reichsverweser in Frankfurt ist Ausdruck der nationalen Begeisterung über den Sieg.

einen Konsens von Mitte und links zur Unterstützung der Verfassung herzustellen. Dem entsprach der Aufruf, den die Paulskirche am 4. Mai beschloß: »Die Nationalversammlung fordert die Regierungen, die gesetzgebenden Körper, die Gemeinden der Einzelstaaten, das gesamte deutsche Volk auf, die Verfassung des deutschen Reichs vom 28. März des Jahres zur Anerkennung und Geltung zu bringen.«[94]

Doch dieser Appell, der im Grunde die Bevölkerung gegen die verfassungsfeindlichen Regierungen aufrief, ging den Konservativen entschieden zu weit. Der Linken war es zu wenig: Die allgemeinen Redensarten von »Anerkennung« und »Geltung« verdeckten ja die eigentliche Aufgabe, die eigene Autorität durchzusetzen; zuallererst kam es in ihren Augen darauf an, dem revolutionären Kampf um die Verfassung den Rückhalt Frankfurts zu geben. Immerhin kam es im Falle der pfälzischen Erhebung doch zu einer De-facto-Anerkennung seitens der Nationalversammlung; die Mehrheit stimmte auch einem Protest gegen das Eingreifen preußischer Truppen in Sachsen zu. Die Konsens-Illusionen Gagerns gingen nun so weit, daß die Nationalversammlung am 4. Mai allen Ernstes den Termin für die Wahlen zum neuen deutschen Reichstag – am 15. Juli – und für den Zusammentritt des Reichstages – am 22. August – festsetzte. Doch sechs Tage später mußte das Ministerium Gagern demissionieren. Der Reichsverweser hatte sich geweigert, diesen Verzweiflungsschritt nach vorn zu sanktionieren. Das war die letale Krise. Immer mehr Abgeordnete der Rechten und der Mitte legten ihr Mandat nieder. Nach der preußischen Erklärung vom 14. Mai trat an einem einzigen Tage eine Gruppe von über 60 Abgeordneten, der Kern des rechten Zentrums, aus der Nationalversammlung aus, darunter Heinrich von Gagern, Droysen, Dahlmann, Waitz und viele andere, die bisher das Profil der parlamentarischen Mitte und der Politik der Paulskirche bestimmt hatten. In einer feierlichen Austrittserklärung betonten sie, daß nach dem Abschluß der Verfassungsarbeit »*nur* das Eintreten des erwählten Reichsoberhauptes zu erwarten [war], um die Durchführung der Reichsverfassung auf einem glücklichen und friedlichen Wege zu sichern«.

Es ist bewegend, wie hier in dem einen Wort »nur« die Summe der bisherigen Illusionen und der jetzigen Hilflosigkeit zum Ausdruck kommt. Ebenfalls bewegend und illusionär zugleich klingt der Aufruf der Linken, den wenige Tage später Ludwig Uhland der stark geschrumpften Nationalversammlung vorlegte – er hoffte damals immer noch auf die Reichstagswahlen im kommenden Juli und trat für die Volksbewaffnung ein, um die Verfassung und die Wahlen zu sichern: »... so gedenken wir doch, wenn auch in kleiner Zahl und großer Mühsal, die Vollmacht, die wir vom deutschen Volke empfangen, die zerfetzte Fahne, treugewahrt in die Hände des Reichstags niederzulegen, ... für dessen Volkshaus die Wahlen am 15. Juli vorzusehen sind.«[95]

Der Reichsverweser brach jetzt mit dem bisherigen Prinzip einer Regierungsbildung gemäß der parlamentarischen Mehrheit. Obwohl infolge der Austrittsbewegung in der Paulskirche nun die Linken dominierten, berief er ein konservatives Reichsministerium, das zunächst von dem preußischen Abgeordneten Grävell, dann von dem nassauischen General Fürst Sayn-Wittgenstein geleitet wurde. Nun erfolgte der Bruch. Die Zentralgewalt erklärte es denn auch als ihre Aufgabe, »allen ungesetzlichen und gewaltsamen Bewegungen, welche die Durchführung der Verfassung zum Vorwand oder Anlaß haben«, mit allen Mitteln entgegenzutreten. Auf den Antrag Welckers beschloß die Nationalversammlung mit 191 gegen 12 Stimmen (bei 44 Enthaltungen) daraufhin ein massives Mißtrauensvotum gegen die neu installierte Reichsregierung: »Die Nationalversammlung erklärt, nachdem sie die Ernennung des Reichsministeriums und dessen Programm vernommen, daß sie zu diesem Ministerium nicht das geringste Vertrauen haben kann, sondern vielmehr diese Ernennung unter den obwaltenden Umständen als eine Beleidigung der National-Repräsentation betrachten muß.«[96] Aber auch diese Einhelligkeit des Widerspruchs gab dem Parlament sein Gewicht nicht zurück; acht Tage später verließ Welcker selber resignierend die Paulskirche; ihm folgten viele derer, die das Mißtrauensvotum getragen hatten, nur der radikale Flügel blieb. Die Linke forderte jetzt die Absetzung des Reichsverwesers, aber Erzherzog Johann und die Regierung dachten nicht daran. Vielmehr ließ der Reichsverweser erklären, daß ihm sein Amt im Vorjahr nicht nur von der Nationalversammlung, sondern auch von den Regierungen übertragen worden sei. Diese Betonung des »Doppelmandats« hatte weit über den aktuellen Konflikt hinaus Bedeutung. Im Sinne der alten österreichischen These vom Fortbestand des Bundesrechts auch nach 1848 konnte die Wiener Regierung später für eine Restauration des Bundes hieran anknüpfen.

Vorläufig verschärften sich die Konflikte zwischen Zentralgewalt, Nationalversammlung und revolutionärer Maibewegung. Der linken Mehrheit gelang es nicht, nach dem Muster des französischen Konvents von 1793 das schrumpfende Paulskirchenparlament zu einem revolutionären Aktionszentrum umzugestalten. Schließlich beschloß die Mehrheit, die Nationalversammlung nach Stuttgart zu verlegen, um der Bedrohung durch die preußischen und österreichischen Truppen in Frankfurt und Mainz zu entgehen. Auch hatte man die Hoffnung, daß man in Stuttgart den Anschluß Württembergs an die badische Erhebung in die Wege leiten und damit eine

Basis in Südwestdeutschland gewinnen könne. Eine Minderheit blieb zwar in Frankfurt, aber 100 Abgeordnete zogen nach Stuttgart. Es war nur folgerichtig, daß das Stuttgarter Rumpfparlament nun anstelle der Frankfurter Zentralgewalt seinerseits eine »Reichsregentschaft« (aus fünf Personen) einsetzte. Doch die württembergische Regierung entzog dem Rumpfparlament ihre Unterstützung. Auch die Bevölkerung zeigte sich nicht bereit, die Stuttgarter Versammlung und den badischen Aufstand zu unterstützen. Am 18. Juni verhinderten württembergische Truppen den Zusammentritt der Abgeordneten. Ein Protestzug der Abgeordneten, an ihrer Spitze der greise Ludwig Uhland, mußte vor dem Tor des vom Militär besetzten Sitzungssaales umkehren. Das war das endgültige Ende der ein Jahr zuvor mit so gewaltigen Hoffnungen eröffneten ersten deutschen Nationalversammlung.

Dieser deprimierende Ausgang der Dinge hat sicherlich auch mit dem Ausbleiben jeder Unterstützung durch Frankreich und mit dem Scheitern der Erhebungen vom Mai und Juni zu tun. In Sachsen griffen in der ersten Maiwoche preußische Truppen in den Bürgerkrieg ein und entschieden die Kämpfe in Dresden in wenigen Tagen. Dem Hofkapellmeister Richard Wagner gelang gerade noch die Flucht; in Abwesenheit wurde er zum Tode verurteilt. Auch in die Rheinpfalz rückten preußische Truppen ein, und zwar lange bevor die bayerische Regierung um ihren Einsatz gebeten hatte. Der militärische Widerstand der revolutionären Regierung unter dem Kommando des polnischen Generals Sznayde war schlecht organisiert. Nach einigen blutigen Gefechten konnten die Truppen unter Prinz Wilhelm von Preußen das ganze Land besetzen. Am 17. Juni floh die provisorische Regierung der Pfalz; die Reste der aufständischen Truppen zogen sich über den Rhein nach Baden zurück. Wilhelm, der »Kartätschenprinz«, verlängerte den Kriegszustand.

Nur in Baden hatte die Revolutionsregierung über eine intakte Verwaltung und erhebliche militärische Kräfte verfügt; so dauerten die Operationen hier länger. Nur langsam konnten die preußischen Truppen und militärische Kontingente, die von der Frankfurter Zentralgewalt bestellt wurden, nach Süden vorrücken. Das Ausbleiben der erhofften Unterstützung aus dem Elsaß und von Württemberg brachte die badischen Kräfte von Anfang an in eine aussichtslose Lage. Mieroslawski leitete den Widerstand mit großer Energie, aber alle Einzelerfolge konnten die schrittweise Besetzung des Landes nicht verhindern. Am längsten hielt sich die Festung Rastatt; der badische Festungskommandant und der preußische General Graf Gröben, der die Belagerungstruppen befehligte, verkehrten in den Formen militärischer Courtoisie. Gröben schickte auf die Bitte des Festungskommandanten 1000 Blutegel für die in den Rastatter Lazaretten liegenden Verwundeten.[97] Am 23. Juli mußte sich die badische Besatzung auf Gnade und Ungnade den Preußen ergeben; die 5600 Gefangenen wurden als Kriminelle behandelt. In Rastatt und in ganz Baden begannen Standgerichte mit der Arbeit. Im Unterschied zu Sachsen und der Pfalz wurden zahlreiche Todesurteile vollstreckt. Die badische Armee hatte aufgehört zu existieren, die Beamtenschaft wurde gesäubert. Eine Auswanderungswelle ohnegleichen setzte ein; 80000 Menschen verließen ihre Heimat. Jeder achtzehnte Bürger kehrte Baden den Rücken.

Der preußische Kronprinz, der spätere König und Kaiser Wilhelm I., war nach den Märzunruhen aus Berlin nach London geflohen. Wenige Monate später kommandierte er die preußischen Truppen, die die Aufstände in Sachsen, in der Rheinpfalz und in Baden niederschlugen.

Dies alles war ein unwiderruflicher Schlußstrich unter die Hoffnungen und Illusionen von 1848. Jetzt kam ein konservativ-liberales Nachspiel, das unter dem Namen der Unionspolitik in die Geschichte eingegangen ist. Die Hauptrolle auf der preußischen Szene spielte der Berater König Friedrich Wilhelms IV., Joseph Maria von Radowitz. Am Bundestag war er preußischer Militärbevollmächtigter gewesen und vor 1848 hatte er zu den Reformpolitikern gezählt; er war Abgeordneter der Nationalversammlung und Leiter des »katholischen Vereins« von Frankfurter Abgeordneten gewesen. Nach dem Scheitern des Frankfurter Erbkaiserplans aber wurde Radowitz ein Wortführer jener Gruppe am Berliner Hof – und im deutschen Bürgertum –, die aus der Konkursmasse der Revolution das Projekt eines kleindeutschen Bundesstaates mit preußischer Spitze und völkerrechtlicher Verbindung zu Österreich zu retten versuchte. Radowitz gewann zeitweilig starken, ja bestimmenden Einfluß auf den König, dessen deutscher Ehrgeiz durch die antirevolutionären Erfolge der preußischen Armee in Sachsen, in der Rheinpfalz und Baden neu beflügelt worden war. Radowitz war sich mit dem König einig in dem dynastisch-konservativen Grundkonzept und in der Rückkehr zur alten Kabinettspolitik; aber er suchte den Rückgriff auf seinen Bundesreformplan von 1847 mit populären Anleihen aus dem liberalen, kleindeutschen Programm der Paulskirche zu verbinden. Doch er konnte zu keinem Zeitpunkt den entschiedenen Widerstand der hochkonservativen Berliner »Kamarilla« ausschalten, der das Unionsprojekt »halbrevolutionär« war und die den König ständig in diesem Sinne beeinflußte.

Als ersten Schritt suchte Berlin die Verständigung mit Österreich. Das preußische Projekt vom Mai 1849, das Schwarzenberg vorgelegt wurde, war gegenüber Gagerns Konzept eines engeren und eines weiteren Bundes ins Konservative verschoben, da dem Bundesoberhaupt nun ein absolutes Vetorecht zuerkannt wurde und das allgemeine, gleiche Wahlrecht durch sehr eingeschränkte Wahlbestimmungen ersetzt worden war.[98] Dem Ausland gegenüber sollte die Union des deutschen Bundesstaates und der österreichischen Monarchie »untrennbar eins und verbunden« sein; nach innen sollte die enge Verbindung zwischen den beiden selbständigen Staatskörpern »durch freie Verträge, welche die möglichste Ausgleichung und Verknüpfung der beiderseitigen materiellen Interessen sicher stellen,« hergestellt werden. Das war eine Konzession an das österreichische Projekt des Siebzig-Millionen-Blocks, aber die Wiener Regierung lehnte den Vorschlag, der das gesamte außerösterreichische Deutschland dem preußischen Einfluß ausgeliefert hätte, ohne langes Zögern ab. Daraufhin begann Preußen mit den Mittel- und Kleinstaaten zu verhandeln. Es zeigte sich, daß nicht nur bei erheblichen Teilen der liberalen Öffentlichkeit, sondern auch bei einer Reihe von Regierungen Interesse an einer Kompromißlösung bestand, die Sicherheit vor einer Rückkehr in den vormärzlichen Absolutismus gab.

Zunächst gelang es Radowitz, Sachsen und Hannover zu gewinnen. Im Laufe des Jahres 1849 traten auch die meisten anderen Staaten des dritten Deutschland dem neuen Bund bei. Preußen arbeitete eine provisorische Verfassung aus; in allen beigetretenen Staaten sollten Wahlen zum Reichstag der neuen »Union« stattfinden. Der in Erfurt zusammengetretene Reichstag sollte dann in Abstimmung mit den Regierungen die definitive Verfassung ausarbeiten. Das war ein Programm und ein Vorgehen, das bei den gemäßigten Liberalen, die in Frankfurt die »erbkaiserliche Partei« gebildet hatten, auf Zustimmung stießen. Ende Juli fand in Gotha eine Versammlung von 150 Liberalen statt, die ihre Zustimmung zu der preußischen Unionspolitik mit einer charakteristischen Begründung gaben: »Den Unterzeichneten stehen die Zwecke, welche durch die Reichsverfassung vom 28. März erreicht werden sollten, höher als das starre Festhalten an der Form, unter der man dieses Ziel anstrebte.«[99] Mit einer derartigen Erklärung legten sich diese Liberalen, die von jetzt an den Parteinamen der »Gothaer« trugen, ausdrücklich auf einen Kompromißkurs fest, der die Überordnung der staatlichen Autorität Preußens anerkannte. Von dem künftigen Verhältnis zu Österreich war im Gothaer Programm keine Rede mehr. Beide Weichenstellungen – die Option für Preußen und das Schweigen über Österreich – wirkten weit über das rasche Scheitern der Unionspolitik hinaus.

Die dauerhafte Annäherung dieser liberalen Gruppen an die preußische Monarchie wurde dadurch leichter, daß Preußen nach der Revolution – anders als Österreich – eine funktionierende, wenn auch nur noch eingeschränkt liberale Verfassung behielt. Die Verfassung vom Dezember 1848 erhielt im Januar 1850 ihre endgültige Form (die bis 1918 in Kraft blieb): Die starke Stellung des Monarchen wurde durch ein Dreiklassenwahlrecht für die Abgeordnetenkammer zementiert; bei einem indirekten Wahlverfahren stellte die Klasse der Höchstbesteuerten (4,7 Prozent der Wahlberechtigten) ebenso viele Wahlmänner wie die Steuerzahler der mittleren und der unteren Klassen (mit jeweils 12,6 und 82,7 Prozent). Das entsprach den Interessen der liberalen Bourgeoisie.

Österreich, das noch mit der Niederwerfung Ungarns beschäftigt war, hielt sich zunächst zurück; starker Widerstand gegen die Unionspolitik kam dagegen aus Bayern, das eine Schlüsselstellung im dritten Deutschland einnahm. Der großdeutsch eingestellte Außenminister von der Pfordten sah die Selbständigkeit Bayerns nur gesichert, wenn Österreich zur Union stoßen würde; am 12. Juli lehnte er den Beitritt zur kleinen Union daher ab. Radowitz streckte aber die Waffen nicht, wobei er den König hinter sich wußte. Im Frühjahr 1850 trat in Erfurt der vorgesehene Reichstag zusammen. Die demokratische Linke hatte überall die Wahlen boykottiert, sie lehnte den Weg der Union als Verrat an den Idealen von 1848 ab. Dadurch verschob sich das parlamentarische Spektrum in Erfurt nach rechts. Den Konservativen stand eine Mehrheit der liberalen Gothaer gegenüber; nach kleineren Modifikationen nahm man die neue bundesstaatliche Verfassung an. Wie schwach das Fundament jedoch war, zeigte sich im Mai auf dem Fürstenkongreß der Unionstaaten in Berlin. Nur 12 der 26 vertretenen Staaten legten sich auf die Erfurter Verfassung fest. Das war bereits der Anfang vom Ende der Union.

Denn inzwischen war Österreich auf dem Plan erschienen, hatte den Widerstand der Mittelstaaten unverhohlen geschürt und die eigene Rechtsposition – auf der Grundlage des fortbestehenden alten Bundesrechts – gegen Preußen und die Union zur Geltung

Nach der Niederschlagung des ungarischen Aufstandes wurden dort vor allem deutsche und tschechische Beamte eingesetzt, die nicht nur von den Ungarn angefeindet wurden, sondern auch den Angriffen der österreichischen Liberalen ausgesetzt waren. Nach 1867 wurden viele dieser Beamten vom ungarischen Staat zwangspensioniert.

»Kikeriki«, 1861

gebracht. Das waren keine verfassungsrechtlichen Finessen. Es handelte sich vielmehr um eine weitgesteckte Politik, die von der deutschen Öffentlichkeit, die das ganze Ausmaß der postrevolutionären Machtwende nur zögernd wahrnahm, zunächst erheblich unterschätzt wurde. Jetzt erst, im Herbst 1849 und nach der Niederwerfung Ungarns, zeigte sich Schritt für Schritt, welche massiven Ziele Schwarzenberg mit Hilfe des Reichsverwesers gegenüber Deutschland verfolgte.

Erzherzog Johann wollte sein obsolet gewordenes Frankfurter Amt schon seit langem niederlegen. Aber erst nachdem es Schwarzenberg am 30. September gelungen war, Preußen zu einer für Österreichs deutsche Position sehr günstigen Regelung in dieser Sache zu gewinnen, ließ man ihn seinen Sessel räumen. Nach außen hin machte diese Regelung einen eher harmlosen Eindruck. In einem sogenannten Interimsvertrag zwischen Österreich und Preußen wurden die Befugnisse des Reichsverwesers auf eine aus zwei Österreichern und zwei Preußen bestehende Bundeskommission übertragen. Da der Reichsverweser seit der Auflösung der Nationalversammlung eigentlich nichts mehr zu tun gehabt hatte, blieben die Aufgaben dieser neuen Frankfurter Kommission dunkel. Der Interimsvertrag bezeichnete als Zweck dieser Abmachung die »Erhaltung des Deutschen Bundes«.[100] Preußen und Österreich übernahmen »im Namen sämtlicher Bundesregierungen« die Ausübung der Zentralgewalt des Bundes, wobei die Regelung der deutschen Verfassungsfrage einstweilen der freien Vereinbarung der Einzelstaaten anheimgestellt war.

Preußen gab sich der Illusion hin, mit diesem Vertrag den Rahmen für seine eigene Unionspolitik gesichert zu haben. Doch Österreich verfügte nun über die Basis, das alte Bundesrecht zu seinem Vorteil einzusetzen – sei es mit Preußen gegen das dritte Deutschland, sei es mit den Mittel- und Kleinstaaten gegen Preußen. Schwarzenberg hatte Preußen ausmanövriert. Gleichzeitig gelang es ihm, sich die Zustimmung des Zaren zu dem Gesamteintritt Österreichs in den Bund, also zu dem mitteleuropäischen Siebzig-Millionen-Reich, zu sichern. Andererseits trat Nikolaus I. der preußischen Unionspolitik als einem Bündnis mit der Revolution entschieden entgegen.

So trieben die deutschen Dinge einem ersten postrevolutionären Machtkampf entgegen. Kaum zwei Monate nach dem Interimsvertrag mit Preußen ließ Schwarzenberg die Maske endgültig fallen. Am 28. November protestierte er gegen die preußische Unionspolitik, die gegen die deutsche Bundesakte verstoße, und drohte mit einer militärischen Intervention, falls der von der Union angekündigte »Reichstag« die Ruhe und Ordnung in Deutschland stören werde. Der nächste spektakuläre Schritt Wiens war der Abschluß eines gegen die Union gerichteten Bündnisses der vier Königreiche Bayern, Württemberg, Sachsen und Hannover, dem Österreich beitrat.[101] Die verbündeten Mächte setzten der Unionsverfassung das schon bekannte großdeutsch-großösterreichische Riesenprojekt des Siebzig-Millionen-Reiches entgegen, ergänzt nun in liberalem Sinne durch eine »Nationalvertretung«, die sich aus je 100 Preußen und Österreichern und ebenso vielen Vertretern des dritten Deutschland zusammensetzen sollte, die aber nicht, wie der Erfurter Reichstag, aus direkten Wahlen hervorgehen sollte, sondern kraft Delegation aus den einzelstaatlichen Kammern; überdies sollte sie auch nur alle drei Jahre zusammentreten.

Schwarzenberg hatte dies Zugeständnis an das liberale Verfassungsprinzip nur ungern und zögernd gemacht. In merkwürdigem Widerspruch zu der Verbindung mit Hannover deutete er in Berlin an, daß man einer preußischen Machterweiterung in Norddeutschland nicht entgegentreten werde. So schien dieses Projekt nochmals die Chance einer Verständigung zwischen Wien und Berlin zu bieten. Die Vertreter der konservativen großpreußischen Staatsräson, wie der Ministerpräsident Graf Brandenburg und der Innenminister von Manteuffel, hatten an einer solchen Machterweiterung im Staatenbund Interesse; sie traten nun offen für die Preisgabe der Unionspolitik und für die Verständigung mit Wien ein. Radowitz und die Liberalen gewannen aber den König für die Fortsetzung der Unionspolitik und den Kampf gegen das süddeutsch-österreichische Projekt. Damit wurde die Konfrontation unausweichlich. In dieser Lage spielte Schwarzenberg seine stärksten Trümpfe aus. Er weigerte sich, das am 1. Mai 1850 auslaufende Interimsabkommen mit Preußen zu verlängern und lud statt dessen die Einzelregierungen zur Wiedereröffnung des alten Bundestages nach Frankfurt ein.

Das war die Lage zwei Jahre nach dem Beginn der Revolution. Die revolutionäre Bewegung war überall niedergeworfen, die alten Mächte hatten die Herrschaft wieder in der Hand. Aber was würde das Fazit der Revolution hinsichtlich der nationalen und hinsichtlich der liberalen Fragen sein, um die es gegangen war? Noch war vieles offen. Die Chance einer bundesstaatlichen Lösung mit Beibehaltung erheblicher liberaler Errungenschaften lag bei Preußen, war aber nur mit dem Draußenbleiben Österreichs zu erkaufen; die Einbeziehung der Deutschen Österreichs aber mußte auch die Einbeziehung der nichtdeutschen Österreicher und also den Verzicht auf den Nationalstaat bringen, und noch dazu eine erhebliche Einschränkung der liberalen Verfassungselemente. Keine der beiden Varianten kam zustande und konnte damit die Probe auf ihre Lebenskraft ablegen. Doch diese Entscheidungen der Jahre 1850/51 gehören schon nicht mehr zum Kapitel der deutschen Revolution; sie bilden das Vorspiel zu den folgenden Jahrzehnten.

Zwei Jahre nach dem Zusammentritt der Nationalversammlung war also zwar der Sieg der Gegenrevolution entschieden, aber noch war offen, worauf die Dinge im Zeichen einer wiederhergestellten Kabinettspolitik und im Ringen der alten staatlichen Mächte hinauslaufen würden; wohin ging der Weg der deutschen Staatlichkeit? Auch gab es hinsichtlich des Fortbestandes mancher Errungenschaften der Revolutionszeit erhebliche Unterschiede von Land zu Land. Die im Dezember 1848 feierlich verkündeten Grundrechte der Reichsverfassung waren ja noch in Kraft; in einer Reihe von Einzelstaaten hatten sich die »Märzministerien« bis jetzt gehalten. So ließ sich im Frühjahr 1850 noch keine eindeutige Prognose hinsichtlich einer Rückkehr zur puren, nackten Reaktion stellen; dazu kam es – jedenfalls für den Bereich der gesamtdeutschen Verfassungsfrage – erst im Laufe der Jahre 1850/51. Aber bereits jetzt waren in allen deutschen Staaten die Weichen in Richtung der

Gegenrevolution gestellt. Der Berliner Kladderadatsch hatte die zunehmende Demokraten- und Kommunistenhetze schon in seiner Silvesternummer 1848 angeprangert. Um alle Symbole der roten Republik zu vernichten, sei von jetzt an die rote Farbe abgeschafft, der Regenbogen werde in Zukunft nur aus fünf Farben bestehen, die Vögel hätten die roten Federn abzulegen. Den Demokraten sei das rote Blut abzuzapfen, den Damen die Schamröte verboten. Abend- und Morgenröte seien unzulässig und demgemäß seien alle Gedichte zu ändern.

Die »Neue Rheinische Zeitung« wurde schon im Mai 1849, sogleich nach den Landwehrunruhen, verboten; Karl Marx wurde aus Preußen ausgewiesen. Alle Gruppen der Bevölkerung, die an den revolutionären Bewegungen in dieser oder jener Weise teilgenommen hatten, standen unter Aufsicht, die alten Schikanen der

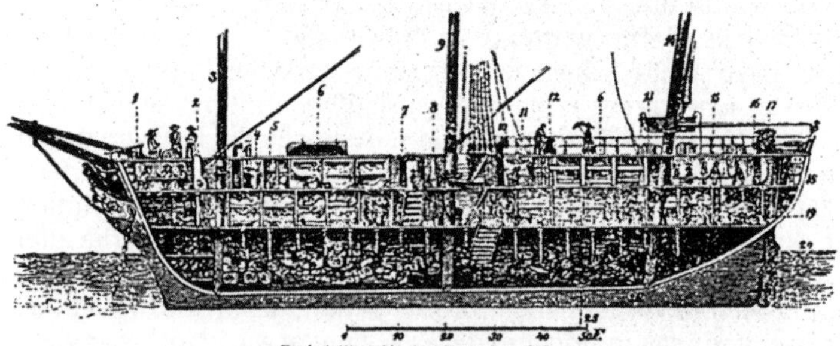

Durchschnittsansicht eines Auswandererschiffes

1) Matrosenlogie.
2) Ankerwinde.
3) Fock-Mast.
4) Küche.
5) Kohlenraum u. Schweinestall.
6) Zweite Cajüte.
7) Eingang zum Zwischendeck.
8) Winde.
9) Großer Mast.
10) Luftzug zum Zwischendeck.
11) Steuermann's Cajüte.
12) Gangspill.
13) Fenster.
14) Besahn Mast.
15) Erste Cajüte.
16) Steuerrad.
17) Eingang zur ersten Cajüte.
18) Stewart.
19) Zwischendeck.
20) Wasserspiegel.
21) Steuer.
22) Kiel.
23) Raum für Auswanderer-Gut, Wasserfässer u. Proviant.

zwanziger Jahre kehrten wieder, wenn auch in Etappen. Dementsprechend stieg die Zahl der Auswanderungen – nach den ersten Fluchtbewegungen von 1849 – erst ab 1851 deutlich an, wobei auch wirtschaftliche Ursachen Gewicht hatten. Bei einer geschätzten Gesamtbevölkerung Deutschlands von 46 Millionen (1849) sind in den Jahren 1849 bis 1854 etwa 1,1 Millionen ausgewandert,[102] die meisten in die Vereinigten Staaten. Dort haben dann zahlreiche ehemalige Achtundvierziger eine bedeutende Rolle gespielt, auch im öffentlichen Leben. Neben Männern wie Carl Schurz und Hans Kudlich standen die militärischen Führer der Aufstände von 1848/49, die sich später im Sezessionskrieg als Offiziere auf der Seite der Nordstaaten auszeichneten. Von den etwa 500 Offizieren der Union, die aus Deutschland stammten, stellten die Achtundvierziger ein sehr starkes Kontingent. Der Verlust an Menschen, Ideen und freiheitlichen Energien, den Deutschland durch das Scheitern der Revolution und nach der Revolution erlitt, war unermeßlich.

Natürlich gab es dauernde Gewinne der Revolutionsjahre; viele Neuerungen auf den Gebieten der Behördenorganisation und der Rechtspflege, der Gewerbe- und Agrarordnung, der Publizistik, des politischen Bewußtseins überdauerten das Jahrzehnt der Reaktion oder wurden doch wieder aufgenommen. Aber das Konto der Verluste war umfangreich und unwiderruflich. Karl Marx und Friedrich

Engels behielten recht, als sie ihre Darstellung der Jahre 1848/49 mit der Prognose abschlossen:[103] »Der Liberalismus in der Politik, die Herrschaft der Bourgeoisie, gleichviel ob unter monarchischer oder republikanischer Regierungsform, ist fortan in Deutschland unmöglich.« Vielleicht wirkte noch nachhaltiger als die Niederlage der liberalen und demokratischen Kräfte die prinzipielle ethische Verurteilung des revolutionären Kampfes, die seit 1849 alles beherrschte. Dieser Vorgang hatte unterschiedliche Formen, Argumente und Wirkungen. Er reichte von der liberalen Selbstkritik, die - etwa bei der Gothaer Gruppe und ihren Nachfolgern - zur Anerkennung der übergeordneten Staatsautorität und zu nuancierten Anpassungsformen führte, bis zu der schärfsten *sittlichen* Verurteilung jeder gewaltsamen Widerstandsform, die in der Folgezeit von breiten Bevölkerungsschichten auch innerlich akzeptiert wurde. Bei

Nach der gescheiterten Revolution verließen Hunderttausende enttäuschter und hoffnungsloser Deutscher ihr Vaterland, meist auf dem Weg in die Vereinigten Staaten, das Land der unbegrenzten Möglichkeiten. Erst die fortschreitende Industrialisierung führte zu einem Rückgang der Auswanderung.

Links: Schnitt durch ein Auswandererschiff
Rechts: Inneres eines Auswandererschiffes, 1850

dem Wiedererstarken der liberalen und demokratischen Kräfte und bei der Neuorganisation der Arbeiterbewegung seit dem Ende der fünfziger Jahre war das ein retardierendes und lähmendes Element. Über das Trauma der verlorenen Revolution hinaus (das zu Vorsicht und Zurückhaltung mahnte) wirkte das ethische Verdammungsurteil gegen die »unsittliche, verbrecherische Gewaltanwendung«. Dazu kam ein psychologisches Moment, das in dieselbe Bresche schlug. Veit Valentin hat diesen Aspekt formuliert: »Es war die eigentliche Meisterleistung der Gegenrevolution, im deutschen Volke die Überzeugung von seinem Mangel an politischer Begabung sehr weit zu verbreiten.«[104] Natürlich hat dies ethisch-psychologische Anti-Revolutions-Syndrom auch deshalb so tiefe Wirkungen auf die politischen Kräfte Deutschlands erzielt, weil es sich auf viele unbestreitbare Tatsachen im revolutionären Scheitern beziehen konnte.

Die Folgen dieser Verketzerung der Revolution reichen in der deutschen Geschichte weit ins 20. Jahrhundert hinein. Sie zeigten sich nicht nur im politischen Leben, sondern auch in der kulturellen Atmosphäre; bis in die tieferen Schichten der Familienstruktur und der anthropologischen Wandlungen sind sie sichtbar. Dies moralische Anschwärzen der Revolution rechtfertigte nicht nur die Unterdrückung der fünfziger Jahre; es lähmte auch die Verfassungskämpfe der sechziger Jahre und erleichterte den Weg zur Reichsgründung von oben. Alle linken Bewegungen der Folgezeit sind davon belastet; für lange Zeit waren die Worte »Demokrat« und »Sozialist« Schimpfworte. Doch es gab Unterschiede. Auf der einen Seite standen die Liberalen, denen man nur Illusionismus, Verstiegenheit und Realitätsferne vorwarf und die also zur weiteren Mitarbeit zugelassen wurden; auf der anderen die aktiven Linken, die seit den Straßenkämpfen und Aufständen von 1848/49 als gefährliche, unbrauchbare Elemente abgestempelt waren. Dies galt nur für jene Linken nicht, die sich nach 1866 kraft eines ausdrücklichen »Bekehrungsprozesses« der Bismarckschen Politik zur Verfügung stellten, wie zum Beispiel Lothar Bucher, Ludwig Bamberger und Julius Fröbel. Wer dagegen an den linken Positionen von 1848/49 festhielt oder sie gar in der neuen Arbeiterbewegung weiterentwickelte, wird als *outcast,* als »Reichsfeind« gelten.

Am Ende des Ganges durch die Wirrnisse und Wendepunkte der Revolutionsgeschichte bleibt das Fragen nach den Gründen eines Scheiterns, von dem sich auf jeden Fall sagen läßt, daß es alle kommenden Dinge im stärksten Maße bestimmt hat.[105] Wenn man einerseits die deutschsprechenden Österreicher in die Analyse der damaligen deutschen »Nationalgesellschaft« einbezieht und andererseits die Machtstrukturen und die Macht der Ideen berücksichtigt, die aus einem mehrhundertjährigen deutschsprachig bestimmten Zusammenleben mit Nichtdeutschen im Südosten erwuchsen, so gewinnt das Kräftespiel von 1848/49 nicht nur einen umfassenderen, sondern einen auch qualitativ anderen Aspekt. In einem solchen Kräftebild ist die proportionale Bedeutung sowohl der liberalen wie der demokratischen Gruppierungen, die ihren starken Rückhalt im bürgerlichen Westen und Zentrum Deutschlands haben, niedriger anzusetzen. Den östlichen Gebieten mit ihrer noch weitgehend von der Adelsherrschaft geprägten Struktur (in Preußen wie in Österreich) kommt um so mehr Gewicht zu, als der österreichische Staat, im Maße der Wiederherstellung seiner Macht, auch die Verfügung über nichtdeutsche, am Frankfurter Liberalisierungsprozeß unbeteiligte Völker (und Armeen) in die Waagschale werfen konnte. Demgegenüber erscheint der Liberalisierungsoptimismus der Liberalen von Anfang an reichlich wirklichkeitsfern. Sie sahen als eigentlichen Gegenspieler und Partner meist nur die preußische Monarchie. Ihre Hoffnungen auf eine so oder so aussehende Vereinbarung mit Wien kamen eigentlich aus einer Ignorierung der tatsächlichen österreichischen Staatlichkeit. Es lag zwar nahe, Österreich überhaupt wegzudenken, oder es sich anders zu denken, als es war. Aber die tiefe politische Schwäche, die ein solches Wunschdenken bedeutete, blieb nicht lange verborgen. Die maßgebenden Gruppen der Frankfurter Liberalen, an ihrer Spitze Heinrich von Gagern, haben diese Schwäche nicht zu korrigieren vermocht.

Die radikalen Ideen der Demokraten gewinnen in diesem realen Tableau deutscher Kräfte 1848/49 an Plausibilität, ganz abgesehen von der Wahrscheinlichkeit der Durchsetzung. Daß die bisherige Struktur der Habsburgermonarchie wenn nicht ganz zerstört, so zumindest in einer demokratisch-föderalistischen Richtung entschieden umgestaltet werden mußte, um eine freiheitliche Neugestaltung Deutschlands - wie immer sie ausgesehen hätte - möglich zu machen, ist keine theoretische, nachträgliche Folgerung; dies stand im demokratischen Programm von 1848/49 (freilich nicht im Programm der in Frankfurt dominierenden Liberalen).

Setzt man die Härte in Rechnung, mit der Österreich, sobald es in der alten Weise wieder zu Kräften kam, seine ererbten deutschen Positionen beanspruchte, so verlagert sich das Zentrum der Frage nach Erfolg oder Mißerfolg zeitlich in die Monate vom März bis zum Oktober 1848 und sachlich in den Bereich demokratischer Konzepte, Bündnismöglichkeiten und Durchsetzungsstrategien. Hinsichtlich der Konzepte und Bündnisse ist vor allem zweierlei zu erwägen. In der Vorbereitungs- und Frühzeit der Nationalversammlung konnten sich die Demokraten gegenüber dem schon aus dem Vormärz stammenden Übergewicht der Liberalen nicht durchsetzen - infolge mangelnder Einigkeit der Konzepte, der Gruppierungen und der Personen auf ihrer Seite sowie aufgrund der geringeren Ansprüche, der größeren Kompromißbereitschaft und der damit verbundenen kurzfristigen Erfolgschancen der Liberalen (in den Einzelstaaten und in Frankfurt). Von dieser Ausgangslage her war auch später die Wahrscheinlichkeit nicht groß, daß die Demokraten mit einem einheitlichen Programm von mittlerer Radikalität einen größeren Block von Liberalen auf ihre Seite ziehen und zur Aktionseinheit gewinnen konnten. Als die Demokraten im Mai 1849 erstmals die Mehrheit in der Paulskirche bekamen, war es zu spät.

Einen anderen Möglichkeitsbereich demokratischer Bündnisse und Erfolge bildet das europäische Feld der Revolution. Eine Partnerschaft mit der italienischen, polnischen und ungarischen Bewegung wurde aber schon in den ersten Monaten durch die Frankfurter Majorität abgeblockt (wobei in Italien und Ungarn die Rücksicht der Rechts-Mitte-Gruppen auf traditionelle deutsch-habsburgische Interessen eine Rolle spielte). So blieb vor allem Frankreich, und da lag in der Tat ein Schlüssel für das Schicksal der mitteleuropäischen Revolution. Der Sieg der Gegenrevolution, der sich in Frankreich

Europa 1849, die alten Mächte halten auf dem revolutionären Boden Kehraus.

seit dem Sommer 1848 abzeichnete, enttäuschte die Hoffnungen der deutschen Radikalen auf die Solidarität der Französischen Revolution. Und andererseits wurden die Liberalen durch den Blick auf die französischen Revolutionskämpfe von Anfang an in der Furcht vor dem demokratischen Radikalismus bestärkt und nach rechts gedrängt. Hoffnungen, Furcht und Enttäuschungen sind in ihrem politischen Gewicht schwer oder gar nicht meßbar. Insgesamt dürfte der Einfluß der Französischen Revolution und ihres Niedergangs auf Deutschland gerade in den entscheidenden Monaten von Mai bis Oktober sehr hoch einzuschätzen sein.

Das spätere Scheitern der deutschen Revolution war also sehr eng mit den raschen und wenig kostspieligen Anfangserfolgen in den Einzelstaaten und in Frankfurt verbunden. Die Liberalen schätzten von Anfang an die Kosten einer dauerhaften Durchsetzung der Märzprogrammatik auch gegenüber Österreich zu niedrig ein. Die Demokraten überwanden ihre inneren Gegensätze - Föderalisten und Zentralisten, radikale Sozialrevolutionäre und Reformisten - zu keinem Zeitpunkt. Die ausbleibende Partnerschaft mit der europäischen Revolution, insbesondere mit Frankreich, verminderte die Chancen einer radikal-demokratischen Umgestaltung und verstärkte die Tendenzen zu einem nationalistischen Machtutopismus. Die traditionelle deutsche Vielstaaterei behinderte das Entstehen einheitlicher Willensbildung und zentraler Machtausübung. Das Verfassungsproblem war infolge der Existenz Österreichs und der sonstigen Grenzfragen so ungewöhnlich schwierig wie in keinem anderen europäischen Vergleichsfall. Die monatelange sorgfältige Verfassungsarbeit und die Politik der Paulskirche erreichten jene Ebene nicht, wo der freiheitliche Rechtsgedanke, das Machtproblem und die Durchsetzung neuer, revolutionärer Legitimität verknüpft werden konnten. So wurde die Reichsverfassung ein totgeborenes Kind. Auf weitere Sicht wurde dann die deutsche Einheit, durch das Ausscheiden Österreichs verstümmelt, selbst in diesem engeren Rahmen nicht von den liberalen und demokratischen Kräften geschaffen, sondern durch »Blut und Eisen«.

Dennoch ist die Erinnerung an 1848/49 von höchster Bedeutung. Franz Schnabel pflegte noch von der eigenen Begegnung mit alten Achtundvierzigern zu berichten. In einem Vortrag zum Jahrhundertgedenken 1948, als das Entstehen zweier deutscher Staaten noch nicht entschieden war, knüpfte er, mit dem Blick auf die Zukunft des deutschen Volkes, an diese Erinnerung an:[106]

»Für uns Ältere, die wir noch in den letzten Jahren des vorigen Jahrhunderts unsere Kindheit verbracht haben, waren die alten Achtundvierziger noch ein lebendiger Begriff. Wir haben keine Veteranen aus den Freiheitskriegen mehr gekannt; aber die Männer, die auf den Barrikaden gestanden und nun zu kurzem Besuch in der Vaterstadt über das große Wasser herüberkamen, wurden von uns mit Ehrfurcht und Bewunderung betrachtet. Sie hatten keinen Erfolg in der Heimat gehabt, und doch blieben sie verehrungswürdig als Mittäter eines Versuches, der gemacht werden mußte, auch wenn er nunmehr so romantisch und fremdartig erschien wie die schwarz-rot-goldene Fahne der Turner und Sänger zwischen den Uniformen und der Flagge des Bismarckschen Reiches. Ich erinnere mich, wie ein solcher Veteran von 1848, der dann drüben im Sezes-

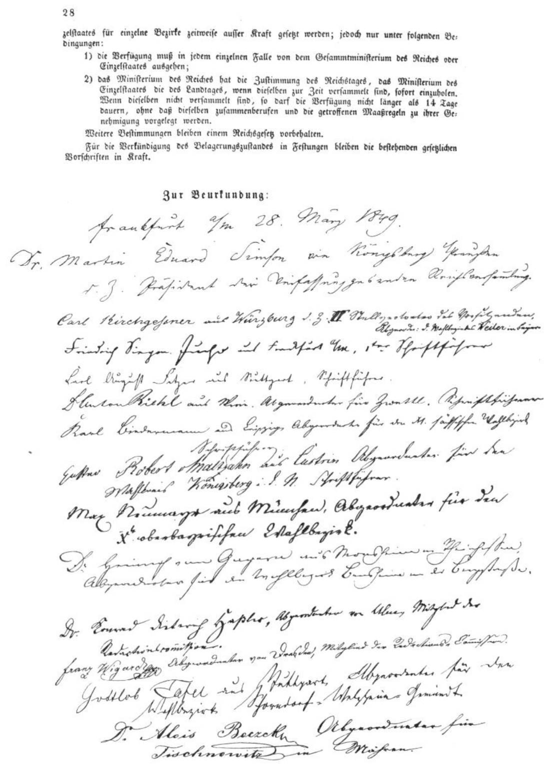
28

zelstaates für einzelne Bezirke zeitweise ausser Kraft gesetzt werden; jedoch nur unter folgenden Bedingungen:

1) die Verfügung muß in jedem einzelnen Falle von dem Gesammtministerium des Reiches oder Einzelstaates ausgehen;

2) das Ministerium des Reiches hat die Zustimmung des Reichstages, das Ministerium des Einzelstaates die des Landtages, wenn dieselben zur Zeit versammelt sind, sofort einzuholen. Wenn dieselben nicht versammelt sind, so darf die Verfügung nicht länger als 14 Tage dauern, ohne daß dieselben zusammenberufen und die getroffenen Maaßregeln zu ihrer Genehmigung vorgelegt werden.

Weitere Bestimmungen bleiben einem Reichsgesetz vorbehalten.

Für die Verkündigung des Belagerungszustandes in Festungen bleiben die bestehenden gesetzlichen Vorschriften in Kraft.

Zur Beurkundung:

Frankfurt a/M 28. März 1849.

Letzte Seite der Reichsverfassung vom 28. März 1849

sionskriege als General sich bewährt hatte, bei einer Europafahrt zu den alten Mitbürgern sprach. Er schloß mit dem Satz aus dem Coriolan: ›Wenn in allem nur der Brauch regierte, blieb der Staub der Zeit vermodernd liegen.‹ Aber er fügte hinzu, daß nicht jeder sich auf dieses Wort berufen darf; ein solcher Widerstand gegen die Gesellschaft muß geadelt sein durch die uneigennützige Hingabe an die Menschheit. Dies ist der echte Geist der alten Achtundvierziger, und ihn wünschen wir uns wieder lebendig in unserem Volke.«

V.
Wirtschaftliche und kulturelle Entwicklungen nach 1848

»Der Erfolg ist die Probe, durch welche die revolutionäre Kraft sich selbst und ihren Beruf bewahren muß. *Mit dem Erfolge* ist die Revolution der Sieg der stärkeren Kraft über die schwächere und also die politische Rechtfertigung ihrer selbst; *ohne den Erfolg* ist die Revolution die Auflehnung der schwächeren Kraft gegen die stärkere und also die politische Verurteilung ihrer selbst.«[1]

Mit diesen schneidenden Sätzen zog im Jahre 1853 Ludwig August von Rochau, einer der von Preußen nach der Revolution aus dem Lande verwiesenen Publizisten, in seiner berühmt gewordenen Schrift »Grundsätze der Realpolitik« das Fazit aus dem Scheitern von 1848/49. Rochau war nicht entmutigt und er hielt an liberalen Überzeugungen fest. Den unaufhaltsamen Aufstieg, den er den Deutschen und ihrer »Lebensfülle und unerschöpflichen Triebkraft« prophezeite, leitete er nun freilich nicht mehr aus dem Streben nach Idealen, sondern aus einem »Naturgesetz« ab, das diesem jüngsten aller Kulturvölker die überlegene Lebensdauer sichere.

Viele Leistungen und Erfolge der deutschen Wirtschaft und Kultur in den fünfziger und sechziger Jahren waren ja tatsächlich dazu angetan, das deutsche Bürgertum nach der gescheiterten Revolution mit neuer Zukunftshoffnung zu erfüllen. Mit dem Blick auf den wirtschaftlichen Aufschwung des Landes meinte Karl Marx vom Londoner Exil aus, daß die Reaktion nunmehr das Programm der Revolution ausführe. Aber das Verhältnis von politischer Unterdrückung und ökonomischen und soziokulturellen Fortschritten war komplizierter als die geistreiche Formel von Karl Marx. Indem sich die 1848/49 unterlegenen gesellschaftlichen Kräfte langfristig mit der wiedererstarkten Staatsmacht arrangierten, begaben sie sich - in Berlin ebenso wie in Wien oder München - ebenso langfristig der Chance, Staat und Gesellschaft nochmals durchgehend im freiheitlichen Sinne umzugestalten. Das wirkte über 1918 bis 1945.

Für die Jahrzehnte nach 1849 bedeutete dies, daß auch die großen Leistungen des Bürgertums in Wirtschaft, Wissenschaft und Kultur - ob ihre Schöpfer es wollten oder nicht - diesem Machtverhältnis zugute kamen. Aber auch die andere Seite, die der Staatsmacht, wurde von dem Wandel erfaßt. Es ging hier ja nicht nur um die Auseinandersetzung zwischen mehreren Machtzentren - Berlin, Wien und das dritte Deutschland. Natürlich orientierte sich auch das Auftreten der Staatsmacht an dem Wandel der Dinge; das betraf den verfeinerten Umgang mit dem immer mehr Steuern zahlenden und den Staat dadurch weiter stärkenden Bürgertum. Andererseits standen Staatsmacht und bürgerliche Kultur meist unverbunden nebeneinander. All die Warnungen, die hellsichtige Kritiker des Verhältnisses von Macht und Geist in Deutschland, wie Jacob Burckhardt und Friedrich Nietzsche, seit 1870 aussprachen, gelten von heute aus gesehen schon für die zwanzig Jahre zwischen gescheiterter Revolution und Reichsgründung.

1. Zur Signatur der nachrevolutionären Wirtschaft und Gesellschaft

Besonders aufschlußreich für die Epoche des nun offenen Gegensatzes zwischen Preußen und Österreich ist der Blick auf den unterschiedlichen Verlauf der Industrialisierung. Sowohl in Österreich wie in dem von Preußen wirtschaftlich dominierten Zollvereinsgebiet begann nach der Unterbrechung durch die Revolution jetzt eine Konjunktur der langen »Hochschwungperiode« (1846/73); das wirkte sich nicht nur wirtschaftlich, sondern auch in sozialer Hinsicht aus. Die Industrialisierung wurde in ganz Mitteleuropa zum bestimmenden Vorgang. Der Prozeß der unaufhaltsamen Industrialisierung und des langfristigen Wirtschaftswachstums griff seit der Jahrhundertmitte tief in die Lebensbedingungen und Lebensformen der Menschen ein. Aber dieser Wandel erfaßte Preußen und Österreich in ganz verschiedener Weise und das verschob die Kräfteverhältnisse zu Ungunsten des Kaiserstaates.

Das Bevölkerungswachstum war in Preußen seit geraumer Zeit stärker als in Österreich; nach der Jahrhundertmitte verschärfte sich der Unterschied auch in der Berufsstruktur. Erst gegen Ende des 19. Jahrhunderts fiel der Anteil der in der Landwirtschaft tätigen Bevölkerung in Österreich unter 60 Prozent. Die außerösterreichischen Gebiete des Deutschen Bundes aber hatten diese Entwicklungsstufe schon vor mehr als einem halben Jahrhundert erreicht. Die Vergleichstabelle, die zwischen Österreich (Cisleithanien) und Ungarn unterscheidet und für das Deutsche Reich auf den entsprechenden Gebietsumfang von 1861 zurückgreift, weist über das Ende des Bundes hinaus und zeigt die starke, auch später nicht eingeholte Diskrepanz.[2]

Jahr	Österreich		Ungarn		Jahre	Deutsches Reich	
	Landw.	Industrie*	Landw.	Industrie*		Landw.	Industrie*
1869	67,2	19,7	80,0	8,6	1861/71	50,9	27,6
1890	62,4	21,2			1890/94	42,6	34,2
1900	58,2	22,2			1900/04	38,0	36,8
1910	53,1	24,0	66,7	16,2	1910/13	35,1	37,9

* Industrie umfaßt auch Bergbau und Bauwirtschaft

Berufsstruktur in Österreich, Ungarn und im Deutschen Reich 1870 bis 1910 (in %)

Ein anderer Maßstab für die Strukturveränderung im Zeitalter des industriellen Wachstums war die Integration in den internationalen Handel. Österreich konnte zwar zwischen 1860 und 1880 seinen relativen Anteil am Europahandel vergrößern, blieb aber insgesamt hinter England und Rußland weit zurück und verringerte auch den Abstand zum deutschen Außenhandel nur unwesentlich.[3]

Ähnliche Ergebnisse zeigen Vergleiche der Entwicklung des Verkehrswesens, der Kohle- und Eisenerzförderung, der industriellen Produktion und des Sozialprodukts. Die im deutschen Zollverein zusammengeschlossenen Länder erleben gerade in den fünfziger

Die Semmeringbahn von Wien nach Triest galt als ein Projekt des Wahnsinns. Architekten und Gutachter hielten den Plan des Österreichers Karl von Ghega für undurchführbar, Mediziner erklärten, kein Mensch könne die Fahrt über den Semmering überleben. Doch trotz einer Choleraepidemie, der rund 1000 Arbeiter zum Opfer fielen, trotz der Sabotageanschläge von Freischärlern konnte die Linie 1854 mit großem Erfolg eröffnet werden.

Bau eines Tunnels der Semmeringbahn, 1850

und sechziger Jahren ein enormes wirtschaftliches Wachstum mit der Durchsetzung neuer, großindustrieller Betriebsformen. In Österreich bringt zwar der Neoabsolutismus mit seiner gezielten Wirtschaftsförderungspolitik sektoriale Modernisierungsleistungen von großer Bedeutung. Das Eisenbahnnetz wächst von 2 345 Kilometer 1851 auf 5 393 Kilometer 1860. Auf der Südbahnstrecke wird 1854 der Semmering, 1857 Triest erreicht und damit die erste Queralpenbahn Europas fertiggestellt. Die Kohleförderung steigt zwischen 1847 und 1857 von 15,2 auf 44,8 Millionen Wiener Zentner. Das österreichische Bank- und Kreditwesen wurde in den fünfziger Jahren nach dem Vorbild des Pariser »Crédit mobilière« ausgebaut. Die Gründung der »Österreichischen Creditanstalt für Handel und Gewerbe« erfolgte 1855 mit einem Grundkapital von 100 Millionen Gulden (Rothschild und österreichisches Adelskapital: Schwarzenberg, Auersperg, Chotek, Fürstenberg). Zahlreiche weitere Bankinstitute und Aktiengesellschaften eröffneten die Ära der industriellen Großproduktion und Konzentration. Das entsprach der gleichzeitigen Entwicklung des Kredit- und Bankwesens in Preußen und im dritten Deutschland (Darmstädter Bank für Handel und Industrie 1853, Berliner Handelsgesellschaft 1856). Der Gesamtbanknotenumlauf stieg in Preußen in den Jahren 1851 bis 1857 von 185,1 auf 375,1 Millionen Taler. Der Vergleich der Roheisenproduktion je Einwohner in fünf europäischen Ländern zeigt aber, wie Österreich gerade seit den fünfziger Jahren die Aufwärtsentwicklung nur noch zögernd mitmacht. Es wird Mitte der sechziger Jahre von der Produktion in den Gebieten des späteren Deutschen Reiches spektakulär überholt.[4]

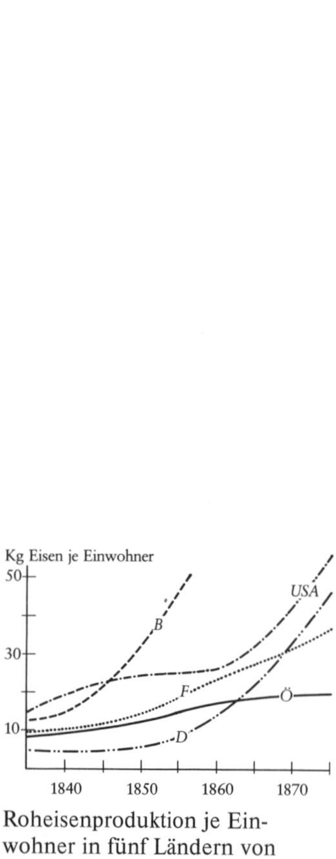

Roheisenproduktion je Einwohner in fünf Ländern von 1835 bis 1875

Die Standortnachteile bei Kohle und Eisen, das Fehlen verkokbarer Kohle, die ungünstigen Verkehrsverhältnisse und vor allem die wesentlich geringere durchschnittliche Produktivität und Kaufkraft schon im Bereich des Agrarsektors – 40 Gulden pro Kopf und Jahr in der Monarchie, 78 Gulden im Zollverein (1852) – hatten ein unaufhaltsames Zurückfallen der österreichischen Wirtschaft zur Folge. Schon in den zeitgenössischen Denkschriften wird der Unterschied der Marktsituation und damit der gesellschaftlichen Voraussetzungen des Wirtschaftswachstums betont: »Während Deutsch-

Das Eisenbahnnetz über den Ländern des Deutschen Bundes wurde von Jahr zu Jahr engmaschiger. Kühne Konstruktionen aus genieteten vollwandigen Stahlträgern ermöglichten bald Brückenspannweiten, die bis dahin unvorstellbar waren.

Eisenbahnbrücke bei Ellhofen im Allgäu, erbaut 1853 von Karl Herrle

land für den breiten Markt eines wohlhabenden Mittelstandes produzierte, erzeugte Österreich Waren entweder für die Reichen oder die ganz Armen.«[5]

Wolfgang Zorn hat eine aufschlußreiche Gegenüberstellung der wirtschaftlichen Kräfte Preußens und Österreichs für den Stand von

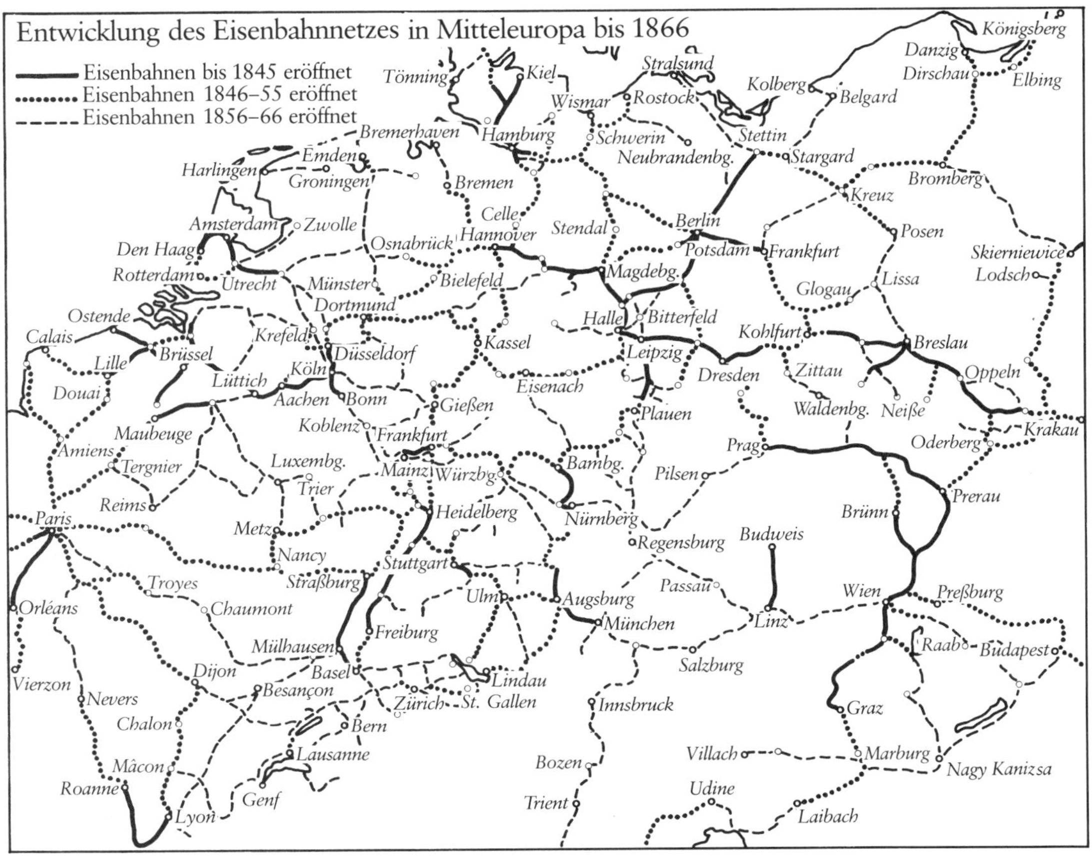

Entwicklung des Eisenbahnnetzes in Mitteleuropa bis 1866

1865/66 vorgelegt.[6] Bezieht man diese Zahlenwerte auf die Situation von 1866, so muß man allerdings im Auge behalten, daß bei Kriegsbeginn alle größeren Staaten des Zollvereins auf Seiten Österreichs standen. Andererseits sind der längerfristige Prozeß des Zurückbleibens des österreichischen Wirtschaftswachstums (seit etwa 1820) und die grundlegenden Unterschiede der Sozialstruktur zu bedenken. (Die Statistik berücksichtigt das gesamte damalige Staatsgebiet Österreichs einschließlich Venetiens).

Wirtschaftliche Kräfte Preußens und Österreichs 1865/66

	Preußen	Österreich
Bevölkerung (Mill.)	19,3	37,5
davon landwirtschaftlich (%)	45	70
Getreideernte (Mill. t.)	0,8	0,7
Zahl der ortsfesten Dampfmaschinen/Mill. PS	15 000/0,8	3 400/0,1
Steinkohlenförderung (Mill. t.)	12	5,7
Roheisenerzeugung (t)	850 000	460 000
Ordentliche Staatseinnahmen brutto (Mill. Taler)	240	292
Staatsschuld (Mill. Taler)	290	1 670
Ordentlicher Militäretat (Mill. Taler)	45	51

Beachtenswert sind die fast gleiche Getreideproduktion und die nur geringe Differenz der Staatseinnahmen (bei fast doppelter Bevölkerung Österreichs) und vor allem die enorme Wiener Staatsschuld; ihre negative Bedeutung für den Gesamtbereich der österreichischen Finanz- und Staatspolitik und Wirtschaft spielte schon im Vormärz eine Rolle;[7] als schwerer Klotz am Bein des Staates wurde das bis in die liberalen Gründerjahre nach 1866 mitgeschleppt.

Die fünfziger Jahre gelten als die ersten »Gründerjahre«. Werner Sombart hat diese Zeit nach der gescheiterten politischen Revolution als die entscheidende Phase für die Stabilisierung des Kapitalismus bezeichnet, eine Zeit, »in der die Lust zu erwerben die weitesten Bevölkerungskreise erfaßte, in der die Spekulation mit einer früher nie gekannten Mächtigkeit die deutsche Geschäftswelt ergriff und nun erst recht eigentlich mit dem echten und unverfälschten kapitalistischen Geiste nicht vorübergehend, sondern für alle künftige Zeit erfüllte. In diese politisch ruhigen Jahre fällt die Geburtsstunde des neuen Deutschlands.«[8]

Wohl ohne damit eine These formulieren zu wollen, hat Sombart mit dieser Aussage die »politische Ruhe« und das kapitalistische Wirtschaftswachstum als zwei hervorstechende Charakteristika der neuen deutschen Gesellschaft zusammengekoppelt. Das Bild ist insofern unvollständig, als Sombart hier die Lage der Unterschichten nicht berücksichtigt hat. Zwar wurde die frühindustrielle Verelendungskrise der vierziger Jahre im neuen Wachstumsprozeß dieser Jahre abgeschwächt. Die Arbeitslosenrate ging zurück, da vor allem die Entwicklung der Metallindustrie und der Eisenbahnbau neue Arbeitsplätze, auch für ungelernte Kräfte, bot. Die Kinderarbeit nahm ab, teils aufgrund der verschärften Durchführung der Schulpflicht, teils infolge direkter behördlicher Verbote. Betriebliche Hilfskassen für Krankheitsfälle wurden eingerichtet, dazu trat - gleichfalls als Vorläufer der staatlichen Sozialversicherung - ein Ausbau der kommunalen Fürsorgeeinrichtungen. Wenn sich also auch insgesamt die Lage der Arbeiter in Industrie und Gewerbe im Zuge des mächtigen Wirtschaftswachstums besserte, so bestimmte doch noch weit über die Jahrhundertmitte hinaus eine extrem lange Arbeitszeit das Leben in den Unterschichten;[9] neunzig Wochenstunden waren keine Seltenheit.

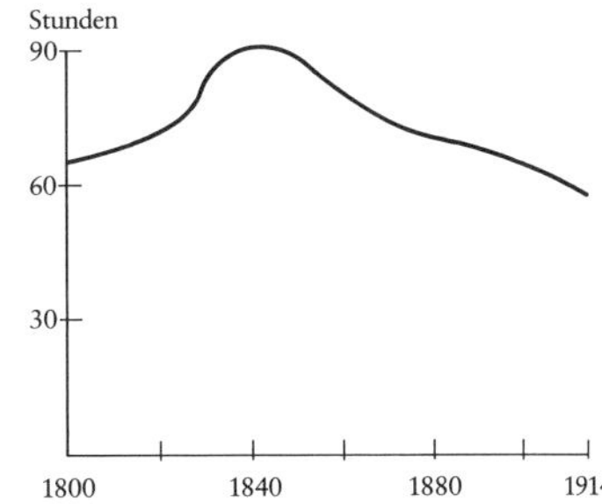

Wöchentliche Arbeitszeit der Lohnarbeiter in Deutschland 1800 bis 1914

Die Stellung des Adels zum Bürgertum und das Verhältnis der Bürger zum Adel wurde durch den Verlauf und das Scheitern der deutschen Revolution 1848/49 grundlegend verändert. Nicht nur die vormärzlichen Harmonievorstellungen waren nun schwer beeinträchtigt; auch die Praxis politischer und sozialer Zusammenarbeit - in liberaler wie in konservativer Richtung - überlebte die Revolution nur in gebrochener Form. Einerseits stieg mit dem Wirtschaftswachstum natürlich auch das Selbstbewußtsein der bürgerlichen Schichten. Und der landbesitzende Adel gewann die 1848 verlorenen besitz- und öffentlich-rechtlichen Privilegien auch in der folgenden Reaktionszeit nicht mehr zurück. Aber gerade die Verlagerung der bürgerlichen Energien von dem politischen Kampf, wo man unterlegen, auf den wirtschaftlichen Bereich, wo man unschlagbar war, begünstigte die Tendenzen zu einer Neuverfestigung der Funktionen des Adels als eines maßgebenden Elements innerhalb der mit der Staatsmacht aufs engste verbundenen politisch-sozialen Führungsschicht. Nicht nur durch die »Hofgesellschaft«, die sich aus dem Adel rekrutierte, sondern auch durch die nach 1848 unangefochtene Stellung des Adels in den ersten Kammern der Landtage war auch für die Zukunft der politische und gesellschaftliche Vorrang dieser Schicht gesichert. Das Scheitern der Revolution bestimmte in Deutschland jene Entwicklung, die Werner Conze deutlich gesehen hat: »Die Kontinuität der politischen Führungsschicht ist durch die Industrialisierung nicht richtungsändernd beeinflußt worden. Der Adel als solcher deckte sich zwar nicht mehr mit der politischen Führungsschicht, blieb aber bis 1918 ihre bevorzugte Ausgangsgruppe.«[10]

In Preußen wurde die Stellung des Adels nach 1848 sogar besonders verstärkt. Im Heer stieg sein Anteil an den Schlüsselstellungen. In der Gutsherrschaft blieb die gutsherrliche Polizeigewalt bis zur Kreisordnung von 1872 und zur Landgemeindeordnung von 1892 erhalten. Im staatlichen Verwaltungsdienst wurde er - anders als im Justizdienst - zunehmend bevorzugt, da seine Mitglieder die Gewähr konservativer Gesinnung boten. So wurde im Wandel der deutschen Gesellschaft die bürgerlich-kapitalistische Entwicklungslinie durch eine gezielte Gegensteuerung modifiziert, die im Adel (und in einem mit dem Adel verbundenen, oft nobilitierten Großbürgertum) über ein wirksames, nun zunehmend staatsfrommes Instrument verfügte.

In Österreich war das Verhältnis zwischen Krongewalt, Adel und Bürgertum durch die Nationalitätenprobleme, die in der Revolution zum Ausbruch gekommen waren, noch komplizierter geworden. Einerseits blieb auf ungarischer, polnischer und kroatischer Seite der Adel weiterhin der eigentliche Träger der nationalen Bestrebungen; in Galizien und Kroatien ging er mit der Wiener Regierung, in Ungarn opponierte er. Andererseits verzögerte sich die Herausbildung einer geschlossenen bürgerlichen Schicht im Zeichen des industriellen Wandels durch nationale Gegensätze. In Böhmen und Mähren, wo das Wirtschaftswachstum nach 1848 stark einsetzte, kam es zu keiner politischen Zusammenarbeit zwischen dem aufstrebenden deutschen und tschechischen Bürgertum. Auf der anderen Seite ergab sich durch die politische Macht des böhmischen Feudaladels für den Kaiserhof die Möglichkeit direkter Einflußnahme - auch auf die Wahlen, als ab 1861 die Wahlergebnisse Böhmens und Mährens ausschlaggebend für die Mehrheitsverhältnisse im Wiener Parlament wurden.

Diesen Entwicklungen und Kräfteverhältnissen entsprachen bis in die sechziger Jahre auch die Zustände in der kommunalen Selbstverwaltung und im Verfassungsleben der einzelnen Bundesstaaten, wo sich einige Reste der freiheitlichen Errungenschaften über die Reaktionsepoche hinaus erhielten. Ausgenommen blieb Österreich, wo ja im Zeichen der neoabsolutistischen Herrschaft bis 1860/61 ohne Verfassung regiert wurde. Die Stadtverwaltungen befanden sich, aufgrund eines meist recht eingeschränkten kommunalen Wahlrechtes, im allgemeinen in den Händen eingesessener Honoratioren. Obwohl in Preußen das Dreiklassenwahlrecht auch für die Wahlen in den Stadtgemeinden galt, waren dort dennoch 50 bis 80 Prozent der männlichen Bevölkerung stimmberechtigt, gegen etwa 25 Prozent in den bayerischen Städten. Die Befugnisse der Stadtparlamente waren allerdings gering. Große Initiativen zur Stadterweiterung und Modernisierung wie in Berlin, Wien und München gingen viel häufiger von den staatlichen Behörden als von städtischer Seite aus. Erst im letzten Drittel des Jahrhunderts erweiterte sich der Spielraum der städtischen Autonomie; damit begann ein neues Zeitalter deutscher Städtekultur.

Das allgemeine, gleiche, direkte und geheime Wahlrecht war 1848 zum maßgebenden Prinzip nicht nur für die Wahlen zum Frankfurter »Reichsparlament«, sondern auch für die einzelstaatlichen Verfassungen geworden. Nun wurde das Wahlrecht fast überall wieder eingeschränkt, teilweise auf staatsstreichartige Weise. Nur in Baden erhielt sich das gleiche und allgemeine Wahlrecht ohne Einschränkung durch irgendeine Steuerleistungsklausel. In Bayern blieb immerhin die Regelung von 1848 bestehen, die das allgemeine Wahlrecht allen Steuerpflichtigen gab. Das preußische Dreiklassenwahlrecht von 1850, das infolge der offenen Stimmabgabe erhebliche Möglichkeiten der Wahlbeeinflussung bot, blieb bekanntlich trotz steigender Kritik bis 1918 in Kraft. Abgesehen von dem allgemeinen Wahlrecht für den Norddeutschen Bund, das Bismarck 1867 von oben her konzedierte, verlief das politische Leben der deutschen Staaten bis zur Reichsgründung in jenen Mischformen, die sich 1848/50 aus der Revolution und ihrem Scheitern ergeben hatten.

Anders lagen die Dinge in Österreich, wo erst 1860/61 wieder verfassungsmäßige Zustände und entsprechende Wahlrechtsbestimmungen geschaffen wurden.[11] Einerseits begünstigte im allgemeinen die Wahlkreiseinteilung von 1861 die deutschsprachige Bevölkerung. Andererseits wurden die Großagrarier stark privilegiert: Ein Drittel der Sitze in den parlamentarischen Körperschaften wurde einer Kurie des Großgrundbesitzes eingeräumt. Die Magnaten und Gutsbesitzer jedes Kronlandes wählten korporativ eine »Einheitsliste«, der im Landtag meist die Entscheidung zwischen den liberal ausgerichteten Städten und den klerikalen Landbezirken zufiel. Noch schärfer trat diese dominierende Position des großen Grundbesitzes in den national gemischten Ländern der Wenzelskrone, in Böhmen und Mähren, hervor, wo die Landtagsmehrheit auch in nationaler Hinsicht - ob deutsch, ob tschechisch - stets von einigen wenigen Stimmen in der Großgrundbesitzerkurie abhing. Um diese wurde mit allen verfügbaren Mitteln gerungen, von fiktiven Güterübertragungen bis hin zu Bankkonsortien, die solche Güter aufkauften, an denen die Wahlberechtigung hing. Das gab auch der Krone, die ihren Einfluß auf die wenigen ausschlaggebenden Wähler geltend machen konnte, ein wirksames Steuerungsinstrument in die Hand. Da bis 1873 das österreichische Zentralparlament, der Reichsrat, nicht direkt gewählt wurde, sondern aus Deputierten der Landtage gebildet wurde, vermochte ein deutlich ausgesprochener Wink von oben auch die Zusammensetzung des Wiener Abgeordnetenhauses entscheidend zu prägen.

Die innere Geschichte des deutschen Bürgertums in dem Jahrzehnt nach der Revolution ist noch nicht geschrieben worden. Unter der Decke des politischen Drucks von oben und im Zeichen des postrevolutionären bürgerlichen Programms »Ordnung und Arbeit« von unten vollzogen sich widersprüchliche Prozesse, die der politischen Bewegung für nationale Einheit und Freiheit seit 1859 den Boden bereiteten. Das Wort Werner Sombarts, daß in diese politisch ruhigen Jahre die »Geburtsstunde des neuen Deutschlands« falle, gilt eben nicht nur für die wirtschaftliche, sondern auch für die kulturelle Entwicklung dieses Jahrzehnts. Wesentliche Züge des kulturellen Profils der deutschen Gesellschaft gewannen damals Gestalt. Das Schulwesen wird überall ausgebaut. Der Analphabetismus ist bei den deutschsprachigen Bevölkerungsteilen jetzt im Verschwinden. Unter den preußischen Rekruten (Ersatzmannschaften), die 1866/68 eingestellt werden, befinden sich nur mehr 3,8 Prozent Analphabeten.[12] Die entsprechenden Anteile der Analphabeten lagen in den rein deutschsprachigen Teilen der Habsburgermonarchie (Musterung 1870) vergleichbar bei 2 bis 10 Prozent. Im Durchschnitt des ganzen Reiches befanden sich aber unter den Rekruten 54 Prozent Analphabeten, was ein recht anderes Bild im Hinblick auf die »Kulturhöhe« und damit auch auf die Leistungsfähigkeit der österreichischen Armee ergibt.

Die Einführung der Stahlfeder seit den fünfziger Jahren erleichterte und förderte den Schreibunterricht in der Schule. Voraussetzung dafür war die fabrikmäßige Erzeugung von Stahlfedern. Gleichzeitig wurde die Ausbreitung des Lesens durch die rasche Verbesserung der künstlichen Beleuchtung, insbesondere durch die Petroleumlampe (seit 1860) sehr gefördert. Der Leseeifer, der die breitesten Schichten erfaßte, wird in vielen zeitgenössischen Berichten geschildert; so las ein Arbeiter »regelmäßig alles das, was auf dem Wurst- oder Käsepapier steht, welches ihm beim Frühstück auf dem Schoße ausgebreitet als Teller dient, mit rührender Sorgfalt«.[13] Die Verbreitung des Lesens ging nach 1848 in Deutschland Hand in

Hand mit einer Neuorientierung der Lesegewohnheiten, des Buchwesens und der Publizistik. Technische und wirtschaftliche Neuerungen, aber auch die Folgen der politischen Reaktion - Ausweichen und literarische Tarnung - und schließlich die ständig steigenden Lesebedürfnisse eines Publikums, das nun »bis zum einfachsten Handwerker« reichen sollte, wirkten zusammen. Die Zahlen der Neuerscheinungen auf dem deutschen Buchmarkt blieben zwar einigermaßen konstant und die Buchpreise im Durchschnitt niedrig. In den sechziger Jahren hätte man für den Ankauf der jährlichen deutschen Neuerscheinungen - etwa 11000 Nummern - ungefähr 37000 Mark benötigt, um 1900 für 25000 Nummern 105000 Mark.[14]

Der Lesehunger zog auch wachsende Auflagen und eine Zunahme der Zeitungen und Zeitschriften nach sich. Die großen Lexika erschienen in Auflagen mit immer höherer Stückzahl. Vom »Brockhaus« wurden bis 1870 rund 300000 Exemplare verkauft, dazu kamen andere Großunternehmungen, wie Meyers Konversationslexikon (1840/52) und - als katholische Gegenstücke zu den liberalen Lexika aus Leipzig und Gotha - die Produktionen des Herder-Verlages: »Lexikon für Theologie und Kirche« (1847/60) und »Herders Konversationslexikon« in fünf Bänden (1853/57). Nach Karl Baedecker verlegte auch Joseph Meyer ab 1862 Reisebücher in Serie. Massenauflagen der Klassiker zu niedrigen Preisen kamen in Mode und veränderten den Buchmarkt. 1867, als der Verlagsschutz für alle vor mehr als dreißig Jahren verstorbenen Autoren erlischt, erscheint das erste Heft von Anton Philipp Reclams Universalbibliothek: Goethes »Faust«; in der Folge bringen es die deutschen Klassiker bei Reclam, wo jedes Bändchen 20 Pfennig kostet, auf 18 Millionen Exemplare. In der Mitte des 19. Jahrhunderts beginnt die Zeit der Großverlage und der massenhaften Buchproduktion.

Zeitungen in Österreich 1848 bis 1862

Die Übersicht verdeutlicht den radikalen Rückgang 1849 und den langsamen Anstieg seit dem Ende der fünfziger Jahre.

Jahr	gesamt	davon politische Zeitungen	
		absolut	Prozent
1848	388	306	79
1849	215	146	68
1850	180	92	51
1851	188	81	43
1852	172	59	34
1853	174	53	30
1854	186	56	30
1855	218	58	27
1856	218	59	27
1857	226	59	26
1858	243	60	25
1859	246	68	28
1860	263	74	28
1861	310	98	32
1862	345	109	32

Die Revolution hatte Zeitungen und Zeitschriften in riesiger Zahl hervorgebracht. Die technischen Neuerungen in der Herstellung und im Nachrichtenwesen (Telegraph) wurden weiter ausgebaut; die Zensur, die staatlichen Vertriebsschikanen und der marktwirt-

Das Jahrzehnt nach der gescheiterten Revolution prägt in vieler Hinsicht die Konturen des modernen Deutschland. Das gilt auch für die Entstehung der Massenpresse, die mit der fortschreitenden Beseitigung des Analphabetismus zum ersten Mal überregionale Verbreitung findet. Neu ist auch, daß alle politischen Lager ihre eigenen publizistischen Organe haben, die in den Caféhäusern ausliegen. So wird das Caféhaus der von den Regierungen mißtrauisch beobachtete Treffpunkt von Literaten und Liberalen, was in den Jahren der Repression zu immer erneuten Konfiszierungen führt.

Links: Classigs Caféhaus in Leipzig
Unten: Wiener Caféhaus (»Herr Hofrat als Zeitungstiger«)

schaftliche Rentabilitätszwang hatten nach 1848 zunächst zu einer starken Reduzierung bei den Periodica geführt.[15]

Was die Tageszeitungen anlangt, so kam es mit der Verbesserung der Verkehrsmittel zu vielversprechenden Ansätzen einer überregionalen Presse; die steigende Bedeutung des Anzeigenteils gab nun der kommerziellen Seite des Zeitungswesens ein ganz neues Gewicht. Dies kam sowohl den konservativen Blättern zugute, die von den Regierungen gestützt und gelenkt wurden, wie den liberalen Zeitungen, die sich gegen die behördlichen Schikanen behaupten mußten, und für die die kommerzielle Selbstbehauptung eine enorme Bedeutung hatte. Der Gründer der seit 1848 bestehenden liberalen Wiener »Presse«, August Zang, hat diesen Tatbestand in etwas zynischer Art formuliert: »Meine Zeitung ist ein Kramladen;

ich verkaufe Publizität.«[16] Für Süddeutschland und Österreich blieb die liberal-konservative »Augsburger Allgemeine Zeitung« wichtig. Die »Kölnische Zeitung« konnte sich als überregionales, nationalliberales Blatt etablieren. Erst langsam rückte die »Frankfurter Zeitung« als Exponent des antipreußischen, linken Liberalismus in den Vordergrund. Die preußischen Konservativen lasen die von Hermann Wagener redigierte »Neue preußische Zeitung«, nach dem Zeitungskopf allgemein »Kreuzzeitung« genannt. Die katholischen Leser verteilten sich auf eine Vielzahl regionaler Zeitungen; erst nach 1870 wurde in Berlin die »Germania« als ein zentrales Organ des politischen Katholizismus gegründet.

Staatliche Pressepolitik wurde seit den Erfahrungen der Revolution, vor allem in Berlin, großgeschrieben. Der preußische Ministerpräsident Manteuffel baute den Apparat der amtlichen Presselenkung aus, den Bismarck dann nur noch zu bedienen brauchte. Ähnlich wie später Bismarck griff er dabei auf ehemalige Achtundvierziger zurück, die ihr journalistisches Können in unterschiedlichen Graden von Anpassung in den Dienst der herrschenden Macht stellten. An der neuerrichteten »Königlichen Zentralstelle für Preßangelegenheiten« in Berlin waren Männer vom Range Theodor Fontanes tätig. Man brauchte nicht mehr mit plumper Bestechung zu arbeiten, sondern nur die Geltungssucht und Honorarbedürftigkeit der Journalisten und dazu ihre politische Unsicherheit angesichts der preußischen Erfolge auszunutzen. Der Leipziger Professor Heinrich Wuttke, nach Robert Blums Tod einer der Führer der sächsischen Demokraten, beschrieb 1866 die Berliner Presselenkung:[17] »Also wurden die Gegner übertäubt, wurden bestimmte Ansichten über die öffentlichen Verhältnisse, bestimmte Urteile über die hervortretenden Persönlichkeiten durch möglichst viele Blätter in Umlauf gesetzt, hier der anders denkende Leser in seiner Überzeugung verwirrt, dort der Begeisterung ein Dämpfer aufgesetzt, an einer anderen Stelle geschürt, jede Wandlung und Windung der preußischen Politik befolgt und die Stimmung vorbereitet auf das, was den Ansichten des Berliner Kabinetts entsprach. Ein und dasselbe Bild spiegelte sich in einem Heere von Zeitungen wider: da konnte man getrost die Ansicht der Preßstelle als Volksmeinung austragen.«

Der eigentliche Grundstein für die deutsche Massenpresse wurde im Bereich einer publizistischen Gattung gelegt, die ihre Vorläufer in den »Moralischen Wochenschriften« des 18. Jahrhunderts hatte. Der neue Typ des auflagenstarken Familienblattes, das zur Unterhaltungspublizistik zu rechnen ist, aber gerade durch seinen amüsanten und vielseitigen Inhalt auch tiefe politische und ideologische Wirkungen erzielt, begann in dem besonderen Klima der nachrevolutionären Jahre seinen Siegeszug. Zwischen den wenigen noch bestehenden humoristisch-satirischen Blättern, wie »Kladderadatsch« oder »Der illustrirte Dorfbarbier« und einer Menge auflagenstarker Kalender, die weiteste Verbreitung in Stadt und Land fanden, hatten Verleger und Journalisten eine Marktlücke entdeckt. Wie bei den neuen Familienblättern politische Absichten und kommerzielles Kalkül ineinandergreifen, zeigt schon die Entstehungsgeschichte. Der Leipziger Verleger Heinrich Brockhaus holte sich 1852 den als Vorkämpfer des »Jungen Deutschland« bekanntgewordenen Literaten Karl Gutzkow als Herausgeber eines preiswerten Wochenblattes mit dem Titel »Unterhaltungen am häuslichen Herd«. Die Gründungsverhandlungen und die dann eingeschlagene Redaktionslinie zeigen, was die beiden, seit 1848 als Linke abgestempelt, wollten und was sich bald – mit Auflagen von etwa 7 000 Stück – als ein beträchtlicher Erfolg herausstellte. Unter dem Zwang der politischen Reaktion sollte ein unpolitisches Wochenblatt mit möglichst vielseitigen Beiträgen aus Literatur und Bildungswelt gestaltet werden; die Ideale der linken Bewegung von einst sollten nicht verleugnet, konnten aber nur zwischen den Zeilen der »gefälligen« Hefte spürbar werden. Brockhaus beschwor Gutzkow: »In unser Blatt gehört nun einmal keine Politik und vermeiden wir sie nicht, so zerbricht sie uns den Hals.«[18]

Gutzkow fiel es nicht leicht, sich auf die Dauer dieser Tarnung durch ein harmloses Blatt für die gebildete Familie zu unterwerfen. Doch dabei handelte es sich nicht nur um ein Produkt überlegter Anpassung – von der Wirkung auf das Publikum ganz abgesehen. Auch Verleger und Herausgeber waren durch die innere Logik der gescheiterten Revolution zu einer vorsichtigen, mit langfristigen Mentalitätsperspektiven, nicht mit raschem Umsturz rechnenden Vorgangsweise veranlaßt worden. So mischten sich bei dem Programm des neuen Familienblattes klare Vorsicht und Anpassung mit neuen – meist weniger klaren – Tendenzen zu »realistischer«, konsensfähiger und daher unpolitischer bürgerlicher Kulturgesinnung. Im Editorial der ersten Nummer schrieb Gutzkow: »Alle, die sich eben stritten, was Freiheit ist, ... alle werden sich in dem Zugeständniß vereinigen: Ordnung ist das erste, Arbeit das zweite Gesetz, wenn sie an moosbewachsenen Eichbaumwurzeln in das Gewirr der Ameisen oder an das Treiben der Bienen sehen, die aus Blumensaft Zellen bauen. Es gibt noch Plätze, wo wir nur Menschen sind und nichts höher halten als unsere sittliche Würde und kein vortrefflicheres Mittel dazu kennen als die Bildung.« So wurden Ordnung und Arbeit mit dem Blick in die Tierwelt geradezu naturgesetzlich begründet. Das war eben das Jahrzehnt des entstehenden Darwinismus, und wie sehr die jetzt anhebende Popularisierung der Naturwissenschaften die bürgerliche Bildung und ihre Wertmaßstäbe beeinflußt hat, wird gerade bei diesen neuen Massenzeitschriften auf Schritt und Tritt deutlich.

Deutschland wurde überflutet von Neugründungen mit recht unterschiedlichem Profil und Erfolg. Seit 1856 gab Georg Westermann in Braunschweig nach dem Muster englischer Monatsschriften »Westermanns Monatshefte« heraus. Auf der katholischen Seite erschienen seit 1854 Adolph Kolpings »Rheinische Volksblätter für Haus, Familie und Handwerk«. 1858 gründete Eduard Hallberger in Stuttgart die Roman- und Reisezeitschrift »Über Land und Meer«. In der von Otto Janke seit 1864 herausgegebenen »Romanzeitung« erschien als erstes Wilhelm Raabes »Der Hungerpastor«. Den größten Erfolg erzielte jedoch die »Gartenlaube«, das seit 1853 von Ernst Keil in Leipzig herausgegebene »Illustrierte Familienblatt«. Keil begann mit einer Auflage von 4 000 Exemplaren und erreichte 1874 die bis dahin in der ganzen Welt unerhörte Abonnentenzahl von 400 000. Die »Gartenlaube« lag bald in allen Cafés, Konditoreien und Clubs aus; man schätzt die Zahl ihrer wöchentlichen Leser in den siebziger Jahren auf fünf Millionen.[19] Die spätere kleindeutsch-patriotische und sentimentale Richtung des Blattes hat vergessen lassen, daß die »Gartenlaube« bis in die sechziger Jahre ein ganz und gar nicht harmloses Blatt war, mit einer eindeutig demokratischen Grundtendenz – wenn auch in verblümter und durch reiche Bildausstattung und literarische Zuckerwaren überdeckter Form. Die Herkunft aus dem Gedanken- und Erlebnisbereich der demokratischen Bewegung von 1848/49 ist ganz eindeutig. Ernst Keil, als Verleger und Publizist ein notorischer Linker, mußte 1852 eine neunmonatige Haftstrafe absitzen aufgrund einer Anklage des Leipziger Gerichts wegen eines »Preßvergehens« im April 1849, also am Vorabend des sächsischen Aufstandes. Später sollte er erzählen, wie ihm in seiner Gefangenenzelle, in der Dämmerstunde auf- und abgehend, die ersten Einfälle für die Gründung der »Gartenlaube« gekommen seien.

Keil hat mit der »Gartenlaube« von Anfang an ein viel breiteres Publikum angesprochen als Gutzkow mit den »Unterhaltungen«. Er wollte auch den einfachsten Handwerker und dessen Familie erreichen; daher der niedrige Preis, die reiche Ausstattung mit Illustrationen (meist Holzschnitten, teils in einem verniedlichten Ludwig-Richter-Stil) und die genau auf Breitenwirkung abgestimmten literarischen, populärwissenschaftlichen und aktuell-berichtenden Beiträge. Man hat Keils phänomenalen Publikumserfolg mit seiner Anpassung an die veränderten Zeiten erklärt: »Es war pädagogisches Geschick und die Intuition des Herausgebers, der dem Lebensbedürfnis sowie der Sehnsucht nach Ruhe und Behaglichkeit eines nach der fehlgeschlagenen Revolution enttäuschten Bürgertums geschickt entgegenkam.«[20] Doch da war noch mehr: die erstaunliche Konsequenz, mit der Keil und eine bedeutende Gruppe ehemaliger Achtundvierziger die demokratischen, aufgeklärten, antiautoritären Überzeugungen wachhielten und sie dem Publikum mit einem buntgemischten Leseangebot schmackhaft machten. Die politische Polizei Sachsens wußte, warum sie 1858 die »Gartenlaube« als eine »gefährliche Waffe« in den Händen der republikanischen Partei bezeichnete: »Daneben hat sich die Republikanerpartei noch eines andern Blattes bemächtigt, welches zwar nur Unterhaltungsblatt zu sein scheint, aber bei seiner ungemein starken Verbreitung höchst gefährlich werden kann, sobald der Augenblick gekommen ist, die jetzt vorgehaltene Maske abzuwerfen.«[21]

Tatsächlich werden hinter der populär-volksbildnerischen und auch sentimental-reißerischen Publizistik die eigentlichen Leitlinien sichtbar: eine durchaus diesseitige, säkularisierte, doch von bürgerlichen Tugenden geradezu triefende Weltsicht. Sehr stark sind medizinische und naturwissenschaftliche Informationen vertreten, auch Berichte über die außereuropäische Welt, über Technik, Entdeckungen und neue Arbeitsmethoden. Die vaterländische Note fehlt nicht, aber sie orientiert sich vor allem an den großen, volkstümlichen Gestalten der Befreiungskriege.

Als ein Heros dieser zwischen Klassik, Naturwissenschaft und Fortschrittsgläubigkeit angesiedelten Bildungswelt wird der alte Alexander von Humboldt vorgeführt, dessen Alterswerk »Der Kosmos« damals bändeweise erschien, und dessen Balance zwischen freigeistiger Gesinnung und Umgang mit dem Königshof geradezu als ein Muster edler Lebenskunst galt[22]:

»Er besitzt im reichsten Maße jenen ›Mut der Meinung‹, die vor aller Welt auszusprechen er sich nicht scheut. Religiöse und bürgerliche Freiheit finden stets an ihm einen beredten Verteidiger und er nimmt keinen Anstand, die übertrieben pietistische Richtung, wo sie ihm entgegen tritt, mit den Waffen des ihm zu Gebote stehenden Witzes zu bekämpfen. – Als die erste Kritik über den Kosmos so eben in einer Berliner Zeitung erschienen war, frug ein hochgestellter Würdenträger Humboldt in Gegenwart des Königs, ob er die Recension schon gelesen hatte. Als dieser verneinte, setzte der Redner hinzu: Ihr ›Kosmos‹ wird von dem Beurtheiler ein wahres ›Erbauungsbuch‹ genannt. ›Das kann mir jetzt nur nützen‹, entgegnete Humboldt mit feinem Lächeln und einem Seitenblick auf seine Umgebung. So weiß er die sich widersprechenden Elemente des Hofmanns und des Wahrheit suchenden Gelehrten in einer Person zu verbinden, mit Freiheit zu belehren und mit Grazie auch zu tadeln, wo er anderer Gesinnung ist.«

In den sechziger Jahren wird der politische Ton konkreter; die populärwissenschaftliche Belehrung geht weiter, aber ins Praktische. Carl Ernst Bock, der ständige medizinische Kolumnist der »Gartenlaube«, informiert seine Leser, daß »das Unterziehjäckchen, auf der bloßen Haut und auch im Sommer getragen, ... trotz der Anfeindungen von Seiten der Abhärtungsfanatiker doch ein ausgezeichnetes Schutzmittel gegen eine Menge von Uebeln« ist.[23]

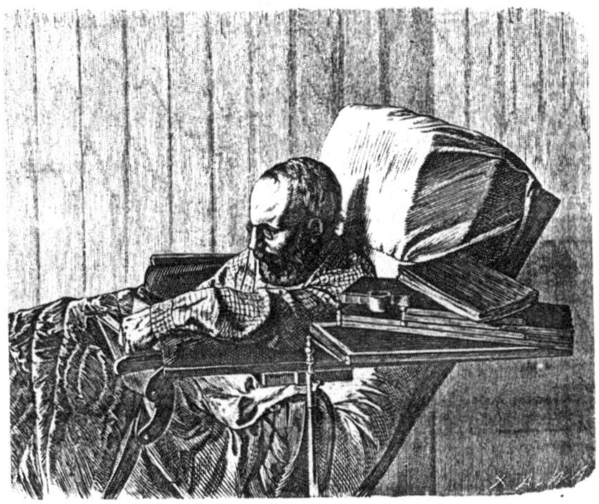

Die »Gartenlaube« war wohl die erfolgreichste aller in den Cafés ausliegenden Publikationen. 1863 stattet sie dem italienischen Freiheitskämpfer Giuseppe Garibaldi einen Besuch am Krankenlager ab, ein Unternehmen, das durchaus als politische Meinungsäußerung verstanden werden soll.

Garibaldi wird an seinem Krankenbett auf der Insel Caprera besucht; der Berichterstatter der »Gartenlaube« überbringt dem italienischen Nationalhelden einen Ehrenkranz aus Leipzig. Über Befreiung und Flucht des Revolutionärs Gottfried Kinckel aus der Festung Spandau 1850 wird ausführlich berichtet. Arnold Ruge, ein anderer »Vater der Revolution«, wird anläßlich des Erscheinens seiner Memoiren im Exil in Brighton interviewt; der Artikel endet: »Wir hoffen, daß er noch in seinem, in unserem Deutschland leben werde.«[24] Aber worauf hoffte die »Gartenlaube« jetzt, im Jahre 1863? Alexander von Humboldt war nun schon vier Jahre tot, und seine Synthese von Natur und Kultur, von Freisinn und Lebenskunst konnte den Lesern der »Gartenlaube« für die Aufgaben deutscher Zukunft keine Orientierung mehr bieten.

Ihren Lesern bietet die »Gartenlaube« ein breites Spektrum; so wird bereits 1856 das im Jahr zuvor entwickelte Bessemer-Verfahren, das die Erzeugung hochwertigeren Stahls ermöglicht, in allen Einzelheiten vorgestellt.

Die Eroberung der Natur im Sinne der naturwissenschaftlichen Forschung ist für die »Gartenlaube« ebenso ein Thema wie die Entdeckung der Berge und die Demonstration der damit verbundenen Bergsteigetechnik.

Zum fünfzigjährigen Gedenken an die Völkerschlacht zieht das Blatt eine bittere Bilanz: Aus dem Kampf für die Freiheit, aus dem Opfertod der deutschen Jünglinge erwuchs nicht die Freiheit der Welt, sondern niederträchtige, impotente Tyrannei, aus Heuchelei, »muckerischem Gesüßel und mühlsteinharter Grausamkeit abscheulich gemischt«. Dann aber folgt das große nationaldemokratische Dennoch: Germania lebt in den Herzen von Millionen ihrer Söhne und wird Kämpfer finden ... »trotz alledem und alledem ›einst wird kommen der Tag‹ – der Siegestag, denn sein Vater ist ein unsterblicher Gedanke und seine Mutter die allmächtige Zeit«.[25]

Der Abonnentenkreis wächst stetig. Das nationale und freiheitliche Pathos, das die »Gartenlaube« an Hunderttausende ihrer Leser mitteilte, war heftig und unbestimmt zugleich. Das Übergewicht der lautstarken politischen Sentimentalität bei zunehmender Unsicherheit in der konkreten politischen Orientierung ist charakteristisch für die Ausgaben nach 1859. Anläßlich der Schillerfeiern 1859 werden die Deutschen noch im weltbürgerlichen Sinne aufgerufen, ein »Volk von Brüdern« zu werden. 1863, nur vier Jahre später, begrüßt die Zeitung die Teilnehmer am Deutschen Turnfest in Leipzig als Vorkämpfer von Deutschlands Einigkeit und Wehrhaftigkeit:

Daß Deutschlands Volk, ein Volk in Waffen
Nach außen hält und innen stand ...
In reger Wettlust frohem Spiel,
Von Reck und Barren ruft hernieder
Euch bald ein ander, ernster Ziel ...
Und hallen einst die Siegesglocken
Dann prangt in wahrem Festesglanz
Auf uns're Mutter gold'nen Locken
Der ewig grüne Eichenkranz.[26]

Wer soll hier künftig über wen siegen? Die Zweideutigkeit deutscher Kraftmeierei fällt ins Auge. Es kommt gar nicht mehr zu der von der polizeilichen Überwachung gefürchteten Enthüllung des wahren demokratischen Gesichts der Zeitschrift. Schritt um Schritt löst sie sich von der Achtundvierziger-Tradition und nähert sich dem preußisch-deutschen Weg zur Reichsgründung von oben.

Dem Deutschen Turnfest in Leipzig widmet die »Gartenlaube« 1863 viel Platz.
In den Demagogenverfolgungen nach den Napoleonischen Kriegen war die Turnbewegung verfolgt worden; die freien Zusammenschlüsse galten als liberal und verdächtig. Jetzt ist die Turnbewegung eine nationale Kraft geworden; wer sich an Reck und Barren betätigt, dient Deutschlands Einheit, Freiheit und Macht.

Der gewaltige Zuwachs an politischem Realismus und an naturwissenschaftlich-technischem Vermögen und Bewußtsein, der die innere Entwicklung des nachrevolutionären Bürgertums kennzeichnete, schützte – gerade bei diesen breiten linksorientierten, antiautoritären Gruppierungen, deren Organ die »Gartenlaube« war – am Ende wenig gegen eine neuerliche Unterwerfung unter eine überlegene Autorität. Das Denken in den naturwissenschaftlichen Begriffen von Gesetz und Notwendigkeit, in den Vorstellungen von Ebbe und Flut, hatte wohl zeitweilig geholfen, den Schmerz über die gescheiterte Revolution zu verwinden. Aber ein sich zunehmend naturgesetzlich verstehender Nationalismus wurde schließlich wehrlos gegenüber dem Erfolgsdenken, auch wenn der deutsche Erfolg sich schließlich als Bismarcks Militärstaat entpuppte.

Neben der »Gartenlaube« erschienen Zeitschriften mit anderer, teils entgegengesetzter politischer und weltanschaulicher Orientierung, unter anderen das seit 1864 von dem Bielefelder Verlag Velhagen und Klasing herausgegebene Wochenblatt »Daheim«. Der Verlag knüpfte mit dieser Zeitschrift an das äußere Erscheinungsbild der »Gartenlaube« an, vertrat aber inhaltlich eine konservative christliche Weltanschauung. Einflußreiche protestantische Kreise standen hinter dem Projekt; die Mitarbeit katholischer Autoren war nicht vorgesehen. Bemühungen um die Unterstützung staatlicher Stellen hatten bei dem preußischen Kriegsminister von Roon Erfolg. Er empfahl in einem Rundschreiben das neue Blatt anstelle der damals in Preußen verbotenen »Gartenlaube« als eine »im conservativen und religiösen Geiste ... abgefaßte Unterhaltungsschrift, die sich voraussichtlich auch zur Lektüre in militärischen Kreisen, selbst in denen der Unteroffiziere und Soldaten sehr wohl eignen könnte«.[27] Dieses Rundschreiben gelangte an die Öffentlichkeit und löste heftige Auseinandersetzungen zwischen Befürwortern und Gegnern des neuen Blattes aus, das sich als »christliche Gartenlaube« zu profilieren suchte. Die massive Unterstützung durch staatliche und evangelisch-kirchliche Kreise blieb schließlich nicht ohne Wirkung: Die Auflage des »Daheim« stieg bis 1866 immerhin auf 33 000 Exemplare, blieb aber immer noch weit hinter derjenigen der »Gartenlaube« zurück.

All diese neuen Formen geistiger Auseinandersetzung und kultureller Breitenwirkung ergeben für die fünfziger und sechziger Jahre ein recht widerspruchsvolles Bild. Auch die Formel vom Realismus bietet keinen gemeinsamen Nenner. Schon für den engeren Bereich der Literatur hat einer der hervorragendsten Vertreter der realistischen Erzählkunst, Theodor Fontane, bereits 1852 dies Etikett kritisiert und es nur in einem sehr weiten Sinne, der sich an Goethe orientierte, gelten lassen. Unter Realismus »verstehen wir nicht... das nackte Wiedergeben alltäglichen Lebens, am wenigsten seines Elends und seiner Schattenseiten ... Diese Richtung verhält sich zum echten Realismus wie das rohe Erz zum Metall: die Läuterung fehlt. Wohl ist das Motto des Realismus der Goethesche Zuruf: ›Greif nur hinein ins volle Menschenleben, wo Du es packst, da ist's interessant‹, aber freilich, die Hand, die diesen Griff tut, muß eine künstlerische sein.«[28] Noch deutlicher wird diese Problematik angesichts des Nebeneinander von politischer Satire und lyrischer Idyllik, die zwischen klassischen und romantischen Vorbildern schwankt, und der so unterschiedlichen Tendenzen in der Baukunst, in der Malerei, Bildhauerei und erst recht in der Musik - von Schumann bis Bruckner, von Brahms bis Wagner.

Vieles, fast das meiste, entstammte dem Widerspruch gegen die Epoche, die man verändern oder der man entfliehen wollte, und doch springen die Zusammenhänge zwischen den neuen technischen und sozialen Chancen, den politischen Prozessen und Entscheidungen und der künstlerischen und literarischen Produktion der Jahrzehnte nach 1848 ins Auge. Das kulturelle Schaffen scheint autonom und ist doch eingebunden in die Gesamtsituation des nationalen Lebens.

Noch bevor Preußen eine europäische Großmacht wurde, schuf es sich im 18. Jahrhundert für die königliche Residenzstadt Berlin ein städtebauliches Zentrum, das mit St. Petersburg, Wien und Paris konkurrieren konnte. In der Zeit des Klassizismus wurden die »Linden« zwischen Königlichem Schloß und Brandenburger Tor zu einem der schönsten Boulevards Europas ausgebaut, wobei vor allem Schinkel mit Neuer Wache, Altem Museum und Königlichem Schauspielhaus das Gesicht der Stadt prägte.

Ansicht von Berlin mit Zeughaus und Neuer Wache, um 1850

Die regionale Vielfalt des deutschen Lebens erfährt in den fünfziger und sechziger Jahren einen letzten, bedeutenden Aufschwung, bevor die Uniformierungsprozesse von der Reichsgründung her einsetzen. Vergleichbare Kräfte stellen sich von Stadt zu Stadt anders dar, bestimmt durch örtliche Tradition und aktuelle Bedingungen. So präsentiert sich der Wandel des Bestehenden in den drei maßgebenden Hauptstädten auf jeweils andere Weise - die Tendenzen des Zeitalters bringen sich in Berlin, Wien und München auf unterschiedliche und doch charakteristische Weise zur Geltung. Selbstverständlich war Berlin nicht gleich Preußen und Wien nicht gleich Österreich, und erst recht spiegelt sich in München, das stellvertretend für das dritte Deutschland steht, nur ein Ausschnitt jenes reichen und vielgestaltigen Lebens, das die deutschen Mittel- und Kleinstaaten damals erfüllte.

Die zeitgenössische Städteliteratur, die sich an Buchmodellen wie Eugène Sues »Geheimnissen von Paris« oder an Charles Dickens' Großstadtromanen orientierte, war von der Vorstellung gefesselt, in den nun so rasch wachsenden deutschen Hauptstädten die »Welt im Kleinen« zu erfassen.[29] In der Faszination, die seither von der Schilderung der großen Stadt ausgeht, spiegelt sich auch das Bewußtsein eines Weges ohne Rückkehr aus dem alten, ländlichen und kleinstädtischen Deutschland in eine spannungsvolle, unbekannte und schwer durchschaubare Zukunft steigender Menschenballung und Machtkonzentration.

2. Berlin - auf dem Wege zur Reichshauptstadt

Das rasante Wachstum Berlins von einer mittleren Residenz (172 000 Einwohner um 1800) zur größten Industriestadt Mitteleuropas (3 730 000 Einwohner 1910) verlangsamte sich nach 1848 vorübergehend. Wohlhabende Familien hatten 1848 aus Furcht vor der Revolution die Stadt verlassen. Die Reaktion, die Verhängung des Belagerungszustandes und das strenge Polizeiregiment, das während der fünfziger Jahre der Berliner Polizeipräsident Hinckeldey ausübte, minderten den Zuzug vom Land.[30] Auch die Kommunalverfassung und -politik gerieten ganz unter den Einfluß der konservativen Kräfte, besonders nach dem Inkrafttreten der restriktiven Städteordnung von 1853. König Friedrich Wilhelm IV. hatte es nach der Revolution abgelehnt, seine Residenz in Berlin zu nehmen; er blieb in Potsdam. Erst nach 1858, mit dem Beginn der »Neuen Ära« unter dem Prinzregenten Wilhelm, regte sich in Berlin neues politisches Leben. Seither wurden wieder Vertreter der liberalen und demokratischen Richtungen zu Stadtverordneten gewählt.

Ab 1861 wurde Berlin für viele Jahre »die feste Burg« der Fortschrittspartei, sowohl bei politischen wie bei kommunalen Wahlen. Auf dem Deutschen Turnfest 1861 beherrschten die Revolutionsfarben wieder das Stadtbild. Die Einweihung des Denkmals für

Der Berliner Polizeipräsident Hinkeldey schuf die moderne Infrastruktur der Residenzstadt Berlin. Zusammen mit James Hobrecht entwickelte er nach dem Vorbild Londons eine moderne Stadt, deren Wasserversorgung, Gasbeleuchtung, Feuerwehr, Armenpflege und Hygiene in Deutschland nicht ihresgleichen hatten.

Berliner Feuerwehr mit Rettungssack, 1857

Friedrich Ludwig Jahn in der Hasenheide wurde zu einer großartigen Demonstration für die nach 1848 unterdrückten freiheitlichen und nationalen Ideen: »Nie ist ein ähnliches Fest gefeiert worden, seit Griechenland unterging«, berichtete Lothar Bucher, der einstige Achtundvierziger und spätere Mitarbeiter Bismarcks. Zeichen des neuerwachten städtischen Selbstbewußtseins war das neue Rathaus mit dem 94 Meter hohen monumentalen Turm. 1864 hielt der Magistrat in dem roten Backsteinbau seine erste Sitzung ab.

Trotz des zunächst verlangsamten Bevölkerungswachstums kamen in den fünfziger Jahren und zu Anfang der sechziger Jahre urbanistische Entwicklungen zum Zuge, die den künftigen Weg Berlins zur Welt- und Industriestadt wesentlich bestimmten. Kennzeichnend ist der Umstand, daß die eigentlichen Impulse und Entscheidungen nicht von der kommunalen Seite, sondern von der preußischen Regierung kamen. Die große Eingemeindung von 1861 hatte das städtische Areal von 3510 auf 6572 Hektar erweitert.[31]

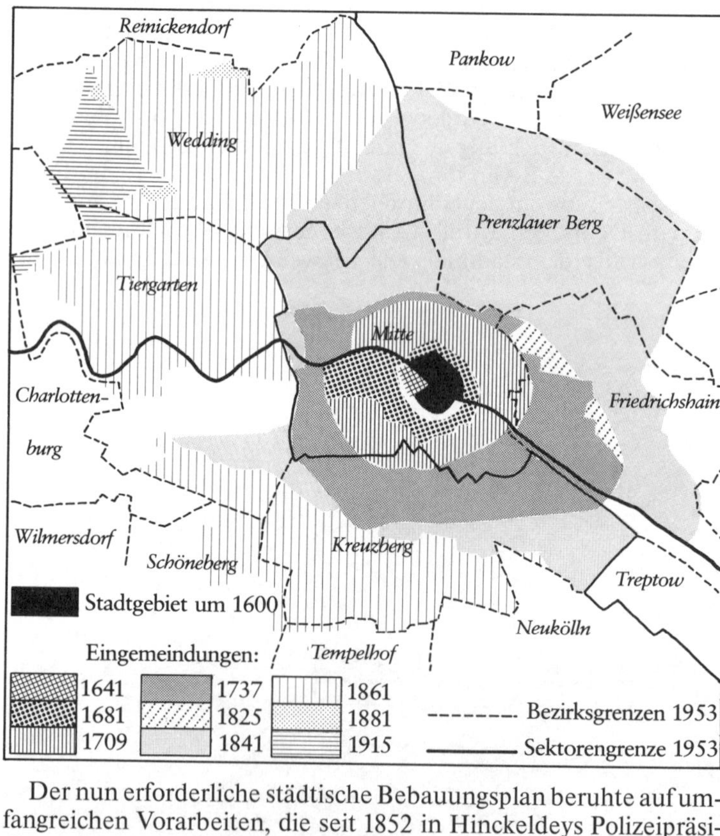

Berlins kommunale Flächenentwicklung

Der nun erforderliche städtische Bebauungsplan beruhte auf umfangreichen Vorarbeiten, die seit 1852 in Hinckeldeys Polizeipräsidium, das der Regierung unmittelbar unterstand, geleistet worden waren. Hinckeldey setzte dabei die gleiche rücksichtslose Energie, mit der er auch die demokratischen und liberalen Gruppen unterdrückte, für Verbesserungen der städtischen Infrastruktur ein. 1851 errichtete er die Berliner Berufsfeuerwehr, die sich bald in organisatorischer wie technischer Hinsicht als vorbildlich erwies, und die auch die Straßenreinigung – ein altes Problem der Stadt – erfolgreich in die Hand nahm. Die Modernisierung der Wasserversorgung und der Gasbeleuchtung setzte Hinckeldey gegen das Zögern des Magistrats durch. Fast gleichzeitig veranlaßte er die Gründung eines Vereins, der sich um die Errichtung öffentlicher Wasch- und Badeanstalten für Unbemittelte kümmerte. Um die Verschandelung des Stadtbildes durch das Bekleben der Häuser, Mauern und Bäume mit Plakaten zu unterbinden, erteilte der Polizeipräsident dem Buchdruckereibesitzer Litfaß 1854 das Privileg, Anzeigenflächen zu vermieten; dafür verpflichtete sich Litfaß, 150 Anschlagsäulen aufzustellen (und die obrigkeitlichen Bekanntmachungen kostenlos anzuschlagen). Die Reorganisation der Polizei, der Bau von Strafanstalten und die Anlage von Chausseen, die Verbesserung der Armenpflege und die Einrichtung öffentlicher »Suppenanstalten« gehen auf Hinckeldey zurück. Er fiel 1856 im Duell gegen einen Herrn von Rochow, der sich gegen die Schließung eines geheimen Spielklubs im »Hotel du Nord« (Unter den Linden) verwahrt hatte;

Schon frühzeitig hatte Berlin sich gegenüber den Errungenschaften und Möglichkeiten der neuen Zeit offen gezeigt; bis zur Jahrhundertmitte bildete sich der Ruf vom fortschrittlichen Berlin, das doch gleichzeitig rücksichtslos die politische Liberalität unterdrückte.

Oben: Die erste Berliner Gasanstalt vor dem Halleschen Tor, 1826
Unten: Wagen zum Transport von Leuchtgas, das in den Gaswerken durch Verkokung hergestellt wurde, 1865

dieser Tod verhalf dem durch und durch antiliberalen, aber selbstlos für das Gemeinwohl tätigen Polizeipräsidenten letztlich zu einem ehrenvollen Gedenken: »Und da jede seinem Andenken dargebrachte Huldigung zugleich ein Protest gegen die Junker- und Muckerpartei war, schlossen sich selbst viele der von ihm stets mit erbittertem Haß Verfolgten den bürgerlichen Ehrenbezeugungen an, welche dem Dahingeschiedenen galten.«[32] Auch das war damals Preußen.

Der große Bebauungsplan von 1862, von späteren Generationen

als »Mietkasernenplan« beschimpft, weil er mit baupolizeilichen Vorschriften und Straßenlinien das spätere Mietskasernenelend weiter Teile der Stadt programmiert habe, war damals durchaus fortschrittlich. James Hobrecht, der maßgeblich daran mitgearbeitet hatte, trat ausdrücklich für die Beibehaltung des traditionellen »Durcheinanderwohnens« von Reich und Arm ein. Seine Motive für die Vermeidung reiner Arbeiterviertel waren philanthropisch und zielten auf Klassenausgleich. Und wenn Hobrecht damals von Mietskasernen sprach, meinte er nicht die späteren düsteren Bebauungsformen; er orientierte sich an Mietshäusern, wie Schinkel sie geplant und gebaut hatte: »Nicht ›Abschließung‹, sondern ›Durchdringung‹ scheint mir aus sittlichen und darum aus staatlichen Rücksichten das Gebotene zu sein. In der Mietskaserne gehen die Kinder aus den Kellerwohnungen in die Freischule über denselben Hausflur wie diejenigen des Rats oder Kaufmanns auf dem Wege nach dem Gymnasium. Schusters Wilhelm aus der Mansarde und die alte bettlägerige Frau Schulz im Hinterhause ... werden in dem I. Stockwerk [bei den Reichen] bekannte Persönlichkeiten. Hier ist ein Teller Suppe zur Stärkung bei Krankheit, da ein Kleidungsstück, dort die wirksame Hilfe zur Erlangung freien Unterrichts oder dergleichen ... «[33]

Männer wie Hobrecht waren keine Romantiker. Auf Reisen nach Hamburg, London und Paris studierten sie die infrastrukturellen Großstadtprobleme sorgfältig. Das Ergebnis dieser Reisen waren der große, zukunftsweisende Plan einer Abwasseranlage und das Konzept großer Baublöcke mit ausreichenden Grünflächen und modernen hygienischen Einrichtungen. Der Widerspruch zwischen den moralischen Absichten und der späteren Realität des Wohnungselends rührt eher daher, daß die Vorstellungswelt der Städteplaner von 1862 noch ganz von den Ideen Schinkels geprägt war, dem es gelang, die Residenz »Berlin, wie seine Verehrer sagen, in eine Stadt der Schönheit umzugestalten, jedenfalls aber unserer Residenz im wesentlichen den Stempel aufzudrücken, den sie bis diese Stunde trägt. Denn auch was nach ihm gebaut worden ist, ist zum guten Teil Geist von seinem Geist ... Das Kleinste und das Größte nahmen edlere Formen an«.[34] Gleichzeitig vertrauten diese Männer auf die Macht des Staates bei der Vollstreckung des Gemeinwohls; sie hatten noch keine Ahnung von der Durchsetzungskraft kapitalistischer Privatinteressen und meinten, durch die gesetzliche Fixierung großer Baublöcke eine enge, unhygienische Bebauung verhindern zu können. Die rückwärtige Bebauung von Parzellen mittels mehrerer hintereinanderliegender Höfe war 1862 noch unvorstellbar, und nur deshalb war dagegen kein rechtlicher Schutz vorgesehen.

Auch hier bestimmten sehr widersprüchliche Tendenzen und Realitäten das Bild des nachrevolutionären Berlin: obrigkeitliche Repression und bürgerliche Opposition, staatliche Fürsorge und kapitalistisches Wachstum, Preußentum als Last und Preußentum als Hoffnung. All dies Gegensätzliche wird an den Figuren greifbar, die die Epoche prägten.

Berliner Profile

Johann Carl Friedrich August Borsig (1804–1854) und sein Sohn Albert (1829–1878) verkörpern den Aufstieg der Berliner Industrie vom Vormärz bis zum Kaiserreich.[35] Der Breslauer Zimmermann kam 1823 in die Hauptstadt, besuchte das damals neugegründete Gewerbeinstitut unter der Leitung von Peter Beuth,[36] und gründete 1836/37 eine eigene Gießereiwerkstatt in der Chausseestraße. Schon sein erster spektakulärer Erfolg brachte ihn in Kontakt mit dem Königshaus und der Regierung. 1840/42 gelang ihm die Entwicklung und Konstruktion des Pump- und Maschinenwerkes für die Fontäne in Sanssouci, das bald als Musterstück »vaterländischer Intelligenz und Kunstfertigkeit« gerühmt wurde. 1841 verließ die erste Lokomotive die Borsigsche Fabrik; im Todesjahr des inzwischen zum Kommerzienrat ernannten Unternehmers wurde bereits die 500. Lokomotive gebaut.

Die Revolution stellte Borsig und seinen Betrieb, der damals das größte Maschinenbauunternehmen Berlins war, vor neue Probleme. Im März 1848 nahmen 900 seiner Arbeiter in vorderster Linie am Barrikadenkampf teil. August Borsig taktierte erfolgreich; am 21. März wohnte er der Trauerfeier für die Märzgefallenen im Friedrichshain bei und stiftete für seine vier gefallenen Arbeiter Grabmäler. Am 24. März war er unter den Teilnehmern des Trauerzugs für die auf der anderen Seite gefallenen preußischen Soldaten. Als Major der Berliner Bürgerwehr organisierte er aus seinen Maschinenarbeitern eine der diszipliniertesten Truppen, die dann zum Instrument der einsetzenden Gegenrevolution wurde. Innerbetrieblich kam er den Forderungen von 1848 entgegen: höhere Löhne, verbesserte Leistungen der schon bestehenden Kranken- und Unterstützungskasse, Reduzierung der täglichen Arbeitszeit um eine Stunde (nur mehr von 6 Uhr bis 18 Uhr). Insgesamt prägte die strenge, patriarchalische Betriebsführung das Betriebsklima. Als schließlich Toiletten für die Arbeiter installiert werden, achtet man auf eine zweckmäßige Ausführung: »Den oberen Rand der Trichter bildet eine stumpfe Eisenkante, so daß keine Gelegenheit zum bequemen Sitzen geboten wird, welches erfahrungsgemäß nur beträchtlichen Zeitverlust herbeiführen würde.«[37]

Beim Tode August Borsigs folgten dem Trauerzug zum Doro-

Zwei Namen tauchen in der Mitte des Jahrhunderts in Deutschland auf; sie sind der Öffentlichkeit noch so unbekannt, daß Fontane sie in einem Brief seiner Frau erklären muß: Borsig und Krupp. Beide stehen für die Industrialisierung des agrarischen Preußen, das beim Tode der beiden Männer zu den fortschrittlichsten Industriestaaten Europas zählt.

Albert Borsig

Zum Scheitern der Achtundvierziger-Erhebung hat nicht unwesentlich beigetragen, daß sich die Bewegung spaltete. Es kam zu erbitterten Kämpfen zwischen der gemäßigten Bürgerwehr und radikalen Demokraten, die von den Bürgerwehren oft rücksichtslos niedergeknüppelt wurden.

Neuruppiner Bilderbogen

theenstädtischen Friedhof die Honoratioren der Stadt Berlin: Alexander von Humboldt, der Generaldirektor der königlichen Gärten, Peter Lenné, Polizeipräsident Hinckeldey und viele andere. Als Zeichen der Kondolenz des Königshauses nahm der Hofgalawagen seiner Majestät - natürlich ohne Insassen - am Trauerkondukt teil. Albert Borsig übernahm aus den Händen des Vaters einen florierenden Betrieb, den er noch erheblich erweiterte. 1855 wurden jährlich 80 Lokomotiven gebaut, 1857 schon 131. Der Umstellung auf Massenproduktion entsprach die Expansion durch den Erwerb und Ausbau von Kohlegruben und Hüttenwerken in Oberschlesien. Zu Anfang der siebziger Jahre beschäftigte die Firma in Berlin 3 500, in Oberschlesien 2 500 Arbeiter und Angestellte. Der repräsentative Ausbau eines Verwaltungsgebäudes (mit Konferenzsaal, Bibliothek, Modellkammer und Archiv) vervollständigte das Bild eines selbstbewußten bürgerlichen Wirtschaftsimperiums.

Die Stellung der Familie Borsig in der gesellschaftlichen Hierarchie und die Lebensformen im damaligen Berlin spiegeln das prunkvolle Wohnhaus und die Gartenanlage am Spreeufer in Moabit. Kein Geringerer als Lenné entwarf die ersten Gartenpläne. Die Festsäle der Villa waren reich geschmückt im aufwendig eklektischen Geschmack der Zeit nach Schinkel. Das viel bestaunte Ensemble von Gewächs- und Treibhäusern zeigte die Technik im Dienst der Gartenkunst und Botanik. Der Wettbewerb mit den königlichen Gärten lag in der Reichweite des Bürgers. Friedrich Wilhelm IV. soll bei einem Besuch der Anlage gesagt haben: »So wie Sie möchte ich auch wohnen, lieber Borsig.«

Was konnte der Selbstdarstellung dieses erfolgreichen Unternehmens und der werksinternen Gesinnungspflege besser dienen als die Inszenierung von Firmenfesten. 1858 wurde das Fest der 1000. Lokomotive gefeiert, 1862 das fünfundzwanzigjährige Bestehen der Firma. Albert Borsig nutzte die Gelegenheit, die Würdigung des Geschäftserfolges mit dem Lob des industriellen Fortschritts und

Mit Phantasie, Wagemut, Geschick und Glück baute der Breslauer Handwerkersohn Borsig innerhalb weniger Jahre ein Unternehmen auf, das sich zur größten Lokomotivfabrik Europas entwickelte.

Montagehalle in Borsigs Maschinenbauanstalt, 1848

dem Bekenntnis zu Preußen und zur Einheit Deutschlands zu verbinden. Der erbitterte Verfassungskampf, der Preußen gerade spaltete und über die politische Zukunft des deutschen Bürgertums entschied, wurde immerhin mit einer nachdrücklichen Erwähnung des Königs als des Hüters von Frieden und Verfassung erwähnt. Borsig feierte die Leistung seines Vaters und die nationale Bedeutung der deutschen Industrie:

»Wir Deutschen sind eine gesplitterte Nation, die da ringt nach Einheit, nach gemeinsamer Fahne und Flagge, um sich im Schutze dieser im friedlichen Kampf der Industrie mit andern Ländern messen zu können. Lassen Sie uns hoffen, daß wir das Ziel bald erreichen. Die Lokomotive ist der feurige Vorläufer der Freiheit und Einheit in allen Ländern, sie bringt am leichtesten Bildung, Arbeit und Gesittung zu allen Nationen, sie rückt die Völker näher aneinander, vermittelt den Austausch der weltlichen und geistigen Güter; sie saust über Vorurteile, Zopfwesen, Kleinstaaterei, Pass-Schererei schon jetzt in Deutschland lustig hinweg – möge sie denn die Deutschen zu einer einigen Nation, ihre Industrie zur Großmacht machen ...«

Zu Neujahr 1858 kam neues Leben in das große Haus in der Behrenstraße 66, in dem der preußische Generalstab untergebracht war. *Helmuth von Moltke,* der neuernannte Generalstabschef, richtete sich in der prächtigen Dienstwohnung in der Beletage ein. Seine junge Frau erhielt die schönsten Zimmer, für die Besucher standen »reichlich vorhandene Fremdenstuben« zur Verfügung.[38] Der General nahm für sich ein sparsam ausgestattetes Dienstzimmer auf der anderen Seite des Flurs. Die eigentlichen Büros des Generalstabs und die Nebenräume für das Personal waren – das entsprach dem damaligen Zusammenhang von Amtssitz und Chefwohnung – im Erd- und im Dachgeschoß sowie im Hofgebäude untergebracht. Marie von Moltke, damals erst dreiundzwanzigjährig, kümmerte sich um Stall und Sattelkammer, vor allem aber um die Einrichtung der Wohnung, wo das Ehepaar nun in hauptstädtischer Weise repräsentieren mußte. Ihr nächstes Geburtstagsgeschenk waren sogenannte »Wiener Stühle« mit geflochtenem Sitz und Rücken, wohl aus ‚der berühmten Thonet-Produktion, die damals als Inbegriff modischer Vornehmheit galten. Jeden Donnerstag wurde »Jour« gehalten. Die Dame empfing, der vielbeschäftigte Hausherr kam erst, wenn alle sich versammelt hatten und man zur Tafel schreiten konnte. Ab 1862 gab Moltke jährlich die großen Königsgeburtstagsdiners für den Generalstab. Er war überhaupt kein Causeur und Gesellschaftsmensch, und die Toasts, die er bei diesen Diners auf den Monarchen und Kriegsherrn ausbrachte, wurden durch ihre lapidare Kürze berühmt.

Aus der Amtszeit Helmuth Graf von Moltkes resultierte die starke Stellung des preußischen Generalstabes, die bis in die Weimarer Zeit hinein bestehen blieb.

Helmuth Graf von Moltke

Moltke war damals schon 58 Jahre. Der Sohn aus mecklenburgischer Familie trat eine militärische Laufbahn im dänischen Dienst an, eine andere Wahl gab es nicht; der Vater hatte kaum Vermögen, sonst hätte Moltke, wie er später erzählte, Archäologie oder Geschichte studiert. Er erbte auch keine Familiengüter, sonst wäre er vielleicht Landwirt geworden. (Erst seit der königlichen Dotation für den Sieg von 1866 besaß er in Kreisau in Schlesien ein Landgut, das er sehr gern aufsuchte.) Auch nach dem Übertritt in die preußische

Armee kam er nur langsam vorwärts und mußte sich jeden Schritt selbst erkämpfen; kein einflußreicher Familienclan half ihm. Die überragende Bildung und militärisch-planerische Intelligenz, die ihn auszeichneten, wurden erst nach und nach bemerkt, obwohl schon seine mehrjährige Tätigkeit in der Türkei als Militärberater des Sultans über den Rahmen einer beginnenden Generalstabskarriere hinausgeführt hatte. Auffallende und neue Züge treten in der Biographie des wortkargen, aber schriftstellerisch begabten und technisch versierten Offiziers auf, wo es um seine Beziehungen zum Königshaus und damit zum höfischen Zentrum der Macht geht – schon vor der Revolution und erst recht nach 1848.

Dem in Rom lebenden Prinzen Heinrich von Preußen, einem jüngeren Bruder Friedrich Wilhelms III., diente Moltke 1845/46 als persönlicher Adjutant. Alle Fragen der Betreuung des alten, schon lange bettlägerigen Herrn, dessen Zimmer »mit Urväter Hausrat vom Gesims bis auf die Bettdecke des Prinzen« Moltke an die Zelle des Dr. Faust erinnerte, wurden bis zum Tod des Prinzen im Sommer 1846 taktvoll behandelt und gelöst.

Der Abfolge von künstlerischen Stilen ist mit der späten Schinkelschule die Gleichzeitigkeit aller Stile gefolgt; ein und derselbe Künstler und Architekt entwirft im »griechischen« oder gotischen Stil, entwirft Häuser im Geschmack der Renaissance oder dem der Romantik.
Der Prunkpokal, den die Stadt Berlin 1858 dem Kronprinzen zur Vermählung schenkt, zeigt die Unsicherheit im Umgang mit den überlieferten Elementen.

Nach der Revolution, die Moltke in seiner dynastisch-militärischen Dienstauffassung nicht irritierte, sondern bestärkte, führte das Vertrauen des Königshauses ihn in politisch-betreuerische Sonderaufgaben. Der älteste Sohn des Prinzen Wilhelm von Preußen, der spätere Kaiser Friedrich III., sollte – so wünschten es Friedrich Wilhelm IV. und seine konservative Umgebung – dem liberalen Einfluß des Elternhauses entzogen werden. So wurde Moltke 1855/56 als Vertrauensmann des Hofes dem jungen Prinzen Friedrich Wilhelm beigegeben. Er schilderte seiner Frau, wie ihm der König in Sanssouci diesen Auftrag erteilte:[39] »Der König empfing mich im Schlafgemach Friedrichs II. Ein Alkoven mit rothen Damastgardinen enthält das Bette; die Uhr welche beim Sterben des großen Königs stehen blieb, stand auf einem Konsol an der Wand. Der König saß vor dem Arbeitstisch am Fenster, ziemlich zusammengebückt in einem niedrigen Lehnstuhl. Er ließ mich neben sich niedersitzen, er wolle ganz offen mit mir über die gegenwärtigen Verhältnisse sprechen. Er sagte mir Sachen, die mich ebenso mit Dankbarkeit als mit Beschämung erfüllten. Er wünsche dringend, daß ich die erste Adjutantenstelle bei seinem Neffen annehmen möge ...«

Als Begleiter des Prinzen bereiste Moltke dann Europa, besuchte die Höfe in England, Rußland und Frankreich und wurde allen Monarchen vorgestellt: in Schloß Balmoral dem Prinzgemahl Albert, der zu diesem Anlaß einen Kilt trug, »die Beine nicht etwa in Tricot, sondern ganz korrekt bloß«, in Peterhof der Zarin, die ihre deutschen Landsleute scherzend empfing: »Laß sie mal alle einzeln herankommen, denn so weit sehe ich nicht«, im Louvre der Kaiserin Eugènie, an der er die »unübertreffliche Schönheit« von Hals und Armen rühmte.

Im Kreise des monarchischen Europa die Stellung Preußens durch den stillen, aber gewaltigen Ausbau des militärischen Gehirns, das der Generalstab darstellte, zu heben – das war Moltkes Bestreben, seit er in die Kommandozentrale in der Behrenstraße eingezogen war. Erst unter seiner Leitung wurde der Generalstab die mächtige, direkt dem König unterstellte und auch im Krieg die

Operationen leitende Zentrale der preußischen Armee: Moltke bestimmte den Weg aus dem alten System schwankender Zuständigkeiten zur einheitlichen Planungs- und Führungsinstanz der stärksten Militärmacht der Welt, zur »Obersten Heeresleitung« der Zukunft. Gebunden nur durch seine absolute Loyalität gegenüber dem König als obersten Kriegsherrn, entwickelte er in aller Bescheidenheit eine sehr radikale Kriegstheorie, die noch über die von Clausewitz vertretene Lehre vom absoluten Krieg hinausgeht.[40] Moltke bestreitet - im Gegensatz zu Clausewitz - daß auch während des Krieges der Primat der politischen Führung gelte. Die Kriegsmaschine soll »im Handeln völlig unabhängig« von der politischen Führung bleiben und »ihr Streben stets nur auf das höchste Ziel richten«. Dazu treten die gesteigerte Wucht des Zusammenstoßes und die entfesselten nationalen Leidenschaften im Zeitalter der modernen Volksheere: »Bei der großen Wucht der kriegerischen Ereignisse unserer Zeit wird, sobald die Kanonen donnern, die Politik mehr als früher in den Hintergrund treten ... Jetzt steht von Hause aus alles auf dem Spiel.«

Der radikale Anspruch dieser neuen Kriegstheorie deckte sich keineswegs mit dem, was Bismarck im Sinn hatte, als er seine Kraft gegen den preußischen Liberalismus und für die Festigung Preußens als Militärstaat neuen Stils einsetzte. Bismarck sprach gelegentlich in einer aufflammenden Bitterkeit von dem »Raubvogelprofil« Moltkes, das immer raubvogelartiger werde. Er tat damit der Wesensart und dem Verhalten Moltkes, der nie auf die sanftmachende Wirkung seiner blonden Perücke verzichten wollte, Unrecht: Es handelte sich bei Moltkes Kriegstheorie um ein strenges, logisches System, das nur aus den eigenen Voraussetzungen, nicht durch Bismarcks politische Kampfmethoden überwunden werden konnte. Es gibt in Moltkes wiederholten Äußerungen über ein universales Friedensprinzip Ansätze zu einer solchen »Selbstüberwindung« der Kriegstheorie. Aber sie kamen nicht zum Zuge. In dem neuen Preußen, das beide aus der Taufe hoben, blieb das Verhältnis von Politik und Krieg weiterhin prekär und unbestimmt.

Aufschlußreich ist, wie Moltke als Generalstabschef in den entscheidenden Jahren der Konfrontation das Verhältnis zu Österreich sah.[41] Seine Einschätzung des Kaiserstaates als einer »deutschen Macht«, die im Dienste des Deutschtums große kolonisatorische Aufgaben im Südosten zu erfüllen habe, geht auf seine Erfahrungen in der Türkei zurück und auf die großen verkehrs- und handelspolitischen Entwürfe, die ihn Anfang der vierziger Jahre beschäftigten: Wien als Drehscheibe für ein System von Eisenbahn- und Dampferlinien, die Deutschlands Industrie mit dem Balkan und Orient verbinden.

So trat Moltke nach der Revolution immer wieder für ein Zusammengehen Preußens mit Österreich ein. Sein militärisches Kalkül nahm keinen Anstoß an den inneren Problemen der Monarchie, schätzte die Addition der Streitkräfte und fürchtete - beim Nichtgelingen des »Zusammenbleibens« mit Österreich - den Zweifrontenkrieg. 1865/66 trat er bis zuletzt, nun schon gegen Bismarck, für die »begründeten Ansprüche« Österreichs ein. In einer geheimen Denkschrift vom Frühjahr 1865 kam er zu dem eindeutigen Resultat: »Aus allem geht hervor, welch gewaltiges Gewicht die beiden

Fast gleichzeitig entstehen in Böhmen die ersten nahezu industriell gefertigten Serienstühle aus gebogenem Holz. Die Auflagen der Thonet-Stühle erreichen die Millionenhöhe, das Serienmöbel tritt seinen Siegeszug an.

Deutsch-Großmächte *vereint* in die politische Waagschale Europas werfen.« Anders als für Bismarck war für Moltke die Lösung von 1866 nicht erwünscht.

»Die politische Mission der Arbeiterklasse hat niemand so volkstümlich, so packend, mit so glühender Wärme dargestellt«, schrieb Eduard Bernstein 1904 über Lassalle. Dieser hatte dafür vier Monate Gefängnis wegen Aufreizung zum Klassenhaß erhalten, wurde aber in zweiter Instanz freigesprochen.

Ferdinand Lassalle

Berlin, Bellevuestraße 13. Am 1. April 1859 zieht ein neuer Mieter ein, der die Pracht seiner Wohnung begeistert schildert: »... Haut parterre. Vier große Salons, die ineinander gehen, in einer Suite! Erst ein immenser blauer Salon, ... dann Speisesaal, wo ich dreißig Personen bequem setzen kann, und prachtvoll dekoriert. Dann großes Bibliothekszimmer, dann kleineres Arbeitszimmer, dessen Glasfenster auf ein Treibhaus stoßen ... Seitwärts Schlafzimmer. Im Souterrain Küche, Keller, Dienerwohnung. Ich kann, wenn ich will, hundert Personen bei mir sehen.«[42]

Der glückliche Wohnungsinhaber ist *Ferdinand Lassalle,* der künftige Gründer des Allgemeinen Deutschen Arbeitervereins, des Vorläufers der Sozialdemokratischen Partei Deutschlands. Als der zweiunddreißigjährige Schriftsteller 1857 aus Düsseldorf nach Berlin übersiedelte, ging ihm der Ruf eines radikalen Umstürzlers wie der eines wohlhabenden, hochmütigen, mit Frauenaffären beschäftigten Weltmannes voraus. Die Herkunft aus einer jüdischen Kaufmannsfamilie, die unter anderem Gasanstalten in Breslau und Prag unterhält, sichert ihm einen sorgenfreien Unterhalt. Seit langem ist er mit der um viele Jahre älteren Gräfin Hatzfeld liiert. Sieben Jahre später, im Sommer 1864, findet er den Tod in einem Wäldchen nahe von Genf bei einem Pistolenduell um die junge Helene von Doenniges.

Karl Marx, mit dem er seit 1848 befreundet war, erhielt lange Zeit Geldzuwendungen von Lassalle. 1861 besuchte Marx Lassalle in Berlin. Man hoffte auf eine Amnestie für Marx und seine Rückkehr nach Preußen, plante gemeinsam die Gründung einer radikalen Tageszeitung. Aber es wurde nichts daraus. Bei der Abreise überhäufte Lassalle den Freund mit Geschenken aus den elegantesten Modegeschäften Berlins für die Familie, die in London in den ärmlichsten Verhältnissen lebte. Jenny Marx bedankte sich überschwenglich.[43] Die Unterschiede der Lebensumstände konnten kaum krasser sein.

Die Berliner Jahre Lassalles wurden weit über Preußen hinaus für die Geschichte der internationalen Arbeiterbewegung bedeutungsvoll. In der preußischen Hauptstadt verkehrte Lassalle in den Kreisen des linken Bürgertums, bei der gefeierten Schriftstellerin Fanny Lewald (der Geliebten, späteren zweiten Frau Adolf Stahrs), dem alten Varnhagen von Ense und dem Verleger Franz Duncker. Seine drohende Ausweisung verhinderte das Eingreifen Alexander von Humboldts. Nach Enttäuschungen mit nicht sonderlich erfolgreichen literarischen und philosophischen Werken und nach dem Scheitern phantastischer Revolutionspläne 1860/61 – der Hoffnung auf eine von Italien ausgehende Revolutionierung Deutschlands – stellte der preußische Verfassungskonflikt Lassalle und die wiedererstehende deutsche Arbeiterbewegung 1862 vor eine neue Situation. Hier trafen das Lebensschicksal des radikalen Literaten und die neue Bewegung der unterdrückten sozialistischen Gruppen aufeinander. Lassalle kam zu der Ansicht, daß die Bourgeoisie dem preußischen Militärstaat nicht gewachsen sei; nur die Mobilisierung der breiten Massen könne die Umformung des Staates im Sinne des sozialen Fortschritts bewirken. Jetzt trennt er sich von den bürgerlichen Oppositionskräften und faßt den Plan, »einen Gesamt-Arbeiter-Verein für ganz Deutschland mit dem Zentralort in Berlin zu stiften und mich an die Spitze desselben zu setzen«. Gegen zwei konkurrierende Strömungen hat Lassalle zu kämpfen: gegen die Gruppen um Schulze-Delitzsch, die das Programm einer Selbsthilfe der Arbeiter und eines Zusammengehens mit der bürgerlichen Demokratie vertreten, und gegen die Arbeiterkongreßbewegung, die an die lockeren, föderalistischen Organisationsformen von 1848/49 anknüpft.[44] (Der Einfluß von Marx und Engels tritt in Deutschland erst nach Lassalles Tod deutlicher in Erscheinung.)

Am 23. Mai 1863 wird in Leipzig der Allgemeine Deutsche Arbeiterverein gegründet, Lassalle auf fünf Jahre zu seinem Präsidenten gewählt. Aber die erträumte Massenbasis kommt nicht zustande. Lassalles diktatorischer, ungeduldiger, dünkelhafter Führungsstil stößt auf Widerspruch. Doch eines wird unmittelbar und unwiderruflich erreicht: Seine Reden und Broschüren, seine Agitationsreisen und seine Auftritte vor Gericht leiten eine neue Stufe der politischen und sozialen Bewußtwerdung ein. Das begreift auch Bismarck, der im Frühjahr 1863 den Kontakt zu Lassalle sucht. Seit 1928 im Preußischen Staatsministerium ein altersschwacher Aktenschrank zusammenbrach und seinen vergessenen Inhalt preisgab, wissen wir bis in Einzelheiten hinein Bescheid über die geheimgehaltenen Verhandlungen, die der Ministerpräsident 1863/64 mit Lassalle über die Möglichkeiten einer politischen Zusammenarbeit führte.

Der Sport im modernen Sinne, als Leibesertüchtigung im Alltag nicht als Kräftemessen im olympischen Sinne, ist ebenfalls ein Kind des 19. Jahrhunderts. Wie alles aus dieser Zeit hat auch er sein politisches Gesicht - von den liberalen Übungen in der Nachfolge Turnvater Jahns bis zur turnerischen Wehrertüchtigung der Armee.

Übungssaal der Königlichen Centralturnanstalt zu Berlin, 1853

Für den Präsidenten des Arbeitervereins ging es nicht, wie für Marx, um die revolutionäre Beseitigung des Staates. Er wollte den Staat - und ganz konkret die preußische Monarchie - umwandeln in einen Staat sozialer Reformen. Nichts könnte eine segensreichere

Rolle spielen, »als das Königtum, wenn es sich eben entschließen könnte, soziales Königtum zu werden«[45]. Mit Bismarck hat Lassalle demgemäß über das allgemeine Wahlrecht und über Staatskredite für Produktivgenossenschaften verhandelt. Solche Gedanken lagen damals in der Luft. Auch katholische Sozialreformer wünschten die Selbstorganisation der Arbeiter in Produktionsgemeinschaften. Bischof Ketteler wandte sich damals an Lassalle, um dessen Rat und Meinung einzuholen. Ein grundsätzliches Problem aber lag in Lassalles Ablehnung des liberalen Verfassungssystems. Er zielte auf eine cäsaristisch-autoritäre Demokratie.

Der frühe Tod erschwert bis heute das Urteil über Lassalles Person und Wirken, auch über die Tragweite seiner Gespräche mit Bismarck. Sicher gewann seine Konzeption eines staatsfreundlichen Sozialismus tiefe Wirkungen auf die Arbeiterbewegung in aller Welt. Vor allem ist festzuhalten, daß es eben gerade die preußische Monarchie mit ihrer Rechtsstaatlichkeit, ihrer relativen Modernität und ihrem Selbstverständnis von Dienst und Pflicht war, die Lassalle zu der so bedeutungsvollen Vorstellung eines sozialen Königtums, das sich auf die Massen der arbeitenden Bevölkerung stützte, führte.

Im April 1859 kehrte nach mehrjährigem Aufenthalt in London ein Journalist nach Berlin zurück. Das Türschild in der Potsdamer Straße 33 (später 134c) lautete: *Theodor Fontane.* Der Dichter und Schriftsteller hatte damals schon ein wechselvolles Schicksal hinter sich. Geboren 1819 in Neuruppin als Sohn eines Apothekers hugenottischer Abstammung – er selbst sprach seinen Namen stets französisch aus (Fóntan) – kam er als Apothekergehilfe nach Berlin, debütierte in den vierziger Jahren mit lyrischen Arbeiten und journalistischen Beiträgen und wurde bald Mitglied des damals berühmten Künstlervereins »Tunnel über der Spree«; 1848 nahm er als überzeugter Revolutionär an den Barrikadenkämpfen teil. Damals schrieb er Artikel für die linksdemokratische »Zeitungshalle«, in denen er auf das entschiedenste das Ende Preußens und die Abwendung von der preußischen Tradition forderte: »Die Auferstehung Deutschlands wird schwere Opfer kosten. Das schwerste unter allen bringt Preußen. Es stirbt ... Preußen war eine Lüge ... Mögen Tausende sich erheben und Preußen eine Wahrheit, mich aber einen Lügner nennen, mögen sie ... das Paradepferd unserer glorreichen Geschichte reiten, ich antworte ihnen, das jetzige Preußen hat keine Geschichte ... Betrachte es sich als ein Mann, und drücke es sich todesmutig die Speere ins Herz um der Größe des Vaterlandes.«[46]

Das Leben in der Natur, die Geselligkeit in der Landschaft waren früher eine Sache adeliger Jagdausflüge und höfischer Parkfeste geblieben. Jetzt drängt auch das Kleinbürgertum vor die Tore, um in Gartenwirtschaften und Sommerfrischen der Stadt zu entfliehen, über deren schlechte Luft man sich in diesen Jahren zu beklagen beginnt.

»Hier können Familien Kaffee kochen«, Berliner Kaffeegarten, um 1870

Die folgenden Jahre brachten eine tiefe Wendung. Fontane entdeckte von neuem die Realität und die lebensgestaltende Kraft des alten und des gegenwärtigen Preußen. Dieser Weg, der Fontane zum journalistischen Mitarbeiter der konservativen Regierung werden ließ und dann als preußischen Presseagenten nach England führte, war anderes als äußere Anpassung. In London hatte er die englische Presse mit preußenfreundlichen Artikeln zu versorgen und für regierungsnahe Blätter Preußens Berichte aus England zu verfassen. Die Politik des englischen Imperialismus, insbesondere die unvorstellbare Härte, mit der der Sepoy-Aufstand in Indien niedergeworfen wurde, kritisierte Fontane scharf. Was ihn eigentlich interessierte, war das alte, vorindustrielle England und Schottland, das Land der Adelsburgen und der Balladen. Von der englischen und schottischen Geschichte spannte sich der Bogen zurück zur märkischen Heimat. Noch in London entwickelte Fontane den Plan, »vaterländisches Leben künstlerisch zu gestalten«. Und schon in die Sammlung schottischer Reisebilder, die unter dem Titel »Jenseits des Tweed« erschien, schob er ein Lob der Mark Brandenburg ein: »... das beinah inselförmige Stück Land, um das die Havel ihr blaues Band zieht. Es ist der gesunde Kern, daraus Preußen erwuchs, jenes Adlerland, das die linke Schwinge in den Rhein und die rechte in den Njemen taucht.«[47]

So war der nach Berlin Zurückkehrende nicht nur für die Landschaft und Geschichte Brandenburgs gewonnen, er trat auch in konservativer Überzeugung in die Gegenwart Preußens ein. Noch im gleichen Jahr begann die Arbeit an dem großen, zuletzt auf vier Bände angewachsenen Werk »Wanderungen durch die Mark Brandenburg«, das nicht nur der Landschaft, sondern auch der Geschichte der Heimat nachgeht; vom Herbst 1859 an erschienen in der »Kreuzzeitung« die ersten Teile. Wenig später begannen mit der Lektüre zeitgenössischer märkischer Aufzeichnungen die Vorarbeiten zu dem historischen Roman »Vor dem Sturm«, der den Winter 1812/13 schildert.

Die »Wanderungen« und die Lektüre der Memoiren des Feldmarschalls Karl Friedrich von dem Knesebeck und August Ludwigs von

Theodor Fontane, 1866 und 1870/71 preußischer beziehungsweise deutscher Kriegsberichterstatter, führt in den achtziger Jahren den deutschen Roman auf die Höhe des europäischen kritischen Gesellschaftsromans.

der Marwitz hatten Fontane tief in die Welt des alten Adels geführt, und voller Sympathie hatte er die versinkenden oder schon versunkenen Lebensformen gezeichnet. Wenn man ihm dies als eine Parteinahme vorwarf, verteidigte er sich mit Bitterkeit, betonte seine »völlig freie und allzu oft gegnerische Stellung unserm Adel gegenüber« und sein Prinzip, »Gerechtigkeit zu üben«. Das charakterisierte tatsächlich seine historischen Schilderungen und Romane – was aber bedeutete »Gerechtigkeit« in den politischen Konflikten der Gegenwart, wo der Adel fast geschlossen gegen die bürgerliche Opposition stand, die für eine freiheitliche Gestaltung der preußischen und deutschen Zukunft kämpfte? Fontane war 1859, um die Existenz seiner Familie zu sichern, in den Dienst der hochkonservativen »Kreuzzeitung« getreten. Nicht ohne Vorbehalte, wie seine Schilderung der entscheidenden Verhandlung mit dem Chefredakteur zeigt: »In das Sofakissen war das eiserne Kreuz eingestickt, während aus dem schwarzen Bilderrahmen ein mit der Dornenkrone geschmückter Christus auf mich niederblickte. Mir wurde ganz himmelangst, und auch das mühsam geführte Gespräch, das anfänglich wie zwischen dem Eisernen Kreuz und dem Christus mit der Dornenkrone hin und her pendelte, belebte sich erst, als die Geldfrage zur Verhandlung kam ... Als so zehn Minuten um waren, stand ich vor der Frage: ›Ja‹ oder ›Nein‹. Und ich sagte: ›Ja‹. Nicht leichten Herzens.«[48]

Die Niederlegung der alten Befestigungsanlagen machte die Erweiterung der Städte möglich, deren Bevölkerungszahl überall sprunghaft stieg.
In Wien genehmigte Kaiser Franz Joseph 1857 die Auflassung der alten Umwallung, so daß endlich die Verbindung zwischen der eigentlichen Stadt und den Vorstädten hergestellt werden konnte.

Grundplan für die Gestaltung der Wiener Ringstraßenzone

Wohin führt die Zeit? Fontane suchte mit aller Wahrnehmungskraft und Darstellungskunst, an deren Vervollkommnung er unablässig arbeitete, seine Aufgabe auf der Seite dessen, was ihm das Gute, Hohe, Wahre zu sein schien, an der Seite von Leuten von Treue und Charakter, entfernt von dem »Triebsand, der durch die Strömung, wie sie gerade geht, mal hierhin, mal dorthin geworfen« wird. Das war 1861 gesagt, angesichts der gewaltigen Wahlerfolge der Fortschrittlichen, an deren Ziele und Verläßlichkeit er nicht zu glauben vermochte. Die großen Romane seines Alters sollten zeigen, mit welcher unerbittlichen Sensibilität Fontane die innere Solidität jener Gesellschaft überprüfte, die aus der Niederlage der Revolution und aus den Siegen von 1864 bis 1870 hervorgegangen war.

Man hat Fontanes gesellschaftskritische Epik mit der Tolstois verglichen. Bezieht man diesen Vergleich auf die über Deutschlands Schicksal entscheidenden Jahre 1864/71, so treten die Unterschiede rasch hervor. Tolstois »Krieg und Frieden«, der dem historischen Roman »Vor dem Sturm« in manchem ähnlich ist, erschien zwischen 1864 und 1869 und wirkte sogleich auf die russische Öffentlichkeit. Fontane aber unterbrach 1864 die Arbeit an »Vor dem Sturm«, um sich fast zehn Jahre lang mit großer Kraft auf die drei Kriegsbücher zu konzentrieren, die er als preußischer Kriegsberichterstatter über die Feldzüge von 1864, 1866 und 1870/71 veröffentlichte. Während der russische Aristokrat aus der genauesten Kenntnis seiner Klasse und aus einem immer rigoroser werdenden ethischen Anspruch dichterisch um eine Neuorientierung der russischen Gesellschaft rang, diente der Apothekersohn Fontane der Aufrichtung einer Staatsmacht, auf deren humane Ausgestaltung er gerade durch diese hingebungsvolle Leistung wirken zu können glaubte.

3. Wien – an der schönen blauen Donau

Am 20. Dezember 1857 erging ein Handschreiben Kaiser Franz Josephs an den Minister des Inneren, Freiherrn von Bach, das die Umwandlung Wiens in eine moderne Metropole einleitete: »Es ist Mein Wille, daß die Erweiterung der inneren Stadt Wien mit Rücksicht auf eine entsprechende Verbindung derselben mit den Vorstädten ehemöglichst in Angriff genommen und hiebei auch auf die Regulirung und Verschönerung Meiner Residenz- und Reichshauptstadt Bedacht genommen werde.

Zu diesem Ende bewillige Ich die Auflassung der Umwallung und Fortificationen der inneren Stadt, so wie der Gräben um dieselbe ... Auf die Herstellung öffentlicher Gebäude, namentlich eines neuen General-Commandos, einer Stadtcommandantur, eines Opernhauses, eines Reichsarchivs, einer Bibliothek, eines Stadthauses, dann der nötigen Gebäude für Museen und Gallerien ist Bedacht zu nehmen ...«[49]

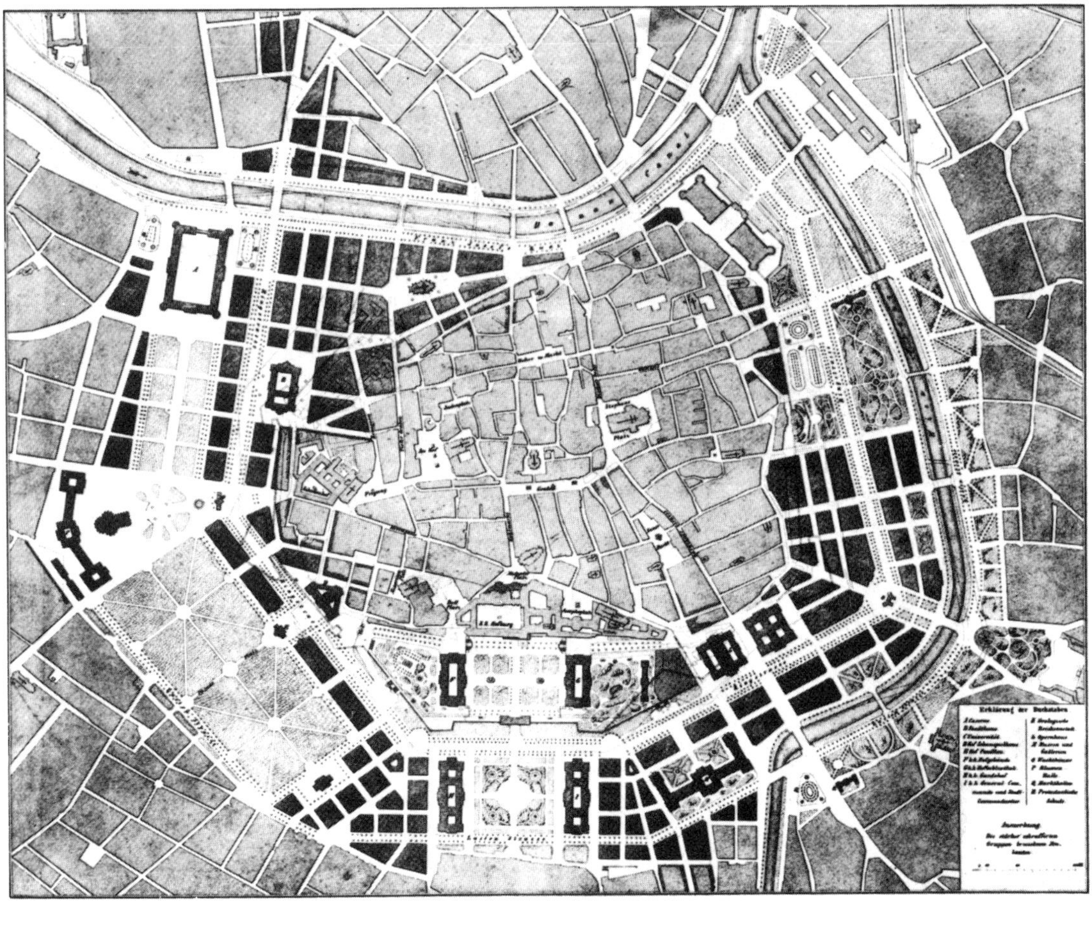

Die Verbürgerlichung der Welt prägte nicht nur den Einrichtungsstil der Wohnungen, sondern hielt auch in der Mode Einzug. Die nach Ständen streng geschiedene Garderobe hatte zur Jahrhundertmitte längst dem Anzug oder Kleid Platz gemacht, das Herkommen und Zugehörigkeit des Trägers nicht mehr zu erkennen gibt.

»Wiener Moden Zeitung«, 1863

Der fast pharaonenhafte Ton dieser kaiserlichen Willenserklärung entspricht nahezu vollkommen der Realität der neoabsolutistischen Verwaltung: Mitten im »bürgerlichen« 19. Jahrhundert erfolgte die größte Stadterneuerungs- und -erweiterungsaktion Mitteleuropas ganz und gar von oben her.[50] Die kommunalen Behörden Wiens spielten eine durchaus untergeordnete Rolle. Ähnlich wie in Berlin und sonstwo in Deutschland war die städtische Selbstverwaltung auch in Österreich nach einer Epoche gemeindlicher Autonomie 1848/49 äußerst eingeschränkt worden. Einige Zeit hindurch hatten gar keine Kommunalwahlen stattgefunden; erst das Einsetzen der liberalen Ära brachte mit dem Reichsgemeindegesetz von 1862 eine Neubelebung. Dennoch blieb das städtische Wahlrecht weiterhin sehr eingeschränkt; auch das Staatsgrundgesetz über die allgemeinen Rechte der Bürger von 1867 hob den Anteil der Wahlberechtigten in Wien nur auf 4,3 Prozent (statt 3,2 Prozent). Dementsprechend befanden sich die städtischen Ämter meist in der Hand einer kleinen Schicht von Honoratioren. Die parteimäßige Aufgliederung im Gemeinderat in »Linke«, »Mitte« und »Rechte« bildete sich erst im Laufe der sechziger Jahre aus. Langfristig beherrschte die »Mittelpartei« die Abstimmungen, die aus den Gemeinderäten der »Mitte« und der »Rechten« bestand und sich als eine liberale Sammelgruppe verstand. Bei der ersten Wahl des Bürgermeisters Felder, der unter den liberalen Bürgermeistern die stärkste Persönlichkeit war, zählte die Mittelpartei 73 Stimmen, die »Äußerste Linke« 22 und die »Linke« 16 Stimmen. Größere Bedeutung gewannen die kommunalpolitischen Kräfteverhältnisse erst nach 1866, als die neuen Aufgaben der städtischen Infrastruktur zur Entscheidung anstanden: Hochquellwasserleitung, Donauregulierung, Gasversorgung, städtische Verkehrsanlagen und dergleichen. Die erste Pferdetramway vom Schottenring nach Hernals nahm 1865 ihren Betrieb auf.

Der wirtschaftliche Aufschwung seit den fünfziger Jahren machte sich auch in Wien bemerkbar, doch behaupteten die Luxus- und Modeindustrie noch einige Zeit ihren traditionellen Vorsprung. Für

1854 wird der Produktionswert der Wiener Maschinenindustrie auf 4 Millionen Gulden geschätzt – gegenüber fast 20 Millionen in der Seidenindustrie. Noch 1872/73 waren etwa 10000 Personen im Drechslergewerbe mit der Produktion von »Kurzwaren« beschäftigt (Spazierstöcke, Pfeifen, Billardkugeln) gegen 12 000 Beschäftigte im Maschinenbau (mit Instrumentenbau). Die drei Wiener Lokomotivfabriken erzeugten auf dem Höhepunkt der Konjunktur (vor 1873) 200 Lokomotiven pro Jahr und damit nicht mehr, als in Berlin allein Borsig herstellte.

Das außerordentliche Bevölkerungswachstum hielt nach der Revolution an. Die Bevölkerung stieg von 431 000 (1850) auf 555 000 Einwohner (1861). Mit den wachsenden Einwohnerzahlen hielt der Wohnungsbau nicht Schritt. Der Aufschwung der Bautätigkeit infolge der Stadterweiterung seit 1857 brachte keine Milderung des Wohnungsproblems; im Umkreis der Ringstraße wurden hauptsächlich Wohnungen des gehobenen Bedarfs und Geschäftslokale gebaut. Der Mangel an kleineren Wohnungen wurde immer fühlbarer, die Mieten stiegen, die Belegungsdichte der Wohnungen ebenfalls. Pro Zimmer erhöhte sich die Miete zwischen 1849 und 1858 im Durchschnitt um mehr als ein Drittel, bisweilen sogar um die Hälfte.

Vor diesem Hintergrund nimmt sich der gewaltige Ausbau, der seit 1857 nach einem Generalplan das Gesicht der Stadt grundlegend veränderte und erneuerte, desto erstaunlicher aus. Die Errichtung der Ringstraßenzone, die freilich 1866 noch lange nicht abgeschlossen war, hat ihre militärischen, kommerziellen, sozialen und künstlerischen Aspekte, und auf jede Weise erschließen sich wesentliche Strukturelemente der Hauptstadt des damals größten, ganz in Europa gelegenen Staates mit seiner national und konfessionell gemischten Bevölkerung. Die militärischen Überlegungen waren der Regierung zu Beginn der Planungsarbeiten besonders wichtig. Wie kann – nach den Bürgerkriegserfahrungen von 1848 – die militärische Beherrschung der Stadt auch bei einem Wegfall der veralteten Befestigungswerke gesichert werden? Die Lösung dieser Aufgabe war für ein ohne Verfassung regierendes und wesentlich

Die Wiener ziehen am Sonntag mit der ganzen Familie zum Heurigen nach Grinzing.

auf das Militär gestütztes System grundlegend. Sie wurde bewältigt, indem an die Stelle einzelner, in der Stadt verteilter Kasernen und Depots einige große, moderne militärische Baublöcke traten, die sinnvoll verteilt außerhalb der Altstadt lagen und im Zusammenwirken die militärische Sicherung der Stadt in Krisenzeiten und eine effektive Nutzung im Frieden sicherten. Die wichtigsten Glieder dieses Systems waren drei festungsartig ausgebaute Anlagen: die Rossauer Kaserne im Westen, die Franz-Josephs-Kaserne im Osten und das Arsenal im Südosten. Das Arsenal, von dessen weitläufigen Anlagen Moltke 1865 eine eindrucksvolle Schilderung gab, stellte mit der Kombination von Kasernen, Depots, technischen Werkstätten, Militärmuseum und Gedenkstätte einen neuen Typus von Wehrarchitektur dar. Die Erprobung des neuen Systems in einer neuen Bürgerkriegssituation blieb Wien allerdings erspart.

Die kommerziellen Gesichtspunkte wurden von der Regierung gleichfalls von Anfang an sehr genau bedacht. Dies entsprach dem großangesetzten Wirtschaftsförderungsprogramm des Neoabsolutismus. Der Grundgedanke war einfach und schon im kaiserlichen Handschreiben von 1857 enthalten: Das gesamte Terrain von Umwallung und Glacis, das im staatlichen Besitz war, ist als Bauland zu verkaufen; der Erlös dient zur Deckung aller Ausgaben für die Umgestaltung, einschließlich der Errichtung der vorgesehenen öffentlichen Gebäude und Kasernen. Diese Vorgangsweise ermöglichte es – im Unterschied zur Situation in Berlin – ein enormes Areal nach amtlichen Richtlinien städtebaulich zu gestalten, mit breiten Straßen, staatlichen Prachtbauten und reichlichen Grünflächen auszustatten und im übrigen das parzellierte Bauland der privaten Spekulation zwecks Kostendeckung zu überlassen. Der Kauf wurde obendrein durch langfristige Steuerbefreiung und durch Kreditgewährung attraktiv gemacht. Die Bilanz des »Stadterweiterungsfonds« war überaus positiv; die Ausgaben (von 1858 bis 1924) betrugen 102 Millionen Gulden, die Einnahmen 112 Millionen. Davon hatte die Gemeinde Wien allerdings keinen direkten Nutzen; sie schoß für Straßen, Wasserleitungen, Brücken und dergleichen 29 Millionen zu, die durch Steuererhöhungen und Anleihen hereingebracht werden mußten.[51]

Die städtebaulichen Richtlinien wurden aufgrund eines öffentlichen Wettbewerbs von einer Jury festgelegt, die sich aus Behördenvertretern und Architekten zusammensetzte. Das Ergebnis war der »Grundplan« von 1859, der in der Folgezeit allerdings vielfach modifiziert wurde. Er hatte Anregungen aus London, Paris und St. Petersburg aufgenommen. Die beherrschende Idee der großen Ringstraße, die sich konzentrisch um die Altstadt legte, und an der sich eine Fülle von Platzkonstruktionen, Parkanlagen und Repräsentationsbauten aufreihte, bestimmt bis heute in ihrer unübertroffenen Mischung von Großzügigkeit und Individualität den Eindruck der Stadt. Viele und bedeutende Architekten wirkten an der Planung und der Ausführung der Ringstraßenzone mit. In der ersten Jahrhunderthälfte war eine heftige Diskussion über den zweckmäßigen und ästhetisch »richtigen« Stil für die Epoche geführt worden; die Ringstraßenarchitektur, die bald ein Begriff wurde, suchte Bestandteile aus dem Arsenal der vergangenen Stile zusammenzufügen; die leidenschaftliche Auseinandersetzung zwischen dem

An die Stelle der alten Wiener Umwallung tritt die Ringstraßenzone, deren großzügige Anlage das Gesicht der Stadt bis heute prägt.

Gustav Veith, Panorama von Wien, 1873

modischen »Renaissancismus«, dem Neubarock und der Neugotik, der in Berlin zu Kämpfen führte, kam in Wien in der lockeren Mischung aller Elemente gar nicht ins Spiel. Die jeweiligen Architekten machten den unbefangensten Gebrauch von den überkommenen historischen und jetzt völlig neu zusammengesetzten Stilmitteln; durchgehend wurde an dem künstlerisch-ganzheitlichem Prinzip festgehalten: Der Baustil entspreche dem Zweck, denn er formt die Gesinnung der Menschen. So baute Ferstel die Universität als Ort der Wissenschaft im Stil der Florentiner Renaissance, die Votivkirche aber nach dem Vorbild französischer Kathedralgotik. Das Parlament, an den Formen griechischer Tempel orientiert, gemahnt an die Ursprünge der Demokratie in Athen. Das Rathaus, das der Tatkraft freier Bürger dient, folgt der Bürgergotik spätmittelalterlicher Städte. Das alles war groß gemeint und gestaltet. Als die Ausführung begann, konnte noch die Hoffnung bestehen, daß dies alles der Hauptstadt Deutschlands gelte; als die Bauten fertiggestellt waren, beanspruchte jedoch eine andere Hauptstadt mit frischerem und stärkerem Recht, die Metropole Deutschlands zu sein.

Wiener Profile

Der wirtschaftliche Aufschwung Österreichs und die Versuche, von Wien her im Deutschen Bund zu einer zoll- und wirtschaftspolitischen Einigung zu kommen, sind mit keinem Namen so eng verbunden wie mit dem des Handelsministers *Karl Ludwig Freiherr von Bruck.* Der aus Elberfeld stammende Kaufmann, der in Triest höchst erfolgreich wirkte, dann als Abgeordneter diese Stadt im Frankfurter Parlament vertrat und 1849 österreichischer Handels-

Der Aufstieg und das Leben des Elberfelder Buchbindersohnes Karl Ludwig Bruck, der zum österreichischen Handels- und später zum Finanzminister avanciert, sind gekennzeichnet von Wendepunkten. Aus fehlgeschlagenen Hoffnungen erwachsen immer wieder neue Pläne, werden neue Wege in Angriff genommen, bis ihm das Entlassungsschreiben des Kaisers allen Mut und alle Kraft nimmt.

Karl Ludwig Freiherr von Bruck

minister wurde, gehörte noch der Generation der Befreiungskriege an.[52] 1798 geboren, trat er als siebzehnjähriger Freiwilliger in die russisch-deutsche Legion ein; ein Säbelhieb über die Stirn, den er in der Nähe von Waterloo erhielt, hinterließ eine lebenslang sichtbare Narbe. Während sein Elberfelder Altersgenosse August von der Heydt, der ihm in den fünfziger Jahren als preußischer Handelsminister gegenüberstand, aus einer reichen Patrizierfamilie stammte, war Brucks Vater Buchbinder und der Sohn begann als Handlungsgehilfe. Nach Triest kam er 1821, als eine Bewerbung bei der englischen Ostindienkompanie fehlgeschlagen war und er sich nach Griechenland aufgemacht hatte, um am Freiheitskampf der Hellenen teilzunehmen. Doch er blieb in Triest hängen, heiratete in eine Reederei ein, gründete 1835/36 den »Österreichischen Lloyd« – eine den ganzen Orient erschließende Handels- und Schiffahrtsgesellschaft –, begann gleichzeitig mit den Vorarbeiten für die Bahnlinie Wien-Triest-Mailand und vertrat in dem von ihm herausgegebenen »Journal des Österreichischen Lloyd« Friedrich Lists wirtschaftspolitische Ideen. Weitgespannt waren von Anfang an seine wirtschaftspolitischen Pläne. Schon 1842/43 wies er die Wiener Regierung auf die Bedeutung einer Kanalverbindung aus dem Mittelmeer ins Rote Meer hin ...[53]

Im November 1848 berief Fürst Schwarzenberg Bruck als Handelsminister in die neue Regierung, die Österreichs Wiederaufstieg in engster Verbindung mit dem Deutschen Bund zu ihrem Programm erhob. Bruck erweiterte das Projekt eines »Gesamteintritts« Österreichs in den Bund – auch mit seinen außerdeutschen Teilen – durch das wirtschaftspolitische Ziel eines einheitlichen Zollgebiets von 70 Millionen Menschen. Mit allen Kräften vertrat er die bürgerliche Idee der großdeutsch-großösterreichischen Interessengemeinschaft: »Die innige Vereinigung Deutschlands und Österreichs, wie sie allein möglich ist, nämlich auf der Grundlage der Identität der Interessen, erscheint mir als eine der dringendsten Angelegenheiten, ja als eine der Lebensfragen des Kaiserreiches.« Der Vorkämpfer dieser Mitteleuropa-Idee machte auf die Zeitgenossen auch als Persönlichkeit Eindruck. Alexander von Hübner, einer der jüngeren Diplomaten aus der Metternichschule, beschrieb seine Erscheinung: »Sein Äußeres fesselt den Blick, auf die regelmäßigen Züge haben Kraft und Genie ihren unverkennbaren Stempel gedrückt, den kühn wie aus Stein gehauenen Kopf trägt auf breiten Schultern der Nacken eines Stiers. Die stramme Gestalt und das blonde Haupthaar weisen auf teutonischen Ursprung. Das Wesen, die Bewegungen, die Lebensgewohnheiten sind die des Sohnes seiner Werke, des Selfmademan. Man errät sogleich, daß dieser Günstling der Natur ... der Mensch ist, der alles unternimmt und vor keiner Schwierigkeit zurückschreckt.«[54]

Als die politische und wirtschaftliche Einigung mit dem außerösterreichischen Deutschland scheiterte und die reaktionären Kräfte in der Regierung immer stärker wurden, nahm Bruck im Mai 1851 seinen Abschied und kehrte nach Triest zurück. Nach einer vorübergehenden Tätigkeit als Botschafter in Konstantinopel holte Franz Joseph ihn 1855 als Finanzminister erneut nach Wien. Aber die Sanierung der österreichischen Staatsfinanzen gelang Bruck in den folgenden Jahren ebenso wenig wie der hartnäckig angestrebte

Abschluß eines Unionsvertrages mit dem Deutschen Zollverein. Der protestantische, deutschgesinnte, liberale Minister stieß auf immer härteren Widerstand im Adel, in der Bürokratie und in der Geistlichkeit. Zeitweilig hoffte er noch, die antiliberalen und klerikalen Kräfte durch eine rasche Umformung Österreichs in einen modernen kapitalistischen Staat nach dem Modell Preußens und Frankreichs und durch die wirtschaftliche Einigung mit Deutschland überspielen zu können. Aber der Widerstand Preußens, die Wirtschaftskrise von 1857 und schließlich der Krieg von 1859 mit seinen verheerenden Folgen für den Staatshaushalt wurden zu Etappen seines Scheiterns. Noch nach dem verlorenen Krieg von 1859 glaubte Bruck an die Zukunft einer deutsch-österreichischen Kultur- und Wirtschaftsgemeinschaft. Österreich »muß mit deutschem Kulturleben selbst bis an den Pontus tatkräftig und befruchtend vordringen, begleitet und unterstützt vom regen Aufschwunge des österreichisch-deutschen Handels ...«[55]

Alles kam anders. Nach der Niederlage in Italien suchte man Schuldige. Es gab Untersuchungen und Verhaftungen wegen Betrugs bei Heereslieferungen. Auch Bruck wurde verdächtigt. Er fühlte sich durchaus unschuldig. Sein Lebensstil war einfach, in Wien hatte er sich als Minister nicht einmal Wagen und Pferde gehalten. Doch der Kaiser ließ seinen Minister fallen. Heiter von einer Rigoletto-Aufführung heimkehrend, erhielt Bruck ein versiegeltes Schreiben des Kaisers: »Lieber Freiherr von Bruck! Ich finde Sie auf Ihr Ansuchen in den Ruhestand zu versetzen ...« Das war zuviel. Er verabschiedete sich stumm von der Familie, die im Salon Tee trank, ging ins Schlafzimmer und griff zum Rasiermesser. An seinem Begräbnis nahm kein Vertreter von Staat oder Stadt teil, die offizielle »Wiener Zeitung« brachte keinen Nachruf. Brucks nächster Mitarbeiter schrieb sich den Jammer von der Seele: »... Die Hochadeligen werden darauf hinweisen, von welchem Nachteile es sei, bürgerliche Minister zu wählen. Alle Reaktionäre, alle Ultras, alle Hochschutzzöllner, Zünftler, Feinde der Einigung mit Deutschland, kurz aller Kehricht der Rumpelkammern wird zur Geltung kommen ...«[56]

Anders lebten und starben die feudalen Vorkämpfer einer konservativ-klerikalen Neuordnung Österreichs. Viele unter ihnen sahen im neoabsolutistischen Regime und insbesondere in dem Konkordat von 1855, das der katholischen Kirche große Rechte einräumte, den Weg zu einer dauerhaften Gesundung von Staat und Gesellschaft. Eine der bedeutendsten Persönlichkeiten aus dieser Gruppe war *Leo Graf Thun-Hohenstein,* der als Minister für Unterricht und Kultus das Leben Wiens und Österreichs in den fünfziger Jahren nachhaltig geprägt hat. Thun war aus Böhmen nach Wien gekommen. Die riesigen Besitzungen seiner Familie, deren »Regierungssitz« in Tetschen an der Elbe lag, bildeten das Muster eines patriarchalisch-fortschrittlichen Staates im Staat. Die 20 000 Einwohner erlebten frühzeitig die Bauernbefreiung, genossen ein hochentwickeltes Wirtschaftsleben und ein ausgebautes System von Schulen und Sozialfürsorgeeinrichtungen. Um die Größenordnungen zu beleuchten: In dem neunstufigen Rangschema, das unter Leo Thuns Vater für die Angestellten und Arbeiter im gräflichen Dienst

Leo Graf Thun-Hohenstein, Sproß einer böhmischen Magnatenfamilie, hätte es gar nicht nötig gehabt, sich auf die desolaten Zustände im Wien des Vormärz einzulassen und nach der Revolution die Reform des österreichischen Bildungswesens in die Hand zu nehmen. Für ihn war es aber zeitlebens Verpflichtung, seine Kenntnisse und Fähigkeiten in den Dienst des Staates und der Allgemeinheit zu stellen.

galt, entsprach das Gehalt eines der vierten Stufe angehörenden Verwalters mit 1000 bis 1400 Gulden der Besoldung eines Wiener Universitätsprofessors. Der Durchschnittslohn eines Arbeiters betrug 360 Gulden, weit mehr als der Leiter einer österreichischen Volksschule bekam. Für Männer, die aus solchen Verhältnissen stammten, war es selbstverständlich, Pferde und Wagen zu halten und ein großes Haus mit Dienerschaft zu führen – auf dem Land und erst recht in Wien. Die meisten Angehörigen des großen Adels haben sich unter den österreichischen Verhältnissen freilich auf ein unangefochtenes Leben fern der politischen Aktion zurückgezogen. »So entwickelte sich jene Lebensform der Detachiertheit, die zur Prägung großer Herren besser geeignet war als zur Heranbildung großer Männer« (Thienen-Adlerflycht).[57]

Anders Leo Thun. Er kannte Deutschland und England, war mit Alexis de Tocqueville befreundet und gleich ihm überzeugt, daß den *forces intermediaires,* das heißt den autonomen gesellschaftlichen Kräften und Lebensformen zwischen Individuum und Staatsgewalt, eine maßgebende Aufgabe im Wandlungsprozeß des 19. Jahrhunderts zukomme. Aus dem reformkatholischen Kreis um Bernhard Bolzano brachte Leo Thun den Impuls mit, die Verwirklichung kirchlicher Ideale in einer zeitgemäßen Form zu suchen. Erst angesichts des immer stärker werdenden antiklerikalen Radikalismus seiner liberalen Gegner wandelte er sich vom ökumenisch gesinnten Reformkatholiken zum entschiedenen Ultramontanen. Aus einer intensiven Beschäftigung mit der Sprachen- und Schulfrage im zweisprachigen Böhmen und mit der tschechischen Literatur erwuchs sein starkes Engagement für den Ausgleich der Nationalitäten im Kaiserstaat. 1845 kam Leo Thun, damals ein noch kaum bekannter, vierunddreißigjähriger Verwaltungsbeamter nach Wien in die Hofkanzlei, wo er im »illyrischen Departement«, das heißt in der Zentralstelle für die kroatischen und dalmatinischen Teile der Monarchie arbeitete. Wie er zuvor schon Tschechisch gelernt hatte, lernte er nun Kroatisch und Polnisch. Ein Aufenthalt in Lemberg führte ihn in die polnischen Probleme ein und verstärkte seine Verbindungen zur polnischen Intelligenz und Oberschicht, von Frédéric Chopin bis zum Fürsten Wilhelm Radziwill, der ihm später als wichtiger Mittelsmann zu den katholischen Kräften in Preußen diente.

Die Kritik Thuns an den verrotteten Zuständen des Vormärz war ebenso scharf wie umfassend. Dann aber bestärkten ihn die Erfahrungen der Revolution in der Ablehnung sowohl des Liberalismus als auch des bürokratisch-autoritären Zentralismus: »Der Liberalismus und der Bürokratismus sind eben keine Gegensätze; vielmehr arbeiten sie sich in die Hände und der wirkliche Gegensatz besteht nur zwischen ihnen und einer organischen Gliederung der bürgerlichen Gesellschaft, welche die Vorbedingung lebendiger Selbstverwaltung ist, die wieder aristokratische Elemente nicht entbehren kann.«[58] Im Sommer 1849 wurde Leo Thun vom Kaiser zum Minister für Unterricht und Kultus ernannt. Eine überaus wirkungsvolle Tätigkeit erfüllte das folgende Jahrzehnt bis zu seiner Entlassung, als 1860 der Liberalismus ans Ruder kam.

Rasch gelang ihm die Reorganisation des Gymnasialwesens, auch die Verbesserung der Lehrbücher, »die ein Spott ganz Deutschlands geworden waren«. Deutsche Vorbilder und Berater standen gleichfalls Pate bei der umfassenden Reorganisation der österreichischen Universitäten, die bis dahin in der Zwangsjacke josephinischer Verschulung steckengeblieben waren. Dazu kam die Ausgestaltung der Technischen Hochschulen und die Förderung der staatlichen Denkmalpflege, die Gründung der Zentralanstalt für Meteorologie und des Instituts für Österreichische Geschichtsforschung und vieles andere. Schließlich war Leo Thun maßgebend an dem Abschluß des Konkordats mit dem Heiligen Stuhl beteiligt: Die Stärkung des Einflusses der katholischen Kirche sollte der Einheit der Nationalitäten und der religiösen und sittlichen Bildung dienen – gewissermaßen ein Schlußstein der inneren Erneuerung des postrevolutionären Kaiserstaates.

Je energischer Leo Thun vorging, desto tiefer verstrickte er sich in die Widersprüche, die in seiner Konzeption und erst recht in den damaligen Verhältnissen Österreichs und der deutschen Kulturwelt lagen. Wenn er die Universitäten im Sinne des Humboldtschen Ideals zu freien Stätten der Lehre und Forschung umzugestalten unternahm, so stimmte das mit seinen Ideen von genossenschaftlicher Autonomie überein. Aber das mußte schärfste Kritik sowohl der alten Josephiner wie der klerikalen Reaktionäre provozieren, die eine solche Universitätsreform als »preußisch-protestantisch« verwarfen. Wenn er im Rahmen der Berufungspolitik katholische Professoren – vielfach aus Deutschland – eindeutig bevorzugte, so warfen ihm die Liberalen klerikale Gängelung der Wissenschaft vor. Wenn er in der Forschungsorganisation so weit ging, den aus Preußisch-Sachsen stammenden Historiker Theodor Sickel zu berufen und ihm maßgebenden Anteil an dem Neuaufbau des Instituts für Österreichische Geschichtsforschung einzuräumen, so tat er dies im Sinne seiner öffentlichen Erklärung auf dem Philologentag in Wien 1858, »die Gemeinsamkeit wissenschaftlicher Bestrebungen in Deutschland und Österreich« zu fördern.[59] Aber er stieß damit nicht nur auf Widerspruch von klerikaler Seite, sondern trug auch dazu bei, daß das neue Institut von seinem ursprünglichen Zweck – der Förderung eines großösterreichischen Geschichts- und Staatsbewußtseins – abgelenkt wurde.

Thun arbeitete für die Versöhnung der Nationen. Doch wurde die Sprach- und Schulpolitik seines Ministeriums von den Nichtdeutschen als Zwangsgermanisierung empfunden und kritisiert, während ihn die Deutschliberalen als Austroslawen scholten. Seine Freunde und Mitstreiter bemerkten schon nach den ersten Jahren, wie sich die Energie Thuns in diesen Kämpfen melancholisch färbte: »Graf Thun kommt mir vor wie der trojanische Hektor; schon sein Äußeres hat das Gepräge eines geistigen Adels, der nicht umsonst melancholische Züge trägt.«[60] Als 1860 in Österreich der Übergang vom neoabsolutistischen System zum Verfassungsstaat kam, mußte Leo Thun gehen. Einzelne seiner Werke, so die Universitätsreform, blieben bis heute wirksam; seine Konzeption als ganze aber war gescheitert. Es war kein Weg gefunden worden, der den Primat deutscher Kultur mit dem Austroslawismus versöhnte und der jenseits von Liberalismus und zentralistischer Bürokratie ständische Gliederung und ethisch-religiöse Bildung neu und frei verbunden hätte. Es war ganz offensichtlich nicht gelungen, die jüngere Generation für einen solchen »dritten Weg« zu gewinnen. Die spätere Tätigkeit Leo Thuns als Parteiführer der »klerikal-feudalen Adelspartei« stand unter dem Vorzeichen der verschärften politischen Polarisierung.

Adalbert Stifter, der einfühlsame Erzähler alles Stillen, Kleinen, Alltäglichen, das für ihn der Ursprung alles wahrhaft Edlen und Großen ist.

Ein halbes Jahrhundert nach dem Tode *Adalbert Stifters* schrieb Karl Kraus: »Wenn das, was heute in deutscher Sprache zu schreiben wagt, ohne ihres Atems einen Hauch mehr zu verspüren, irgendwie ... imstande wäre, noch ein Quentchen Menschenwürde und Ehrgefühl aufzubringen, so müßte die Armee von Journalisten, Romansöldnern, Freibeutern der Gesinnung und des Worts vor das Grab Adalbert Stifters ziehen, das stumme Andenken dieses Heiligen für ihr lautes Dasein um Verzeihung bitten und hierauf einen solidarischen leiblichen Selbstmord auf dem angezündeten Stoß ihrer schmutzigen Papiere und Federstiele unternehmen.«

Dieser Heilige, den auch Thomas Mann einen der »hintergründigsten, heimlich kühnsten« Erzähler der Weltliteratur nennt, hat im Gang der österreichischen Geschichte keine bestimmende Rolle gespielt. Aber sein Lebensweg ist tief in die Schicksale Wiens und der Habsburgermonarchie eingebunden; und seine Auseinandersetzung mit der Revolution von 1848 und sein Ringen um eine positive Sinngebung der postrevolutionären Ära führen mitten in die bewegendsten Probleme der Zeit.

Der 1805 im südböhmischen Oberplan Geborene lebte im vormärzlichen Wien als Privatlehrer und -gelehrter, »heiter wie die antiken Völker« (wie er nach der Revolution sagte). Seine ersten großen literarischen Erfolge führten ihn konfliktfrei in das intellektuelle und gesellschaftliche Establishment der Hauptstadt. Von 1843 bis 1846 unterrichtete er den Sohn Metternichs in Physik und Mathematik. Die Revolution erlebte er zunächst als Verheißung. »Nie vergesse ich diesen glückstrahlenden Ausdruck eines tief begeisterten, alperlösten männlichen Gemüts« – so schildert später Stifters Freund und Verleger Gustav Heckenast diesen Moment. Sehr bald aber schlug die Zustimmung in Sorge und Angst und – angesichts der Radikalisierung und der Zerrissenheit der österreichischen Verhältnisse – in eine grundsätzliche, politisch-ethische Verurteilung um: »... Als die Unvernunft, der hohle Enthousiasmus, dann die Schlechtigkeit, die Leerheit, und endlich sogar das Verbrechen sich breit machten: da brach mir fast buchstäblich das Herz ... Alles Schöne, Große, Menschliche war dahin, das Gemüt war zerrüttet, die Poesie gewichen. Erst langsam kehren die schönen Gestalten wieder zurück, der Fels, der Baum, der Himmel beginnen wieder zu sprechen ...«[61]

Liberalismus und Demokratie haben für Stifter auf immer abgewirtschaftet: In den Wiederaufbau Österreichs, seiner Kultur und Gesellschaft auf anderen, festeren Grundlagen will er nun seine Kräfte einbringen. Am Anfang, 1849/51, steht ein großer und naiver Enthusiasmus. Stifter sieht in der Bildung die entscheidende Aufgabe der Zukunft. Bildung aber darf nicht mehr auf eine Elite beschränkt sein, sie muß alle Schichten erfassen: »... die Menschwerdung des Menschen in allen Abstufungen der Gesellschaft ... dann wird die Welt ihrer Bestimmung zugeführt werden, das Böse wird schwinden ... und jeder Mensch wird wahrhaft als Gottes

Ebenbild leben können.« Staat und Kirche sind die großen Lebenskräfte, die gemeinsam das Erziehungswerk zu verrichten haben. Dazu soll der Einfluß einer Literatur treten, die – ganz anders als jene gewissenlose »Afterliteratur«, aus der die Revolution entstand, – sittliche Größe und stille, reine Schönheit darstellt.

Auch wenn es im Zeichen der Thunschen Bildungsreform und der österreichischen Gesamtsituation nicht an verheißungsvollen Anknüpfungspunkten fehlte, so gingen die hochgespannten Hoffnungen Stifters doch keineswegs in Erfüllung. Er erlebte in den fünfziger Jahren eine Enttäuschung nach der anderen – in sachlicher wie in persönlicher Hinsicht. 1849 hatte er sich der Regierung für die Reform des Erziehungswesens zur Verfügung gestellt, lehnte dann aber den Ruf als Leiter des Höheren Schulwesens in Wien und Niederösterreich ab und ging nach Linz, um dort als Schulrat (für die Volksschulen) zu wirken. Nach wenigen Jahren hatte er das amtliche Wirken satt und hoffte auf ein Wunder, das ihm die Freiheit des künstlerischen Schaffens zurückgeben sollte. Er wünschte sich nach Wien zurück, klagte in bitterster Weise über die Behinderung seines Schaffens durch das Amt – »die im Mutterleib getöteten Kinder« – und diagnostizierte in immer dunkleren Farben den politischen, sittlichen und literarischen Niedergang rings um sich.

Dabei blieb Stifters Wirken in Linz und Oberösterreich nicht ohne Ergebnisse. Zwar kam er mit seinen Reformvorschlägen im Schulwesen nicht weit. Gerade für die Verbindung von Schule und Literatur bedeutete die Ablehnung des von ihm zusammengestellten »Lesebuches zur Förderung humaner Bildung« durch das Ministerium einen harten Rückschlag. Aber in Linz war sein Engagement für Kunst und Künstler nicht ohne Erfolg; es gelang ihm die Gründung einer Realschule, viel verdankte ihm der Denkmalschutz (so die Rettung des Kefermarkter Altars).

Über allem aber stand die eigene Kunst. 1857 erschien der Roman »Der Nachsommer«. Viele Passagen des Werkes lassen noch den Aufwind der frühen fünfziger Jahre spüren. Der alte Freiherr von Risach, die Schlüsselfigur des Romans, erläutert einer jüngeren Generation seine Erwartungen: »Wenn unsere Zeit von dem Stofflichen wieder in das Höhere übergeht, wie es den Anschein hat ...«[62] Risach stammt aus kleinen Verhältnissen, er steigt im Staatsdienst auf und wird vom Kaiser nobilitiert. Seine Jugendfreundin, die er einst aufgrund des Einspruchs ihrer adeligen Eltern nicht heiraten konnte, gibt nun gern die Einwilligung zur Heirat ihrer Tochter Natalie mit dem Kaufmannssohn Heinrich. So zeichnet der Roman das Modell eines sozialen Ausgleichs, bei dem die Gemeinsamkeit der Gesinnung das Unterpfand des Gelingens ist: Gelingen der »reinen Familie«, der Zusammenführung des einst »verachteten bürgerlichen Gewerbes« mit dem adeligen Landleben, der Verbindung von künstlerischen Bestrebungen und wissenschaftlicher, vor allem naturwissenschaftlicher Bildung mit einer christlichen Religiosität, deren Harmonisierung mit Humanität mehr an Goethe als an die katholischen Erneuerungsbewegungen gemahnt. Der Roman ist zudem ein Brennspiegel, freilich ein harmonisierender Spiegel, charakteristischer Entwicklungen der Zeit: Die Kinder turnen und schwimmen (auch schon die Mädchen). Heinrich beschäftigt sich mit Fabriken und Maschinen, mit der Förderung des ländlichen Gewerbes und der Volkskunst und Volksmusik. Die Fragen des Denkmalschutzes und der Zukunftskunst werden im »Nachsommer« über den Historismus hinaus verfolgt. Wenn die Zeit in das Höhere übergeht, werden einst aus den alten Bauarten neue, »der Zeit eigentümlich zugehörige entsprießen«.

Also doch ein Roman der Hoffnung? Als das Buch erschien, kommentierte Stifter es mit einer bezeichnenden Mischung von prophetischem Stolz und Unsicherheit. »Ich habe eine große, einfache, sittliche Kraft der elenden Verkommenheit gegenüberstellen wollen. Was Wunder, daß die Verkommenheit stutzt, ja erzürnt ist. Aber es schadet nicht. Ist mein Vorbild menschlich gut, so wird es geduldig stehen bleiben, die Lästerer werden schweigen und allgemach zu ihm übergehen. Oder die Verkommenheit nimmt noch mehr zu und dann wird dieses Werk ... auf eine Zeit untergehen.«[63]

In den späteren Jahren verdüsterte sich Stifters Leben. Krankheit und häusliches Unglück bedrängten ihn, der Traum vom freien Schaffen und von großen Reisen blieb unerfüllt. Der historische Roman »Witiko« (1865/67), der zur Versöhnung von Deutschen und Tschechen in seiner böhmischen Heimat beitragen wollte, stieß auf Unverständnis. Der Übergang vom Neoabsolutismus zum liberalen System bedeutete für Stifter einen endgültigen Zusammenbruch seiner Hoffnungen auf eine gesamtheitliche, politisch-kirchliche Regeneration Österreichs. Den Bruderkrieg 1866 erlebte er als die Zerreißung Deutschlands, das er »das Land meiner Liebe und meines Stolzes« nannte. Die Krankheit quälte ihn zunehmend. Am 27. Januar 1868 griff er in seiner Verzweiflung zum Messer und schnitt sich den Hals auf. Die Familie vertuschte die Umstände des Todes.

Wiener Charme, Wiener Mode, Wiener Küche, Wiener Walzer – das war für das ganze 19. Jahrhundert, im Osten wie im Westen Europas und bis über den Ozean, ein Inbegriff gehobener Lebenskunst und Lebenslust. Und doch ist dieser Bereich der *douceur de la vie* nicht abgelöst von den großen politischen und kulturellen Schicksalen der

Mochte das Habsburgerreich auch innerhalb weniger Jahre in vielen Bereichen die Führung an Preußen abtreten müssen, was die Kunst des Feierns und Genießens, die Pflege der *douceur de la vie* anbelangt, richteten sich die Blicke Europas noch lange nach Wien.

Lanner-Konzert im Wiener »Paradeisgartl«, 1850

deutschsprachigen Welt. Ein Blick auf das Musikantenleben des jüngeren *Johann Strauß* zeigt die Fülle und Buntheit solcher Zusammenhänge. Josef Lanner und der ältere Strauß waren noch ganz und gar Autodidakten. Sie nahmen aus der hohen und der volkstümlichen Musikkultur Wiens, was sie eben brauchen konnten. Ganz Wien war voll von Ballsälen und Vergnügungslokalen, wo die großen Meister der leichten Muse, oft in der Kutsche von einem Tanzsaal rasch zum anderen fahrend, mit der Geige in der Hand dirigierend oder das Orchester durch eigenes Spiel mitreißend, umjubelt wurden: bei den Maskenbällen des Wiener Magistrats, für die der Kaiser seine Redoutensäle allergnädigst zur Verfügung stellte, bei den sogenannten Administrationsbällen des Hofoperntheaters, den Vorläufern des heutigen Opernballs, bei den für wohltätige Zwecke veranstalteten Armen- und Subskriptionsbällen beim Dommayer in Hietzing, in den Sträußelsälen des Theaters in der Josefstadt, beim Leopoldstädter Sperl, im »Paradeisgartl« auf der Löwelbastei, im Volksgartencafé und in der »Birn« auf der Landstraße ...[64]

Diese Feste Wiens waren oft feenhafte Veranstaltungen mit berückenden Blumenarrangements und Beleuchtungseffekten, vielfach von den Kapellmeistern selbst als »Produktionen« inszeniert und mit verheißungsvollen Namen versehen: beim Sperl gab es »Rübezahls Zaubergefilde im Festschmuck« oder »Der Kirchtag im Olymp«, beim Dommayer den »Ball im Mond« und das »Stelldichein im Tempel der Nacht«. Lampions und Feuerwerk spielten eine große Rolle. Die Rechnung des Seifensieders für gelieferte Lampen zu einem Fest in der Hinterbrühl bei Mödling, bei dem das Programm von Johann Strauß (Vater) und Franz Liszt bestritten wurde, betrug das Siebenfache der Kosten für das Orchester.

Der Vater Strauß war vom Bettelmusikanten zum »Napoléon Autrichien« aufgestiegen, er galt als Erfinder des Walzers, jenes raschen, anfangs noch als unanständig verpönten Drehtanzes, der die einander unerhörterweise in den Armen haltenden Paare in schwingende Ekstase versetzte und bald seinen Siegeslauf von Wien um die ganze Welt nahm. Der jüngere Strauß, geboren 1825, erhielt eine gediegene Ausbildung. Sein erfolgreiches Debüt feierte er am 19. Oktober 1844 beim Dommayer in Hietzing. Nach dem Tode des Vaters (1851) organisierte Johann mit seinen beiden Brüdern Josef und Eduard den Wiener Tanz- und Walzerbetrieb in der Weise eines modernen Managements. Vorbei waren die heiteren Jahre des Vormärz, als Vater Strauß sich noch mit so vielen anderen in die Freuden der Tanzmusik teilte. Nun herrschten andere Zeiten. Johann und seine Brüder entwickelten sich zu einer wahren »Walzer-Mafia« (Prawy).[65] Mit allen Mitteln der Einschüchterung und Drohung suchten sie ihrer Familie eine marktbeherrschende Position zu sichern.

Aber auch mit der Zauberkraft der Musik. Wie wären sonst die fulminanten Erfolge zu erklären, die Johann Strauß Jahr für Jahr auf seinen Auslandstourneen feierte? Ein Jahrzehnt, von 1856 bis 1865 gastierte er jeden Sommer im Garten von Pawlowsk bei St. Petersburg. Zehntausende kamen aus der nahen Hauptstadt, Zar Alexander II. allen voran. Strauß spielte vierhändig mit den Damen der russischen Aristokratie. Der Bruder des Zaren durfte als Amateur-

Unzertrennbar mit der Kaiserstadt Wien verbunden sind die Strauß-Walzer, vor allem die des Sohnes Johann. Sein »Wiener Blut«, der »Kaiserwalzer« und »An der schönen blauen Donau« versetzten halb Europa in Entzücken und Taumel.

cellist in den Konzerten des Walzerkönigs auftreten und schätzte sich glücklich, unter diesem Kommando »als gemeiner Soldat« zu dienen. Aber Strauß setzte sich auch für die neue russische Musik ein, für Glinka und Tschaikowski. 1865 erlebte der Konservatoriumsstudent Tschaikowski unter Strauß in Pawlowsk die erste öffentliche Aufführung einer seiner Kompositionen; es wurden die »Tänze der leibeigenen Mädchen« gespielt, die er später in die Oper »Der Wojwode« einbaute. Zahllose Anekdoten ranken sich um diese russischen Konzerte, so die Geschichte von dem russischen Offizier, der Strauß zum Duell forderte, weil seine Frau dem Maestro Blumen geschickt hatte. Strauß ließ den Herrn durch seinen Diener Leibrock in ein Zimmer führen, das voll von Buketts war, und bat ihn, die Blumen seiner Frau zu identifizieren.

1862 heiratete Strauß Henriette Treffz, eine der beliebtesten und vielseitigsten Sängerinnen der Zeit. Als sie im Leipziger Gewandhaus Mendelssohns »Es ist bestimmt in Gottes Rat« sang, soll der Komponist sie die beste deutsche Liedsängerin genannt haben. Henriette trat im Prater und vor Königin Victoria auf. Ihr englisches Publikum raste vor Vergnügen, wenn sie Zugaben sang, etwa das Refrainliedchen »Hopp, hopp, Pferdchen lauf Galopp«. In Wien bezog sie mit Johann Strauß in der Praterstraße eine hochherrschaftliche Wohnung, später eine prächtige Villa in Schönbrunn, die sie mit erlesenem Geschmack einrichtete. Johann Strauß erhielt 1863 den Titel eines »K. K. Hofball-Musikdirektors«. Seine Musik begleitete den Wandel der Zeiten in Wien und in Österreich. Als der große Abbruch der alten Befestigungsanlagen begann, spielte er 1862 beim Sperl die »Demoliererpolka«. Als 1867 die dualistische Verfassung dem Kaiserstaat eine neue Form gab, schrieb er die Operette »Der Zigeunerbaron« für die Verständigung zwischen Wien und Ungarn. Vergebens aber sucht man nach einem musikalischen Echo auf die Ereignisse von 1866. Zu Beginn des Jahres 1867, als es galt, nach der Niederlage neuen Mut zu schöpfen, gibt es den größten Walzererfolg des Jahrhunderts: Am 15. Februar wird unter rauschendem Beifall der Walzer »An der schönen blauen Donau« vom Wiener Männergesangsverein uraufgeführt mit dem Anfangstext: »Wiener seid froh! Oho, wieso?« Dumas, Flaubert, der Prinz von Wales wohnen dem Konzert bei und beglückwünschen den Komponisten. Schon 1840/41 hatte Vater Strauß in einer anderen politischen Stimmung einen Donauwalzer komponiert, damals mit dem vaterländisch-aufmunternden Titel »Deutsche Lust«. Das war nun vorbei. Dafür nannte man jetzt den neuen, unerhört volkstümlichen Walzer die »Friedensmarseillaise« der Wiener.

4. München – das Leuchten Isar-Athens

Der Mythos von München als Stadt der Kunst, der Sinnlichkeit und der Bierfreude entstand in der ersten Hälfte des 19. Jahrhunderts, befestigte sich nach 1848 und lebt bis in die Gegenwart weiter. Schwierig zu sagen, welche kulturelle, soziale und politische Realität diesem Mythos zugrundeliegt. Die Anziehungskraft der Stadt war groß und wuchs. Das Lob der schönen Münchnerin wurde schon im Vormärz in den höchsten Tönen gesungen: Friedrich Hebbel schrieb begeistert: »Seht es und fragt, ob ihr eine liebere Erscheinung kennt! Das Münchner Mädchen ist sinnlich, aber denkt dabei nicht nur die häßliche, lichtscheue norddeutsche Sinnlichkeit ... Jene Sinnlichkeit besserer Art, sie wurzelt in den süßen Mysterien der Liebe, die weiß, daß sie da sein darf und wagt, da zu sein.« Das geht weiter durch die Jahrzehnte bis zu Thomas Mann, der 1902 als Ankömmling aus Lübeck die Novelle »Gladius Dei« mit den vielzitierten Worten begann: »München leuchtete«. Und über die Münchner Mädchen schrieb der Patriziersohn ähnlich, aber in seiner herablassenden Ironie: »... von diesem hübschen, untersetzten Typus mit den brünetten Haarbandeaus, den etwas zu großen Füßen und den unbedenklichen Sitten.«

Was nach 1848 den besonderen Reiz Münchens ausmachte, war eine Summe von kulturellen, politischen und landschaftlichen Elementen. Eingebettet in die bäuerliche Landschaft der bayerischen Hochebene mit Wiesen, Wäldern, Seen und dem südlichen Gürtel

Drei Monarchen haben München und Bayern als königliche Bauherren geprägt – Ludwig I., Maximilian II. und Ludwig II. Mehr als von dem folgenden Jahrhundert wurde das Gesicht der Residenzstadt von den Jahrzehnten dieser Herrscher geprägt, die ihr die Renaissance-Anlage der Ludwigstraße, den Klassizismus des Königsplatzes und die gotisierenden Fassaden der Maximilianstraße gaben.

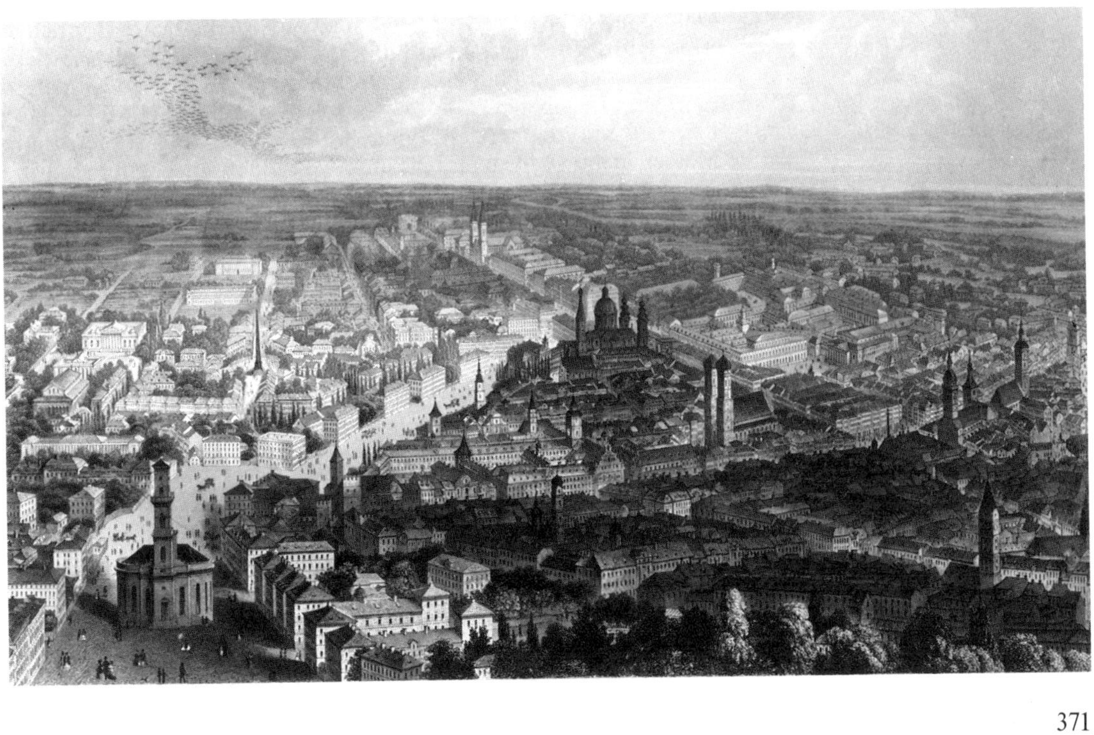

Blick auf München von Süden nach Norden, um 1850

des Gebirges, blieb die Stadt lange Zeit fast ohne industrielle Großanlagen und also auch ohne proletarische Wohn- und Arbeitsprobleme. Hand in Hand mit der spätromantischen Entdeckung der Münchner Landschaft und mit dem beginnenden Alpinismus ging die Neubewertung und Pflege der Volkskultur, der Trachten und Bräuche, der Mundartdichtung und der Volksmusik.[66] Das entsprach einer gesamteuropäischen Tendenz, die im Gegenzug zur heraufkommenden Industriewelt die agrarischen, bodenständigen Lebensformen pflegte. Aber nirgendwo waren Monarch und Hof und hauptstädtische Gesellschaft so wie in Bayern einig in diesen Neigungen. Kaum anderswo war die bäuerliche Welt noch so festgefügt und ausdrucksstark und reichte so unmittelbar in die Stadt hinein. Die »Entdeckung des Jodlers« bedeutete im Münchner Umkreis kein romantisches Kontrastprogramm, sondern eine Stärkung der altbayerischen Gemeinsamkeit.

Bayern fühlte sich als Vormacht des dritten Deutschland. Das durchzog viele politischen und kulturellen Initiativen nach 1848. München war ebenso frei von der Hypothek des Berliner »Kasernen- und Junkersystems« wie von der Vielvölkerproblematik Wiens; München war deutsch schlechthin. Das hieß nicht, daß tiefe Spannungen fehlten. Gerade die politische Mittellage zwischen Berlin und Wien machte die bayerische Hauptstadt zum exemplarischen Schauplatz des Ringens zwischen großdeutschen und kleindeutschen, zwischen liberalen und konservativen Kräften. Schon 1848/49 zeigten sich die Gegensätze, als sich der Widerstand der Linken in der Pfalz und im – überwiegend protestantischen – Franken gegen die katholische Hauptstadt und ihr bäuerliches Hinterland formierte. Damals berichtete Edmund Jörg, Redakteur der konservativen »Historisch-Politischen Blätter«, daß die fränkischen Demokraten davon reden, die Residenz aus dem »Dorfe« München nach Nürnberg zu verlegen, um die Regierung von dem Drucke »herrschsüchtiger Pfaffen und verdummter reaktionärer Bürger« zu befreien. Dagegen werde es – so Jörg – keine Schwierigkeiten machen, auf den ersten Wink 80000 bewaffnete Bauern zum Marsch in die Stadt zu mobilisieren.[67] Seit 1860 verschärften sich die Gegensätze von neuem. 1861 wurde in München eine Filiale der kleindeutschen Fortschrittspartei ins Leben gerufen. Dagegen setzte seit 1862 die politische und publizistische Tätigkeit des großdeutschen Reformvereins ein, an dessen Gründung Münchner Honoratioren maßgebenden Anteil hatten.

Die Bevölkerung der Stadt stieg von 88649 im Jahre 1849 auf 151429 Einwohner 1867. Es gab zwar außer der Maffeischen Maschinenfabrik kaum großindustrielle Unternehmungen, dafür aber eine Fülle gewerblicher Initiativen, die zum Teil eng mit den wissenschaftlichen und künstlerischen Bestrebungen verbunden waren. So wurde 1850 die Riesenstatue der Bavaria aufgestellt, die Ludwig von Schwanthaler modelliert hatte. Ferdinand von Miller hatte sie in seiner Werkstatt gegossen. Ähnlich bedeutsam wurden die optischen und elektrotechnischen Leistungen der Firma Carl August Steinheil oder die Weiterentwicklung der von Alois Senefelder entwickelten lithographischen Verfahren. Wie in Berlin und Wien hatte die städtische Selbstverwaltung in dieser Zeit noch wenig Einfluß. Alle wesentlichen Impulse und Entscheidungen über die

So sehr die Industrialisierung das Leben der Menschen veränderte, so gänzlich anders stellten sich die neuartigen Empfindungen und Gefühle bald auch in der bildenden Kunst dar. Es gab allerdings auch die Tendenz, die alten Lebensformen, die man im Volksleben bewahrt sah, neu zu bewerten.

Leben im Oberbayern, 1858

bauliche Ausgestaltung der rasch wachsenden Stadt lagen bei der Regierung, im Grunde bei dem Monarchen. In Maximilian II. hatte Ludwig I. einen Nachfolger gefunden, der alles daransetzte, München zur führenden Kulturstadt Mitteleuropas auszubauen. Sein Tod legte 1864 die Macht in die Hände des erst achtzehnjährigen Ludwig II., dessen Bild bis heute umstritten ist. Mit der Berufung Richard Wagners nach München hat der unglückliche und schon früh von Geisteskrankheit gezeichnete Monarch eine der folgenreichsten Entscheidungen fürstlichen Mäzenatentums getroffen.

Maximilian II. nahm 1850 seine Bautätigkeit mit einem Preisausschreiben auf, das nochmals die vormärzliche Frage nach dem neuen, zeitgemäßen Baustil stellte.[68] Damals war er noch mit der Fertigstellung des Bauprogramms seines Vaters beschäftigt; das Siegestor wurde 1850 vollendet, die Propyläen 1862, die neue Pinakothek 1853, die Ruhmeshalle hinter der Bavaria 1853. Gegen den herrschenden Klassizismus regte sich vielfacher Widerstand. Bekannt sind die Spottverse im Schnadahüpfl-Takt:

Der Klenze mit der Antiken
Der Gärtner mit sein' Stil
Die können mich alle zwei gern hab'n
Ich kann baun wie ich will.

Aber gerade das wollte der königliche Bauherr nicht; er nutzte zwar die technischen Konstruktionsweisen in Glas und Eisen und weihte 1854 den Glaspalast ein, ein gewaltiges, ganz in der neuen, aus dem Gewächshausbau entwickelten Technik errichtetes Ausstellungsgebäude. Im Jahr darauf wurde am Viktualienmarkt die 540 Meter lange Schrannenhalle errichtet, aus Eisen und Glas, die als ein Wunderwerk der Technik bestaunt wurde. Aber auch diese tionalen Ingenieurbauten erfüllten durchaus nicht die Wünsche Maximilians II. Sein Traum galt einer großartigen neuen städtebaulichen Achse vom Stadtzentrum zur Isarhöhe mit dem Maximilianeum als Modell eines neuen, allgemeingültigen Baustils. Das konnte nicht gelingen. Die Ausführung der überaus anspruchsvollen Planung zog sich bis in die siebziger Jahre hin. Im Unterschied zur Ludwigstraße ordnete der König, im Sinne eines »bürgerlicheren« Zeitalters, als Randbebauung der neuen Prachtstraße Mietshäuser an. Der leitende Architekt, Friedrich Bürklein, tat, was er konnte, aber mit der Maximilianstraße wurde kein neuer Stil geboren, es gelang jedoch durch die Einbeziehung der Isar eine »Synthese aus gebundener Architektur und freier Landschaft« (Hahn) – und das war die in Wahrheit weiterführende Idee.

Für die bildenden Künste interessierte sich der König wenig. Die Münchner Akademie wurde zur Pflegestätte historisierender Prachtmalerei; Porträtisten wie Wilhelm von Kaulbach und Franz Lenbach begannen ihren Siegeszug. Die akademische Malerei liebte die Darstellung geschichtlicher Unglücksfälle. So malte Carl von Piloty 1855 im Riesenformat den Astrologen Seni an der Leiche Wallensteins; an diesem berühmten Schulstück lernten ganze Generationen. Franz von Pocci, als königlicher Hofzeremonienmeister zugleich Autor der volkstümlichen Kasperlstücke, kritisierte diese Manier und machte sie für den Niedergang der Münchner Malerei verantwortlich. Was der »Kasperlgraf« dagegen setzte, war aber nicht das Moderne, ja Revolutionäre, das in diesen Jahren die französischen und englischen Maler im Vorfeld des Impressionismus eroberten, sondern die künstlerische Entdeckung des Volkslebens im bayerischen Oberland. Auch das konnte seine Größe haben; doch charakteristisch für die Wendung der Dinge, die zu jener auffälligen Verzögerung der Moderne-Konzeption in Deutschland führte, ist die Biographie Wilhelm Leibls, des bedeutendsten Münchner Malers jener Zeit. Vor 1870 war er als Stipendiat nach Paris gekommen, hatte Courbet getroffen und an dem Aufbruch der französischen Moderne teilgenommen; erst der Krieg 1870/71 rief ihn in die Heimat zurück. Später blieben die Wege nach Paris abgeschnitten, Courbet blieb ein Verfemter, die Atmosphäre war auch in München, das nun dem neuen Reich zugehörte, verändert. Leibl war kein Mann des kunstpolitischen Widerstandes, er wich aus. Er gab sein Münchner Atelier auf, zog aufs Land und malte von nun an altbayerische Genreszenen. Als man ihn befragte, warum er München verlassen habe, sagte er nur, sein Hund vertrage die Stadtluft nicht.

Münchner Profile

Schon Ludwig I. hatte zur Verwirklichung seiner künstlerischen Pläne Nichtbayern nach München geholt: den Mecklenburger Klenze, den Koblenzer Architekten Gärtner, aus Düsseldorf den

Maler Peter Cornelius und die Brüder Heß. Durch die Berufung zahlreicher »*Nordlichter*« schuf Maximilian II. schließlich eine ganz neue Situation. Schon als Kronprinz während seiner Studienjahre in Göttingen und in Berlin hatte er die Überzeugung gewonnen, »daß Bayern in intellektueller Hinsicht weit zurückgeblieben sei hinter dem deutschen Norden«. Als König setzte er es sich nun zum Ziel, München zum Mittelpunkt deutscher Kultur und Wissenschaft zu machen. Das Motto lautete: »Dem Geist alle Tore zu öffnen, daß Bayern nicht zurückstehe hinter der Entwicklung der Zeit.« Tatsächlich kamen fast alle der damals nach München berufenen Schriftsteller und Wissenschaftler aus dem norddeutsch-protestantischen Bereich, und es störte den König keineswegs, daß er seine Landeskinder bei Preußen und Protestanten in die Lehre gab. Doch die Konflikte, die sich aus der Begegnung der »Nordlichter« mit den »Eingeborenen« ergaben, reichten sehr tief und nahmen streckenweise die bitteren Formen eines von oben diktierten Kulturbruchs an. Die jahrhundertealte Auseinanderentwicklung süddeutsch-katholischer und norddeutsch-protestantischer Kultur glaubte der König durch seine monarchische Liberalität in einem Jahrzehnt ausgleichen zu können. Das ging nicht, um so weniger, als sich mit dem konfessionellen Gegensatz auf der einen Seite der Monopolanspruch der Modernität und der Wissenschaftlichkeit verband, auf der anderen Seite aber nach den Erschütterungen von 1848 der Zug zur katholischen Abgrenzung und Frontbildung mit nachlassender kultureller Kraft Hand in Hand ging.

Der König berief Dichter und Schriftsteller, denen er aus seiner Privatschatulle ein sorgenfreies Leben in München sicherte.[69] Die Reihe eröffnete 1852 der Lübecker Emanuel Geibel, ihm folgten Friedrich Bodenstedt, der Autor der »Lieder des Mirza Schaffy« aus Peine, Paul Heyse, der damals erst vierundzwanzigjährige Berliner Poet, dann Graf Schack, der große Sammler und Kenner des Orients. Sie alle waren Meister der schönen, glatten, nachklassischen Form, grenzten sich gegen den Realismus ab, liebten den volkstümlichen Ton und die vaterländische Rhetorik. Der Herrscher half seinen »Berufenen« zu Erfolg und Ansehen; er suchte ihre private Gesellschaft und sammelte sie um sich. In einem Rokokosaal der Residenz traf er sich allwöchentlich mit den Dichtern und Gelehrten seiner Wahl zu literarischen Symposien. Links vom König saß stets Geibel, rechts der Chemiker Liebig; Einheimische nahmen kaum teil. Nach dem Tode Maximilians II., der die Auflösung dieser Tischrunde, aber nicht das Ende ihrer Wirksamkeit bedeutete, hat Geibel in wohlgesetzten Versen die Abende beim König besungen:[70]

> Und jener trauten Stunden dacht ich dann
> Im hohen bilderdunkeln Teppichsaal,
> Wo er, mit ernsten Männern im Gespräch,
> Das stillgeschäft'ge Walten der Natur,
> Der Vorzeit Bücher sich enträtseln ließ.
> Denn eine nimmermüde Sehnsucht zog
> Ihn zu des Lebens Tiefen …

Außerhalb des Hofes suchten die »Berufenen« das gesellige Zusammensein in der »Gesellschaft der Krokodile«, einer dem Berliner »Tunnel« nachgebildeten Künstlervereinigung. Auch hier blieben die Nichtbayern überwiegend unter sich. Gelegentlich fanden Annäherungsversuche zwischen den »Krokodilen« und dem »Poetenverein an der Isar« statt, in dem sich die Eingesessenen zusammengeschlossen hatten. Bei einem gemeinsamen Bankett, das Heyse 1855 veranstaltete, kam prompt ein Spottgedicht zur Verlesung, das die Nichtbayern tief verletzte. Dem Hochmut auf der einen Seite, der wenig Verständnis für die bayerische Eigenart hatte, entsprach derbe Polemik auf der Gegenseite. Besonders heftig schürte die »Augsburger Postzeitung«, die wiederholt darauf hinwies, »wie die Fremden in Bayern das einheimische Talent unterdrückten, wie sich die Berufenen zwischen den guten König Max und sein getreues Volk drängten, wie er, nachdem er sie auf Kosten gleichbefähigter Landeskinder mit Wohltaten überhäuft, ihren Undank ernten ... mußte«. »Schmarotzerpflanzen«, »Maximiliankolonie«, »Fremdenlegion aus dem Norden« – so ging es durch die konservativ-klerikalen Blätter.[71] Der Konflikt war umfassend und unlösbar, um so mehr als fast alle der »Berufenen« in politischer Hinsicht der kleindeutschen Linie folgten.

Eines war die Münchner Situation, ein anderes die allgemeine Bedeutung und Wirkung dieser Dichtergruppe. Wenig blieb bis heute, von Geibel bestenfalls ein paar Lieder: »Der Mai ist gekommen ...«, oder die patriotisch-übersteigerten Verse »Und es mag am deutschen Wesen, einmal noch die Welt genesen«. Aber in ihrer Zeit war diese Art der Dichtung unendlich wirksam. Man hat 3 600 Vertonungen von Gedichten Geibels gezählt, 1000 mehr als bei Goethe, dreimal soviel wie bei Uhland und Eichendorff, sechsmal soviel wie bei Storm und Mörike. Gottfried Keller hat die Sentimentalität Geibels kritisiert und ihn einen »Süßwasserfisch« genannt, aber Gefühlsamkeit und Formpflege standen in keinem Widerspruch zur enormen Verbreitung und zur tiefen Wirkung. Tief und bedenklich aber waren auch Gehalt und Wirkung der politischen Lyrik dieser Dichter im Sinne einer nicht selten erschreckenden deutsch-imperialen Zukunftsvision. Von Freiheit ist nicht mehr die

Was den Berlinern das Kaffeekochen vor den Toren der Stadt, den Wienern der Heurige in Grinzing, ist den Münchnern das Bier und die fröhliche Geselligkeit im Hofbräuhaus.

Münchner Hofbräuhaus, 1859

Rede. Deutschland wird herrschen. Und der kommende Zweifrontenkrieg wird das Signal zum Beginn dieser Herrschaft sein - so dichtet Geibel.

Einst geschieht's, da wird die Schmach
Seines Volks der Herr zerbrechen,
Der auf Leipzigs Feldern sprach,
Wird im Donner wieder sprechen.

Dann, o Deutschland, sei getrost!
Dieses ist das erste Zeichen,
Wenn verbündet West und Ost
wider dich die Hand sich reichen.

Bis du wieder stark, wie sonst,
Auf der Stirn der Herrschaft Zeichen,
Vor Europas Völkern thronst,
Eine Fürstin sondergleichen.

Schlage, schlage denn empor
Läutrungsglut des Weltenbrandes!
Steig als Phönix draus hervor,
Kaiseraar des deutschen Landes!

Harmlos war diese Dichtung nicht, die im Schutze des bayerischen Königs in München eine gastliche Stätte fand. Und auch was die wissenschaftliche Tätigkeit und Wirkung der »Nordlichter« angeht, so fehlte es nicht an Brisanz. In den Naturwissenschaften und in der Medizin mischten sich die von auswärts berufenen Zelebritäten ohne größere Probleme mit den Bayern. Neben Justus Liebig, der aus Gießen kam, wirkte Max Pettenkofer, der als Bub im Donaumoos die Kühe gehütet hatte und nun zum Begründer der modernen Hygiene wurde. Anders sah es in den Geisteswissenschaften aus, vor allem in der Geschichte, die ja damals als eine politische »Leitwissenschaft« galt und wirkte. Hier kam es zu keiner friedlichen Koexistenz zwischen der in Bayern beheimateten, von romantischer Tradition, regionalen Kenntnissen und großdeutsch-katholischer Vergangenheitsfreude geprägten Geschichtspflege und der aus Berlin nach München verpflanzten »wahren Methode der historischen Forschung«.

Die neue Richtung der Geschichtswissenschaft, die vor allem mit dem Namen Leopold Ranke und seiner Berliner Schule verbunden war, hatte König Maximilian II. schon als Student fasziniert. Ranke und seine Schüler vermittelten dem deutschen Publikum gewissermaßen ein gänzlich neues Wissenschaftserlebnis: große historische Perspektiven auf der Basis moderner, sorgfältiger Einzelforschung und mit dem Angebot einer politisch-ideellen Sinngebung im raschen Wandel der Gegenwart.[72] Davon war der König ganz eingenommen und diese Richtung wollte er auch in Bayern durchsetzen.

Rankes Berufung nach München gelang nicht, so wurde dessen Lieblingsschüler Heinrich von Sybel geholt, der bald den Um- und Ausbau des Universitätsunterrichts im neuen Stil in die Wege leitete. Ranke ermutigte den König, in München ein für ganz Deutschland zuständiges Zentrum der Geschichtswissenschaft ein-

Die Wirtshäuser in Nord- und Süddeutschland

»Belieben die verehrten Herrschaften auf ihren verehrten Zimmern einzeln, oder an der *table d'hôte* zu speisen, oder geruhen dieselben ihr Diner nach der Karte gütigst selbt wählen zu wollen?«

»Frißt a jed's von enk alloa, oder frißt's ganze Gschlamp mitsama?«

Karikatur aus den »Fliegenden Blättern«, 1852

zurichten, die bis heute bestehende »Historische Kommission« bei der Bayerischen Akademie der Wissenschaft. Ihr Programm bezeichnete Ranke folgendermaßen: »Unsere Geschichte beruht ... auf der Idee der Gesamtheit ... Der Erforschung der großen, Alle angehenden, Alle verbindenden, das Leben der Nation beherrschenden Ereignisse soll unsere akademische Verbindung ihren Fleiß widmen.« Die Absichten des Königs und Rankes zielten auf eine »nationale Verbindung und Genossenschaft wissenschaftlicher Männer ... aus allen Gauen des Vaterlandes«.[73]

Doch an der Münchner Neugründung hatte die österreichische Geschichtsforschung fast keinen Anteil und auch unter den nichtösterreichischen Mitgliedern dominierte das norddeutsch-protestantische Element. Es zeigte sich eben, daß die »wahre Methode der historischen Forschung«, die der König nach München holte, auch für die Inhalte und den Sinn des Geschichtsverständnisses sehr viel bedeutete – und ganz anderes, als bisher im süddeutsch-katholischen Raum gegolten hatte.

Für Ranke, seine Freunde und Schüler war es selbstverständlich, die deutsche Geschichte und Gegenwart vom Protestantismus und vom Preußentum her zu sehen. Ranke selbst war ein Mann mit weitem Horizont und versöhnlichem Wesen. Vielleicht hätte er, wäre seine Berufung nach München gelungen, die Kluft zwischen den »Nordlichtern« und ihren Gegnern verringern können, aber sein Schüler Sybel gehörte einer jüngeren, kämpferischen Generation an.[74] Er trat sehr entschieden für die kleindeutsche Lösung ein, beleuchtete die deutsche Geschichte ganz in diesem Sinne und gründete als publizistisches Organ für dies historisch-politische Programm 1859 in München die »Historische Zeitschrift«. Sie wurde zum führenden Organ jener breiten Schicht nationalliberaler und konservativer Historiker, die den Weg des deutschen Bürgertums in den Bismarckstaat auf hohem Niveau, aber mit sehr gezielten Interpretationen deutscher Geschichte begleiteten und auch beeinflußten. Die Vergangenheit und Gegenwart der katholischen Volksteile im Süden und Westen, die doch die Hälfte der Nation ausmachten, wurden von der Zeitschrift Sybels nicht ohne Polemik beiseitegeschoben. Der Herausgeber erklärte im Vorwort des ersten Bandes offen, von welchem »politischen Urteil« die Zeitschrift ausgehen werde. Er grenze sich ab von dem Feudalismus, »welcher dem fortschreitenden Leben abgestorbene Elemente aufnöthigt« und dem Radikalismus der Linken. Ebenso erklärte sich Sybel gegen »den Ultramontanismus, welcher die nationale und geistige Entwicklung der Autorität einer äußern Kirche unterwirft«. Was sollte das heißen? War hier die katholische Hälfte des deutschen Volkes insgesamt ausgeschlossen und auf den Hinterhof der Nation verbannt? Oder sollte doch eine Türe geöffnet bleiben für solche Katholiken, die Sybels Bedingung der Nichtunterwerfung unter die »Autorität einer äußern Kirche« entsprachen?

In der Tat machte das einen geringen Unterschied. Tiefe und Bitterkeit der Polemiken, die aus solchen Monopolansprüchen entstanden, wirkten bis in das nächste Jahrhundert hinein. Sybel griff die Gefühle und das Geschichtsbewußtsein der deutschen Katholiken (und auch mancher Protestanten) an, wenn er in einer Münchner Festrede 1859 die These aufstellte, das mittelalterliche

Kaisertum habe die Schwächung und das Unglück der deutschen Nation herbeigeführt und nichts als Irrtum und Verderben sei in dieser Kaiserpolitik zu finden. Und die »Historische Zeitschrift« war meist rasch bei der Hand, einem Autor das Fehlen des historischen Sinns und der historischen Bildung zu bescheinigen, wenn er die Geschichte der Reformation und Gegenreformation anders als im protestantischen Sinne behandelte. Die Gegenseite, vor allem im bayerisch-katholischen Milieu, blieb dann auch nichts schuldig. Man hielt sich ans Vaterunser: »Und führe uns nicht in Versuchung, sondern erlöse uns von dem Sybel, Amen.« Als die Angriffe auf Sybels propreußische und wissenschaftspolitische Tätigkeit immer heftiger wurden, verließ er München und ging nach Bonn. Seine Gegner triumphierten: endlich war man die »giftige Natter mit glänzend schillernder Haut, welche bis dahin unter den Stufen des Thrones sich einzunisten gewußt hatte« losgeworden.

Das Wirken der »Nordlichter« in München hat aus mehreren Gründen außerordentliche Bedeutung gewonnen. Die innere Schwäche der bayerisch-katholischen Kulturszene und die Faszination durch die Modernität norddeutscher Literatur und Wissenschaft hatten den König zu ihrem Protektor gemacht. Von einer tragfähigen kulturpolitischen Solidarität des wittelsbachischen Bayern mit Österreich war dagegen so gut wie nichts zu spüren. Auch wenn die Münchner Politik noch weiterhin einen verbindlichen Mittelweg zwischen Preußen und Österreich suchte – in kultureller und ideenpolitischer Hinsicht war das Ringen um Bayern in den sechziger Jahren für den Norden schon weitgehend entschieden. Die Rede von der »halbwilden Gebirgsbevölkerung« Bayerns kam den preußischen Diplomaten in München nun leicht über die Zunge.

Der bedeutendste Kopf unter den »Einheimischen«, die im damaligen München die katholische Sache in Wissenschaft und Öffentlichkeit vertraten, war der Kirchenhistoriker *Johann Joseph Ignaz von Döllinger.* Er war einer der ersten, die Ludwig I. 1826 – als siebenundzwanzigjährigen – an die im Geiste der katholischen Romantik errichtete Münchner Universität berufen hatte. Im Mittelpunkt der vormärzlichen Erneuerungsbewegung stehend, wirkte Döllinger als Abgeordneter in der Frankfurter Nationalversammlung für die Freiheit der Kirche. Intellektuelle Kraft und Heiterkeit des Naturells, kosmopolitische Weite der geistigen Interessen und der gelehrten Freundschaften ließen ihn nach 1848 zum unbestrittenen Haupt der kirchengeschichtlichen Forschung und zum führenden Reformtheologen Deutschlands werden. Doch die kirchenpolitischen und theologischen Gegensätze, die in Bayern wie anderswo in der katholischen Welt im Gefolge der restaurativen Wendung des Papsttums nach 1848 eintraten, verschonten auch ihn nicht. Äußerlich gesehen gewann Döllinger stetig an Einfluß und Ruhm; aufgrund seiner liberalen Grundhaltung stand er in hoher Gunst bei König Maximilian II., war als Theologe Mitglied der Historischen Kommission und ist einer der wenigen Münchner, die von den »Nordlichtern« als Gesprächspartner ernst genommen wurden; als Rektor der Universität feierte er 1864 in der Gedenkrede auf den verstorbenen König dessen bayerisch-deutsche Liberalität und dessen Hoffnung auf eine künftige Versöhnung der Konfessionen.

Johann Joseph Ignaz von Döllinger war ein bedeutender Kirchenhistoriker und galt bis in die sechziger Jahre als ein anerkannter Führer der katholischen Bewegung. 1870 lehnte er die Erklärung der päpstlichen Unfehlbarkeit durch das 1. Vatikanische Konzil ab und geriet dadurch in Konflikt mit der Kirche.

Bei einer Versammlung der katholischen Theologen in München, die im Jahre 1863 die Selbständigkeit der deutschen theologischen Wissenschaft gegenüber den aus Rom kommenden Uniformierungstendenzen demonstrieren sollte, betonte Döllinger die providentielle Aufgabe der Deutschen in der Überwindung der Kirchenspaltung: »Uns allein unter allen Völkern ist das Geschick widerfahren, daß das scharfe Eisen der Kirchentrennung mitten durch uns hindurchgegangen ist. Deutsche Theologen sind es gewesen, welche die Spaltung begonnen; so hat denn auch die deutsche Theologie den Beruf, die getrennten Konfessionen einmal wieder in höherer Einheit zu versöhnen.«[75] Er hoffte auf die erneuernde und einigende Kraft der freien Forschung, die an den Universitäten auch der Theologie gesichert schien. Als Rektor ermunterte er die Theologiestudenten zur Freiheit: »Wehe der Theologie und wehe ihren Jüngern, wenn sie, wie ein nervenschwaches Weib, sich absperren wollte gegen jeden frischen Luftzug der Forschung, wenn sie jedes ihr – oder nicht einmal ihr, sondern nur den Theologen – unbequemes Ergebnis der Geschichte zurückwiese, als eine allzu derbe, ihrer schwächlichen Konstitution nicht zusagende Speise. Gerade daran hängt für sie Leben oder Tod, daß ihre Pfleger und Jünger jenen historischen Sinn in höchster Reinheit bewahren, der sich in der Anerkennung aller fremden Vorzüge und Güter, in der Verwertung aller auf anderem Gebiete gefundenen Wahrheiten bewährt.«[76]

Gut gesprochen – aber die Zeit arbeitete nicht für Döllinger, sondern gegen ihn. Als er in einem berühmt gewordenen Vortrag im Münchner Odeon dafür eintritt, daß der Verlust des Kirchenstaates und eine Versöhnung des Papsttums mit den nationalen Wünschen der Italiener vor allem der Kirche nützen würde, erhebt sich der päpstliche Nuntius und verläßt protestartig den Saal. Döllinger, der die von Rom und den Jesuiten empfohlene neuscholastische Richtung ablehnte und durch diese Abwehr die Möglichkeit zur Wiedervereinigung mit den Protestanten offen halten wollte, findet auf der einen wie auf der anderen Seite immer weniger Unterstützung. Auf der protestantischen und liberalen Seite sinkt das Interesse an der Wiederbegegnung mit Rom – je höher die Wogen des bildungsstolzen kleindeutschen Nationalismus nun steigen. Auf der katholischen Seite wächst die Neigung und Überzeugung, nur im engsten Anschluß an Rom und in der schärfsten Abwehr aller Zugeständnisse an den Zeitgeist das kirchliche Leben schützen zu können. Döllingers Partei, die Mittelgruppe einer freien, katholischen Erneuerung, schmilzt von Jahr zu Jahr. Zunehmend wird der Münchner Professor als Irrlehrer denunziert. Zu den Vorbereitungen des Vatikanischen Konzils, die seit der Mitte der sechziger Jahre von Rom aus betrieben wurden, zog man nicht ihn, sondern seine theologischen Gegner heran.

Die Niederlage von 1866 traf Döllinger um so tiefer, als er die Katholiken für die jetzt hautnah gewordene Konfrontation mit dem Protestantismus in einem preußisch dominierten Deutschland weniger denn je gerüstet fand. In einem Brief an eine junge Vertraute, an die damals zweiundzwanzigjährige Komtesse Charlotte Leyden, schrieb sich Döllinger im August 1866 die bittere Zukunftssorge von der Seele. Er wirft Rom und den Jesuiten vor, die deutschen Katholiken zu romanisieren und dadurch der protestantischen Wissenschaft und Literatur gegenüber wehrlos zu machen: »Jetzt ist die politische Superiorität in Deutschland unwiderruflich an den protestantischen Teil der Nation übergegangen. We are to be swamped; überfluthet, gleichsam aufgerollt zu werden von dem protestantischen Norden - das ist das Schicksal, das uns sichtlich bevorsteht. Die wechselseitige Mischung und Durchdringung wird mit beschleunigtem Schritte fortgehen und was soll nun werden, wenn wir, der geistigen Vormundschaft der Jesuiten unterstellt, auf allen Gebieten von der unaufhaltsam vordringenden protestantischen Wissenschaft überflügelt, nicht mit ihr, und auch nicht ohne sie leben, uns ihrer nicht erwehren und ihr auch nicht Raum gewähren können?«[77]

Mit der Verschärfung der innerkatholischen und der zwischenkonfessionellen Spannungen steigerte sich auch das persönliche Drama Döllingers. Da er öffentlich gegen die vom Vatikanischen Konzil verkündete Unfehlbarkeit des Papstes auftrat, wurde er 1871 aus der katholischen Kirche ausgeschlossen. Sein wissenschaftliches Werk blieb ein Torso. Neunzigjährig starb er, ohne daß eine Versöhnung mit der katholischen Kirche zustande gekommen wäre.

Auf der Flucht vor seinen Wiener Gläubigern und verzweifelt an allem künstlerischen Gelingen, nachdem »Tristan und Isolde« in Wien nach 77 Proben endgültig abgesetzt worden war, hielt sich *Richard Wagner* im März 1864 auf der Durchreise in München auf. In einem Schaufenster sah er das Bildnis des jungen Ludwigs II., der eben den Thron bestiegen hatte. Gänzlich ruiniert und am Tiefpunkt seiner Karriere angelangt, suchte Wagner Zuflucht in Stuttgart. Dort erreichte ihn das Wunder. Der junge König, aus der Ferne seit Jahren für Wagner begeistert, hatte seinen Sekretär ausgeschickt, den flüchtigen Musiker, wo auch immer, aufzufinden und sogleich nach München zu bringen, wo ihn königliche Huld erwarte.

Das war die große Wende im Leben des 1849 heimatlos gewordenen Ex-Revolutionärs. Seit er die Hoffnung auf die Erfüllung seiner künstlerischen Pläne durch eine politische Revolution aufgegeben hatte, suchte er anderweits den Hebel, die Welt der alten, verrotteten Kunst aus den Angeln zu heben: bei den bürgerlichen Patriziern in der Schweiz, bei Napoleon III., beim Großherzog von Baden. In all diesen Jahren der Unrast hatte der Gedanke des Gesamtkunstwerks und des Mythos von ihm Besitz ergriffen. Die innere Erneuerung Deutschlands - mit weniger begnügte sich Wagner nie - sollte durch gewaltige Bühnenfestspiele auf den Weg gebracht werden. Dabei mußte ein Fürst helfen. Nun war der Helfer da und umarmte ihn.

Auch wenn es später Schwierigkeiten und Enttäuschungen gab - die erste Begegnung zwischen dem König und Richard Wagner entschied fürs Leben. Einer Schweizer Freundin schrieb Wagner: »Sie wissen, daß mich der junge König von Bayern aufsuchen ließ. Heute wurde ich zu ihm geführt. Er ist leider so schön und geistvoll, seelenvoll und herrlich, daß ich fürchte, sein Leben müsse wie ein flüchtiger Göttertraum in dieser gemeinen Welt zerrinnen. Er liebt mich mit der Innigkeit und Glut der ersten Liebe ... Er will, ich soll immerdar bei ihm bleiben, arbeiten, ausruhen, meine Werke aufführen; er will mir alles geben, was ich dazu brauche ... Ich soll mein unumschränkter Herr sein, nicht Kapellmeister, nichts als ich und sein Freund ...«[78]

Was nun folgte, nimmt in jeder Wagnerbiographie breiten Raum ein. Hier interessiert, welche weitere Bedeutung dieses schwärmerische Verhältnis für die Realität Münchens, Bayerns und der deutschen Frage hatte. Wagner begann im Schutze der königlichen Huld rasch und energisch von München Besitz zu ergreifen. Durchaus von höchsten Ideen künstlerischer und kunstpolitischer Gestaltung erfüllt, vermochte er doch sehr genau zwischen Mythos und Wirklichkeit zu unterscheiden. Zug um Zug holte er Freunde und Mitarbeiter nach München. Es kam der Berliner Dirigent Hans von Bülow, der den amtierenden Operndirektor Lachner verdrängte und dann auch Direktor der reorganisierten Münchner Musikschule wurde. (Ab wann Bülow wußte, daß seine Gemahlin Cosima Wagners Geliebte war, ist bis heute umstritten.) Aus Heidelberg kam der Musikästhet Nohl, der an die Universität berufen wurde. Peter Cornelius, der berühmte Liedersänger, traf ein. Der Architekt Gottfried Semper, Wagners Gefährte seit den Barrikadenkämpfen in Dresden 1849, wurde gerufen und entwarf für den König eine neue Prachtstraße von der Residenz zur Isarhöhe, wo krönend ein gewaltiges Richard-Wagner-Festspielhaus errichtet werden sollte. (1868 wurde der Plan begraben; die spätere Prinzregentenstraße stellt einen schwachen, wenn auch freundlichen Nachhall des 1865 Gewollten dar.) Julius Fröbel, einst einer der intelligentesten und geschicktesten Männer der Paulskirchen-Linken, wurde als Gründer und Leiter der »Süddeutschen Presse« geholt, die Wagner sich als Sprachrohr seiner kunst- und kulturpolitischen Ideen wünschte. Das alles sollten nur die ersten Ansätze sein - sozusagen ein Vorgeschmack dessen, was in München und Bayern geschehen wäre, wenn Wagner die Stellung längerfristig behauptet hätte. »Er war selbst ein Monarch, doch kein Monarchist« (Mayer).[79]

Es ging also schon bald nicht mehr um glänzende Uraufführungen (1865 »Tristan und Isolde«, 1868 »Die Meistersinger«), auch nicht um Wagners luxuriösen und skandalumwitterten Lebensstil; das hatte er schon ein Jahrzehnt früher gegenüber Liszt ganz grundsätzlich formuliert: »Ich kann dann nicht wie ein Hund leben, ich kann mich nicht auf Stroh betten und mich mit Fusel erquicken: ich muß irgendwie mich geschmeichelt fühlen, wenn meinem Geiste das blutig schwere Werk der Bildung einer unvorhandenen Welt gelingen soll.«[80] Die Frage reicht auch weit über den bekannten Einschnitt vom Dezember 1865 hinaus, als der Premierminister von der Pfordten den König durch ein förmliches Ultimatum veranlaßte, Wagner zum Weggang aus München zu bewegen: »Ew. Majestät stehen an einem Scheidewege und haben zu wählen zwischen der Liebe und Verehrung Ihres treuen Volkes und der ›Freundschaft‹ Richard Wagners.« Aber auch nach jenem dunklen Dezembermorgen, als Wagner den Zug von München in die Schweiz besteigen mußte, blieben sein Einfluß auf Ludwig II. und die Bindung des Königs an den Musiker außerordentlich stark. Als der König im Frühjahr und Frühsommer 1866 - angesichts des drohenden Bruderkriegs mit Preußen - an Abdankung dachte, setzte Wagner seine ganze Autorität ein, ihn davon abzubringen: »Königtum - Glauben Sie! - ist eine Religion! Ein König glaubt an Sich oder er ist

Überall hatte Richard Wagner Unterstützung für seine revolutionäre Idee des Gesamtkunstwerks gesucht – bei liberalen Kaufleuten, plebiszitären Usurpatoren, konservativen Monarchen. Der junge Ludwig II. gab ihm alles, was er suchte, königliche Freundschaft und mäzenatische Großzügigkeit. Der verschwenderische Günstling brachte aber nicht nur die Minister des Königs gegen sich auf, indem er den Monarchen auf die Linie Bismarcks drängte. Auch die Öffentlichkeit zeigte sich zunehmend schockiert über die Macht des Außenseiters, der das Königshaus in den Dienst seiner Sache stellte.

Wagner in der Königsloge, Karikatur zur Uraufführung der »Meistersinger« in München

es nicht.«[81] Auch aus der Ferne hat Wagner die propreußischen, kleindeutschen Kräfte in der bayerischen Politik unterstützt, gegen von der Pfordten gearbeitet und die Berufung des Fürsten Hohenlohe befürwortet, der auf Bismarck setzte. Was bedeutete das alles, was bezweckte Wagner, wenn er den schwachen, traumbefangenen König in die Netze der preußischen Politik trieb?

Eines unterliegt keinem Zweifel: Es ging Wagner darum, die politische und finanzielle Unterstützung des Königs für die weiteren Pläne zu sichern, die sich nun auf Bayreuth richteten. Aber es ging zunächst noch um viel mehr. War es der Traum des Königs, mit Hilfe Wagners eine Welt der elitären Entrückung aufzubauen, so war es Wagners Traum, mit Hilfe des königlichen Freundes ein umfassendes, nicht nur künstlerisches, sondern auch politisches Erziehungswerk an den Deutschen ins Werk zu setzen. Es ging nicht um München oder Bayern. Es ging um die Verwirklichung eines prophetischen Auftrags für ganz Deutschland und Wagner hat 1865 in einem programmatischen Aufsatz »Was ist deutsch?« die Linien ausgezogen. Was er in Zukunft schuf und schrieb sind nur Fragmente – und nach 1871 immer unsicherer werdende Fragmente – zu diesem großen Entwurf: unter den nachrevolutionären Bedingungen von oben her die Deutschen künstlerisch und auch politisch zu bilden.

Das ist die grandiose Einheitsidee Wagners. Sie steckt voll unzulänglicher Christentumskritik und mythosbezogener Tiefenhoffnung; aber sie enthält auch bewegende Worte der Sorge vor dem heraufkommenden demokratisch-nationalistischen Größenwahn seiner Landsleute. Der Aufsatz »Was ist deutsch?« schließt mit der Passage:[82]

»Während Goethe und Schiller den deutschen Geist über die Welt ergossen, ohne vom ›deutschen‹ Geiste auch nur zu reden, erfüllen diese demokratischen Spekulanten alle deutschen Buch- und Bilderläden, alle sogenannten ›Volks-‹ d. h. Aktien-Theater, mit groben, gänzlich schalen und nichtigen Bildungen, auf welchen immer die anpreisende Empfehlung ›deutsch‹ und wieder ›deutsch‹, zur Verlockung für die gutmüthige Menge aufgeklext ist. Und wirklich sind wir so weit, das deutsche Volk damit bald gänzlich zum Narren gemacht zu sehen: die Volksanlage zu Trägheit und Phlegma wird zur phantastischen Selbstgefallsucht verführt; bereits spielt das deutsche Volk zum großen Theil in der beschämenden Komödie selbst mit, und nicht ohne Grauen kann der sinnende deutsche Geist jenen thörigen Festversammlungen mit ihren theatralischen Aufzügen, albernen Festreden und trostlos schalen Liedern sich zuwenden, mit denen man dem deutschen Volke weis machen will, es sei etwas ganz besonderes, und brauche gar nicht erst etwas werden zu wollen.«

Wohin führt die Zeit und was ist deutsch? Wirtschaftswachstum, postrevolutionärer Realismus, wissenschaftliche Errungenschaften und der Aufschwung auf so vielen Lebensgebieten bringen keine Antworten. Seit der Gründung der »Gartenlaube«, seit Fontane und Stifter haben die Deutschen ihr Leben immer mehr an Ordnung und Arbeit orientiert. Sie lernten lesen, turnen und schwimmen, sie bauten Maschinen und Fabriken, sie wanderten und bestiegen die Berge und liebten die Natur, die Kunst, die Geschichte, das Vaterland. Aber wohin führte das alles? Wohin fuhr Borsigs Lokomotive, wohin zielten Fontanes märkische Wanderungen, wo lag das »Höhere«, dem Stifters Romanfiguren sich strebend anvertrauten? Was wurde aus dem millionenfachen nationaldemokratischen Bildungspotential, das die Männer der »Gartenlaube« von ihren Achtundvierziger-Idealen her entwickelten? Wem sollte Moltkes Kriegsmaschine dienen und wofür sollte Lassalles Arbeiterpartei einstehen?

Richard Wagner prangerte die Verführung des deutschen Volkes zu einer phantastischen Selbstgefälligkeit an. Aber wer verführte hier wen? Auch hier laufen die Linien durcheinander, und jede einseitige Schuldzuweisung wäre verfehlt. Wagners deutsche Selbstkritik von 1865 nahm die unheimliche Warnung Nietzsches von 1873 vorweg, daß die Niederlage, ja Vernichtung des deutschen Geistes zugunsten des deutschen Reiches drohe. Von heute her wird deutlich: Nicht erst die Reichsgründung und ihre Folgen schufen das Problem von Macht und Geist in seinen besorgniserregenden Formen; verquer liefen die Wege der deutschen Gesellschaft und Kultur schon seit dem Scheitern von 1848/49. Erziehung und Selbsterziehung, Verführung und Selbstverführung der Deutschen nach der gescheiterten Revolution – das ist eines der wichtigsten Themen der deutschen Geschichte.

VI.
Nach der Wiederherstellung der alten Mächte der Kampf um die Macht: Preußen und Österreich 1850 bis 1866

1. Scheitern der Bundesreform – der Dualismus als Blockierung

Die Wiedereinberufung des alten Bundestages nach Frankfurt durch Österreich im April 1850 bedeutete zunächst noch kein eindeutiges Programm. Das war vor allem ein Zeichen der Entschlossenheit des Kaiserstaates, nach der Niederwerfung der Revolution die Gestaltung der deutschen Dinge in die Hand zu nehmen. Die Restauration des vielfach kritisierten und bekämpften Bundessystems, das nun noch durch die immer unverhülltere Machtkonfrontation zwischen Wien und Berlin belastet wurde, war zunächst weder von Preußen noch von Österreich beabsichtigt, geschweige denn von den deutschen Klein- und Mittelstaaten. Der Weg, der schließlich zur offiziellen Wiedereröffnung des Frankfurter Bundestages im Jahre 1851 führte, war von wechselnden, aber am Ende stets unerfüllten Hoffnungen begleitet, und doch wurde er bestimmend für den weiteren Verlauf der deutschen Geschichte bis 1866 und über 1866 hinaus.

Die Kräfte, die »von unten« eine Neugestaltung der deutschen Dinge in die Wege leiten wollten, waren einstweilen zum Schweigen gebracht. Doch die Abfolge von vorwärtsdrängender Flut und reaktionärer Ebbe, die die deutsche Geschichte seit den Freiheitskriegen gekennzeichnet hatte, wurde auch durch den Sieg der Gegenrevolution 1849/50 nicht beendet, auch wenn der Wiedereintritt der »Kräfte von unten« in die politischen und sozialen Auseinandersetzungen der fünfziger und sechziger Jahre unter veränderten Bedingungen erfolgen sollte. Zunächst aber hatten die Kräfte von oben die Macht und das Wort. Die Entscheidungen, die in diesem postrevolutionären Ringen von oben her fielen, prägten sehr stark auch die Bedingungen, die später für die sich erneut regenden Kräfte von unten galten. Ein so weitgehend freies Feld für das Mit- und Gegeneinander der Kräfte und Strömungen wie 1848, das so wenig eingeengt und behindert von ausländischen Mächten und inländischen Obrigkeiten war, sollte die deutsche Geschichte nicht wieder bringen, weder nach dem Sturz der Kaiserreiche 1918 noch nach dem Untergang des Dritten Reiches 1945.

Die wichtigste Frage war fürs erste, wie sich die beiden deutschen Großmächte nach dem Sieg über die Revolution die Macht in Deutschland teilen würden. Natürlich waren die Mittel- und Kleinstaaten durch die revolutionären Erschütterungen der Jahrhundertmitte nicht Faktoren geworden, auf die man nicht mehr achten mußte; aber die postrevolutionäre Konsolidierung der deutschen Dinge kam vor allem den Regierungen Preußens und Österreichs zugute. Ihre spezifischen Kräfte und ihre politischen Konzepte traten gegeneinander an und maßen sich aneinander, mitunter bis hart an den Rand des Krieges. Dabei stand auf der einen Seite vorerst noch das liberalkonservative, kleindeutsch-nationale Programm der von Preußen in einer Art »Revolution von oben« betriebenen Unionspolitik. Auf der österreichischen Seite kämpfte Schwarzenberg für den Eintritt des gesamten österreichischen Kaiserstaates in den Deutschen Bund und damit für das Programm eines mitteleuropäischen Siebzig-Millionen-Blockes, der nicht nur politisch, sondern auch ökonomisch geeint und dadurch zu einer dominierenden Stellung in der Welt berufen sein sollte. Dabei war die verfassungspolitische Lage in Österreich selber zunächst noch gar nicht entschieden; die Liquidierung der liberalen Verfassung von 1849 und die volle Durchsetzung des Neoabsolutismus erfolgte erst 1851, also nach dem Scheitern der deutschen Pläne Schwarzenbergs. Das gleicht in manchem der Entwicklung in Berlin, wo auch erst nach dem Scheitern der Unionspolitik die liberalen Restbestände durch die Reaktion zurückgedrängt wurden.

Mit der Einladung Österreichs an alle Bundesstaaten, Bevollmächtigte nach Frankfurt zu entsenden, um auf der Basis der Bundesakte eine provisorische Zentralgewalt einzusetzen und dann eine Reform der Bundesverfassung vorzunehmen, begann Schwarzenberg die Offensive gegen die preußische Union. Unter dem Vorsitz der österreichischen Präsidialmacht in Frankfurt waren aber nur 10 von den 36 deutschen Regierungen vertreten. Die anderen 26 Staaten gehörten noch der 1849 von Friedrich Wilhelm IV. ins Leben gerufenen Union an, die in bundesstaatlicher Form eine kleindeutsche Lösung unter Ausschluß Österreichs wollte.[1] Doch der Zusammenhalt der Union löste sich in den folgenden Monaten auf, als die Entschlossenheit Österreichs deutlich wurde, die Machtprobe auf die Spitze zu treiben. Auch die außenpolitische Konstellation wirkte zugunsten Wiens. Rußland sah in der von Preußen geleiteten nationalen Unionspolitik ein gefährliches revolutionäres Experiment, das möglichst schnell beendet werden sollte. Mit so vorsichtigen wie zähen diplomatischen Manövern gelang es Schwarzenberg, Zar Nikolaus I. für den Gesamteintritt der Monarchie in den Deutschen Bund zu gewinnen. Erstaunlicherweise legte sich Rußland ausdrücklich auf eine Unterstützung dieser österreichischen Deutschland-Politik fest; erst als im März 1851 ihr Scheitern am Widerstand Preußens deutlich wurde, änderte sich die Haltung des Zaren wieder.

Das preußisch-österreichische Duell wurde im Sommer und Herbst 1850 durch die Verquickung mit der Krise in Kurhessen und dem Streit um Schleswig-Holstein verschärft.[2] Die beiden Herzogtümer Schleswig und Holstein, die sich im Zuge der Revolution 1848/49 von der dänischen Herrschaft gelöst hatten, wurden im Juli 1850 durch den Berliner Frieden wieder dem König von Dänemark überantwortet. Staatsrechtliche Komplikationen ergaben sich jetzt auch daraus, daß der Vertrag einerseits von Dänemark, andererseits von Preußen, und zwar im Namen des Deutschen Bundes, abgeschlossen worden war. Damit hatte Berlin die nationale Politik preisgegeben, die bisher auch in der Anerkennung der aus revolutionärer Wurzel entstandenen Statthalterschaft in den Herzogtümern zum Ausdruck gekommen war. Preußen hatte dem russischen und englischen Druck nachgegeben, denn beide Staaten waren unbedingt an der Wiederherstellung der dänischen Souveränität in den Herzogtümern interessiert, die ihnen die Sicherheit der Nordsee-Ostsee-Verbindungen zu garantieren schien. Bundespolitisch geriet Preußen in eine schiefe Situation, als die Rumpfversammlung des Bundes in Frankfurt, die von Berlin ja nicht anerkannt worden war, den Berliner Frieden ratifizierte. Als jedoch die Statthalterschaft in Kiel den dänischen Truppen erfolgreich Widerstand leistete, waren Preußen (samt Union) wie Österreich (samt Rumpfbundestag) durch den Friedensvertrag verpflichtet, gegen die »Rebellenregierung« militärisch vorzugehen. Während jedoch Österreich und die Frankfurter Gruppe eine Intervention in Holstein vorbereiteten, erklärte Friedrich Wilhelm IV. plötzlich, ganz im Einklang mit der nationalen Stimmung in Deutschland, jedes Vorgehen der Frankfurter Mächte in Holstein für illegal. Preußen schien im Oktober 1850 bereit, eine Intervention der Frankfurter als Kriegsfall zu betrachten.

Ebenso kompliziert, aber noch unmittelbarer zur Konfrontation führend verlief die Entwicklung in Kurhessen. Der Verfassungskonflikt zwischen dem Kurfürsten Friedrich und seinem Landtag hatte die Regierung im September 1850 zur Verhängung des Kriegszustandes veranlaßt. Die Gerichte, die Beamten und sogar die Armee verweigerten daraufhin dem Kurfürsten den Gehorsam. Der Rumpfbundestag beschloß, dem Interventionsansuchen des Kurfürsten zu folgen; bayerische Truppen begannen in Kurhessen einzurücken. Kurhessen hatte sich zunächst der Union angeschlossen; als es nun zur österreichischen Gruppe übertrat und die Bundesexekution gegen den Widerstand der eigenen Bevölkerung anrief, fühlte Preußen nicht nur seine nationalpolitischen Ziele, sondern auch seine unmittelbaren staatlich-militärischen Interessen, nämlich die Transitrechte und die Sicherung der Etappenstraßen nach dem preußischen Rheinland, und seine Ehre angegriffen. Preußen machte mobil, seine Truppen stießen in Hessen auf die bayerischen Verbände. Die Gefahren der militärischen Eskalation reichten weit über den hessischen Streitfall hinaus: Eine Besetzung Kurhessens würde den Streitkräften der österreichischen Gruppe die Verbindung nach Hannover öffnen und von dort den Einmarsch nach Holstein möglich machen; Preußen wäre an seiner empfindlichsten Stelle getroffen und einer einheitlichen Operationsbasis beraubt worden. Schwarzenberg hatte sich schon vor der militärischen Konfrontation bei einer Besprechung in Warschau, wo Zar Nikolaus I. eine Vermittlung zwischen Österreich und Preußen versuchte, nochmals die russische Unterstützung sichern können.[3] Unter russischem Druck war es in Warschau auch zu einer vorläufigen Vereinbarung zwischen der österreichischen und preußischen Regierung gekommen, in »freien Konferenzen« der deutschen Staaten die Reform des Bundes, einschließlich des Gesamteintritts der Habsburgermonarchie und der preußischen Forderung nach einer Gleichstellung Berlins mit Wien in der Bundesleitung, zu behandeln. Diese Ausgleichsversuche schienen gescheitert, als in Kurhessen die preußischen Truppen und die bayerischen und österreichischen Einheiten aufeinanderstießen. In Berlin schwankten der König und die Regierung zwischen Krieg und Frieden. Schwarzenberg war in Wien wohl ursprünglich nicht an einem bewaffneten Konflikt interessiert. Als sich aber die preußische Haltung versteifte, zögerte er nicht, aus seiner bundesrechtlichen Position, die ihm in diesem Moment eine breite Zustimmung der Regierungen des dritten Deutschland sicherte, die militärischen Konsequenzen zu ziehen. Da Österreich sich nun auf Rußland verlassen konnte und

Preußen militärisch in einer schwierigen und mutmaßlich schwächeren Position war, entschloß sich Berlin im letzten Augenblick zu Konzessionen.

So blieb der Friede erhalten, der Machtkampf um die Neugestaltung des Bundes verlagerte sich auf das diplomatische Parkett. Angesichts der harten Forderungen Österreichs trafen am 28. November 1850 Schwarzenberg und der preußische Außenminister Manteuffel in der mährischen Stadt Olmütz zusammen; der preußische Unterhändler mußte seine Vollmacht überschreiten, um zu der von König Friedrich Wilhelm IV. gewünschten Übereinkunft zu gelangen.[4] Die Olmützer Vereinbarung, am folgenden Tag unterzeichnet und am 2. Dezember in Berlin ratifiziert, verkündete die beiderseitige Demobilmachung, das Ende des kurhessischen Streitfalles, den Anschluß Preußens an die Bundesintervention in Holstein und den Beginn der Bundesreform gemäß der Warschauer Absprache, also durch »freie Konferenzen«. Zu diesen Ministerkonferenzen, die in Dresden beginnen sollten, erging eine gemeinsame Einladung von Wien und Berlin an alle Regierungen des Bundes.

Olmütz bedeutete für Preußen den endgültigen Verzicht auf die nationalliberale Einigungspolitik der »Union« und die Rückkehr zum alten Bundesrecht. Doch waren in Olmütz keine Zusagen hinsichtlich der preußischen Forderung – Parität in der Leitung des Bundes – noch hinsichtlich der österreichischen Bedingung – Gesamteintritt und starke Exekutive – erfolgt. In der negativen Bewertung der Olmützer Ergebnisse stimmten zunächst die nationalliberalen »Gothaer« und die preußische Kriegspartei überein; das geflügelte Wort von der »Schmach von Olmütz« beherrschte viele Gemüter. In Wirklichkeit hatte Österreich wenig gewonnen und das noch mit einem Verlust an Ansehen und Vertrauen bei den Mittelstaaten bezahlt, die sich durch eine solche Zweier-Verständigung außerhalb des Bundes überspielt und geradezu düpiert fühlten. Die mittelstaatlichen Regierungen sahen die Gelegenheit versäumt, das eroberungsgierige Preußen ein für allemal in die Schranken zu weisen. »Sie hätten gewünscht, wir hätten gerauft. Ich auch«[5] – soll Schwarzenberg damals zu dem sächsischen Minister Beust geäußert haben, und der bayerische Staatsmann von der Pfordten nannte den Preis, den Österreich gezahlt hatte: »Der Kampf um die Hegemonie in Deutschland ist entschieden und Österreich hat ihn verloren.«[6] Und doch brachte Olmütz keine Lösung, sondern nur eine Vertagung der Lösung des deutschen Problems. Auch wenn vor und nach Olmütz die staatlichen Machtfragen in der postrevolutionären Verschärfung stark im Vordergrund standen, wirkte die langfristige gesellschafts- und verfassungspolitische Dynamik ja weiter.

Zu den Politikern, die Olmütz positiv bewerteten, gehörte auch Otto von Bismarck. Ganz vom rechten Flügel her unterstützte er durch eine Rede im Landtag die Regierung, die ihre Wendung von der kleindeutschen, nationalliberalen Unionspolitik zur Restauration des Bundes und zum Ausgleich mit Österreich in der Abgeordnetenkammer begründete.[7] Bismarck kritisierte die zurückliegende Unionspolitik; die Union sei »ein zwitterhaftes Produkt furchtsamer Herrschaft und zahmer Revolution« gewesen. Demgegenüber plädierte er für eine konsequente preußische Interessenpolitik: »Die

Bisher war Politik im wesentlichen Kabinettspolitik gewesen; der leitende Minister mußte das Vertrauen des Monarchen haben und Autorität im Gremium der Verantwortlichen.
Die Parlamente verlangten neue Fähigkeiten, und Bismarck zählte zu den ersten, die das Auftreten im Reichstag zu einer rhetorischen Meisterschaft entwickelten.

Bismarck am Ministertisch des Norddeutschen Reichstages, 1868

einzig gesunde Grundlage eines großen Staates, und dadurch unterscheidet er sich wesentlich von einem kleinen, ist der staatliche Egoismus und nicht die Romantik.« Für die neue Verständigung mit Österreich warb er mit einer ganz auf den konservativen Geschmack abgestimmten Kombination nationaler und kriegerisch-expansiver Gesichtspunkte:

»Es ist eine seltsame Bescheidenheit, daß man sich nicht entschließen kann, Österreich für eine deutsche Macht zu halten. Ich kann in nichts Anderem den Grund hiervon suchen, als daß Österreich das Glück hat, fremde Volksstämme zu beherrschen, welche in alter Zeit durch deutsche Waffen unterworfen wurden. Ich kann aber daraus nicht schließen, daß, weil Slowaken und Ruthenen unter der Herrschaft Österreichs stehen, diese die Repräsentanten des Staates und die Deutschen eine bloß beiläufige Zugabe des slavischen Österreichs seien; sondern ich erkenne in Österreich den Repräsentanten und Erben einer alten deutschen Macht, die oft und glorreich das deutsche Schwert geführt hat.«

Damit gab sich Bismarck ganz als Befürworter der germanisierenden Einheitstendenzen in Österreich. Der pommersche Junker und Landwehrleutnant, der wenige Monate später als Preußens Bundestagsgesandter nach Frankfurt gehen sollte, begrüßte also den Vertrag von Olmütz, erklärte aber gleichzeitig die preußische Forderung auf volle Parität am Bundestag mit der österreichischen Präsidialmacht als selbstverständlich; Preußens Ehre liege darin, »daß dasjenige, was Preußen und Österreich nach gemeinschaftlicher, unabhängiger Erwägung für vernünftig und politisch richtig halten, durch die beiden gleichberechtigten Schutzmächte Deutschlands gemeinschaftlich ausgeführt werde«. So war es aber nicht, und so kam es auch nicht. Die spätere schroffe Wendung Bismarcks in Richtung eines Ausschlusses Österreichs aus Deutschland war also schon in dem Augenblick vorbereitet, in dem er noch für den Ausgleich eintrat.

Die Gleichberechtigung mit Österreich war in diesem Dezember 1850 ja ein Programm, aber keine Wirklichkeit. Die Dresdener Ministerkonferenzen vom Januar bis Mai 1851 brachten schnell das Scheitern des preußischen Programms. Ebenso bald aber wurde der Fehlschlag des österreichischen Siebzig-Millionen-Projektes deutlich, und auch das österreichisch-mittelstaatliche Reformziel der Schaffung einer starken Bundesexekutive scheiterte.[8] Die Geschichte dieser Dresdener Konferenzen macht ein wenig bekanntes, aber folgenreiches Kapitel in dem Buch der versäumten Gelegenheiten der deutschen Geschichte aus.[9] Österreich suchte durch den Gesamteintritt seines Staates, durch die Verweigerung der von Preußen geforderten Gleichberechtigung und durch den Ausbau einer starken Exekutive den Bund in einer bis dahin nicht dagewesenen Weise an seine Interessen zu binden.[10] Preußens Ziel – davon ging Schwarzenberg aus – war die Herrschaft über Deutschland; der erste bedeutende Sieg dieser Politik war die Gründung des Zollvereins gewesen, jetzt sollte durch die »sogenannte Gleichberechtigung« Österreich aus seiner durch die Geschichte wie durch die Verträge begründeten Stellung verdrängt werden.

Entschied Preußen diese Runde für sich, dann blieb als Antwort nur der Austritt aus dem Bund: »Es bleibt ihm [Österreich] keine

Wahl, als sein wohlerworbenes Recht zu behaupten oder demselben in einer seinen Wünschen entsprechenden Weise zu entsagen, indem es freiwillig aus dem Bund austritt.« Wieweit diese Austrittsdrohung ernst gemeint war, steht dahin; in den Dresdener Verhandlungen kam sie anscheinend nicht zur Sprache. Bemerkenswert ist, daß Schwarzenberg selbstverständlich davon ausging, daß auch Rußland und Frankreich, nicht nur die anderen Gliedstaaten des Bundes, Österreich in der Behauptung seiner Rechte unterstützen würden: »Insbesondere dürften Rußland und Frankreich, wenn sie sich von dem Ernste unseres Entschlusses überzeugt haben, wohl erwägen, welche Gewähr des Friedens der deutsche Bund mit seiner bisherigen Verfassung ihnen darbot, und welche Gefahren ihnen ein Militärstaat bringen würde, wie er von Preußen zu gründen beabsichtigt wird.«

Trotz dieser defensiven Argumente ist der offensive Charakter der österreichischen Bundesinitiative unverkennbar, besonders bei

Die Dresdener Ministerkonferenzen, bei denen die Forderungen Preußens und Österreichs unmittelbar aufeinanderprallten, brachten auf beiden Seiten das Scheitern der hochgesteckten Ziele.

Fürst Felix Schwarzenberg eröffnet eine der Ministerkonferenzen im Brühlschen Palais in Dresden, 1850/51

Schwarzenbergs Erläuterungen zu den handels- und zollpolitischen Einigungsentwürfen, die vom Handelsminister Bruck im Sinne des Siebzig-Millionen-Projektes in Dresden vorgelegt wurden: »Die politische Wichtigkeit der materiellen Einigung Österreichs mit dem deutschen Bunde ist unstreitig noch weit höher als die ökonomische anzuschlagen, und die Gelegenheit der unter Verhältnissen, wie sie gegenwärtig vorwalten, in Dresden vorzunehmenden Revision der Bundesverfassung gewährt uns, gegenüber dem Bestreben, die materiellen Fragen fernerhin dem Bunde und dadurch unserem Einflusse zu entfremden, vielleicht die stärkste Stellung, die sich überhaupt in langer Zeit darbieten dürfte.«[11] Wien diagnostizierte also eine wirtschaftspolitische Fehlentwicklung von dreißig Jahren und suchte sie durch einen politischen Kraftakt gegen Preußen wiedergutzumachen.

Preußen konzentrierte sich von Anfang an auf eine Revision der Leitungsstruktur des Bundes zu seinen Gunsten. Berlin argumentierte dabei ähnlich defensiv wie Schwarzenberg. Auf dem Höhepunkt der Auseinandersetzung um die »Parität« in der Bundesleitung wandte sich Manteuffel, inzwischen zum preußischen Ministerpräsidenten ernannt, an Schwarzenberg: »Zählt Österreich den Eintritt seiner Gesammtmonarchie in den Bund zu diesen Notwendigkeiten, so müssen auch wir, zur Aufrechterhaltung unserer Stellung und nicht etwa zu deren Erhöhung, die in Bezug auf die Präsidialfrage von uns gestellten Anforderungen ebenfalls zu denselben rechnen.«[12]

In zahlreichen Sitzungen erarbeiteten die in Dresden versammelten Minister wichtige Vorschläge zur Bundesreform: zu den Fragen einer zoll- und handelspolitischen Einigung, wobei die österreichischen Vorschläge der Zollunion mit besonderem Nachdruck behandelt wurden; zu einer neuen, starken Exekutivgewalt des Bundes, wobei die mittelstaatlichen Interessen mit Österreich und Preußen auszugleichen waren; zu einer eventuellen Volksvertretung beim Bundestag, zur Errichtung eines Bundesgerichtes und so fort. Schließlich scheiterte alles an der Paritätsfrage. Trotz sehr weitgehender Einzelzugeständnisse Wiens wollte Berlin sich nicht in eine Lage begeben, die letztlich doch eine Unterwerfung unter eine »Superiorität in Deutschland« bedeutet hätte, was Schwarzenberg in einer Geheiminstruktion tatsächlich unmißverständlich als Ziel formuliert hatte: »Preußen zu gewinnen, dasselbe in den Kreis unserer Politik zu ziehen und dauernd zu fesseln.«[13]

Gegen die Parität der beiden Großmächte opponierten auch die Mittelstaaten; sie sahen in einer preußisch-österreichischen Zweiherrschaft über den Bund die Gefahr einer Mediatisierung der Staaten des dritten Deutschland. Bayern meldete einen unbedingten Widerstand gegen die Parität an, »selbst wenn dadurch ein Zerfall des deutschen Bundesrechtes und eine Trennung Deutschlands herbeigeführt werden sollte«[14]. Zum Scheitern der Sache genügte allerdings schon der österreichisch-preußische Gegensatz. Die mittelstaatliche Opposition gegen Preußens Paritätsforderung kam dabei der Verbesserung des Verhältnisses zwischen Österreich und dem dritten Deutschland zugute, das durch Olmütz sehr gelitten hatte.

Angesichts der offenkundigen Unüberwindlichkeit des österreichischen Widerstandes gegen eine volle Parität, die auch auf ein regelmäßiges Alternat in der Führung der Bundesgeschäfte hinauslief, schwenkte Preußen bald auf eine unveränderte Wiederherstellung des alten Bundestages um. Ende März 1851 forderte Berlin die früheren Mitglieder der Union auf, die Frankfurter Versammlung wieder zu beschicken. Damit war zugleich das Programm des Gesamteintritts des österreichischen Staates in den Deutschen Bund und eines wirtschaftspolitischen Siebzig-Millionen-Blocks zunächst ad acta gelegt; Preußen selbst verzichtete folgerichtig auch auf die seit 1848 bestehende Zugehörigkeit seiner Ostprovinzen (Posen, Ost- und Westpreußen) zum Bund. Keines der Ergebnisse der Dresdener Konferenzen konnte in Beschlußform gebracht werden. Das gesamte Konferenzmaterial wurde unverbindlich dem Bundestag zur weiteren Behandlung übergeben; seit Anfang Juni 1851 waren wieder alle Gliedstaaten in Frankfurt vertreten. Es fragte sich nun, was die Frankfurter Versammlung bringen werde. Würde sie doch noch die Dresdener Reformarbeiten, oder wenigstens einen Teil davon, wieder aufnehmen und abschließen? Der österreichische Gesandte in Berlin, Prokesch-Osten, kommentierte die Entwicklung, ganz wie Schwarzenberg, mit Worten starker Enttäuschung und mit äußerster Skepsis für die Zukunft: »Weder auf eine Einigung im Interesse beider Mächte und Deutschlands, noch auf ein ernstliches Zusammenwirken gegen die Revolution ist zu hoffen ... In Frankfurt erwarte ich nichts als die Fortsetzung des alten Spieles, viele Phrasen und Versicherungen, und nur lähmende, alles hindernde Handlungen ... Es ist ein Weg durch Koth und Sand. Wäre es Deutschland klar, so müßten wir die Meinung aller ehrlichen Leute für uns haben.«[15]

Der österreichischen Einseitigkeit in der Schuldzuweisung für das Mißlingen aller Reformpläne entsprach die Reaktion auf preußischer Seite. Leopold von Gerlach, Generaladjutant des Königs und eine Hauptfigur jener Kamarilla, die so großen Einfluß auf die preußische Politik hatte, sah den Ursprung des Paritätsstreites in der zusätzlichen österreichischen Forderung nach dem Gesamteintritt. Für die künftige Gestaltung der deutschen Verhältnisse rechnete er nun für Preußen mit einer neuen, günstigen Stellung: »Preußen ... an der Spitze des Deutschen Constitutionalismus und (wenn man es richtig auffaßt) des Freihandels gegen das absolutistische, nivellirende, centralisirende Österreich.«[16] Das war Zukunftsmusik, allerdings große und hellsichtige Musik. Einstweilen war noch vieles offen. Die österreichische Politik wollte auch über Dresden hinweg die Zusammenarbeit mit Preußen im Sinne einer »antirevolutionären«, also antiliberalen Solidarität festhalten. Dem diente der Abschluß eines geheimen Schutz- und Trutzbündnisses zwischen beiden Staaten, das die Gesamtheit ihrer Territorien, innerhalb und außerhalb des Bundes, gegen Angriffe sicherstellte. Der Allianzvertrag wurde am 16. Mai 1851, einen Tag nach Beendigung der Dresdener Konferenzen, unterzeichnet. Ein Beitritt Rußlands wurde erörtert, aber nicht durchgeführt. Der Vertrag galt für drei Jahre, wurde 1854 um drei Jahre verlängert und lief 1857 aus. Für diese Zeit bedeutete er einen starken Rückhalt der österreichischen Herrschaft in Italien und Ungarn und eine nicht unwesentliche Stütze in Deutschland.

Der wiederhergestellte Bundestag entsprach äußerlich ganz den alten vorrevolutionären Verhältnissen. Diese Wiederanknüpfung an den Vormärz war jedoch nur die Folge der gegenseitigen Blockierung der sehr unterschiedlichen Reformkonzepte von österreichischer, preußischer und mittelstaatlicher Seite. Hinter der scheinbar unveränderten Fassade wirkten aber von nun an stark veränderte Kräfte. Zu Metternichs Zeiten hatte es in allen wesentlichen Bundesfragen stets eine diskrete Vorverständigung zwischen Wien und Berlin gegeben. Das wurde zwar 1851 zunächst auch versucht. Aber bald zeigte sich, daß die beiderseitigen Machtansprüche, verschärft durch die forsche Gangart der Schwarzenbergschen Politik und durch die ressentimentgeladene Stimmung auf preußischer Seite in Frankfurt immer unvermittelter aufeinanderstießen. Dabei war der neue österreichische Präsidialgesandte, Graf Thun-Hohenstein, alles andere als ein grober, unnachgiebiger Verfechter österreichischer Prädominanz, vielmehr ein nonchalanter und feinsinniger Aristokrat. Daß das österreichisch-preußische Verhältnis am Bundestag ziemlich bald, und zwar auf viele Jahre, den Charakter eines Kleinkriegs mit querelenhaften Zügen annahm, lag einerseits an der Großwetterlage, die durch das mühsame Balancieren unausgetragener Grundkonflikte zwischen den beiden Mächten gekennzeichnet war, und andererseits an der Person des neuen preußischen Bundestagsgesandten, Otto von Bismarck.

Die konservativen Freunde Bismarcks, der bisher nur als Parteimann und Landtagsredner auf der äußersten rechten Seite hervorgetreten war, setzten seine Entsendung auf den Frankfurter Posten durch, der jetzt als besonders wichtig galt. Um dem diplomatischen Autodidakten eine Einarbeitungszeit zu geben, wurde für die ersten Monate General von Rochow, der Petersburger Gesandte, als Bismarcks Vorgesetzter mit der Leitung der Bundestagsgesandtschaft betraut; erst im August 1851 hat Bismarck die Gesandtschaft selbständig übernommen. Der Gegensatz zwischen den beiden Männern war augenfällig. Rochow kam aus der alten Schule Friedrich Wilhelms III.; willig fügte er sich in die von Österreich festgelegten Spielregeln. Bismarck dagegen trat sehr bald in schroffer Form auf und erhob gegen die zu Österreichs Vorteil wirkenden Gewohnheitsrechte im Verfahren des Bundestages massiven Einspruch. Rochow hielt Bismarck von Anfang an für eine Fehlbesetzung und versuchte, ihn von Frankfurt wegzuloben: Bismarck sei eine Zierde der preußischen Ritterschaft, doch mehr für eine Stellung in der Innenpolitik geeignet, wo es auf »tatkräftiges Einschreiten« ankomme, während er sich hier in Frankfurt »den Mund wird schnüren müssen und genötigt ist, auf Socken zu gehen«[17]. Doch die Berliner Kamarilla, insbesondere Leopold von Gerlach, der Bismarck für Frankfurt vorgeschlagen hatte, dachte nicht an eine Abberufung. Und Bismarck lag es ferne, in Frankfurt auf Socken zu gehen oder sich den Mund zu schnüren. So nahm ein deutsches Schicksal seinen Lauf.

Wann Bismarck von der grundsätzlichen Österreichfreundschaft, die sich in seiner berühmten Rede zu den Olmützer Verträgen zeigte, zu einer entschiedenen Kampfeinstellung gegen den Kaiserstaat gelangte, ist schwer zu sagen. Vieles spricht dafür, daß die antiösterreichische Wendung schon bald nach Beginn seiner Frankfurter Tätigkeit erfolgte und mit seiner pessimistischen Einschätzung der Chancen zusammenhing, am Bundestag in großem Stil preußische Politik machen zu können. Schon im Dezember 1851 äußerte sich Bismarck gegenüber Gerlach, »daß mit dem Bunde nichts zu machen sei; der befände sich in den Händen Oesterreichs und Preußen würde, wo es sich von Oesterreich trennte, kaum vier Stimmen für sich haben«[18]. Er schilderte die Furcht der deutschen Höfe vor einer Mediatisierung durch Preußen und daß man Preußen mit der »revolutionären Partei« in den jeweiligen Ländern identifiziere. Es ist dieser Moment, in dem er zum ersten Mal sein Programm künftiger preußischer Strategie entwirft: »Man kann in Deutschland nur etwas ausrichten durch Vereine im Bunde, Zollverein, Militär-Convention u.s.w.«

Das war weit in die Zukunft gegriffen. Einstweilen hatte weder Bismarck die Macht noch die schwankende Regierung Friedrich Wilhelms IV. den Willen zu einer solchen offensiven Deutschlandpolitik, die den Bund links liegen ließ oder schließlich zerstören wollte. In dem scharfsinnigen, reizbaren, unzufriedenen, ständig am österreichischen Präsidium sich reibenden Bundestagsgesandten Bismarck reifte die Überzeugung, daß Preußen Österreich aus Deutschland verdrängen müsse. Suggestiv und bildhaft trug er diese Zukunftsvision zwei Jahre später in einem berühmt gewordenen Brief an Gerlach vor:

»Österreich bedarf zur Durchführung seiner innern germanisierenden Zentralisations-Politik der Belebung seiner Beziehungen zu Deutschland, d. h. auf Wienerisch: einer straffen Hegemonie über den Bund; dabei sind wir ihm im Wege, wir mögen uns an die Wand drücken, wie wir wollen, ein Deutsches Preußen von 17 Millionen bleibt immer zu dick, um Österreich so viel Spielraum zu lassen, als es erstrebt. Unsre Politik hat keinen andren Exerzierplatz als Deutschland, schon unsrer geographischen Verwachsenheit wegen, und gerade diesen glaubt Österreich dringend auch für sich zu gebrauchen; für beide ist kein Platz nach den Ansprüchen, die Ö[sterreich] macht, also können wir uns auf die Dauer nicht vertragen. Wir atmen einer dem andern die Luft vor dem Munde fort, einer muß weichen oder vom andern ›gewichen werden‹, bis dahin müssen wir Gegner sein.«[19]

Ein Jünger der Staatskunst verabschiedet sich von seinem Meister, um selbständig das Geschäft zu betreiben.

Karikatur auf Napoleon III. und Bismarck, »Kladderadatsch«, 1862

Daß Bismarck ein glänzender Briefschreiber und Analytiker war, wird immer wieder gesagt und springt ja tatsächlich in die Augen. Hier soll aber nach der Richtigkeit dieser Analyse gefragt werden; denn davon hängt jedes Urteil über seine politische Programmatik ab. Was Bismarck in dem zitierten Brief weiter beschäftigte und was er gegen die konservative Prinzipientreue Gerlachs aufs nachdrücklichste vertrat, war eine nichtkonservative, also »prinzipienlose« Außenpolitik; Preußen sollte eine Verbindung mit dem bonapartistischen Frankreich gegen das legitimistische Österreich für seine deutschen Ziele nicht scheuen. Auffallend an dieser Konzeption (die sich immer deutlicher entfaltete) ist das fast völlige Fehlen der innenpolitischen Gesichtspunkte. War für Bismarck damals und später ein autoritärer Innenkurs Preußens – und dann Deutschlands

– so selbstverständlich, daß ihn die eventuellen Unterschiede und Alternativen zum österreichischen und russischen oder auch zum französischen System gar nicht beschäftigten? War sein Kalkül so sehr auf die zwischenstaatlichen Machtverhältnisse gerichtet, daß er das Gewicht der inneren, gesellschaftspolitischen Entwicklungen und Weichenstellungen nicht ernst nahm? Oder tat er nur so, um seine Freunde in der Berliner Kamarilla nicht noch mehr vor den Kopf zu stoßen? Sicher hat für Bismarcks spätere innenpolitische und gesellschaftliche Kompromißpraxis – freihändlerisches, kapitalistisches Bürgertum *und* alte aristokratische Oberschichten – die nähere Bekanntschaft mit dem Mischcharakter des bonapartistischen Frankreich eine Rolle gespielt; aber erst die Erfahrungen der Pariser Jahre nach 1853 sollten hier zu Buche schlagen. So wird es gut sein, die Frage nach der Richtigkeit der Bismarckschen Diagnose einer unausweichlichen Entscheidung im Spannungsfeld Preußen-Österreich-Deutschland damit zu beantworten, daß hier das Wollen das Urteil bestimmte. Der Gedanke einer Verdrängung Österreichs aus Deutschland war ja keineswegs originell; es handelte sich auch im Grunde gar nicht um eine Analyse, sondern um ein Programm: Wenn Preußen in Zukunft so sein sollte, wie Bismarck es wollte, dann mußte es so handeln, wie er meinte. Überraschend war, daß Bismarck mit Gerlach das konkrete Machtzentrum Preußens, den Hof, in seine Sicht der Dinge einweihte. Unausgesprochen blieb, welche Konstellation der gesellschaftlichen Kräfte erwünscht und erreichbar war, um die Schalthebel der Macht so zu stellen, daß die Rechnung aufging.

Friedrich Wilhelm IV. bleibt eine der zwiespältigen Persönlichkeiten auf dem preußischen Königsthron – gleicherweise erfüllt von vagen sozialen Ideen und mystischen Gedanken an sein Gottesgnadentum. Als königlicher Freund von Künstlern, Gelehrten und Baumeistern hat er jedoch das geistige Leben Berlins stark geprägt.

Für die Berliner Kamarilla sah das Bild der deutschen und europäischen Politik damals noch anders aus, erst recht für die Führung Österreichs, das schon vor dem Tode Schwarzenbergs, am 5. April 1852, mit voller Kraft in den Neoabsolutismus hineinsegelte. Leopold von Gerlach, der einflußreichste, aber auch schärfste Kopf der »christlich-ständischen« Konservativen und vom Vormärz her ein Gesinnungsverwandter von Bismarcks pietistischen pommerschen Freunden, sah einen tiefen Gegensatz zwischen der absolutistischen Militärmonarchie in Österreich und dem preußischen System, wo man den Konstitutionalismus nicht abschaffen, sondern »durch Unterbauen verdünnen, begründen und antirevolutionair machen« wollte.[20] Der österreichische Neoabsolutismus, der nur mit Bajonetten und Gendarmen aufrechterhalten werden konnte, erschien ihm zum Scheitern verurteilt. Nach einem Aufenthalt in Österreich fand Gerlach, daß das Kaiserreich sich immer mehr zu russifizieren versuche, und er kommentierte sorgenvoll – da er anders als Bismarck durchaus an einer »gesunden« konservativen Solidarität mit Österreich interessiert war: »Österreich ... vergißt dabei, daß es die Basen des Russischen Despotismus in Kirche, Communen und Nationalität nicht besitzt.« Man kann sich vorstellen, mit welchem Mißvergnügen diese ständisch-konservative Gruppe, die maßgebenden Einfluß auf Friedrich Wilhelm IV. hatte, es aufnahm, wenn von russischer Seite den Preußen ständig das absolutistische Österreich als Beispiel vorgehalten wurde. Tatsächlich waren ja auch viel mehr die Gerlachschen Ideen einer trotz allem zu erhaltenden Solidarität mit Wien als die Bismarcksche Linie einer verschärften Rivalitätspolitik mit dem Ziel der Ausschließung Österreichs maßgebend für den weiteren Gang der preußischen Politik in den fünfziger Jahren. Aber diese Politik litt immer mehr unter der Zerfahrenheit des Führungsstiles; das Nervenleiden des Königs und seine zunehmenden geistigen Störungen wurden so offenkundig, daß seit dem Herbst 1857 sein Bruder, Prinz Wilhelm, die Stellvertretung, seit dem Oktober 1858 die förmliche Regentschaft übernehmen mußte.

Das genaue Gegenteil bestimmte die Dinge in Österreich, wo der einundzwanzigjährige Kaiser Franz Joseph nach dem Tode Schwarzenbergs die Zügel selbst in die Hand nahm. Die liberalkonservativen Minister, Schmerling und Bruck, waren schon zuvor ausgeschieden. Das Silvesterpatent von 1851 hatte die Verfassung von 1849, die ja niemals in Kraft getreten war, endgültig beseitigt. Das Amt des Ministerpräsidenten wurde ganz abgeschafft, die Institution des Ministerrates, die noch zu sehr an Zeiten einer verfassungsmäßigen Verantwortung erinnerte, aufgehoben. Neben der Einrichtung einer sogenannten »Ministerkonferenz« trat der neugeschaffene »Reichsrat« in den Vordergrund, der unter dem Präsidium des bürokratischen Freiherrn von Kübeck mehr ein Organ der absolutistischen Kontrolle als ein wirksames Instrument politischer Koordination wurde. Nicht der neue Außenminister Graf Buol-Schauenstein, ein Mann aus Schwarzenbergs Schule, der auch den Vorsitz in der Ministerkonferenz führte, sondern Kübeck war von nun an – nach dem Monarchen – der erste Mann im Staat. Der Kaiser, voll Tätigkeitsdrang und Verwaltungsfleiß, Härte und antiliberalem Selbstbewußtsein, war von diesem System, in dem er gewissermaßen seinen eigenen Ministerpräsidenten abgab, heillos überfordert.

Der katastrophale Zustand der Staatsfinanzen, der für die Epoche dieses Neoabsolutismus kennzeichnend war, verschärfte den Circulus vitiosus: die Aufrechterhaltung überhöhter Truppenstärken war durch die zentralisierende Repressionspolitik bedingt (Belagerungszustand); die militärische Dauerbelastung des Budgets verhinderte, daß der jetzt in ganz Europa spürbare und durch die neoabsolutistische Wirtschaftspolitik auch in Österreich geförderte ökonomische *take-off* der fünfziger Jahre einer Sanierung der Staatsfinanzen und damit einer dauerhaften innen- und außenpolitischen Kraftentfaltung zugute kam. Zwar brachte die bedeutende Reform-

Wie sich zeigt, sind den Einsatzmöglichkeiten der Dampfmaschine keine Grenzen gesetzt; wenn sie Meere überqueren, Berge überwinden und Bodenschätze fördern konnte, warum sollte sie nicht auch helfen, das tägliche Brot zu backen.

Dampfmaschinen-Brotbäckerei in Wien, 1862

tätigkeit der fünfziger Jahre für viele Bereiche einen nachholenden Modernisierungsprozeß (Grundentlastung, Schulreform, Gewerbefreiheit). Aber hinter einer imponierenden Fassade verbarg sich insgesamt eine prekäre Wirklichkeit; die Summe der verfassungspolitischen, nationalitätenpolitischen und sozioökonomischen Probleme, die durch die Revolution aufgerissen waren, wurde nicht gelöst, sondern nur zugedeckt. Die Werbekraft der wiederhergestellten Macht Österreichs in Deutschland fand in ihrer antiliberalen Entschlossenheit bei manchen Höfen Sympathie und auch die germanisierende Zentralisation traf in manchen Teilen der deutschen Öffentlichkeit auf ein freundliches Echo; die kirchenpolitischen Konzessionen, die in dem Konkordat von 1855 einen Höhepunkt erreichten, wurden vom deutschen Katholizismus im allgemeinen begrüßt. Aber das alles kam nicht auf gegen das Übergewicht der negativen Aspekte. Gerade das österreichische Konkordat verschärfte im protestantischen Deutschland noch das Urteil über den Kaiserstaat. Friedrich Theodor Vischer sprach von dem schwarzen Sargtuch des Konkordats, das über das nach freiem Geistesleben ringende Volk gebreitet worden sei. Anders als in den Zeiten des Vormärz, wo das konservative Österreich noch mit manchen Zuständen und Tendenzen des deutschen Lebens in Gleichklang zu stehen schien, wurde nun – selbst in der allgemeinen Enttäuschung und Ermattung der nachrevolutionären Phase – der Kaiserstaat bestenfalls als eine durch Macht imponierende, aber doch im Grunde fremde Größe, kaum als ein zukunftsträchtiges Modell deutscher Staatlichkeit und deutschen Führungsanspruchs gesehen. Ob dies bei einem Zustandekommen des österreichischen »Gesamteintritts« 1850/51 anders gekommen wäre, und wie in einem solchen Falle die Dreiecksbeziehungen Österreich-Deutschland-Preußen sich weiter entwickelt hätten – das ist eine Frage mit zu vielen Unbekannten, als daß sie begründet erwogen werden könnte.

Nachdem nun seit 1851 Preußen, Österreich und das dritte Deutschland wieder am Bundestag zusammensaßen, ging es in Frankfurt auf Jahre hinaus nicht mehr um große Perspektiven der deutschen Zukunft, sondern um Detailfragen unter dem widersprüchlichen Vorzeichen der Reaktion und der Rivalität zwischen Berlin und Wien.[21] So wurde der Beschluß über die Aufhebung der »Grundrechte des deutschen Volkes«, die seit 1848/49 in einer Reihe von Einzelstaaten noch gesetzlich anerkannt waren, von Österreich und Preußen gemeinsam vorgeschlagen, und auch die Einsetzung eines »politischen Ausschusses« zur Kontrolle der Liquidierung möglichst aller Restbestände der liberalen Errungenschaften erfolgte in wechselseitiger Abstimmung. Aber schon bei den Verhandlungen über ein neues Bundespressegesetz und über die Errichtung einer Bundespolizeizentrale in Leipzig erwies sich die Rivalität der beiden großen Mächte als hemmend. Erst recht gab es in der Frage der Auflösung der deutschen Flotte – was ein mehr gefühlsmäßiges als praktisch bedeutsames Restproblem der nationalen Rüstung von 1848/49 war – und hinsichtlich der Finanzierungsfragen des Festungsbaus in Rastatt und Ulm ständige Reibereien. Österreich versuchte grundsätzlich, den Kreis der Verhandlungsgegenstände, für welche die Einstimmigkeit der Bundestagsgesandten erforderlich war, einzuschränken. Preußen, das hieß Bis-

Eine Welle von Erfindungen und Patenten überrollt das Land, viel Skurriles ist darunter, aber auch vieles, wovon wir heute noch zehren.

Ludwig Angerers großes Stativ, 1866

marck, kämpfte dagegen; er wollte aus ebenso prinzipiellen Erwägungen jede Majorisierung durch ein Zusammengehen Österreichs mit dem dritten Deutschland verhindern und nahm dafür eine weitgehende Immobilisierung des Bundestages in Kauf.

Die große Auseinandersetzung über die deutsch-österreichischen Zoll- und Handelsfragen, die 1852/53 stattfand, reichte von Anfang an über den Bundestag hinaus. Sie hatte in mehrfacher Weise nicht nur für die deutsche Frage insgesamt, sondern auch für die Bundesverfassung und die Bundespolitik Bedeutung.[22]

Metternich hatte die zollpolitische und wirtschaftliche Einigungspolitik Preußens in Deutschland nicht verhindern können. Er hatte ihr Gewicht nicht unterschätzt, aber die wirtschaftlichen Sonderinteressen Österreichs und der Immobilismus des Vormärz hatten einer aktiven Zoll- und Handelspolitik Österreichs im Wege gestanden. Nach der Revolution hatten Schwarzenberg und Bruck das imposante Projekt des Siebzig-Millionen-Blocks und einer deutsch-österreichischen Zollunion entwickelt. Trotz des Scheiterns dieser Politik am Widerstand Preußens verfolgte Wien die wirtschaftspolitischen Ziele, die eindeutig gegen Preußens Dominanz im Zollverein gerichtet waren und den ökonomischen Interessen der Donaumonarchie entsprachen, mit Schwarzenbergscher Energie weiter.

Die Haltung der Mittelstaaten war in dem nun beginnenden zoll- und handelspolitischen Duell schwankend. Die politischen Neigungen sprachen gegen Preußen; bei den süddeutschen Staaten gab es auch schutzzöllnerische Tendenzen, die nach Österreich wiesen.

Der Deutsche Zollverein brachte eine ungeheuere Beschleunigung in Handel und Gewerbe. Der neue, größere Wirtschaftsraum entfaltete eine solche Vitalität, daß immer mehr Staaten Anschluß suchten; der österreichische Kaiserstaat sah sich durch den norddeutschen Zusammenschluß ökonomisch zusehends herausgefordert und bald überflügelt.

Abteilung des Deutschen Zollvereins auf der Industrieausstellung im Londoner Kristallpalast, 1851

Andererseits wirkten viele wirtschaftliche Interessen in die Richtung des Fortbestandes eines großräumigen, vorwiegend freihändlerischen Zollgebietes, wie es der bisherige Zollverein geboten hatte. So war es durchaus offen, ob die Ende 1853 ablaufenden Zollvereinsverträge von Preußens Partnern erneuert würden, falls sich eine neue, Österreich einschließende Alternative zeigte. Bayern hatte schon 1850 die Einigung mit Österreich auf der Basis der Denkschriften des Handelsministers Bruck vorgeschlagen. Bruck ging davon aus, die wirtschaftspolitische Einigung der siebzig Millionen durch eine zweckmäßige Verbindung von Freihandel und Schutzzoll zustande zu bringen: »Handelsfreiheit und Schutzzollsystem bilden nicht im Prinzipe notwendige Gegensätze, und der Kampf zwischen Schutzzoll und Freihandel kann durch die österreichisch-deutsche Zolleinigung auf befriedigende Weise gelöst werden.« Die Verbindung der Handelshäfen an der Nord- und Ostsee

Die Verwendung des Eisens brachte eine Revolution auch in der Architektur. Überall entstanden jetzt stählerne Brücken und gläserne Hallen, die als »Kristallpaläste« bald Weltausstellungen, Botanische Gärten, Museen und schließlich auch ganz profane Märkte beherbergten.

Detailmarkthalle in Wien

mit den österreichischen Adriahäfen und dem gewaltigen gemeinsamen Hinterland – so argumentierte Bruck – würde Österreich und Deutschland »den gebührenden direkten Anteil an dem großen Bedarfshandel zwischen Europa und den übrigen Erdteilen« sichern.

Doch in der politischen Situation von 1851/52 standen nicht die Fragen nach den ökonomischen Interessen und Zukunftsperspektiven im Vordergrund. Für Preußen handelte es sich um einen Machtkampf, um so mehr, als das Ende seiner vorherrschenden Rolle im Zollverein auch die wirtschaftlichen Verbindungen zwischen dem Ost- und Westteil der Monarchie in Frage gestellt hätte. Die starken Kräfte, die 1848/50 für eine kleindeutsche Lösung gegen Österreich gewirkt hatten, unterstützten jetzt den Widerstand gegen das Zollunionsprojekt. Österreich selbst blieb zwar in der Verfolgung des Zieles konsequent, schwankte aber in der politischen Taktik: Einmal arbeitete man mit den Mittelstaaten gegen Preußen, dann suchte man mit Preußen eine direkte Einigung auf Kosten des dritten Deutschland.

In diesem Ringen ging der erste Punkt an Preußen, dem es im

September 1851 durch große Zugeständnisse gelang, Hannover mit seiner Klientel im »Steuerverein« (Oldenburg, Bückeberg) für den Zollverein zu gewinnen. Damit war der Zusammenhang der beiden preußischen Landeshälften und der Zugang des Zollvereins zur Nordsee gesichert. Dagegen setzte Schwarzenberg im Januar 1852 den Versuch, mittels der Wiener Zollkonferenz, zu der alle deutschen Staaten geladen wurden, die Zollunion herbeizuführen: ein sofortiger Zoll- und Handelsvertrag Österreichs mit dem Zollverein und die schleunige Entscheidung für das Inkrafttreten dieser großen Union schon am 1. Januar 1859. Aber Preußen verweigerte die Teilnahme und damit war die große Lösung gescheitert. Auch Sondervereinbarungen Wiens mit einigen der Mittelstaaten, die im Zeichen der politischen Triasidee ein Gleichgewicht von Preußen und Österreich wünschten, führten nicht wirklich weiter. Bei den Berliner Zollkonferenzen vom April bis Oktober 1852 ging es zunächst um das Weiterbestehen des Zollvereins und dessen Vereinigung mit dem norddeutschen »Steuerverein«. Die preußische Politik eröffnete diese Verhandlungen mit einer klaren antiösterreichischen Direktive; die Wiener Politik konnte zwar weiterhin mit der Unterstützung einer Reihe von Mittelstaaten rechnen, aber nach dem Tode Schwarzenbergs wurden diese Ziele ohne die bisherige Energie verfolgt. Schließlich arrangierten sich die Mittelstaaten in dem von Berlin beherrschten, nun im Norden erweiterten Zollverein, nachdem Preußen sie in ultimativer Weise unter Druck gesetzt hatte. Gegenüber Österreich begnügten sie sich mit der unverbindlichen Perspektive einer späteren Gesamtunion.

Der Kaiserstaat, enttäuscht von dem »Umfall« der Mittelstaaten, beschritt daraufhin rasch den Weg einer direkten Verständigung mit Berlin. Im Februar 1853 wurde ein zweiseitiger Handelsvertrag abgeschlossen, der für beide Seiten erhebliche zollpolitische Erleichterungen brachte. (Die anderen Staaten des Zollvereins traten dem auf zwölf Jahre abgeschlossenen Vertrag alsbald bei.) Die Wiener waren den Berlinern sehr entgegengekommen. Durch eine beträchtliche Senkung der österreichischen Industriezölle wurde den preußischen Industrieartikeln ein neuer großer Markt erschlossen; dagegen blieben die Zollschranken für Frankreich, England und Rußland unverändert hoch. Die österreichische Seite sah in diesem besonderen Charakter des Vertrags eine Vorleistung für die erhoffte - und auch im Vertragswerk als Verhandlungsziel ab 1860 (!) vorgesehene - volle Zollunion mit dem Zollverein.

Für die preußische Seite war dieser Vertragspunkt aber nicht viel mehr als ein Lippenbekenntnis, das zu nichts verpflichtete. Sie hatte mit der Befestigung und Erweiterung der wirtschaftlichen Hegemonie in Norddeutschland ihre Ziele zunächst erreicht. Diesen Erfolg Preußens, das sich nach dem Scheitern der nationalpolitischen Initiative um so stärker an den Zollvereinszielen orientierte, erläuterte die »Constitutionelle Zeitung« im April 1852: »Preußen konnte die Union aufgeben und zum Bundestage zurückkehren, weil der alte Bund bloß eine völkerrechtliche Verbindung ist, in welcher ein Staat von Preußens Macht und Stellung auch gegen eine Majorität kleinerer Staaten seine Unabhängigkeit behaupten zu können hoffen durfte: Preußen kann aber nie den österreichischen handelspolitischen Forderungen sich fügen, ohne seiner ganzen bisherigen

Stellung zu entsagen und in seine Mediatisierung zu willigen.«[23] Die antiösterreichische Publizistik sprach in der reaktionären Situation von 1850 nur noch selten offen von der bürgerlichen Freiheit in Deutschland, die durch die Wiener Unterdrückungspolitik bedroht sei; wenn sie aber im Kampf gegen die Zollunion Österreich die Verletzung der »theuersten Interessen des deutschen Volkes« vorwarf, meinte sie nicht nur die wirtschaftlichen Interessen des außerösterreichischen Deutschland, sondern ebenso die nationalen und liberalen Ziele eines Bürgertums, das über 1848/49 hinweg von Preußen erhoffte, was Österreich nicht zu bieten hatte.

Und der Habsburgerstaat? Dem Abschluß des Februarvertrages war im Dezember ein Besuch Franz Josephs in Berlin vorausgegangen, der den guten Willen zum handelspolitischen Kompromiß unterstreichen sollte.[24]

Der Besuch stand aber auch im Zeichen einer neuen außenpolitischen Herausforderung, der gegenüber die beiden deutschen Mächte eine gemeinsame Antwort suchten: Am 2. Dezember 1852 nahm Napoleon III. den Kaisertitel an. Bedeutete die Schaffung eines neuen französischen Empires aus revolutionär-plebiszitärer Wurzel eine eindeutige Bedrohung für die deutsche Mitte des Kontinents? Oder gab der Wiederaufstieg Frankreichs als einer europäischen Macht der deutschen Politik die Chance, die Bindungen an den altkonservativen Zarismus zu lockern? Dazu hatte schon Schwarzenberg 1849/50 durch sein Entgegenkommen gegenüber den Anfängen des bonapartistischen Systems vorsichtig angesetzt. Und im preußischen Umkreis war es vor allem Bismarck – aber nicht nur Bismarck –, der in Napoleon III. den möglichen Partner einer sich ganz aus der österreichischen Bevormundung lösenden Politik sah: Preußens Machtsteigerung in Deutschland und Europa sollte sich auf ein Zusammengehen mit dem bonapartistischen Frankreich stützen; dafür wäre der Preis des Verzichts auf die Prinzipien konservativer Solidarität nicht zu hoch – in dieser Richtung begann Bismarck nun gegenüber seinen Freunden in der Berliner Kamarilla zu argumentieren.

So bewirkte der Aufstieg des *Second Empire* nicht nur eine Verschiebung der Machtverhältnisse, die in Europa seit 1815 geherrscht hatten; er brachte auch zusätzliche Bewegung in die Fronten und Prinzipien des deutschen Dualismus. Napoleons Frankreich stand für politische Autorität und Freihandel, bürgerlich-kapitalistische Emanzipation und neue Machtpolitik, Nationalitätenprinzip und Hegemoniestreben: Das alles schuf eine neue politische und gesellschaftliche Wirklichkeit, die die bisherigen Frontstellungen von Fortschritt und Beharren, von konservativ und liberal hinter sich ließ. Verschärfend wirkte der politische Aktions- und Erfolgszwang, unter dem der selbsternannte Kaiser der Franzosen stand. Napoleon III. verglich sich zutreffend mit Franz Joseph: »Meine Lage ist nicht die des Kaisers von Österreich. Setzen wir voraus, daß er zwanzig Mißgriffe in einem Tage begehe, so legt er sich doch abends ruhig zu Bett und ist am nächsten Tag das, was er abends war.«[25] Was solche Dynamik für die deutsche Frage bringen sollte und konnte, blieb zunächst offen. Es sollte bis zum Krimkrieg und darüber hinaus dauern, bis ausgemacht war, welche der deutschen Mächte und welche Konzeption deutscher Einheit der Aufwind des europäischen Wandels begünstigen oder zurückwerfen würde.

2. Die deutsche Frage im Zeichen des Krimkrieges und der nationalen Einigung Italiens

Wie labil die europäische Gesamtsituation war und wie rasch neue Frontstellungen entstehen konnten, zeigte der Krimkrieg.[26] Ein seltsamer Krieg, an dem die deutschen Mächte keinen direkten Anteil hatten und der doch weitreichende Folgen für die Neuformierung des europäischen und des deutschen Kräftefeldes hatte. Auch für die anschließenden Entscheidungen in der italienischen und der deutschen Frage ergaben sich nun Weichenstellungen, die Österreichs Position bedrohten, Preußen aber neue Chancen eröffneten.

Im Krimkrieg ging es zum ersten Mal um die Erbschaft des »kranken Mannes am Bosporus«. Als St. Petersburg in einem schnellen Feldzug die Donaufürstentümer besetzt hatte, sahen sich seine Verbündeten in Wien und Berlin vor die Frage gestellt, ob sie die russische Herrschaft am Bosporus, auf dem Balkan und dem östlichen Mittelmeer hinnehmen wollten. Das System der »Heiligen Allianz« zeigte zunehmend Risse.

Einmarsch der k.k. Truppen in Bukarest, 1855

Auf der einen Seite kämpfte im Krimkrieg Rußland, auf der anderen Seite standen England und Frankreich, denen sich Piemont-Sardinien anschloß. Es ging im Grunde um die Aufteilung oder Erhaltung der Türkei, um die Vorherrschaft am Balkan und im östlichen Mittelmeer sowie um die Kontrolle der Meerengen durch Rußland. Der Zar hatte seine Ansprüche als Protektor der orthodoxen Christen in der Türkei zum Anlaß von Forderungen genommen, denen sich der Sultan widersetzte. England und dann auch Frankreich traten für die Integrität der Türkei ein. Das war 1853/54 der Anlaß zum Krieg gewesen. Sehr schnell besetzte Rußland die Donaufürstentümer und schlug die türkische Flotte. Damit aber war die Frage nach der Parteinahme Österreichs, Preußens und des Deutschen Bundes gestellt.

Der österreichische Außenminister Graf Buol-Schauenstein, der 1852 Nachfolger Schwarzenbergs am Ballhausplatz geworden war, vertrat die Linie einer Großmachtpolitik gegenüber dem Balkan. Unter den gegebenen Umständen mußte dies eine Frontstellung gegen Rußland, möglicherweise einen Krieg an der Seite der Westmächte gegen das Zarenreich bedeuten. Dies wiederum hatte nicht nur bundes- und deutschlandpolitische, sondern auch gesellschaftspolitische Konsequenzen von unübersehbarer Tragweite. Wie würde Preußen reagieren? Durfte es sich von Österreich in den Konflikt mit dem eigenen Verbündeten in St. Petersburg hineinziehen lassen? Würden die anderen Staaten des Deutschen Bundes Österreich auf einem riskanten Weg folgen, der zwar deutschen Donau-Interessen entsprach, aber doch ganz überwiegend von der Großmachträson Österreichs bestimmt war? Und wie würde sich das Zerbrechen der konservativen Allianz der Ostmächte, die seit 1815 den Rückhalt für Wiens europäische und deutsche Politik bedeutet hatte, auf Österreichs innere und äußere Verhältnisse auswirken? Bestanden überhaupt Ansatzpunkte dafür, daß der Übertritt des Kaiserstaats aus dem Lager der konservativen Mächte zu den liberalen »Seemächten« Frankreich und England auch innenpolitische und bundespolitische Konsequenzen haben und somit eine rasche Metamorphose und Wendung zum fortgeschrittenen Westen hin bewirken könnte?

In Berlin war man weiter vom Schuß. Hier gingen die Meinungen stark auseinander. Die Kamarilla neigte aus konservativer Prinzipientreue zu Rußland. Dagegen trat eine mittlere Gruppe mit liberalkonservativer Orientierung auf, die nach ihrem maßgeblichen Publikationsorgan die »Wochenblatt-Partei« genannt wurde und sich in außenpolitischer und ideenpolitischer Hinsicht mehr an den Westmächten orientierte. Sie stützte sich auf Teile der hohen Bürokratie und hatte ihren höfischen Rückhalt an Prinz Wilhelm und seiner aus Weimar stammenden Gemahlin Augusta; zu ihr gehörten Bismarcks späterer Rivale Robert von der Goltz und der aus einer Frankfurter Bankiersfamilie stammende Moritz August von Bethmann Hollweg. Bismarck selbst, der einerseits zusammen mit der Kamarilla der Politik der »Wochenblatt«-Partei entgegenarbeitete und half, den Anschluß Preußens an die Westmächte zu verhindern, trat andererseits für eine ganz selbständige, nur auf Preußens Staatsinteresse gerichtete Linie ein. Er ging bis zur Befürwortung eines Krieges gegen Österreich, das in dieser Lage – so meinte Bismarck – nicht mehr auf die Mittelstaaten des Bundes rechnen könne: »Nun denn, so mögen wir einen guten Krieg mit Österreich haben, um es aus Deutschland hinauszuschaffen«.[27] Aber wenn diese Linie auch für die Berliner Politik nicht bestimmend wurde, so ist doch beachtenswert, wie Bismarck die kriegerische Lösung des deutschen Dualismus schon damals in die Diskussion brachte.

Buol konnte sich mit seinem Vorgänger Schwarzenberg weder an Integrationskraft noch an Einfluß auf den jungen Kaiser messen. Die führenden Kreise Österreichs wurden im Laufe der Krise immer uneiniger darüber, wie die Monarchie aus der Konfliktsituation am meisten Gewinn ziehen könne. Die internen Meinungsunterschiede sind aufschlußreich. Graf Buol-Schauenstein war grundsätzlich an der Aufrechterhaltung des Status quo interessiert. Dies schloß Anwandlungen in Richtung einer präventiven Expansion nicht aus. Die Generäle, vorab der alte Radetzky, forcierten die Offensive. Sie glaubten »Österreich könne sich nach einer Verständigung mit Rußland Serbien, Bosnien, Albanien und Westmazedonien aneignen. Die typischen Vertreter des liberalen Absolutismus, Bach, Bruck, Hübner, Prokesch-Osten, wollten die größere Gefahr in Rußlands Machtstreben durch Zusammengehen mit den Westmächten bannen. Die Schule Metternichs verteidigte die alte mitteleuropäische These der Erhaltung der Türkei als einer europäischen

Notwendigkeit und Vorbedingung konservativer Ordnung, als eines Bollwerkes gegen imperialistische Umsturzideen und eines Glacis der Monarchie; befürwortete das Zusammengehen mit dem Deutschen Bund als Voraussetzung, um der Machtentfaltung Rußlands *und* der der Westmächte wirksam Einhalt gebieten zu können. Dieser Meinung war auch schließlich der dreiundzwanzigjährige Kaiser, der den Lehren des aus dem Exil zurückgekehrten Fürsten Metternich in alter Anhänglichkeit sein Ohr lieh« (Hantsch).[28]

Der Angelpunkt für eine erfolgreiche Durchführung dieser Politik lag also in der Unterstützung seitens des Deutschen Bundes. Nur er konnte dem weiteren Vorgehen Österreichs – sei es nun friedlicher oder kriegerischer Natur – den nötigen Rückhalt geben. Zunächst schien Preußen zu einer Kooperation mit Wien bereit. Im April 1854 schlossen die beiden Staaten ein »Schutz- und Trutzbündnis« für die Dauer des Krieges. Im Unterschied zu dem geheimen Allianzvertrag von 1851, um dessen Verlängerung es faktisch ging, war das neue Bündnis öffentlich und die Gliedstaaten des Bundes sollten ihm beitreten.

Bei dem Streit um die Auslegung dieses Vertrages (beziehungsweise um den Beitritt aller deutschen Bundesstaaten), der sich über die folgenden Monate erstreckte, trat zum ersten Mal der Einfluß Bismarcks bestimmend in Erscheinung, der am Frankfurter Bundestag immer schärfer den österreichischen Bestrebungen entgegentrat. Bismarck hatte schon lange auf die Gelegenheit gewartet, bei einem Umschlag der politischen »Großwetterlage« die Manövrierfähigkeit Preußens gegenüber Österreich zu erweitern und konsequent auszunutzen. Nun sah er in dem Vertrag die große Chance, die Solidarisierung Preußens mit den anderen Bundesstaaten und damit die Isolierung Österreichs im Bunde herbeizuführen: »Die Konvention mit Österreich wird den Beifall der deutschen Regierungen in dem Maße haben, als sie Garantien gegen die Wiener Kriegsbestrebungen bietet, und man wird von uns erwarten, daß wir diese Garantien handhaben.«[29]

Die weitere Politik Österreichs im Krimkrieg ist sehr unterschiedlich beurteilt worden. Vermutlich war es Buols Ziel, ohne eine Beteiligung am Krieg die Positionen Österreichs durch eine bewaffnete Neutralität nach beiden Seiten hin auszubauen. Aber das Gegenteil trat ein; im Laufe des Jahres 1854 näherte sich Österreich den Westmächten und schloß am 2. Dezember mit England und Frankreich einen »Allianzvertrag«. Er wurde durch ein Geheimabkommen ergänzt, das zur Aufrechterhaltung des Status quo in Italien für die Dauer der orientalischen Krise verpflichtete. Hier wird die Sorge Wiens vor einem Wiederaufleben der italienischen Nationalbewegung mit Hilfe der Westmächte greifbar. Wenig später besetzte Österreich die (von Rußland geräumten) Donaufürstentümer und ließ starke Armeeverbände an der Grenze zu Rußland aufmarschieren, wodurch entsprechende russische Kräfte gebunden wurden.

Diese Wendung Österreichs zu den Westmächten erleichterte Preußen die neutralistische Solidarisierung mit den deutschen Bundesstaaten. Im Januar 1855 kündigte Buol den deutschen Regierungen an, daß Wien demnächst die Mobilisierung des halben Bundeskontingents vorschlagen werde. Das war Wasser auf Bismarcks Mühle. Schon früher hatte er im Hinblick auf die Kräfteverhältnisse am Bundestag zu sagen gepflegt: »Wenn Österreich ein Pferd vorne anspannt, spannen wir eins hinten an.«[30] Jetzt war der Zeitpunkt gekommen, statt einer kleinlichen Obstruktion eine große antiösterreichische Aktion zu entfalten, die die Mehrheit der am Frieden interessierten Bundesstaaten auf die Seite Preußens führen mußte.[31] Es war ein erheblicher und zukunftsträchtiger politischer Sieg Preußens gegen Österreich, als der Bundestag am 8. Februar entgegen dem österreichischen Antrag eine erhöhte Kriegsbereitschaft »in jeder Richtung« beschloß. Damit hatte Berlin auch eine deutliche Distanzierung von der antirussischen Politik Wiens vorgenommen. Langfristig konnte Preußen nun um so mehr mit russischer Rückendeckung rechnen, als man im emotionalisierten St. Petersburg Österreich Undank für die Hilfe von 1849 vorwarf. Trotz aller Ähnlichkeiten des innenpolitischen Systems mußte Österreich seitdem mit tiefem Mißtrauen, ja Gegnerschaft auf russischer Seite rechnen. Der russische Botschafter Meyendorff verließ 1854 Wien mit den Worten: »Mich dauert nur der junge Kaiser, denn seine Politik hat uns so tief verletzt, daß er darauf zählen kann, keine ruhige Stunde mehr zu haben, solange er lebt.«[32] So endete die Solidarität der drei konservativen Ostmächte, ohne daß Österreich durch einen Kriegseintritt an der Seite der Westmächte von deren Sieg über Rußland profitiert hätte.

Die militärischen Erfolge der Westmächte, die durch Österreichs Truppenaufmarsch erleichtert, wenn nicht ermöglicht worden waren, führten im März 1856 zum Frieden von Paris. Aber nicht Österreich als »bewaffneter Vermittler«, sondern Napoleon III. erntete die Früchte des Friedens; er erschien seitdem als Schiedsrichter und stärkster Faktor in Europa. Erstmals hatte sich bei einer großen europäischen Entscheidung die überwiegende Übereinstimmung der Interessen des außerösterreichischen Deutschland mit der preußischen Politik ergeben. Die Erwartungen Wiens, die Kräfte der deutschen Staatenwelt für eine europäische Großmachtpolitik mobilisieren zu können, waren gescheitert. Und zu diesem Scheitern hatte Otto von Bismarck erheblich beigetragen.

Überblickt man die Situation während und nach dem Krimkrieg unter den Gesichtspunkten der deutschen Frage und der öffentlichen Meinung in Deutschland, so ist Österreich aber keineswegs der eindeutige Verlierer gegen Preußen. Eine antirussische Politik konnte jetzt in Deutschland, und zwar von der Mitte bis zur Linken, stets auf Sympathien rechnen. Das Eintreten Wiens für die Interessen des deutschen Handels entlang der Donau ins Schwarze Meer und in den Orient war auf der Pariser Friedenskonferenz nicht ohne Erfolg geblieben. Das Bewußtsein von der gefährdeten Mittellage Deutschlands zwischen Ost und West schärfte sich in auffallender Weise. Angesichts der neutralistischen Zurückhaltung Preußens richteten sich neuerdings Hoffnungen auf eine Stärkung Deutschlands und eine »volkstümliche« Bundesreform ausdrücklich an Österreich. Vor allem in Süd- und Westdeutschland äußerten sich viele Stimmen in dieser Richtung. Die »Allgemeine Zeitung« schrieb im Herbst 1855: »Wenn heute Österreich in die Hand nähme, was Preußen den seinigen entschlüpfen ließ, wenn es die Zufriedenstellung der Nation anstrebte, wenn es Brot reichte statt des Steins, es würde des vollen Danks und Beifalls gewiß nicht entraten. Da es die Interessen in würdiger Weise nach außen vertritt, und was in der orientalischen Krise Erhebendes im deutschen Namen geschehen, sein Werk ist, so würde die Nation ihm die friedliche Entwicklung ihres inneren Lebens gewiß vorzugsweise gern verdanken.«[33] Es fragte sich nur, ob Österreich überhaupt imstande war, Brot statt Stein zu geben.

In Berlin wie in Wien folgte auf die Spannungen des Krimkrieges eine Phase der Stagnation, hier wie dort bedingt durch die Unentschiedenheit der inneren Verhältnisse. Österreich versuchte das neoabsolutistische System aufrechtzuerhalten, trotz steigender Schwierigkeiten und krisenhafter Zustände nicht nur in Ungarn und Italien, sondern auch in der zentralen Frage der Staatsfinanzen. In Preußen war die Dauer der innenpolitischen Pattstellung mit der Frage verbunden, wie lange die Ultrakonservativen die Ablösung des an einer Nervenkrankheit leidenden Königs Friedrich Wilhelm IV. durch seinen Bruder, Prinz Wilhelm, hinausschieben konnten. So verlagerte sich 1856/57 der Schauplatz deutschlandpolitischer Initiativen nochmals in das dritte Deutschland und an den Bundestag. Die alte Triasidee, daß der Bund von den Mittel- und Kleinstaaten her einen festen Kern »rein deutscher Interessen« erhalten solle, wurde durch die Erfahrungen des Krimkrieges neu belebt. Besonders von Bayern und Sachsen her erfolgten Versuche, in diesem Sinne das dritte Deutschland zu organisieren und auch vom Bundestag her den Ausbau gesamtdeutscher Institutionen voranzubringen. In Bayern gingen die Initiativen von König Max II. und seinem leitenden Minister Ludwig von der Pfordten aus, in Sachsen von dem Außenminister Friedrich Ferdinand von Beust; sein Renommee als Mann der mittelstaatlichen, antipreußischen Reformpolitik, das ihn nach Königgrätz als neuen Leiter der österreichischen Außenpolitik empfahl, begann sich in diesen fünfziger Jahren zu bilden.

Bayern brachte im Februar 1856 in Frankfurt den Antrag auf die Ausarbeitung eines gesamtdeutschen Handelsgesetzbuches ein.[34] Sofort trat der preußisch-österreichische Gegensatz wieder in Erscheinung. Bismarck sah in der österreichischen Unterstützung des Antrages ein bedrohliches Zeichen für die Erneuerung der alten, handelspolitischen Rivalität. Er tat alles, um die Dinge so lange zu verzögern, bis die Berliner Vorarbeiten für ein preußisches Handelsrecht so weit gediehen waren, daß sie als Grundlage der Bundesverhandlungen vorgelegt werden konnten. Das neue Gesetzbuch wurde bald nach seiner Fertigstellung in Preußen (1861), Österreich (1862) und in den meisten anderen Bundesstaaten eingeführt. So leistete der Bund auf dem Wege zu einer deutschen Rechtseinheit gerade in jenem Bereich, der für das rasche ökonomische Wachstum und die Interessen des Bürgertums besonders wichtig war, noch kurz vor seiner Auflösung einen bedeutenden Beitrag. In ähnliche Richtung, nun besonders von Österreich unterstützt, wiesen die Verhandlungen über eine Vereinheitlichung des deutschen Münzwesens, dessen altertümliche Vielgestalt man sich kaum grotesk genug vorstellen kann. Die 1857 abgeschlossene österreichisch-deutsche Münzkonvention regelte dann das Verhältnis der norddeutschen Talerwährung zur süddeutsch-österreichischen Guldenwährung. So wurde erstmals ein einheitliches mitteleuropäisches Währungssystem geschaffen. Es wurde durch den Krieg 1866 zerstört und seitdem nicht wieder erreicht.

Von Sachsen aus unternahm Beust 1855, 1856 und 1857 Vorstöße, die Bundesreform mit den Stimmen der Mittelstaaten in einer liberalkonservativen Richtung voranzutreiben.[35] Der sächsische Minister war ein kluger, auch pfiffiger Kopf. Es ging ihm letztlich darum, die in ganz reaktionärer Absicht zuletzt 1851 ausgebauten Bundeskompetenzen zu fortschrittlichen Zwecken umzufunktionieren. Man hat dieser Vorgehensweise Ambivalenz, ja Unaufrichtigkeit des Spiels zwischen den Kräften »von oben« und »von unten« vorgeworfen. Demgegenüber steht der Ernst des Versuchs, den seit dem Krimkrieg wieder spürbar erweiterten Handlungsspielraum deutscher Verfassungs-, National- und Gesellschaftspolitik auszuschöpfen. Beust schlug vor, durch eine »Art Vertretung der Kammern der verschiedenen Staaten bei dem Bundestag« und durch eine Beschneidung der einzelstaatlichen Landtagskompetenzen voranzukommen; auch die Errichtung eines Bundesgerichtes war vorgesehen.

Bei Österreich stießen Beusts Initiativen auf Interesse, Preußen reagierte mißtrauisch, die Mittelstaaten durchaus uneinheitlich. Der stärkste Widerstand regte sich bezeichnenderweise innerhalb des dritten Deutschland und zwar von Bayern her, das sich in seiner Rolle als Stimmführer der Triasidee bedroht fühlte und geradezu eine Mediatisierung des eigenen Staates fürchtete. Der österreichische Bundestagsgesandte Graf Rechberg trat dagegen nachdrücklich für Beusts Reformvorschläge ein, insbesondere für das Bundesgericht (während ja die konstitutionelle Ausgestaltung der Bundeszentrale für Österreich große Schwierigkeiten gebracht hätte): »Immerhin würde das Ansehen und die Stellung Österreichs in Deutschland unendlich gehoben, wenn konstatiert würde, daß Österreich das Bundesgericht gewollt hat, daß aber die Befriedigung eines in ganz Deutschland so tief gefühlten Bedürfnisses durch den Widerstand Preußens gescheitert ist.«

Doch die Bundesversammlung, der es nicht an bedeutenden politischen Persönlichkeiten fehlte – man denke nur an Bismarck und seinen österreichischen Partner Rechberg –, verzettelte sich in Kleinigkeiten und kleinlichen Streitereien. Bei dem geringsten Anlaß kam die Rivalität der beiden deutschen Großmächte neu ins Spiel – eine sterile Gegensätzlichkeit, die im übrigen von Bismarck weit über die Weisungen seiner Regierung hinaus geschürt wurde. Um so hoffnungsvoller erschien den Anhängern Preußens und vielen Freunden deutscher Freiheit die neue Entwicklung in Berlin, die mit der Regentschaft des Prinzen Wilhelm 1858 einsetzte.

Der Unterschied zwischen den eigentlichen politischen Zielen des neuen Herrschers und den nationalen und liberalen Erwartungen, die ihm entgegengebracht wurden, ist gar nicht zu übersehen. »Dieser Thronwechsel ist kaum mit geringeren Erwartungen begrüßt worden als der von 1840, aber wieder tat sich eine verhängnisvolle Kluft auf zwischen dem politischen Willen des Herrschers und den Hoffnungen, die er erweckte. Der Prinzregent und spätere König Wilhelm I., der ›Kartätschenprinz‹ von 1848, verkörperte ein härteres, ungeistigeres Preußen als sein Bruder; zum Militär gebildet, sah er Staatsmacht allein auf militärische Macht gegründet; sein starker preußischer Ehrgeiz ließ ihn die ›Schmach von Olmütz‹ bitter empfinden ...« (Schieder).[36] Aber wie kam eine Täuschung von solchem Ausmaß zustande?

Solange Prinz Wilhelm – seit Oktober 1857 – nur als Stellvertreter des regierungsunfähigen Königs auftrat, änderte sich äußerlich nicht viel. Doch sobald er ein Jahr später als Prinzregent den Eid auf die Verfassung geleistet hatte, entließ er das reaktionäre Ministerium Manteuffel und berief eine Regierung aus Männern, die der liberalkonservativen »Wochenblatt«-Partei angehörten oder nahestanden. An die Spitze des Ministeriums trat Fürst Karl Anton von Hohenzollern, Chef der katholischen schwäbischen Linie, die 1848/49 auf ihre Fürstenherrschaft in Sigmaringen verzichtet hatte. Der Minister galt als national und fortschrittlich gesinnt.

Der Beginn der »Neuen Ära« wurde im Sinn einer liberalen und deutschen Wendung der preußischen Politik gedeutet und mit Vorschußlorbeeren bedacht.[37] Dazu boten aber weder die programmatische Rede, die der Prinzregent vor den neuernannten Ministern hielt, noch seine Person begründeten Anlaß. Am nächsten kam Wilhelm den liberalen Stimmungen dort, wo er in scharfer Absage an das so stark kirchlich gefärbte Regime seines Vorgängers sagte: »Alle Heuchelei, Scheinheiligkeit, kurzum, alles Kirchenwesen als Mittel zu egoistischen Zwecken ist zu entlarven.« Dem Liberalismus erteilte er sogar eine deutliche Abfuhr: »Vor allem warne ich vor der stereotypen Phrase, daß die Regierung sich fort und fort treiben lassen müsse, liberale Ideen zu entwickeln, weil sie sich sonst von selbst Bahn brächen.« Besonders betont wurde die Bedeutung der Armee und eines Ausbaues der Rüstung; was die Außenpolitik anging, vermied es der Prinzregent, Österreich und den Deutschen Bund überhaupt zu erwähnen, geschweige denn, daß von einer Bundesreform und Zusammenarbeit mit Wien die Rede gewesen wäre. In Deutschland »muß Preußen moralische Eroberungen machen ... Die Welt muß wissen, daß Preußen überall das Recht zu schützen bereit ist.«

Trotz der liberalen Hoffnungen, die sich an die Vorstellung der »moralischen Eroberungen« und an den Begriff des Rechtes hefteten, gab der Prinzregent in Wahrheit keine der Positionen des alten, militärischen und monarchischen Preußen auf. In der offenbar beabsichtigten Ambivalenz der Ausdrucksweise und des Vorgehens lag gewiß ein Grund für die Selbsttäuschung der Liberalen; dazu kam der Durchbruch eines aufgestauten Hoffnungs- und Handlungspotentials in breiten Schichten, die dem Regime der Kamarilla seit 1850 mit wachsender Ungeduld ein Ende gewünscht hatten.

Die Neuwahlen zum preußischen Landtag ergaben denn auch eine fulminante liberale Mehrheit. Österreich reagierte abwartend; es war zunächst nicht recht deutlich, welche positiven Gesichtspunkte das Berliner Kabinett in seiner Österreich- und Deutschlandpolitik entwickeln werde. Immerhin hatte sich schon in der letzten Zeit des Ministeriums Manteuffel 1857/58 herausgestellt, daß Bismarcks überscharfer Konfrontationskurs von Prinz Wilhelm keineswegs gestützt wurde. In der Frage der Ablösung Bismarcks als Bundestagsgesandter, die Wien wünschte, konkretisierte sich

Die Stammburg des Hauses Hohenzollern, im 17. Jahrhundert noch zur Festung ausgebaut, war im folgenden Jahrhundert bereits eine efeuüberwachsene Ruine. 1850–67 ließ Friedrich Wilhelm IV. sie wieder aufbauen: Das moderne Industriekönigtum suchte seine mittelalterlichen Ahnen in die Gegenwart einzuführen.

erstmals eine Antwort auf die Frage, was die »Neue Ära« für das Verhältnis Preußens zu Österreich bringen werde.

Im März 1858 notierte der österreichische Gesandte in Berlin: »Der Prinz von Preußen setzt nur geringes Vertrauen in den germanischen Lord Firebrand - die Prinzessin [Augusta] haßt ihn, viele wohlgesinnte Preußen erkennen denselben als einen brouillon an - die Regierung aber scheint in ihm ein kampflustiges Instrument zu verehren, welches keine Gelegenheit versäumt, der *unerträglichen* österreichischen Präsidentschaft die Spitze zu bieten.«[38]

Und Bismarck selbst - der kommende Architekt des Deutschen Reiches? Seine Versuche, sich mit dem neuen Herrscher zu verständigen, waren nicht zu übersehen, und die antiösterreichischen Argumente sollten dem Monarchen in den Ohren schmeicheln. Aber gerade die Sachgründe Bismarcks, weniger seine Person, legten den tiefen Graben offen, der damals die auf ein französisches Bündnis setzende Linie Bismarcks - weg von Österreich, weg mit Österreich - von der Konzeption eines preußisch-englisch-österreichischen Zusammengehens trennte, die in Berlin erwogen wurde. Als sich Anfang 1859 von der italienischen Frage her die Gefahr eines Krieges Frankreichs und Piemont-Sardiniens gegen Österreich verdichtete, zeigte sich Bismarck in Frankfurt beim öffentlichen Spaziergang Arm in Arm mit dem Gesandten Turins. Das erboste nicht nur die Österreicher, sondern auch die guten Frankfurter, die - wie so viele Deutsche damals - von der italienischen Nationalbewegung die Zerstörung der »deutschen« Schutzherrschaft über die Lombardei fürchteten.

Bismarck wußte es anders. Er sah in dem kommenden Krieg die große Chance Preußens, mit Österreich abzurechnen und den Bund zu zerschlagen. Diese Politik wollte er am Bundestag forcieren: Österreich, das sich im Kriegsfalle um Hilfe an den Bund wenden werde, sollte wenn möglich zum Schuldigen einer Überschreitung der Zuständigkeiten des Bundes gestempelt werden.[39] Doch für dieses Programm gab es damals in Berlin noch keinen Rückhalt; die Weichen waren schon anders gestellt: Auf einem Berliner Ballfest im Januar 1859 erfuhr Bismarck aus einer scherzhaften Anspielung des Oberzeremonienmeisters Graf Stillfried, daß seine Versetzung von Frankfurt nach St. Petersburg beschlossene Sache sei. Der österreichische Gesandte in Berlin war dagegen längst eingeweiht worden; und er wußte auch, daß das preußische Entgegenkommen an Österreich so weit ging, den friedfertigen Herrn von Usedom als Bismarcks Nachfolger an den Bundestag zu entsenden.

Bismarck wurde krank vor Ärger. Kurz vor dem Ziel sah er sich geschlagen und in die Verbannung geschickt. Die persönliche Niederlage verband sich mit der akuten Sorge um die - wie er meinte - falsche Politik, die Preußen nun gegenüber Österreich und der deutschen Frage einschlug. Von Rußland aus verfolgte er seine Konzeption weiter und versuchte nochmals, den Prinzregenten für eine Lösung gegen Österreich zu gewinnen. Als Österreich in Oberitalien in den Krieg mit Frankreich und Sardinien verwickelt wurde, trat er leidenschaftlich für eine großpreußische Expansion ein: »Die gegenwärtige Lage hat wieder einmal das große Loos für uns im Topf, falls wir den Krieg Oestreichs mit Frankreich sich scharf einfressen lassen, und dann mit unsern ganzen Armeen nach Süden aufbrechen, die Gränzpfähle im Tornister mitnehmen und sie entweder am Bodensee oder da, wo das protestantische Bekenntniß aufhört vorzuwiegen, wieder einschlagen ...«[40]

Versucht man, hinter den ausdrucksstarken persönlichen Zügen die Sache zu erfassen und die damaligen politischen Alternativen zu klären, so werden die Wegemarken, die der Krieg von 1859 für die deutsche Frage setzte, ganz unverkennbar. Im Gegensatz zum Krimkrieg war der italienische Krieg 1859/60 kein Kabinettskrieg alten Stiles mehr; es handelte sich um einen Krieg der nationalen Einigung mit nicht selten revolutionären Vorzeichen und Erscheinungsformen.[41] Piemont-Sardinien hatte an seinem Ziel festgehalten, Italien unter seiner Herrschaft zu einigen. Da es als einziger italienischer Staat nach 1848 seine liberale Verfassung beibehielt, bedeutete die Politik Turins eine ständige Bedrohung für die österreichische Herrschaft in Italien. Demgegenüber hatte Wien versucht, die historische Belastung, die seine absolutistische Herrschaft darstellte, durch den Appell an die wirtschaftlichen Interessen Italiens zu verringern. Im Zusammenhang mit Zollverhandlungen zwischen Wien und dem Herzogtum Modena entwickelte der Handelsminister Bruck 1857 das Projekt der Errichtung eines »einheitlichen Zollgebietes«, das die Staaten des Deutschen Bundes, das österreichische Kaiserreich und sämtliche italienische Staaten mit Ausnahme Piemonts umfassen sollte. Auch hier zeigte sich wieder das Weiterleben der Schwarzenbergschen Idee eines großräumigen politisch-wirtschaftlichen Zusammenschlusses, wozu jetzt der Versuch kam, der von Turin geschürten Nationalbewegung durch das Angebot eines größeren Rahmens für Handels- und Wirtschaftsfreiheit den Wind aus den Segeln zu nehmen. Doch Turin war es gelungen, das Projekt durch politische Gegenmanöver zu Fall zu bringen.

Der piemontesische Ministerpräsident Graf Cavour stand zu dieser Zeit schon in enger Verbindung mit Napoleon III., um eine nationale Neuordnung Italiens herbeizuführen. Cavour war kein radikaler Doktrinär wie Mazzini und kein revolutionärer Volksführer wie Garibaldi. Er war ein liberaler Aristokrat, der für die Einigung Italiens unter dem Haus Piemont-Savoyen eintrat. Napoleon wollte allerdings keinen italienischen Einheitsstaat, sondern wünschte vielmehr, daß das Königreich beider Sizilien und die weltliche Herrschaft des Papstes im Kirchenstaat erhalten blieben. Ein Staatenbund unter dem Präsidium des Papstes sollte diese Gebiete mit einem neu zu bildenden starken Königreich in Oberitalien - unter Viktor Emanuel II. - und der Toskana vereinigen.

Die italienische Nationalbewegung umfaßte ein breites Spektrum von Gruppen und Richtungen: vom Adel bis zum Kleinbürgertum, von den republikanischen und sozialistischen Strömungen, in deren Mittelpunkt Mazzini stand, bis zu der konservativen, neoguelfischen Richtung, die die weltliche Herrschaft des Papstes erhalten wollte. Die antiösterreichische Orientierung war durchgehend; maßgebend für die Richtung der Ereignisse von 1859/60 wurde der Anschluß der starken Mittelgruppen an die von Cavour erfolgreich geführte Politik der Turiner Regierung. Weit über Italien hinaus gewann dies neuartige und wirkungsvolle Zusammengehen einer etablierten Staatsführung mit einer revolutionären Volksbewegung unter nationalem und liberalem Vorzeichen Modellcharakter. An der italienischen »Società nazionale« orientierte sich der 1859 gegründete »Deutsche Nationalverein«.

Der Krieg der verbündeten Franzosen und Piemontesen gegen Österreich wurde im Frühjahr 1859 durch ein Ultimatum ausgelöst, das Wien wegen antiösterreichischer Umtriebe an Turin richtete. Vor der europäischen Öffentlichkeit hatte Österreich damit die Rolle des Aggressors auf sich genommen. Dennoch trat in dem heftigen publizistischen und politischen Meinungsstreit, der in Deutschland dem Krieg vorausging und ihn begleitete, die Mehrheit der Stimmen für Österreich und für eine militärische Unterstützung durch den Bund im Kampf um Oberitalien ein. Das österreichisch beherrschte Oberitalien erschien vielen als ein Bollwerk der Sicherheit Deutschlands; seine drohende Eingliederung in einen neu entstehenden italienischen Nationalstaat mußte abgewehrt werden. Die einflußreiche »Allgemeine Zeitung« sprach von den »Herrenrechten der germanischen Rasse«, die in Oberitalien zu verteidigen seien; auch schien die Gefahr einer französischen Bedrohung vom Rhein her sehr nahe gerückt, falls Österreich am Po besiegt werde. So ergab sich in der deutschen Öffentlichkeit eine deutliche Frontstellung gegen Frankreich, die an die Aufwallungen des Nationalismus in der Rheinkrise von 1840 erinnert. Erhebliche Teile der liberalen und der demokratischen Gruppen traten jetzt für eine kräftige deutsche Hilfe an Österreich ein. Bei den Sozialisten waren die Meinungen geteilt. Lassalle sah endlich die Chance für die Zertrümmerung der Habsburgermonarchie gekommen, Marx und Engels waren gegen Napoleon und befürworteten Deutschlands bewaffneten Beistand an Österreich. Die aus der Revolution 1848/49 hervorgegangene Scheidung in eine kleindeutsche und eine großdeutsche Richtung wurde vorübergehend durch eine proösterreichische Konsensbildung überdeckt. Auch in Norddeutschland, bei den preußischen Konservativen wie bei den Nationalliberalen, gab es viele Stimmen für eine Solidarisierung mit Österreich.[42]

Für den Deutschen Bund entsprach die Lage verfassungsrechtlich der Situation des Krimkriegs. Es handelte sich zunächst um einen »die Verhältnisse des Bundes nicht berührenden«, da das Territorium des Bundes nicht direkt bedrohenden Krieg (gemäß Artikel 46 der Wiener Schlußakte). Allerdings war der Kriegsschauplatz jetzt viel näher gerückt. Auch mußte der Kampf um Oberitalien, die alte »Vormauer des Reiches«, starke, ja stärkste nationale Gefühle hervorrufen. Vor allem fiel der offizielle Kriegseintritt Frankreichs an der Seite Piemont-Savoyens gegen Österreich sehr ins Gewicht. Über alle Gefühle und Bedrohungsängste hinaus war hier nochmals die Frage von Bundesrecht und Krieg gestellt. Während Preußen sich auf die strikte Auslegung des Artikels 46 beschränkte, bezog sich Österreich nun auf den Artikel 47: die Bundespflicht zur Hilfeleistung für einen in seinen außerhalb des Bundes liegenden Besitzungen angegriffenen Mitgliedstaat konnte dann eintreten, wenn der Bundestag mit Mehrheit das Vorliegen von »Gefahr für das Bundesgebiet« feststellte.[43] Preußen wußte eine solche Beschlußfassung zu verhindern. Sein politisches Ziel war, sich durch den Bund zu nichts verpflichten zu lassen, sondern seine »bewaffnete Vermittlung« so lange hinauszuzögern, bis Österreich durch Mißerfolge so geschwächt war, daß es die preußische und - womöglich - sogar die Bundeshilfe durch Zugeständnisse in der deutschen Verfassungsfrage erkaufen mußte. Dies war nicht so sehr die Politik des Prinzregenten als die seines Außenministers Schleinitz, dem es nach dem Urteil des liberalen Rudolf Haym »an einem Stück Stein und einem Stück Friedrich der Große« fehlte. Seine Politik der freien Hand konnte eine Zeitlang vorteilhaft erscheinen, um so mehr, als Rußlands Stellung unklar blieb und Österreichs Haltung erst recht nicht »realistisch« war.

Die Maximen der österreichischen Führung lassen sich als ein zweifacher Wahn beschreiben: »Man wußte, daß Preußen durch Erhöhung seiner Bundesstellung zur europäischen Hilfe zu bewegen war wie in Metternichs Zeiten, aber der Kaiser und sein Außenminister scheuten jedes deutsche Opfer, da sie hierin nur den Anfang der Vernichtung des österreichischen Primats in Deutschland sahen, und blieben in dem Wahn befangen, Preußen werde sich schließlich auch ohne Zugeständnisse dem Druck Österreichs und des dritten Deutschlands nicht entziehen können« (Srbik).[44] Die andere Wahnvorstellung, deren Opfer die Wiener Führung wurde, war noch weitaus gravierender. Was dachte, was plante Wien denn überhaupt hinsichtlich Italiens, für dessen weitere Niederhaltung und Beherrschung durch deutsche Waffen es an die Hilfe Preußens und des Bundes appellierte? Die Antwort ist denkbar banal: Man sah gar keinen Anlaß zu neuen Überlegungen. Genauer gesagt: Franz Joseph war davon überzeugt, daß es eine italienische Frage überhaupt nicht gebe; sie sei eine Erfindung des Grafen Cavour und seiner Gesinnungsgenossen.

Österreich - so stellte es der Kaiser dem preußischen General von Willisen dar, der im März zu Sondierungsgesprächen von Berlin nach Wien entsandt wurde, - kämpft einfach für das Recht und gegen die Revolution.[45] Das klang harmlos, war es aber keineswegs. Denn aus diesem schlichten Standpunkt des historischen Rechtes ergab sich für den Fall eines Sieges der vereinigten österreichisch-preußischen Armeen ein gigantisches Programm: In Italien sollte Piemont verkleinert und aller Möglichkeiten künftiger Hegemoniepolitik beraubt werden. In Frankreich sollte Napoleon mit seiner Dynastie gestürzt werden; die Bourbonen sollten wieder eingesetzt werden. Dann erst würde Europa Ruhe haben. Die von Frankreich geraubten deutschen Gebiete würden dem Deutschen Bund restituiert, Lothringen und das Elsaß sollten Preußens Kampfpreis sein. Solche österreichischen Bestrebungen, durch eine hochkonservative Waffengemeinschaft das Rad der Geschichte zurückzudrehen, waren zum Scheitern verurteilt. Aber auch Preußens Ziele waren kaum realistischer: Der Prinzregent verfolgte die Forderung nach dem Oberbefehl Preußens über alle Bundeskontingente, wenn es zu einem Aufmarsch gegen Frankreich kommen sollte. Der Wunsch nach der Parität mit Österreich am Bundestag und nach einem Alternat in dem Bundespräsidium tauchte wieder auf. Als sich Wien im Juli in großer militärischer Bedrängnis nochmals um eine Verständigung mit Berlin bemühte, schien endlich ein Zusammengehen nahe. Aber dann kam plötzlich alles anders.

Die Niederlagen der österreichischen Armee gegen die Franzosen und Piemontesen bei Magenta am 4. Juni und Solferino am

24. Juni 1859 verringerten die Chance und damit auch die Bereitschaft des Bundes, zugunsten des Kaiserstaates militärisch einzugreifen. Andererseits wurden alle weiteren Erwartungen und Verhandlungen auch dadurch abgeschnitten, daß Franz Joseph in der Hoffnung auf bessere Bedingungen nun sehr rasch auf die Friedensangebote Napoleons III. einging. Frankreich wurde zu diesem Schritt durch die Befürchtung eines preußischen Eingreifens veranlaßt. Der Vorfriede von Villafranca am 11. Juli und der Friede von Zürich am 10. November brachten den Verzicht Österreichs auf die Lombardei und auf die habsburgischen Sekundogenituren in der Toskana und in Modena. Damit war aber die italienische Frage noch nicht gelöst. Die Nationalbewegung, die breite Massen erfaßt hatte, gab sich mit dem Erreichten nicht zufrieden. Regionale revolutionäre Bewegungen und der Volkskrieg Garibaldis in Sizilien und Unteritalien führten zu einer totalen Umgestaltung. Viktor Emanuel II. konnte 1860 die ganze Halbinsel außer einem stark verkleinerten Kirchenstaat und dem österreichischen Venetien zum »Regno d'Italia« vereinigen. Nicht nur in Österreich, auch in vielen

Die Dimensionen der Bahnhöfe begannen langsam die Ausmaße der Schlösser zu sprengen. Auch wenn man sich historischer Stile bediente kündigte sich an, wem das Jahrhundert gehören würde – der Technik.

Der Wiener Nordbahnhof, erbaut 1858–65

Teilen Deutschlands wurde die Schuld an diesem Ausgang Preußen zugeschrieben. Statt »moralische Eroberungen« in Deutschland zu machen, hatte Preußen in den Augen vieler Deutscher eine Einbuße an politischem Ansehen erlitten, die kaum leichter wog als Österreichs Verlust an militärischem Prestige. Auf Preußen lastete damals der Vorwurf, den deutschen Bruderstaat und die Sache Deutschlands im Stich gelassen zu haben. Aber gerade das Voranschreiten der nationalen Revolution auch nach Villafranca macht die Schwäche der österreichischen Stellung in Italien sehr deutlich; es ist kaum vorstellbar, daß selbst durch ein massives preußisches Eingreifen diese Stellung gegen die Stärke der italienischen Nationalbewegung auf die Dauer hätte gehalten werden können.

Das alles bedeutete jedoch für Österreich viel mehr als nur das Ende der Hegemonie in Italien. Durch die Ereignisse von 1859 wurde erstmals eine schwere und dauernde Bresche in das europäische Vertragsrecht geschlagen, das seit 1815 das europäische Staatenleben und Österreichs Rechtsstellung gesichert hatte. Desto nachdrücklicher mußte sich der Kaiserstaat von jetzt an auf die noch bestehenden Teile des alten völkerrechtlichen Sicherheitssystems, also auf den Deutschen Bund, stützen. Die europäische Machtstellung der Monarchie war nun vor allem auf die Ausgestaltung des Einflusses im Deutschen Bund angewiesen.

3. Vor Bismarcks Eingreifen: Neubeginn des Ringens um Staatenbund oder Nationalstaat

Die Veränderung der europäischen Machtkonstellation und die Umgestaltung der Landkarte durch den Krimkrieg und den Sieg der italienischen Nationalbewegung 1859/60 hatten auch die innerdeutsche Szenerie betroffen, insbesondere das Verhältnis zwischen Österreich und Preußen. Die Schwächung Rußlands und das starke Auftreten des neuen französischen Kaiserreiches schufen neue Bedingungen für die deutsche Frage. Bei alledem blieb der Handlungsspielraum der deutschen Mächte auch in dem halben Jahrzehnt zwischen 1859/60 und der Entscheidung von 1866 erhalten; der weitere Gang der Dinge blieb offen und auch die außerdeutschen Faktoren wirkten nur in einer sehr wandelbaren und teilweise auch von Deutschland her lenkbaren Weise in diese Prozesse hinein. Welche Bedeutung jeweils der französischen, russischen oder englischen Karte oder der italienischen Frage für die Politik Berlins oder Wiens oder der Mittelstaaten zukam, hing in einer erstaunlichen Weise von den jeweiligen innerdeutschen Frontstellungen ab. Erst nach Königgrätz endete dieser »elastische« Zustand europäisch-deutscher Politik und neue, feste Blocksituationen bildeten sich heraus: hier Preußen und Rußland, dort Österreich, Frankreich und Italien.

Vielleicht noch wichtiger für die nächsten Jahre wurde die Wiederbelebung der politischen Öffentlichkeit und das Wiedererstarken der Teilnahme breiter Bevölkerungsschichten an der deutschen und europäischen Politik. Das hing nicht nur mit dem unaufhaltsamen Abbröckeln der Zensur- und Verbotspolitik, die seit dem Scheitern der Revolution geherrscht hatte, zusammen. Die Intensität der nationalpolitischen Publizistik, die während des Krimkrieges einsetzte und durch die italienische Umwälzung 1859/60 noch gesteigert wurde, tat das Ihrige. Auch die außerordentlichen ökonomischen und technischen Verbesserungen der Kommunikations- und Verkehrsmittel während der fünfziger Jahre verwandelten das öffentliche Klima. Mit dem Ausbau des Eisenbahn- und Telegraphensystems und dem technischen Fortschritt im Druckgewerbe veränderten sich sowohl die »Medienlandschaft« wie das Vereinswesen im Sinne rascher und weiträumiger Mobilisierung von Meinungen und Kräften. Die Regierungen und machtgewohnten Bürokratien hatten es jetzt nicht mehr - wie im Vormärz - mit relativ schmalen Gruppen von Oppositionellen zu tun, sondern mit breiten und organisierten Strömungen. Der Aufschwung des parlamentarischen Lebens, das nach 1850 sehr gedrosselt gewesen war, charakterisierte alle deutschen Landtage; der liberale Siegeszug in der preußischen Abgeordnetenkammer wie die Umwandlung Österreichs in einen Verfassungsstaat 1860/61 sind in einem allgemeinen und weitgreifenden Zusammenhang zu sehen.

Zum Erscheinungsbild der neuen politischen Öffentlichkeit gehörten auch die großen Feste und Feiern, die nun wieder an eine verschüttete Tradition anschließen konnten; Feste der Turner, der Sänger, der Schützen, Versammlungen wissenschaftlicher Vereine und nationale Gedenktage der verschiedensten Art. Fast alle diese Festveranstaltungen hatten eine politische Perspektive, in klein- oder großdeutscher, in konservativer oder liberaler oder demokratischer Richtung, oft auch vermischt oder in konkurrierender Form und Stärke. Charakteristisch in dieser Hinsicht sind die Schillerfeiern, die im Herbst 1859 zum 100. Geburtstag des Dichters vom Norden bis zum Süden, von Holstein bis Triest, veranstaltet wurden und die jeweils andere nationalpolitische Tendenzen hatten. In Dresden schien es Beust als Festredner notwendig, das Allgemein-Deutsche an Schiller zu betonen, »daß nicht der unsterbliche Name, der da ein strahlender Brennpunkt sein soll für die Gesamtheit deutschen Denkens und Empfindens, zu einer Brandfackel der Zwietracht unter den Deutschen werde«.[46] Solche und ähnliche Veranstaltungen gaben der jeweiligen politischen Macht Gelegenheit, ihre Position unters Publikum zu bringen. So benützte Franz Joseph den deutschen Juristentag in Wien im September 1862 zu einer großdeutschen Kundgebung. Er empfing die Leiter der Tagung und erklärte ihnen: »Ich bin vor allem Österreicher, aber entschieden deutsch und wünsche den innigsten Anschluß Österreichs an Deutschland.«

Was die Beziehungen zwischen der jeweiligen Staatsgewalt und den neubelebten Volkskräften anging, so hatten beide Seiten aus der Lektion von 1848/49 gelernt. Überall waren die liberalen und demokratischen Gruppierungen darum bemüht, den Makel revolutionärer Gesinnungen und Absichten zu vermeiden. Dies bedeutete eine Erweiterung der Möglichkeiten, mit den Regierungen zusammenzuarbeiten, Einfluß auf die Zusammensetzung der Ministerien zu gewinnen, ja selbst ministrabel zu werden. Nach und nach kehrten ehemalige Revolutionskämpfer aus der Emigration zurück und machten ihren Frieden mit dem staatlichen Establishment.

Die Neubelebung der Parteienlandschaft seit 1859 ist von bestimmten Zügen gekennzeichnet. Das Trauma der gescheiterten Revolution führte zu einer Betonung »realistischer« Politik; Respekt vor den Machtverhältnissen und die Überzeugung, daß nur ein gemäßigter politischer Stil - »nur nicht drängen!« - Fortschritte bringen könne, gingen Hand in Hand mit der Betonung der »materiellen Interessen« der Bürger (wo nun freilich breiteste Möglichkeiten des Kompromisses mit der Staatsmacht gegeben waren). Andererseits traten die Schwächen dieser vorsichtigen und durch Selbstzensur gezügelten Verhaltensweisen deutlich hervor. In Preußen kandidierten zum Beispiel bei den ersten Wahlen der

Anläßlich der Feiern zum 100. Geburtstag Schillers verbanden sich noch einmal freiheitliche und nationale Bewegungen, die bald weit auseinanderlaufen sollten.

»Kladderadatsch«, 1859

»Neuen Ära« Demokraten wie Waldeck und Schulze-Delitzsch nicht, um die liberale Fraktion gegenüber dem halbliberalen Ministerium nicht »in Verlegenheit« zu bringen;[47] dagegen erhob sich von seiten der radikalen Linken alsbald der Vorwurf der Leisetreterei. Aber auch diese Zurückhaltung konnte die Spaltung der preußischen Liberalen in einen linken und einen rechten Flügel nicht verhindern.

Noch stärker wirkten sich die Selbstzweifel der Liberalen hinsichtlich der Organisationsformen und der Ziele ihrer neu erstarkten Bewegung aus. »Die gleichen Selbstzweifel, welche die Liberalen davon abhielten, energisch den Aufbau einer politischen Massenbewegung zu betreiben, hinderten sie auch daran, konkrete theoretische Alternativen zum Fürstenstaat deutscher Prägung zu entwerfen.«[48] Auch in der Eskalation des jetzt heraufziehenden preußischen Verfassungskonfliktes wurden diese Schranken nicht überwunden. »Selbst unter dem traumatischen Eindruck des Verfassungskonflikts in Preußen blieb diese eigentümliche Unschlüssigkeit, bei wem die politische Macht denn nun letzten Endes liegen solle, bei den meisten Liberalen bestehen ... Was sie wollten und forderten, war in der Zeit des Verfassungskonflikts und weiter bis zum Ende der sechziger Jahre nicht mehr, als was sie bereits von Beginn der ›Neuen Ära‹ an gefordert hatten: nicht das Recht, die Regierung zu kontrollieren, sondern lediglich gewisse rechtsstaatliche Garantien, die Befugnis zur Haushaltskontrolle und das Recht, im Parlament die Auffassungen der Nation vorzutragen« (Sheehan). Aber man darf die sehr komplizierte Situation, die sich für die damalige preußische Opposition und insgesamt für die Kräfte der liberalen Bewegung aus der staatlichen Zerklüftung, dem preußisch-österreichischen Dualismus und der europäischen Mittellage Deutschlands ergab, nicht aus den Augen verlieren; es gab ja nicht eine eindeutige politische Situation, sondern durchaus verschiedene Wirklichkeiten, auf die das Neue stieß. Hinzu kam, daß die liberalen und demokratischen Gruppen in jeweils anderem Verhältnis zur Arbeiterbewegung und zum politischen Katholizismus standen. Das Miteinander und Gegeneinander dieser Kräfte bestimmte die innenpolitische Entwicklung der nächsten Zeit.

Die Neubildung von Organisationen der Arbeiterbewegung seit dem Beginn der sechziger Jahre wurde langfristig für die Umgestaltung der deutschen Parteienlandschaft von größter Bedeutung. Für die unmittelbaren politischen Entscheidungsfragen bis 1866 fielen diese neuen Gruppen- und Parteienbildungen am linken Rand des bürgerlich-oppositionellen Lagers erst vereinzelt ins Gewicht. Bei der Wiederanknüpfung an die Ideen und Organisationsformen der Arbeiterbewegung von 1848/49 spielte zunächst die von Hermann Schulze-Delitzsch vertretene liberale Arbeiterpolitik eine große Rolle. Der linksbürgerliche Reformpolitiker entwickelte ein umfassendes Programm von genossenschaftlicher Selbsthilfe und Bildungsarbeit. Ohne eigentliche Sonderorganisation sollte die Arbeiterschaft durch eine »Demokratisierung« des Kapitals den Weg aus der proletarischen Situation in die bürgerliche Erwerbs- und Besitzgesellschaft finden. Der Gedanke freier Produktionsgemeinschaften wurde von Schulze-Delitzsch wie von Ferdinand Lassalle verfolgt.[49] Tatsächlich gewann dieser Programmpunkt aber in der sozialistischen Gedankenwelt Lassalles und des von ihm 1863 gegründeten »Allgemeinen Deutschen Arbeitervereins« eine neue und zentrale Bedeutung: nicht mehr als Mittel »sparideologischer« Selbsthilfe, sondern als Hebel der gesellschaftlichen Veränderung sollten die mit Staatshilfe zu schaffenden Produktivassoziationen wirken. Die Überwindung der kapitalistischen Gesellschaftsform – und zwar im Rahmen einer starken nationalen, zur »sozialen Monarchie« gewandelten Staatsmacht – war das Ziel, das Lassalle mit dem »Arbeiterverein« verfolgte; dies Ziel erforderte eine straffe, als politische Partei wirkende Organisation. Aber nicht alle Gruppen der Arbeiterbewegung, die sich in diesen Jahren dem Anschluß an Lassalles Partei widersetzten, waren Anhänger der liberalen Arbeiterpolitik, die Schulze-Delitzsch vertrat. Gleichfalls aus der Tradition von 1848/49 gab es noch eine andere Entwicklung, die auf der Linie der gewerkschaftlichen Organisation und des Arbeitskampfes voranschritt. Bei Buchdruckern, Tabakarbeitern und im Textilbereich kam es damals zu ersten überregionalen gewerkschaftlichen Zusammenschlüssen. Auf diese noch unfesten Konturen der Arbeiterbewegung der sechziger Jahre begannen dann neuerdings die Ideen und die Politik von Marx und Engels aus dem englischen Exil zu wirken. Erst nach dem Sieg Preußens über Österreich werden sich die Wege der deutschen Arbeiterbewegung klären und entscheiden.

Ähnlich im Suchen nach angemessenen Aktionsformen und Programmen, aber viel einheitlicher in der weltanschaulichen Fundierung verlief die Neuformation des politischen Katholizismus seit den fünfziger Jahren. In Preußen, wo die katholische Kirche nach

1850 einen verfassungsrechtlichen Freiheitsraum besaß, der größer war als in den übrigen deutschen Einzelstaaten (außer Österreich), kam es 1852 zur Bildung einer katholischen Fraktion im Abgeordnetenhaus. Ihr Führer war der Rheinländer August Reichensperger. Diese Gruppe von 48 Abgeordneten stand einerseits für die Verfassung und gegen die Übergriffe der Bürokratie ein, andererseits sah sie sich im Gegensatz zu den Liberalen. 1859 nahm sie den Namen »Zentrum« an; ihre vermittelnde Politik im Verfassungskonflikt kostete sie dann 1862 sehr viele Sitze im Landtag. Immerhin war hier die Vorstufe für die machtvolle Zusammenfassung der Katholiken im Bismarckreich seit 1871 geschaffen. Am deutlichsten verlief der Prozeß der Umbildung katholischer Oppositionsgruppen zu einer organisierten politischen Massenpartei in Baden. Dort kam es schon in der ersten Hälfte der sechziger Jahre zu einem veritablen Kulturkampf. Einerseits kämpften die Katholiken in der Form einer antiliberalen Volksbewegung für ihre Vorstellungen von Kirchenfreiheit und Schule gegen die Regierung und gegen die herrschende liberale Partei. Andererseits kamen in diesen Kämpfen auch sozial- und nationalpolitische Gegensätze zum Zuge: antikapitalistischer Schutz der Bauern und Handwerker gegen den forcierten Wirtschaftsliberalismus und großdeutsch-österreichische Orientierung gegen die kleindeutsche, auf Berlin hoffende Politik. Dies Ineinandergreifen kirchenpolitischer, sozialer und deutschlandpolitischer Motive führte aber im katholischen Lager vor 1866 zu keiner überregionalen Parteibildung. Zu unterschiedlich waren die Verhältnisse in den einzelnen Staaten und zu gering waren die zusammenführenden Impulse, die von Wien her kamen – das zeigte sich bald auch an der Wirkweise des großdeutschen »Reformvereins«. So wenig die deutschsprachigen Katholiken in Österreich damals als eine selbständige, einflußreiche Gruppierung in das Ringen um Deutschland eingriffen, so wenig kam es in diesen Jahren zu überregionalen katholischen »Großaktionen« für Habsburg und gegen Preußen.

Die andere Seite, die Staatsgewalt, hatte gleichfalls aus den Erfahrungen seit 1848 zu lernen versucht. Die Art und Weise des nachrevolutionären Umgangs mit den wieder erstarkenden Kräften »von unten« unterscheidet sich je nach den Umständen und den beteiligten Gruppen und Persönlichkeiten erheblich. Die Palette reicht von der schlichten Unbelehrbarkeit, die etwa zeitweilig in Hannover herrschte, über verschiedene Formen des Balancierens (behend in Beusts Sachsen, schwerfällig in Österreich) bis zum bewußten »Cavourisieren«, das die Österreicher den Berlinern vorwarfen. Bismarck, der noch zu Beginn seiner Ministerpräsidentschaft ausdrücklich versicherte, er fühle nicht den Beruf, »Preußen in die Bahnen sardinischer Politik zu drängen«[50], hat es wenig später zu unerreichter Meisterschaft in der Kunst des »Cavourisierens« gebracht. In Preußen wie in Österreich veränderte sich die früher so hochmütig-altertümliche Diplomatensprache durch die Aufnahme parlamentarischer und öffentlichkeitsbezogener Rücksichten erheblich. Schon bei den preußisch-österreichischen Bündnisverhandlungen im Sommer 1860 trat das Novum ein: Prinzregent Wilhelm bezog sich zur Begründung der von Österreich geforderten Gegenleistungen ausdrücklich und ausschließlich auf die »Stimmung«, die in

Preußen herrschte.[51] Der Kaiser blieb das Gegenargument nicht schuldig; er berief sich bei der Ablehnung der preußischen Forderung nach dem abwechselnden Vorsitz am Bundestag gleichfalls auf die »Stimmung« seiner Völker: Die Aufgabe dieses Rechtes würde in Österreich solche Enttäuschung hervorrufen, daß die Bereitstellung der Mittel zum Schutze Preußens nicht mehr gewährleistet wäre. Natürlich gab es schon früher ähnliche Argumentationen, insbesondere im Zustande des Kollapses der staatlichen Macht 1848. Aber erst von jetzt an erhält die Bezugnahme auf die parlamentarische und publizistische Öffentlichkeit unwiderruflich einen festen Platz im Verhandlungsgang der deutschen Mächte.

Unter so veränderten Bedingungen traten Österreich und Preußen seit 1860 in eine neue, verschärfte Phase des Dualismus und des Ringens um die deutsche Zukunft. Dabei fällt in die Augen, wie sehr der jeweilige Weg der beiden Mächte und deren Beziehungen zum dritten Deutschland von einer gegenläufigen Bewegung gekennzeichnet sind. Preußen tritt zunächst unter den günstigen Voraussetzungen der »Neuen Ära« an, gerät dann aber rasch in einen Verfassungskonflikt, der nach innen wie nach außen zu einem starken Verlust an liberalen und nationalen Sympathien führt. Österreich hat große Mühe, nach 1859 die Wendung vom Neoabsolutismus zum Verfassungsstaat zu vollziehen. Aber es eröffnet sich damit erstmals die Möglichkeit, im nichtösterreichischen Deutschland außer im konservativ-klerikalen Lager auch unter den liberalen und demokratischen Kräften Freunde zu gewinnen.

Diese österreichische Wende ist von der Person des Monarchen und der habsburgischen Dynastie nicht zu trennen.[52] Um die Mitte des 19. Jahrhunderts zählte die Familie Habsburg-Lothringen rund fünfzig Mitglieder, die alle von Maria Theresia und Franz Stephan abstammten. Die Zahl blieb, auch wegen der strengen Ebenbürtigkeitsregeln bei Eheschließungen, bis 1880 etwa konstant. Franz Josephs Onkel, Erzherzog Albrecht, der als »graue Eminenz« des Hauses galt und auf den Kaiser starken Einfluß hatte, sprach von den Habsburgern grundsätzlich als von »der ersten Familie Europas«. Dieses Selbstbewußtsein, das sich auf die Tradition des alten Kaisertums bezog, wurde nach den revolutionären Erschütterungen von 1848/49 erst recht hochgehalten. Zeremoniell, Umgangsformen, Ansprüche an die Erziehung, Verhalten in der Öffentlichkeit und Unterwerfung der einzelnen Familienmitglieder unter die Autorität des Kaisers wurden im Gegenzug zur Liberalisierung und Revolutionierung der europäischen Gesellschaft schärfer als je zuvor betont. Die Macht des Kaisers als Familienoberhaupt war weit stärker als vor 1848. Im Unterschied zu den aufgelockerten Verhältnissen unter Ferdinand wurden die Zügel der Aufsicht von Franz Joseph streng angezogen. Entzog sich einer der jungen Erzherzöge dem Zwang der Ehegesetze, wurde er aus der Familie ausgestoßen, verlor den Namen und alle Privilegien (auch die Apanage) und mußte außer Landes gehen. Der Fall des Erzherzogs Johann, der nach langen Schwierigkeiten dann doch die Postmeisterstochter Anna Plochl hatte heiraten können, wiederholte sich nach 1848 nicht mehr.

Die politische Dominanz des Kaisers war unbestritten und maßgebend für alle Familienmitglieder. Liberale Schattierungen, wie sie bei Erzherzog Johann und auch dem jüngeren Erzherzog Rainer zu beobachten waren, wurden nur ungern geduldet. Der ungarische Zweig der Familie fiel in Ungnade, weil Erzherzog Stephan Viktor, der 1848 von seinem Vater die Würde des Palatins, des Vertreters der Krone in Ungarn, übernommen hatte, sich mit der Revolution »kompromittiert« hatte. Stephan Viktor lebte seitdem in der Verbannung auf Schloß Schaumburg in Nassau und durfte auch nach 1867 nicht nach Ungarn zurückkehren. Von den jüngeren Brüdern Franz Josephs war Ferdinand Maximilian, der spätere Kaiser Maximilian von Mexiko, dem Kaiser an Intelligenz und Bildung und auch an Beliebtheit bei der Bevölkerung überlegen. Er stand zeitweilig in offener Opposition gegen den Kaiser, insbesondere in der Zeit, als er vor 1859 Generalgouverneur in Mailand war und die österreichische Italienpolitik zu kritisieren begann; es war eine Rivalität, die erst mit dem Weggang des Erzherzogs nach Mexiko endete. Die beiden anderen Brüder waren wenig bedeutend und keine Gefahr für das Ansehen des Kaisers. Der jüngste, Ludwig Viktor, wurde von Franz Joseph zeitweilig nach Schloß Klesheim verbannt, als der skandalumwitterte »Luziwuzi« zuviel von sich reden machte.

Das junge Paar auf dem Kaiserthron zu bewundern und zu verehren, mag vielen österreichischen Untertanen leicht gewesen sein. Mit der Sehnsucht nach der »guten alten Zeit« verbindet sich bis heute die Ära Franz Josephs, des lieben, gütigen, weisen Landesvaters und letzten Repräsentanten großer österreichischer Vergangenheit.

Kaiser Franz Joseph I. und seine Gemahlin Elisabeth, Gemälde von Eduard Kaiser

In diese Familie heiratete 1854 die bayerische Prinzessin Elisabeth ein. Das sechzehnjährige Mädchen war in Bayern außerhalb des strengen höfischen Zeremoniells aufgewachsen. Nach der Hochzeit übergab der Kaiser die Erziehung seiner Frau seiner Mutter Sophie, die sich – ganz im Geiste des gesteigerten monarchischen Selbstbewußtseins der Zeit – bemühte, aus dem bayerischen Landkind eine disziplinierte Kaiserin zu bilden. Die Kinder wurden Elisabeth genommen und ebenfalls der Weisungsbefugnis der Erzherzogin Sophie unterstellt. Nach sechs Jahren einschüchternden Hoflebens revoltierte die Kaiserin; sie verließ Wien und ging für zwei Jahre nach Madeira. »Elisabeths Flucht nach Madeira war Noras Auszug aus dem Puppenheim, Beginn eines neuen Selbstbewußtseins, aber – auf Kosten ihrer Kinder (Rudolf war kaum zwei Jahre alt), ihres Mannes und auch der Monarchie, deren Kaiserin sich rigoros ihren Pflichten entzog« (Hamann).[53] Aus dem »schönen Dummerl« wurde eine selbständige Frau, die mit ihrer strahlenden Schönheit, mit Intelligenz und Selbstbezogenheit nun den Kaiser von sich abhängig machte. Ihre Bildungswelt war ganz die deutsche, liberale Kultur, ihr Lieblingsdichter Heinrich Heine, dem sie sich in eigenen poetischen Versuchen geradezu mystisch verbunden fühlte. Politisch engagierte sich Elisabeth, die sich sonst am Wiener Hofleben völlig desinteressiert zeigte, ganz offen in zwei Fällen: 1865 setzte sie für den Kronprinzen Rudolf eine betont bürgerlich-liberale Erziehung durch. Das war eine folgenreiche Umsetzung ihrer chronischen Kritik am konservativ-katholischen Zuschnitt des Hoflebens; Rudolfs liberale Gedankenwelt geriet später in einen unüberbrückbaren Widerspruch zur höfischen Umwelt. »Elisabeths Konflikte mit dem immer noch übermächtigen, ja unbezwingbaren höfischen System wuchsen in der Person des Kronprinzen ins Tragische und trugen letztlich zu seinem wenig rühmlichen Ende in Mayerling bei« (Hamann).[54] Das zweite Mal griff Elisabeth politisch ein, als es um die Durchsetzung der ungarischen Verfassungsforderungen ging. Die Kaiserin, die für Ungarn schwärmte, legte das ganze Gewicht ihres Einflusses auf Franz Joseph in die Waagschale, damit eine für Ungarn sehr vorteilhafte Regelung zustande kam.

In der Hand des Herrschers, der seit 1851 als absoluter Monarch regiert hatte, lag es nun, das Fazit aus der Katastrophe von Solferino und aus dem Scheitern des Neoabsolutismus zu ziehen und die unumgängliche Umgestaltung des Staates vorzunehmen. Die Versprechungen, die der Kaiser nach der Niederlage in dem sogenannten »Laxenburger Manifest« vom 15. Juli 1859 gab, waren unklar: »zeitgemäße Verbesserungen in Gesetzgebung und Verwaltung«. Es zeigte sich, daß nach der Opferung einiger besonders mißliebiger Vertreter des alten Systems – Innenminister Bach, Polizeiminister Kempen, Generaladjutant Graf Grünne – der Kaiser sich mit Beratern umgab, die nicht aus dem liberalen, sondern aus dem hochkonservativen Lager kamen: Rechberg und Hübner aus der Metternichschule, die Grafen Goluchowski, Szécsen und Clam-Martinitz als Vertreter des altständisch gesinnten Adels von Polen, Ungarn und Böhmen. Dem entsprachen die nächsten Schritte der Verfassungspolitik, die von der Einberufung des Reichsrates im Frühjahr 1860 zum »Oktoberdiplom« vom 20. Oktober 1860 führten. Das Konzept war ständisch-föderalistisch: die Autonomie der einzelnen Länder als »historisch-politische Individualitäten« sollte die Grundlage bieten. Der Reichsrat, jetzt als zentrale Vertreterkörperschaft konzipiert, mitwirkend an der Gesetzgebung, sollte sich aus Deputierten der einzelnen ständischen Landtage zusammensetzen. Einige Zugeständnisse an den bürgerlich-liberalen Zeitgeist (Gleichheit der Staatsbürger, allgemeine Ämterfähigkeit, Religionsfreiheit) konnten nicht verhindern, daß das Oktoberdiplom allgemein als ganz unzureichend kritisiert wurde, auch von den ungarischen Konservativen, um deren Zustimmung es dem Kaiser besonders gegangen war.

Die eigentliche Wendung zu einer im liberalen Sinne orientierten Verfassungsarbeit kam im Dezember 1860 mit der Berufung Anton

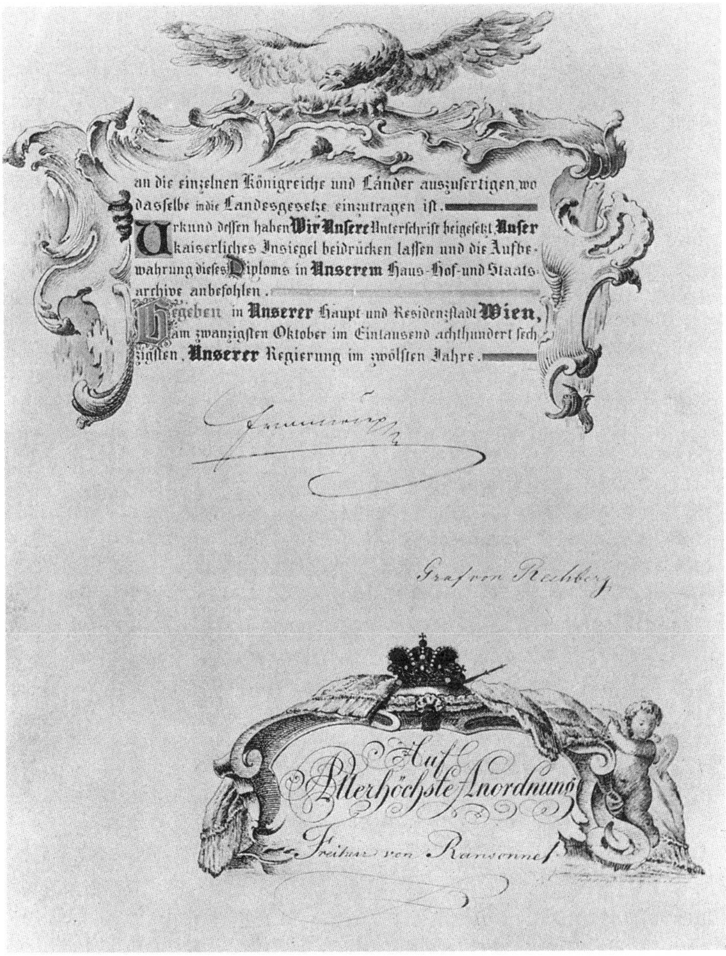

an die einzelnen Königreiche und Länder auszufertigen, wo
dasselbe in die Landesgesetze einzutragen ist.
Urkund dessen haben Wir Unsere Unterschrift beigesetzt, Unser
kaiserliches Insiegel beidrücken lassen und die Aufbe-
wahrung dieses Diploms in Unserem Haus-Hof-und Staats-
archive anbefohlen.
Gegeben in Unserer Haupt-und Residenzstadt Wien,
am zwanzigsten Oktober im Eintausend achthundert sech
zigsten, Unserer Regierung im zwölften Jahre.

Graf von Rechberg

Auf Allerhöchste Anordnung
Freiherr von Ransonnet

Im habsburgischen Kaiserstaat war die Verfassungsfrage immer mit der Nationalitätenfrage eng verbunden gewesen. Das »Oktober-Diplom« von 1860 war ein Kompromiß in jeder Hinsicht; mit einigen Zugeständnissen an die Liberalen bestätigte es das ständisch-föderalistische Prinzip.

Das »Oktober-Diplom« vom 20. Oktober 1860

von Schmerlings zum Staatsminister. Die Regierung, die seit 1859 unter der Leitung Rechbergs stand, der gleichzeitig das Außenministerium leitete, war keineswegs geschlossen für einen liberalen Reformkurs, doch dem altliberalen und überaus gewandten Schmerling, der 1848 in Frankfurt als Minister Erzherzog Johanns die deutsche Bewegung kennengelernt hatte, gelang es nun mit dem »Februarpatent« die Grundlagen für ein bis 1918 gültiges Verfassungswerk zu legen, das auch in Deutschland ernst genommen wurde. Das Februarpatent, das der Kaiser als Ergänzung des »unwiderruflichen« Oktoberdiploms 1861 in Kraft setzte, schuf einen stark zentralistischen, mit erheblichen parlamentarischen Befugnissen ausgestatteten Verfassungsrahmen. In einem Zweikammersystem wurde das Abgeordnetenhaus aus Vertretern der Landtage gebildet; das Herrenhaus setzte sich aus erblichen und aus vom Kaiser berufenen Mitgliedern zusammen. Der Reichsrat sollte das zentrale Repräsentativorgan der gesamten Monarchie bilden; ein »engerer Reichsrat« war für die nichtungarischen Länder vorgesehen. Es sollte damit die Sonderstellung Ungarns anerkannt werden.

Am 1. Mai 1861 wurde der Reichsrat in Wien mit Glockengeläut und Salutschüssen eröffnet.[55] Der Kaiser beendete eine zehnjährige Periode absoluter Regierung mit einer Thronrede, die nichts weniger als ein feierliches und scheinbar unwiderrufliches »Gelöbnis auf die Gesamtverfassung des Reiches« bot. Die Eröffnung war als Staatsfest inszeniert, allgemein herrschte Rührung und Euphorie.

Doch da die Vertreter der Länder der ungarischen Krone (aus den Landtagen von Ungarn, Siebenbürgen und Kroatien-Slawonien) nicht gekommen waren, mußte es von Anfang an eine Fiktion sein, von einem »weiteren« Reichsrat zu reden. Es war, wenn auch ungewollt, der »engere« Reichsrat, der sich hier versammelte. Hinsichtlich der Zusammensetzung und Gruppenbildung des Abgeordnetenhauses herrschte die nationale Scheidung noch nicht so deutlich wie später. Die »föderalistische Rechte« war eine weitgefaßte Sammlung, die vom Feudaladel über die Tschechen und Polen bis zu den Deutschklerikalen (meist aus den Alpenländern) reichte. In

Student: Wohin, meine Herren, haben Sie heute ein Turnfest? Turner: Nein, aber eine deutsche Trikolore haben wir noch und die tragen wir jetzt zum Färber.

»Kikeriki«, 1866

der sogenannten »Verfassungspartei« oder »Deutschen Linken« fanden sich liberale Gruppierungen unterschiedlicher Färbung zusammen. Infolge des Fehlens der ungarischen Abgeordneten hatte die deutschliberale »Verfassungspartei« von Anfang an die Mehrheit im Abgeordnetenhaus. Der zahlenmäßigen Stärke entsprach aber weder die innere Kohärenz noch die Fähigkeit, mit der Regierung wirkungsvoll zusammenzuarbeiten. Die drei wichtigsten Gruppen – Großösterreicher, Unionisten und Autonomisten – waren durch sehr allgemeine liberale Prinzipien nur locker verbunden. Die internen Unstimmigkeiten und der Dissens mit der Regierung nahmen seit 1862 zu. Der Kaiser und die Hofkreise standen den Deutschliberalen von Anfang an sehr distanziert gegenüber. Es gehört zu den Eigenarten der franzisko-josephinischen Epoche, daß der Kaiser, der sich als »deutscher Fürst« verstand, von den deutschen Tendenzen dieser starken parlamentarischen Gruppe durch einen tiefen Graben getrennt blieb. Zu einer wirklichen Zusammenarbeit zwischen Monarch und »Verfassungspartei« fehlten viele, fast alle Voraussetzungen. So waren von Anfang an die Bedingungen für ein konstruktives Eingreifen der deutschen parlamentarischen Majorität in die Probleme des Vielvölkerstaates und in die Deutschlandpolitik der Monarchie nicht günstig. Als einzige größere slawische Gruppe stimmten die ruthenischen (ukrainischen) Abgeordneten mit der deutschen Linken.

Schmerling ging zunächst ganz in Übereinstimmung mit der liberalen Mehrheit vor. Das »Protestantenpatent« verbesserte - im Widerspruch zum Konkordat von 1855 - die Rechtsstellung der Reformationskirchen; vom Parlament wurde schon damals die Aufhebung des gesamten Konkordats betrieben. Weitere Beschlüsse richteten sich gegen die Tätigkeit der Jesuiten. Der Antiklerikalismus trat schon hier als ein Hauptzug der deutschliberalen Gruppen hervor. Von ausschlaggebender Bedeutung für den Abbruch des neoabsolutistischen Systems und den Übergang zum Konstitutionalismus und einer parlamentarisch gedeckten Budgetgebarung war die katastrophale Lage der Staatsfinanzen gewesen. Die von der alten Ära übernommene Schuldenlast betrug etwa drei Milliarden Gulden[56] und es dauerte viele Jahre, bis das Budget wirklich saniert werden konnte. Auch nach der Wendung zum Verfassungsstaat verursachte der Zustand der Staatsfinanzen eine ständige Schwäche der politischen und - erst recht - der militärischen Handlungsfähigkeit Österreichs.

Offen blieb die Frage nach der staatsrechtlichen und verfassungspolitischen Zukunft Ungarns; ein Ende der geschlossenen Obstruktion aller politischen Gruppen war offenbar nur durch sehr weitgehende Konzessionen Wiens an das Prinzip der ungarischen Eigenstaatlichkeit und der »unverwirkten« Verfassung zu erreichen. Dazu aber waren der Kaiser und die Regierung noch nicht bereit. Auch in Böhmen und Mähren entwickelte sich die Lage problematisch, als die tschechischen Abgeordneten aus Protest gegen eine als großdeutsch empfundene Politik Schmerlings den Reichsrat verließen. Damals entschieden sich die bürgerlichen Vertreter des tschechischen Nationalgedankens dafür, langfristig mit den böhmischen Feudalen, die von einem pränationalen Landespatriotismus geprägt waren, zusammenzugehen; als gemeinsame Grundlage akzeptierte man das »böhmische Staatsrecht«, eine im Grunde feudal-anachronistische Verfassungstheorie, die auf der Kontinuität des mittelalterlichen böhmischen Ständerechtes beruhte. Diese Bundesgenossenschaft hatte erhebliche Folgen: sie trug dazu bei, daß ein Interessenausgleich zwischen den Deutschliberalen und dem bürgerlichen tschechischen Nationalismus in Böhmen und Mähren nicht zustande kam.[57]

Gemessen an den gerade zurückliegenden Zuständen konnte der Beginn des österreichischen Verfassungslebens immerhin hoffnungsvoll stimmen. Die Schwierigkeiten sollten - so wurde in und außerhalb der Monarchie erwartet - im Voranschreiten der Zeit zu überwinden sein. Das Echo im außerdeutschen Österreich war stark und zunächst überwiegend positiv. Für Schmerling und seine Freunde bedeutete das Verfassungswerk von 1861 auch eine Erneuerung des Versuches, von der Basis eines liberalen, deutsch dominierten Österreichs her in Deutschland »moralische Eroberungen« zu machen. Es gab schon großdeutsche Vereine im Süden und im Norden, bevor nun die von Wien aus angeregten Aktionen einsetzten, die im Oktober 1862 zur Gründung des »Deutschen Reformvereins« auf einer großdeutschen Versammlung in Frankfurt führten.[58] Im Mittelpunkt der Werbetätigkeit, die diesen überregionalen Zusammenschluß vorbereitete, stand der geistvolle Publizist Julius Fröbel, der Revolutionär von 1848, der nun für eine »disziplinierte großdeutsche Partei und Presse« eintrat und mit der Wiener Regierung zusammenarbeitete. Besonders diszipliniert wirkte der Reformverein jedoch auch auf dem Höhepunkt seines Einflusses 1863 nicht; antipreußische und proösterreichische Motive und Gruppen bildeten eine bunte Palette von rechts bis links.

»Unter den Großdeutschen waren bayerische Aristokraten, die den Lauf der Geschichte am liebsten aufgehalten hätten, weil jetzt alles gut war und immer so bleiben sollte; schwäbische Demokraten, die den Preußen mißtrauten; Sozialisten, die Habsburg wie Wittelsbach wie Preußen zum Teufel wünschten; Fürsten, die von ihrer Souveränität in Großdeutschland mehr zu retten hofften als in Kleindeutschland; Nationalisten, denen der Nationalstaat häßlich verkrüppelt schien, wenn man die Deutsch-Österreicher von ihm ausschloß; profunde Staatsdenker, die im Gegenteil das Prinzip des Nationalstaates verdammten und seine Anwendung auf Mitteleuropa für ein Unglück hielten« (Golo Mann).[59]

In den ersten Jahren des preußischen Verfassungskonfliktes war es noch leicht möglich, die inneren Gegensätze dieser Sammelbewegung durch die einfache Formel: für Österreich und die Freiheit, gegen Preußen und das Junkerregiment, zu überdecken. Wieweit nun diese locker gefügten, sehr unterschiedlichen Kräfte den Weg zu einer koordinierten Wirkung in der deutschen Frage finden würden, war offen. Das Ergebnis hing nicht nur von der Zielstrebigkeit der Wiener Politik und von dem Erfolg des österreichischen Verfassungswerkes ab, sondern von der Antwort auf die prinzipielle Frage: gab es selbst bei optimaler Führung der österreichischen Politik überhaupt eine Möglichkeit, ein großdeutsches Modell zu entwickeln, das es an nationaler Anziehungskraft und an gesellschaftlicher Realisierbarkeit mit der preußisch-kleindeutschen Konzeption von 1848/49 aufnehmen konnte? Diese eigentliche Nagelprobe der deutschen Frage ist in den folgenden Jahren ja gar nicht zustande gekommen. Die Entscheidung fiel nämlich schon in dem innersten Bereich der Wiener Politik, wo es nicht gelang, eine konsequente, vorwärtsführende Linie zu entwickeln. Freilich bedeutete auch diese Wendung noch keineswegs, daß es dann mit der Reichsgründung genauso kommen mußte, wie es kam.

Die »Neue Ära« in Preußen hatte damals ihre Maienblüte schon hinter sich. Vor allem ging es um die Frage der Heeresreform, die der Prinzregent nach den enttäuschenden Erfahrungen der Mobilisierung von 1859 für unaufschiebbar hielt: aus der Auseinandersetzung um einen modernisierenden Ausbau der preußischen Militärorganisation entwickelte sich folgerichtig ein Grundkonflikt zwischen monarchisch-autoritärem und liberalem System in Staat und Gesellschaft. Der Konflikt ging so tief, weil die Heeresreform, die den Anlaß bot, gewissermaßen nur die Spitze des Eisberges war. Auf der einen Seite stand der Herrscher, nach dem Tode Friedrich Wilhelms IV. im Herbst 1861 gekrönter König von Preußen, mit dem altertümlichen Anspruch des Gottesgnadentums und mit dem recht modernen Instrumentarium einer schlagkräftigen Armee, einer hervorragenden Bürokratie und guter Staatsfinanzen – auf der anderen

Seite standen die liberalen Kräfte, in sich nur begrenzt einig und auch in ihren entschiedenen Kräften nicht bereit, für mehr als einen konstitutionellen Anteil an der Macht zu kämpfen.

Die Person und die Umgebung des Hohenzollern, der zum Gegenspieler Franz Josephs wurde, unterschied sich von der habsburgischen Welt. Jahrhunderte deutscher Geschichte hatten die beiden Häuser auseinandergeführt. Manche Prägungen der Zeit und des deutschen Lebens waren den beiden Männern aber durchaus gemeinsam. Der Prinzregent hatte 1859 die Sechzig schon überschritten. Er zeigte Kraft und Gesundheit und galt als einfach, verständig und willensstark, war also das Gegenstück zu der genialen Vielseitigkeit und Entschlußschwäche Friedrich Wilhelms IV. Seine konservativen politischen Überzeugungen wurzelten in der Tradition des preußischen Offizierskorps. Seine Gemahlin Augusta, Enkelin von Goethes Freund Karl August von Weimar, war hochgebildet und liberal; ihre Jugend hatte noch im Zeichen der Goethe-Zeit gestanden. Wilhelm hatte an kulturellen Fragen vielleicht nicht mehr Interesse als Franz Joseph, aber sein Protestantismus, seine Frau, der Hof und das Berliner Leben verbanden ihn in anderer Weise als den Kaiser mit der deutschen Bildungswelt.

Der preußische König war nicht minder als der österreichische Kaiser von der Bedeutung der angestammten Kronrechte durchdrungen. Doch die konstitutionellen Einschränkungen, die er vorfand und stets respektierte, waren für ihn, anders als für Franz Joseph, nicht ein von der äußersten Not auferlegtes Muß, dessen Zweckmäßigkeit in einem Vielvölkerstaat zudem ständig neu in Frage gestellt wurde. Vielmehr sah Wilhelm, auch in der Konfliktzeit, in der Verfassung ein Mittel der Konsolidierung und Stärkung des Staates. Seine Stellung zur deutschen Frage war zunächst abwartend. Ob er schon immer davon überzeugt gewesen war, daß Preußen einmal an die Spitze eines von Österreich abgelösten Deutschlands treten werde, ist nicht sicher, vor allem, wenn man sein Zögern und seine fast archaischen Loyalitätsbindungen an den Kaiser in Betracht zieht, als Bismarck 1866 auf den Krieg zusteuerte.

Wie in Österreich, so hatte auch auf dem preußischen Königsthron die Ehe zwei ungleiche Menschen zusammengeführt: die im Klima des Weimarer Musenhofes aufgewachsene Prinzessin Augusta und den Prinzen Wilhelm, dessen einziges Interesse dem Militär galt.

Prinz Wilhelm von Preußen und seine Braut Prinzessin Augusta von Sachsen-Weimar zu Besuch bei Goethe

Die Pläne der Heeresreform, an denen der Herrscher ganz persönlichen Anteil hatte und die vom Kriegsminister Albrecht von Roon im Februar 1860 dem Abgeordnetenhaus vorgelegt wurden, erforderten eine Erhöhung des Steueraufkommens um 25 Prozent. Sie sahen unter anderem vor: Beseitigung der selbständigen Landwehr, dreijährige aktive Dienstzeit (vier Jahre bei der Kavallerie) und vermehrte Rekrutenaushebung. Das bedeutete die Neuaufstellung von 39 Infanterie- und 10 Kavallerieregimentern und die Erhöhung der jährlichen Rekrutenquote von 40 000 auf 63 000.

Mit der Landwehr verband sich eine legendär-liberale Erinnerung an die Freiheitskriege 1813/15. Sie galt als Verkörperung eines freiheitlichen, nicht dem Monarchen, sondern der Nation verpflichteten Wehrwillens. Der heftige Streit um ihre Auflösung, der alsbald entbrannte, hatte daher einen ganz grundsätzlichen Charakter. Auch bei den anderen Forderungen ging es nicht nur um die entsprechenden Budgetbewilligungen, sondern um die Sicherung der königlichen Kommandogewalt und um die Verstärkung des militärischen Charakters des preußischen Staates. Die Opposition der liberalen Gruppen im Landtag, überall im Land und in der Presse

Die Veteranen der Befreiungskriege wurden beim Jubiläum der Völkerschlacht 1863 als Waffe im preußischen Heereskonflikt vorgeführt. Den Konservativen unterstrichen sie die Notwendigkeit einer Heeresvergrößerung; den Liberalen dienten sie als Beschwörung einer Zeit, als der Wehrwille nicht dem Monarchen, sondern der Nation verpflichtet gewesen war.

war von unterschiedlicher Tönung und Schärfe, gewann aber im Andauern des Streites zahlenmäßig an Stärke. Eine wichtige Etappe war die Gründung der »Deutschen Fortschrittspartei« im Juni 1861,[60] die zunächst durch eine Abspaltung linker Abgeordneter von der altliberalen, sehr vorsichtigen Fraktion Vincke entstand. Die Wahlerfolge steigerten sich von 1861 bis 1863; sie gingen nicht nur auf Kosten der Altliberalen, sondern auch der katholischen Fraktion, die 1862 fast die Hälfte ihrer Mandate einbüßte.[61] Der Fortschrittspartei gehörten Liberale und Demokraten an. Ihr Programm war preußisch-deutsch und patriotisch-liberal. Nur wenige Abgeordnete, meist auf der äußersten Linken, hielten an den großdeutschen Ideen von 1848 fest; sonst war die kleindeutsche Orientierung ganz vorherrschend.

Die politische Zusammensetzung der preußischen Abgeordnetenkammer 1858 bis 1863

Partei	1858		1861		1862		1863	
	Sitze	%	Sitze	%	Sitze	%	Sitze	%
Konservative	47	13	14	4	11	3	35	10
Fortschrittspartei	–		104	29,5	133	38	141	40
andere Liberale								
Vincke, Mathis	195	55	–		–		–	
Grambow	–		91	26	–		–	
Konstitutionelle	–		–		19	5	–	
Linke Mitte	–		48	14	96	27	106	30
Katholiken	57	16	54	15	28	8	26	7
Polen	18	5	23	6,5	22	6	26	7
Fraktionslose	35	10	18	5	43	12	18	5
gesamt	352		352		352		352	

Der Budgetkonflikt wurde zum Verfassungskonflikt, als die Regierung im März 1862 den widerspenstigen Landtag auflöste. Der König entließ die liberalen Minister und bildete ein konservatives Ministerium. Doch trotz massiver Wahlbeeinflussung brachten die Neuwahlen für die linke Opposition einen großen Erfolg. Mit dem neuen Landtag wurde nochmals über die Kosten der Heeresreform und das Budget für 1863 verhandelt. Als der Ausgleichsversuch einer gemäßigten Gruppe der Fortschrittspartei an der Unnachgiebigkeit des Königs scheiterte, war man in der Sackgasse. Die linke Mehrheit des Landtages beharrte auf ihrem Nein zur Steigerung des Heeresbudgets. Der König dachte an Abdankung. Doch der Kriegsminister Albrecht von Roon wollte keineswegs kapitulieren. Er betrieb insgeheim die Bildung eines noch weiter nach rechts orientierten Ministeriums, das bereit war, den Kampf mit dem Landtag aufzunehmen. Als Chef dieser Konfliktregierung hatte die Gruppe um Roon schon einige Zeit Otto von Bismarck vorgesehen. Er wurde im Mai 1862 als Gesandter von St. Petersburg nach Paris versetzt, um rasch bei der Hand zu sein.

Überblickt man das politische Kräftefeld in Deutschland vor Bismarcks Eingreifen, so ist neben den großdeutschen Strömungen vor allem der Liberalismus kleindeutscher Prägung zu würdigen. Hier hatten sich im Laufe des Jahres 1859 mittel- und norddeutsche Gruppen zu dem »Deutschen Nationalverein« zusammengeschlossen. Im Aufwind der damaligen Hoffnungen auf ein liberal-nationales Programm der preußischen Krone und in Anknüpfung an die kleindeutsche Konzeption von 1848/49 entfaltete der Nationalverein bald umfassende Aktivitäten. Im September 1861 zählte er 5 000 Mitglieder, im Herbst 1862 wurde die Zahl 20 000 genannt. Es gab Beiträge, Formulare, Ortsgruppen, viele Sitzungen und eine feste Zentrale in Coburg.

Einige konservative und österreichfreundliche Regierungen griffen mit Schikanen und Beschränkungen ein. Die Wiener Regierung hielt die Existenz des Vereins, da seine Bestrebungen auf einen kleindeutschen Bund unter Preußens Führung gerichtet waren, für unvereinbar mit dem Bundesrecht. Aber ernsthaft wagte man doch nicht mehr, ein Verbot in die Wege zu leiten.

Die direkten und indirekten Wirkungen des Nationalvereins sind hoch einzuschätzen. An seiner Spitze standen ein Liberaler, der Hannoveraner Rudolf von Bennigsen, und ein »Linker«, der Thüringer Demokrat Fedor Streit. Zwar war er aus Initiativen von außerhalb Preußens entstanden, aber gerade in dieser Koordination neuer liberaler Parteigruppierungen in den außerpreußischen Landtagen lag seine besondere Bedeutung. Die sehr weitgehende Übereinstimmung mit den Zielen liberaler und demokratischer Gruppen in Preußen führte aber bald zu einem starken Mitgliederstamm auch in Preußen, vor allem in den westlichen Provinzen. So wurde der Nationalverein zu einem wirksamen Bindeglied zwischen den kleindeutschen Gruppierungen im dritten Deutschland und denen Preußens. Eine solche vermittelnde Rolle gewann der großdeutsche Reformverein niemals, da er in Österreich nie wirklich Fuß faßte.

Die bürgerliche Bildungsschicht stellte das Hauptkontingent der Mitglieder des Nationalvereins und sicherte ein breites Echo in der Publizistik, Presse und Literatur der Zeit. In der Abgrenzung gegen die Arbeiterbewegung und in der Nichtzulassung von Arbeitern zur Mitgliedschaft ging der Nationalverein dann einen deutlichen und folgenreichen Weg. Andererseits verunsicherte die Zuspitzung des preußischen Verfassungskonflikts viele Mitglieder und Sympathisanten des Vereins und kam den großdeutschen Strömungen zugute.

Die ganze Schärfe der Gegensätze zwischen Preußen und Österreich zum Zeitpunkt des Eintritts Bismarcks in die deutsche Politik wird aus der Chronik der Bundesreformpläne und dem Wechsel von Annäherung und Konfrontation zwischen Berlin und Wien in den Jahren seit der italienischen Einigung deutlich. Der damalige Außenminister Österreichs, Bernhard Graf Rechberg, entstammte einer alten schwäbischen Familie, deren Stammburg dem Hohenstaufen gegenüberliegt. Er war 1830 als Vierundzwanzigjähriger von Metternich in den österreichischen Dienst geholt worden und blieb dem Staatskanzler über den Sturz von 1848 hinweg in Freundschaft und Treue verbunden. »Wahren Sie das Feld der Prinzipien!« – so hatte Metternich vom Totenbett aus an Rechberg geschrieben.[62] Und Rechbergs Ministertätigkeit 1859/64 war ganz von der Idee einer Rekonstruktion der alten, politisch-sozialen Ordnung Europas erfüllt. Der deutschen Nationalbewegung – auch ihrem großdeutschen Flügel – stand er innerlich fern, erst recht sah er in Preußens Werben um die kleindeutschen Kräfte Verrat und Zynismus.

Der österreichische Außenminister Graf Rechberg, erfüllt von der Idee der Wiederherstellung der alten politisch-sozialen Ordnung Europas, setzte lange auf Ausgleich mit Preußen und erkannte zu spät, daß Österreich das Spiel um die Macht gegenüber einem Gegner wie Bismarck verlieren mußte.

Nach dem Verlust der Lombardei 1859 war das Klima in Wien sehr frostig geworden. Österreich warf Preußen öffentlich vor, durch sein Verweigern einer Waffenhilfe an der Niederlage schuld zu sein. Und der württembergische Minister von Hügel sprach sogar von dem »gegen die Lebenssäfte des Deutschen Bundes gerichteten Austrocknungssystem« Preußens, das alle Reformversuche blockiere.[63] Rechberg pflichtete ihm bei und meinte, Preußen habe durch sein Verhalten überhaupt das Recht verwirkt, sich künftig zu seinem Schutze auf den Bundesvertrag zu berufen; es müsse erst durch Abwendung von den kleindeutschen Projekten und durch sonstiges Wohlverhalten »moralisch gleichsam ... seinen Wiedereintritt in den Deutschen Bund vollziehen«.

In den Verhandlungen über eine Bundesreform, wie sie zwischen Österreich, Preußen und den Staaten des dritten Deutschland 1859 bis 1862 geführt wurden, wechselten die Bündniskonstellationen

Während die Sitzungen des Frankfurter Bundestages bestimmt wurden von den Auseinandersetzungen zwischen Österreich und Preußen, gab es auch Veranstaltungen, die die Kräfte zum Ruhme des Vaterlandes verbanden.

Erinnerungsblatt an das erste Deutsche Bundesschießen in Frankfurt am Main, 1862

und die Interessenlagen. Einmal versuchte Berlin, mit Wien gemeinsam eine ganz dualistische Neuorganisation der Bundestruppen zu vereinbaren; das rief den stärksten Widerspruch der Mittelstaaten hervor. Dann gab es Initiativen des sächsischen Ministers Beust, der den beiden Großmächten eine trialistische Lösung schmackhaft zu machen versuchte. Doch die Forderung Preußens nach einer gleichberechtigten Stellung im Präsidium des Bundestages und Österreichs Nein dazu blockierten auch diesen Vorstoß. Schließlich wurde von Baden und dann auch von Preußen her der Vorschlag eines »engeren Bundes« unter Berliner Führung erneuert, der ja schon 1849/50 so nachhaltig umkämpft worden war. Er verfiel in Wien sofort der schärfsten Ablehnung. Österreich – so erklärte Rechberg – kann niemals auf seine historische Stellung als erste deutsche Macht verzichten.[64] »Niemals kann sich die deutsche Macht Österreich aus Deutschland verdrängen lassen. Um ihrer selbst wie um Deutschlands willen muß sie mit der äußersten Kraft ihren Platz in Deutschland behaupten. Neben einem großen deutschen Nationalstaate hat sie keine Zukunft ... Zu einem deutschen Nationalstaate neben Österreich aber würden die deutsch-österreichischen Provinzen sich verhalten wie Lombardei-Venetien zu einem italienischen Reiche. Der deutsche Einfluß würde ihr selbständiges Leben nicht stärken, sondern erdrücken. Und in den nichtdeutschen Ländern würde sich zugleich ein furchtbarer Rückschlag gegen den Anspruch Deutschlands erheben, den Verband der Monarchie gewissermaßen unter deutsche Obhut zu nehmen ...«

Österreich antwortete mit Gegenvorschlägen für eine Bundesreform, die am Frankfurter Bundestag gegebenenfalls auch ohne Preußen beschlossen und verwirklicht werden sollten. Die Anträge stießen sogleich auf den heftigsten Widerstand Preußens. So stand es im Herbst 1862; es war durchaus offen, ob und in welcher Form es zu einer Spaltung des Bundes kommen würde.

Österreich wurde in seiner schärferen Gangart nicht nur durch die alarmierende Erneuerung der kleindeutschen Politik in Berlin, sondern auch durch die vermutete innere Lähmung Preußens in dem eskalierenden Verfassungskonflikt bestärkt. Andererseits konnte Berlin 1861/62 einen überaus wirksamen Hebel gegen Österreich und seine Stellung in Deutschland ansetzen.[65] Den Anlaß boten die wieder aktuell gewordenen Zollunions- und Handelsfragen zwischen dem deutschen Zollverein und Österreich. Der englisch-französische Handelsvertrag von 1860 hatte die handelspolitische Lage in Europa gründlich verändert. Dieser sogenannte Cobden-Vertrag schuf zum ersten Mal eine geschlossene westeuropäische Freihandelszone mit Meistbegünstigungsklauseln. Preußen und der Zollverein waren nicht geradezu gezwungen, sich dem neuen System anzuschließen, um sich nicht aus diesem wichtigen Markt verdrängen zu lassen, aber von Anfang an hatte die politische Kalkulation eine gewichtige Rolle gespielt: Napoleon benutzte ein Vertragsangebot als Mittel der politischen Annäherung, während Preußen die Chance sah, durch Forcierung der freihändlerischen Tendenz innerhalb des Zollvereins die Zolleinigung mit Österreich endgültig scheitern zu lassen und die eigene wirtschaftspolitische Hegemonie im engeren Deutschland zu befestigen. Gleichzeitig setzte die Berliner Regierung alles daran, eine Interessenidentität zwischen der preußischen und norddeutschen Wirtschaft und der eigenen Wirtschaftspolitik herzustellen und zu verfechten, während sie auf der politischen Ebene gegen die liberalen Verfassungsprinzipien des Wirtschaftsbürgertums kämpfte.

Dagegen führte Österreich das Recht ins Feld, aufgrund des Handelsvertrages von 1853 seinen Beitritt zum Zollverein zu verlangen. Je weniger ein politischer Gesamteintritt in den Bund jetzt noch in Frage kam – Rechberg selbst hatte angesichts der wachsenden Nationalitätenprobleme auf eine solche Initiative verzichtet – desto entschlossener vertrat Wien das Recht und den Willen zur Zolleinigung. So stießen gewissermaßen zwei handelspolitische Offensiven aufeinander, während die Mittelstaaten wie 1853 zwischen politischen und – teilweise – schutzzöllnerischen Sympathien für Österreich und freihändlerischen Neigungen zu Preußen (und England-Frankreich) schwankten.

Trotz österreichischer Proteste paraphierte Berlin am 29. März 1862 den Handels- und Zollvertrag mit Frankreich. Der schwäbische Nationalökonom Schäffle bezeichnete ihn als »ein handelspolitisches Villafranca« für Österreich; denn nun verpflichtete Preußen auch alle Zollvereinsmitglieder auf den Beitritt zum französischen Vertrag, bei Strafe der Nichterneuerung des Zollvereins. Im Zuge ihrer innenpolitischen Strategie gelang es der preußischen Regierung, den französischen Vertrag von der Abgeordnetenkammer, die damals verfassungspolitisch schärfste Opposition machte, mit 264 gegen nur zwölf Stimmen (der katholischen Fraktion) bestätigen zu lassen. Auch der Deutsche Handelstag, ein freier Zusammenschluß nord- und süddeutscher Wirtschaftskreise, der bisher eher proösterreichisch eingestellt war, schwenkte im Herbst 1862 mehrheitlich auf die preußische Linie ein: Österreich, so das Argument der Mehrheit, sei wirtschaftlich nicht so entwickelt wie Preußen; es beanspruche aber im Zollverein einen Platz, »den ihm das wohlverstandene Interesse und das politische Selbstgefühl der Nation nicht einräumen könne«[66].

Und auch mit seiner Italienpolitik hatte Preußen Erfolg. Die liberalen Kleindeutschen sahen in dieser Politik eine neue Bestätigung ihrer Hoffnungen auf Berlin. Es ging um die offizielle Anerkennung des aus revolutionärer Wurzel stammenden, 1860 von Viktor Emanuel II. feierlich proklamierten »Regno d'Italia«. Preußen bestand zwar auf einer italienischen Erklärung zum Schutze des österreichischen Venetiens. Aber der Wert solcher Garantieerklärungen war um so zweifelhafter, als Turin offiziell von der »unter Fremdherrschaft stehenden italienischen Provinz« Venetien sprach. Als Berlin die Anerkennung des Königreichs Italien aussprach[67], wurde dies von Österreich und den Konservativen als Verrat aufgefaßt. Die offizielle österreichische Antwort war scharf und vorwurfsvoll. Franz Joseph ließ den preußischen Herrscher wissen, »wie es des Kaisers aufrichtiger Wunsch sei, Preußen möge niemals die Wirkungen des nunmehr ... gefaßten Entschlusses, die Erfolge der gewaltsamsten Revolution und des gewissenlosesten Rechts- und Vertragsbruchs anzuerkennen, im eigenen Interesse zu beklagen haben«.

So stand hier nochmals auf höchster Ebene vor der deutschen Öffentlichkeit die Prinzipienfrage zwischen historischem Recht und Legitimität einer nationalrevolutionären Einigungsbewegung zur Diskussion. In Preußen fand die Anerkennung eine breite Zustimmung, nur die katholische Fraktion (wegen des Kirchenstaats) und der hochkonservative Kreis um die »Kreuzzeitung« blieben abweisend. Außerhalb Preußens begrüßten der Nationalverein und die ihm nahestehenden Gruppen erst den Erfolg und dann die Anerkennung der italienischen Einigung mit Nachdruck. Österreich und die meisten Großdeutschen konnten dem eigentlich nur das historische Recht und die Warnung vor der Revolution – auch in Deutschland – entgegenhalten. Der Mangel einer eigenen, in die Zukunft weisenden Konzeption angesichts der dynamischen italienischen Nationalbewegung war tief in der Geschichte und Herrschaftsstruktur des Kaiserstaates begründet.

Seit Metternichs Anfängen hatte die österreichische Politik offenkundig an Spielraum verloren; Wiens Verhalten wurde zunehmend mehr durch Immobilismus als durch Aktionsfähigkeit und Integrationskraft gekennzeichnet. Zwar hatte die Verwirklichung des österreichischen Verfassungswerkes 1860/61 neue Impulse nach innen und außen gebracht, aber schon 1862, erst recht in den Folgejahren, hatten sich die Schwächen dieser zentralistischen, von Schmerling

Handelsverträge stellen auch politische Offensiven dar. Vergeblich hatte Österreich den Beitritt zum Zollverein verlangt; als Berlin 1862 auch noch einen Handelsvertrag mit Frankreich schloß, sah es sich wirtschaftspolitisch zunehmend auf den südosteuropäischen Raum verwiesen. Zollfragen wurden bald so wichtig wie Rüstungsfragen.

Die Wiener Börse

im deutschliberalen Sinne geformten Verfassung von 1861 gezeigt. Sie konnte nicht nur das Nationalitätenproblem und die staatsrechtlichen Probleme Ungarns und bald auch Böhmen-Mährens nicht lösen; sie brachte auch keineswegs jene liberale und machtmäßige Konsolidierung Österreichs, die Wien im Deutschen Bund und vor allem gegenüber Preußen auf die Dauer eine kraftvoll werbende, freie und neue Alternativen entwickelnde Politik ermöglicht hätte. Und doch war das politisch-moralische Kapital des alten Kaiserstaats in Deutschland noch immer stark. Aber es war fraglich, ob das ausreichen würde, sobald ein Mann wie Bismarck das Ruder der preußischen Politik ergriff.

4. Bismarck und Österreich: Zusammengehen oder Konflikt?

Im September 1862 erreichte der preußische Verfassungskonflikt einen Höhepunkt. König Wilhelm hatte nicht nur die überwältigende Mehrheit der Abgeordneten gegen sich, auch sein eigenes Ministerium erklärte, im Fall der Ablehnung des Budgetentwurfes durch den Landtag einen »solchen brennenden Konflikt« nicht fortdauern lassen zu können. In diesem Moment erschien dem König die Abdankung als ein Ausweg. Eigenhändig entwarf er eine Abdankungsurkunde: Er habe stets in Übereinstimmung mit der Verfassung seine Monarchenpflicht auszuüben gesucht; doch nun sei durch das Verhalten des Abgeordnetenhauses »ein Konflikt eingetreten, den Wir mit Unseren Pflichten gegen den Staat und mit den verfassungsmäßigen Bestimmungen nicht in Einklang zu bringen vermögen«.[68]

Hier kreuzen sich zwei Grundlinien deutscher Geschichte. Auf der einen Seite stand die in vielen Jahrhunderten gewachsene monarchische Gewalt, erblich in einer Familie, um die sich ein Staat gebildet hatte: Stammeshäuptlinge, Kriegshelden, Vasallen, Markgrafen, Kurfürsten, Könige. Auf der anderen Seite das »Volk«, erst in ständischen, dann in liberalkonstitutionellen Formen seinen Teil an der Macht und an der Gestaltung der öffentlichen Angelegenheiten fordernd und wahrnehmend. Als diese beiden Entwicklungslinien in einem anscheinend unüberbrückbaren Konflikt aufeinandertrafen und der König, der dem Parlament nicht nachzugeben gedachte, die Abdankung vorbereitete, war die Chance der sogenannten »Militärpartei«, angeführt von Kriegsminister Roon, gekommen. Sie präsentierten dem zweifelnden König als neuen, starken Mann, der den Verfassungskampf in eiserner Vasallentreue durchstehen werde, Herrn von Bismarck.

Bisher hatte der König alle Vorschläge für eine Berufung dieses abenteuerlichen, radikalen Außenseiters abgelehnt, bestärkt auch durch Königin Augusta, die Bismarck geradezu haßte. Als der neue Ministerkandidat – in fünfundzwanzigstündiger Bahnfahrt von seinem Pariser Botschafterposten nach Berlin geeilt – zunächst den Kronprinzen besuchte, flammte das Mißtrauen des Königs auch sogleich wieder auf: »Mit dem ist es auch nichts, er ist ja schon bei meinem Sohn gewesen.«

Immerhin empfing er Bismarck am 22. September im Schloß Babelsberg. Was Bismarck selbst in seinen Memoiren über die Vorgeschichte seiner Berufung erzählt, ist mit größter Vorsicht zu lesen. Lothar Gall faßt den heutigen Forschungsstand lapidar zusammen: »... ein Meisterwerk der politischen Legendenbildung ... Denn in Wahrheit stimmt daran fast gar nichts.«[69] Dennoch können aufgrund vielfacher Quellen und Angaben die Kernpunkte der Auseinandersetzung und der schließlichen Vereinbarung zwischen dem König und Bismarck, die dann zu dessen Ernennung zum Ministerpräsidenten und Außenminister führte, rekonstruiert werden. Es gelang dem märkischen Junker, sich dem König als unbedingter Gefolgsmann, nicht als möglicher konstitutioneller Minister, zu präsentieren: »Ich fühle wie ein kurbrandenburgischer Vasall, der seinen Lehensherrn in Gefahr sieht. Was ich vermag, steht Euer Majestät zur Verfügung.« Dieser »Vasallenschwur« konkretisierte sich in der von Bismarck übernommenen Verpflichtung, die unverkürzte Durchsetzung der Heeresreform gegen das Abgeordnetenhaus durchzukämpfen. Darauf habe der König – so Bismarck – erklärt: »Dann ist es meine Pflicht, mit Ihnen die Weiterführung des Kampfes zu versuchen, und ich abdiziere nicht.« Ebenso wichtig wurde aber, daß der König offenbar auf jeden weiteren Versuch verzichtete, den neuen Regierungschef auf ein detailliertes Programm festzulegen. Bismarck hatte *plein pouvoir.*

Darin liegt die weltgeschichtliche Bedeutung des 22. September

1862. Wir sehen heute deutlicher als frühere Generationen, daß die archaisierende Redeweise von Vasall und Lehensherr mehr als eine romantische Floskel war. Sie bezeichnete in der Tat eine tiefe, antiliberale Konzeption von Macht und Staat und Regierungsweise. Aber was dachte, was wollte Bismarck wirklich? Vieles spricht dafür, daß es sich damals und später nicht nur um eine psychologisch einfühlende Weise handelte, das Vertrauen des nicht leicht beweglichen Monarchen zu gewinnen. Vielmehr hat es Bismarck wohl von Anfang an darauf angelegt, durch die Treuebindung des »Vasallenschwurs« eine persönliche Machtposition aufzubauen, die über alles hinausging, was in der europäischen Regierungspraxis für einen Minister möglich schien. Das durchaus Ungewöhnliche und ganz und gar aus dem Rahmen des 19. Jahrhunderts Fallende dieser Beziehung zwischen Monarch und Minister ist von Anfang an da: Die archaische Personalbindung bietet dem an Energie und politischer Umsicht so unendlich überlegenen Partner immer wieder die Chance, den Spieß umzudrehen und den Lehensherrn kraft des Lehensbandes mit sich zu ziehen.

Wozu das alles? In den Dienst welcher Ziele und welcher Wertvorstellungen sollte eine derartige, so unmodern fundierte und so modern agierende Macht gestellt werden? Das ist die große, bewegende und bis heute keineswegs eindeutig beantwortete Frage nach der Stellung, der Wirkung und dem Recht Bismarcks im Rahmen der deutschen und europäischen Geschichte. Es ist eine Frage, die alles Kommende neu umgreift und die im Grunde dem Weg Österreichs, Preußens und Deutschlands in der Moderne gilt.

Im September 1862 ging der neubestellte Ministerpräsident sogleich daran, die innen- und außenpolitischen Spielräume auszuloten. Innenpolitisch suchte er zunächst keineswegs die Verschärfung des Verfassungskonflikts; zur allgemeinen Überraschung ließ er Kompromißbereitschaft erkennen, doch die liberale Opposition dachte nicht daran, einzulenken. Vor diesem Hintergrund ist die so berühmt gewordene Rede Bismarcks in der Budgetkommission des Abgeordnetenhauses vom 30. September zu sehen, die keine Kampfansage, sondern ein jovial vorgebrachtes und weitgespanntes Kooperationsangebot im Sinne einer gemeinsamen kleindeutschnationalen Politik sein sollte.

Die Rede wurde allerdings ganz anders aufgefaßt und gewertet. Nicht die Hinweise auf die Stärke der preußischen Macht als Voraussetzung einer tatkräftigen Deutschlandpolitik, nicht die plaudernde Bonhomie – »Sie können uns doch als ehrlichen Leuten trauen« – und das Vorzeigen eines in Südfrankreich gepflückten, in der Zigarrentasche mitgebrachten Olivenzweiges, den Bismarck dem Kommissionsvorsitzenden gegenüber als »Friedenszweig« bezeichnete, bestimmten den Eindruck. Vielmehr prägte sich den Gegnern ein, daß Bismarck eindeutig das Notrecht der Regierung verfocht, bei Nichtbewilligung des Budgets die Verwaltung auch ohne Etatgesetz weiterzuführen, und daß er sich dabei auf die famose »Lückentheorie« berief: Die preußische Verfassung habe insofern eine Lücke, als sie nicht regele, was geschehen solle, wenn das Budget vom Landtag nicht akzeptiert werde; deshalb müsse die Regierung durch ihre dem Land verantwortliche Tätigkeit diese Lücke ausfüllen (was auf eine glatte Umgehung des für die liberale Auffassung so zentralen Budgetrechtes hinauslief). Vor allem wurden von der Opposition, und zwar mit gewaltigem Echo in ganz Deutschland, jene Worte kritisiert, die von Bismarck durchaus als Appell an Gemeinsames gemeint gewesen waren: »Nicht auf Preußens Liberalismus sieht Deutschland, sondern auf seine Macht ... Preußen muß seine Kraft zusammenfassen und zusammenhalten auf den günstigen Augenblick, der schon einige Male verpaßt ist; Preußens Grenzen nach den Wiener Verträgen sind zu einem gesunden Staatsleben nicht günstig; nicht durch Reden und Majoritätsbeschlüsse werden die großen Fragen der Zeit entschieden – das ist der große Fehler von 1848 und 1849 gewesen –, sondern durch Blut und Eisen.«[70]

Die Rede von Blut und Eisen wurde zum Signal der in Preußen und in Deutschland verschärft einsetzenden Kritik an Bismarck, in der Liberale und Konservative, Groß- und Kleindeutsche sich trafen. Man sah in ihm den skrupellosen Vorkämpfer des Junkertums und des schroffsten preußischen Militarismus, den »letzten Bolzen der Reaktion«. Der süddeutsche Liberalismus war besonders alarmiert. Roggenbach schrieb am 3. Oktober an seinen Gesinnungsfreund Robert von Mohl: »Der Mann und das System muß schonungslos angegriffen werden.« Alle Hoffnungen auf Preußens deutsche und freiheitliche Mission schienen nun zerstört. Heinrich von Treitschke kommentierte gegenüber seinem Freund Wilhelm Nokk: »Du weißt, wie leidenschaftlich ich Preußen liebe; höre ich aber einen so flachen Junker, wie diesen Bismarck, von dem ›Eisen und Blut‹ prahlen, womit er Deutschland unterjochen will, so scheint mir die Gemeinheit noch durch die Lächerlichkeit überboten.« Im Berliner Abgeordnetenhaus herrschte eine ähnliche Stimmung. Der liberale Forckenbeck verteidigte gegen Bismarck mit großem Ernst die Verfassung: »In Preußen ist meiner Meinung nach eine Regierung nicht anders möglich als mit vollständiger treuer Beobachtung der Verfassung, und nur einer solchen Regierung würden Blut und Eisen der Nation zur Verfügung stehen.«

Bismarcks Vorschläge wurden abgewiesen, der Verfassungskonflikt eskalierte weiter. Die Gegensätze erfaßten immer größere Bereiche, seit die neue, ganz konservative Regierung mit allen Mitteln reaktionärer Disziplinierung gegen die Opposition und die Presse vorzugehen begann. Zu einer Gegenbewegung, die über die Grenzen bürgerlichen Wohlverhaltens hinaus Kundgebungen, Steuerverweigerungen, Streiks organisiert hätte, kam es freilich nicht.

Das Faszinierende an den ersten Schritten von Bismarcks Außenpolitik im Winter 1862/63 ist nicht, daß sie besonders geschickt oder erfolgreich gewesen wären, sondern daß sie mit einer im diplomatischen Verkehr ungewohnten Schärfe, Direktheit und auch Offenheit erfolgten, die tiefe Einblicke in sonst meist verdeckte Zonen der Machtverhältnisse und der Verschiebungskräfte ermöglichen. Bevor Bismarck die österreichische Frage und die Bundesfrage aufgriff, erkundete er die voraussichtliche Haltung der europäischen Mächte. Frankreich, das er seit langem als möglichen Partner einer preußischen Großmachtpolitik ins Auge gefaßt hatte, machte gerade 1862 eine Schwenkung. Noch im Sommer 1862 waren Bismarck von Napoleon III. bei einem Besuch in Paris »die unzüchtigsten

Angebote« gemacht worden. Das war zu früh gewesen. Jetzt, da er die Macht hatte, mußte er mit dem neuen Außenminister Drouyn de Lhuys rechnen, dessen Amtsantritt im Oktober ein Sieg der Kaiserin Eugenie und der klerikalen Partei über die Vertreter einer dynamischen Nationalitätenpolitik war. Auch die Stellung Frankreichs zu Italien wurde davon betroffen. Dieser konservativen Wendung trug Bismarck insofern Rechnung, als er den preußischen Gesandten Brassier, der als »Cavourist« bekannt war, aus Turin nach Konstantinopel versetzte und, dem französischen Beispiel folgend, dem italienischen Ruf nach *Roma capitale* (Rom als Hauptstadt), der die Katholiken schreckte, entgegentrat. Es war also ungewiß, wie Frankreich sich in der Rivalität zwischen Preußen und Österreich stellen würde. Ähnlich vorsichtig agierte Bismarck gegenüber England, das ja sowohl aufgrund der Schleswig-Holstein-Frage als auch im Hinblick auf Italien und Rußland wichtig war. Wenn er mit England, das die italienischen Rom-Bestrebungen unterstützte, einig war, konnte er im Konfliktfall auch ohne Frankreich Italiens sicher sein. Im Hinblick auf den schwebenden deutsch-dänischen Streit um Schleswig-Holstein lief Bismarcks englische Politik auf eine hinhaltende Abschwächung der Vermittlerrolle hinaus, die London beanspruchte. Das war als Basis auch für Rußland akzeptabel, dessen Unterstützung im kommenden Entscheidungskampf um Deutschland von größter Bedeutung war.

Diese außenpolitischen Voraussetzungen hat Bismarck in den nächsten Monaten genauestens im Auge behalten. Er hat das Steuer seiner deutschen Politik stets auch nach dem Wind gerichtet, der aus Frankreich wehte. Was er in Deutschland wollte, lief im Grunde ganz einfach auf politische und militärische Hegemonie Preußens in Norddeutschland hinaus, vielleicht auch schon – wenn es ohne zu hohen Einsatz ging – auf Süddeutschland ausgreifend; dies aber sollte, wenn möglich, im Einvernehmen mit Österreich erreicht werden, wenn nötig, im Krieg mit dem Kaiserstaat. Die mittelstaatlich-österreichische Bundesreform erschien unter diesem Aspekt nur noch als ein ärgerliches Störmanöver; die seit 1850 formulierte preußische Forderung nach voller »Parität« am Bund mit Österreich war im Grunde nicht mehr interessant. Mit Nachdruck wurde die baldige Lösung aus dem Rechtssystem des Bundes angestrebt; Bismarck hämmerte dem König ein, daß »die Befreiung aus dem Netz der Bundesverhältnisse eines der glücklichsten Ergebnisse für uns wäre«. Was das alles, besonders aber das Ende der mitteleuropäischen Rechts- und Friedensordnung, für Deutschland und Europa zu bedeuten hatte, sollte sich sehr bald zeigen.

Bismarcks Ziele unterschieden sich von der älteren Deutschlandpolitik Preußens mehr in ihrer radikalen Form als im Inhalt. Doch auch ein solcher Unterschied wog schwer, besonders in einer Zeit, wo es um die neue Gestaltung des Zusammenwirkens von bürgerlicher Partizipation und alter Staatsmacht ging. Diese militante Form der Bismarckschen Deutschlandpolitik steigerte zunächst den gemeinsamen Widerstand der Liberalen und Konservativen, die gleicherweise im Rechtsprinzip – wie verschieden auch die Ziele waren – den Angelpunkt einer Verbesserung der deutschen Dinge sahen. Die neue Entschiedenheit Preußens verfehlte aber längerfristig ihre Wirkung auf große Teile des deutschen Bürgertums nicht, das Bismarcks gewalttätigem Vorgehen in der nationalen Frage mehr und mehr zustimmte; dadurch wurde dieses Bürgertum gewissermaßen zum Mittäter Bismarcks bei der Erschütterung des überkommenen Rechtsprinzips in nationalpolitischer und verfassungspolitischer Hinsicht. Wieweit Bismarck sich jeweils die Zustimmung des »altmodischen« Königs sichern konnte, blieb von Fall zu Fall offen. Daß der Appell an die neuen nationalrevolutionären Leidenschaften und Kräfte sich mit einem ganz machtstaatlichen und durchaus antiliberalen Deutschlandprogramm vereinen ließ, trug zur erstaunlichen Bandbreite der nun einsetzenden politischen Dynamik bei.

Im Dezember 1862 eröffnete der preußische Ministerpräsident in einer Reihe von Gesprächen mit dem österreichischen Gesandten, Graf Karolyi, die erste Runde seiner Österreichpolitik in scharfer Gangart; im Januar 1863 schloß er sie mit einem ebenso unerwarteten Rückzieher ab, als ob nichts gewesen wäre. Dazwischen liegt die für Preußen enttäuschende Feststellung, daß von Frankreich (und auch von Italien) bei einem Waffengang mit Österreich vorläufig wenig oder nichts zu erwarten war. Den Anlaß zu der ersten Runde in dieser Auseinandersetzung hatte eine mittelstaatlich-österreichische Reforminitiative am Bundestag gegeben, gegen die sich Preußen vehement wehrte; es ging um die Beschlußfassung über eine am Bundestag zu errichtende Delegiertenversammlung, zunächst für ein gesamtdeutsches Zivilprozeß- und Obligationenrecht. (Der betreffende Antrag wurde übrigens am 22. Januar 1863 von einer Majorität abgelehnt; die Sache erwies sich für das Gesamtproblem der Bundesreform und ihre weitere Behandlung als nicht besonders wichtig.) Bismarck machte aus dieser Initiative eine Prinzipienfrage, drohte offen mit dem Austritt Preußens aus dem Bund und mit einem Krieg, der bei weiterer Verschlechterung der Beziehungen zu Österreich unvermeidbar wäre: »Nous croiserons les baïonettes!«[71] Gegenüber dem österreichischen Gesandten lastete Bismarck dem Kaiserstaat die ausschließliche Schuld an: Österreich habe die Metternichsche Überlieferung, Preußen in Deutschland »so ziemlich« freie Hand zu lassen, aufgegeben und seit Schwarzenberg in dem natürlichen norddeutschen Machtbereich Preußens, in Hannover und Kurhessen, seinen Einfluß befestigt. Das sei unerträglich; beim ersten Kanonenschuß werde man Hannover und Kurhessen besetzen. Preußen brauche die »Lebensluft« in Deutschland.

Karolyis Bericht spiegelt das volle Erstaunen wider, als Bismarck nach dieser offensichtlichen Geschichtsverdrehung anscheinend wohlmeinende und das Auskommen des Kaiserstaats mit Berlin sichernde Vorschläge auf den Tisch legte: »Wenn Sie, anstatt den Schwerpunkt Österreichs in Deutschland zu suchen, den Schwerpunkt der Monarchie nach Ungarn übertrügen, so würden sie den wichtigsten, wesentlichsten Bestandteil Ihres Länderkomplexes mit einem Mal versöhnen.«[72] Ein solches aus Deutschland ausgeschiedenes Österreich könnte dann auf Preußen als zuverlässigen Bündnispartner für seine Interessen in Italien und im Orient rechnen. Für jetzt warnte Bismarck ausdrücklich vor dem Bündnis mit den Mittelstaaten: Österreich habe die Wahl zwischen der Allianz mit Hannover oder mit Preußen!

Man kann diese offensiven Eröffnungen an Wien nur richtig beurteilen, wenn zugleich die Rückzugsmanöver in Betracht gezogen werden, die Bismarck schon kurz darauf mit nicht geringerem Nachdruck vornahm. Franz Joseph entschloß sich nämlich, ähnlich wie vor Olmütz, einen Schritt der Aufklärung und – wenn möglich – der Versöhnung zu tun, um das Risiko von Bundesbruch und Kriegsdrohung zu verringern. Der über Berlin nach St. Petersburg reisende österreichische Gesandte Thun-Hohenstein, den Bismarck seit der gemeinsamen Zeit am Bundestag kannte, wurde mit einer vertraulichen Sondierung bei dem preußischen Ministerpräsidenten beauftragt.[73] Und nun sah auf einmal sehr vieles anders aus. Bismarck empfing den Grafen Thun, der ihm weder an Scharfsinn noch an Bedenkenlosigkeit gewachsen war, aufs freundlichste und stellte sich, ohne seine Grundgedanken aufzugeben, als versöhnlichen Freund Österreichs hin, dem nichts mehr am Herzen liege als ein dauerhaftes, gutes Auskommen mit dem Kaiserstaat. Mit dem »heiligsten Ehrenwort« versicherte er, sein Ziel sei nicht der Bruch, sondern die Erneuerung der preußisch-österreichischen Allianz. Er bestritt alle offensiven oder nationalrevolutionären Absichten; er wolle »weder Friedrich den Großen noch Viktor Emanuel spielen«. Mit Entschiedenheit distanzierte er sich von den Forderungen der preußischen Bundespolitik seit 1850: »An das Bundespräsidium denke ich gar nicht, ebensowenig spreche ich von der Mainlinie, ausschließlicher Besetzung der Bundesfestungen, Oberkommando, und es fällt mir auch nicht ein, irgendeinen deutschen Staat verschlucken zu wollen.«

Das war Musik in den Ohren des konservativen Thun, der über alle bundespolitischen Probleme hinweg – denn auf der Ablehnung der Reforminitiative bestand Bismarck natürlich weiter – die Sicherheit gewann, es hier mit einem zwar eigenwilligen, aber doch grundanständigen Partner einer gewohnten und für Österreich überschaubaren Kabinettspolitik zu tun zu haben. Auf seine Anregung hin schlug Bismarck ein sofortiges Zusammentreffen mit dem österreichischen Ministerpräsidenten vor: man solle sich in Breslau oder in Leipzig in den nächsten Tagen treffen und alles besprechen ... Karolyi urteilte weitaus kritischer. Er sah in Bismarcks rascher Wendung nur ein taktisches Manöver. War alles nur Theaterdonner gewesen?

Die friedliche Schwenkung Bismarcks war wesentlich bedingt durch die abwinkende Antwort, die Frankreich ihm erteilt hatte. »Wir sind bereit zum Krieg gegen Österreich, aber nicht gegen Österreich und Frankreich« – so hatte er dem französischen Botschafter ganz unverhüllt erklärt – und daran die Frage geknüpft, wie Frankreich sich im Falle des Falles verhalten werde.[74] Die Stellungnahme Napoleons III. hatte deutlich gemacht, daß von einer Zusicherung wohlwollenden oder auch nur strikt neutralen Verhaltens gegenwärtig nicht die Rede sein konnte. Nicht einmal Italiens konnte Bismarck wirklich sicher sein. Die gegenüber dem englischen Botschafter Buchanan geäußerte Zuversicht, im Kriegsfall Hilfe gegen Österreich gewiß in Italien und Ungarn, vielleicht auch in Rußland zu finden, war wohl ebenfalls mehr taktischer Natur.

Was war im raschen Wandel von offensiver Drohung und begütigendem Einlenken Bluff und was Ernst? Bismarcks Vorschlag an

Karolyi, den Schwerpunkt der Monarchie nach Ungarn zu verlegen, konnte in Wien nur als blanker Hohn aufgefaßt werden. Angesichts all dessen, was Bismarck über Österreich wußte und gesagt hatte, konnte das kaum ernst gemeint sein. Ernst zu nehmen war dagegen seine offene Mißachtung des Bundes und der Bundesreform. So stand denn auch in Wien das konservative Prinzip des Bundesrechtes ganz im Vordergrund der Kritik an Bismarcks Eröffnungen. Rechberg ließ Berlin wissen: Aus dem gemeinsamen Interesse der legitimen Gewalten, die bisher der Revolution widerstanden haben, leiten sich die Gründe her, »aus welchen wir Herrn v. Bismarck auf das Feld willkürlicher Dispositionen über die politische Verfassung Deutschlands selbst dann nicht folgen könnten, wenn diese Neugestaltung uns von Preußen nicht so augenscheinlich in seinem einseitigen Interesse und mit so gänzlicher Verkennung der Lebensbedingungen der österreichischen Monarchie vorgeschlagen würde«[75]. Der noch ernstere Gesichtspunkt, nämlich die Frage nach einem möglichen Arrangement der beiderseitigen Interessen im Hinblick auf die nationale Neugestaltung Deutschlands, kommt bezeichnenderweise in den österreichischen Überlegungen kaum vor; Preußen konnte ja Österreich angesichts der Sachlage keine wirkliche Kompensation anbieten. Dafür bringt Wien sozusagen einen Kontrastgedanken ins Spiel: ein Ausscheiden Preußens aus dem Bund, wenn es sich der Reform nicht anschließen wolle.

Das von Bismarck vorgeschlagene Treffen mit Rechberg wurde abgelehnt. Am 22. Januar kam es daraufhin am Bundestag zu einem Abstimmungssieg Preußens (mit einem Teil der Mittel- und Kleinstaaten) über Österreich (mit dem anderen Teil), was für Wien ein Alarmsignal hinsichtlich eines solchen Sonderbundes ohne Preußen hätte sein müssen. Doch der Ballhausplatz arbeitete unentwegt weiter an einem Reformprojekt, das keinerlei Angebot an Preußen enthielt, aber ganz auf eine nicht existierende antipreußische Solidarität des dritten Deutschland abgestellt war.

Die Entmutigung der preußisch-orientierten Kleindeutschen griff seit Bismarcks Regierungsantritt immer weiter um sich. Es war die Zeit, als – wie Bismarck später sagte – »die Leute vor mir ausspuckten«. Dazu kamen die Folgen der eindeutig prorussischen Stellungnahme Preußens im Falle des polnischen Aufstands von 1863. Bismarck sagte durch die sogenannte Alvenslebensche Konvention vom 8. Februar 1863 dem Zaren volle Unterstützung gegen die Aufständischen zu; auf diese Weise gewann er zwar auf längere Frist die Unterstützung der konservativen, autokratisch-höfischen Kreise Rußlands für Preußens fernere Schritte, aber kurzfristig belastete er das Verhältnis zu Frankreich, das für die Polen eintrat. Vor allem mußte diese Wendung angesichts der Polen-Schwärmerei, die durch ganz Deutschland ging, den Gegensatz zum deutschen Liberalismus verschärfen, der Bismarck als Handlanger des russischen Absolutismus anprangerte. Auf der anderen Seite brachte die neue Entschlossenheit Wiens, ohne Rücksicht auf Preußen mit einer großen Aktion die Führung im Ringen um die deutsche Frage zu ergreifen, einen Aufwind für großdeutsche Hoffnungen und Pläne.[76]

Der österreichische Vorschlag einer umfassenden Bundesreform auf der Basis einer Stärkung der bundesstaatlichen Elemente bei grundsätzlichem Beharren auf dem Staatenbund als einzig möglicher Verfassungsform Deutschlands ging aus vielfachen Überlegungen und Anregungen hervor. Vieles kam hier zusammen: die großdeutsche Gedankenwelt Julius Fröbels, die mittelstaatlichen, trialistischen Reformprojekte (innerhalb deren Beust eine wichtige Rolle spielte), die großösterreichisch-deutschnationalen Ziele und Vorstellungen in Wien (wobei am Ballhausplatz dem aus Hessen stammenden Hofrat Biegeleben im Ministerium Anton von Schmerlings besondere Bedeutung zukam), schließlich eine spezielle Initiative des fürstlichen Hauses Thurn und Taxis, dem es sowohl um die Erhaltung seines alten deutschen Postregals als auch um patriarchalisch-katholische Reichsvorstellungen ging und dem ja der direkte Zugang zum Kaiser offenstand. Der deutschlandpolitische Grundgedanke, der hinter allen diesen Elementen stand, dürfte von Beust am deutlichsten formuliert worden sein: »Ist der Staatenbund, dessen Bestehen Deutschland die schönsten Blüthen seines inneren Kulturlebens, seiner Volkswirthschaft, seines materiellen Wohlstandes verdankt, vollkommen unfähig, den Anforderungen der nationalen Zusammengehörigkeit, der nationalen Machtentfaltung zu genügen? Gewiß nicht. Nur wolle man nicht mit *einem* Schlage erreichen, was das Werk mühsamen und beharrlichen Zusammenwirkens sein muß, dann aber auch gelingen wird.«[77]

Die österreichische Regierung leitete ihre Aktion nicht ohne Geschick ein. Rechberg, in dessen statische und emotionsscheue Politik das Unternehmen nicht paßte, wurde schließlich doch für die aktive Mitwirkung gewonnen; Schmerling war von Anfang an dafür, er mußte aber nach außen hin hinter Rechberg zurückstehen und durfte den Kaiser nicht nach Frankfurt begleiten. Das Projekt sollte auf höchster Ebene, durch einen Fürstenkongreß unter Leitung des Kaisers, behandelt werden, um die Schwierigkeiten, die früher bei Ministerialkonferenzen aufgetreten waren, von Anfang an zu überspielen. Die fast vollkommene Geheimhaltung der inhaltlichen Einzelheiten des Reformplanes verfolgte einen ähnlichen Zweck; erst im Angesicht der persönlichen Autorität des Kaisers als Verhandlungsleiter sollten die Staatsoberhäupter unmittelbar und ohne die Zwischenschaltung ihrer ministeriellen und bürokratischen Sachverständigen mit den Wiener Vorschlägen befaßt werden. In diesem Kalkül steckte ein sehr altertümlicher Kern: Der Kaiser und seine fürstlichen Genossen befinden *in persona* über die Geschicke Deutschlands. Aber ganz abgesehen von dem fehlenden Angebot an Preußen und der Nichtberücksichtigung der öffentlichen Meinung Deutschlands lag gerade darin eine neoabsolutistische Fehleinschätzung der einzelstaatlichen Entscheidungs- und Sachverstandsstrukturen, die sich seit vielen Jahrhunderten entwickelt hatten und den »spontanen« Handlungsspielraum jedes Fürsten einengten.

Während Bismarck mit einer vorbereitenden Initiative Österreichs am Bundestag rechnete, setzte man in Wien auf monarchisches Solidaritätsgefühl und Überrumpelung: Der Kaiser überraschte den in Gastein zur Kur weilenden König Wilhelm am 3. August 1863 mit seinem Besuch und mit der mündlichen Einladung zu der schon für den 16. August geplanten Fürstenversammlung in Frankfurt. Wilhelm replizierte mit der Forderung nach einer

Flugblatt zum polnischen Freiheitskampf

Verkauft, besiegt verraten –
Sind unsre besten Taten
Wie Träume leer und hohl
Und lassen keine Spuren;
So nehmt, geliebte Fluren,
Das letzte Lebewohl!

Lebt ewig wohl, ihr Brüder!
Ein Haufe Lebensmüder
Trifft überall ein Grab.
Nicht uns vom Tod zu retten,
Nein, nur zu fliehn die Ketten,
Ergreifen wir den Stab.

Wir ziehn von Weib und Kindern,
Vermögen nicht zu hindern
Des Vaterlands Ruin.
Schon lechzt nach unserm Blute
Die Peterburger Knute,
Die Fuchtel von Berlin.

Auszug aus Platens Gedicht »Nächtlicher Weichselübergang der flüchtigen Polen bei Krakau«

vorgeschalteten Außenministerkonferenz und mit anderen Einwänden. Bismarck, der nach Gastein mitgekommen war, versuchte aufs nachdrücklichste, aber zunächst vergeblich, seinen König auf ein eindeutiges Nein festzulegen. Es dürfte ihm schon damals klar gewesen sein, daß mit der Teilnahme Preußens der Erfolg der Fürstenversammlung stand oder fiel. Seine ironisierende Sprachregelung, in Frankfurt werde es sich nur um eine »Schaumwelle« handeln, verdeckt den entscheidenden Punkt. In erster Linie hing es ja von dem Gelingen der Bismarckschen Boykottpolitik ab, ob die Fürstenversammlung eine vorübergehende »Schaumwelle« oder ein Wendepunkt deutscher Geschichte werden würde.

Bismarck konnte das Nein erst durchsetzen, als die österreichische Seite den Stolz des preußischen Königs schwer verletzte. Eine Viertelstunde nach der Rückkehr Wilhelms von der Besprechung mit Franz Joseph traf nämlich ein kaiserlicher Flügeladjutant ein, der, ohne Rücksicht auf Wilhelms Einwände und Vorschläge, insbesondere hinsichtlich der Terminfrage, die förmliche Einladung für den 16. August übergab. Wie ist ein so schwerwiegender Regiefehler zu erklären? Heinrich von Srbik hat darauf hingewiesen, daß dieser Vorgang eben mehr als ein dummer Zufall war; er wird nur verständlich, »wenn man bedenkt, wie sehr das ganze Unternehmen auf das Überraschungsmoment und auf das ›mit *oder* ohne Preußen‹ eingestellt war«[78]. Erst jetzt konnte Bismarck den König zur Absage bestimmen. Er gewann nicht nur den Sieg über das monarchische Solidaritätsgefühl des Königs; es gelang ihm auch, die Absage in die Form eines für die Öffentlichkeit bestimmten Dokuments zu kleiden, das nun schon nahezu ein Manifest der preußischen, Österreich überbietenden Nationalpolitik wurde. Vor allem betonte Berlin die Ablehnung der vorgeschlagenen deutschen Delegiertenversammlung und forderte statt dessen ein aus direkten Wahlen hervorgehendes Nationalparlament. Das war die Wiederaufnahme des nationalrevolutionären Programms von 1848/49.

Unterdessen nahm die Vorbereitung des Fürstentags einen erstaunlich günstigen Verlauf. Die Nachricht von der Initiative des Kaisers rief in der deutschen Öffentlichkeit ein gewaltiges Echo hervor. Noch nie hatte es in deutschen Landen eine vergleichbare Unternehmung gegeben. Das alte Reich der Deutschen war zugrunde gegangen, bevor die neuen nationalen Energien an die alten Formen anzuknüpfen vermochten. Nun wandten sich die Hoffnungen auf eine würdige und machtvolle Ausgestaltung des nationalen Lebens dem kaiserlichen Erben der alten Reichstradition zu. Ein ganzer Chor großdeutscher Sehnsucht und Erwartung begleitete den Weg des Kaisers nach Frankfurt. Friedrich Hebbel, der Deutschlands Leben zwischen Nord und Süd wie wenige kannte, begrüßte die Nachricht von der Frankfurter Versammlung: »Jetzt wird Deutschland sich einigen und mit den deutschen Provinzen Österreichs ein großes Reich bilden. Was soll es mit all den kleinen Königen, Herzogen, Kurfürsten, die müssen vor der künftigen Majestät ihre Krönlein ablegen und die Vasallen eines mächtigen deutschen Kaisers werden. Ich will dann eine Reichshymne dichten, die mit den Worten begönne: Gott vernichte, Gott zerspalte Grenzenpfähle, Länderschranken.«[79]

Keiner der Fürsten hatte gewagt, der Absage König Wilhelms zu folgen. Frankfurt, die alte Stadt der Kaiserwahl und -krönung, schmückte sich für den Empfang der gekrönten Häupter Deutschlands. Am Bundestagspalais in der Eschenheimer Gasse, das dem Kaiser als Residenz diente, wurde unter großem Beifall die schwarz-rot-goldene Fahne aufgezogen, die dort seit 1851 nicht mehr geweht hatte. Der Kaiser fuhr im einfachen, offenen Zweispänner durch die Stadt; die dichtgedrängte Menge in den Straßen jubelte ihm zu. Am 16. August gab der Kaiser ein Galadiner im Bundespalais. Am folgenden Tag empfing die Stadt Frankfurt ihre Gäste zu einem Bankett im Kaisersaal des Römers. Daran schloß sich ein Feuerwerk am Main an. Leider fing das Riesengestell einer Germania mit dem Schwert in der Rechten, die zum Abschluß im Lichterglanz erstrahlen sollte, Feuer und sank krachend in sich zusammen.

Der österreichische Entwurf wurde am 18. August, dem ersten Konferenztag, der erlauchten Runde zur Beratung und Beschlußfassung vorgelegt. Der Kaiser im weißen Rock eines österreichischen Generals präsidierte an dem mächtigen runden Tisch, links von ihm saß König Johann von Sachsen, rechts König Maximilian II. von Bayern. Dann folgten in protokollarischer Reihenfolge die Fürsten des Bundes und die Bürgermeister der vier freien Städte. An einem Nebentisch saß Biegeleben als Protokollführer. Die Eröffnungsrede des Kaisers unterstrich die Bedeutung der erst kurz zuvor präsentierten Reformakte und drängte auf »raschen und einmütigen Beschluß«, um »festen Boden in der Frage der Zukunft Deutschlands zu gewinnen«. Die Abwesenheit des preußischen Königs wurde von Franz Joseph bedauernd erwähnt, doch betonte dieser, daß sich Wilhelm nicht prinzipiell gegen die Fürstenversammlung erklärt, sondern nur das vorherige Stattfinden von Ministerkonferenzen gewünscht habe.[80]

Das tiefe Schweigen, das sich nach der Rede des Kaisers und einer Höflichkeitserwiderung des bayerischen Königs im Saale ausbreitete, unterbrach der Herzog von Mecklenburg-Schwerin. Er schlug – offenbar unerwartet für die Wiener – die Entsendung einer Delegation nach Baden-Baden vor, um den dort zur Nachkur weilenden preußischen König namens der Versammlung zur Teilnahme einzuladen. Nach einigem Hin und Her wurde die Forderung des Kaisers angenommen, die Einladung mit zwei Bedingungen zu verknüpfen: Der österreichische Entwurf sollte als geeignete Grundlage für die Verhandlung festgehalten und die Frankfurter Versammlung auch im Falle der Ablehnung König Wilhelms auf dieser Grundlage fortgesetzt werden. Der König von Sachsen wurde beauftragt, ein dementsprechendes Schreiben, das alle anwesenden Staatsoberhäupter unterzeichneten, dem preußischen König zu überbringen. Der Sonderzug brachte den König Johann, in dessen Begleitung sich Beust befand, am 19. August nach Baden-Baden. Dort hielt sich auch Bismarck auf, der seinen Herrn wie ein mißtrauischer Wachhund keinen Augenblick aus den Augen lassen wollte.

Bis zur Rückkehr des sächsischen Königs wurden die offiziellen Verhandlungen ausgesetzt. In vertraulichen Einzelberatungen besprach man das österreichische Projekt, dessen Schwierigkeiten bald deutlich wurden.[81] Im wesentlichen bestand es aus folgenden Vorschlägen: Schaffung einer Exekutivgewalt durch ein fünfköpfiges Bundesdirektorium, das aus Österreich, Preußen und Bayern und aus zwei turnusmäßig wechselnden Mitgliedern bestand; Beibehaltung des bisherigen »Engeren Rates« der Bundesversammlung mit 17 Stimmen als föderatives Organ; Neuerrichtung einer Versammlung von 302 Bundesabgeordneten, die von den einzelnen Landesparlamenten gewählt werden und in der Regel alle drei Jahre zusammentreten (mit Beschlußrecht für die Bundesgesetzgebung); eine Vollversammlung der Fürsten und der vier Bürgermeister sollte jeweils am Ende der Abgeordnetenversammlung zwecks Beratung und Sanktionierung der Beschlüsse der Abgeordneten stattfinden; schließlich sollte in Frankfurt ein Bundesgericht bestellt werden.

Die Aufgaben des Bundes wurden umfassender formuliert als in der Verfassung von 1815; zur Erhaltung der äußeren und inneren Sicherheit Deutschlands und der Unabhängigkeit und Unverletzbarkeit der Einzelstaaten traten neue Aufgaben: Wahrung der »Machtstellung Deutschlands« nach außen, nach innen Schutz der »öffentlichen Ordnung« und Förderung der »Wohlfahrt der deutschen Nation«. Daß dies Ansatzpunkte waren, um die bundesstaatlichen Elemente in Zukunft noch weiter auszubauen und ihnen möglicherweise das Übergewicht über den Staatenbund zu geben, konnte für niemanden zweifelhaft sein.

Die Änderungen, die der Fürstenkongreß am österreichischen Entwurf vornahm, waren eher durch ihre Tendenzen als durch ihr Gewicht bedeutungsvoll. Die Zusammensetzung des Bundesdirektoriums wurde von den Mittelstaaten nicht ohne Szenen der Eifersucht heftig diskutiert; schließlich einigte man sich auf eine Erweiterung von fünf auf sechs Mitglieder. Die Bestimmungen über den Bundeskrieg wurden hinsichtlich der erforderlichen Mehrheit im Bundesrat für bestimmte Fälle der Kriegserklärung im föderalistischen Sinne verschärft. In die gleiche Richtung wies die neu formulierte Notwendigkeit einer Einstimmigkeit im Bundesrat im Falle von Verfassungsänderungen. Damit war eine defensive Starrheit erreicht, die sich eindeutig gegen hegemoniale Bestrebungen Österreichs richtete. Der Kaiser hatte keine Freude an diesem Gang der Verhandlungen. Immerhin war es ein Achtungserfolg für Österreich, daß am Schlußtag von den 30 versammelten Staatsoberhäuptern 24 der revidierten Reformakte ausdrücklich zustimmten. Aber das wäre nur dann ein wirklicher Erfolg gewesen, wenn die Verhandlung mit Preußen, die der sächsische König währenddessen in Baden-Baden führte, zu einem anderen Ergebnis geführt hätte.

Johann von Sachsen war mit Beust am späten Nachmittag des 19. August in Baden-Baden eingetroffen. Beust berichtet in seinen Memoiren, Bismarck habe ihn mit den Worten begrüßt: »Sie kommen, um uns ins Verderben zu reißen – wird Ihnen nicht gelingen.«[82] König Wilhelm befand sich dort in Gesellschaft seiner Frau und seiner Tochter, die beide für die Annahme der Einladung und gegen Bismarck waren. Johann von Sachsen, der Doyen der deutschen Fürsten, tat, was er konnte, um Wilhelm doch noch zu gewinnen: »Dreißig regierende Herren und ein König als Kurier!«, aber Bismarck trug den Sieg davon, und die Einladung wurde abgelehnt.

Man hat diese Entscheidung vom 20. August 1863 zu den größten persönlichen Taten in Bismarcks Leben gerechnet. Er selbst schilderte den Vorgang in einem Brief an seine Tochter Marie: In Baden-Baden »kamen wir aus dem Regen in die Traufe. Der König von

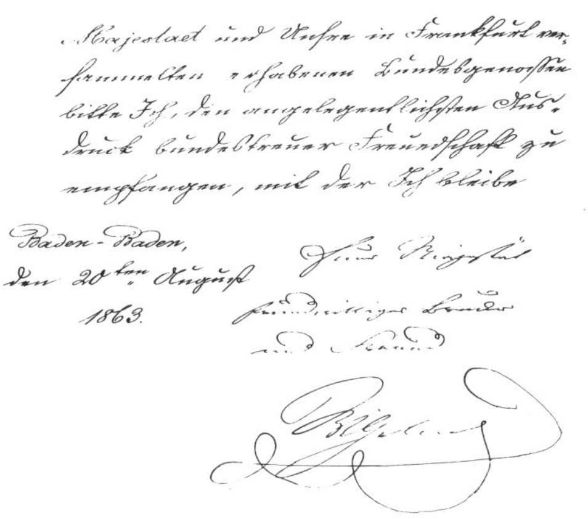
Majestaet und Ihren in Frankfurt versammelten erhabenen Bundesgenossen bitte Ich, den angelegentlichsten Ausdruck bundesbrüderlicher Freundschaft zu empfangen, mit der Ich bleibe

Baden-Baden,
den 20ten August
1863.

Eurer Majestät
freundwilliger Bruder
und Freund
Wilhelm

An
Seine Majestät den Kaiser von Oesterreich.

Auf Drängen Bismarcks sagte König Wilhelm I. seine Teilnahme an dem Fürstenkongreß ab, der alle gekrönten Häupter Deutschlands in Frankfurt vereinigen sollte. Damit war die eigentliche Idee der österreichischen Initiative desavouiert. Der österreichisch-preußische Dualismus blieb bestehen und sollte sich verschärfen, bis er auf den Schlachtfeldern von Königgrätz ausgefochten wurde.

Schreiben König Wilhelms I. an Kaiser Franz Joseph I. als Antwort auf die Mission König Johanns von Sachsen

Sachsen, der klügste aller Diplomaten, erwartete unseren Herrn schon, um ihm in aller Liebe die österreichische Schlinge um den Hals zu werfen; dabei halfen ihm 30 deutsche Fürsten schriftlich und einige uns nahestehende Damen mündlich; der 20. August war ein schwerer Tag, am Abend hatte unser armer König einen Nervenanfall, ich war todmüde, konnte aber dem König von Sachsen einen Brief bringen, der 30 lange Nasen für Frankfurt enthielt. Danach legte ich mich um 1 Uhr zu Bett und dankte Gott aus dem Grunde meiner Seele.«[83] Was Bismarck in der heiteren Distanziertheit dieses Berichtes verschwieg, war die Tatsache, daß nicht nur der König am Abend einen Weinkrampf bekam; auch der Minister war mit den Nerven am Ende und zerschlug nach Beusts Weggang in seinem Zimmer noch einiges an Glas, bevor er fromm zu Bette ging.

Die Absage Preußens war der Wendepunkt. An einen Sonderbund mit Österreich ohne Preußen dachte keiner der Mittelstaaten. So hielten sich alle 24 Landesoberhäupter den weiteren Weg offen, indem sie die erstaunliche Formulierung unterzeichneten, an die Reformakte nur so lange gebunden zu sein, »bis die hier nicht vertretenen Bundesglieder den ihnen mitgeteilten Entwurf entweder definitiv abgelehnt oder uns ihre Gegenvorschläge eröffnet haben«[84]. Das bedeutete den Verzicht auf jede Bindung an die Reformakte, für jetzt und – da mit Preußens Zustimmung nie zu rechnen war – für die Zukunft.

Bismarck zögerte nicht, die offizielle Ablehnung des Entwurfs mit der Formulierung dreier Gegenforderungen zu verbinden: Veto beider Großmächte mindestens gegen jeden Bundeskrieg, der nicht zur Abwehr eines Angriffes auf das Bundesgebiet unternommen wird; volle Gleichberechtigung mit Österreich in der Leitung der Bundesangelegenheiten; Einrichtung eines Nationalparlaments mit erweiterten Befugnissen, das aus direkten Wahlen hervorgehen müsse. Zumindest die letzte Forderung erwies sich als publikumswirksam; sie entsprach der Kritik, die gleichzeitig auch die Generalversammlung des Nationalvereins an der Frankfurter Reformakte übte: Diese sei völlig ungenügend hinsichtlich der Ansprüche der Nation auf Einheit und Freiheit. Andererseits sprach der Nationalverein aber auch seine Unzufriedenheit mit den preußischen Vorschlägen insgesamt aus, »wenn sie von einer solchen Regierung überhaupt ernstlich gemeint sein könnten«. Der großdeutsche Reformverein lobte zwar den Fürstenkongreß als eine patriotische Tat und trat für die baldige Durchführung der Reformakte ein. Wie das aber geschehen sollte, sagte er nicht.

Ob andere Männer an der Spitze Österreichs die Dinge sehr viel anders angefaßt und einen Ausweg gewußt hätten, muß offenbleiben. In der Ära Rechbergs jedenfalls fand man aus der Enge und Starrheit der Perspektiven nicht heraus. Der österreichische Ministerpräsident hat in einer noch relativ günstigen Situation (vor Bismarcks Eingreifen) eine entwaffnende selbstkritische Analyse geliefert. Er beschrieb die zentralen Schwierigkeiten, auf die – seiner Meinung nach – Österreichs Deutschlandpolitik desto sicherer stoßen mußte, je erfolgreicher die großdeutsche Partei sich gegen die Kleindeutschen durchsetzte. In einem Ministerrat unter dem Vorsitz Erzherzog Rainers war es im Sommer 1862 zu einer grundsätzlichen Erörterung von Österreichs Haltung zur kleindeutschen und zur großdeutschen Richtung gekommen. Rechberg hatte zunächst betont, daß das Programm der großdeutschen Partei, welche eine einheitliche Leitung des Bundes durch Österreich anstrebte, vorderhand »ohne große Umwälzung« nicht erreichbar sei; man müsse sich einstweilen auf eine Reform und Stärkung der Bundesinstitutionen beschränken. Dann lesen wir im Protokolltext (nach damaliger Gewohnheit in indirekter Rede), wie Rechberg ohne Widerspruch der anderen Minister die zentrale Schwierigkeit aus seiner Sicht formulierte: »Österreich sei aber immer im Nachteile, denn es seien nur zwei Alternativen denkbar, entweder daß ... die Organisation Deutschlands ohne Österreich siege oder daß das großdeutsche Projekt das Übergewicht erlange und daß dann, wenn Österreich im Interesse der Einheit der Monarchie auf dasselbe nicht unbedingt eingehen würde, es mit seiner eigenen Partei brechen würde.«[85]

Diese Überlegung, die darauf hinauslief, daß Österreich auch bei einem Sieg der Großdeutschen nicht gewinnen könne, weil es die Einheitsstruktur des eigenen Staates nicht durch eine stärkere Bindung an das außerösterreichische Deutschland gefährden dürfe, zeigt auf der einen Seite, wie gering Wien von sich aus in den Entscheidungsjahren des Ringens um Deutschland den Spielraum seiner Bundespolitik einschätzte; eine Aktion wie der Fürstenkongreß, für den man ja Rechberg auch erst hatte gewinnen müssen, war wohl das Maximum dessen, was möglich schien. Andererseits macht dieses Ministerratsprotokoll deutlich, wie schon der Blick auf die vorgeblich unausweichlichen Alternativen die Deutschlandpolitik

Wiens lähmte. Denn das tiefere Dilemma eines künftigen Konflikts zwischen siegreicher großdeutscher Bewegung und österreichischer Eigenstaatlichkeit, das Rechberg so sorgenvoll aufzeigte, ist ja niemals eingetreten. Soweit kam es ja gar nicht. Schon im Vorfeld der Interessenkämpfe zwischen den Mittelstaaten, Wien und Berlin kam es anders. Daß sich dann die Wiener Politik bei diesem Stand und bei dieser Auffassung der Dinge ab Herbst 1863 nochmals ganz auf eine dualistische Zusammenarbeit mit Preußen einließ, ist nicht überraschend. Die Folgen waren allerdings weitreichend und katastrophal für die großdeutsche Sache.

Anlaß und Gegenstand dieses nochmaligen Zusammengehens von Österreich mit Preußen, das den letzten Jahren des Deutschen Bundes den Stempel aufdrückte und bis ins Vorfeld des Krieges von 1866 reichte, war die schleswig-holsteinische Frage.[86] Nachdem Bismarck 1863 die »österreichische Schlinge« abgewehrt hatte, gelang es ihm, Österreich in Schleswig-Holstein die »preußische Schlinge« überzuwerfen. Aus heutiger Sicht scheint die Auseinandersetzung um die beiden nördlichen Herzogtümer abgelegen und marginal. In Wirklichkeit führt diese Frage in all ihrer staatsrechtlichen, nationalpolitischen und europäischen Komplexität ins Zentrum der Bismarckschen Deutschlandpolitik und der Entscheidung über Deutschland.

Satire auf das Bündnis Bismarcks mit dem österreichischen Außenminister Rechberg gegen Dänemark, 1863/64

Das nationale Problem war in den Herzogtümern seit 1848 brennend. Nur Holstein gehörte zum Deutschen Bund; mit Schleswig bestand aber ein uralter, ständerechtlicher Zusammenhalt; die Revolution 1848/49 hatte diese Probleme nicht zu lösen vermocht. Die deutsche Bevölkerung - Holstein war rein deutsch, Schleswig überwiegend mit einer nicht unbeträchtlichen dänischen Minderheit im Norden - wollte zu Deutschland (was immer das hieß). Die Regierung und die Nationalbewegung in Dänemark wollten die alte Zugehörigkeit der Herzogtümer zum Königreich durch eine moderne Einheitsverfassung auf Kosten der altertümlichen Sonderrechte verstärken. Dazu kamen noch überaus verwickelte Erbrechtsfragen innerhalb der Dynastie.

Das Interesse der Großmächte an der Aufrechterhaltung des Status quo und damit an der Sicherung der Durchfahrt zwischen Nord- und Ostsee hatte im Londoner Protokoll von 1852 einen mühsam balancierten Niederschlag gefunden: Unteilbarkeit der dänischen Monarchie, Thronfolgerecht der Linie Glücksburg, Thronverzicht der Nebenlinie des Herzogs von Augustenburg. Das Londoner Protokoll war wohl von Preußen und Österreich, nicht aber vom Deutschen Bund unterschrieben worden. Die Zusicherungen, die sich die beiden deutschen Mächte bei der Unterzeichnung hinsichtlich der Sonderstellung der Herzogtümer machen ließen, waren in ihrer völkerrechtlichen Geltung umstritten.

Der Bund hatte schon gegen die neue Gesamtstaatsverfassung von 1855 Einspruch erhoben und drohte mit der Bundesexekution. Der neue Aufschwung des deutschen Nationalgefühls seit 1859 wirkte verschärfend; mangels erfolgversprechender innerdeutscher Ansatzpunkte wandten sich die nationalen Forderungen mit Leidenschaft dem deutsch-dänischen Problem zu. Man forderte die völlige Abtrennung der beiden Herzogtümer von Dänemark (wobei

Nach dem Scheitern der von Wien initiierten Bundesreform brachte der schleswig-holsteinische Krieg das zweite Debakel für Wien.

Barmherzige Schwestern in einem Lazarett zu Schleswig

die Rechte der dänischen Minderheit meist übergangen wurden); dazu wurde die Erhebung des Erbprinzen Friedrich von Augustenburg (aus der durch das Londoner Protokoll ausgeschlossenen Linie) zum Herzog von Schleswig-Holstein vorgeschlagen. Der Erbprinz war ein deutschgesinnter Herr; er war der Meinung, durch den Thronverzicht seines Vaters in seinen Erbrechten für die Herzogtümer nicht beeinträchtigt zu sein. Eine solche Lösung, die den Bund um einen kräftigen Gliedstaat erweitert hätte, wurde im Land selber und in Deutschland, und zwar von großdeutscher wie von kleindeutscher Seite, mit immer mehr Nachdruck vertreten. Die Kandidatur des Augustenburgers wurde zum Hauptziel der nationaldeutschen Bewegung, wobei die Anhänger dieser Lösung die internationalen und völkerrechtlichen Schwierigkeiten durchaus unterschätzten.

Hier setzte Bismarck an. Für die preußische Politik war die Kandidatur des Augustenburgers nicht akzeptabel. Hintergründig zielte Preußen nämlich auf die Annexion von Schleswig-Holstein, auch wenn es sich offiziell zunächst immer auf die europäische Vertragslage bezog; das hat Österreich lange nicht durchschaut. Rechberg ließ sich von Bismarck für ein gemeinsames Vorgehen in der schleswig-holsteinischen Frage gewinnen, ohne den Bund und die bundesrechtlichen und mittelstaatlichen Aspekte irgendwie zu berücksichtigen. Nach dem Mißerfolg der Bundesreform sahen die Wiener in dem preußischen Anerbieten die Chance, Kabinettspolitik alten Stiles mit einem ebenso konservativen wie machtvollen Partner betreiben zu können. Das sollte sich im Laufe der Zeit als eine verhängnisvolle Täuschung erweisen. Nicht nur, daß der Kaiserstaat seit der Verabredung eines gemeinsamen Aktionsplans mit Preußen im Januar 1864 unwiderruflich in Bismarcks Schlepptau geriet; er stieß »damit die mit der Augustenburger-Bewegung gehenden Mittelstaaten, seine alte Klientel im Bunde, von sich und lieferte sich einer Politik aus, die seine Position im Sinne seiner allgemeinen europäischen Grundsätze wie seiner besonderen politischen Interessen letzten Endes unterhöhlte«[87].

Die Abkoppelung vom Bundesrecht war für Preußen sinnvoll, für Österreich nahezu selbstmörderisch. Eben noch, im Dezember 1863, hatte doch der Bund als Antwort auf eine neue dänische Verfassung, die in Frankfurt wegen ihrer Auswirkung auf Schleswig-

Holstein als Völkerrechtsbruch bewertet wurde, die Bundesexekution in Holstein beschlossen und durchgeführt. Die Kriegs- und Friedensaktion Preußens aber (mit Österreich im Schlepptau) ging über alle naheliegenden Anknüpfungspunkte an das Bundesrecht - und damit an die nationale Bewegung und die Kandidatur des Augustenburgers - rigoros hinweg.

Die Chronik von Krieg und Frieden ist rasch erzählt. Der Krieg dauerte von Februar bis August 1864. Preußische und österreichische Truppen siegten über die Dänen und besetzten ganz Jütland und die Insel Alsen. Der Sieg bei den Düppeler Schanzen und die preußisch-österreichische Waffenbrüderschaft wurden in ganz Deutschland mit Begeisterung gefeiert. Die Intervention der europäischen Mächte führte im April/Juni 1864 zur Einberufung einer Konferenz nach London. Die augustenburgische Lösung, die in London von Beust als dem Vertreter des Deutschen Bundes empfohlen wurde, fand schließlich doch Österreichs Unterstützung, aber gegen Bismarcks Obstruktion bewirkte das nichts. Das ergebnislose Ende der Konferenz bedeutete immerhin das Ende der bisher gültigen internationalen Vertragsbindungen; Preußen und Österreich hatten aufgrund ihrer militärischen Erfolge und der günstigen internationalen Rechtslage jetzt freie Hand. Im Wiener Frieden vom 30. Oktober 1864 trat der dänische König die Herzogtümer Schleswig und Holstein an Österreich und Preußen ab.

Das war ein großer, sehr großer Erfolg, auch in den Augen der deutschen Nationalbewegung. Sowohl für die deutsche Frage wie für die österreichisch-preußische Allianz kam nun alles auf die weitere Entwicklung an. Das in die Hände der zwei deutschen Großmächte gelegte Schleswig-Holstein wurde bis 1866 zum Faustpfand und Prüfstein der deutschen Politik Wiens und Berlins. Im August 1864, als durch einen Präliminarvertrag die Abtretung der Herzogtümer bereits entschieden war, verhandelte Bismarck in Schönbrunn mit Rechberg über die weiteren Ziele der Allianz. Der Frage, was aus den Herzogtümern werden sollte, galt nur ein Teil der Beratungen. Es kam ein höchst interessanter Vertragsentwurf zustande, dessen Kern ein großes Kompensationsgeschäft war: Preußen sollte Österreich bei der Rückgewinnung der Lombardei und der Wiederherstellung der habsburgischen Herrschaft in der Toskana (was ohne eine Destruktion des eben gegründeten Königreiches Italien

Preußen manövrierte den Kaiserstaat trotz des gemeinsamen Operierens auf dem Schlachtfeld aus: Das Kondominium im Norden bestand nur kurze Zeit, und die Verträge von Gastein bereiteten neuen Konflikten eher den Boden, als daß sie sie aus der Welt schafften.

Waffenbrüder - Österreicher und Preußen in Schleswig-Holstein schwer denkbar war) unterstützen, dafür würde Österreich seinen Teil an der norddeutschen Kriegsbeute an Preußen abtreten.[88] Rechberg hätte lieber Kompensationen in Deutschland gehabt; man sprach von Hohenzollern, Schlesien, der Grafschaft Glatz. Rechberg verstand sich gut mit Bismarck, den er nicht durchschaute. Österreichische Kompensationen in Deutschland - die damals Moltke befürwortete - kamen für König Wilhelm nicht in Frage. Das italienische Tauschprojekt, das vor allem von Bismarck ernsthaft betrieben wurde, scheiterte schließlich an beiden Monarchen.

Konnte es den Partnern verborgen bleiben, daß das Bismarck-Rechbergsche Programm nur durch einen gemeinsamen Krieg gegen Frankreich durchzusetzen gewesen wäre? Ob es »eine feste Grundlage für die Fortdauer der österreichisch-preußischen Allianz geschaffen und die dualistische Hegemonie Österreichs und Preußens im Bund stabilisiert« (Huber) hätte, ist sehr fraglich. Zu offenkundig ist der Unterschied zwischen dem soliden Gewinn, den Preußen auf dem Boden eines kleindeutschen Nationalbewußtseins zu erwarten hatte, und der Unsicherheit einer ganz an die Negation der italienischen Nationalbewegung gebundenen Wiederherstellung der außerdeutschen Herrschaft Österreichs. Sehr deutlich wird in dem Schönbrunner Entwurf jedenfalls der Verzicht auf die föderative Struktur des Bundes und auf die mittelstaatliche Klientel Österreichs zugunsten einer aus Deutschland eigentlich schon herausführenden Allianzbindung der beiden Mächte.

Was blieb nun übrig? Was Schleswig-Holstein anlangte, ein österreichisch-preußisches Kondominium, das sich nur zugunsten Berlins entwickeln konnte; für den Bund ergab sich aus dem Fortbestehen der Allianz Wien-Berlin ein unsicheres und schwankendes Verhältnis. Im Herbst 1864 mußte in Wien Rechberg abtreten; vor allem der evidente Mißerfolg seiner deutschen Zollpolitik hatte seine Stellung erschüttert. Als Außenminister folgte ihm Graf Mensdorff-Pouilly, ein altösterreichischer Konservativer, durch Verwandtschaft mit der Dynastie Coburg und anderen Herrscherhäusern verbunden und gegenüber dem preußischen Verbündeten weit reservierter als sein Vorgänger. Mensdorff trat sehr bald für die Anerkennung des Augustenburgers in Schleswig-Holstein und für die Aufnahme der Herzogtümer als neues Mitglied in den Bund ein. Das bedeutete eine neue Hinwendung zu der Politik des dritten Deutschland und möglicherweise ein Bündnis mit den Kräften der deutschen Nationalbewegung, die weiterhin für dies Ziel eintraten.

Inzwischen hatte aber das Zusammengehen Österreichs mit Preußen in der schleswig-holsteinischen Frage die großdeutsche Bewegung unverkennbar belastet. Das war an den offiziellen Reaktionen des dritten Deutschland abzulesen, wo sich tiefes Mißtrauen gegen Österreichs bundeswidrige »prinzipienlose« Politik ansammelte. Noch deutlicher sind die Enttäuschung und Verbitterung über das Verhalten Wiens in dem Niedergang des Reformvereins und seiner Publizistik zu verfolgen. Graf Lerchenfeld, der 1862 von München her einer der Promotoren des Vereins gewesen war, wandte sich Ende 1864 geradezu verzweifelt an seinen Freund Wydenbrugk: »Preußens Frechheit und Österreichs Feigheit« flößten ihm gleicherweise Verachtung ein. Seine Kritik an Wien traf vom Standpunkt einer großdeutschen Nationalidee den Kern des

Problems: »Österreichs Moral ist eine verzweifelt lockere; es möchte gar gerne unser Vertrauen haben, uns zu seinen Zwecken beliebig benutzen, aber selbst nichts tun und sich auf seinen guten Willen und die Schwierigkeit herausreden, denselben in so schlechter Zeit zu bewahren.«

Der Reformverein fühlte sich gelähmt und begann zu zerfallen. Selbst das Herannahen des Krieges führte nicht zu einer Neubelebung; Österreichs Komplicenschaft mit Preußen 1863/65 hatte seine Kraft und Konzeption gebrochen. Ein Flugblatt, das Lerchenfeld im Mai 1866 publizierte, zeigt diese Gebrochenheit, die auch das Fehlen jeder energischen großdeutschen Propaganda im Vorfeld und zu Beginn des Krieges erklärt: »Österreich hat sich schwer an Deutschland versündigt, indem es vereint mit Preußen jene Vormachtspolitik einschlug. Wenn es aber jetzt, wenn auch erst in der elften Stunde, seinen Fehler erkennt und zu seinen Bundespflichten zurückkehrt, hat es dann nicht das Recht, auch die gleiche Pflichterfüllung von seinen Bundesgenossen zu fordern?«

Bis zum Sommer 1865 blieb das österreichisch-preußische Verhältnis in einem eigenartigen Schwebezustand. Zunehmende Spannungen in der Praxis des norddeutschen Kondominiums wechselten mit Initiativen zu einem Interessenausgleich; außenpolitische Sondierungen, insbesondere in Richtung Frankreich, ergaben weder in Wien noch in Berlin eindeutige Kurskorrekturen. Noch einmal suchten beide Seiten durch eine politische Flurbereinigung die Kriegsgefahr zu bannen oder wenigstens hinauszuschieben. In Bad Gastein schloß Bismarck mit dem österreichischen Unterhändler Graf Blome am 14. August 1865 ein Abkommen über eine Verwaltungsteilung der Herzogtümer. Die »Gasteiner Konvention« setzte fest, daß Schleswig der preußischen, Holstein der österreichischen Administration unterstellt werde. Lauenburg wurde für einen Kaufpreis von 2 1/2 Millionen Talern an Preußen abgetreten. Im übrigen schlug Bismarck eine Reihe von Sonderrechten für Preußen heraus: Etappenstraßen durch Holstein nach Schleswig, militärische Stützpunkte und Marinestationen. Gastein erscheint im Rückblick als ein wenig tauglicher Versuch, die offene Konfrontation hinauszuschieben. Aber beide Seiten waren noch nicht kriegsbereit, und so waren möglicherweise die Weichen noch nicht so eindeutig auf den Konflikt gestellt.

Von einem tatsächlichen Ende der Allianz kann man wohl erst im Januar 1866 sprechen. Damals stießen die Aktivitäten der Augustenburger Partei, die der österreichische Statthalter von Gablenz in Holstein duldete, auf den schärfsten Widerspruch Bismarcks. Daß es beide Seiten zu dieser Eskalation kommen ließen, hatte freilich Gründe, die überwiegend außerhalb Holsteins lagen. Die Zeiger der europäischen Politik wiesen jetzt nicht mehr auf Ausgleich, sondern auf Sturm. Und auch in der Deutschlandpolitik hatte sich, seit Österreichs erneuter Wendung zu den Mittelstaaten, reichlicher Kontraststoff angesammelt.

5. Der deutsch-deutsche Krieg und Österreichs militärische und politische Niederlage

Der kommende Krieg um Deutschland kündigte sich in Holstein und am Frankfurter Bundestag, in Berlin und Wien, in Paris und selbst in Florenz an (die italienische Regierung und der Königshof hatten 1865 im Sinne des nationalen Einheitsprogramms ihren Sitz von Turin dorthin verlegt). Es wurde kein Bürgerkrieg und auch kein »Nationalkrieg« im Sinne einer leidenschaftlichen Parteinahme der Öffentlichkeit für den einen oder den anderen der sich duellierenden Konkurrenten um eine nationale Lösung der deutschen Frage. Es war und blieb ein konventioneller Krieg der alten Mächte. Nationalrevolutionäre Akzente kamen nur außerhalb des deutschen Kampffeldes auf: dort, wo Bismarck aus Emigranten und Kriegsgefangenen die »ungarische Legion« bildete und sie in Österreich einmarschieren ließ, oder wo er die Begehrlichkeiten des großrumänischen und großserbischen Nationalismus zu ermuntern begann. Der konventionelle Krieg brachte freilich für Deutschland und Europa ganz neuartige, völlig unkonventionelle Ergebnisse.

Bismarcks Rolle war die eines Treibenden: Zunächst trieb er zur Verschärfung des Konfliktes, spätestens seit Februar 1866 zum Krieg gegen Österreich; der Krieg müsse doch einmal kommen, jetzt sei die Lage für Preußen günstiger als in ein oder zwei Jahren. Die Polemik von Berlin nach Wien erfuhr die entscheidende Verschärfung durch Bismarcks Reaktion auf eine Volksversammlung in Altona, die am 23. Januar für den Augustenburger eingetreten war und mit dem Hoch auf den »rechtmäßigen geliebten Fürsten Herzog Friedrich« schloß. Die preußische Protestnote, die sofort nach Wien abging, weitete in schärfster Weise den Einzelfall zu einer Prinzipienfrage aus: Österreich verbinde sich mit der Demokratie gegen Preußen; falls Österreich sich von diesem in Holstein verfolgten Ziele nicht abwende, müsse Preußen die bisherige Gemeinsamkeit der Politik beider Mächte als beendet betrachten und die volle Freiheit der Entscheidungen in Anspruch nehmen.[89] Das entfernte sich so von der tatsächlichen Situation, daß die provokatorische Absicht ganz deutlich wurde. Wien antwortete gemessen und nicht ohne Schärfe. Die Berliner Anschuldigungen wurden zurückgewiesen und zugleich der entscheidende Punkt, die preußische Annexionsabsicht, angesprochen, noch dazu in einer Weise, die unmittelbar an das Billigkeitsgefühl des preußischen Königs appellierte:

Franz Joseph wird sich schwer »entschließen zu glauben, daß König Wilhelm den Maßstab für den Werth, welchen der Kaiser auf seine Beziehungen zu Preußen legt, von Österreichs Einwilligung oder Nichteinwilligung in den Wunsch der Annexion der Herzogthümer an Preußen werde entnehmen wollen. Ein so einseitiger Anspruch steht den Gedanken des Königs sicher ferne. Dennoch spricht die königliche Regierung zu uns, als ob unsere natürliche Weigerung, diese Annexion sich vollziehen zu lassen, nicht anders als durch eine Rückkehr zu einer Politik verderblicher Eifersucht und Rivalität erklärt werden könne ...«[90]

Nach diesem Austausch diplomatischer Noten trat in den offiziellen Beziehungen zwischen Berlin und Wien Stille ein. Bismarck hat die österreichische Stellungnahme nicht beantwortet und vom Februar bis zum Kriegsausbruch im Juni keinen Versuch mehr unternommen, über die Verhältnisse in Holstein und die schwebenden Fragen der Bundesreform zu einer Aussprache oder Verständigung mit Österreich zu kommen.

Bismarck war mit anderem beschäftigt. Viele Beobachter der Berliner Politik haben damals die fortschreitende Schwächung seiner Position gesehen: durch die Entwicklung in Schleswig-Holstein, wo die Volksstimmung für den Augustenburger war und daher die Zeit gegen Preußen arbeitete, und durch die ungelöste Fortdauer des Konfliktzustandes in Preußen selbst, die eine Entlassung der jetzigen Regierung und den Wechsel zu einem liberalen Ministerium zur Erörterung stellte. Man kann also Bismarcks offen zutage tretende Entschlossenheit, den König für den Krieg zu gewinnen - und ein Kriegsbündnis mit Italien zu sichern -, auch unter einem ganz persönlichen Blickwinkel sehen. Er kämpfte nicht nur um Erfolge, sondern um seine politische Existenz. Der Krieg war auch eine Flucht nach vorn.

Was den König anging, tat der treue Vasall alles, um seinem Herrn die - gewiß irrige - Meinung beizubringen, daß Österreich schuld sei, wenn die Sympathien für Preußen nördlich der Elbe schwänden. Eine systematische Verleumdungskampagne, wohl orchestriert von den der Regierung hörigen Zeitungen, befestigte in König Wilhelm die Überzeugung, Österreich provoziere ständig, suche Händel und dränge Preußen in die Notwehr. Als entscheidende Wende gilt der preußische Kronrat vom 28. Februar 1866.[91] In einem großangelegten Rechenschaftsbericht, der das bekannte Motiv von Preußens deutscher Sendung mit dem Argument der Notwehr gegen Österreich verband, plädierte Bismarck für den Krieg: »Preußen sei die einzige lebensfähige Schöpfung, die aus den Ruinen des alten deutschen Reiches hervorgegangen sei, und hierauf beruhe sein Beruf, an die Spitze von Deutschland zu treten. Österreich habe das nach diesem Ziel gerichtete natürliche und wohlberechtigte Streben Preußens aus Eifersucht von jeher bekämpft, indes es die Führung Deutschlands, obwohl selbst dazu unfähig, Preußen nicht gegönnt habe.«

Von den Anwesenden sprach sich nur der Kronprinz offen gegen Bismarcks kühne Deduktion aus, daß eine Demütigung Preußens nur durch die Annexion der Herzogtümer vermieden werden könne und daß dies und die deutsche Frage »ohne Rücksicht auf die Gefahr eines Bruches und eines Krieges mit Österreich ... verfolgt werden solle«. Der König, um dessen Entscheidung es vor allem ging, faßte die von Bismarck vorgeschlagene Allianz mit dem »roten« Italien ungern ins Auge. Er scheute immer noch vor dem Bruch mit Österreich zurück (vom Bruch des Bundesrechtes war im Kronrat bezeichnenderweise überhaupt nicht die Rede). So formulierte Wilhelm als Ergebnis des Kronrats nur eine konditionale Zustimmung zum Kriegsentschluß: daß »... für den Fall, daß der Versuch einer wünschenswerten Verständigung mit Österreich scheitern sollte, alle für diesen Fall nötigen Vorbereitungen getroffen, die geeigneten auswärtigen Allianzen gesucht werden müßten ...« Der König stellte also die Bedingung, vorerst nochmals einen Verständigungsversuch mit Österreich zu unternehmen.[92] Es ist erstaunlich, wie sich Bismarck über diese Bedingung des Königs hinweggesetzt hat. Denn dieser vom Kronrat geforderte Versuch ist niemals erfolgt. Bismarck wandte sich unverzüglich mit aller Energie dem italienischen Bündnis, der Neutralisierung Frankreichs und Rußlands und der Bearbeitung der Mittelstaaten zu, für deren Haltung im Kriegsfall es vor allem auf Bayern ankam.

Daß ein militärisches Bündnis mit Italien eine unbedingte Voraussetzung des Sieges über den Kaiserstaat war, da es die Hälfte der österreichischen Armee fesseln würde, war für die preußische Führung eine ausgemachte Sache. Doch auch im Falle Italiens stand Bismarck 1866 unter dem Eindruck, daß die Zeit gegen das Zustandekommen der Kriegsallianz arbeite. Es gab inoffizielle Kontakte zwischen Wien und Florenz über die Zukunft der verbliebenen oberitalienischen Besitzungen Habsburgs. Die Überlegungen richteten sich zunächst auf einen Verkauf der Provinz Venetien. Das scheiterte am Widerstand des Kaisers. Dann wurde ein Kompensationsgeschäft erörtert: Moldau und Walachei an Österreich, Venetien an Italien. Obwohl dies Bismarcks früherem Vorschlag einer Schwerpunktverlagerung des Kaiserstaats nach Südosten sehr entsprochen hätte, bekämpfte er das Tauschprojekt erfolgreich[93] und trieb die Bündnisverhandlungen mit Italien gegen Österreich voran. Am 8. April wurde in Berlin ein Allianzvertrag mit Italien abgeschlossen. Das auf drei Monate befristete Offensiv- und Defensivbündnis machte einerseits Italien ganz von Preußens Kriegsentschluß abhängig; Italien verpflichtete sich, sofort nach der preußischen Kriegserklärung Österreich anzugreifen. Andererseits legte sich mit diesem Vertrag faktisch auch Preußen darauf fest, spätestens bis Anfang Juli Österreich anzugreifen. Denn es lag außerhalb jeder politischen Wahrscheinlichkeit, daß Italien, falls Berlin diesen günstigen Vertrag jetzt nicht nutzte, nächstes oder übernächstes Jahr nochmals das gleiche Arrangement bieten würde ...

Von Napoleon III. brauchte Bismarck kein Bündnis, aber die Zusicherung der Neutralität. Dies war nicht leicht zu erreichen. Zwar gab es in Frankreich eine starke Strömung, die Preußens Deutschlandpolitik wohlwollend gegenüberstand – auch über 1866 hinaus; dementsprechend hat Napoleon das Bündnis Italiens mit Preußen befürwortet. Doch auch für ein Zusammengehen mit Österreich gab es gute Argumente. Napoleon rechnete jedenfalls mit einer längeren Dauer des Krieges und wollte so oder so eine eigene Machterweiterung durch Kompensationsgewinne. Bismarck machte ihm aber nur vage Aussichten, die vor allem Luxemburg betrafen. Bei einem Sieg Österreichs konnten die Chancen größer sein, am Rhein Gewinn zu ernten.

Im Mai wurde die Lage noch komplizierter, als Österreich direkt die Verständigung mit Frankreich und über Frankreich mit Italien suchte. Wiens Angebot, gegen die Abtretung Venetiens die Neutralität Italiens einzuhandeln, kam aber infolge des preußisch-italienischen Vertrages nicht mehr zum Zuge, ebensowenig Napoleons Vorschlag eines europäischen Kongresses. Ganz zuletzt, wenige

Tage vor Kriegsbeginn, schloß dann Österreich mit Frankreich jenen erstaunlichen Geheimvertrag, der die Abtretung Venetiens auch für den Fall des Sieges zusagte. Dafür sicherte Frankreich Neutralität im Konflikt mit Preußen zu und erklärte sich mit Vergrößerungen Österreichs und der Mittelstaaten in Deutschland einverstanden, die allerdings nicht bis zu einer vollen Hegemonie Wiens gehen sollten. Die Situation aus der Zeit des ersten Napoleon aufgreifend, sah der Vertrag die Bildung eines selbständigen Rheinstaates innerhalb des Deutschen Bundes vor.

Dieser Vertrag, der meist als Dokument einer schlechten, ja verzweifelten Diplomatie Österreichs bewertet wurde, wird neuerdings wesentlich günstiger interpretiert.[94] Man kann die Dinge tatsächlich anders sehen: Unter der Annahme eines österreichischen Sieges war es für eine konstruktive Deutschlandpolitik durchaus sinnvoll, ja sogar ein Zeichen fortschrittlicher Anerkennung des Nationalprinzips, durch eine »saubere Lösung« gegenüber dem italienischen Nationalstaat die föderative Neugestaltung der deutschen Landkarte - natürlich auf Kosten Preußens und seiner Verbündeten - sicherzustellen. Im Grunde hielt sich Napoleon alles offen. Er konnte nun hinsichtlich des für seine Italienpolitik wichtigen Nahzieles - Abtretung Venetiens von Österreich an Frankreich, das es sogleich an Italien weitergeben würde, - bei jedem Ausgang des Krieges sicher sein. Er konnte warten und dann als Vermittler seine Interessen wahrnehmen.

Blieb also für Preußen die französische Karte unsicher, so konnte Bismarck hinsichtlich Rußlands und Englands mit dem Ergebnis seiner Absicherungsdiplomatie zufrieden sein. In England herrschten erhebliche Sympathien für die kleindeutsche Lösung der deutschen Frage. In Rußland fiel es Bismarck nicht schwer, an die seit dem Polenaufstand 1863 erreichte Annäherung anzuknüpfen. Es war nicht zu erwarten, daß Zar Alexander II., der zudem ganz mit der Durchführung der innerrussischen Reformpolitik beschäftigt war, sich wie im Jahre 1850 auf die Seite Österreichs stellen würde.

Desto dringlicher erschien Berlin die Aufgabe, im Vorfeld des Krieges Einfluß auf die deutschen Mittelstaaten zu nehmen und sie von Österreich zu trennen. Bayern war der Angelpunkt, an dem Bismarck ansetzte.[95] Die bayerische Politik schwankte. Max II., erfahren und vorsichtig in der Bundespolitik wie im Umgang mit dem eigenen Parlament, war 1864 gestorben. Den Thron hatte der junge »Märchenkönig«, Ludwig II., bestiegen, der von seinem Vater die künstlerischen Neigungen, nicht aber die ausgleichende Hand in den Stürmen der deutschen Frage geerbt hatte. Sein Minister von der Pfordten sah den preußisch-österreichischen Konflikt vor allem als eine Rechtsfrage, die vor den Bundestag gehöre; in dieser Prinzipienfrage aber gab es für die bayerische Politik kein Schwanken. Das mußte auch Bismarck einsehen während er unausgesetzt auf München einzuwirken versuchte, um für den Kriegsfall wenigstens die Neutralität zu sichern, wenn schon keine Unterstützung der preußischen Deutschlandkonzeption erreichbar war. Ähnlich wie in Bayern stand es in den meisten der traditionell mit Wien verbundenen Mittel- und Kleinstaaten. Sie hielten sich in der Macht- und Streitfrage zwischen Wien und Berlin zurück, beharrten aber auf dem Bundesrecht. Das bedeutete zweierlei: Österreich, das selbst

So oder so?

So geht es nicht mehr auf die Dauer.

alles tat, um Berlin keinen Kriegsgrund zu liefern, konnte zunächst nicht daran denken, mit dieser trialistischen Gruppe eine gemeinsame Stellung gegen Preußen zu beziehen. Erst ganz zum Schluß aktivierte Österreich den Bund gegen Preußen, indem es sich auf das Bundesrecht stützte. Kurz vor Kriegsbeginn fanden sich dann alle größeren Staaten des dritten Deutschland auf Österreichs Seite, nicht auf der Preußens. Für ein wohlvorbereitetes militärisch-politisches Zusammenrücken war es da freilich schon zu spät, ebenso für einen überzeugenden gemeinsamen Reformentwurf, der der deutschen Öffentlichkeit Sinn und Ziel des Krieges werbend erklärt hätte.

Die letzten Etappen, die der Eröffnung der Feindseligkeiten vorausgingen, stellten sich aus Wiener Sicht als Schritte eines Gedrängtwerdens dar. Man zögerte, Bismarcks' Kriegswillen für definitiv zu halten, und hoffte immer wieder, die Wahrung des Ansehens Österreichs doch noch mit einer friedlichen Lösung vereinbaren zu können. Was an dieser Politik ratlos und dann wieder stolz, aber wenig konsequent erscheint, ist zum großen Teil aus der Begrenztheit der politischen Phantasie dieser konservativen Staatsmänner zu erklären: Man konnte sich einfach nicht vorstellen, was Bismarck eigentlich im Schilde führte.

Diese Fehleinschätzungen Wiens waren erstaunlich. Noch im Februar 1866 fürchtete der österreichische Außenminister Mensdorff vor allem eines: Er fürchtete den Sturz Bismarcks, weil ein liberales Kabinett in Preußen für Österreich und seine Deutschlandpolitik viel gefährlicher sein werde ...[96] Gewiß sind andere Ursachen der weitgehenden Passivität Wiens nicht zu übersehen; die Finanzlage war nach wie vor sehr ungünstig und entwickelte sich, infolge der Reaktionen des internationalen Kapitalmarktes auf die zunehmende Kriegsgefahr, geradezu ins Katastrophale. Auch in der Verfassungsfrage ging es eher zurück als voran; 1865 hatte der Kaiser die deutsch-zentralistische Verfassung sistiert. Danach war es nicht gelungen, wenigstens mit den Ungarn die Grundlagen einer neuen Lösung zu erarbeiten. Die deutschliberale Partei stand seit der Entlassung Schmerlings endgültig in Opposition zur Regierung. Von einer Solidarisierung und einer innenpolitischen Kraftentfaltung deutsch-österreichischer Politik im Hinblick auf den nahenden Entscheidungskampf um Deutschland konnte keine Rede sein. Hinsichtlich der Zerstrittenheit der innenpolitischen Kräfte gab es also in diesen Monaten Ähnlichkeiten zwischen Österreich und Preußen. Ganz anders waren freilich die latenten Möglichkeiten Preußens, durch kriegerische Erfolge einen neuen Konsens nationaler Kräfte im eigenen Land und in Deutschland zu erzielen.

In dieser Situation trat am 21. Februar 1866 der österreichische Ministerrat zusammen, um sich unter dem Vorsitz des Kaisers mit der »drohenden Haltung Preußens« in der schleswig-holsteinischen Frage zu beschäftigen. Übereinstimmend wurde die Offenheit der Lage betont sowie die Aufgabe, den Alliierten im Deutschen Bund klar zu machen, daß von weiteren Konzessionen an Preußen keine Rede mehr sein könne. Der neue Staatsminister Belcredi warnte im Sinne der konservativen Prinzipien ausdrücklich davor, beim Zusammengehen mit den deutschen Bundesgenossen zu übersehen, daß »hinter den deutschen Regierungen die Demokratie stecke«;

mit ihr dürfe es keine Aktion geben. Entsprechend vorsichtig faßte der Kaiser zusammen: »Kriegerische Vorbereitungen vorderhand zu unterlassen und auf diplomatischem Wege ferner die Wahrung der Ehre und Würde des Landes sowie seiner Interessen zu versuchen.«[97] Das mochte für Österreichs Staatsräson genügen; für die deutsche Frage war es sehr wenig.

Eine neue Aktivität am Bundestag begann am 9. April. Einen Tag nach dem Abschluß des Geheimvertrages mit Italien legte Preußen der erstaunten Bundesversammlung einen Antrag zur Bundesreform vor, in dessen Mittelpunkt die Einberufung einer »aus direkten Wahlen und allgemeinem Stimmrecht hervorgehenden Versammlung« stand, deren Aufgabe die Beratung der Reformanträge sein sollte. Mit diesem neuerlichen Griff ins nationalrevolutionäre Repertoire verfolgte Bismarck ein doppeltes Ziel: nationale Werbung bei den kleindeutsch-liberalen Teilen der Öffentlichkeit und Druck auf die Mittel- und Kleinstaaten. Beides aber schlug fehl. Der Nationalverein, den Bismarck direkt zu gewinnen versuchte, lehnte ab. Mit programmatischer Schärfe wurde das allgemeine Mißtrauen gegen den Konfliktminister formuliert, der nun liberale Bauernfängerei betrieb: »Jeder Regierung, welche, das Recht des eigenen Landes nicht achtend, mit Plänen einer Bundesreform hervortritt, etwa in der Absicht, Bundesgenossen im Bürgerkrieg zu werben, fehlt mit dem Vertrauen des eignen und des deutschen Volkes die Gewähr für das Gelingen des großen nationalen Einigungswerkes.«[98] Bismarck spottete: »Man schießt nicht mit öffentlicher Meinung auf einen Feind, sondern mit Pulver und Blei.«

Doch er war seiner Sache noch keineswegs sicher. In diesen Wochen gab es eine ganze Serie von Ausgleichsversuchen und Friedensinitiativen, die sich insbesondere an König Wilhelm richteten. Österreich schlug (nachdem es – wie Preußen – im März mit ersten Rüstungen begonnen hatte) beiderseitige Abrüstung vor; der preußische König schien nicht abgeneigt, wollte aber den Wienern die Initiative zuschieben. Bismarck wurde krank vor Anspannung. Der österreichische Gesandte Karolyi beschrieb den Zustand des Ministerpräsidenten: »Gleich einem angeschossenen Eber … auf seinem Diwan hingestreckt, beherrschte er die Lage nicht mehr ganz allein.«[99] Die in Wien zunächst weitergeführte Abrüstungsinitiative kam aber ins Stocken, als alarmierende Nachrichten über italienische Rüstungen eintrafen. Die Militärs setzten zuerst die Mobilisierung der österreichischen Südarmee durch, dann auch die der Nordarmee. Jetzt drängten die Italiener offen zum Krieg und nun gab auch König Wilhelm seinen Widerstand auf; vom 3. bis 10. Mai wurde auch die preußische Armee mobilisiert.

Während die Mittelstaaten angesichts des Konflikts ohne klare Ergebnisse über ihre Haltung berieten, kam es am 1. Juni in der Bundesversammlung zu einem dramatischen Schritt.[100] Österreich erklärte, nach dem Scheitern der Bemühungen, mit Preußen zu einer Regelung der schleswig-holsteinischen Frage zu kommen, die weitere Entscheidung über die Herzogtümer dem Bund anheimzustellen. Weiterhin teilte der österreichische Bundestagsgesandte den Delegierten mit, daß der kaiserliche Statthalter in Holstein die Holsteinische Ständeversammlung einberufen habe. Preußen protestierte, dies sei ein Bruch des Gasteiner Abkommens, und ließ

So wäre es schade, und keiner hätte Vortheil davon.

Aber warum versucht man es denn nicht einmal so?

»Kladderadatsch«, 1866

seine Truppen in Holstein einmarschieren. Nun führte Österreich das Duell am Bundestag mit schweren Waffen weiter. Es wies am 9. Juni den Vorwurf des Vertragsbruches zurück, betonte die Kompetenz des Bundes für den Streitfall und legte gegen den Einmarsch der preußischen Truppen als gegen einen Akt der »Selbsthilfe« förmlichen Protest ein. Damit war ausdrücklich das Bundesrecht angesprochen, das die Bundesversammlung zu Abwehrmaßregeln gegen verbotene Selbsthilfe ermächtigte.

Preußen versuchte zunächst noch, die Bundesreformfrage in den Vordergrund zu schieben. Doch als Österreich am 11. Juni die Mobilisierung des gesamten nichtpreußischen Bundesheeres beantragte, um gegen das »gewalttätige Vorgehen« Preußens den Schutz »für die innere Sicherheit Deutschlands und die bedrohten Rechte seiner Bundesglieder« zu finden, mußte auch Bismarck die Auseinandersetzung ins Grundsätzliche verlagern. Er wies darauf hin, daß die Annahme der Mobilisierung die Auflösung des Bundes bedeuten würde. Am 14. Juni stimmte die Bundesversammlung über den geringfügig veränderten österreichischen Mobilisierungsantrag ab. Der Vertreter Preußens verweigerte die Teilnahme an der Abstimmung, die »bundeswidrig« sei. Neun Stimmen waren für die Mobilisierung des Bundesheeres, fünf dagegen, Baden enthielt sich, trat dann aber kurz darauf unter dem Druck der öffentlichen Meinung der österreichischen Gruppe bei.[101]

Der preußische Vertreter erklärte daraufhin, seine Regierung sehe »den bisherigen Bundesvertrag für gebrochen« an und werde ihn als erloschen betrachten und behandeln. Dagegen erklärte die Bundesversammlung, daß die Austrittserklärung Preußens rechtlich ungültig sei und daß die Beschlüsse der Bundesversammlung für Preußen fortwährend verpflichtend seien. Es traf zu, daß der Deutsche Bund nach Artikel I ein unauflöslicher Verein war, aus dem man nicht austreten konnte. Es läßt sich ferner staatsrechtlich einleuchtend nachweisen, daß die preußische Schutzbehauptung, der Mobilisierungsantrag und seine Annahme hätten gegen das Bundesrecht verstoßen, unhaltbar war. Österreich und seine Bundesgenossen hatten das Recht auf ihrer Seite, als nun die Waffen zu sprechen begannen. Doch was half das?

Der Krieg dauerte kaum sechs Wochen.[102] Auf der einen Seite standen Österreich und alle größeren Bundesstaaten, nämlich Bayern, Württemberg, Baden, Sachsen, Hannover, Kurhessen und Hessen-Darmstadt sowie einige kleinere Mitglieder des Bundes. Auf preußischer Seite sammelten sich die meisten der kleineren Staaten Nord- und Mitteldeutschlands, die zum Teil schon länger durch Militärkonventionen an Berlin gebunden waren. In keinem der beiden Lager gab es einen gemeinsamen militärischen Operationsplan, eine gemeinsame Kriegszielpolitik, ein gemeinsames Kriegsmanifest.

Aber auf preußischer Seite war die Dominanz Berlins so stark und unbestritten, daß diese Mängel kaum Gewicht hatten. Vor allem verfügte Berlin über einen ausgearbeiteten Feldzugsplan und eine hervorragend geschulte und bewaffnete Armee. Die von Moltke ausgearbeitete strategische Planung konnte zwar nicht in allen Fällen realisiert werden, aber sie sicherte Preußen die Vorhand und führte

Der preußisch-österreichische Krieg war bei Lichte besehen fast ein Krieg Preußens gegen den Deutschen Bund; Wien hatte es verstanden, Bayern, Württemberg, Baden, Sachsen, Hannover, Kurhessen und Hessen-Darmstadt auf seine Seite zu bringen. Aber nach wenigen Wochen war alles vorbei. Die Überlegenheit der modern geschulten und bewaffneten preußischen Armee und die operative Modernität des Moltkeschen Feldzugplanes führten zu einem Desaster der Verbündeten.

Oben: Sächsische Artillerie im Feldzug von 1866
Unten: Verwundete in Gitschin, 1866

an den entscheidenden Punkten zu ebenso raschen wie glänzenden Erfolgen. Moltke, dem Chef des preußischen Generalstabs, stand auf österreichischer Seite als Oberkommandierender Ludwig von Benedek gegenüber, ein bewährter und beliebter Truppenführer, aber dem preußischen Gegner an strategischem Können und Selbstbewußtsein weit unterlegen. Auch hatte Benedek über die Verbände seiner Verbündeten keine Verfügungsgewalt. Die militärische Koordination war vollkommen desolat; noch bis zuletzt hatte sich Bayern geweigert, einen gemeinsamen Operationsplan zu akzeptieren und die Österreicher in Böhmen zu verstärken. In dieser Lage gelang es den Preußen sehr rasch, Kurhessen und das Königreich Hannover zu überrennen und so eine zusammenhängende Operationsbasis in Norddeutschland herzustellen. Die welfische Armee siegte zwar am 27. Juni bei Langensalza, entschloß sich aber zwei Tage später in einer psychologisch und militärisch fast hoffnungslosen Lage zur Kapitulation. Das kurhessische Kontingent rückte nach Süden ab. Die preußischen Truppen konnten ihren Vormarsch erfolgreich gegen Frankfurt und gegen Würzburg fortsetzen. Es kam dabei noch zu blutigen Kampfhandlungen, aber nicht zu einem koordinierten Einsatz der zahlenmäßig stärkeren, doch zersplitterten süddeutschen Truppen. Am 16. Juli zogen die Preußen in Frankfurt ein; der Rumpfbundestag hatte zwei Tage zuvor die Stadt verlassen und war nach Augsburg ausgewichen.

Der preußischen Main-Armee, die nun unter General von Manteuffel gegen Würzburg vorrückte, stand das VIII. Armeekorps der Bundesarmee gegenüber, dem unter dem Oberbefehl von Prinz Alexander von Hessen badische, württembergische, hessische, nassauische und österreichische Verbände angehörten, insgesamt etwa 45 000 Mann mit 118 Geschützen. Die Stimmung der Soldaten war gut. Alles sang:

Das achte Armee-Corps, das schlägt sich wie ein Mann!
Der Prinz Alexander, der führt es muthig an.
Er führt uns gerade nach Berlin hinein,
Da fangen wir alle den Bismarck ein.

Der hessische Prinz, der Schwager des Zaren, hat später die Gründe der Unterlegenheit dieser Koalitionsarmee selbst dargelegt: »Mit sehr geringer Hoffnung und nur höchst ungern übernahm ich dies Commando ... Seit 26 Jahren war das VIII. Corps, das in seiner gegenwärtigen Zusammensetzung sechs Kriegsherrn und fast ebenso viele Reglements, Signale, Artillerie-Systeme und politische Ziele hatte, nicht mehr vereinigt worden; die Generale kannten sich kaum gegenseitig und keiner von ihnen, mit Ausnahme der östreichischen, hatte einen ernsten Feldzug mitgemacht.«[103] Dem entsprach der Verlauf des Feldzugs am Main. Die geplante Gegenoffensive des VIII. Korps und der bayerischen Divisionen gegen Frankfurt kam nicht mehr zum Zuge. Manteuffel stieß in den feindlichen Aufmarsch an der Tauberlinie hinein. Auch die Soldaten der Bundesarmee kämpften tapfer. Aber am 24. Juli wurde Tauberbischofsheim den Württembergern genommen, am 27. Juli setzte die Beschießung der Feste Marienberg in Würzburg ein. Dann begann auch am Main die Waffenruhe.

Das preußische Zündnadelgewehr, das die Schußgeschwindigkeit des herkömmlichen Karabiners mehr als verdreifachte, gab auch unterlegenen Infanterieverbänden eine bisher unbekannte Feuerkraft. Die Virtuosität im Umgang mit dem Eisenbahnnetz, die Beseitigung des Analphabetismus durch den preußischen Dorfschulmeister und das Zündnadelgewehr haben denn auch nach der Meinung vieler Historiker im gleichen Maß zum Sieg von Königgrätz geführt.

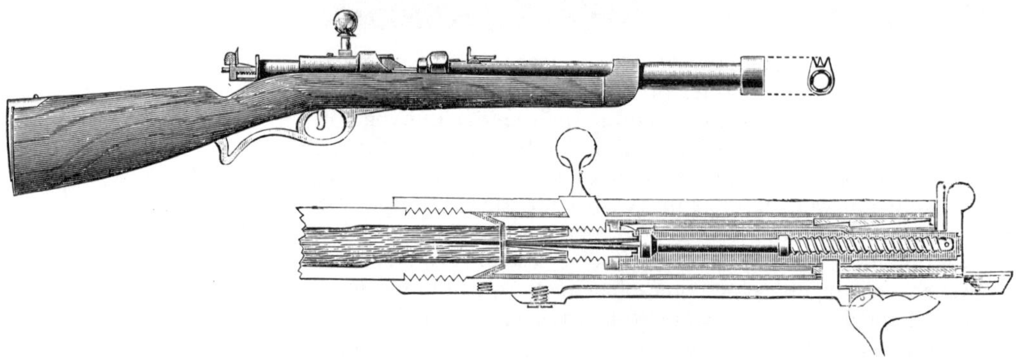

Die militärische Entscheidung sollte nach Moltkes Plan in Böhmen fallen. In drei Säulen rückte die preußische Armee konzentrisch vor, um sich erst zwischen Elbe und Iser im nördlichen Böhmen zur Umfassungsschlacht zu vereinigen. Benedek unternahm einen Versuch, die von Dresden vorrückende Elbarmee und die I. Armee, die über Reichenberg marschierte, vor deren Vereinigung zu schlagen. Als dies mißlang, konzentrierte sich die österreichische Armee um die Festung Königgrätz. Unter dem Eindruck der ersten Niederlagen und angesichts der Gefahr der Einschließung richtete Benedek an den Kaiser am 30. Juni ein Telegramm: »Bitte Eure Majestät dringend, um jeden Preis den Frieden zu schließen. Katastrophe der Armee unvermeidlich.«

Die Antwort des Kaisers, womöglich noch fataler in der Formulierung und Wirkung, lautete: »Einen Frieden zu schließen unmöglich. Ich befehle – wenn unausweichlich –, den Rückzug anzutreten. Hat eine Schlacht stattgefunden?« Nach dem Eintreffen dieses Telegramms war Benedek überzeugt, daß der Kaiser von ihm eine große Schlacht erwartete. Er stellte sich am 3. Juli mit seiner gesamten Kraft den Preußen zur Entscheidung. Moltke war außerordentlich zufrieden. Nicht nur, daß es auf preußischer Seite keine militärisch-politischen Verständigungsschwierigkeiten gab: Bismarck und König Wilhelm waren zum Armeekommando gestoßen und verfolgten mit Moltke gemeinsam vom Feldherrnhügel aus den Verlauf der Schlacht; die monarchische, die politische und die militärische

Die Kriege von 1864, 1866 und 1870/71 sahen zum letzten Mal die Monarchen bei ihren Truppen auf dem Schlachtfeld. Das sollte Napoleon III. den Thron kosten, da er mit seiner Armee gefangengenommen wurde. Wilhelm I. überließ zwar die Entscheidungen den militärischen Führern, aber seine Gegenwart auf dem Feldherrenhügel diente zur Anfeuerung der Truppen, die ihm in Gefechtspausen tatsächlich immer wieder huldigten.

Wilhelm I. bei Langenhof, 3. Juli 1866

Führung waren auf dem Schlachtfeld vereinigt. Der preußische Stratege sah die Möglichkeit nahegerückt, die gesamte Armee des Feindes an einem einzigen Tage kriegsentscheidend zu schlagen. So ist die Schlacht von Königgrätz, die an dem regnerischen Morgen jenes 3. Juli begann, eine der großen Entscheidungsschlachten der Weltgeschichte geworden. Die dritte der preußischen Heeressäulen, die Kronprinzenarmee, traf rechtzeitig auf dem Schlachtfeld ein, um den Sieg herbeizuführen. Auf jeder Seite nahmen über 200 000 Mann an dem Kampf teil. Am Abend betrugen die Verluste auf österreichischer Seite an Toten, Verwundeten und Gefangenen über 44 000, auf preußischer Seite immerhin beinahe 9 200 Mann. Die Österreicher schlugen sich tapfer, ihre Artillerie und Kavallerie zeigten sich stellenweise den Preußen überlegen. So konnte Benedek verhindern, daß aus dem Umfassungsangriff ein Vernichtungssieg wurde. Seine geschlagene Armee ging über die Festung Königgrätz nach Südosten zurück.

Der preußische König hatte sich selbst mit seinem Gefolge auf das Schlachtfeld begeben und stellte sich an die Spitze der vorrückenden I. Armee; die siegenden Truppen begrüßten den Herrscher begeistert. Die Offiziere der Garde küßten ihm die Hände. Als er im Getümmel schließlich auf den Kronprinzen und seinen Stab traf, umarmte der König seinen Sohn, wortlos vor Bewegung, und übergab ihm persönlich den Orden Pour le mérite. Das ging über die Siegesszenen des alten Fritz hinaus und war auch anders und neu gegenüber den Triumphen des großen Napoleon. So etwas hatte es noch nie gegeben. In Königgrätz erhielt eine Militärmonarchie neuen Stiles die entscheidende Feuertaufe. Gewiß war das alles schon langfristig vorbereitet. Aber nun hatten in der Tat die Waffen entschieden – weit in die Zukunft hinein. An die Stelle des zerstörten Deutschen Bundes, der zur Friedenssicherung gestiftet war, sollte nun die mitteleuropäische Hegemonie einer Militärmonarchie treten. Sie festigte sich, indem sie Ziele und Wunschvorstellungen des nationalen Bürgertums erfüllte. Die inneren und äußeren Wirkungen jener Militärmonarchie, die auf dem Schlachtfeld von Königgrätz nicht nur über Österreich, sondern über andere Konzepte preußischer und deutscher Staatlichkeit gesiegt hatte, blieben für Deutschland und Europa bis tief ins 20. Jahrhundert wirksam.

Von Königgrätz stießen die siegreichen preußischen Armeen durch Mähren in Richtung Preßburg weiter vor. Aber sie litten jetzt zunehmend unter Nachschubschwierigkeiten; bald trat auch die Cholera auf. Bevor die Entscheidung über einen eventuellen Angriff auf Wien fiel, kam es zur Waffenruhe, der Friedensverhandlungen folgten. Zu dieser Wendung trugen der für Österreich höchst erfolgreiche Verlauf der Kämpfe in Italien und eine Vermittlungsinitiative Napoleons III. bei, der die Übermacht Preußens fürchtete. Die italienische Armee unter der Führung von König Viktor Emanuel II. und General La Marmora hatte nach der Kriegserklärung den Mincio überschritten. Sie rechnete nicht mit der österreichischen Südarmee, die sie noch jenseits der Etsch vermutete. Die zahlenmäßig unterlegene österreichische Italienarmee, von Erzherzog Albrecht und seinem Generalstabschef John schwungvoll geführt, trat den Italienern bei Custozza am 24. Juni überraschend entgegen. Der österreichische Angriff brachte die Niederlage und den raschen Rückzug der Armee des Königs. Es war keine vernichtende Niederlage, aber die moralische Wirkung ging sehr tief; die italienische Seite erholte sich von diesem Rückschlag bis zum Ende des Feldzugs nicht mehr.

Als die Nachricht von der Abtretung Venetiens an Napoleon III. (zur Weitergabe an Italien) eintraf, wurde dies in Italien zwar als ein Schlag für das nationale Selbstbewußtsein empfunden; doch bewirkte die Gewißheit, das eigentliche Kriegsziel erreicht zu haben, keineswegs eine Steigerung der militärischen Risikofreude. Als nach der Niederlage von Königgrätz Wien das Gros der Südarmee zur Verteidigung der Hauptstadt nach Norden abzog, rückten die italienischen Truppen nur sehr vorsichtig nach. Selbst im Trentino, das von regulären Verbänden und von Garibaldis Freiwilligenformationen angegriffen wurde, kam es zu keinem wirkungsvollen Erfolg. Von einer Befolgung des preußischen Appells an Florenz, durch einen »Stoß ins Herz« des Feindes kriegsentscheidend einzugreifen, konnte keine Rede sein. Auch im Seekrieg blieb Österreich siegreich. Unter der Führung Admiral Tegetthoffs errang die zahlenmäßig und hinsichtlich der Bewaffnung unterlegene österreichische Flotte bei der dalmatinischen Insel Lissa einen glücklichen Sieg über die italienische Flotte, die ganz aus modernen Panzerfregatten bestand. Dagegen gehörten dem österreichischen Verband außer den neuen Eisendampfern auch ältere, holzgebaute Segelschiffe (mit eingebauter Dampfmaschine) an. Entscheidend wurde der gelungene Rammstoß gegen das italienische Flaggschiff, das infolge eines Ruderschadens nicht auszuweichen vermochte.

Die Gesamtentwicklung auf dem südlichen Kriegsschauplatz hatte vor allem politische Auswirkungen. Napoleon III. war vollkommen überrascht sowohl von dem preußischen Entscheidungssieg im Norden wie von dem österreichischen Erfolg im Süden; sofort nach Königgrätz begann er eine diplomatische Offensive, die Preußen, Österreich, Italien, aber auch die ferner stehenden Großmächte England und Rußland einbezog. Der Ausgang des Krieges und die Ergebnisse des deutsch-deutschen Waffenganges gerieten in den Einflußbereich Frankreichs. Es zeigte sich, daß die deutsche Frage - mehr, als man vor Königgrätz angenommen hatte - aufs engste mit der europäischen Politik und ihren Machtverhältnissen verknüpft war.

Die verschlungenen Züge der Diplomatie, die vom Krieg zur Neuregelung der deutschen Dinge im Vorfrieden von Nikolsburg (26. Juli) und im Prager Friedensvertrag (23. August) führten, waren von starken Bewegungen in der deutschen Öffentlichkeit begleitet und auch beeinflußt. Schon zu Beginn des Krieges regte sich bei einzelnen Vertretern der kleindeutsch-liberalen Richtung eine Zustimmung zum Vorgehen Preußens. Heinrich von Treitschke, der 1862 Bismarcks »Blut und Eisen«-Rede so kategorisch abgekanzelt hatte, stellte sich nun auf eine andere Zukunft ein. In seinem fulminanten Aufsatz »Der Krieg und die Bundesreform« zeigte er im Juni 1866 neue Weichenstellungen: Die preußische Regierung solle durch Nachsuchen um »Indemnität«, also um nachträgliche parlamentarische Sanktion für die budgetlose Konfliktzeit seit 1862, den Ausgleich mit der Volksvertretung finden. Deutschland aber dürfe das Nationalparlament, das die starke Hand Preußens anbiete, nicht ausschlagen. Treitschke sah den Prinzipienkampf um die Freiheit, den die Liberalen in Preußen führten, als überholt an: »Heute macht die Geschichte dem doktrinären Streit über Macht und Freiheit ein Ende ... sie zermalmt den Toren, der das Schicksal mit seinen Wünschen zu meistern wähnt. Der Kampf um die Macht bricht an.«[104]

Der Stimmungsumschwung erfaßte zuerst Preußen, wo schon die ersten Siege ihr Echo in den breitesten Bevölkerungsschichten fanden. Bereits vor der Schlacht von Königgrätz flammte selbst im Rheinland, und zwar nicht nur in den alten Provinzen Preußens, eine Kriegsbegeisterung auf, die mit der Stimmung bei den Bundesgenossen Österreichs nicht zu vergleichen war. Jakob Venedey, einer der großdeutschen Nationaldemokraten, die mit Österreich gingen, beschrieb am 2. Juli die Eindrücke einer Erkundungsreise ins Rheinland:[105] »Bismarck hat im Inlande wenigstens vollständig gesiegt« - so beginnt sein von tiefster Sorge diktierter Bericht. Die Bevölkerung stehe wie ein Mann hinter der äußeren Politik der Regierung, auch wenn man den Widerstand in der Verfassungsfrage fortzusetzen gedenke. Die Quelle dieses Umschwungs der öffentlichen Meinung sah Venedey in der so lange umstrittenen Heeresorganisation: »Es gibt durch alle Klassen der Bevölkerung keine Familie in Preußen, die nicht ihre nur einigermaßen waffenfähigen Mitglieder bis zum 40. Jahr bei der Armee hätte. Es ist dieselbe wirklich, wie sie sagen, das Volk in Waffen; und wenn auch der Krieg gegen des Volkes Willen begonnen wurde, so ist doch gegenwärtig jedes preußische Herz bei der Armee und der Krieg entschieden populär.« Auch schwere Rückschläge würden jetzt nur einen zum äußersten Opfer bereiten Fanatismus hervorrufen.

In dieser Situation forderte Venedey von Österreich im Interesse Deutschlands die Entfesselung des Volkskrieges gegen Preußen. Er kritisierte aufs schärfste die Gleichgültigkeit und Ziellosigkeit der Bevölkerungen im Süden. Raschestens müsse von den bundestreuen Regierungen ein mitreißendes Programm freiheitlicher Reform für Deutschlands Wiedergeburt verkündet werden: »Während in Preußen jedermann weiß, wofür er kämpft, weiß es bei uns kaum der Gebildete, geschweige denn die große Menge, und unsere Soldaten müssen ihre Begeisterung lediglich aus dem rauflustigen Verlangen schöpfen, den aufgeblasenen Preußen da drüben zu zeigen, daß hinter den Bergen auch noch Kerle wohnen, die dreinschlagen können.« Dieser Mangel an politischem Pathos und Programm bewirke die Hinneigung vieler wohlmeinender Patrioten zu Preußen; »denn sie sagen: hier winkt uns doch wenigstens die Einheit, während uns von der anderen Seite weder dies noch die Freiheit geboten wird.«

Von vielen Seiten war Wien in den Wochen vor Kriegsausbruch bedrängt worden, rasche Schritte in dieser Richtung zu tun: klare, liberale Verfassungszusagen als »Kampfpreis«, die deutschen Farben als Symbol der Einheit gegen die preußische Sezession, die allgemeine Volksbewaffnung im Stil der Freiheitskriege und ähnliche, das Nationalgefühl ansprechende Maßnahmen. Kaum einem dieser Vorschläge und Forderungen hatte Österreich entsprochen. Die schwarz-rot-goldene Kokarde war zwar dem Kaiser als Konzession abgerungen worden; das Wichtigste, das geforderte Freiheits- und Verfassungsmanifest, scheiterte an dem Unwillen Wiens, sich auf ein Nationalparlament aus direkter Wahl festzulegen. Die Volksbewaffnung, die angesichts der Panik beim Anrücken der Preußen auf Wien schließlich beschlossen wurde, fand nur in Tirol kräftigen Widerhall. In Wien meldeten sich wenig Freiwillige, die Stimmung war tief gesunken.

In Preußen waren Neuwahlen zum Abgeordnetenhaus auf den 3. Juli angesetzt. Diese Wahlen, die also noch vor dem Bekanntwerden des am gleichen Tage erfochtenen Sieges von Königgrätz stattfanden, brachten einen Erdrutsch zugunsten der konservativen Regierung. Das Ergebnis machte deutlich, daß bei einem Zusammengehen der Altliberalen mit den Konservativen die Liberalen in Zukunft in der Minderheit waren.

Mandatsverteilung im preußischen Abgeordnetenhaus

Die Tabelle zeigt neben der neuen Zusammensetzung der Kammer in Klammern die alten Abgeordnetenzahlen (seit den Wahlen von 1863).

Fraktionen	Abgeordnete	
Konservative	136	(35)
Altliberale	24	(9)
Linkes Zentrum und Fortschrittspartei	148	(247)
andere (Katholiken, Fraktionslose, Polen)	44	(70)

Weniger eindeutig verlief gegen Ende des Krieges und während der Friedensverhandlungen die Entwicklung in den Mittelstaaten, die mit Österreich gegangen waren und nun ihren Frieden mit dem Sieger zu machen hatten. Am deutlichsten trat jener Flügel der süddeutschen Liberalen hervor, der schon früher eine kleindeutsche Lösung - wenn auch mit Vorbehalten gegen Preußen - angestrebt hatte. Paul Pfizer wandte sich am 5. August in der »Schwäbischen Volkszeitung« mit Vehemenz gegen eine Spaltung Deutschlands in Nord und Süd und trat für die Einheit der Nation auf der Basis der Verfassung von 1849 ein.[106] Besonders schwer fiel es den Katholiken in Süd- und Westdeutschland, ihre Wünsche und Interessen nach dem Zusammenbruch des Deutschen Bundes neu zu formulieren. Hier herrschte Ratlosigkeit oder Nostalgie. Ende August wandte sich der Mainzer Bischof Wilhelm Emanuel von Ketteler an Franz Joseph:[107] Ein Deutschland ohne Österreich und ohne das Kaiserhaus sei kein Deutschland mehr. Diese Stimmung und der Wunsch, den er gegenüber dem Kaiser formulierte, »daß Österreich einst wieder an die Spitze Deutschlands treten werde«, waren damals weit verbreitet.

In Österreich, beim Kaiser und bei der Wiener Regierung sahen allerdings die Prioritäten im Zusammenhang der Friedensverhandlungen wesentlich anders aus. In den führenden Kreisen Österreichs war die Stimmung gegenüber den deutschen Bundesgenossen so enttäuscht und erbittert, daß die Forderung, den Deutschen Bund aufzugeben und sich also von Deutschland zu trennen, sehr rasch und ohne ernsthaften Widerstand akzeptiert wurde. Nur für Sachsen setzte sich der Kaiser nachdrücklich ein; er schätzte den sächsischen König als einen loyalen Freund und legte größten Wert auf die Erhaltung eines Pufferstaates gegenüber dem mächtigen Preußen.

Vor diesem Hintergrund rasch umschlagender und sehr kontrastierender Stimmungs- und Meinungsfelder vollzog sich das diplomatische Ringen um den Frieden und die politische Auseinandersetzung um Deutschlands Zukunft. Es begann bereits am Tag vor Königgrätz, als der österreichische Kaiser die Vermittlung Napoleons in Italien anrief.[108] Das Verhandlungsverlangen wurde konkret, als Franz Joseph nach der Niederlage die förmliche Abtretung Venetiens an Frankreich (natürlich zur Weitergabe an Italien) aussprach. Napoleon erweiterte diesen Auftrag und trug am 5. Juli den beiden Gegnern Wiens, Preußen wie Italien, die Vermittlung eines Waffenstillstands an.

Diese Situation war für Preußen nicht ungefährlich; die Risiken eines bewaffneten Eingreifens Frankreichs zugunsten Österreichs oder auch der erpresserischen Forderungen Napoleons nach einer Kompensation für Preußens Machtgewinn konnten schwer abgeschätzt werden. Bismarck wollte daher nicht ablehnen; er ging darauf ein, verstand es aber, in einem virtuosen Doppel-, ja Dreifachspiel mit Italien, Frankreich und Österreich erst seine Verhandlungsposition und dann seine inhaltlichen Forderungen optimal durchzusetzen. Vom 5. Juli an liefen drei Wochen lang die Fäden dieses hochkomplizierten Spiels zwischen Paris, wo der preußische Botschafter von der Goltz mit Napoleon das maßgebende Verhandlungspapier ausarbeitete, nach Wien und nach Nikolsburg, wo im preußischen Hauptquartier Bismarck, der französische Botschafter in Berlin, Benedetti, und schließlich die österreichische Friedensdelegation unter Graf Karolyi verhandelten. Die italienische Seite hatte zwar aufgrund des Allianzvertrages ein Recht auf Beteiligung an den Friedensverhandlungen mit Österreich. Doch Bismarck benutzte das italienische Teilnahmerecht zunächst nur als taktisches Instrument gegen Österreichs Drängen auf einen baldigen Waffenstillstand. Dann ließ er die nach Nikolsburg angereisten Italiener nicht zu den Verhandlungen mit Österreich zu. Auch Bayern schloß er aus, das aufgrund einer Vereinbarung mit Wien das Teilnahmerecht an dem Nikolsburger Traktat geltend machte. So wurden die Friedensverträge Italiens mit Österreich und Preußens mit Bayern und den anderen Verbündeten Wiens später und getrennt nachgeholt. Alles Wesentliche war freilich schon in Nikolsburg entschieden worden.

Zeigte sich bereits in diesen Verfahrensfragen Bismarcks souveräne Hand gegenüber der fahrigen Politik Napoleons, so wurde erst recht in der inhaltlichen Auseinandersetzung über die Früchte des Sieges deutlich, wo die Kraft und die Überlegenheit zu finden waren. Nur innerhalb der preußischen Führungsgruppe gab es für Bismarck überaus schwierige und zeitweise heftige Konflikte. Weiterhin erweist der Blick auf die europäische Öffentlichkeit, daß es sich bei der Vorgeschichte des deutschen Friedensvertrages 1866 nur scheinbar um Kabinettspolitik im alten Stile handelte; tatsächlich spielte für alle Teile die Rücksicht auf die öffentliche Meinung eine erhebliche Rolle. Das galt auch für Bismarck. Nur überschritt er auch in dieser Hinsicht das Regelmaß, indem er weit selbständiger und elastischer als seine Partner – aufnehmend und antizipierend – die Strömungen der Zeit abwog und in die neue politische Konstruktion einbezog.

In den Pariser Verhandlungen stellte sich schnell heraus, daß Napoleon III. das im preußischen Bundesreformprojekt vom 9. April vorgeschlagene Nationalparlament (aus direkten Wahlen) nicht als eine kleindeutsche Klammer hinnahm, sondern nur für Norddeutschland akzeptierte. Andererseits machte er gegenüber einer preußischen Machterweiterung in Norddeutschland, gegen die Auflösung des Deutschen Bundes und gegen das Ausscheiden Österreichs aus Deutschland insoweit keine Schwierigkeiten, als dadurch das europäische Gleichgewicht nicht gestört werde. Bismarck sah ohne Zweifel den vorgegebenen Zusammenhang zwischen dem Ausmaß der preußischen Gewinne in Deutschland und der Stärke der französischen Kompensationsforderungen (die er selbst ja nie abgewiesen, zeitweilig sogar scheinbar ermuntert hatte). Ob die Rücksicht auf Frankreich der einzige Grund für ihn war, sich mit der vorläufigen Beschränkung der – sichtbaren – preußischen Macht auf Norddeutschland zufriedenzugeben, ist allerdings zu bezweifeln. Es gab auch innerdeutsche Gründe, die es ratsam erscheinen ließen, schrittweise vorzugehen, wenn man den Bismarckschen Weg der preußischen »Strukturdominanz« statt eines nationalrevolutionären Aufgehens Preußens in Deutschland oder statt der von Treitschke empfohlenen »nationalen Annexionspolitik« einschlagen wollte.

So ergab sich als Basis für die in Paris zwischen Napoleon und dem preußischen Botschafter ausgehandelte Konzeption eine Dreiteilung des bisherigen Deutschen Bundes: ein Nordbund unter Preußen, ein unabhängiger Südbund und Österreich. Als Napoleon auch die preußischen Annexionen in Norddeutschland zugestand, die Berlin vier Millionen neue Bürger brachten (Schleswig-Holstein, Hannover, Kurhessen, Nassau, Frankfurt), war Bismarck bereit zum Waffenstillstand und zum Beginn direkter Verhandlungen mit Österreich über einen Präliminarfrieden. Auch dies Verfahren machte die Überlegenheit des preußischen Vorgehens deutlich: Indem Bismarck sich geweigert hatte, auf die französischen und österreichischen Aufforderungen zum Waffenstillstand einzugehen bevor Frankreich nicht die Hauptpunkte des preußischen Forderungsprogramms akzeptiert und seine Unterstützung zugesagt hatte, konnte er den Hebel des französischen Friedensengagements (an dem Napoleons Prestige hing) im preußischen Sinne ansetzen. Ein zentraler Punkt der Vertragsregelung war die territoriale Integrität Österreichs; es ist schwer zu sagen, ob Bismarck das auch ohne Rücksicht auf Frankreich zugestanden hätte. Bismarck selbst und - ihm folgend - Generationen von deutschen und nichtdeutschen Historikern haben betont, daß sein eigentliches oder sein einziges Motiv bei der Schonung Österreichs der vorausschauende Blick auf das spätere Bündnis gewesen sei. Vieles spricht dafür, daß der Baumeister des Deutschen Reiches und des Zweibundes von 1879 diesen Gesichtspunkt nachträglich stärker betont hat. Daß dies Motiv schon 1866 mitspielte, ist wahrscheinlich, aber vermutlich nur ein Moment unter anderen Überlegungen, welche eine Schonung Österreichs zweckmäßig erscheinen ließen.

Erst nach Napoleons Zustimmung zu den radikalen Annexionen Preußens in Norddeutschland begannen also am 23. Juli in Nikolsburg die direkten Verhandlungen. Unter dem Vorsitz des Kaisers hatte am 21. Juli ein Ministerrat die österreichische Verhandlungslinie festgelegt. Der Kriegsminister erklärte, »am Verlangen des Austritts aus dem deutschen Bund solle man die Verhandlungen nicht scheitern lassen, die öffentliche Meinung habe sich schon vertraut damit gemacht«. Näher kam der Sache der Justizminister Komers: Für den Deutschen Bund, der sich überlebt habe, sei kein Mensch mehr begeistert, wie ja Österreich auch 1848, 1859 und jetzt keinen Vorteil aus diesem Bundesverhältnis gehabt hätte. Kein Widerspruch erhob sich.

In dem mächtigen Nikolsburger Schloß, dem Erbe der Fürsten Dietrichstein und nun im Besitz des österreichischen Außenministers Mensdorff, wurde in den folgenden Tagen erbittert um den Frieden gerungen. Die Auseinandersetzungen mit den Österreichern machten nur den geringeren Teil der Schwierigkeiten aus, und Wien hatte auch bald die Höhe der österreichischen Kriegsentschädigung von 40 auf 20 Millionen Gulden heruntergehandelt. Schwieriger war die Verständigung über das zukünftige Verhältnis zwischen dem Nordbund und Süddeutschland und über die Zukunft Sachsens. Bismarck hatte abweichend von der Pariser Einigung nun plötzlich doch einen »neuen deutschen Bund« vorgeschlagen, innerhalb dessen dem König von Preußen nationale Beziehungen des Norddeutschen Bundes zu den süddeutschen Staaten gestattet sein sollten. Diese offizielle Überschreitung der Mainlinie wollten die Österreicher nicht zugestehen, vor allem da sie dabei mit französischer Rückendeckung rechnen konnten. Bismarck blieb nichts als der Verzicht auf diese Forderung. Wiens

Zustimmung zu den norddeutschen Annexionen blieb so lange in der Schwebe, bis die Zukunft Sachsens gesichert war. Sonst doch keineswegs für die ehemaligen Bundesgenossen engagiert, kämpften die Österreicher (wie auf dem Wiener Kongreß ein halbes Jahrhundert zuvor) für Sachsens Integrität und nun auch für seine Zugehörigkeit zum Südbund bis an den Rand des Bruchs der Verhandlungen. Schließlich stellte Franz Joseph die Entscheidung dem sächsischen König anheim. Als dieser nicht auf der Zugehörigkeit zum neuen Südbund bestand, war ein Kompromiß möglich: Sachsens Eingliederung in den Nordbund wurde unter der Voraussetzung zugestanden, daß seine Integrität und seine Sonderrechte anerkannt würden. Jetzt erst akzeptierte Österreich die norddeutschen Annexionen Preußens.

Die größeren Schwierigkeiten hatte Bismarck im eigenen Lager.[109] Hier bekam er zu spüren, was es heißt, wenn ein Zivilist auf »Blut und Eisen« setzt. Der König und eine starke Strömung unter den Militärs vertraten wesentlich andere Kriegsziele als er. Die Eigengesetzlichkeit der neuen Militärmonarchie brachte sich mit altertümlichen Sieges- und Beutevorstellungen zur Geltung; der König, der aus alten Loyalitätsvorstellungen so lange die Auseinandersetzung mit dem Kaiserhaus gescheut hatte, wehrte sich jetzt gegen Bismarcks rationale und modern konzipierte Ziele. Dieser Konflikt rührte an die Grundlagen des preußischen Systems und konnte nur nach sehr harten Auseinandersetzungen und mit der – wohl ausschlaggebenden – Hilfe des Kronprinzen für Bismarck entschieden werden. Der König wollte den militärischen Triumph, er wollte als Sieger in Wien einmarschieren. Er wollte zwar, aus Legitimitätsgründen, eigentlich keinen der gegnerischen Fürsten – auch nicht die norddeutschen – durch eine Totalannexion enteignen und absetzen. Er wollte aber doch überall einen tüchtigen Brocken Landgewinn, von *allen* Gegnern, also auch von Österreich und von Sachsen. Diese Forderungen entsprangen nicht nur einer altertümlichen Vorstellung vom *ius praedae* (Beuterecht) des Siegers, sie waren auch in einem politisch-moralischen und ans Theologische grenzenden Satisfaktionsdenken verwurzelt: Wer Unrecht getan hat, muß gestraft werden; der siegende Fürst hat das Urteil über den Unterlegenen zu vollstrecken.

Bismarcks Ziel und Programm war nicht minder auf eine Steigerung der Macht Preußens angelegt, nur eben in ganz anderem Sinne: Vollannexionen, ohne Rücksicht auf die angestammten Dynastien, wo das für Preußens tatsächlich zerrissene Grenzen unmittelbar zweckmäßig war: also neben Schleswig-Holstein auch das Königreich Hannover, dazu noch Kurhessen, Nassau und Frankfurt. Sonst aber kämpfte Bismarck aus Gründen innerer und äußerer Zweckmäßigkeit für die volle territoriale Schonung der einstigen Gegner (nur Bayern mußte im Norden ein kleines Stückchen hergeben). Die Auseinandersetzung mit dem König wurde so heftig und quälend, daß Bismarck – nach seiner späteren Erzählung – einen Augenblick daran dachte, sich das Leben zu nehmen. Schließlich gab Wilhelm nach. Er schrieb an den Rand der Bismarckschen Denkschrift, die nochmals alle Gründe für die vorgeschlagenen Friedensbedingungen aufzählte, sein resignierendes Votum: »Wenn trotz dieser pflichtmäßigen Vertretung vom Besiegten nicht das zu

Nach Königgrätz setzte Bismarck alles daran, zu einem Vorfrieden zu kommen, bevor sich die europäischen Mächte in den innerdeutschen Konflikt einmischen konnten. Obwohl der preußische König zunächst widerstrebte, da er sich die Genugtuung des siegreichen Einzugs in Wien nicht entgehen lassen wollte, kam es in der Tat schon nach gut drei Wochen in Nikolsburg zu einem Friedenskongreß, der allen Petersburger und Pariser Interventionsabsichten das Wasser abgrub.

Der Friedenskongreß in Nikolsburg, 1866

erlangen ist, was Armee und Land zu erwarten berechtigt sind, das heißt eine starke Kriegskostenentschädigung von Österreich als dem Hauptfeind oder Landerwerb in einigem in die Augen springenden Umfang ... so muß der Sieger an den Toren Wiens in diesen sauren Apfel beißen und der Nachwelt das Gericht dieserhalb überlassen.«[110]

Damit war der Weg frei zur Unterzeichnung des Nikolsburger Vorfriedens. Seine Bestimmungen gingen in den definitiven Friedensvertrag ein, der am 23. August in Prag abgeschlossen wurde; in zwei Punkten kamen Ergänzungen dazu, die Napoleon wünschte.[111] Der Prager Friede beendete den tausendjährigen staatsrechtlichen Zusammenhang Österreichs mit Deutschland, der nur in der napoleonischen Ära für einige Zeit unterbrochen worden war. Er sicherte dem habsburgischen Kaiserstaat die territoriale Unversehrtheit, abgesehen von der Abtretung Venetiens, die ja Wien schon vor Kriegsbeginn Napoleon III. zugesichert hatte. (Für die Übergabe Venetiens an Italien lieferte der Friedensvertrag eine Kompromißformel, die dem preußisch-italienischen Allianzvertrag Rechnung trug; der formelle Friedensschluß zwischen Österreich und Italien wurde erst am 3. Oktober in Wien unterzeichnet.)

Für die deutsche Frage entscheidend war der berühmte Artikel IV des Prager Friedens. Zusammen mit der Übertragung aller österreichischen Rechte an Holstein und Schleswig auf Preußen (mit dem Vorbehalt einer Volksabstimmung über den eventuellen Anschluß an Dänemark in Nordschleswig) in Artikel V und mit der Zusicherung der territorialen Integrität für Sachsen schuf der Artikel IV die Grundlage für die preußische Machtausdehnung in Norddeutschland und für ein künftiges Ausgreifen der neuen preußisch-deutschen Staatsbildung auf Süddeutschland. Der Wortlaut dieses Artikels war gegenüber dem in Nikolsburg vereinbarten Text auf Wunsch Napoleons noch um einen Passus erweitert worden, der die »internationale unabhängige Existenz« des in Süddeutschland zu gründenden Staatenbundes betonte. Diese Formulierung war schon in den preußisch-französischen Vorverhandlungen vorgekommen und insofern keine nachträgliche Modifikation, die Preußen abgerungen werden mußte. Sie wies aber nichtsdestoweniger auf den künftigen Gegensatz hin, der zwischen der preußischen und der französisch-österreichischen Süddeutschlandpolitik auftrat: Preußen hatte nur mit Rücksicht auf Frankreich (und in eingeschränkter Weise auch auf Österreich) darauf verzichtet, die süddeutschen Staaten schon jetzt offen in den Prozeß einer staatlichen Zusammenfassung des außerösterreichischen Deutschland einzubeziehen. Übrigens verhinderte Preußen die Gründung des geplanten Südbundes und suchte die einzelnen Südstaaten durch militärische »Schutz- und Trutzbündnisse« und durch eine neue Zollvereinspolitik an sich zu binden.

Frankreich und Österreich sollten bis 1870 alles daransetzen, ein Überschreiten der Mainlinie durch Preußen zu verhindern und die »internationale« Souveränität des Südens zu sichern. Offen mußte bleiben, ob diese Konzeption eines französisch-österreichischen Ko-Protektorates über den Süden bei den süddeutschen Staaten Unterstützung finden würde. Dies war ja die Voraussetzung, wenn Wien eine Revision der mächtigen preußischen Schritte zur Konstituierung eines kleindeutschen Reiches in die Wege leiten wollte. Dieser Problemkreis stand dann im Mittelpunkt der politischen Kämpfe um die deutsche Frage von 1866 bis 1870.

Der Artikel IV des Prager Friedens bedeutete das Ende des Deutschen Bundes; demgemäß hielt der Bundestag, der aus Frankfurt nach Augsburg geflohen war, am 24. August, also einen Tag nach dem Friedensschluß, formell seine letzte Sitzung ab, an der außer Österreich noch Vertreter von acht Staaten (darunter die drei bereits von Preußen annektierten Staaten Hannover, Kurhessen und Frankfurt) teilnahmen. Daß dieses Ende auch die endgültige politische Spaltung des deutschen Volkes bedeutete, kam in dem trockenen Vertragstext nicht zum Ausdruck; Artikel IV lautete:

> »Seine Majestät der Kaiser von Österreich erkennt die Auflösung des bisherigen Deutschen Bundes an und gibt seine Zustimmung zu einer neuen Gestaltung Deutschlands ohne Beteiligung des österreichischen Kaiserstaates. Ebenso verspricht Seine Majestät, das engere Bundes-Verhältniß anzuerkennen, welches Seine Majestät der König von Preußen nördlich von der Linie des Mains begründen wird, und erklärt sich damit einverstanden, daß die südlich von dieser Linie gelegenen Deutschen Staaten in einen Verein zusammentreten, dessen nationale Verbindung mit dem Norddeutschen Bunde der nähern Verständigung zwischen beiden vorbehalten bleibt und der eine internationale unabhängige Existenz haben wird.«

Das Bemerkenswerte an diesem Text ist die semantische Eindeutigkeit, die hier erstmals offiziell dem Begriff »Deutschland« zukommt. In den vorausgehenden Jahrzehnten hatte es eine viel weitere Bedeutungsweise von »Deutschland« gegeben, die staatsrechtlich am Umfang des Deutschen Bundes orientiert gewesen war und damit selbstverständlich die zugehörigen Teile der Habsburgermonarchie einschloß. Im Zuge des neu hervortretenden preußisch-österreichischen Dualismus war dann besonders seit den vierziger Jahren und ganz deutlich in den kleindeutschen Entwürfen von

1848/49 ein engerer Begriff von Deutschland und deutscher Nation verwendet worden, der Österreich mehr oder weniger deutlich von Deutschland abschloß. Diese Entwicklung fand nun im Vertragstext von 1866 zum ersten Mal ihre offizielle Sanktion auch von österreichischer Seite. Deutschland als ein Begriff, der die deutsche Staatenwelt einschließlich der bundeszugehörigen Teile Österreichs meinte, war aufgegeben. Deutschland war semantisch und staatsrechtlich zu einer Sache außerhalb Österreichs geworden.

Gleich bedeutungsvoll war, daß Österreich im ersten Satz seine allgemeine und uneingeschränkte Zustimmung »zu einer neuen Gestaltung Deutschlands« ohne Beteiligung des Kaiserstaates gab. Die spezielle Anerkennung des künftigen Norddeutschen Bundes und das Einverständnis mit dem geplanten Südbund und seiner »internationalen unabhängigen Existenz« sind im Rahmen dieser allgemeinen Bestimmung zu sehen und konnten deren enorme völkerrechtliche Bedeutung nicht einschränken. Bismarck war es tatsächlich gelungen – und das sollte im Hinblick auf die Reichsgründung von 1870/71 entscheidend sein –, sich schon 1866 gewissermaßen einen österreichischen Blankoscheck für die Gestaltung des gesamten außerösterreichischen Deutschland ausstellen zu lassen. Die Versuche Wiens, im Herbst 1870 aus diesem Artikel IV ein vertragliches Mitspracherecht hinsichtlich des Anschlusses der süddeutschen Staaten an den Norddeutschen Bund und der Reichsgründung abzuleiten, mußten daher halbherzig und erfolglos bleiben. Bismarcks entschiedene Ablehnung eines solchen Mitspracherechts wie seine mit dieser Ablehnung Ende 1870 sogleich verbundene Offerte freundschaftlicher Beziehungen zwischen dem neuen deutschen Kaiserreich und dem österreichischen Kaiserreich sind auch im Lichte dieser Generalklausel des Prager Friedens zu sehen.

Auf den ersten Blick schien es also, als seien 1866 an die Stelle des alten Bundes nun drei unterschiedliche politische Blöcke getreten: im Norden der neue Bund, in dem das durch gewaltige Annexionen vergrößerte Preußen von jetzt an unbedingt dominierte und für den Bismarck trotz einer nur pseudoföderalistischen Verfassung und trotz mancher legitimistischer Widerstände (vor allem in Hannover) doch einen erheblichen Konsens der Nationalliberalen und der meisten Konservativen gewinnen konnte; im Südosten der österreichische Kaiserstaat, dessen dualistische Verfassung seit 1867 den Deutschliberalen in Cisleithanien und den ständisch-liberalen ungarischen Gruppen im Ostteil zur Macht verhalf; im Südwesten die vier jetzt souveränen Staaten Bayern, Württemberg, Baden und Hessen-Darmstadt, die nach dem Abschluß ihrer jeweiligen Friedensverträge mit Preußen im Überschneidungsbereich französischer, österreichischer und preußischer Interessen lagen. (Die Tatsache, daß der nördliche Landesteil von Hessen-Darmstadt dem Norddeutschen Bund angehörte, schränkte die tatsächliche »Souveränität« dieses Staates freilich erheblich ein.)

Es konnte so scheinen, als ob es sich um drei getrennte Blöcke handelte; aber tatsächlich war es Bismarck schon im August 1866 gelungen, mit Bayern, Württemberg und Baden geheime Militärverträge abzuschließen, die für einen Defensivfall die gesamte Heeresmacht der Einzelstaaten dem König von Preußen unterstellten.[112] Der Abschluß dieser sogenannten »Schutz- und Trutzbündnisse« wurde im August 1866 durch die damals vorübergehend auftauchende Drohung eines preußisch-französischen Konfliktes begünstigt; sie wurden im Frühjahr 1867, als es zu einer akuten Spannung zwischen Berlin und Paris wegen der Luxemburger Frage kam, von Bismarck veröffentlicht (und durch einen entsprechenden Vertrag mit Hessen ergänzt). Erstaunlicherweise enthielten diese Militärbündnisse keine Frist und keine Kündigungsklausel. Sie begründeten also einen ewigen, unkündbaren Militärbund unter preußischem Oberbefehl – unter der Voraussetzung eines Defensivkrieges. Die notwendigen Angleichungen an das preußische Militärsystem wurden aber schon im Frieden vorgenommen. Diese getrennten Militärbündnisse verhinderten das Zustandekommen des für Preußen unerwünschten Südbundes. Hinzu kam die starke Klammer des Zollvereins. Seine Umgestaltung in bundesstaatlicher Richtung, die Preußen 1867 durchsetzte, bedeutete eine weitere Einschränkung der Selbständigkeit und politischen Manövrierfähigkeit der süddeutschen Staaten.

Viel kam auch auf die weiteren Entwicklungen der öffentlichen Meinung und der Parteienlandschaft Süddeutschlands an. Hier sollte sich bald zeigen, daß die Erwartungen Berlins, durch einen evolutionären Zustimmungsprozeß die nationale Vereinigung des Südens mit dem preußisch geführten Norden zu erreichen, nicht erfüllt wurden. Ein sogar zunehmender süddeutscher Widerspruch gegen den norddeutschen »Kasernen- und Junkerstaat« führte eine unerwartete Koalition konservativer und linker Gruppierungen gegen eine Lösung der nationalen Frage durch die preußische Militärmonarchie herauf. So stand Süddeutschland im Zwielicht faktischer Bindungen an Preußen und sehr widerspruchsvoller Stimmungen in der politischen Öffentlichkeit.

Für die deutschen Zeitgenossen des Jahres 1866 hatte der Krieg einen tiefen Einschnitt gebracht, für die Anhänger Österreichs einen furchtbaren, aber gerade deshalb kaum ganz begriffenen Schicksalsschlag. Dennoch sah man die deutschen Dinge keineswegs als endgültig entschieden an. Dem schien auch die Haltung Frankreichs zu entsprechen, der stärksten Kontinentalmacht, die dem von Preußen eingeschlagenen Weg kleindeutscher Einigung durchaus schwankend und im Fazit eher bedrohlich gegenüberstand.[113] Die Haltung der europäischen Mächte zu der 1866 beginnenden Umgestaltung Mitteleuropas war noch von der traditionellen Gleichgewichtspolitik und dem Rechnen-Wollen mit einer nicht-expansiven, friedlichen Situation in der Mitte des Kontinents bestimmt. Von daher stammte Rußlands Interesse am Fortbestand eines »bereinigten Dualismus«, der mit Preußens Vorherrschaft im Norden und Österreichs Dominanz im Süden den konservativen Partikularismus und die Souveränität der mit den Romanows verwandten Dynastien in Stuttgart und Darmstadt gesichert hätte. Doch es gelang Bismarck, ohne tatsächliche Gegenleistungen die Zustimmung des Zaren zum neuen Stand der Dinge zu erreichen. Auf der Seite Italiens, des Bundes- und Beutegenossen Preußens, gab es ohnehin keine schwerwiegenden Bedenken. Und auch England machte fürs erste keine Schwierigkeiten angesichts der Ausdehnung der preußischen Macht bis zum Main und hinsichtlich der Auflösung des Deutschen Bundes. Generell waren die englischen Außeninteressen weltpolitisch und weniger zentraleuropäisch orientiert. Das wirkte vorläufig in die Richtung einer »Verträglichkeit zwischen Bismarcks kriegerischem Revisionismus und Englands Friedenspolitik«[114]. Daß das Ende des Deutschen Bundes auch die Zerstörung des traditionellen Rechts- und Friedenssystems in der Mitte Europas mit sich gebracht hatte, fiel dagegen zunächst wenig ins Gewicht. Wohl mißtrauten die Mehrheit der englischen Politiker und auch Königin Victoria dem »Junkerregiment« Bismarcks und des alten Königs in Berlin. Doch die Erwartung einer liberalen Zukunftsentwicklung in Berlin, personifiziert in Kronprinz Friedrich und seiner englischen Gattin, überwog diese Bedenken und ließ sie damals nicht zu Faktoren der Politik werden.

So konzentrierte sich 1866 die umfassende Frage nach der »Verträglichkeit« der preußisch-kleindeutschen Lösung mit dem Gleichgewicht und Frieden Europas in einmaliger Weise auf Frankreich. Die französische Deutschlandpolitik zwischen Königgrätz und dem Prager Frieden war - weit über die Friedensintervention hinaus - beherrscht von einem hektischen Hin und Her enormer Kompensationsforderungen zum Ausgleich für die preußische Machtsteigerung. Ende Juli, gleich nach Nikolsburg, ging Napoleon III. so weit, von Bismarck nicht nur Luxemburg und Erwerbungen im französischsprechenden Belgien, sondern die ganze Rheinpfalz und Rheinhessen (mit Mainz) und dazu die Grenzen von 1814 zu fordern.[115]

In der Zurückweisung solcher maßlosen Ansprüche treten charakteristische Unterschiede zwischen Bismarck und König Wilhelm auf. Der König zeigt sich völlig verständnislos, Bismarck scheint die Forderungen Napoleons zu erwägen. Er antwortet nicht rundheraus mit einem Nein, sondern macht Frankreich zeitweilig Hoffnungen in der Richtung Belgiens und unternimmt sogar Schritte, um die luxemburgische Frage in Frankreichs Sinne zu fördern. Was hinter diesem grotesk anmutenden Spiel von Forderungen und Drohungen, Auftrumpfen und Einlenken greifbar wird, ist mehr als der persönliche Erfolgshunger des von Krankheit gezeichneten und unsicheren Kaisers der Franzosen. Es ist die massive Sorge des bis dahin mächtigsten Staates in Europa, wie es nach dieser Machtsteigerung Preußens mit der nationalen Einigung aller Deutschen weitergehen werde. Für Berlin und für die politische Öffentlichkeit Deutschlands stellte sich auf der anderen Seite die Frage, mit welchen Zugeständnissen und Vertragsbindungen der neue Machtzustand in Mitteleuropa und seine beabsichtigte kleindeutsche Vollendung abgesichert werden könnten. Im September 1866 machte Napoleon Bismarck nochmals ein Vertragsangebot, das die Unterstützung Berlins hinsichtlich Luxemburgs und Belgiens sichern sollte. Wieder wich Bismarck aus; hinhaltend betonte er, welchen Gewinn es an sich schon für Frankreich bedeute, daß Preußen nun mächtig genug geworden sei, um sich von der übermächtigen russischen Allianz lösen und Partner einer Westallianz mit Frankreich werden zu können.

War es Bismarck mit solchen Überlegungen jemals ernst? Wie hätten sich der König und die konservativen Kräfte zu einer solchen Westorientierung gestellt? Deutlicher wird schon früh die Alterna-

Die deutsche Einheit

Karikatur auf die Bundesstaaten als Nullen hinter der preußischen Eins, »Charivari«, 1867 tive einer Sicherung des neuen Deutschland durch die militärische Niederwerfung Frankreichs. Auf dem Höhepunkt der Kompensationskrise im August 1866 erörterten Bismarck und Moltke die Chancen eines sofortigen Krieges gegen Frankreich, wobei man davon ausging, daß sich Preußen auf das Bündnis mit Süddeutschland, »zur Not auch mit Österreich« stützen könne.[116] Der nationalpolitische Zweck eines gemeinsamen Krieges von Nord und Süd gegen Frankreich wurde schon damals gesehen; Jahre später findet er statt. Die Kriegsgefahr verflog jedoch 1866 rasch. Napoleon drang mit seinen Kompensationsforderungen nicht durch, noch einmal blieb alles unbestimmt – bis 1867/68 die französisch-österreichische und die preußisch-russische Annäherung Europa in zwei Blöcke zu teilen begann. Damit aber trat auch die deutsche Frage nochmals in ein neues Stadium.

Das Jahr 1866 hatte jedenfalls das Ende des deutschen Dualismus in seiner bisherigen Form gebracht. Die beiden »deutschen Großmächte« waren sich seit Maria Theresia und Friedrich II. im Rahmen einer föderativen deutschen Staatlichkeit und zugleich als europäische Mächte begegnet. Der Wandel der gesellschaftlichen, wirtschaftlichen und national-kulturellen Lebensformen in dem seither verflossenen Jahrhundert hatte den Aufstieg Preußens begleitet und ermöglicht. Die Entwicklung der Kräfte des habsburgischen Vielvölkerstaates hatte mit Preußen nicht Schritt gehalten, als es um die Schaffung eines Nationalstaates ging. Andererseits hatten die liberalen und demokratischen Strömungen weder im dritten Deutschland noch in Preußen oder Österreich die Härte der obrigkeitsstaatlichen Strukturen aufzubrechen und die Nation auf neue Wege zu führen vermocht.

Als sich die Kämpfenden nach Königgrätz trennten, trat das siegreiche Preußen als eine Militärmonarchie neuen Stils, nicht als liberaler Verfassungsstaat seine Rolle in der Einigung des außerösterreichischen Deutschland an. Die Volksarmee der allgemeinen Wehrpflicht war ein gewaltiges Erbe der Französischen Revolution. Innerhalb der deutschen Staatenwelt wurde dieses Erbe nur von Preußen aufgegriffen – modernisierend und machtsteigernd. In der verwandelten Form eines Königsheeres, das die Volkskraft mobilisierte und die Errungenschaften der bürgerlichen Technik und Industrie einsetzte, zeigt sich die unverwechselbar preußische Verbindung des Alten mit dem Neuen. Das sollte Preußen an die Spitze der deutschen Mächte führen. Nun kam es darauf an, was aus diesem explosiven Verschmelzungsprozeß von Alt und Neu an nationaler und humaner Gestaltung der Macht und des Lebens hervorgehen würde.

Epilog: Die Habsburgermonarchie und das deutsche Kaiserreich bis zum Ende (1918)

Wie geht es weiter nach 1866? Die Geschichte der deutschen Frage von der Gründung des Bismarckreiches bis heute ist noch nicht geschrieben: Noch fehlt die Gesamtschau von den Schlachten bei Königgrätz und Sedan über die Epoche des Zweibundes und der »Nibelungentreue« zwischen Berlin und Wien, über den Ersten Weltkrieg, das Ende der Habsburgermonarchie, die nationalsozialistische Verwirklichung der Anschlußidee und das Ende des Hitlerschen Großdeutschlands bis zur Konsolidierung der staatlichen Existenz Österreichs, der Bundesrepublik, der DDR in einer tief gewandelten weltpolitischen Situation ... Und ebenso fehlt die zusammenfassende Analyse, wie die Deutschen selbst zu diesem Wandel beigetragen haben.[1]

Wollen wir zum Ende dieser Darstellung der deutschen Geschichte zwischen Habsburg und Preußen einige weitere Perspektiven ins Auge fassen, so ist es zweckmäßig, sich die Ergebnisse der Epoche, die mit Königgrätz zu Ende ging, in aller Kürze zu vergegenwärtigen. Der Deutsche Bund, der für die Mitte Europas ein halbes Jahrhundert friedlicher Entwicklung sicherte, hatte seit der reaktionären Wende von 1819/20 freiheitlichen und nationalen Bestrebungen immer weniger Raum geboten. Metternichs erhaltende Politik wurde repressiv, wehrte die Kräfte des unaufhaltsam heraufziehenden Neuen ab und sicherte so tatsächlich zunächst die Macht Österreichs in Europa und über Preußen und das dritte Deutschland. Doch im Zeitalter des aufsteigenden Bürgertums, der Industrialisierung und der nationalen Idee vermochte der habsburgische Vielvölkerstaat auf diese Weise weder die eigenen Probleme zu lösen noch der deutschen Entwicklung Wege in die Zukunft zu weisen. Preußen dagegen gelang es, alte Autoritätsformen mit wirtschaftlicher und soziokultureller Modernisierung zu verbinden; so blieb es dem bürgerlichen Nationalgedanken näher.

Die Revolution von 1848/49 mit ihren großen Anfangserfolgen stellte alle Fragen der künftigen deutschen Geschichte: ihr Scheitern hängt aufs engste mit dem Gegensatz zwischen den liberalen und den demokratischen Gruppen und mit dem Problem des habsburgischen Vielvölkerstaates zusammen. Die Möglichkeit einer demokratischen Umgestaltung der Habsburgermonarchie wurde von der kleindeutsch orientierten Mehrheit der Liberalen nicht ernst genommen. Nach der militärischen Rekonstruktion des Kaiserstaates konnte Schwarzenberg zwar das Bündnis der kleindeutschen Liberalen mit der preußischen Monarchie zunichte machen; aber der Sieg der Gegenrevolution führte nicht zu dem von Schwarzenberg und Bruck geforderten großösterreichisch-großdeutschen Siebzig-Millionen-Block, sondern zur Wiederherstellung des alten, unreformierten Bundes. Preußen und Österreich standen sich von nun an aufgrund der gegenseitigen Blockierung ihrer nachrevolutionären Deutschlandkonzeptionen immer unverhüllter als Gegner im Machtkampf um und in Deutschland gegenüber.

Weder der Krimkrieg noch der italienische Einigungskampf 1859 oder die mittelstaatlichen Reformkonzepte brachten die deutsche Frage deutlich weiter. Auch Österreichs Übergang von einer neoabsolutistischen Modernisierungspolitik zum Verfassungsstaat zu Anfang des neuen Jahrzehnts konnte das Nationalitätenproblem nicht lösen und führte so außerhalb Österreichs nur in beschränktem Ausmaß zu »moralischen Eroberungen«. Der wirtschaftliche und soziokulturelle Vorsprung Preußens und seine nationale Werbekraft wirkten weiter und wurden durch die nachrevolutionäre Verketzerung aller entschiedenen Linkskräfte und die Anpassungsbereitschaft vieler Vertreter des Bürgertums begünstigt. Dagegen blieb die großdeutsche Aktion - gipfelnd in der Frankfurter Bundesreforminitiative Kaiser Franz Josephs 1863 - durch innerösterreichische Widerstände und durch die Widersprüchlichkeit der politischen Ziele (von ganz rechts bis links) gehemmt. Sie scheiterte rasch an dem preußischen Boykott, der Bismarcks Werk war.

Bismarcks Eingreifen in die deutsche Frage war durch eine großartige Kunst der Manipulation gekennzeichnet, die über die klassische Diplomatie hinaus die neue Nationalidee in Dienst zu nehmen wußte. Anläßlich der schleswig-holsteinischen Frage gelingt es ihm, Österreich von seiner traditionellen Anhängerschaft unter den Mittel- und Kleinstaaten des Bundes zu trennen. Ein Bündnis mit Italien und ein Jonglieren mit Frankreich isoliert Wien 1866; der Krieg gegen Österreich (und die Mehrheit des Bundes) bringt dann den Sieg der überlegenen Militärorganisation Berlins und damit die Befestigung einer Militärmonarchie neuen Stils in Preußen. Zugleich gewinnt Bismarck die Mehrheit der kleindeutschen Nationalbewegung für den Aufstieg der Hohenzollerndynastie in die Führung des außerösterreichischen Deutschland. So fällt der Ausschluß Österreichs aus Deutschland mit der Bindung entscheidender nationalbürgerlicher Kräfte an den preußischen Militärstaat zusammen.

Die Ergebnisse der Epoche bis Königgrätz machen deutlich, daß die früher so wichtig genommene Frage nach dem »Recht Preußens zum Bundesbruch« oder - wie es Theodor Mommsen damals formulierte - nach dem »revolutionären Recht der souveränen deutschen Nation« auf die Zerstörung des Bundes und die Errichtung einer neuen staatlichen Form falsch gestellt war.[2] Bei den Vorgängen, die zum Ende des Deutschen Bundes und im weiteren Verlauf zur Gründung des Deutschen Reiches führten, handelte es sich gewiß nicht um die »revolutionäre« Setzung eines neuen, höheren Rechtes der deutschen Nation auf eine ihr angemessene Staatlichkeit. Es handelte sich um die erfolgreiche Durchsetzung des Führungsanspruchs eines dynastischen Einzelstaates, der zur Behauptung seines Machtmonopols die Ausschließung der österreichischen Deutschen aus dem angestrebten neuen Staatsverband wollte und durch militärische Gewalt erreichte. Daß dieser Teil des deutschen Volkes auch im politischen Sinne der »deutschen Nation« angehörte, konnte - spätestens seit der Revolution 1848 - niemandem zweifelhaft sein. Die Auffassung, daß Preußen 1866 »stellvertretend für die Nation das nationale Recht auf ein höheres Maß an Einheit, Sicherheit und allgemeiner Wohlfahrt erkämpfte«, ist also mehr Nachhall alter Parteilichkeit und Propaganda als Element historischer Rechenschaft. Max Weber ist der tatsächlichen Entwicklung und Motivation in einer Analyse von 1896 viel näher gekommen: »Das dynastische Österreich [war], von Bismarcks Standpunkt aus gesehen, eine Veranstaltung, welche die Zugehörigkeit von zehn Millionen Deutschen zum Reich opferte, um 30 Millionen Nichtdeutsche zu isolieren.«[3] Daß auch diese stark funktionale Betrachtungsweise die Weite und Tiefe der hier aufgerissenen Problematik nur einseitig erfaßt, zeigt der Ausblick auf die deutsch-österreichischen Beziehungen der folgenden Jahrzehnte. Das Problem des »unvollendeten« deutschen Nationalstaates ist in seinem innerdeutschen wie in seinem europäischen Gewicht kaum zu überschätzen. Das »Draußenlassen« und »Draußenbleiben« der deutschen Österreicher bedeutete innerhalb der ohnehin prekären Existenzbedingungen Deutschlands seit 1870 auf die Dauer einen schwierigen und unberechenbaren Faktor der nationalen wie der internationalen Politik.

Die deutsch-österreichischen Beziehungen gewinnen dreimal eine europäische Bedeutung: in den Jahren unmittelbar vor und nach der Reichsgründung (1866/72), beim Abschluß des Zweibundes (1879) und im Zuge seiner Folgen sowie im Zusammenhang des Ersten Weltkrieges, seiner Vorgeschichte und seines Verlaufs. Die Epochenjahre 1866 und 1870 sind in unserer historischen Vorstellung nicht immer klar geschieden und definiert. War für den Sturz der alten österreichischen und großdeutsch-föderalistischen Herrschaftsordnung in Mitteleuropa und für das Heraufkommen der preußisch-kleindeutschen Vormacht das Jahr von Königgrätz oder das Jahr von Sedan entscheidender? Im Bewußtsein sehr vieler Zeitgenossen erschien in den Jahren vor 1870 der Ausgang der mitteleuropäischen Entscheidungen zwischen Napoleon III., Bismarck und Franz Joseph noch offen. In Süddeutschland verstärkte sich ja seit 1867 der Wille zur Selbständigkeit gegenüber Preußen, und Österreich-Ungarn suchte die Verbindung mit Frankreich und Italien, um Bismarck am Überschreiten der Mainlinie zu hindern und nach Möglichkeit die bisherigen Erfolge Preußens auf dem Wege zu einer kleindeutschen Lösung rückgängig zu machen.

Der tiefe Wandlungsprozeß, den die alte Habsburgermonarchie nach 1866 durchlief, kam ihrer europäischen Stellung, die durch Königgrätz angeschlagen war, zugute.[4] Der Durchbruch liberaler Wirtschaftsprinzipien fiel mit einem starken konjunkturellen Aufschwung zusammen, der erst mit dem großen Wiener Börsenkrach 1873 in eine längere Depression umschlug. In politisch-konstitutioneller Hinsicht brachte der »Ausgleich« von 1867 die Begründung des österreichisch-ungarischen Dualismus mit einer Weiterführung des liberalen Verfassungslebens. Im östlichen Teil der Monarchie übernahm die ungarische Gentry die Macht, im westlichen Teil wurden die liberalen und zentralistisch eingestellten Deutschliberalen, die sogenannte »Verfassungspartei«, zur bestimmenden parlamentarischen Kraft. Diese neue deutsch-ungarische Doppelherrschaft ging eindeutig auf Kosten der slawischen Bevölkerungsteile; bald zeigte sich auch, daß die Ungarn mit ihrer nationalen und politischen Geschlossenheit der deutschsprachigen Bevölkerung im Westteil der Monarchie weit überlegen waren. Der »Verfassungspartei« standen von Anfang an klerikal-konservative Gruppierungen der Deutschen gegenüber; die Deutschliberalen waren weder in ihrer Innenpolitik noch hinsichtlich der deutschen Frage einig. Kleine radikale Minderheiten plädierten schon 1866 für die Auflösung der Habsburgermonarchie und den Anschluß an ein preußisch geführtes Deutschland.

Kaiser Franz Joseph und die österreichischen Führungsschichten hatten nach der Zerstörung des Bundes keineswegs auf die mitteleuropäische Orientierung der Monarchie verzichtet. Die Berufung des ehemaligen sächsischen Ministers Beust - eines Mannes der mittelstaatlichen Reformpolitik - zum österreichischen Außenminister und Reichskanzler bedeutete in innenpolitischer Hinsicht ein liberales Reformprogramm; was die deutsche Frage anlangt, brachte sie eine neue Initiative, in Süddeutschland und darüber hinaus Einfluß zu gewinnen und die mitteleuropäische Position Österreichs mit Hilfe eines wirksamen Allianzsystems auszubauen. Als sich zeigte, daß Preußen zu keiner Zusammenarbeit bereit war, die Österreichs deutsche Interessen anerkannte, suchte Wien den Weg nach Deutschland über Frankreich. Zwar stellte die neue »Achse« Wien-Paris für einige Jahre eine bedeutsame Realität der europäischen Politik dar; aber die Ziele, die Beust und seine Gesinnungsgenossen in Österreich und Deutschland damit verknüpften, wurden aus mehreren Gründen nicht erreicht. Das nationale Bewußtsein - auch und ganz besonders bei den Großdeutschen im Süden und Westen - wendete sich nach wie vor gegen Frankreich; die Versuche Napoleons, jene territorialen Kompensationen an der französischen Ostgrenze, die ihm Bismarck verweigert hatte, jetzt an der Seite Österreichs zu erreichen, steigerten das Mißtrauen breitester Schichten in Deutschland und auch das der Deutschliberalen in Österreich. Die Ungarn standen ohnehin grundsätzlich gegen jeden »Wiedereintritt in Deutschland«, und nur bei den - außenpolitisch machtlosen - Tschechen gab es Sympathien für Frankreich. Schließlich scheiterte der Abschluß eines umfassenden Allianzvertrages zwischen Österreich, Frankreich und Italien an der römischen Frage; es gelang Wien nicht, den Gegensatz zwischen dem Appetit der Italiener auf Rom (mit den noch unter päpstlicher Herrschaft stehenden Teilen des Kirchenstaats) und der Schutzfunktion, die Napoleon III. für die weltliche Macht des Papstes übernommen hatte, auszugleichen.

Die Umstände, unter denen im Sommer 1870 der Krieg Preußens gegen Frankreich begann, zerstörten die Grundlagen der bisherigen österreichischen Deutschlandpolitik. Genau das hatte Bismarck gewollt: Im Zeichen der »Emser Depesche«, der Verteidigung nationaler Ehre und Existenz, funktionierten die Militärbündnisse der süddeutschen Staaten mit Preußen auf der Stelle. Von einer abwartenden Neutralität Süddeutschlands, wie sie Wien gewünscht hätte, war keine Rede; die Donaumonarchie selbst aber konnte Frankreich keine militärische Hilfe leisten, schon da sie auf die Sicherung ihrer Ostflanke gegen das mit Preußen verbündete Rußland bedacht sein mußte. Kaum waren die ersten großen Siege der deutschen Heere in Frankreich errungen, erfaßten nationale Triumphgefühle ohnegleichen die Bevölkerung in Nord- und Süddeutschland, auch viele der Deutschen in Österreich. Wien versuchte durch eine Liga der Neutralen – mit England, Rußland und Italien – vermittelnd in das französisch-preußische Duell einzugreifen und setzte sich vor allem für die Selbständigkeit Süddeutschlands ein. Noch einmal tauchte die Konzeption des engeren und weiteren Bundes auf. Bayern und Württemberg sollten als »Pufferzone« zwischen Österreich und dem preußisch geführten Bund erhalten bleiben. Aber Bismarck gelang es, Rußland und Italien zu gewinnen, so daß die Süddeutschen in den neuen Bundesstaat geführt werden konnten. Angesichts dieser Lage vollzog die Wiener Politik seit November/Dezember 1870 eine entschiedene Schwenkung, die auch in der Monarchie mit der Zustimmung der Deutschliberalen und der Ungarn rechnen konnte: Wien ging auf Bismarcks Angebote ein und sicherte Bismarck die freundschaftliche Anerkennung des neuen Reiches zu.

Die Motive dieser folgenreichen Wendung, die schon auf den Zweibund von 1879 hinwies, liegen offen zutage: Wien fürchtete die Anziehungskraft des neuen deutschen Nationalstaates auf die Deutschen in Österreich; angesichts der eindeutigen Zusicherungen Bismarcks, keinen »Anschluß«, sondern die Erhaltung der Monarchie zu wollen, konnte Wien fest damit rechnen, durch die rasche Annäherung an das neue Reich jeder möglichen Anschlußbewegung das Wasser abzugraben. Zugleich erwartete die österreichische Regierung eine Förderung ihrer Balkaninteressen durch Bismarck und faßte schon jetzt – 1871– einen beherrschenden Mitteleuropablock durch das Zusammengehen mit Preußen-Deutschland ins Auge. »Faktisches Prädominieren Mitteleuropas in der Waagschale der europäischen Geschicke«, so bezeichnete Beust im Mai 1871 gegenüber Franz Joseph das Ziel der entschiedenen Hinwendung zu dem neuen Deutschen Reich.[5]

Der Zweibund, der die beiden Kaiserreiche seit 1879 bis zu ihrem gemeinsamen Ende im November 1918 zusammenband, wird bis heute unterschiedlich beurteilt.[6] Aber seine grundlegende Bedeutung für die deutsche und europäische Geschichte wie für die Entstehung und den Ausgang des Ersten Weltkrieges steht außer Zweifel. Es hatte sich im ersten Jahrzehnt seit der Gründung des Deutschen Reiches gezeigt, daß Bismarcks Versicherungen, die zehn Millionen Deutsch-Österreicher nicht zu wollen, ernst gemeint waren. Es war aber ebenso deutlich geworden, daß Österreich-Ungarn nun nicht mehr zu der ersten Garnitur der Mächte gehörte. Mit dem raschen Wachsen der wirtschaftlichen und militärischen Kraft Deutschlands konnte es immer weniger Schritt halten; auch aufgrund seiner geographischen Lage, seiner »langen trockenen Grenzen«, war es zu einer europäischen Politik der freien Hand nicht mehr in der Lage. Eine Westbindung hätte, selbst bei einer – damals nicht gegebenen – Kooperation Englands und Frankreichs, nach keiner Richtung wirklichen Schutz geboten; gegen eine Bindung an Rußland aber standen seit den Ereignissen von 1848 die Interessen und die Traditionen der Deutsch-Österreicher und der Ungarn.

Es waren daher Gründe der Innen- wie der Außenpolitik, die für das deutsche Bündnis sprachen, das Bismarck 1879, im Zeichen einer zeitweiligen Verstimmung zwischen Berlin und St. Petersburg, dem österreichischen Außenminister Andrássy anbot. Andrássy gewann Franz Joseph, der den Preußen noch immer mißtraute, für den Zweibund, weil man sich aus einer solchen Defensivallianz eine bedeutende Stärkung der Wiener Position gegenüber Rußland und in den Balkanfragen erwartete. Bismarck hatte größere Mühe, den greisen Kaiser Wilhelm zum Zweibund zu überreden. Er gebrauchte damals und später zwei unterschiedliche Argumente für das österreichische Bündnis: es sollte nicht gegen Rußland wirken, sondern gerade die konservative Solidarität der drei Kaisermächte wiederherstellen und Berlin die beherrschende Balance gegenüber Wien und St. Petersburg sichern; der Zweibund – das war nun eine ganz andere, nationalpolitische Begründung – entspreche den nationalen Empfindungen aller Deutschen, da »›das deutsche Vaterland‹ nach tausendjähriger Tradition sich auch an der Donau, in Steiermark und in Tirol noch wiederfindet, in Moskau und Petersburg aber nicht«.[7]

Einmal abgeschlossen, entwickelte der Zweibund eine Eigendynamik, die immer stärker von der nationalpolitischen Einheitskomponente der »zwei deutschen Großmächte« bestimmt wurde, die an die Zeit vor 1866 anknüpfte, aber nun eindeutig von der Überlegenheit Preußen-Deutschlands geprägt war. Von hierher stellte sich dann die Frage, die der englische Historiker A. J. P. Taylor scharf formuliert: »... wether the Habsburg Monarchy could escape becoming an instrument for the German domination of Europe.«[8] Dagegen trat der Bismarcksche Balancegedanke, der gelegentlich sogar die extreme Möglichkeit eines »Fallenlassens« Österreichs und seiner Aufteilung zugunsten Rußlands einbezog, immer mehr zurück. Alle weiteren Ausbauschritte des mit dem Zweibund begonnenen deutsch-österreichischen Allianzsystems stärkten diese Grundlage: das Dreikaiserbündnis mit Rußland (1881), der Dreibund Deutschlands und Österreichs mit Italien (1882), die Sonderverträge mit Serbien, Rumänien, Spanien und auch die zeitweilige Einbeziehung Englands (durch die sogenannte »Mittelmeerentente«). Militärische Kontakte der Zweibundstaaten, die Bismarck zunächst nicht gewünscht hatte, gewannen in dem Maße an Bedeutung wie nach der Entlassung des alten Kanzlers (1890) der »Draht nach Rußland« abriß und die politisch-militärische Blockbildung in Europa immer deutlicher wurde: hier die französisch-russische Allianz, dort der deutsch-österreichische Block mit seinen Anhängern. Die vorübergehende Entspannung der Jahre um 1900 und die Fragen nach möglichen – versäumten – Auflockerungs- und Kriegsvermeidungschancen (in Richtung England, aber auch Frankreich und Rußland) gingen am Zweibund sozusagen vorbei: »Der Zweibund war weitgehend blind für das, was sich in Übersee oder im Westen Europas tat.«[9]

Die Reaktion der Deutsch-Österreicher auf diese langfristige Zweibundsituation war durchaus uneinheitlich. Zwei überaus wichtige Entwicklungen bestimmten dieses unterschiedliche Verhältnis der »Reichsdeutschen« und der Deutsch-Österreicher zu Staat und Volk spätestens seit 1870. Auf der einen Seite verstärkte sich im Zeitalter des Nationalismus unaufhaltsam das jeweilige ethnisch-sprachlich-kulturelle Zusammengehörigkeitsgefühl über staatliche Grenzen hinweg.[10] In der Literatur und im Vereinswesen, in der

Presse und in den Parteien läßt sich fassen, wie sich nach 1848 das Bewußtsein der Zusammengehörigkeit aller Deutschen - durchaus gegenläufig zur staatlichen Trennung seit 1866/70 - immer stärker artikuliert. Zunehmend fühlen sich die Deutschen einer »Volksgemeinschaft« zugehörig, die die Staatsgrenzen überschreitet und diese relativiert. Selbst Bismarck trug dem Rechnung, wenn er dem alten Kaiser Wilhelm gegenüber mit dem »deutschen Vaterland« in einem das Reich und Österreich verbindenden Sinn argumentierte. Auf der literarischen Ebene hat 1883 der Herausgeber des »Deutschen Dichterbuches aus Österreich« die Gegenläufigkeit politischer und kultureller Entwicklungen nach 1866 gekennzeichnet: »... nun das politische Band gelöst war, erstarkte das geistige mehr und mehr.«[11] Wie problematisch diese Entwicklung für das Zusammenleben der Deutsch-Österreicher und ihrer nichtdeutschen Mitbürger wurde, zeigt schon die selbstzufriedene Feststellung des Herausgebers von 1883: Endgültig abgetan sei jetzt »der rührende, aber grundfalsche Kosmopolitismus, welcher unsere [deutsch-österreichischen] Poeten drängte, lieber die Schicksale der Czechen und Polen dichterisch zu verklären«.

Insgesamt läßt sich die Tiefe der Identitätskrise, die diese Verfestigung eines grenzüberschreitenden Nationalgefühls für sehr viele Deutsche in Österreich brachte, kaum überschätzen. Hinzu kam der rasche Verfall der liberaldemokratischen Orientierungen (von 1848 her) bei den meisten politischen Vorkämpfern des Deutschtums in der Habsburgermonarchie. Auf der einen Seite verteidigten sie ihren »nationalen Besitzstand« gegen die anderen Nationalitäten und forderten vom Kaiser und der Regierung, sie als das tragende Element, den »Kitt des Staates«, in ihren traditionellen Vorrechten zu schützen; andererseits gab der aufflammende Sprach- und Nationalitätenstreit der achtziger und neunziger Jahre den radikalen Deutschnationalen, unter denen Georg von Schönerer durch wilde Demagogik und abstrusen Germanenkult hervortrat, immer neue Gelegenheit, gegen jedes Zugeständnis an die anderen Nationalitäten zu hetzen und zur Auflösung des Habsburgerreiches zu treiben.

So unterschiedlich die politischen Positionen der Deutsch-Österreicher nach 1879 waren - zwischen konservativer Staatstreue, bedingter Loyalität zum Habsburgerstaat (um der deutschen Mission im Südosten zu dienen) und radikaler Verneinung -, so wenig kam es zu einer konstruktiven Zusammenarbeit zwischen den verschiedenen deutschen Gruppierungen und der Außenpolitik Wiens im Zeichen des Zweibundes. In jedem Fall wirkte sich der Rückhalt, den der Zweibund den Deutschen in der Monarchie gab, als eine Verschärfung der Nationalitätenkämpfe und eine Erschwerung von Kompromißlösungen aus - auch wenn die amtlichen Berliner Stellen sich meist sehr zurückhielten und das Anschlußprogramm der Schönerer-Gruppe durchgehend ablehnten. Doch die Schönerianer gingen ihrerseits so weit, den Zweibund massiv zu kritisieren: »Was hat denn das deutsche Volk in Österreich von diesem Bündnis? Gerade seitdem dies Bündnis mit Deutschland besteht, hat unsere nationale Not ... zugenommen, und es ist mir oft vorgekommen, als ob dieses Bündnis die spanische Wand wäre, hinter der wir Deutschen ganz ruhig abgetan werden sollten.«[12]

Obwohl die Kerngruppen der extremen Deutschnationalen zahlenmäßig klein blieben, darf ihr radikalisierender und das politische Bewußtsein verwildernder Einfluß gerade auf die in nationalen Zirkeln und Vereinen organisierten Gymnasiasten und Studenten nicht unterschätzt werden - vor allem, da von oben keine Konsens stiftende, überlegte Antwort kam. Gymnasiasten, die die Kornblume (das Abzeichen der radikalen Deutschnationalen) trugen, wurden reihenweise relegiert. Als der junge Hermann Bahr 1883 bei dem großen »Trauerkommers« der deutschnationalen Studentenverbände Wiens für Richard Wagner ein Bekenntnis zum Deutschen Reich vortrug, gab es einen Strafprozeß; als er vor Gericht die gleiche Rede stehend wiederholte, wurde er für immer von allen österreichischen Universitäten ausgeschlossen. Viel später, nach seiner Wendung zum österreichisch-übernationalen Staatsgedanken, erklärte Bahr das Verhalten seiner Generation: »Unsere junge Kraft suchte. In Österreich fand sie nichts, aber sie fand Deutschland. Daheim hatten wir nicht, wovon wir hätten leben können, aber von Bismarck, Moltke, Wagner konnten wir leben.«[13]

Die Zerrissenheit und Identitätskrise der Deutschen reichte tief, sie reichte bis ins Kaiserhaus. Der deutsche Botschafter berichtete 1897 über den Haß Franz Josephs gegen die Deutschnationalen: »... erregen die Deutsch-Nationalen den denkbar größten Haß ihres Herrschers, weil er selbst ein Deutscher, nur den Hochverrat derjenigen sieht, die seine Muttersprache sprechen - und doch in die Fremde drängen.«[14] Ebenso betonte der Botschafter die innere Gefährdung des Zweibundes durch das Verhalten der Deutschnationalen im Nationalitätenkampf; das Reich brauche als Verbündete Österreichs diese Deutschen, »aber je größer ihr Geschrei in der Bedrängnis wird, je ›hochverräterischer‹ erscheint ihr Gebahren der Regierung und je feindlicher wird uns Österreich«.

Und die nächste Generation der Habsburger? Kronprinz Rudolf, im gleichen Alter wie Wilhelm (II.), träumte von einem Österreich, das die verschiedenen Völker frei um die Krone gruppieren würde - eine Vorwegnahme von Victor Hugos »Vereinigten Staaten von Europa«. Diesen Traum nahm er mit sich in den Freitod. Im selben Jahr 1889 begeisterte sich seine Schwester, die Erzherzogin Marie Valerie, am Niederwalddenkmal für die deutschen Siege und das Deutsche Reich. In ihrem Tagebuch beklagt sie, daß die österreichische Heimat ausgestoßen sei. »Ich empfand so lebhaft wie vielleicht noch nie, daß gerade dies Ausgeschlossensein uns alles, alles Unglück gebracht hat. Wie lange müssen wir noch so fortbestehen und vom deutschen Vaterland als ›Ausland‹ sprechen?!«[15]

Mit dem Blick auf den Zweibund und auf den Ersten Weltkrieg hat Robert A. Kann, der beste Kenner des österreichischen Nationalitätenproblems, den Zusammenhang von Erhaltung und Zerstörung der Habsburgermonarchie einprägsam formuliert: Das deutsch-österreichische Bündnis hat »die Existenz der Monarchie auf eine Generation hin vor einem Angriff des imperialistischen Panslawismus im zaristischen Gewande geschützt ... Ebenso sicher aber hat diese im Wesentlichen unvermeidliche Kombination zu der Weltkriegssituation geführt, in der die Monarchie auf jener Seite stehen mußte, deren Niederlage vorbestimmt war, eine Niederlage, die zur

Auflösung des Habsburgerreiches führen mußte ... Die Erhaltung der Monarchie im Zeitraum von 1867 und noch bestimmter von 1878/79 hat zu ihrem Untergang im Jahre 1918 geführt. Um der früheren Auflösung auszuweichen, blieb nur der Fluchtweg des Krieges auf deutscher Seite in die spätere offen.«[16]

Man zögert, den Weg des deutsch-österreichischen Bündnisses so eindeutig in die Auflösung der Monarchie münden zu sehen, und doch spricht vieles dafür, daß diese Entwicklung einen hohen Grad von Wahrscheinlichkeit hatte. Dies gilt um so mehr, wenn man die Rolle der Deutsch-Österreicher verfolgt, die ja selbst mit den Ungarn zusammen nur zwei Fünftel der Bevölkerung der gesamten Monarchie ausmachten, während die anderen drei Fünftel - Italiener, Rumänen, Slawen - immer stärker in den Bann eigener nationaler Ziele gerieten. Die letzten österreichischen Parlamentswahlen vor dem Krieg (1911) hatten den deutschnationalen »Nationalverband« mit 104 Mandaten zur stärksten Partei gemacht. Von den beiden anderen deutschsprachigen Massenparteien - den Christlichsozialen und den Sozialisten - konnte hinsichtlich der Nationalitätenfrage nur die sozialistische Seite als Erbin der demokratischen und völkerversöhnenden Traditionen von 1848 gelten. Zwar gab es einige kleinere Kompromißerfolge - etwa den »Mährischen Ausgleich«, der das Zusammenleben der Tschechen und Deutschen in diesem Kronland neu und friedlich regelte. Doch insgesamt führte die Dauerlähmung des parlamentarischen Lebens und das Wiederansteigen der nationalistischen Leidenschaften spätestens seit der bosnischen Krise (1908/9) zu einer angespannten und zugleich ausweglos scheinenden Situation zwischen den Völkern der Monarchie. In den radikalen Kreisen des deutschnationalen Bürgertums - Böhmen bildete das Zentrum des Nationalitätenhaders - nahm die ideologische Verwilderung zu; der Wagnerkult degenerierte zu verstiegenen Formen des Germanenkultes. Der großdeutsche Anschlußgedanke entwickelte sich zum völkischen Machtkampf und verband sich mit militantem Antisemitismus und mit der Ideologie der nordischen Rasse.

Das war das Klima, in dem Adolf Hitler aufwuchs. Überall in Europa brodelten damals die gefährlichen und selbstmörderischen Nebelschwaden der Irrationalismen und Nationalismen. Aber kaum irgendwo anders wirkte das Gift so lange, so tief und so ungestört von jeder realen politischen Verantwortungssituation wie unter den österreichischen Rechtsradikalen, die nun schon seit vierzig Jahren auf den Sturz der gehaßten Habsburgermonarchie und auf die »Heimkehr ins Reich« warteten.

Auf der Ebene der internationalen Politik verschoben sich langfristig wie kurzfristig die Gewichte zugunsten des deutschen Partners im Zweibund. Das Kräfteverhältnis der österreichisch-ungarischen und der deutschen Armeen betrug zu Beginn des Zweibundes etwa 3:4, 1914 fast 1:2 und nach drei Kriegsjahren 1917 mehr als 1:3.[17] Zwar kann mit Recht festgehalten werden, daß beim Ausbruch des Weltkrieges die Habsburgermonarchie gegenüber dem Deutschen Reich die entscheidende Initiative hatte. Aber sobald der Krieg seinen Anfang genommen hatte und je mehr er sich in die Länge zog, desto entschiedener begann das volle Gewicht der deutschen Überlegenheit auf Österreich-Ungarn in einer bisher nicht dagewesenen Direktheit zu wirken. Die österreichischen Sozialdemokraten betonten in dieser Situation tapfer und unbeirrt die Notwendigkeit einer grundlegenden Umgestaltung der Donaumonarchie zu einem »demokratischen Bundesstaat« auf der Grundlage einer Anerkennung des Selbstbestimmungsrechtes der Völker und der Wiederherstellung des 1914 zerstörten europäischen Völkerrechtes.[18] Sie verfochten damit die besten Traditionen der Revolution von 1848 *und* des bis 1866 in der Mitte Europas bestehenden Völkerrechtssystems. Aber die führenden Kreise des Deutschen Reiches, die nun offen in die inneren Verhältnisse der österreichischen Monarchie hineinredeten, hatten ganz andere Ziele. Die Reichsregierung orientierte sich an den Forderungen der österreichischen Deutschnationalen und verlangte – Hand in Hand mit einer engeren staatlichen und wirtschaftlichen Verbindung zu Österreich-Ungarn – von der Wiener Regierung, »Vorkehrungen zu treffen, durch welche eine fortschreitende Slawisierung Österreichs verhindert und dem germanischen Element die im Interesse Österreichs als germanische Ostmark zukommende führende Stellung wieder zugewiesen wird«.[19] Ähnlich wurde in den meisten damals zwischen Berlin und Wien erörterten Mitteleuropa-Projekten (nicht nur in Friedrich Naumanns bekannter Broschüre von 1915) die prononcierte Vorherrschaft der Deutschen in einem Habsburgerstaat gefordert, der als südosteuropäischer Satellit Deutschland auf dem Weg zur europäischen und globalen Hegemonie zuverlässig stützen sollte.

Am heftigen Widerspruch der nichtdeutschen Nationalitäten fehlte es nicht; so näherte sich die Monarchie ihrem Ende. Am 21. Oktober 1918 traten im niederösterreichischen Landhaus in Wien, wo die Revolution von 1848 siegreich begonnen hatte, alle deutschen Abgeordneten des österreichischen Parlaments (auch jene aus Böhmen und Mähren, Österr.-Schlesien, Südtirol und Südsteiermark) zusammen und konstituierten sich als provisorische Nationalversammlung Deutsch-Österreichs. Die Führer der Sozialdemokratie, Viktor Adler und Otto Bauer, bekannten sich schon jetzt zum Anschluß an Deutschland, da »der deutschösterreichische Staat, auf sich selbst gestellt, kein wirtschaftlich entwicklungsfähiges Gebilde wäre«. Der Abgeordnete Viktor Waldner erklärte den Abschied der Deutschen von der Habsburgermonarchie (die nominell noch bis zum 11. November bestand): »Die Geschichte hat uns zum Gründer des alten Staates Österreich gemacht, und wir haben diesem Staate durch Jahrhunderte in unverbrüchlicher Treue und in selbstloser Aufopferung unser Bestes an Kultur und Wirtschaft hingegeben. Ohne Dank scheiden wir nun aus diesem Staate, um unsere Volkskraft auf uns allein zu stellen ... Heil Deutsch-Österreich!«[20]

Doch nur der Zerfall des Alten war nun entschieden, nicht aber die Bildung des Neuen, jenes Deutsch-Österreichs, von dem der Sozialdemokrat Karl Seitz in der gleichen Versammlung forderte, daß es »nach dem Willen des deutschen Volkes« errichtet werden müsse. Nicht war entschieden, was nun nach dem Sturz der alten Gewalten der Wille des deutschen Volkes an politisch-sozialer Neugestaltung bringen sollte; die Sozialisten, Deutschnationalen und Christlichsozialen hatten am 21. Oktober nur einen Minimalkonsens gesetzt. Nicht war entschieden, welchen Raum die Siegermächte diesem Willen des deutschen Volkes einräumen würden, das sich jetzt in seiner Gesamtheit auf das Selbstbestimmungsrecht berief. Und erst recht war nicht entschieden, wie die nationalistisch-völkischen Tendenzen und wie die demokratisch-ausgleichsbereiten Kräfte unter den Deutsch-Österreichern sich gegenüber den nun verselbständigten Nachbarnationen und im innerdeutschen Kräftefeld geltend machen würden.

Die Verweigerung des Selbstbestimmungsrechtes durch die Siegermächte und das fortgesetzte Anschlußverbot brachten in jeder Hinsicht schwere Hypotheken für die Zukunft.

Franz Grillparzer hatte angesichts der preußisch-deutschen Reichsgründung voll Ingrimm geschrieben:

> Ihr meint, ihr habt ein Reich gegründet,
> und habt doch nur ein Volk zerstört.

1918 konnte es noch offen erscheinen, ob nicht doch neue, freie Formen einer großdeutschen Zusammenfassung für das deutsche Volk möglich und für Europa erträglich wären. Erst der weitere Weg über 1933 und 1938 und den Zweiten Weltkrieg hinaus hat mit der *inneren* Zerstörung der großdeutschen Idee Grillparzer recht gegeben.

Die historische Perspektive von der großdeutschen Idee 1848 bis zu ihrem Ende 1945 sollte keineswegs zu eng, zu eindeutig und im Zeichen einseitiger Schuldzuweisungen gesehen werden. Sehr viele Faktoren und Entscheidungsprozesse wurden wirksam, bis dies hoffnungsvoll begonnene Kapitel deutscher Geschichte so barbarisch endete. Für die Weitergestaltung jenes neuen Kapitels deutscher, österreichischer und europäischer Verantwortung, das 1945 begann, können wir aus der genauen und unbefangenen Rechenschaft über das Vergangene gewiß Impulse und Kraft gewinnen.

Anmerkungen

Bei den Anmerkungen werden in der Regel nur der Autor, das Jahr der Publikation, der Band und die Seitenzahl angegeben. Der volle Titel ist in der Bibliographie aufgeführt.

Zum Teil I., Seite 13–78

1 Zur einführenden Orientierung siehe P. Burg, 1984, und die beiden ersten Kapitel von F. R. Bridge/R. Bullen, 1980, wo auch die wichtigeren neueren Untersuchungen zur Politik Rußlands verwertet sind: P. K. Grimsted, 1969; C. M. Woodhouse, 1973.

2 Siehe W. Gruner, 1981; ders., 1977.

3 Siehe E. Oberländer, 1981, S. 643.

4 Ebd., S. 639. – Entwurf und endgültiger Text der Deklaration der »Heiligen Allianz« vom 14./26. September 1815 u. a. bei: G. de Bertier de Sauvigny, 1972, S. 72ff. und in VPR 8, S. 502ff. und S. 516ff.

5 Siehe K. Hammer, 1963, S. 55ff.

6 Für die Diskussion über die europäische Garantie der Bundesakte siehe E. R. Huber 1, 1967, S. 675ff.

7 Protokolle 5, S. 22.

8 Metternich 3, S. 90.

9 Vgl. VPR 12, S. 421 (Nesselrode an Golowkin, den russischen Botschafter in Wien; 31.1./12.2.1822).

10 Protokolle 6, S. 283. Etwas abweichende Angaben bei Th. Nipperdey, 1983, S. 103 (für 1816) und bei W. Köllmann, 1976, S. 10. Die weiter unten folgenden Angaben zur Nationalitätenstatistik in Preußen und Österreich stammen aus: P. Böhning, 1973, S. 14ff.; M. Broszat, 1963, S. 62; J. Springer 1, 1840, S. 86ff. (Bevölkerung), S. 133ff. (Nationalitäten).

11 Siehe u. a. H. Obenaus, 1974; B. Vogel, 1980; H. Berding/H.-P. Ullmann, 1981. Zuletzt der von E. Weis herausgegebene Tagungsband, 1983.

12 Für die Diskussion über Metternich siehe H. v. Srbik 3, 1952, und die ausgewählten Texte bei E. R. Kraehe, 1971. Beachtenswert die Kritik an der konservativen Würdigung Metternichs bei P. W. Schroeder, 1962, S. 237ff. Zu Metternich und der deutschen Frage vgl. zuletzt E. Büssem, 1974, H. Koerner, 1980, M. Derndarsky, 1982, und E. E. Kraehe, 1983. Eine dem heutigen sozialgeschichtlichen und geistesgeschichtlichen Diskussionsstand entsprechende Untersuchung der Zusammenhänge von österreichischer Interessenpolitik, deutscher Frage, restaurativer Ideologie und Metternichscher Diplomatie fehlt.

13 A. G. Haas, 1958, S. 392.

14 Josef Freiherr von Werner, zit. bei R. Hoke, 1983, S. 368.

15 Siehe A. Beer, 1877, und, besonders instruktiv, die Einleitungsabschnitte von H.-H. Brandt, 1978.

16 H.-H. Brandt, 1978, S. 86.

17 VPR 11, S. 276; Übersetzung aus dem Französischen.

18 Zum folgenden vgl. die Stichworte und Hinweise bei E. Büssem, 1974, S. 527, Anm. 2 zu S. 11.

19 Siehe J. Marx, 1969 (mit der umfangreichen älteren Literatur). Zur Postüberwachung jetzt H. Hubatschke, 1975.

20 E. Weis, 1976, S. 238f.

21 G. W. F. Hegel 10, 1970, S. 400.
22 Zit. nach O. Hintze, 1916, S. 461.
23 R. Koselleck, 1967, S. 278.
24 Siehe R. Koselleck, 1967, S. 680 und S. 690.
25 Nach E. Klein, 1965, und R. Koselleck, 1967, jetzt eine gute Orientierung über die Hardenberg- und Reformdiskussion bei B. Vogel, in: H.-J. Puhle/H.-U. Wehler, 1980, S. 202ff.
26 T. Onishi, 1980, S. 266ff.
27 H.-J. Puhle, in: H.-J. Puhle/H.-U. Wehler, 1980, S. 29.
28 Noch im April 1819, als die politische Wetterlage schon umschlug, ließ der Großherzog von Weimar am Bundestag die akademische Freiheit aufs deutlichste verteidigen: »Auch Freiheit der Meinungen und der Lehre muß der Universität verbleiben: denn im Kampfe der Meinungen soll hier das Wahre gefunden, gegen das Einseitige, gegen das Vertrauen auf Autorität, soll hier der Schüler bewahrt, zur Selbständigkeit soll er erhoben werden.« Siehe Protokolle 7, S. 157.
29 Ein knapper Überblick bei E. R. Huber 1, 1967, S. 344ff.
30 Österreichischer Beobachter 1 (1819), 7.2.1819, Nr. 38, S. 178f.
31 Siehe unten S. 68.
32 K.-G. Faber, 1979, S. 113. Dort S. 113f. eine knappe, instruktive Übersicht der diesbezüglichen Reformgesetzgebung.
33 Siehe E. R. Huber 1, 1967, S. 142.
34 Ebd., S. 178f.
35 Siehe H. Gollwitzer, Standesherren, 1964.
36 Zur positiven Neubewertung der Anfangsjahre des Bundes gibt es eine Anzahl neuer Arbeiten; siehe zuletzt – mit ausführlichen Literaturangaben – W. Gruner, 1984. Die verfassungsrechtlichen Aspekte am übersichtlichsten bei E. R. Huber 1, 1967, S. 583ff.
37 C. v. Kaltenborn 1, 1857, S. 288.
38 K. Raumer, 1955.
39 Zit. bei W. Gruner, 1984, S. 25.
40 Facsimiledruck des Manifests (April 1809) in: F. Schlegel 7, 1, 1966, bei S. LXXII. Ebd., S. LXVff. der Nachweis – des Herausgebers E. Behler – daß Friedrich Schlegel nicht der Autor dieser und anderer Proklamationen vom Frühjahr 1809 war.
41 Metternich an Wessenberg, 14.1.1818; HHStA Wien, Deutsche Akten, AS, Fasz. 26, S. 184ff. (Übersetzung des Vf. aus dem Französischen). Das folgende Zitat aus einer Denkschrift Schwarzenbergs für Metternich über die Kriegsverfassung des Bundes, 3.2.1817; ebd., S. 207ff.
42 Schnabel 2, S. 256.
43 Allg. Zeitung, 15.7.1819, Nr. 196, S. 812.
44 Abdruck in Allg. Zeitung, 19.7.1819, Nr. 200, S. 800.
45 Allg. Zeitung, 31.7.1819, Nr. 212, S. 847 (wörtlicher Abdruck des Artikels).
46 Zit. bei E. Büssem, 1974, S. 242.
47 Zit. ebd., S. 243.
48 Stern 1, S. 567.
49 F. Grillparzer 3, 1964, S. 1023ff. (verfaßt 1839).
50 Für Bayern vgl. das Schreiben Metternichs an den russischen Staatssekretär Nesselrode vom 28. Februar 1819; Stern 1, S. 648. Vgl. die Zusammenfassung bei E. Büssem, 1974, S. 159ff.
51 Metternich 3, 1, S. 174.
52 Gentz 3, 1, 1913, S. 388.
53 Ebd., S. 435.
54 Metternich 3, S. 268 (1. August 1819).
55 Ebd., S. 270f. Die oben zitierte Äußerung über Metternich und den Bund stammt von Johann Philipp von Wessenberg; siehe H. v. Srbik 1, 1925, S. 579.

56 Die Allg. Zeitung berichtet z. B. am 18. August im Sinne der offiziellen Sprachregelung (Nr. 230, S. 920): »Ob das Zusammentreffen mehrerer deutscher Minister in Karlsbad ein Werk des Zufalls, oder vorhergegangener Verabredungen war, kann freilich niemand bestimmen, der nicht in die Geheimnisse der Höfe mehr oder weniger eingeweiht ist. Jeder wohlgesinnte Deutsche aber, der auf die bedenkliche Lage des gemeinschaftlichen Vaterlandes seine Augen richtet, muß in jenem Zusammentreffen, auf welchem Wege es auch herbeigeführt sei, einen Grund der Zufriedenheit, der Beruhigung, der besten Hoffnungen finden ...« Für den Verlauf und die Ergebnisse der Verhandlungen in Karlsbad siehe zuletzt E. Büssem, 1974, passim.

57 Informative Übersicht über die Gesetze bei E. R. Huber 1, 1967, S. 739ff.

58 Siehe E. Büssem, 1974, S. 322.

59 E. R. Huber 1, 1967, S. 748f.

60 Der Text bei E. R. Huber, Dokumente 1, S. 81ff. Zusammenfassende Übersicht bei Schnabel 2, S. 263ff.

61 Vgl. etwa die (undat.) Stellungnahme zu dem württembergischen Verfassungsentwurf (1817/18?); Gentz 3, 1, 1913, S. 484ff.

62 K.-G. Faber, 1979, S. 91.

63 Artikel 56 und 57; siehe E. R. Huber, Dokumente 1, S. 88.

64 Vgl. u. a. die bei R. Darmstadt, 1971, S. 176ff. besprochene Schrift von Johann Weitzel, Hat Deutschland eine Revolution zu fürchten? (Wiesbaden 1819).

65 W. Gruner, 1984, S. 26.

66 E. R. Huber 1, 1967, S. 736.

67 Schnabel 2, S. 372.

68 E. E. Kraehe 2, 1983, S. 393.

69 W. Gruner, 1981, S. 101 Anm. 34.

70 K. Hammer, 1963, S. 77.

71 Ebd., S. 79.

72 Siehe »Aperçu des idées de l'empereur sur les affaires de l'Allemagne« (21. November/3. Dezember 1819); VPR 11, S. 153ff.

73 VPR 11, S. 274ff.; hier S. 276: Denkschrift vom Februar 1820.

74 Zit nach: Vom tätigen Leben. Goethes Briefe aus der zweiten Hälfte seines Lebens, Hrsg. E. Hartung (Düsseldorf/Leipzig o. J.), S. 261.

75 Zusammenfassend bei P. W. Schroeder, 1962.

76 Für die russische Kritik an Metternichs europäischer Politik schon vor dem griechischen Aufstand vgl. u. a. das in Troppau am 8./20. Oktober 1820 verfaßte Memorandum des russischen Gesandten in Wien Golowkin; VPR 11, S. 548ff. Am 20.1./1.2.1822 berichtete Golowkin über Metternich: für ihn bilden die orientalischen Wirren (griechischer Aufstand) ausschließlich das Werk des »Dämons der Revolution, der Europa peinigt«; VPR 12, S. 412.

77 Siehe W. Seidel, 1965.

78 K. O. v. Aretin, 1980, S. 171.

79 G. Ensthaler, 1977, S. 31.

80 E. R. Huber 1, 1967, S. 143 und S. 758.

81 Treitschke 3, S. 323.

82 Überblick mit Spezialliteratur bei W. Keul, 1977.

83 Siehe E. R. Huber 1, 1967, S. 606ff.

84 W. Keul, 1977, S. 74f.

85 Die folgende Aufstellung als Beilage in Bd. 3, Jahrgang 1821, der Protokolle der deutschen Bundesversammlung, S. 249.

86 Vgl. etwa die Erklärung des Herzogs von Cambridge bei der Eröffnung der Ständeversammlung in Hannover 1819; siehe Österreichischer Beobachter 2 (1820), S. 43 (Bericht vom 28. Dezember 1819).

87 Für die süddeutschen Staaten siehe Schnabel 2, S. 77ff.; E. R. Huber 1, 1967, S. 319ff.; K.-G. Faber, 1979, S. 101ff.
88 Vgl. E. H. Eltz, 1980.
89 Siehe E. R. Huber 1, 1967, S. 379ff.
90 Allg. Zeitung, Beilage zu Nr. 140, 17.8.1819, S. 558.
91 Stern 2, S. 423f.
92 Siehe zuletzt V. Press, 1980.
93 Siehe Stern 2, S. 402; detaillierte Darstellung des Verbotsverfahrens bei F. Schneider, 1966, S. 255ff.
94 Vgl. etwa den enthusiastischen Kommentar im »Baierischen Verfassungsfreund« zum Abschluß des ersten Landtages; nach dem Abdruck in Allg. Zeitung, 25.8.1819, Nr. 237, S. 948.
95 Siehe die Abschnitte von E. Weis und M. Spindler in: Handbuch der Bayerischen Geschichte 4/1, 1974, S. 3ff. und S. 89ff.
96 Zum Landtag 1827/28 siehe zuletzt K. O. v. Aretin, 1984, S. 37ff.
97 Bei M. Spindler, 1930, S. 60; Brief vom 28. September 1828.
98 Zit. bei K. O. v. Aretin, 1984, S. 41.
99 Siehe E. R. Huber 1, 1967, S. 792 Anm. 1. Ebd., S. 787ff. eine gute Übersicht von der staatlichen Seite her bis 1830. Zur Orientierung siehe auch K.-G. Faber, 1979, S. 96ff.
100 So E. R. Huber 1, 1967, S. 799.
101 Zit. bei F. Lenz, 1936, S. 82.
102 Aus dem preußischen Staatsanzeiger vom 27. Dezember, abgedruckt in Allg. Zeitung vom 4.1.1820, Nr. 4, S. 16.
103 Zit. bei K. Obermann, 1983, S. 33.
104 Beiträge zur Geschichte der Fortschritte der Gewerbe-Industrie und des Handels in der österreichischen Monarchie in den drei letzten Jahren. In: Jahrbücher des K. K. polytechnischen Instituts in Wien 1 (1819), S. 355ff.
105 Vgl. F. Lenz, 1936, S. 97. Vgl. auch H. v. Srbik 1, 1925, S. 533ff. Dazu die betreffenden Abschnitte bei A. Beer, 1887.
106 Treitschke 3, S. 670.

Zum Teil II., Seite 79–168

1 Siehe oben S. 20 die Matrikel des Deutschen Bundes von 1818, dazu die Tabelle von W. Köllmann, 1976, S. 10. Die Zahlenangaben bei Th. Nipperdey, 1983, S. 103 differieren etwas.
2 J. Springer 1, 1840, S. 90.
3 Nach W. Köllmann, 1976, S. 10. Die jährliche Zuwachsrate für die Sudetenländer ist rechnerisch berichtigt. (Die durchschnittliche jährliche Zuwachsrate wurde berechnet als der natürliche Logarithmus des Quotienten der beiden Bevölkerungsstände, dividiert durch die Zahl der dazwischenliegenden Jahre.)
4 W. Köllmann, 1976, S. 24.
5 Die Forschung hat sich besonders mit den Erscheinungen des »demographischen Überganges« im letzten Drittel des 19. Jahrhunderts beschäftigt; siehe J. E. Knodel, 1974. Vergleichsstudien zur Bevölkerungsentwicklung in Preußen und Österreich nach 1800 liegen nicht vor. Für Österreich siehe R. Gisser, 1979.
6 Zusammenfassung der vielschichtigen Forschungslage bei G. Franz, 1976, S. 294ff.; F.-W. Henning, 1978; Th. Nipperdey, 1983, S. 145ff.
7 Für die Frage nach der tatsächlichen Verbesserung der Lage der Bauern siehe G. Franz, 1976, S. 300.
8 Ebd., S. 292.
9 K. Borchardt, 1976, S. 203.

10 Nach W. Fischer/J. Krengel/J. Wietog, 1982, S. 52, 102.
11 J. Sandweg/M. Stürmer, 1979, S. 99; nach M. G. Mulhall, The Dictionary of Statistics, London [3]1899, S. 365, 765.
12 H.-H. Brandt 1, 1978, S. 45. Wie vorsichtig mit solchen Schätzungen umzugehen ist, zeigt in diesem Fall die Annahme von N. Th. Gross, der aufgrund einer anderen Berechnungsweise für 1841 vom Bruttosozialprodukt her das Pro-Kopf-Einkommen in Cisleithanien mit Lombardo-Venetien auf nicht ganz 55 Gulden veranschlagt; siehe N. Th. Gross, 1973, S. 5.
13 W. Zorn, 1976, S. 360. Zorns Ausführungen ebd., S. 358ff. stellen einen der ganz seltenen Versuche dar, die österreichische Industrialisierung explizit mit dem außerösterreichischen Deutschland zu vergleichen. Siehe H. H. Brandt 1, 1978, S. 34ff. und N. Th. Gross, 1973, S. 2ff.
14 Siehe unten S. 399ff.
15 Aus der zeitgenössischen Literatur, die noch wenig ausgeschöpft ist, vgl. etwa J. C. Glaser, Die Handelspolitik Deutschlands und Österreichs, Berlin 1850, S. 193f.: »Wenn in Bezug auf die technische Ausbildung die Fabrication des Zollvereins weiter entwickelt ist, als die österreichische, so genießt doch diese so große natürliche Vorteile, daß es ihr, wenn die socialen und politischen Verhältnisse geordnet sein werden, in nicht langer Zeit möglich sein wird, die Fabrication des Zollvereins zu überflügeln. Die Concurrenz zu bestehen würde daher im Verlaufe der Entwicklung schwieriger sein für die Industrie des Zollvereins, als für die des Kaiserstaates.« Glaser sieht also die Gründe des österreichischen Zurückbleibens im politisch-sozialen Bereich und kombiniert demgemäß das Unterentwicklungs-Argument mit dem Argument künftiger Konkurrenzdrohung.
16 Siehe oben S. 71f.
17 K. H. Kaufhold, 1976, S. 322ff.
18 Ebd., S. 330.
19 Für die Gebiete des späteren Deutschen Reiches bieten W. Fischer/J. Krengel/J. Wietog, 1982, S. 63ff. eine instruktive Zusammenfassung statistischen Materials.
20 Übersicht über die reiche technikgeschichtliche Forschung bei W. Treue, 1976, S. 51ff.
21 Goethes sämtliche Werke, Jubiläumsausgabe 20, 1904, S. 190; Goethes Werke, Weimarer Ausgabe 39, 1897, S. 216. Vgl. dazu F. Schnabel, 1970, S. 227ff.
22 Für die Ausgangslage siehe W. Zorn, 1964, S. 99ff.
23 H. Kellenbenz 2, 1981, S. 141ff.
24 Zum folgenden siehe u. a. R. Fremdling, 1975, und W. Schivelbusch, 1977 (anregend, mit Schwerpunkten in England, Frankreich und USA).
25 Siehe die Karte (nach Putzger, 1974, S. 99) S. 329.
26 A. v. Arneth, 1891, S. 420f.
27 Siehe W. Schivelbusch, 1977.
28 Zit. bei H. Matis, 1972, S. 103 Anm. 9.
29 Eine anschauliche Skizze bei Schnabel 3, S. 283ff.
30 Überblick bei H. Kellenbenz 2, 1981, S. 141ff.
31 K. Borchardt, 1976, S. 232f.
32 Beiträge zur Geschichte der Fortschritte der Gewerbe-Industrie und des Handels in der österreichischen Monarchie in den drei letzten Jahren. In: Jahrbücher des K. K. polytechnischen Instituts in Wien 1 (1819), S. 360.
33 Zit. bei Schnabel 3, S. 295.
34 Ebd., S. 293–294.

35 Vorrede zum ersten Jahrgang der Jahrbücher des K. K. polytechnischen Instituts in Wien 1 (1819). Zum Ausbau des technischen Bildungswesens siehe W. Treue, 1976, S. 60ff.
36 W. Fischer, 1982, S. 56.
37 Für den Forschungsstand vgl. zuletzt O. Dann, 1984.
38 Siehe die Zusammenfassung von W. Conze, 1976, S. 450ff.; Th. Nipperdey, 1983, S. 114ff. und die ebd., S. 812 angegebene Literatur.
39 Th. Nipperdey, 1983, S. 130.
40 Ebd., S. 120.
41 E. H. Eltz, 1980; insgesamt siehe H. Gollwitzer, 1964.
42 H. Heffter, 1980.
43 H. Steckl, 1973.
44 Siehe N. v. Preradovich, 1955.
45 Ebd., S. 185.
46 W. Fischer/J. Krengel/J. Wietog, 1982, S. 158 (nach R. Gömmel), mit Kommentar S. 110f.
47 Zusammenfassend der Tagungsband von W. Grab und J. Schoeps, 1983.
48 W. Conze, 1976, S. 434.
49 S. Graßmann, 1979, S. 83.
50 Nach N. v. Preradovich, 1955, S. 39ff., 56ff. – Für das sozialgeschichtlich wichtige Phänomen der Nobilitierungen vgl. H. Jäger-Sunstenau, 1963.
51 Vgl. W. Heindl, 1982.
52 Siehe die zusammenfassende Charakteristik von E. R. Huber 1, 1967, S. 238f.; siehe auch W. Conze, 1976, S. 464.
53 K. H. Kaufhold, 1976, S. 350.
54 Die folgende Statistik bei W. Fischer/J. Krengel/J. Wietog, 1982, S. 169.
55 Zit. bei W. Fischer, 1982, S. 58.
56 A. Kraus, 1966, S. 57f.
57 Zum folgenden siehe den Überblick bei W. Conze, 1976, S. 459ff. und W. Conze, 1978.
58 Siehe A. Langner, 1975, und die wertvollen Materialien und Hinweise bei G. Valerius, 1983.
59 Jahrbücher der Literatur 5 (1819), S. 247; vgl. zu Metternichs Stellung zu den »Jahrbüchern« S. Lechner, 1977.
60 Besonders instruktiv der Artikel »Liberalismus« in: O. Brunner/W. Conze/R. Koselleck 3, 1982, S. 741ff.
61 Augsb. Allg. Zeitung, Nr. 4, S. 26. Zum politischen Begriff des »Germanismus« siehe H. Gollwitzer, 1971. Zur »Rheinkrise« 1840 siehe unten S. 199ff.
62 Neben der »klassischen« Darstellung von Schnabel 4, siehe jetzt die reflektierende Zusammenfassung von Th. Nipperdey, 1983, S. 403ff. Handbuchdarstellungen: von evangelischer Seite K. Kupisch, 1966, R 59ff.; von katholischer Seite R. Aubert/ J. Beckmann/P. J. Corisch/R. Lill, 1971. – Für die weiter unten behandelte Gründung des Kaiserswerther Diakonissenhauses siehe Schnabel 4, S. 425ff. und J. Zepp, 1984.
63 Siehe unten S. 218.
64 Unter den Beiträgen der beiden, 1981/82 von A. Rauscher herausgegebenen Sammelbände, die den heutigen Forschungsstand dokumentieren, ist besonders auf die Skizze von R. Lill hinzuweisen (Bd. 1, S. 15ff.).
65 Siehe H. Lutz, 1970.
66 W. K. Blessing, 1982, S. 281 Anm. 71.
67 Für Sailer siehe zuletzt H. Bungert, 1983; für die katholische Bewegung in Bayern die Anfangskapitel von O. Weiß, 1983.

68 B. Valerius, 1983, S. 41.
69 Siehe unten S. 191ff.
70 Siehe zuletzt M. Bernhard, 1983, S. 7f.
71 G. G. Gervinus 8, 1866, S. 6.
72 Für die Entwicklung der Landwirtschaft siehe oben S. 82ff.
73 Nach R. Sandgruber, 1979, S. 114f.
74 Zit. bei H. Pöttler, 1982, S. 144.
75 H. Beenken, 1944, S. 19.
76 Siehe A. Hoffmann, 1963, S. 219ff.
77 H. Steckl, 1973, S. 173ff.; K. Giannoni, 1905, S. 255ff.
78 Für die umfangreiche Literatur zum Städtebau im 19. Jahrhundert siehe L. Grote, 1974, und K. Mollik/H. Reininger/R. Wurzer, 1980, bes. S. 45ff.
79 J. F. Geist/K. Kürvers, 1980, S. 470ff., hier S. 478.
80 Für das reiche Material fehlen systematische Zusammenfassungen; vgl. A. Corbin, 1984, S. Giedion, 1982.
81 Zit. bei W. Weyres, 1974, S. 180.
82 H. Beenken, 1944, S. 60f.
83 G. Semper, 1852, S. 9f.; dazu H. Beenken, 1944, S. 70f.
84 Brief an Johann David Passavant, 12.5.1827; zit. bei H. Beenken, 1944, S. 255.
85 Vgl. Th. Nipperdey, 1976.
86 Zu der umfassenden schul- und bildungsgeschichtlichen Literatur siehe zuletzt die Angaben bei Th. Nipperdey, 1983, S. 819; vgl. auch die Untersuchungen zum katholischen Bildungsdefizit, zuletzt bei M. Klöcker, 1981.
87 Nach P. Lundgreen, 1980, S. 94.
88 R. Koselleck, 1967, S. 441f.
89 Nach P. Lundgreen, 1973, S. 153.
90 Nach R. Koselleck, 1967, S. 440.
91 Für die Studentenzahl der außerösterreichischen deutschen Universitäten ab 1820 siehe P. Lundgreen, 1980, S. 107.
92 Siehe J. Springer 2, 1840, S. 294. Auf die Frage der qualitativen und dann der quantitativen Unterschiede zwischen den preußischen »Schulpflichtigen« und den österreichischen »Schulfähigen« kann hier nicht eingegangen werden.
93 Nach H. Engelbrecht, 1974, S. 116 Anm. 62.
94 Zit. bei H. Engelbrecht, 1974, S. 107.
95 Siehe Th. Ballauf/K. Schaller 2, 1970, S. 517.
96 Zit. bei W. Rößler, 1961, S. 434 Anm. 5. Zum Neuhumanismus siehe jetzt auch die wichtigen Hinweise bei R. Pfeiffer, 1982.
97 Siehe Th. Ballauf/K. Schaller 2, 1970, S. 500.
98 Zu Milde siehe R. Gönner, 1967, S. 100ff.; dazu Th. Ballauf/K. Schaller 2, 1970, S. 545.
99 G. G. Gervinus 8, 1866, S. 57.
100 Zum Einstieg in die breite Literatur über Ranke siehe H. Berding, 1971. Für Rankes Verhältnis zur preußischen Regierung und Staatsidee in den dreißiger Jahren siehe jetzt den Abschnitt über die »Historisch-Politische Zeitschrift« 1832/36 und den Außenminister Christian Graf Bernstorff bei L. J. Baack, 1980, S. 302ff.
101 Zum folgenden siehe H. Lutz, 1982.
102 L. v. Ranke, 1949, S. 329f.
103 Siehe Schnabel 3, S. 163ff.
104 R. Toellner, 1981, S. 124.
105 Siehe zuletzt P. Moraw, 1982, S. 135ff.; vgl. oben S. 86.
106 J. Liebig, 1865, S. VIII; die folgenden Zitate ebd., S. 15, 345, 349.
107 Kurze Zusammenfassung mit Literaturhinweisen bei A. Martino, 1980, und S. Obenaus, 1980.

108 A. Martino, 1980, S. 40f.
109 S. Obenaus, 1980, S. 44f.
110 Ebd., S. 61f.
111 B. Witte, 1980, S. 79.
112 G. G. Gervinus 8, 1866, S. 173.
113 A. Stifter an Gustav Heckenast, 9. Januar 1845; Stifter, Werke 17, 1916, S. 138.
114 A. Stifter an Gustav Heckenast, Juli 1847; Stifter, Werke 17, 1916, S. 240–241.
115 H. Kindermann, 1976, S. 279.
116 Ebd., S. 290.
117 C. Dahlhaus, Die Musik, 1980, S. 40.
118 R. Wagner 2, 1897, S. 41ff. Die Grabrede ebd., S. 46ff.
119 C. Dahlhaus, Die Musikgeschichte Österreichs, 1980, S. 346.

Zum Teil III., Seite 169–226

1 Für den europäischen Kontext der Julirevolution siehe zuletzt W. Bußmann, 1981, S. 47ff.
2 Instruktiver Überblick bei K.-G. Faber, 1979, S. 141ff. und – ausführlicher – bei K. Obermann, 1983, S. 58ff.; dazu ders., 1977, und H. G. Hussung, 1983.
3 Umfassende Analyse jetzt bei C. Foerster, 1982. Von den älteren Darstellungen beachtenswert Stern 4, S. 311ff. und – mit anderen Wertungen – Treitschke 4, S. 250ff.
4 Siehe die Tabellen und Karten bei C. Foerster, 1982, S. 193ff.
5 Siehe C. Foerster, 1982, S. 32.
6 K. Obermann, 1983, S. 93.
7 C. Foerster, 1982, S. 39f.
8 Zum folgenden siehe W. Schieder, 1963; E. Schraepler, 1972; C. Foerster, 1982, S. 62ff.
9 K. Obermann, 1983, S. 105.
10 Metternich 5, S. 338.
11 Siehe E. R. Huber 2, 1968, S. 154ff. Der Text der Sechs Artikel bei E. R. Huber, Dokumente 1, S. 119f.
12 E. R. Huber 2, 1968, S. 177ff.
13 Metternich 5, S. 607.
14 Ebd., S. 140; Weisung an Apponyi (in Paris); 15. November 1831.
15 Rahel Varnhagen, Briefe, 1917, S. 470.
16 Siehe G. Büchner und F. L. Weidig, Der hessische Landbote 1834. Neudruck beider Ausgaben mit einem Nachwort von E. G. Franz, Marburg 1973.
17 Für Ungarn siehe M. Csáky, 1981. Allgemeiner Überblick bei R. A. Kann 1, 1964, S. 109ff.
18 Siehe G. Hanke, 1974, S. 576ff.
19 V. Graf Ségur-Cabanac, 1912. Neuere Literatur zur Verwaltungs- und Wirtschaftsgeschichte der Ferdinandeischen Epoche bei H.-H. Brandt 1, 1978, S. 10ff.
20 Metternich 5, S. 651.
21 HHStA, St.K., DA, alte Reihe, Fasz. 26: Beilage zu Metternich an Münch, 7. März 1835.
22 Metternich 6, S. 301.
23 Treitschke 4, S. 530; nach einem Bericht des Grafen Maltzahn vom 30. August 1838.
24 Ebd., S. 727.
25 Stern 5, S. 106f.

26 Für die Vorgeschichte des Zollvereins siehe oben S. 71ff.
27 Metternich 5, S. 512; Vortrag vom Juni 1833.
28 Stern 5, S. 102.
29 Für die innerkirchlichen Voraussetzungen dieses Konflikts siehe oben S. 126ff. Nach H. Schrörs, 1927, sind wichtig die Darstellungen von Schnabel 4, S. 106ff. und E. R. Huber 2, 1968, S. 185ff.; die Dokumente jetzt am besten greifbar bei E. R. Huber/W. Huber 1, 1973, S. 309ff.
30 Text bei E. R. Huber/W. Huber 1, 1973, S. 317ff.
31 Die Konvention vom 19. Juni 1834 ebd., S. 324ff.
32 Siehe ebd., S. 334; dazu Droste-Vischerings spätere Erläuterung in dem Schreiben an Kultusminister v. Altenstein vom 1. März 1837, ebd., S. 360ff.
33 Zum Hermesianismus siehe oben S. 130.
34 E. R. Huber/W. Huber 1, 1973, S. 380: »... daß ich, so viel thunlich, beiden folge, wo aber die Instruktionen mit dem päpstl. Breve nicht in Einklang zu bringen ist, mich nach dem päpstl. Breve richte.«
35 Ebd., S. 395ff., hier S. 397.
36 Für die von den preußischen Behörden damals beobachtete Solidarisierung von Katholiken und »Jakobinern« siehe u. a. den Bericht des Oberpräsidenten aus Koblenz vom Januar 1838: H. Schrörs, 1927, S. 599 Anm. 919.
37 J. v. Görres, 1838; für die nachfolgenden Zitate ebd., S. 136 und S. 163.
38 C. Brentano an Görres, 22.6.1825; zit. bei H. Schrörs, 1927, S. 560 Anm. 872.
39 E. R. Huber 2, 1968, S. 253 und S. 254f.
40 Siehe H. Schrörs, 1927 , S. 578.
41 Die Stellung Metternichs zu den »Kölner Wirren« und ihren Folgen ist bis heute nicht systematisch erforscht.
42 Am ausführlichsten Treitschke 4, S. 643ff.; detaillierte verfassungsrechtliche Analyse bei E. R. Huber 2, 1968, S. 91ff.; als Beispiel des Echos in der Öffentlichkeit die Berichterstattung in der Allgemeinen Zeitung bei W. Funk, 1977, S. 86ff.
43 Treitschke 4, S. 662.
44 In der Allg. Zeitung, 31.12.1837, Nr. 365; zit. bei W. Funk, 1977, S. 93.
45 E. R. Huber 2, 1968, S. 100.
46 Auszug aus einem Schreiben Dahlmanns, gedr. in der Allg. Zeitung, 5.10.1846, Nr. 278.
47 Treitschke 4, S. 682.
48 E. R. Huber 2, 1968, S. 114.
49 Th. Schieder, 1975, S. 64.
50 Stern 5, S. 414.
51 W. Funk, 1977, S. 96; Allg. Zeitung vom 9.11.1838, Nr. 313.
52 Allg. Zeitung, Beilage Nr. 97 - 6.4.1840.
53 Ebd., Beilage Nr. 106 - 15.4.1840.
54 K. Biedermann, Die Fortschritte des nationalen Prinzips in Deutschland (1842); Neudruck in: H. Fenske, 1976, S. 54ff., hier S. 61.
55 Ph. Becker, Ein Wort über die Fragen der Zeit, seinen Mitbürgern zum Geschenk (1841), Neudruck in: H. Fenske, 1976, S. 40ff., hier S. 43.
56 G. Ziebura, 1981, S. 275.
57 Zur Würdigung Friedrich Wilhelms IV. gibt es eine umfangreiche Literatur, in der sich die Widersprüche der Person und der Epoche spiegeln. Siehe zuletzt die Zusammenfassung (mit bibliographischen Angaben) von W. Bußmann, 1981, S. 478ff.
58 Stern 6, S. 128.
59 Ebd., S. 155f.

60 Metternich 6, S. 533.
61 Metternichs Vortrag vom 13. Juli 1841, gedr. als Beilage zu M. Hussarek, 1922, S. 688ff., hier S. 690.
62 Siehe E. Wienhöfer, 1973, S. 38ff.; W. Keul, 1977, S. 101ff.; G. Ensthaler, 1977, S. 54ff.
63 Treitschke 5, S. 93.
64 So Menshengen an Metternich, Frankfurt, 31. Dezember 1840; zit. bei G. Ensthaler, 1977, S. 71.
65 W. Deutsch, 1938, S. 255ff., hier S. 258.
66 Zit. bei G. Ensthaler, 1977, S. 91; Münch an Metternich, 19. August 1845.
67 HHStA, ST.K., DA, alte Reihe, Fasz. 17/92; Metternich an Senft (München), 24. Januar 1845.
68 Zum politischen Umfeld des Kölner Dombaufestes siehe F. Keinemann, 1974.
69 Treitschke 5, S. 177.
70 Stern 6, S. 145.
71 Siehe R. Pesch, 1966.
72 Siehe W. Schieder, 1974.
73 Zuletzt G. Kolbe, 1972; F. W. Graf, 1978.
74 Siehe die Einleitungskapitel von J. Becker, 1973.
75 Bei R. Pesch, 1966, S. 282.
76 Siehe M. Spindler, 1974, S. 197ff.
77 Schnabel 4, S. 198.
78 Der Gustav-Adolph-Verein und die Irische Sache; Neudruck in: J. Görres, Ges. Schriften 16, 1, 1936, S. 183ff., hier S. 184.
79 Schnabel 4, S. 200ff.
80 Vgl. die ausführliche Einleitung von G. Frhr. v. Pölnitz zu Bd. 16 der Ges. Schriften von J. Görres, insbes. S. XLIVff.
81 J. Görres, Ges. Schriften 16, 2, 1939, S. 17ff. und S. 185ff., dazu die Einleitung XLff. Die im folgenden zitierten Passagen aus einem Artikel des »Tablet«, datiert vom 27. Oktober 1846, finden sich in deutscher Übersetzung in dem Artikel von Görres »Die zweite Rede des Grafen von Montalembert«, zunächst erschienen in Bd. 19 der Historisch-Politischen Blätter; hier S. 189.
82 K.-G. Faber, 1979, S. 173.
83 K. Obermann, 1977, S. 64ff. Alle Artikel von Marx in der Rheinischen Zeitung jetzt in Marx/Engels, Werke 1, S. 97ff.
84 K. Obermann, 1977, S. 66.
85 Marx/Engels, Werke 1, S. 405.
86 Ebd., S. 385.
87 Zur Vorgeschichte des »Bundes der Gerechten« siehe oben S. 179. Für Weitlings kommunistische Ideen siehe W. Seidel-Höppner, 1972, S. 53ff.
88 K. Obermann, 1977, S. 68f.; Brief Mevissens an Haym, 27. August 1847.

Zum Teil IV., Seite 227–324

1 Th. Nipperdey, 1983, S. 669.
2 Siehe K.-G. Faber, 1979, S. 168ff. und die Literaturangaben ebd., S. 300. – Zur Orientierung über den heutigen Forschungsstand zur Geschichte der Revolution siehe den Sammelband von D. Langewiesche, 1983.
3 K. Obermann, 1983, S. 164.
4 K.-G. Faber, 1979, S. 175.

5 Zu J. Fröbel siehe außer den lesenswerten Memoiren (J. Fröbel, 1889) R. A. Kann 2, 1964, S. 80ff. und R. Koch, 1978.
6 K. Obermann, 1983, S. 174.
7 V. Valentin 1, 1977, S. 70.
8 H. Kohl 1, S. 8ff., 21ff.
9 Für die verschiedenen Aspekte der österreichischen Innen- und Außenpolitik ab 1848 siehe jetzt das Sammelwerk: Die Habsburgermonarchie, hrsg. von A. Wandruszka und P. Urbanitsch, bisher 3 Bände, Wien 1973/84.
10 Siehe M. Spindler, 1974, S. 89ff.
11 Für das folgende siehe den Überblick bei Stern 6, S. 278ff. und V. Valentin 1, 1977, S. 141ff.
12 Zur Orientierung E. Gruner, 1981.
13 Siehe oben S. 60. Zum folgenden vgl. G. Ensthaler, 1977, S. 84ff.
14 Die Denkschrift vom 20. November 1847 gedr. bei F. Meinecke, 1913, S. 96ff.
15 R. Stadelmann, 1948, S. 18.
16 Nach Th. Nipperdey, 1983, S. 237.
17 K.-G. Faber, 1979, S. 206.
18 Marx/Engels, Werke 7, S. 512.
19 W. Zimmermann, Geschichte der Jahre 1840 bis 1860, Stuttgart 1861, S. 483; zit. nach K. Obermann, 1983, S. 157.
20 Th. Schieder, 1975, S. 79.
21 K.-G. Faber, 1979, S. 210.
22 K.-G. Faber, der diesen Standpunkt betont hat, spricht allerdings davon, daß der südwestdeutsche Liberalismus dem »legalen« Weg den Vorzug vor einer »revolutionären Konstituierung« des Nationalstaates gegeben habe (1979, S. 220). Dagegen ist einzuwenden, daß nach der »legalen« Veranstaltung der Wahlen die parlamentarische Behandlungsweise nicht a priori als »revolutionär« bezeichnet werden kann.
23 Detaillierte Übersicht bei E. R. Huber 2, 1968, S. 507ff. Für Sachsen und die mittelstaatliche Politik wichtig H. Rumpler, 1972, für das Rheinland K. Repgen, 1955.
24 Ebd., S. 663ff.
25 Graf Ficquelmont, 1850, S. 67. - Zu den Vorgängen in Wien siehe zuletzt A. Ableitinger, 1982, und die Arbeiten von W. Häusler, der eine zusammenfassende Darstellung vorbereitet. Vgl. W. Häusler, 1979.
26 Regierungserklärung vom 21. April; E. R. Huber, Dokumente 1, S. 275.
27 Vgl. F. Prinz, 1968; J. Kořalka, 1982; G. Wollstein, 1977.
28 K. Obermann, 1983, S. 238.
29 K.-G. Faber, 1979, S. 217.
30 V. Valentin 1, 1977, S. 43f.
31 Proklamation vom 21. März 1848; E. R. Huber, Dokumente 1, S. 365f.
32 E. R. Huber 2, 1968, S. 578.
33 Siehe G. Wollstein, 1977.
34 Siehe E. R. Huber, Dokumente 1, S. 269ff.
35 Siehe G. Schilfert, 1952 (breite Information); E. R. Huber 2, 1968, S. 606ff.; Th. S. Hamerow, 1972.
36 Th. S. Hamerow, 1972, S. 227.
37 Siehe V. Valentin 1, 1977, S. 10ff.
38 Beschluß vom 30. März 1848; E. R. Huber, Dokumente 1, S. 274.
39 H. v. Srbik 1, 1935, S. 348f.
40 Nach W. Grab, 1980, S. 309.
41 Siehe F. Schnabel, 1910, und E. Heinen, 1969, S. 97ff.

42 K.-G. Faber, 1979, S. 227. Die Formulierung »für die unbedingte Revolution« bei E. R. Huber 2, 1968, S. 618.
43 E. R. Huber, Dokumente 1, S. 276f. (28. Juni).
44 Bundesbeschluß vom 12. Juli; ebd., S. 277f. Wichtig war das Adjektiv »bisherige«. Diese Formulierung ermöglichte der österreichischen Regierung 1850 die Politik, den Bundestag »wiederaufleben zu lassen«. Siehe unten S. 315ff., 387ff.
45 Siehe zuletzt den Sammelband: Erzherzog Johann von Österreich. Beiträge zur Geschichte seiner Zeit, hrsg. von G. Klingenstein, Graz 1982. Für den vorliegenden Zusammenhang ebd., A. Ableitinger, Erzherzog Johann und die Revolution 1848/49, S. 73ff.
46 V. Valentin 2, 1977, S. 82.
47 Erlaß vom 16. Juli; siehe E. R. Huber, Dokumente 1, S. 278f.
48 V. Valentin 2, 1977, S. 113.
49 Ebd., S. 109.
50 Zu Cowleys Tätigkeit siehe G. Gillessen, 1961, S. 28ff.
51 E. R. Huber 1, 1967, S. 704.
52 H. Gebhardt, 1974.
53 J. Paschen, 1977.
54 Stenogr. Ber. 1, S. 700.
55 E. R. Huber, Dokumente 1, S. 370ff.
56 V. Valentin 2, 1977, S. 313f.
57 F. Schnabel, 1910, S. 96.
58 Stenogr. Ber. 3, S. 2183.
59 Die Zahlen bei F. Schnabel, 1910, S. 104; nach dem Stand von 1855.
60 Für die deutsch-tiroler Abgeordneten siehe O. v. Gschließer, 1938; G. Mayer, 1980.
61 G. Wollstein, 1977, S. 137f.; Stenogr. Ber. 1, S. 224.
62 Stenogr. Ber. 3, S. 1143ff.
63 Ebd., S. 1160; siehe auch G. Wollstein, 1977, S. 154.
64 Stenogr. Ber. 3, S. 1166.
65 Ebd., S. 1184ff.
66 Ebd., S. 1555.
67 Ebd., S. 1558.
68 Ebd., S. 1566.
69 Stenogr. Ber. 1, S. 241 (Moritz Hartmann). Vgl. G. Wollstein, 1977, S. 189ff., hier S. 210.
70 Vgl. G. Wollstein, 1977, S. 243ff.
71 Stenogr. Ber. 2, S. 1022f.
72 Zur Vorgeschichte siehe oben S. 251.
73 Stenogr. Ber. 2, S. 1862.
74 G. Wollstein, 1977, S. 88.
75 Siehe V. Valentin 2, 1977, S. 227ff.
76 Siehe R. Kiszling, 1948, und den jüngsten Überblick von A. Ableitinger, 1984.
77 F. Hauptmann, 1976, S. 175 (16. Mai 1848).
78 J. Fröbel 1, 1889, S. 201. Der Artikel erschien am 3. September 1848 im »Studenten-Courier«.
79 Aufruf des Berliner Demokraten-Kongresses vom 29. Oktober; W. Grab, 1980, S. 190f.
80 Brief vom 11.1.1849; E. Heller, 1933, S. 265f.
81 J. Redlich, 1928, S. 60.
82 Siehe B. Hamann, 1982, S. 212ff.
83 E. R. Huber, Dokumente 1, S. 304f.
84 Für den Zusammenhang mit der Meinungsbildung vor 1848 siehe G. Wollstein, 1977, S. 266ff.
85 Stenogr. Ber. 4, S. 2884.

86 Ebd., S. 2888.
87 Ebd., S. 2891.
88 »Die deutsche Kriegsflotte«, in: Die Gegenwart 1 (1848), S. 439ff., hier S. 472. Für die Flottenfrage siehe V. Valentin 2, 1977, S. 324ff.
89 E. R. Huber, Dokumente 1. S. 291.
90 Ebd., S. 300f., dazu ebd., S. 301f.
91 Die Reichsverfassung vom 28. März 1849 ebd., S. 304ff.
92 K.-G. Faber, 1979, S. 266.
93 Dies Erklärungsmodell ist bis heute weit verbreitet. Siehe u. a. V. Valentin 2, 1977, S. 466.
94 E. R. Huber, Dokumente 1, S. 340.
95 Stenogr. Ber. 9, S. 6697, 6735. Uhlands Text (26. Mai) wurde nicht mehr angenommen, u. a. deshalb, weil man sich über den Passus, der zur Volksbewaffnung aufrief, nicht einigte. Siehe ebd., S. 6740ff., besonders die Stellungnahme von Hagen (Heidelberg) S. 6650f.
96 Ebd., S. 6631.
97 Siehe V. Valentin 2, 1977, S. 532.
98 Die preußische Denkschrift vom 9. Mai und die Grundlinien einer Unionsakte bei E. R. Huber, Dokumente 1, S. 421ff.
99 Ebd., S. 431.
100 Ebd., S. 433.
101 Ebd., S. 446f.; ebd., S. 444ff. der Text des »Vierkönigsbündnisses« vom 27. Februar 1850 mit dem Entwurf einer großdeutsch-großösterreichischen Bundesverfassung.
102 V. Valentin 2, 1977, S. 552.
103 Marx/Engels, Werke 8, S. 107; siehe K. Obermann, 1983, S. 359.
104 V. Valentin 2, 1977, S. 549.
105 Alle Urteile über den Verlauf und den Ausgang der deutschen Revolution sind von dem gedanklichen Entwurf einer nicht gescheiterten Revolution beeinflußt. Insofern ist die historische Diskussion über das Scheitern der Revolution ein Spiegel auch des jeweiligen Wertmaßstabes. Das wird besonders deutlich bei der Frage nach dem Anteil der europäischen Mächte am Scheitern der deutschen Revolution. Seit der Bismarckzeit bis zum Zweiten Weltkrieg ist vielfach gesagt worden, daß die deutsche Einheit 1848 oder 1849 in jedem Falle mit einem europäischen Krieg hätte erkauft werden müssen; das Veto der europäischen Mächte habe wesentlich zum Nichtgelingen des Werkes der Paulskirche beigetragen. Diese These kann heute als widerlegt gelten. Günther Gillessen hat gezeigt, wie es zur Entstehung einer solchen, von der Quellenlage her unhaltbaren Auffassung gekommen ist: »Die These eines europäischen Vetos gegen die Paulskirche und die preußische Union hat man wohl als eine Projektion der Situation von 1870/71 nach rückwärts in die Lage von 1848 zu verstehen, als eine ›Lehre der Geschichte‹ zur Rechtfertigung des Krieges, in dem Bismarck das Reich gründete. Die These des europäischen Vetos scheint außerdem in einem engen Zusammenhang mit der ›Einkreisungstheorie‹ zu stehen – jener als Alptraum der deutschen Diplomatie gefürchteten, gleichzeitig aber als besonders ehrenvoll verstandenen und deshalb gepflegten und romantisierenden Vorstellung, Deutschland lebe und habe stets in einer Welt von Feinden zu leben.« (G. Gillessen, 1961, S. 5.)
In einem zweiten Diskussionspunkt stoßen heute sehr unterschiedliche Meinungen aufeinander. Karl-Georg Faber hat die Bedeutung der Spaltung der bürgerlichen Opposition in die Liberale »Mitte« und die demokratische »Linke« für das Scheitern verantwortlich gemacht: »... ein wichtiger, für das negative Gesamtergebnis vielleicht zentraler Vorgang.« (K.-G. Faber, 1979, S. 281.) Noch dezidier-

ter vertrat Theodor Schieder eine ähnliche These: »Es wurde für die 48er-Bewegung zum Schicksal, daß ihre führenden Kräfte – nicht zuletzt unter dem Eindruck des Ganges der französischen Ereignisse von 1848 – gegen den demokratischen Radikalismus und seine sozialrevolutionären Tendenzen, die auch schon proletarische Kräfte ins Spiel brachten, gerichtet waren und dadurch zum Anschluß an die herrschenden Gewalten gedrängt wurden.« (Th. Schieder, 1975, S. 103.) Dagegen hat sich jüngst Thomas Nipperdey ausgesprochen: »Die Revolution ist nicht am Zwiespalt zwischen Linken und Mitte gescheitert. Der Zwiespalt hat, gewiß, die Gegenrevolution begünstigt, die Polarisierung hat die Revolution, die vom Verrinnen der Zeit bedroht war, geschwächt; aber er war nicht die wesentliche Ursache für ihr Scheitern. Auch ein gemeinsames Vorgehen, eine revolutionäre ›Volksfrontpolitik‹ hätte ... keine besseren Chancen gehabt, weder ein gemäßigteres noch ein geschlosseneres Auftreten der Gesamtrevolution.« (Th. Nipperdey, 1983, S. 667.) Nipperdey weicht also auch dem entschiedenen Abwägen hypothetischer Möglichkeiten nicht aus. Wieder anders ist die Perspektive und das Urteil Karl Obermanns. Im Rahmen der zahlreichen Beiträge von Historikern der DDR zur Revolutionsgeschichte hat Obermann wichtige Einzelforschungen veröffentlicht. Sein Gesamturteil ist vor allem durch den geschichtlichen Horizont des Marxismus bestimmt, und so führt er die ältere These vom »Verrat« der liberalen Bourgeoisie an der revolutionären Volksbewegung, »dem sie ihre Ministersitze und alle Errungenschaften vom März 1848 verdankte«, weiter. (K. Obermann, 1983, S. 358ff.) Aber das Hauptgewicht der Kritik und der Schuldzuweisung verlagert sich folgerichtig auf das demokratische Kleinbürgertum. Hinsichtlich der Rolle der Arbeiter betont Obermann: »Infolge der objektiven und der subjektiven Bedingungen war die Arbeiterklasse aber noch nicht genügend entwickelt, die Führung in der Revolution zu übernehmen.« So konzentriert sich für ihn die Frage nach Gelingen und Scheitern der Revolution nicht auf die Spaltung zwischen Liberalen und Demokraten und auch nicht auf das Verhältnis der Demokraten zur Arbeiterschaft, sondern auf die inneren Probleme der Demokraten: »Die Einheit des Volkes, von der die kleinbürgerliche Demokratie ausging und die sie für den ausschlaggebenden Faktor bei der Verwirklichung ihrer Forderungen hielt, war aber noch nicht einmal in ihren eigenen Reihen vorhanden. Das Kleinbürgertum erwies sich als eine äußerst uneinheitliche, heterogene Masse, in der kaum Voraussetzungen für ein einheitliches entschlossenes Handeln vorhanden waren ... In der Reichsverfassungskampagne bewies das demokratische Kleinbürgertum seine Unfähigkeit zur revolutionären Führung.«

Einen dritten Schwerpunkt der Diskussion bilden die kleindeutsch-großdeutschen Fragen und insbesondere die Frage nach der Rolle Österreichs. Nach der »gesamtdeutschen« Interpretation durch Heinrich von Srbik, die in der Verbindung ideen- und staatspolitischer Gesichtspunkte den übernationalen Universalismus des Habsburgerreiches als eine deutsche Aufgabe dem »engeren Nationalstaat« gegenüberstellte, setzte die neuere Diskussion erst spät nach 1945 ein. Gegenüber der herkömmlichen Verkürzung der Perspektive auf den kleindeutschen Umkreis erfolgten im letzten Jahrzehnt neue Versuche, dem durch Österreichs Existenz bestimmten vollen Ausmaß der nationalpolitischen Problematik von 1848/49 gerecht zu werden. Günter Wollstein untersuchte die großdeutsche Frage von der Paulskirche her, Jiří Kořalka analysierte aus der Prager Perspektive das »existentielle Dilemma Österreichs gegenüber der deutschen Frage«,

Hubert Glaser erörterte die bayerische und die mittelstaatliche Politik zwischen Wien und Berlin. (G. Wollstein, 1977; J. Kořalka, 1982, S. 117; H. Glaser, 1982; H. Glaser, 1984.) Während die zusammenfassenden Darstellungen von Schieder und Faber noch Zeichen der älteren kleindeutschen Sicht trugen, bemühten sich die jüngsten Synthesen von Walter Bußmann und Thomas Nipperdey um eine unverkürzte Einbeziehung der großdeutschen Fragen und um eine unbefangene Würdigung ihres Stellenwertes im Scheitern der Revolution. Am deutlichsten hat auch hier Nipperdey innerhalb der Vielfalt der Widerstände, die zum Scheitern beitrugen, den Vorrang des großdeutsch-österreichischen Problems betont. (Th. Nipperdey, 1983, S. 669; siehe oben S. 228f.) Diese Interpretation hängt aufs engste damit zusammen, daß Nipperdey nicht mehr - wie es in einer sozial- und parteiengeschichtlich akzentuierten Sichtweise weithin üblich ist - in der Spaltung von Liberalen und Demokraten die Ursache des Scheiterns sah. Nipperdeys Verlagerung der Ursachenpriorität von der sozialgeschichtlichen auf die staats- und nationalitätenpolitischen Gegebenheiten bedeutet insofern einen Erkenntniszuwachs, als sie ermöglicht, das Gewicht all der Einzelfragen, die mit der Existenz der deutschen Bevölkerung und der »deutschen« Kaisermacht in Österreich verbunden waren, systematisch in die Betrachtung der Revolution und ihres Scheiterns einzubeziehen. Doch es kann nicht damit getan sein, mit Nipperdey »das großdeutsch/kleindeutsche Problem und das Problem des österreichischen Nationalstaates und seiner nationalen Konflikte« für das Scheitern der Revolution allein oder vorwiegend verantwortlich zu machen. Es ist die Aufgabe, dieses Problemfeld nicht nur von der national- und verfassungspolitischen Seite her zu interpretieren, sondern auch seine gesellschaftspolitischen und europäischen Dimensionen zu sehen und sie mit all jenen Faktoren zu verbinden, die von der deutschen Sozialgeschichte und von der europäischen Revolutionsgeschichte her einsichtig gemacht werden können.

106 F. Schnabel, 1970, S. 189ff., hier S. 195.

Zum Teil V., Seite 325–384

1 L. A. v. Rochau, 1972, S. 52.
2 Siehe N. Th. Gross, 1973, S. 18.
3 Ebd., S. 19.
4 F.-W. Henning, 1984, S. 154.
5 Siehe H. Matis, 1972, S. 90.
6 W. Zorn, 1976, S. 600.
7 Siehe oben S. 25.
8 W. Sombart, 1923, S. 81.
9 F.-W. Henning, 1984, S. 195.
10 W. Conze, 1976, S. 644.
11 Für die folgende Erläuterung bin ich Herrn Dr. Lothar Höbelt (Wien), der mit einer größeren Arbeit über Liberalismus und Wahlrecht beschäftigt ist, zu Dank verpflichtet.
12 Siehe W. Fischer/J. Krengel/J. Wietog, 1982, S. 233. Die österreichischen Angaben für 1870 in: Militär-Statistisches Jahrbuch für das Jahr 1870, Wien 1872, S. 2.
13 Zit. bei R. Engelsing, 1973, S. 128.
14 K. Schottenloher, 1968, S. 492.
15 O. Groth, 1927, S. 201.
16 A. Wandruszka, 1958, S. 46.

17 Zit. bei K. Buchheim, 1966, S. 207.
18 Zit. bei D. Barth, 1975, S. 145f.
19 R. Engelsing, 1973, S. 120. Detaillierte Angaben zur Auflagenhöhe der Gartenlaube bei H. Wuttke, 1875, S. 81f.
20 D. Barth, 1975, S. 206.
21 Siehe W. Siemann, 1983, S. 196.
22 Gartenlaube 1857, S. 69.
23 Gartenlaube 1863, S. 76.
24 Ebd., S. 382.
25 Ebd., S. 672.
26 Ebd., S. 481; aus dem Gedicht »Deutschlands Turnern« von Albert Traeger.
27 Siehe D. Barth, 1975, S. 250.
28 Th. Fontane 21/1, 1963, S. 12.
29 Siehe K. Riha, 1970.
30 Nach A. Streckfuß, 1886, S. 1325 und S. 1350.
31 B. Hofmeister, 1975, S. 48.
32 A. Streckfuß, 1886, S. 1318.
33 J. Hobrecht in der Schrift »Über öffentliche Gesundheitspflege und die Bildung eines Central-Amts für öffentliche Gesundheitspflege im Staate«, zit. J. F. Geist/K. Kürvers, 1980, S. 513. Ebd., S. 468ff. wertvolle Materialien und Dokumente zum Bebauungsplan von 1862.
34 Th. Fontane 9, 1960, S. 105.
35 Siehe die jüngste, umfassende Darstellung von D. Vorsteher, 1983.
36 Siehe oben S. 102.
37 D. Vorsteher, 1983, S. 64. Der Text der weiter unten zitierten Ansprache Borsigs von 1862 ebd., S. 216f.
38 E. Kessel, 1957, S. 227f.
39 Moltke in seinen Briefen 1, 1902, S. 288.
40 Hierzu G. Ritter 1, 1954, S. 247ff.
41 Siehe R. Stadelmann, 1950, S. 142ff.
42 F. Lassalle 4, 1924, S. 246f. Zur biographischen Orientierung siehe neben dem großen Werk von S. Na'aman, 1970, die instruktive Übersicht bei F. Jenaczek, 1970, S. 429ff.
43 F. Lassalle 3, 1922, S. 358f.
44 Für die überaus komplexen Vorgänge vgl. insbesondere S. Na'aman, 1975.
45 An den konservativen Sozialpolitiker V. A. Huber, 24. Februar 1864. Zit. bei F. Jenaczek, 1970, S. 513.
46 Zit bei H. Nürnberger, 1968, S. 64.
47 Th. Fontane 17, 1963, S. 285.
48 Ders. 15, 1967, S. 257f.
49 Voller Text bei K. Mollik/H. Reining/R. Wurzer, 1980, S. 113f.
50 Vgl. zum folgenden die Beiträge in dem Sammelband von F. Czeike, 1978.
51 Siehe K. Mollik/H. Reining/R. Wurzer, 1980, S. 187.
52 Siehe R. Charmatz, 1916.
53 W. Treue, 1970, S. 539.
54 A. v. Hübner, 1891, S. 307.
55 Denkschrift über »Die Aufgaben Österreichs«, gedr. bei R. Charmatz, 1916, S. 263. Es scheint, daß an dem Sturz Brucks auch Vertreter der gouvernemental-liberalen Kreise, die an der weiteren Verwendbarkeit des Ministers zweifelten, nicht unbeteiligt waren. Für die finanzpolitischen Entwicklungen und Umstände siehe H.-H. Brandt, 1978, passim und besonders S. 886ff.
56 A. Schäffle 1, 1905, S. 72.

57 Ch. Thienen-Adlerflycht, 1967, S. 161. Thienens Werk bietet eine sorgfältige, instruktive Einführung in den vormärzlichen Hintergrund und Lebensweg Leo Thuns.
58 Ebd., S. 33.
59 Siehe A. Lhotsky, 1954, S. 19. Die positive, den Vorwurf der Germanisierung abweisende Darstellung der Thunschen Sprachenpolitik bei K. Frommelt, 1963, wird von anderer Seite in Frage gestellt; siehe A. Ivanišević, 1984.
60 Brief Alois Flirs vom 11. Februar 1853; siehe H. Lentze, 1962, S. 200 Anm. 9.
61 An Gustav Heckenast, 4. September 1849; A. Stifter 18, 1918, S. 10.
62 A. Stifter 7, 1916, S. 358.
63 An Gustav Heckenast, 11. Februar 1858; A. Stifter 19, 1923, S. 93.
64 Siehe K. Diemann 2, 1969, S. 12f.
65 M. Prawy, 1975, S. 79.
66 Siehe G. J. Wolf, 1921.
67 Briefe Edmund Jörgs an Ignaz v. Döllinger vom Februar 1849 bei V. Conzemius, 1969, S. 747.
68 Siehe A. Hahn, 1982.
69 Siehe die Einleitung zu E. Stemplinger, 1933.
70 Ebd., S. 223ff.: »Am Ostersonntag«.
71 Siehe die Zitate bei R. Sigl, 1977, S. 75f.
72 Siehe oben S. 153f.
73 Denkschrift Rankes von 1858, gedr. in HZ 1 (1858), S. 28ff. Zur Gründung und Geschichte der Historischen Kommission siehe F. Schnabel, Die Idee und die Erscheinung, in: Die Historische Kommission bei der Bayerischen Akademie der Wissenschaften 1858–1958, Göttingen 1958, S. 7ff.
74 Siehe V. Dotterweich, 1978.
75 I. v. Döllinger, 1890, S. 177ff.
76 J. Friedrich 3, 1901, S. 434.
77 I. v. Döllinger 4, 1981, S. 143.
78 S. Röckl 2, 1913, S. 32.
79 H. Mayer, 1959, S. 111.
80 Briefwechsel zwischen Wagner und Liszt 1, 1900, S. 4.
81 Siehe H. Rall, 1974, S. 270.
82 R. Wagner 9, 1898, S. 51.

Zum Teil VI., Seite 385–474

1 Siehe oben S. 314ff.
2 Siehe E. R. Huber 2, 1968, S. 926ff.
3 Siehe G. Gillessen, 1961, S. 93f.; H. Friedjung 2/1, 1912, S. 81ff.
4 Der Text der Olmützer Punktation vom 29. November 1850 bei E. R. Huber, Dokumente 1, Nr. 182.
5 Beust 1, 1887, S. 122.
6 Siehe H. v. Srbik 2, 1935, S. 89. Dort auch weitere Stimmen und Gesichtspunkte zur Beurteilung der Olmützer Ergebnisse.
7 GW 10, S. 101ff.
8 E. Heller, 1933, S. 264.
9 Die jüngste Gesamtdarstellung bei H. J. Schoeps, 1972. Dazu vgl. H. Rumpler, 1974.
10 Die österreichische Instruktion für die Dresdener Konferenz in HHStA, PA II, 92, f. 183ff.
11 Schwarzenberg an Buol (österr. Delegierter in Dresden), 31.1.1851; ebd., f. 68ff.

12 27.2.1851, ebd., f. 109f.
13 Ebd., f. 224ff.
14 Siehe H.J. Schoeps, 1972, S. 158.
15 Prokesch-Osten an Buol, 27.4.1851; HHStA, PA II, 92, f. 84.
16 L. v. Gerlach 1, 1891, S. 617.
17 H. v. Poschinger 1, 1902, S. 208 und S. 214.
18 L. v. Gerlach 1, 1891, S. 702.
19 GW 14, S. 334ff.; 19./20.12.1853.
20 Am 18. Mai 1852 in Warschau gegenüber Nikolaus I.; L. v. Gerlach 1, 1891, S. 628. Das folgende Zitat ebd., S. 791 (3.8.1852).
21 Zum Bundestag ab 1851 siehe den Überblick bei W. Bußmann, 1956, S. 6ff. und die älteren Darstellungen von Kaltenborn 2, 1857; Stern 7, S. 468ff.; dazu A.O. Meyer, 1927, passim und H. v. Srbik 2, 1935, S. 166ff.
22 Siehe H. Böhme, 1966, S. 29ff.
23 Ebd., S. 42.
24 Zum Berliner Besuch des Kaisers siehe die aufschlußreichen Aufzeichnungen Gerlachs; L. v. Gerlach 1, 1891, S. 838.
25 Siehe H. v. Srbik 2, 1935, S. 211.
26 Siehe B. Unckel, 1969; P.W. Schroeder, 1972; W. Baumgart, 1972.
27 Prokesch-Osten, 1896, S. 424.
28 H. Hantsch 2, 1962, S. 357f.
29 Siehe W. Bußmann, 1956, S. 30.
30 A.O. Meyer, 1927, S. 235.
31 Siehe W. Bußmann, 1981, S. 526.
32 Bei H. v. Srbik 2, 1935, S. 263.
33 Siehe W.P. Fuchs, 1934, S. 68f.
34 Siehe A.O. Meyer, 1927, S. 312ff.
35 W.P. Fuchs, 1934, S. 70ff. Von Helmut Rumpler ist als Fortsetzung seiner Monographie über Beust und die mittelstaatliche Reformpolitik 1848/50 eine Darstellung der Beustschen Bundespolitik 1851 bis 1866 zu erwarten.
36 Th. Schieder, 1975, S. 127f.
37 Der Text der Ansprache des Prinzregenten u.a. bei E.R. Huber, Dokumente 2, S. 31ff.
38 A.O. Meyer, 1927, S. 449.
39 Siehe ebd., S. 466.
40 An den Generaladjutanten Gustav v. Alvensleben, 5. Mai 1859; Bismarck-Briefe, hrsg. von H. Rothfels, 1955, S. 244ff., hier S. 247.
41 Nach der ausführlichen Darstellung bei H. v. Srbik 2, 1935, S. 295ff., siehe jetzt die Zusammenfassung der neueren Forschung von R. Lill, 1981, S. 866ff.
42 Siehe H. v. Srbik 2, 1935, S. 297ff.; E. Portner, 1959.
43 Siehe den österreichischen Antrag am Bundestag vom 2. Mai 1859; E.R. Huber, Dokumente 2, S. 23: »Wäre Österreich in einen Krieg allein gegen Sardinien verwickelt worden, so würde nach der Auffassung der Kaiserlichen Regierung nichts dem Bunde abgerathen haben, den Fall des Artikels 46 der Wiener Schlußakte, d.h. den Fall eines die Verhältnisse und Verpflichtungen des Bundes nicht berührenden Krieges, als vorhanden anzunehmen. Seit aber Frankreich erklärt hat, sich am Kriege betheiligen zu müssen, scheint uns der Augenblick für das gesamte Deutschland gekommen, in ernste Berathung zu nehmen, ob nicht gleichzeitig mit Österreichs Machtverhältnissen auch die Sicherheit des Bundes sich tief berührt findet.«
44 H. v. Srbik 2, 1935, S. 345.
45 Siehe Willisens Berichte in: APP 1, S. 570ff.
46 Siehe Beust 1, 1887, S. 267.

47 Siehe G. Eisfeld, 1969, S. 66.
48 J. J. Sheehan, 1983, S. 138f.
49 Zu Ferdinand Lassalle siehe oben S. 352ff.
50 F. F. v. Beust 1, 1887, S. 307; Bismarck an Beust, 10.10.1862.
51 Quellen 1, S. 375, 377.
52 Einen Querschnitt durch den Forschungsstand bietet der Aufsatzband des Ausstellungskataloges: Das Zeitalter Kaiser Franz Josephs. Von der Revolution zur Gründerzeit, Wien 1984. Für die biographischen und dynastischen Aspekte sehr instruktiv B. Hamann, Die Familie Habsburg unter Kaiser Franz Joseph, ebd., S. 23ff.
53 B. Hamann, 1984, S. 37. Vgl. von der gleichen Autorin: Elisabeth. Kaiserin wider Willen, Wien 1981.
54 Siehe B. Hamann, 1978.
55 G. Kolmer 1, 1902, S. 59ff.
56 Siehe G. Franz, 1955, S. 285f.; J. Wysocki, 1973, S. 68ff.
57 Für die Nationalitätenfragen nach 1848 siehe neben den einschlägigen Kapiteln von R. A. Kann, 1964, die Beiträge in dem von A. Wandruszka und P. Urbanitsch herausgegebenen Werk: Die Habsburgermonarchie 1848–1918, Bd. 3: Die Völker des Reiches, Wien 1980.
58 W. Real, 1966. Das Programm des Reformvereins vom 28.10.1862 bei E. R. Huber, Dokumente 2, S. 95.
59 G. Mann, 1958, S. 297.
60 Siehe A. Winkler, 1964. Ebd., S. 67ff. zur kleindeutsch-großdeutschen Frage.
61 Nach J. J. Sheehan, 1983, S. 114.
62 F. Engel-Janosi, 1927, S. 74.
63 An Rechberg, 26.8.1859; Quellen 1, S. 22. Rechberg an Hügel, 6.9.1859; ebd., S. 25ff.
64 Quellen 2, S. 26ff.
65 Siehe H. Böhme, 1966, S. 94ff.
66 Ebd., S. 128.
67 Bernstorffs Note vom 21.7.1862; Staatsarchiv 1862, 2, S. 140f. Die österreichische Note an Preußen vom 26.7.1862 ebd., S. 142f.
68 Siehe H. O. Meisner, 1929, S. 498ff.
69 L. Gall, 1980, S. 240.
70 H. Kohl, Reden 2, S. 30.
71 Quellen 2, S. 703.
72 Ebd., S. 616.
73 Ebd., S. 738ff.
74 APP 3, S. 132. Die Antwort von Drouin de Lhuys ebd., S. 143; Buchanans Bericht über Bismarcks Rechnen mit Italien, Ungarn und – perhaps – Rußland im Kriegsfall ebd., S. 151.
75 Quellen 2, S. 630.
76 Siehe H. v. Srbik 4, 1942, S. 1ff.
77 Beust 1, 1887, S. 292f. (Nachtrag zur Bundesreform-Denkschrift 1861).
78 H. v. Srbik 4, 1942, S. 44.
79 Zit. ebd., S. 52.
80 Stern 9, S. 316.
81 Siehe die Akten bei E. R. Huber, Dokumente 2, S. 117ff. und den Kommentar von E. R. Huber 3, 1963, S. 421ff.
82 Beust 1, 1887, S. 332.
83 Bismarck an seine Tochter Marie, 24.8.1863; GW 14, 2, S. 651.
84 H. v. Srbik 4, 1942, S. 63.
85 Ministerrat vom 9.7.1863; Quellen 2, S. 453.
86 Siehe E. R. Huber 3, 1963, S. 449ff.
87 Th. Schieder, 1975, S. 154.
88 Der Text des Entwurfes der Schönbrunner Konvention in: Quellen 4,

S. 271f. und bei E. R. Huber, Dokumente 2, S. 175. Wichtig die Kommentare von H. v. Srbik 4, 1942, S. 177ff. und E. R. Huber 3, 1963, S. 484ff.

89 E. R. Huber, Dokumente 2, S. 182ff.

90 Ebd., S. 188.

91 Das Kronratsprotokoll in: APP 5, 1, S. 611ff.

92 In E. R. Hubers sonst recht eingehender Behandlung der Vorgeschichte des Krieges von 1866 ist diese hervorgehobene *Bedingung* als Ergebnis des Kronrates nicht erwähnt (3, S. 515); auch die jüngsten Darstellungen von Lothar Gall (S. 345f.) und Thomas Nipperdey (S. 778) gehen darauf nicht ein.

93 A. Wandruszka, 1966, S. 118.

94 Der Text des österreichisch-französischen Vertrages bei H. Oncken 1, 1926, S. 265. Dazu jetzt M. Derndarsky, Das Klischee, 1982, S. 289ff. Zur früheren Diskussion vgl. E. R. Huber 3, 1963, S. 529ff.

95 Siehe H. Rall, 1974, S. 153ff.

96 Quellen 5, 1, S. 187.

97 Ebd., S. 204.

98 Stern 9, S. 460: Erklärung des Sechsunddreißiger-Ausschusses am 7. April (angesichts der ersten Nachrichten von der geplanten preußischen Initiative).

99 Quellen 5, 1, S. 486.

100 Die wichtigsten Aktenstücke dieser Auseinandersetzung bei E. R. Huber, Dokumente 2, S. 193ff. Weit umfassender die einschlägige Dokumentation in Quellen 5, 2, passim.

101 Vgl. die genaue Analyse der Abstimmung bei E. R. Huber 3, 1963, S. 540f.

102 Für die militärische Seite siehe W. v. Groote und U. v. Gerstorff (Hrsg.), Entscheidung 1866 (Stuttgart 1966).

103 Siehe Th. Fontane 2, 1871, S. 160.

104 H. Fenske, 1977, S. 317.

105 Quellen 5, 2, S. 955ff.

106 H. Fenske, 1977, S. 321ff.

107 W. Real, 1966, S. 206f.

108 Überblick bei E. R. Huber 3, 1963, S. 568ff.

109 Siehe zuletzt L. Gall, 1980, S. 372.

110 GW 6, S. 81.

111 Die Texte des Nikolsburger Vorfriedens und des Prager Friedens bei E. R. Huber, Dokumente 2, S. 212ff., 217ff.

112 Der gleichlautende Text der Militärbündnisse mit Bayern (22. August 1866), mit Württemberg (13. August 1866), mit Baden (17. August 1866) und mit Hessen (11. April 1867) bei E. R. Huber, Dokumente 2, S. 214ff.

113 Für die Haltung der europäischen Mächte im Sommer 1866 siehe die Beiträge von K. Hildebrand, D. Beyrau und E. Fehrenbach in dem von E. Kolb herausgegebenen Sammelband, 1980, sowie den früheren Sammelband von R. Dietrich, 1968.

114 K. Hildebrand, 1980, S. 33.

115 Drouyn de Lhuys an Graf Benedetti, 29. Juli 1866; H. Oncken 2, 1926, S. 12f.

116 Bismarck an von der Goltz, 10. August 1866; GW 6, S. 117.

Zum Epilog, Seite 475–485

1 Aus der breiten Diskussion, die zum Teil unter dem Stichwort »Deutscher Sonderweg« geführt wurde, seien hier nur einige Titel genannt: H.-U. Wehler, 1981; J. J. Sheehan, 1981; H. Trevor-Roper, 1983; W. Bußmann, 1983. Für Österreich und die deutsche Frage siehe vor allem die Sammelbände: F. Prinz/R. A. Kann (Hrsg.), 1980; H. Lutz/H. Rumpler (Hrsg.), 1982; J. Becker/A. Hillgruber (Hrsg.), 1983.

2 Siehe zuletzt E. R. Huber 3, 1963, 551ff. – Zur generellen Bewertung des deutschen Föderalismus vgl. auch Th. Nipperdey, 1984, und H. Mommsen, 1982.

3 M. Weber, Gesammelte politische Schriften, Tübingen ^{3}1971, 449.

4 Zur allgemeinen Orientierung siehe die Einleitungsabschnitte von H. Lutz, 1979, und die betreffenden Teile des großen Sammelwerkes von A. Wandruska/P. Urbanitsch, 1973ff.

5 Der Text der Denkschrift Beusts vom 18. Mai 1871 bei H. Lutz, Zur Wende, 1972, hier S. 180. Zur europäischen Situation 1870/71 vgl. E. Kolb (Hrsg.), 1980; H. Lutz, Le problème, 1972; auch die Schlußabschnitte von W. E. Mosse, 1963. – Eine stimulierende Zusammenfassung und neue Fragestellungen jetzt bei P. W. Schroeder, 1984.

6 Siehe zuletzt N. Der Bagdasarian, The Austro-German Rapprochement 1870–79. From the Battle of Sedan to the Dual Alliance, London 1976. Anders die Akzente bei H. Lutz, 1973. Der quellenmäßige Nachweis, daß der österreichische Außenminister Andrássy bereits im Februar 1872 ein Bündnis mit Deutschland (gegen Rußland) vorschlug, aber die Zustimmung Franz Josephs nicht erhielt, bei H. Lutz, 1974.

7 Die große Politik der europäischen Kabinette, Bd. 3, Berlin 1922; Denkschrift Bismarcks für Kaiser Wilhelm I. vom 7. September 1879; S. 58. Vgl. dazu M. Stürmer, 1983, S. 199ff.

8 A. J. P. Taylor, 1955, S. 225.

9 L. Höbelt, Österreich-Ungarn und das Deutsche Reich als Zweibundpartner, in: H. Lutz/H. Rumpler (Hrsg.), 1982, S. 259.

10 Siehe dazu W. Conze, Das Deutsche Reich in der deutschen Geschichte: Bruch oder Kontinuität, in: Ploetz – Das deutsche Kaiserreich, hrsg. von D. Langewiesche, Freiburg/Würzburg 1984, S. 15ff.

11 K. E. Franzos; siehe H. Lengauer, Kulturelle und nationale Identität. Die deutsch-österreichische Problematik im Spiegel von Literatur und Publizistik der liberalen Ära (1848–1873), in: H. Lutz/H. Rumpler (Hrsg.), 1982, hier S. 210.

12 Abgeord. Türk am 8. März 1889 im Reichsrat; siehe I. Winkler, Die deutschnationalen Bestrebungen und der Gedanke des Anschlusses der Deutschösterreicher an das Deutsche Reich von 1870/71 bis 1907, ungedr. Wiener phil. Diss., 1974, S. 243.

13 Ebd., S. 316.

14 Siehe B. Hamann, Die Habsburger und die deutsche Frage im 19. Jahrhundert, in: H. Lutz/H. Rumpler (Hrsg.), 1982, S. 228.

15 Ebd., S. 230.

16 R. A. Kann, Zur Problematik der Nationalitätenfrage in der Habsburger Monarchie 1848–1918. Eine Zusammenfassung, in: A. Wandruszka/P. Urbanitsch (Hrsg.), Bd. 3, S. 1336ff. – Für die verfassungspolitischen und rechtlichen Fragen siehe jetzt G. Stourzh, Die Gleichberechtigung der Nationalitäten in der Verfassung und Verwaltung Österreichs 1848–1918, Wien 1985.

17 L. Höbelt, in: H. Lutz/H. Rumpler (Hrsg.), 1982, S. 277.

18 Bemerkenswert das Schreiben Viktor Adlers und Ferdinand Skarets an das Sekretariat des Internationalen Sozialistischen Büros in Den

Haag vom 8. Juli 1916, bei P. Molisch (Hrsg.), Briefe zur deutschen Politik in Österreich von 1848 bis 1918, Wien 1934, S. 384ff.

19 Aus dem Promemoria, das dem österreichischen Außenminister Buriàn am 15. November 1915 in Berlin übergeben wurde; zit. bei B. Sutter, Die politische und rechtliche Stellung der Deutschen in Österreich 1848 bis 1918, in: A. Wandruszka/P. Urbanitsch (Hrsg.), Bd. 3, S. 324. Berthold Sutter (Graz) hat ebd., S. 323 Anm. 239 eine größere Publikation über das Verhältnis Deutschlands zu Österreich-Ungarn von 1879 bis 1918 und die Beurteilung Österreichs in der deutschen Diplomatie angekündigt.

20 Ebd., S. 339. Über die Fragen der Entstehung, Kontinuität und Eigenart des österreichischen Nationalbewußtseins (im Sinne der zweiten Republik) gibt es eine lebhafte Diskussion. Zur Orientierung siehe O. Schulmeister, 1967, bes. S. 134ff.; F. Heer, 1981; E. Bruckmüller, 1984; F. Kreissler, 1984.

Abkürzungsverzeichnis

APP	s. Die Auswärtige Politik Preußens
GW	s. Bismarck, Die gesammelten Werke
GWU	Geschichte in Wissenschaft und Unterricht
HHStA	Haus-, Hof- und Staatsarchiv, Wien
E. R. Huber, Dokumente	s. E. R. Huber (Hrsg.), Dokumente zur deutschen Verfassungsgeschichte
HZ	Historische Zeitschrift
JfG	Jahrbuch für Geschichte
H. Kohl, Reden	s. H. Kohl (Hrsg.), Die politischen Reden des Fürsten Bismarck
Marx/Engels, Werke	s. K. Marx/F. Engels, Werke
Metternich	s. Aus Metternichs nachgelassenen Papieren
MIÖG	Mitteilungen des Instituts für Österreichische Geschichtsforschung
MÖStA	Mitteilungen des Österreichischen Staatsarchivs
NF	Neue Folge
Protokolle	s. Protokolle der deutschen Bundesversammlung
Quellen	s. Quellen zur deutschen Politik Österreichs
Schnabel	s. F. Schnabel, Deutsche Geschichte im 19. Jahrhundert
Stenogr. Ber.	s. Stenographischer Bericht über die Verhandlungen der deutschen constituirenden Nationalversammlung zu Frankfurt am Main
Stern	s. A. Stern, Geschichte Europas seit den Verträgen von 1815 bis zum Frankfurter Frieden 1871
Treitschke	s. H. v. Treitschke, Deutsche Geschichte im 19. Jahrhundert
VPR	Vnešnaja Politika Rosii XIX i Načala XX veka (Die auswärtige Politik Rußlands im 19. und am Anfang des 20. Jahrhunderts)
ZfG	Zeitschrift für Geschichtswissenschaft

Bibliographie

Ableitinger, A.: Erzherzog Johann und die Revolution von 1848/49, in: Erzherzog Johann von Österreich. Steierische Landesausstellung 1982, II. Teil. Beiträge zur Geschichte seiner Zeit, hrsg. von Klingenstein, G., Graz 1982, S. 73ff.

Ableitinger, A.: Die Revolution 1848/49, in: Das Zeitalter Franz Josephs. I. Teil. Von der Revolution zur Gründerzeit. Niederösterreichische Landesausstellung, Schloß Grafenegg, hrsg. von Kühnel, H., Wien 1984, S. 247ff.

Andics, E.: Metternich und die Frage Ungarns, Budapest 1973.

Aretin, K. O. Frhr. v.: Vom Deutschen Reich zum Deutschen Bund (Deutsche Geschichte 7), Göttingen 1980.

Aretin, K. O. Frhr. v.: Zeitgenössische Betrachtungen über den Landtag von 1827/28, in: Kraus, A. (Hrsg.), Land und Reich, Stamm und Nation. Probleme und Perspektiven bayerischer Geschichte. Festgabe für Max Spindler. Bd. 3: Vom Vormärz bis zur Gegenwart, München 1984, S. 37ff.

Arneth, A. v.: Aus meinem Leben. 2 Bde., Wien 1891.

Aubert, R./Beckmann, J./Corisch, P. J./Lill, R.: Handbuch der Kirchengeschichte, Bd. VI,1, Freiburg/Basel/Wien 1971.

Aubin, H./Zorn, W. (Hrsg.): Handbuch der deutschen Wirtschafts- und Sozialgeschichte, 2 Bde., Stuttgart 1971/76.

Die Auswärtige Politik Preußens 1858–1871, hrsg. von der Historischen Reichskommission und dem Reichsinstitut für Geschichte des neueren Deutschland, 12 Bde., Berlin 1933/39.

Baack, L. J.: Christian Bernstorff and Prussia. Diplomacy and Reform Conservatism 1818–1832, New Brunswick 1980.

Ballauf, Th./Schaller, K.: Pädagogik. Eine Geschichte der Bildung und Erziehung, 3 Bde., Freiburg i. Br./München 1969/73.

Barth, D.: Das Familienblatt – Ein Phänomen der Unterhaltungspresse des 19. Jahrhunderts. Beispiele zur Gründungs- und Verlagsgeschichte, in: Archiv für Geschichte des Buchwesens 15 (1975), S. 121ff.

Baumgart, W.: Der Friede von Paris 1856. Studien zum Verhältnis von Kriegsführung, Politik und Friedensbewahrung, München 1972.

Becker, J.: Liberaler Staat und Kirche in der Ära von Reichsgründung und Kulturkampf. Geschichte und Strukturen ihres Verhältnisses in Baden 1860–1874, Mainz 1973.

Becker, J./Hillgruber, A. (Hrsg.): Die Deutsche Frage im 19. und 20. Jahrhundert, München 1983.

Beenken, H.: Das neunzehnte Jahrhundert in der deutschen Kunst, München 1944.

Beer, A.: Die Finanzen Österreichs im 19. Jahrhundert, Prag 1877.

Beer, A.: Österreich und die deutschen Handelsbestrebungen in den Jahren 1817 bis 1820, in: Österreichisch-Ungarische Revue N. F. 3 (1887), S. 273ff.

Berding, H.: Leopold von Ranke, in: Wehler, H.-U. (Hrsg.), Deutsche Historiker, Bd. 1, Göttingen 1971, S. 7ff.

Berding, H./Ullmann, H.-P.: Veränderungen in Deutschland an der Wende vom 18. zum 19. Jahrhundert, in: Berding, H./Ullmann, H.-P. (Hrsg.), Deutschland zwischen Revolution und Restauration, Königstein a. Ts. 1981, S. 11ff.

Stenographischer Bericht über die Verhandlungen der deutschen constituirenden Nationalversammlung zu Frankfurt am Main, hrsg. von Wigard, F., 9 Bde., Frankfurt a. Main 1848/49.

Bernhard, M.: Das Biedermeier. Kultur zwischen Wiener Kongreß und Märzrevolution, Düsseldorf/Wien 1983.

Beust, F. F. Graf v.: Aus Drei Viertel-Jahrhunderten, 2 Bde., Stuttgart 1887.

Beyrau, D.: Der deutsche Komplex: Rußland zur Zeit der Reichsgründung, in: Kolb, E. (Hrsg.), Europa und die Reichsgründung, HZ Beiheft 6 (1980), S. 63ff.

Bibl, V.: Metternich. Der Dämon Österreichs, Wien[3] 1936.

Bismarck Briefe, hrsg. von Rothfels, H., Göttingen 1955.

Bismarck, O. v.: Die gesammelten Werke, 15 Bde., Berlin 1924/35.

Die politischen Reden des Fürsten Bismarck, siehe: Kohl, H. (Hrsg.).

Bleiber, H./Kassim, J. (Hrsg.): Dokumente zur Geschichte der deutsch-polnischen Freundschaft 1830–1832, Berlin 1982.

Blessing, W. K.: Staat und Kirche in der Gesellschaft. Institutionelle Autorität und mentaler Wandel in Bayern während des 19. Jahrhunderts, Göttingen 1982.

Böhme, H.: Deutschlands Weg zur Großmacht. Studien zum Verhältnis von Wirtschaft und Staat während der Reichsgründungszeit 1848–1881, Köln/Berlin 1966.

Böhning, P.: Die nationalpolnische Bewegung in Westpreußen 1815–1871. Ein Beitrag zum Integrationsprozeß der polnischen Nation, Marburg 1973.

Boldt, H.: Zwischen Patrimonalismus und Parlamentarismus. Zur Entwicklung vorparlamentarischer Theorien in der deutschen Staatslehre des Vormärz, in: Ritter, G. A. (Hrsg.), Gesellschaft, Parlament und Regierung. Zur Geschichte des Parlamentarismus in Deutschland, Düsseldorf 1974, S. 77ff.

Borchardt, K.: Wirtschaftliches Wachstum und Wechsellagen 1800–1914, in: Aubin, H./Zorn, W. (Hrsg.), Handbuch der deutschen Wirtschafts- und Sozialgeschichte, Bd. 2, Stuttgart 1976, S. 198ff.

Brandt, H.: Gesellschaft, Parlament und Regierung in Württemberg 1830–1840, in: Ritter, G. A. (Hrsg.), Gesellschaft, Parlament und Regierung. Zur Geschichte des Parlamentarismus in Deutschland, Düsseldorf 1974, S. 101ff.

Brandt, H.-H.: Der österreichische Neoabsolutismus. Staatsfinanzen und Politik 1848–1860, 2 Bde., Göttingen 1978.

Bridge, F. R./Bullen, R.: The Great Powers of the European States System, London 1980.

Broszat, M.: Zweihundert Jahre deutsche Polenpolitik, München 1963.

Bruckmüller, E.: Nation Österreich. Sozialhistorische Aspekte ihrer Entwicklung, Wien/Köln/Graz 1984.

Brunner, O./Conze, W./Koselleck, R. (Hrsg.): Geschichtliche Grundbegriffe. Historisches Lexikon zur politisch-sozialen Sprache in Deutschland, bisher 4 Bde., Stuttgart 1972ff.

Buchheim, K.: Deutsche Kultur zwischen 1850 und 1870, Frankfurt a. Main 1966.

Büchner, G./Weidig, F. L.: Der hessische Landbote 1834. Neudruck mit einem Nachwort von Franz, E. G., Marburg 1973.

Bungert, H. (Hrsg.): Johann Michael Sailer. Theologe, Pädagoge und Bischof zwischen Aufklärung und Romantik, Regensburg 1983.

Burg, P.: Der Wiener Kongreß. Der Deutsche Bund im europäischen Staatensystem, München 1984.

Büssem, E.: Die Karlsbader Beschlüsse von 1819. Die endgültige Stabilisierung der restaurativen Politik im Deutschen Bund nach dem Wiener Kongreß von 1814/15, Hildesheim 1974.

Bußmann, W.: Das Zeitalter Bismarcks, (Handbuch der deutschen Geschichte 3,II), Konstanz 1956.

Bußmann, W.: Vom Hl. Römischen Reich deutscher Nation zur Gründung des Deutschen Reiches, in: Schieder, Th. (Hrsg.), Handbuch der europäischen Geschichte, Bd. 5, Stuttgart 1981, S. 404ff.

Bußmann, W.: Das deutsche Nationalbewußtsein im 19. Jahrhundert, in: Weidenfeld, W. (Hrsg.), Die Identität der Deutschen, Bonn 1983, S. 64ff.

Charmatz, R.: Minister Freiherr von Bruck, der Vorkämpfer Mitteleuropas. Sein Lebensgang und seine Denkschriften, Leipzig 1916.

Conze, W.: Sozialgeschichte 1800–1850, in: Aubin, H./Zorn, W. (Hrsg.), Handbuch der deutschen Wirtschafts- und Sozialgeschichte, Bd. 2, Stuttgart 1976, S. 426ff.

Conze, W.: Staat und Gesellschaft im deutschen Vormärz 1815–1848, Stuttgart[3] 1978.

Conzemius, V.: Ignaz von Döllinger und Edmund Jörg. Analyse einer Freundschaft und ihres Zerfalls, in: Festschrift für Max Spindler, München 1969, S. 743ff.

Corbin, A.: Pesthauch und Blütenduft. Eine Geschichte des Geruchs, Berlin 1984.

Csáky, M.: Von der Aufklärung zum Liberalismus. Studien zum Frühliberalismus in Ungarn, Wien 1981.

Czeike, F. (Hrsg.): Wien in der liberalen Ära, Wien 1978.

Dahlhaus, C.: Die Musik des 19. Jahrhunderts, Wiesbaden 1980.

Dahlhaus, C.: Die Musikgeschichte Österreichs und die Idee der deutschen Musik, in: Kann, R. A./Prinz, F. (Hrsg.), Deutschland und Österreich, Wien 1980, S. 322ff.

Dann, O. (Hrsg.): Vereinswesen und bürgerliche Gesellschaft in Deutschland, HZ Beiheft 9 (1984).

Darmstadt, R.: Der Deutsche Bund in der zeitgenössischen Publizistik, Bern/Frankfurt a. Main 1971.

Derndarsky, M.: Das Klischee von »ces messieurs de Vienne«, in: HZ 235 (1982), S. 289ff.

Derndarsky, M.: Österreich und der Deutsche Bund 1815–1866. Anmerkungen zur deutschen Frage zwischen dem Wiener Kongreß und Königgrätz, in: Wiener Beiträge zur Geschichte der Neuzeit 9 (1982), S. 92ff.

Deutsch, W.: Die Mission von Heß und Radowitz 1840, in: Gesamtdeutsche Vergangenheit. Festgabe für Heinrich von Srbik, München 1938, S. 255ff.

Diemann, K.: Musik in Wien, Bd. 2, Wien/München/Zürich 1969.

Dietrich, R. (Hrsg.): Europa und der Norddeutsche Bund, Berlin 1968.

Döllinger, I. v.: Kleinere Schriften, Stuttgart 1890.

Ignaz von Döllinger. Briefwechsel. Bearbeitet von Conzemius, V., Bd. 4, München 1981.

Dotterweich, V.: Heinrich von Sybel. Geschichtswissenschaft in politischer Absicht (1817–1861), Göttingen 1978.

Eisfeld, G.: Die Entstehung der liberalen Parteien in Deutschland 1858–1870, Hannover 1969.

Eltz, E. H.: Die Modernisierung einer Standesherrschaft. Karl Egon III. und das Haus Fürstenberg in den Jahren nach 1848/49, Sigmaringen 1980.

Engelbrecht, H.: Das österreichische Gymnasium zwischen 1790 und 1848, in: Mraz, G. (Hrsg.), Österreichische Bildungs- und Schulgeschichte von der Aufklärung bis zum Liberalismus, Eisenstadt 1974, S. 102ff.

Engel-Janosi, F.: Graf Rechberg. Vier Kapitel zu seiner und Österreichs Geschichte, München 1927.

Engelsing, R.: Analphabetentum und Lektüre. Zur Sozialgeschichte des Lesens in Deutschland zwischen feudaler und industrieller Gesellschaft, Stuttgart 1973.

Ensthaler, G.: Aspekte des Deutschen Bundes im Vormärz (1840–1848). Unter besonderer Berücksichtigung des österreichischen Standpunkts, Salzburg 1977 (ungedr. Hausarbeit).

Faber, K.-G.: Restauration und Revolution von 1815 bis 1851, (Handbuch der deutschen Geschichte 3,1,2), Wiesbaden 1979.

Fehrenbach, E.: Preußen-Deutschland als Faktor der französischen Außenpolitik in der Reichsgründungszeit, in: Kolb, E. (Hrsg.), Europa und die Reichsgründung, HZ Beiheft 6 (1980), S. 109ff.

Fenske, H. (Hrsg.): Vormärz und Revolution 1840–1849, Darmstadt 1976.

Fenske, H. (Hrsg.): Der Weg zur Reichsgründung 1850–1870, Darmstadt 1977.

Ficquelmont, C. L. Graf: Aufklärung über die Zeit vom 20.3. bis 4.5.1848, Leipzig 1850.

Fischer, W.: Armut in der Geschichte. Erscheinungsformen und Lösungsversuche der »sozialen Frage« in Europa seit dem Mittelalter, Göttingen 1982.

Fischer, W./Krengel, J./Wietog, J.: Sozialgeschichtliches Arbeitsbuch, München 1982.

Foerster, C.: Der Press- und Vaterlandsverein von 1832/33. Sozialstruktur und Organisationsform bürgerlicher Bewegung in der Zeit des Hambacher Festes, Trier 1982.

Fontane, Th.: Der deutsche Krieg von 1866, 2 Bde., Berlin 1870/71.

Fontane, Th.: Sämtliche Werke, hrsg. von Gross, E./Schreinert, K., 24 Bde., München 1959/75.

Franz, G.: Liberalismus. Die deutsch-liberale Bewegung in der Habsburgischen Monarchie, München 1955.

Franz, G.: Landwirtschaft 1800–1850, in: Aubin, H./Zorn, W. (Hrsg.), Handbuch der deutschen Wirtschafts- und Sozialgeschichte, Bd. 2, Stuttgart 1976, S. 276ff.

Fremdling, R.: Eisenbahnen und deutsches Wirtschaftswachstum 1840–1879, Stuttgart 1973.

Friedjung, H.: Österreich von 1848 bis 1860, 2 Bde., Stuttgart/Berlin[2] 1912.

Friedrich, J.: Ignaz von Döllinger, 3 Bde., München 1899/1901.

Fröbel, J.: Ein Lebenslauf, 2 Bde., Stuttgart 1889.

Frommelt, K.: Die Sprachenfrage im österreichischen Unterrichtswesen 1848–1859, Graz/Köln 1963.

Fuchs, P. W.: Die deutschen Mittelstaaten und die Bundesreform 1851–1860, Berlin 1934.

Funk, W.: Die Verfassungsfrage im Spiegel der Augsburger »Allgemeinen Zeitung« von 1818–1848, Berlin 1977.

Gall, L.: Bismarck. Der weiße Revolutionär, Frankfurt a. Main 1980.

Gebhardt, B./Grundmann, H. (Hrsg.): Handbuch der deutschen Geschichte, 22 Bde., München[9] 1973/80.

Gebhardt, H.: Revolution und liberale Bewegung. Die nationale Organisation der konstitutionellen Partei in Deutschland 1848/49, Bremen 1974.

Geist, J. F./Kürvers, K.: Das Berliner Mietshaus 1740–1862, München 1980.

Aus dem Nachlasse Friedrichs von Gentz. Bd. 1: Briefe, kleinere Aufsätze, Aufzeichnungen, hrsg. von Prokesch-Osten, A. Graf, Wien 1867.

Briefe von und an Friedrich von Gentz, hrsg. von Wittichen, C./Salzer, E., 3 Bde., München 1909/13.

Denkwürdigkeiten aus dem Leben Leopolds von Gerlach, hrsg. von seiner Tochter, 2 Bde., Berlin 1891/92.

Gervinus, G. G.: Geschichte des 19. Jahrhunderts seit den Wiener Verträgen, 8 Bde., Leipzig 1856/66.

Giannoni, K.: Geschichte der Stadt Mödling, Mödling 1905.

Giedion, S.: Die Herrschaft der Mechanisierung, Frankfurt a. Main 1982.

Gillessen, G.: Lord Palmerston und die Einigung Deutschlands. Die englische Politik von der Paulskirche bis zu den Dresdner Konferenzen (1848–1851), Lübeck/Hamburg 1961.

Gisser, R.: Daten zur Bevölkerungsentwicklung der österreichischen Alpenländer 1819–1913, in: Geschichte und Ergebnisse der zentralen amtlichen Statistik in Österreich 1829–1879, Wien 1979, S. 403ff.

Glaser, H.: Zwischen Großmächten und Mittelstaaten. Über einige Konstanten der deutschen Politik Bayerns in der Ära von der Pfordten, in: Wiener Beiträge zur Geschichte der Neuzeit 9 (1982), S. 140ff.

Glaser, H.: Die Rechnung mit Österreich. Aus den Gutachten der Berater König Max' II. 1848/49, in: Kraus, A. (Hrsg.), Land und Reich, Stamm und Nation. Probleme und Perspektiven bayerischer Geschichte. Festgabe für Max Spindler. Bd. 3: Vom Vormärz bis zur Gegenwart, München 1984, S. 223ff.

Glaser, J. C.: Die Handelspolitik Deutschlands und Österreichs, Berlin 1850.

Gönner, R.: Die österreichische Lehrerbildung von der Normalschule bis zur Pädagogischen Akademie, Wien 1967.

Görres, J. v.: Athanasius, Regensburg[3] 1838.

Joseph Görres. Gesammelte Schriften, hrsg. von Schellberg, W., bisher 11 Bde., Köln 1926ff.

Goethes Werke, hrsg. im Auftrag der Großherzogin Sophie von Sachsen, 55 Bde., Weimar 1887/1919.

Goethes sämtliche Werke. Jubiläumsausgabe, 40 Bde., Stuttgart 1902/12.

Gollwitzer, H.: Die Standesherren. Die politische und gesellschaftliche Stellung der Mediatisierten 1815–1918, Göttingen[2] 1964.

Gollwitzer, H.: Zum politischen Germanismus des 19. Jahrhunderts, in: Festschrift für Hermann Heimpel, Bd. 1, Göttingen 1971, S. 282ff.

Grab, W. (Hrsg.): Die Revolution von 1848/49. Eine Dokumentation, München 1980.

Grab, W./Schoeps, J. (Hrsg.): Juden im Vormärz und in der Revolution von 1848, Tel Aviv 1983.

Graf, F. W.: Die Politisierung des religiösen Bewußtseins. Die bügerlichen Religionsparteien im deutschen Vormärz. Das Beispiel des Deutschkatholizismus, Stuttgart 1978.

Graßmann, S.: Zeitaufnahme. Bd. 2: Von den Entdeckungsfahrten bis zum Imperialismus, Braunschweig 1979.

Grillparzer, F.: Sämtliche Werke, ausgewählte Briefe, Gespräche, Berichte, hrsg. von Frank, P./Pörnbacher, K., 4 Bde., München 1960.

Grimsted, P. K.: The Foreign Ministers of Alexander I., Berkeley 1969.

Groote, W. v./Gersdorff, U. v. (Hrsg.): Entscheidung 1866. Der Krieg zwischen Österreich und Preußen, Stuttgart 1966.

Gross, N. Th.: Die Stellung der Habsburgermonarchie in der Weltwirtschaft, in: Die Habsburgermonarchie 1848–1918, Bd. 1, hrsg. von Wandruszka, A./Urbanitsch, P., Wien 1973, S. 1ff.

Grote, L. (Hrsg.): Die deutsche Stadt im 19. Jahrhundert, München 1974.

Groth, O.: Die Zeitung, 4 Bde., Mannheim/Berlin/Leipzig 1927/30.

Gruner, E.: Die Schweizerische Eidgenossenschaft von der Französischen Revolution bis zur Reform der Verfassung, in: Handbuch der europäischen Geschichte, hrsg. von Schieder, Th., Bd. 5, Stuttgart 1981, S. 968ff.

Gruner, W.: Europäischer Friede als nationales Interesse. Die Rolle des Deutschen Bundes in der britischen Politik 1814–1832, in: Bohemia 18 (1977), S. 96ff.

Gruner, W.: Der Deutsche Bund als ›Centralstaat von Europa‹ und die Sicherung des Friedens. Aspekte britisch-deutscher Beziehungen in der internationalen Krise von 1819/20, in: Studien zur Geschichte Englands und der deutsch-britischen Beziehungen. Festschrift für Paul Kluke, München 1981, S. 79ff.

Gruner, W.: Die Deutschen Einzelstaaten und der Deutsche Bund. Zum Problem der ›nationalen‹ Integration in der Frühgeschichte des Deutschen Bundes am Beispiel Bayerns und der süddeutschen Staaten, in: Kraus, A. (Hrsg.), Land und Reich, Stamm und Nation. Probleme und Perspektiven bayerischer Geschichte. Festgabe für Max Spindler. Bd. 3: Vom Vormärz bis zur Gegenwart, München 1984, S. 19ff.

Gschliesser, O. v.: Die nationale Einheitsbewegung in Deutschtirol im Jahre 1848, Innsbruck 1938.

Haas, A. G.: Kaiser Franz, Metternich und die Stellung Illyriens, in: MÖStA 11 (1958), S. 373f.

Häusler, W.: Von der Massenarmut zur Arbeiterbewegung. Demokratie und soziale Frage in der Wiener Revolution von 1848, Wien/München 1979.

Hahn, A.: Der Maximilianstil in München, München 1982.

Hamann, B.: Rudolf. Kronprinz und Rebell, Wien/München 1978.

Hamann, B.: Elisabeth. Kaiserin wider Willen, Wien/München 1981.

Hamann, B.: Die Familie Habsburg unter Kaiser Franz Joseph, in: Das Zeitalter Kaiser Franz Josephs. I. Teil. Von der Revolution zur Gründerzeit. Niederösterreichische Landesausstellung, Schloß Grafenegg, hrsg. von Kühnel, E., Wien 1984, S. 23ff.

Hamerow, Th. S.: The Social Foundations of German Unification 1858–1871. Struggles and Accomplishments, Princeton 1972.

Hammer, K.: Die französische Diplomatie der Restauration und Deutschland 1814–1830, Stuttgart 1963.

Hanke, G.: Die Zeit des Vormärz (1815–1848), in: Handbuch der Geschichte der böhmischen Länder, Bd. 2, hrsg. von Bosl, K., Stuttgart 1974, S. 76ff.

Hantsch, H.: Die Geschichte Österreichs, 2 Bde., Graz/Wien/Köln[3] 1962.

Hardtwig, W.: Von Preußens Aufgabe zu Deutschlands Aufgabe, in: HZ 231 (1980), S. 265ff.

Hauptmann, F.: Gedanken über Staat und Revolution. Das Tagebuch des Grafen Ferdinand Egger aus dem Jahre 1848, Graz 1976.

Heer, F.: Der Kampf um die österreichische Identität, Wien/Graz/Köln 1981.

Heffter, H.: Otto Fürst zu Stolberg-Wernigerode, Husum 1980.

Hegel, G. W. F.: Werke, 20 Bde., Frankfurt a. Main 1969/79.

Heindl, W.: Die österreichische Bürokratie. Zwischen deutscher Vorherrschaft und österreichischer Staatsidee (Vormärz und Neoabsolutismus), in: Wiener Beiträge zur Geschichte der Neuzeit 9 (1982), S. 73ff.

Heinen, E.: Staatliche Macht und Katholizismus in Deutschland, Paderborn 1969.

Heller, E.: Fürst Felix zu Schwarzenberg, Mitteleuropas Vorkämpfer, Wien 1933.

Henning, F.-W.: Landwirtschaft und ländliche Gesellschaft in Deutschland, Bd. 2, 1750–1976, Paderborn 1978.

Henning, F.-W.: Die Industrialisierung in Deutschland 1800–1914, Paderborn / München / Wien / Zürich[6] 1984.

Hildebrand, K.: Großbritannien und die Reichsgründung, in: Kolb, E. (Hrsg.), Europa und die Reichsgründung, HZ Beiheft 6 (1980), S. 9ff.

Hintze, O.: Die Hohenzollern und ihr Werk, Berlin 1916.

Hoffmann, A.: Der Landschaftsgarten, Hamburg 1963.

Hofmeister, B.: Berlin, Darmstadt 1975.

Hoke, R.: Die Verwaltung in den einzelnen Staaten. Österreich, in: Jeserich, K. G. A./Pohl, H./Unruh, G.-Ch. v. (Hrsg.), Deutsche Verwaltungsgeschichte, Bd. 2, Vom Reichsdeputationshauptschluß bis zur Auflösung des Deutschen Bundes, Stuttgart 1983, S. 345ff.

Hubatschke, H.: Die amtliche Organisation der geheimen Briefüberwachung und des diplomatischen Chiffrendienstes in Österreich, (Von den Anfängen bis etwa 1870), in: MIÖG 83 (1975), S. 352ff.

Huber, E. R. (Hrsg.): Dokumente zur deutschen Verfassungsgeschichte, 3 Bde., Stuttgart 1961/66.

Huber, E. R.: Deutsche Verfassungsgeschichte seit 1789, 7 Bde., Stuttgart 1963/1967/84.

Huber, E. R./Huber, W. (Hrsg.): Staat und Kirche im 19. Jahrhundert. Dokumente zur Geschichte des deutschen Staatskirchenrechts, bisher 3 Bde., Berlin 1973ff.

Hübner, A. v.: Ein Jahr meines Lebens, 1848–1849, Leipzig 1891.

Hürten, H.: Katholische Verbände, in: Rauscher, A. (Hrsg.), Der soziale und politische Katholizismus. Entwicklungslinien in Deutschland 1803–1963, Bd. 2, München/Wien 1982, S. 215ff.

Hussarek, M.: Die Verhandlung des Konkordats vom 18. August

1855, in: Archiv für Österreichische Geschichte 109 (1922), S. 447ff.
Husung, H.-G.: Protest und Repression im Vormärz. Norddeutschland zwischen Restauration und Revolution, Göttingen 1983.

Ivanišević, A.: Kroatische Politik der Wiener Zentralstellen von 1849 bis 1852, Wien 1984.

Jäger-Sunstenau, H.: Statistik der Nobilitierungen in Österreich 1701–1918, in: Geßner, G. (Hrsg.), Österreichisches Familienarchiv. Ein genealogisches Sammelwerk, Bd. 1, Neustadt a. d. Aisch 1963, S. 3ff.
Jenaczek, F. (Hrsg.): Ferdinand Lassalle - Reden und Schriften. Aus der Arbeiteragitation 1862–64, München 1970.
Erzherzog Johann von Österreich. Steierische Landesausstellung 1982, hrsg. von Klingenstein, G., Bd. 2: Beiträge zur Geschichte seiner Zeit, Graz 1982.

Kaltenborn, C. v.: Geschichte der deutschen Bundesverhältnisse und Einheitsbestrebungen von 1806–1856 unter Berücksichtigung der Entwicklung der Landesverfassungen, 2 Bde., Berlin 1857.
Kann, R. A.: Das Nationalitätenproblem der Habsburgermonarchie, 2 Bde., Graz/Köln 1964.
Kann, R. A./Prinz, F. (Hrsg.): Deutschland und Österreich, Wien 1980.
Kaufhold, K. H.: Handwerk und Industrie, in: Aubin, H./Zorn, W. (Hrsg.), Handbuch der deutschen Wirtschafts- und Sozialgeschichte, Bd. 2, Stuttgart 1976, S. 321ff.
Keinemann, F.: Das Kölner Ereignis. Sein Widerhall in der Rheinprovinz und in Westfalen, 2 Bde., Münster 1974.
Kellenbenz, H.: Verkehrs- und Nachrichtenwesen, Handel, Geld-, Kredit- und Versicherungswesen 1800–1850, in: Aubin, H./Zorn, W. (Hrsg.), Handbuch der deutschen Wirtschafts- und Sozialgeschichte, Bd. 2, Stuttgart 1967, S. 369ff.
Kellenbenz, H.: Deutsche Wirtschaftsgeschichte, 2 Bde., München 1981.
Kessel, E.: Moltke, Stuttgart 1957.
Keul, W.: Die Bundesmilitärkommission (1816–1866) als politisches Gremium, Frankfurt a. Main/Bern/Las Vegas 1977.
Kindermann, H.: Josef Schreyvogel und sein Publikum, in: Das Burgtheater und sein Publikum 1, hrsg. von Dietrich, M., Wien 1976, S. 185ff.
Kiszling, R.: Die Revolution im Kaisertum Österreich 1848/49, 2 Bde., Wien 1948.
Klein, E.: Von der Reform zur Restauration. Finanzpolitik und Reformgesetzgebung des preußischen Staatskanzlers Karl August Hardenberg, Berlin 1965.
Klöcker, M.: Das katholische Bildungsdefizit in Deutschland, in: GWU 32 (1981), S. 79ff.
Knodel, J. E.: The Decline of Fertility in Germany 1871–1939, Princeton 1974.
Koch, R.: Demokratie und Staat bei Julius Fröbel 1805–1893, Wiesbaden 1978.
Köllmann, W.: Bevölkerungsgeschichte 1800–1970, in: Aubin, H./Zorn, W. (Hrsg.), Handbuch der deutschen Wirtschafts- und Sozialgeschichte, Bd. 2, Stuttgart 1976, S. 9ff.
Körner, H.: Die »Oppositionspartei« der Mittelstaaten bei der Deutschen Bundesversammlung in Frankfurt am Main aus der Sicht der sächsischen Höfe und Diplomaten (1816–1823), in: Stadtverfassung, Verfassungsstaat, Pressepolitik. Festschrift für E. Naujocks, Sigmaringen 1980, S. 318ff.
Kohl, H. (Hrsg.): Die politischen Reden des Fürsten Bismarck, 12 Bde., Stuttgart 1892/94.
Kolb, E. (Hrsg.): Europa und die Reichsgründung. Preußen-Deutschland in der Sicht der großen europäischen Mächte 1860–1880, HZ Beiheft 6 (NF) (1980).
Kolbe, G.: Demokratische Opposition im religiösen Gewande. Zur Geschichte der deutschkatholischen Bewegung in Sachsen am Vorabend der Revolution 1848/49, in: ZfG 20 (1972), S. 1102ff.
Kolmer, G.: Parlament und Verfassung in Österreich, 7 Bde., Wien/Leipzig 1902/11.
Kořalka, J.: Prag-Frankfurt im Frühjahr 1848: Österreich zwischen Großdeutschtum und Austroslawismus, in: Wiener Beiträge zur Geschichte der Neuzeit 9 (1982), S. 117ff.
Koselleck, R.: Preußen zwischen Reform und Revolution. Allgemeines Landrecht, Verwaltung und soziale Bewegung von 1791 bis 1848, Stuttgart 1967.
Kraehe, E. E. (Hrsg.): The Metternich Controversy, New York 1971.
Kraehe, E. E.: Metternich's German Policy. Bd. 2: The Congress of Vienna, Princeton 1983.
Kraus, A.: Die Unterschichten Hamburgs in der ersten Hälfte des 19. Jahrhunderts. Entstehung, Struktur und Lebensverhältnisse. Eine historisch-statistische Untersuchung, Stuttgart 1965.
Kreissler, F.: Der Österreicher und seine Nation. Ein Lernprozeß mit Hindernissen, Wien/Köln/Graz 1984.
Kupisch, K.: Deutschland im 19. und 20. Jahrhundert, in: Die Kirche in ihrer Geschichte, Bd. 4, Lieferung R (2. Teil), Göttingen 1966, R 47ff.

Langewiesche, D. (Hrsg.): Die deutsche Revolution 1848/49, Darmstadt 1983.
Langner, A. (Hrsg.): Katholizismus, konservative Kapitalismuskritik und Frühsozialismus bis 1850, München/Paderborn/Wien 1975.
Ferdinand Lassalle. Nachgelassene Briefe und Schriften, 6 Bde., Stuttgart/Berlin 1921/25.
Lechner, S.: Gelehrte Kritik und Restauration. Metternichs Wissenschafts- und Pressepolitik und die Wiener »Jahrbücher der Literatur« (1818-1849), Tübingen 1977.
Lentze, H.: Die Universitätsreform des Ministers Graf Leo Thun-Hohenstein, Wien/Graz/Köln 1962.
Lenz, F.: Friedrich List. Der Mann und das Werk, München 1936.
Lhotsky, A.: Geschichte des Instituts für österreichische Geschichts-

forschung 1854–1954, Graz/Köln 1954.

Liebig, J.: Chemische Briefe, Leipzig/Heidelberg 1865.

Lill, R.: Reichskirche – Säkularisation – Katholische Bewegung, in: Rauscher, A. (Hrsg.), Der soziale und politische Katholizismus. Entwicklungslinien in Deutschland 1803–1963, Bd. 1, München/Wien 1981, S. 15ff.

Lill, R.: Italien im Zeitalter des Risorgimento (1815–1870), in: Handbuch der europäischen Geschichte, Bd. 5, hrsg. von Schieder, Th., Stuttgart 1981, S. 829ff.

Lundgreen, P.: Sozialgeschichte der deutschen Schule im Überblick (1770–1918), Göttingen 1980.

Lutz, H.: Die Sicht der päpstlichen Autorität im ersten Drittel des 19. Jahrhunderts, in: Weinzierl, E. (Hrsg.), Die päpstliche Autorität im katholischen Selbstverständnis des 19. und 20. Jahrhunderts, Salzburg/München 1970, S. 15ff.

Lutz, H.: Zur Wende der österreichisch-ungarischen Außenpolitik 1871. Die Denkschrift des Grafen Beust für Kaiser Franz Joseph vom 18. Mai, in: MÖStA 25 (1972), S. 169ff.

Lutz, H.: Le problème de la politique extérieure Austro-hongroise en 1871, in: Revue d'Histoire Moderne et Contemporaine 19 (1972), S. 296ff.

Lutz, H.: Von Königgrätz zum Zweibund. Aspekte europäischer Entscheidungen, in: HZ 217 (1973), S. 347ff.

Lutz, H.: Politik und militärische Planung in Österreich-Ungarn zu Beginn der Ära Andrássy, in: Geschichte und Gesellschaft. Festschrift für K. R. Stadler, Wien 1974, S. 23ff.

Lutz, H.: Österreich-Ungarn und die Gründung des Deutschen Reiches. Europäische Entscheidungen 1867–1871, Frankfurt a. Main 1979.

Lutz, H.: »Ursprung der Spaltung in der Nation«. Bemerkungen zu einem Kapitel aus Rankes Reformationsgeschichte, in: Ders., Politik, Kultur und Religion im Werdeprozeß der frühen Neuzeit, hrsg. von Csáky, M./Hamann, G./Klingenstein G./Kohler, A./Rumpler, H./Stourzh, G., Klagenfurt 1982, S. 211ff.

Lutz, H./Rumpler, H. (Hrsg.): Österreich und die deutsche Frage im 19. und 20. Jahrhundert (Wiener Beiträge zur Geschichte der Neuzeit 9), Wien 1982.

Maier, H.: Revolution und Kirche, München[4] 1975.

Mann, G.: Deutsche Geschichte des neunzehnten und zwanzigsten Jahrhunderts, Frankfurt a. Main 1958.

Martino, A.: Publikumsschichten und Leihbibliotheken, in: Witte, B. (Hrsg.), Deutsche Literatur. Eine Sozialgeschichte. Bd. 6: Vormärz, Biedermeier, Junges Deutschland, Demokraten, Reinbek 1980, S. 32ff.

Marx, J.: Österreichs Kampf gegen die liberalen, radikalen und kommunistischen Schriften 1835–1848. Beschlagnahme, Schedenverbot, Debitentzug, Wien/Köln/Graz 1969.

Marx, K./Engels, F.: Werke, 39 Bde., Berlin 1968/69.

Matis, H.: Österreichs Wirtschaft 1848–1913. Konjunkturelle Dynamik und gesellschaftlicher Wandel im Zeitalter Franz Josephs I., Berlin 1972.

Mayer, G.: Josef Feßler und sein Kreis. Ein Beitrag zur Frühgeschichte des Ultramontanismus in Österreich bis zum Protestantenpatent 1861, Wien (ungedr. phil. Diss.) 1980.

Mayer, H.: Richard Wagner, Hamburg 1959.

Meinecke, F.: Radowitz und die deutsche Revolution, Berlin 1913.

Meisner, H. O. (Hrsg.): Kaiser Friedrich III. Tagebücher von 1848–1866. Leipzig 1929.

Aus Metternichs nachgelassenen Papieren, hrsg. von Fürst Richard Metternich-Winneburg, 8 Bde., Wien 1880/84.

Meyer, A. O.: Bismarcks Kampf mit Österreich am Bundestag zu Frankfurt 1851/59, Berlin 1927.

Mollik, K./Reining, H./Wurzer, R.: Planung und Verwirklichung der Wiener Ringstraßenzone, Wiesbaden 1980.

Moltke in seinen Briefen, 2 Teile (in einem Band), Berlin 1902.

Mommsen, H.: Beitrag zum Thema: Les états fédératifs et pluralistes, in: Actes du XVe Congres international des Sciences Historiques. Vol. IV (1), Bukarest 1982, S. 202ff.

Moraw, P.: Kleine Geschichte der Universität Gießen, Gießen 1982.

Mosse, W. E.: The European Powers and the German Question 1848–71 with special Reference to England and Russia, Cambridge 1958.

Mosse, W. E.: The Rise and Fall of the Crimean System 1855–71. The Story of a Peace Settlement, London 1963.

Müller, H.: Der Weg nach Münchengrätz. Voraussetzungen, Bedingungen und Grenzen der Reaktivierung des reaktionären Bündnisses der Habsburger und Hohenzollern mit den Romanows im Herbst 1833, in: JfG 21 (1980), S. 7ff.

Na'aman, S.: Lassalle. Eine neue politische Biographie, Hannover 1970.

Na'aman, S. (Hrsg.): Die Konstituierung der deutschen Arbeiterbewegung 1862/63. Darstellung und Dokumentation, Assen 1975.

Nipperdey, Th.: Nationalidee und Nationaldenkmal in Deutschland im 19. Jahrhundert, in: Ders., Gesellschaft, Kultur, Theorie, Göttingen 1976, S. 133ff.

Nipperdey, Th.: Deutsche Geschichte 1800–1866. Bürgerwelt und starker Staat, München 1983.

Nipperdey, Th.: Der deutsche Föderalismus zwischen 1815 und 1866 im Rückblick, in: Kraus, A. (Hrsg.), Land und Reich, Stamm und Nation. Probleme und Perspektiven bayerischer Geschichte. Festgabe für Max Spindler, Bd. 3: Vom Vormärz bis zur Gegenwart. München 1984, S. 1ff.

Nürnberger, H.: Theodor Fontane in Selbstzeugnissen und Bilddokumenten, Reinbek 1968.

Obenaus, H.: Finanzkrise und

Verfassungsgebung. Zu den sozialen Bedingungen des frühen deutschen Konstitutionalismus, in: Ritter, G. A. (Hrsg.), Gesellschaft, Parlament und Regierung. Zur Geschichte des Parlamentarismus in Deutschland, Düsseldorf 1974, S. 57ff.

Obenaus, H.: Anfänge des Parlamentarismus in Preußen bis 1848, Düsseldorf 1984.

Obenaus, S.: Buchmarkt, Verlagswesen und Zeitschriften, in: Witte, B. (Hrsg.), Deutsche Literatur. Eine Sozialgeschichte, Bd. 6: Vormärz, Biedermeier, Junges Deutschland, Demokraten, Reinbek 1980, S. 44ff.

Oberländer, E.: Rußland von Paul I. bis zum Krimkrieg 1796–1855, in: Handbuch der europäischen Geschichte, Bd. 5, hrsg. von Schieder, Th., Stuttgart 1981, S. 616ff.

Obermann, K.: Zur Genesis der bürgerlichen Klasse in Deutschland von der Julirevolution 1830 bis zu Beginn der 40er Jahre des 19. Jahrhunderts, in: JfG 16 (1977), S. 33ff.

Obermann, K.: Deutschland von 1815 bis 1849, Berlin^5 1983.

Oncken, H.: Die Rheinpolitik Kaiser Napoleons III. von 1863 bis 1870 und der Ursprung des Krieges von 1870/71, 3 Bde., Berlin/Leipzig 1926.

Onishi, T.: Die preußische Steuerreform nach dem Wiener Kongreß, in: Vogel, B. (Hrsg.), Preußische Reformen 1807–1820, Königstein a. Ts. 1980.

Paschen, J.: Demokratische Vereine und preußischer Staat. Entwicklung und Unterdrückung der demokratischen Bewegung während der Revolution von 1848/49, München/Wien 1977.

Pesch, R.: Die kirchlich-politische Presse der Katholiken in der Rheinprovinz vor 1848, Mainz 1966.

Pfeiffer, R.: Die klassische Philologie von Petrarca bis Mommsen, München 1982.

Pöttler, V. H.: Wohnen und Bauen auf dem Lande zur Zeit Erzherzog Johanns, in: Erzherzog Johann von Österreich. Steierische Landesausstellung 1982, hrsg. von Klingenstein, G., Bd. 2: Beiträge zur Geschichte seiner Zeit, Graz 1982, S. 139ff.

Portner, E.: Die Einigung Italiens im Urteil liberaler deutscher Zeitgenossen. Studie zur inneren Geschichte des kleindeutschen Liberalismus, Bonn 1959.

Poschinger, H. v.: Preußens auswärtige Politik 1850–1858, 3 Bde., Berlin 1902.

Prawy, M.: Johann Strauß. Weltgeschichte im Walzertakt, Wien/München/Zürich 1975.

Preradovich, N. v.: Die Führungsschichten in Österreich und Preußen, Mainz 1955.

Press, V.: Landtage im Alten Reich und im Deutschen Bund. Voraussetzungen ständischer und konstitutioneller Entwicklungen 1790–1830, in: Zeitschrift für Württembergische Landesgeschichte 39 (1980), S. 100ff.

Prinz, F.: Prag und Wien. Probleme der nationalen und sozialen Revolution im Spiegel der Wiener Ministerratsprotokolle, München 1968.

Aus den Briefen des Grafen Prokesch von Osten (1849–1855), hrsg. von Prokesch v. Osten, Graf A., Wien 1896.

Aus den Tagebüchern des Grafen Prokesch-Osten 1830–1834, hrsg. von Prokesch v. Osten, Graf A., Wien 1909.

Protokolle der Deutschen Bundesversammlung, Frankfurt a. Main 1816ff.

Puhle, H.-J.: Preußens Entwicklung und Fehlentwicklung, in: Puhle, H.-J./Wehler, H.-U. (Hrsg.), Preußen im Rückblick, Göttingen 1980, S. 11ff.

Putzger, F. W.: Historischer Weltatlas, Wien 1974.

Quellen zur deutschen Politik Österreichs 1859–1866, 6 Bde., hrsg. von Srbik, H. v., Oldenburg/Berlin 1934/38.

Rall, H.: Die politische Entwicklung von 1848 bis zur Reichsgründung 1871, in: Handbuch der Bayerischen Geschichte Bd. 4/1, hrsg. von Spindler, M., München 1974, S. 228ff.

Ranke, L.: Denkschrift, in: HZ 1 (1859), S. 28ff.

Ranke, L. v.: Das Briefwerk, hrsg. von Fuchs, W. P., Hamburg 1949.

Raumer, K. v.: Die Autobiographie des Freiherrn (Heinrich Friedrich Karl) vom Stein, Münster/Köln 1955.

Rauscher, A. (Hrsg.): Der soziale und politische Katholizismus. Entwicklungslinien in Deutschland 1803–1963, 2 Bde., München/Wien 1981/82.

Real, W.: Der deutsche Reformverein. Großdeutsche Stimmen und Kräfte zwischen Villafranca und Königgrätz, Lübeck/Hamburg 1966.

Redlich, J.: Kaiser Franz Joseph von Österreich, Berlin 1928.

Repgen, K.: Märzbewegung und Maiwahlen des Revolutionsjahres 1848 im Rheinland, Bonn 1955.

Riha, K.: Die Beschreibung der »Großen Stadt«. Zur Entstehung des Großstadtmotivs in der deutschen Literatur (ca. 1750– ca. 1850), Bad Homburg/Berlin/Zürich 1970.

Ritter, G.: Staatskunst und Kriegshandwerk. Das Problem des »Militarismus« in Deutschland, 4 Bde., München 1954/68.

Rochau, L. A. v.: Grundsätze der Realpolitik, hrsg. von Wehler, H.-U., Frankfurt a. Main/Berlin/Wien 1972.

Röckl, S.: Ludwig II. und Richard Wagner, 2 Bde., München^2 1913/1920.

Rößler, W.: Die Entstehung des modernen Erziehungssystems in Deutschland, Stuttgart 1961.

Rumpler, H.: Die deutsche Politik des Freiherrn von Beust 1848–1850. Zur Problematik mittelstaatlicher Reformpolitik im Zeitalter der Paulskirche, Wien/Köln/Graz 1972.

Rumpler, H.: Felix Schwarzenberg und das »Dritte Deutschland«. Überlegungen zu Heinrich von Srbiks Interpretation der deutschen Politik Österreichs, in: Fichtenau, H./Zöllner, E. (Hrsg.), Beiträge zur neueren Geschichte Österreichs, Wien/Köln/Graz 1974, S. 371ff.

Rumpler, H.: Österreich vom »Staat wider Willen« zur österreichischen Nation (1919-1955), in: Becker, J./Hillgruber, A. (Hrsg.), Die deutsche Frage im 19. und 20. Jahrhundert, München 1983, S. 239ff.

Sandgruber, R.: Gesindestuben, Kleinhäuser und Arbeiterkasernen. Ländliche Wohnverhältnisse im 19. Jahrhundert in Österreich, in: Niethammer, L. (Hrsg.), Wohnen im Wandel. Beiträge zur Geschichte des Alltags in der bürgerlichen Gesellschaft, Wuppertal 1979, S. 107ff.

Sandweg, J./Stürmer, M.: Industrialisierung und soziale Frage in Deutschland im 19. Jahrhundert, München 1979.

Sauvigny, G. de Bertier de: La Sainte Alliance, Paris 1972.

Schäffle, A. E. F.: Aus meinem Leben, 2 Bde., Berlin 1905.

Schieder, Th.: Vom Deutschen Bund zum Deutschen Reich 1815–1871 (Gebhardt, B./Grundmann, H. [Hrsg.], Handbuch der deutschen Geschichte 15), München 1975.

Schieder, Th. (Hrsg.): Handbuch der europäischen Geschichte, 7 Bde., Stuttgart 1976/81.

Schieder, Th.: Die mittleren Staaten im System der großen Mächte, in: HZ 232 (1981), S. 583ff.

Schieder, W.: Anfänge der deutschen Arbeiterbewegung. Die Auslandsvereine im Jahrzehnt nach der Julirevolution von 1830, Stuttgart 1963.

Schieder, W.: Kirche und Revolution. Sozialgeschichtliche Aspekte der Trierer Wallfahrt von 1844, in: Archiv für Sozialgeschichte 14 (1974), S. 419ff.

Schilfert, G.: Sieg und Niederlage des demokratischen Wahlrechts in der deutschen Revolution 1848/49, Berlin 1952.

Schivelbusch, W.: Geschichte der Eisenbahnindustrie. Zur Industrialisierung von Raum und Zeit im 19. Jahrhundert, München/Wien 1977.

Schlegel, F.: Kritische Friedrich-Schlegel-Ausgabe, hrsg. von Behler, E., bisher 22 Bde., München/Paderborn/Wien/Zürich 1958ff.

Schnabel, F.: Der Zusammenschluß des politischen Katholizismus in Deutschland im Jahre 1848, Heidelberg 1910.

Schnabel, F.: Deutsche Geschichte im 19. Jahrhundert, 4 Bde., Freiburg i. B.[2] 1948/52.

Schnabel, F.: Die Idee und die Erscheinung, in: Die Historische Kommission bei der Bayerischen Akademie der Wissenschaften 1858–1958, Göttingen 1958, S. 7ff.

Schnabel, F.: Abhandlungen und Vorträge 1914–1965, hrsg. von Lutz, H., Freiburg/Basel/Wien 1970.

Schneider, F.: Pressefreiheit und politische Öffentlichkeit. Studien zur politischen Geschichte Deutschlands bis 1848, Neuwied a. Rhein/Berlin 1966.

Schoeps, H.-J.: Von Olmütz nach Dresden 1850–1851. Ein Beitrag zur Geschichte der Reformen am Deutschen Bund, Köln 1972.

Schottenloher, O.: Bücher bewegten die Welt. Eine Kulturgeschichte des Buches, Stuttgart[2] 1968.

Schraepler, E.: Handwerkerbünde und Arbeitervereine 1830–1853. Die politische Tätigkeit deutscher Sozialisten von Wilhelm Weitling bis Karl Marx, Berlin/New York 1972.

Schremmer, E.: Die Wirtschaftsordnungen 1800–1970, in: Aubin, H./Zorn, W. (Hrsg.), Handbuch der deutschen Wirtschafts- und Sozialgeschichte, Bd. 2, Stuttgart 1976, S. 122ff.

Schroeder, P. W.: Metternich's Diplomacy at it's Zenith, 1820–1823, Austin 1962.

Schroeder, P. W.: Austria, Great Britain and the Crimean War: The Destruction of the European Concert, Ithaca 1972.

Schroeder, P. W.: The Lost Intermediaries: The Impact of 1870 on the European System, in: The International History Review 6 (1984) S. 1ff.

Schrörs, H.: Die Kölner Wirren 1837, Berlin/Bonn 1927.

Schulmeister, O.: Die Zukunft Österreichs, Wien 1967.

Ségur-Cabanac, V. Graf: Kaiser Ferdinand als Regent und Mensch, Wien 1912.

Seidel-Höppner, W.: Wilhelm Weitlings Vorstellungen von der kommunistischen Zukunft der Menschheit, in: JfG 7 (1972), S. 53ff.

Seidel, W.: Bayern in Griechenland. Die Geschichte eines Abenteuers, München 1965.

Semper, G.: Wissenschaft, Industrie und Kunst. Vorschläge zur Anregung nationalen Kunstgefühls, Braunschweig 1852.

Sheehan, J. J.: What is German History? Reflections on the Role of the Nation in German Historiography, in: Journal of Modern History 53 (1981), S. 2ff.

Sheehan, J. J.: Der deutsche Liberalismus. Von den Anfängen im 18. Jahrhundert bis zum 1. Weltkrieg 1770–1914, München 1983.

Siemann, W. (Hrsg.): Der »Polizeiverein« deutscher Staaten. Eine Dokumentation zur Überwachung der Öffentlichkeit nach der Revolution von 1848/49, Tübingen 1983.

Sigl, R. (Hrsg.): Dr. Sigl. Ein Leben für das Bayerische Vaterland, Rosenheim 1977.

Sombart, W.: Die deutsche Volkswirtschaft im 19. Jahrhundert und zu Anfang des 20. Jahrhunderts, Berlin 1923.

Deutscher Sonderweg – Mythos oder Realität? München 1982.

Spindler, M. (Hrsg.): Briefwechsel zwischen Ludwig I. von Bayern und Eduard Schenk 1823–1841, o. O. 1930.

Spindler, M. (Hrsg.): Handbuch der Bayerischen Geschichte, 4 Bde., München 1967/75.

Spindler, M.: Die Regierungszeit Ludwigs I. (1825–1848), in: Handbuch der Bayerischen Geschichte, Bd. 4/1, hrsg. von Spindler, M., München 1974, S. 89ff.

Springer, J.: Statistik des österreichischen Kaiserstaates, 2 Bde., Wien 1840.

Srbik, H. v.: Metternich. Der Staatsmann und der Mensch, 3 Bde., München 1925/54.

Srbik, H. v.: Deutsche Einheit.

Idee und Wirklichkeit vom Heiligen Reich bis Königgrätz, 4 Bde., München 1935/42.

Stadelmann, R.: Soziale und politische Geschichte der Revolution von 1848, München 1948.

Stadelmann, R.: Moltke und der Staat, Krefeld 1950.

Steckl, H.: Österreichs Aristokratie im Vormärz. Herrschaftsstil und Lebensformen der Fürstenhäuser Liechtenstein und Schwarzenberg, Wien 1973.

Stemplinger, E. (Hrsg.): Der Münchner Kreis, (Deutsche Literatur in Entwicklungsreihen, Formkunst 1), Leipzig 1933.

Stern, A.: Geschichte Europas seit den Verträgen von 1815 bis zum Frankfurter Frieden 1871, 10 Bde., Stuttgart/Berlin 1897/1928.

Adalbert Stifters sämtliche Werke, hrsg. von Wilhelm, G., 24 Bde., Prag 1904/39.

Stourzh, G.: Die Gleichberechtigung der Nationalitäten in der Verfassung und Verwaltung Österreichs 1848–1918, Wien 1985.

Streckfuß, A.: 500 Jahre Berliner Geschichte. Vom Fischerdorf zur Weltstadt, Berlin[4] 1886.

Stürmer, M.: Das ruhelose Reich. Deutschland 1866–1918, Berlin 1983.

Taylor, A. J. P.: The Struggle for Mastery in Europe 1848–1918, Oxford 1954.

Taylor, A. J. P.: The Habsburg Monarchy 1809–1918. A History of the Austrian Empire and Austria-Hungary, London 1955.

Thienen-Adlerflycht, Ch.: Graf Leo Thun im Vormärz. Grundlagen des böhmischen Konservativismus im Kaisertum Österreich, Graz/Wien/Köln 1967.

Toellner, R.: Randbedingungen zu Schellings Konzeption der Medizin als Wissenschaft, in: Hasler, L. (Hrsg.), Schelling. Seine Bedeutung für eine Philosophie der Natur und der Geschichte, Stuttgart/Bad Canstatt 1981, S. 117ff.

Treitschke, H. G. v.: Deutsche Geschichte im 19. Jahrhundert, 5 Bde., Leipzig 1879/94.

Treue, W.: Das österreichisch-mitteldeutsche und das norddeutsche staats- und privatwirtschaftliche Interesse am Bau des Suez-Kanals, in: Vierteljahresschrift für Sozial- und Wirtschaftsgeschichte 57 (1970), S. 534ff.

Treue, W.: Die Technik in Wirtschaft und Gesellschaft 1800–1970, in: Aubin, H./Zorn, W. (Hrsg.), Handbuch der deutschen Wirtschafts- und Sozialgeschichte, Bd. 2, Stuttgart 1976, S. 51ff.

Trevor-Roper, H.: War der Nationalsozialismus ohne Beispiel? Opladen 1983.

Unckel, B.: Österreich und der Krimkrieg. Studien zur Politik der Donaumonarchie in den Jahren 1852–1856, Lübeck 1969.

Valentin, V.: Geschichte der deutschen Revolution 1848–1849, 2 Bde., Köln/Berlin 1977.

Valerius, G.: Deutscher Katholizismus und Lammenais. Die Auseinandersetzung in der katholischen Publizistik 1817–1854, Mainz 1983.

Rahel Varnhagen. Ein Frauenleben in Briefen, hrsg. von Weldler-Steinberg, A., Weimar 1917.

Vnešnaja Politika Rosii XIX i Načala XX Veka (Die auswärtige Politik Rußlands im 19. und am Anfang des 20. Jahrhunderts), bisher 13 Bde., Moskau 1960ff.

Vogel, B. (Hrsg.): Preußische Reformen 1807–1820, Königstein a. Ts. 1980.

Vogel, B.: Reformpolitik in Preußen 1807–1820, in: Puhle, H.-J./Wehler, H.-U. (Hrsg.), Preußen im Rückblick, Göttingen 1980.

Vorsteher, D.: Borsig. Eisengießerei und Maschinenbauanstalt zu Berlin, Berlin 1983.

Wagner, R.: Gesammelte Schriften und Dichtungen, 10 Bde., Leipzig[2] 1897.

Briefwechsel zwischen Richard Wagner und Liszt, Leipzig[2] 1900.

Wandruszka, A.: Geschichte einer Zeitung. Das Schicksal der »Presse« und der »Neuen Freien Presse« von 1848 zur Zweiten Republik, Wien 1958.

Wandruszka, A.: Schicksalsjahr 1866, Graz/Wien/Köln 1966.

Wandruszka, A./Urbanitsch, P. (Hrsg.): Die Habsburgermonarchie, bisher 3 Bde., Wien 1973ff.

Wehler, H.-U.: »Deutscher Sonderweg« oder allgemeine Probleme des westlichen Kapitalismus? Zur Kritik an einigen »Mythen deutscher Geschichtsschreibung«, in: Merkur 5 (1981), S. 478ff.

Weis, E.: Die Begründung des modernen bayerischen Staates unter König Max I. (1799–1825), in: Handbuch der Bayerischen Geschichte, Bd. 4/1, hrsg. von Spindler, M., München 1974, S. 3ff.

Weis, E.: Gesellschaftsstrukturen und Gesellschaftsentwicklung in der frühen Neuzeit, in: Bosl, K./Weis, E. (Hrsg.), Die Gesellschaft in Deutschland I. Staat und Gesellschaft, Bd. 2, München 1976, S. 131ff.

Weis, E. (Hrsg.): Reformen im rheinbündischen Deutschland, München 1983.

Weiß, O.: Die Redemptoristen in Bayern (1790–1909). Ein Beitrag zur Geschichte des Ultramontanismus, St. Ottilien 1983.

Weyres, W.: Rheinischer Sakralbau im 19. Jahrhundert, in: Grote, L. (Hrsg.), Die deutsche Stadt im 19. Jahrhundert, München 1974, S. 175ff.

Wienhöfer, E.: Das Militärwesen des Deutschen Bundes und das Ringen zwischen Österreich und Preußen um die Vorherrschaft in Deutschland 1815–66, Osnabrück 1973.

Winkler, H. A.: Preußischer Liberalismus und deutscher Nationalstaat. Studien zur Geschichte der Deutschen Fortschrittspartei 1861–1866, Tübingen 1964.

Witte, B.: Literaturtheorie, Literaturkritik und Literaturgeschichte, in: Witte, B. (Hrsg.), Deutsche Literatur. Eine Sozialgeschichte, Bd. 6: Vormärz, Biedermeier, Junges Deutschland, Demokraten, Reinbek 1980, S. 63ff.

Wolf, G. J. (Hrsg.): Die Entdeckung der Münchner Landschaft, München 1921.

Wollstein, G.: Das »Großdeutschland« der Paulskirche. Nationale Ziele in der bürgerlichen Revolution 1848/49, Düsseldorf 1977.

Woodhouse, C. M.: Capodistria. The Founder of Greek Independence, Oxford 1973.

Wuttke, H.: Die deutschen Zeitschriften und die Entstehung der öffentlichen Meinung, Leipzig[3] 1875.

Wysocki, J.: Die österreichische Finanzpolitik, in: Wandruszka, A./Urbanitsch, P. (Hrsg.), Die Habsburgermonarchie 1848–1918, Bd. 1, Wien 1973, S. 68ff.

Das Zeitalter Kaiser Franz Josephs. I. Teil. Von der Revolution zur Gründerzeit. Niederösterreichische Landesausstellung, Schloß Grafenegg, hrsg. von Kühnel, H., Wien 1984.

Zepp, J.: Die protestantische Reaktion auf die Krise in der Gesundheitsversicherung: Das Beispiel Kaiserswerth, in: Klein, K./Zepp, J. (Hrsg.), 200 Jahre Gesundheitsversicherung, Lahnstein 1984, S. 139ff.

Ziebura, G.: Frankreich von der Großen Revolution bis zum Sturz Napoleons III. 1789–1870, in: Handbuch der europäischen Geschichte, Bd. 5, hrsg. von Schieder, Th., Stuttgart 1981, S. 187ff.

Zimmermann, W.: Geschichte der Jahre 1840 bis 1860, Stuttgart 1861.

Zorn, W.: Binnenwirtschaftliche Verflechtungen um 1800, in: Lütge, F. (Hrsg.), Die wirtschaftliche Situation in Deutschland und Österreich um die Wende vom 18. zum 19. Jahrhundert, Stuttgart 1964, S. 99ff.

Zorn, W.: Staatliche Wirtschafts- und Sozialpolitik und öffentliche Finanzen 1800–1970, in: Aubin, H./Zorn, W. (Hrsg.), Handbuch der deutschen Wirtschafts- und Sozialgeschichte, Bd. 2, Stuttgart 1976, S. 148ff.

Zorn, W.: Österreich 1850–1866, in: Aubin, H./Zorn, W. (Hrsg.), Handbuch der deutschen Wirtschafts- und Sozialgeschichte, Bd. 2, Stuttgart 1976, S. 597ff.

Register

Abbildungsnachweis

Archiv Gerstenberg, Frankfurt: 39, 51, 103 oben, 183 links, 260. – Archiv für Kunst und Geschichte, Berlin: 73, 117 unten, 144, 155, 190, 192, 321, 335 oben, 343, 409. – Bayerisches Hauptstaatsarchiv, München: 309 oben. – Berlin Museum: 157, 207. – Bildarchiv Preußischer Kulturbesitz, Berlin: 86, 87 oben, 94, 96, 133, 138, 141, 143, 145, 153, 163, 165, 183 rechts, 197, 201, 209, 213, 221, 247, 265, 306, 307, 345 oben, 347 unten, 352, 355 oben u. unten, 359, 362, 366, 368, 369, 441. – Borsig-Archiv, Berlin: 347 oben. – Bundesarchiv, Außenstelle Frankfurt: 181, 274. – Bundespostmuseum Frankfurt: 98 unten. – Deutsche Fotothek, Dresden: 177. – Deutsches Museum, München: 103 unten, 158 oben, 159, 328, 329, 345 unten, 348, 398, 399. – Fürstlich Thurn und Taxissches Zentralarchiv, Regensburg: 98 oben. – Germanisches Nationalmuseum, Nürnberg: 59, 69, 264 unten. – Goethe-Museum, Frankfurt: 109. – Heeresgeschichtliches Museum, Wien: 403, 449. – Historisches Museum Frankfurt: 91 unten, 176, 290. – Historisches Museum der Stadt Wien: 117 oben, 189, 254, 358, 361, 397, 400, 414, 421, 433. – Kunstmuseum Basel: 107 unten. – Kupferstichkabinett der Öffentlichen Kunstsammlung, Basel: 80. – Landesarchiv Berlin: 171, 261. – Monika Meier, Berlin: 351. – Österreichische Nationalbibliothek, Wien: 60, 105 unten, 135, 158 unten, 272, 305, 317, 391, 429, 447, 469. – Privatbesitz: 187, 364. – Schiller-Nationalmuseum, Marbach: 162. – W. Speiser, Basel: 353. – Stadtarchiv Konstanz: 231. – Stadtmuseum München: 371. – Steiermärkisches Landesarchiv, Graz: 255. – Theater-Museum, München: 164, 383. – Ullstein Bilderdienst, Berlin: 335 unten. – Charivari: 473. – Eulenspiegel: 279 unten. – Fliegende Blätter: 85, 105 oben, 241f., 377. – Gartenlaube: 95, 99 unten, 115, 134, 137, 212, 245, 339, 340 oben u. unten, 341, 344 oben, 376, 428, 430. – Kikeriki: 315, 424. – Kladderadatsch: 279 oben, 395, 417, 456f. – Leipziger Illustrierte Zeitung: 72, 309 unten, 319, 448. – Leuchtkugeln: 293 rechts. – Neue Illustrierte Zeitung: 459 oben u. unten. –

Döbler, Hansferdinand: Kultur- und Sittengeschichte der Welt, 5 Bde, München/Gütersloh/Wien 1972: 87 unten, 237 oben. – Engelmann, Bernt: Trotz alledem. Deutsche Radikale 1777–1977, Hamburg 1979: 191, 205, 214. – Die Entdeckung der Münchner Landschaft, hrsg. von G. J. Wolf, München 1921: 373. – Fontane, Theodor: Der deutsche Krieg von 1866, 2 Bde, Berlin 1870: 461. – Allgemeine Geschichte in Einzeldarstellungen, hrsg. von Wilhelm Oncken, Bd. IV.2 (Theodor Flathe, Das Zeitalter der Restauration und Revolution 1815–1851, Berlin 1883: 151, 323. – Haunfelder, Bernd: Geschichte original – am Beispiel der Stadt Münster 4. Erhebung der Bürger 1848–1849, Münster 1981: 292. – Henne am Rhyn, Otto: Kulturgeschichte des Deutschen Volkes, 2 Bde, Berlin o.J.: 49, 264 oben. – Jäger, Oskar: Weltgeschichte in vier Bänden, Bielefeld/Leipzig 1902: 146 oben, 313, 349, 379, 389, 396. – 1100 Jahre österreichische und europäische Geschichte in Urkunden und Dokumenten des Haus-, Hof- und Staatsarchivs, hrsg. von Leo Santifaller, Wien 1949: 27, 161, 299 links u. rechts, 423, 445. – Kraemer, Hans: Das XIX. Jahrhundert in Wort und Bild. Politische und Kulturgeschichte, 2 Bde, Berlin/Leipzig/Stuttgart/Wien o.J.: 39, 41, 77, 93, 99 oben, 102, 167, 237 unten, 246, 249, 252, 258, 259, 262, 267, 273, 289, 291, 293 links, 297, 303, 350, 427, 460. – Die Nützlichen Künste, hrsg. von Tilmann Buddensieg und Henning Rogge, Berlin 1981: 91 oben. – Die Pädagogik und die Pädagogen, Nürnberg o.J. (1826): 146 unten. – Die deutsche Stadt im 19. Jahrhundert. Stadtplanung und Baugestaltung im industriellen Zeitalter, hrsg. von Ludwig Grothe, München 1974: 97, 125, 139, 357. – Stolberg-Wernigerode, Otto Graf zu: Robert Heinrich Graf von der Goltz, Oldenburg/Berlin 1941: 244. – Wermuth/Stieber: Die Communistenverschwörung des 19. Jahrhunderts, Berlin 1853: 223. – Zadow, Mario: Karl Friedrich Schinkel, Berlin 1980: 136. – Das Zeitalter Kaiser Franz Josephs, Katalog in 2 Bde, hrsg. vom Amt der NÖ Landesregierung, Wien 1984: 101. – Ziegler, A.: Katechismus für Auswanderer, Leipzig 1856: 318.

Konfessionen im Deutschen Bund

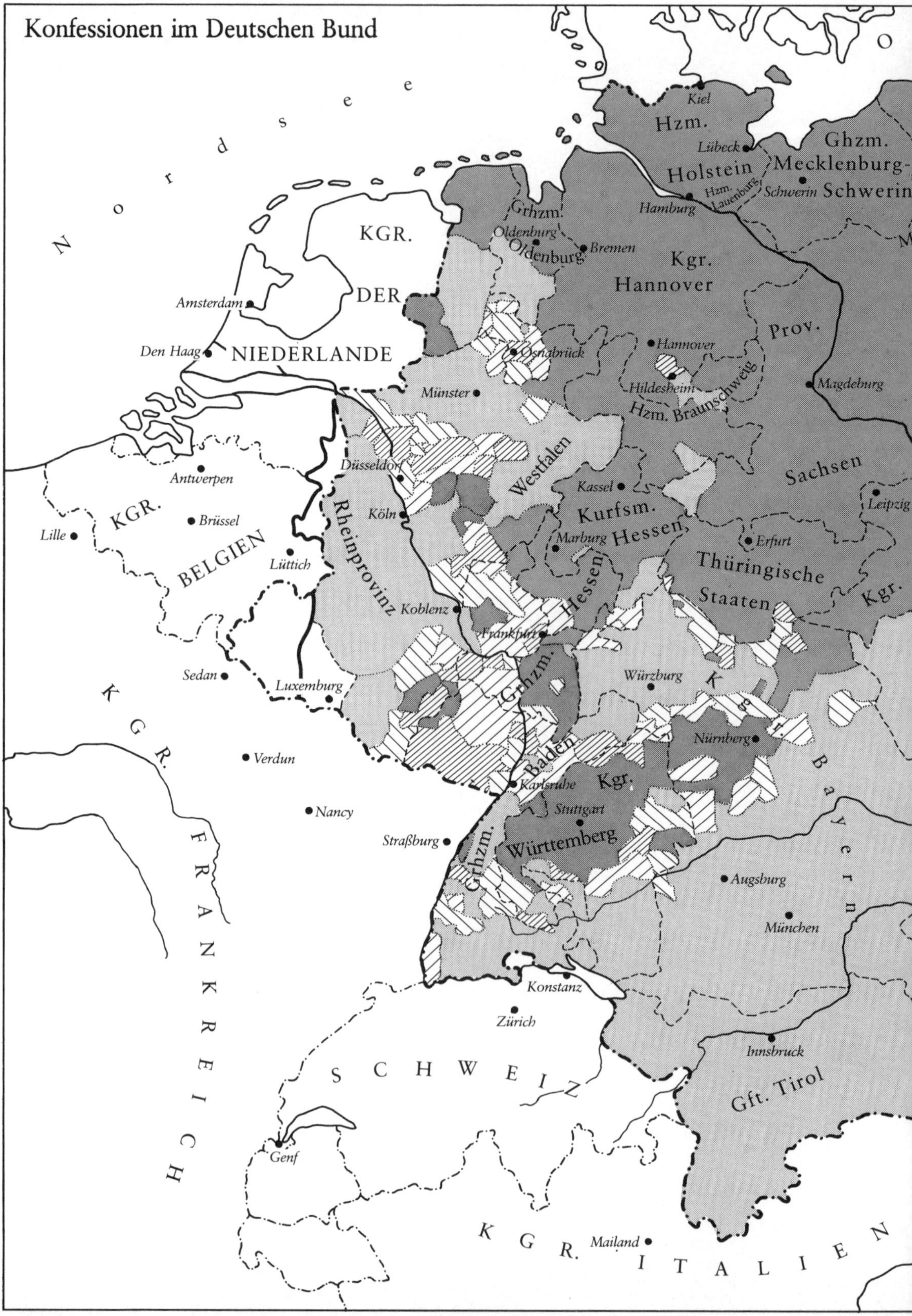

Königsberg
Danzig
Ost-
West-
Elbing
Allenstein
Köslin
Preußen
Graudenz
Stettin
Pommern
Strelitz
Thorn
Posen
Brandenburg
Warschau
Berlin
Posen
KAISERREICH RUSSLAND
KGR. POLEN
Kottbus
Schlesien
Breslau
Dresden
Oppeln
Rep.
Krakau
Kgr.
Hzm. Schlesien
Prag
Böhmen
Pilsen
Mgft.
Brünn
Mähren
KGR. UNGARN
Ehzm.
Nieder-
Ober-
Wien
Preßburg
Linz
Österreich
Ofen
Pest
Hzm.
Hzm.
Graz
Steiermark
Klagenfurt
Hzm. Kärnten
Triest
über 80% Protestanten
60-80% Protestanten
40-60% Protestanten
20-40% Protestanten
unter 20% Protestanten

Der Deutsche Bund 1815-1866
H.-H. = Lgft. Hessen-Homburg
K.-H. = Kurfsm. Hessen
S.-L. = Fsm. Schaumburg-Lippe
M.-Str. = Mecklenb.-Strelitz
L. = Fsm. Lippe
NORDSEE
Hzm. Schleswig
Kiel
Hzm. Holstein
Lübeck
M.-Str.
Rostock
Grhzm. Mecklenburg Schwerin
Schwerin
Hamburg
Hzm. Lauenburg
Wilhelmshaven 1854 preuß.
Bremerhaven seit 1827
Emden
Grhzm. Oldenburg
Oldenburg
Bremen
Kgr. Hannover
Lüneburg
Wittenberg
Schönhausen
KGR. DER NIEDERLANDE seit 1831
Amsterdam
Den Haag
Rotterdam
Osnabrück
Minden
S.-L.
Hannover
Braunschweig
Prov.
Brandenburg
Magdeburg
Halberstadt
Münster
Detmold
L.
Hildesheim
Hzm. Braunschweig
Anhalt
Dessau
Wesel
Hamm
Essen
Westfalen
Göttingen
Sachsen
1839 z. Dt. Bund
Gent
Antwerpen
Düsseldorf
Fsm. Waldeck
Kassel
Halle
Leipzig
KGR. BELGIEN seit 1831
Brüssel
Kleve-Berg
Köln
Rheinprovinz 1824
Lille
Lüttich
Aachen
Bonn
Siegen
Kurfsm. Hessen
Weimar
Erfurt
Jena
Gera
Valenciennes
Namur
Marburg
Gießen
Thüringische Staaten
Koblenz
Hzm. Nassau
Hessen
Bronzell
Kissingen
1839 belg.
Grhzm. Luxemburg
Frankfurt
Hof
Eger
Sedan
H.-H.
Mainz
Aschaffenburg
Kgr. Bayern
Trier
Fsm. Lichtenberg
Grhzm. Hessen
Heppenheim
Würzburg
Seybothenreuth
Diedenhofen
Tauberbischofsheim
Erlangen
Heidelberg
Baden
Saarlouis
Verdun
Landau
Kgr.
Nürnberg
Metz
Karlsruhe
Heilbronn
KGR. FRANKREICH
Toul
Nancy
Hagenau
Rastatt
Hohen-Asperg
Regensburg
Ingolstadt
Straßburg
Stuttgart
Württemberg
Tübingen
Landshut
Gft. Geroldseck 1819 bad.
Fsm. Hohenzollern 1849 preuß.
Ulm
Grhzm.
Augsburg
1848 Republik, 1852 Kaiserreich
München
Freiburg
Sigmaringen
Belfort
Kempten
Konstanz
Basel
Bregenz
Kufstein
Zürich
Fsm. Liechtenstein
Vorarlberg
Luzern
Innsbruck
Bern
SCHWEIZ
Gft. Tirol
Lausanne
Franzensfeste
Meran
Genf
Savoyen
Lombardo-venetianisches Königreich
Mailand
Verona
KGR. ITALIEN
Padua
Venedig

OSTSEE
Rügen
Stralsund
Greifswald
Grhzm. Meckl.-Strelitz
Pommern
Kolberg
Köslin
Stettin
Stargard
Prenzlau
Danzig
West-
Elbing
Ost-
Preußen
Königsberg
Allenstein
Graudenz
1848-51 z. Dt. Bund
Thorn
Schneidemühl
Brandenburg
Spandau
Berlin
Potsdam
Küstrin
Frankfurt
Posen
Wreschen
Miloslaw
Xions
Kottbus
Glogau
Torgau
Schlesien
Liegnitz
Breslau
Görlitz
Bautzen
Sachsen
Dresden
Chemnitz
Schweidnitz
Oppeln
Silberberg
Neisse
Kosel
Ratibor
Münchengrätz
Trautenau
Skalitz
Königgrätz
Kgr. Böhmen
Karlsbad
Prag
Pilsen
Hzm. Schlesien
Teschen
Olmütz
Prerau
Kremsier
Mgft. Mähren
Spielberg
Brünn
Budweis
Ehzm.
Ober-
Nieder-
Österreich
Passau
Linz
Wien
Schwechat
Gänserndorf
Blumenau
Preßburg
Salzburg
Ischl
Hzm. Salzburg
Gastein
Bruck
Graz
Hzm. Steiermark
Hzm. Kärnten
Klagenfurt
Triest
Ostrolenka 1831
Bielsk 1831
Dobre 1831
Warschau
Grochow 1831
Wawer 1831
KGR. POLEN
KAISERREICH RUSSLAND
Rep. Krakau
1846 Österr.
1818 zum Dt. Bund
Kgr. Galizien und Lodomerien
Kaschau
KGR. UNGARN
Tokaj
Komorn
Waitzen
Kapolna
Wieselburg
Ofen
Pest
Isaszeg
Cserna
Grenze des Deutschen Bundes 1815
Spätere Änderungen
Demarkationslinie der bis Dez. 1848 in den Dt. Bund aufgenommenen Gebiete
Grenzen des Kgr. der Vereinigten Niederlande (1815-31) und des Grhzm. Luxemburg (1815-39)
Bundesfestungen
Gefechte der Revolutionsjahre 1830 / 32 und 1848 / 50
Schlachten der Kriege 1864 und 1866
Deutsche Universitäten sind unterstrichen

Siedler Deutsche Geschichte

Das Reich und die Deutschen

Herwig Wolfram · Das Reich und die Germanen
Zwischen Antike und Mittelalter

Hans K. Schulze · Vom Reich der Franken
zum Land der Deutschen
Merowinger und Karolinger

Hans K. Schulze · Hegemoniales Kaisertum
Ottonen und Salier

Hartmut Boockmann · Stauferzeit und spätes Mittelalter
Deutschland 1125–1517

Heinz Schilling · Aufbruch und Krise
Deutschland 1517–1648

Heinz Schilling · Höfe und Allianzen
Deutschland 1648–1763

Die Deutschen und ihre Nation

Horst Möller · Fürstenstaat oder Bürgernation
Deutschland 1763–1815

Heinrich Lutz · Zwischen Habsburg und Preußen
Deutschland 1815–1866

Michael Stürmer · Das ruhelose Reich
Deutschland 1866–1918

Hagen Schulze · Weimar
Deutschland 1917–1933

Hans-Ulrich Thamer · Verführung und Gewalt
Deutschland 1933–1945

Adolf Birke · Nation ohne Haus
Deutschland 1945–1961